코로나19 바이러스

"친환경 99.9% 항균 전격 도입

언제 끝날지 모를 코로나19 바이러스

99.9% 항균잉크(V-CLEAN99)를 도입하여 「안심도서」로

독자분들의 건강과 안전을 위해 노력하겠습니다.

㈜시대고시기획

Clean Zone

본 도서는 항균잉크로 인쇄하였습니다.
항균 + 99.9%
안심도서

항균잉크(V-CLEAN99)의 특징

◉ 바이러스, 박테리아, 곰팡이 등에 항균효과가 있는 산화아연을 적용

◉ 산화아연은 한국의 식약처와 미국의 FDA에서 식품첨가물로 인증받아 **강력한 항균력**을
  구현하는 소재

◉ 황색포도상구균과 대장균에 대한 테스트를 완료하여 **99.9%의 강력한 항균효과** 확인

◉ 잉크 내 중금속, 잔류성 오염물질 등 **유해 물질 저감**

TEST REPORT

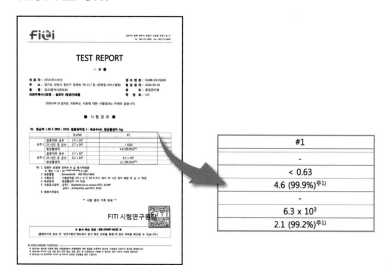

#1
-
< 0.63
4.6 (99.9%)주1)
-
6.3 x 10³
2.1 (99.2%)주1)

Clean Zone

SD에듀
(주)시대고시기획

軍道
군무원 합격의 길

합격의 공식 시대에듀
2022
합격률 MAX

MIN   MAX

군무원
국가정보학

SD에듀
(주)시대고시기획

Always **with you**

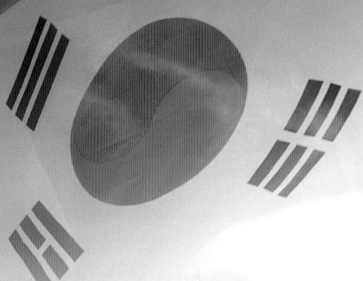

사람이 길에서 우연하게 만나거나 함께 살아가는 것만이 인연은 아니라고 생각합니다.
책을 펴내는 출판사와 그 책을 읽는 독자의 만남도 소중한 인연입니다.
(주)시대고시기획은 항상 독자의 마음을 헤아리기 위해 노력하고 있습니다.
늘 독자와 함께하겠습니다.

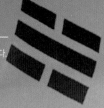

2018년 3월 18일 세상을 떠난 스티븐 호킹은 '루게릭병'으로 알려진 근위축성측색경화증을 진단받고 50여 년 동안 심각한 신체적 장애를 겪으며 살았습니다. 하지만 장애는 호킹 박사의 무한한 지적 탐구에는 영향을 미치지 못했던 것으로 보입니다. 루게릭병을 진단받은 후 55년 동안 병마와 싸우며 우주와 양자 중력 분야에서 뚜렷한 업적을 남겼기 때문입니다. 호킹 박사에게 지성(Intelligence)은 변화에 적응하는 능력이었습니다.

정보활동은 인류의 역사와 함께 시작되었다는 견해가 일반적입니다. 무엇인가를 알고, 판단하고, 예측하고자 하는 욕구는 인간의 기본적인 욕구에 해당하기도 하며 인간의 생존에 필수적인 요소이기도 했기 때문입니다. 결국 정보는 인간의 지성을 통해 정제된 지식이자 변화에 적응하는 능력인 셈입니다. 이러한 측면에서 국가가 수행하는 정보활동은 한 국가의 흥망과 생존을 좌우할 수 있는 중요한 요소가 됩니다. 더욱이 탈냉전 이후 세계화와 정보화의 시대가 도래하면서 안보환경은 급격한 변화를 맞이합니다. 안보의 개념 역시 확장되었으며 안보위협의 행위자 또한 다양해졌습니다. 이와 더불어 4차 산업혁명 시대 진입·코로나19 팬데믹은 새로운 국가안보위협요소에 대한 고찰과 국가정보활동의 발전방향을 모색하게 하였습니다. 2022년 군도 국가정보학은 이처럼 변화하고 있는 안보환경과 국가정보학의 최신 동향을 반영하였습니다.

★ 군무원 국가정보학 도서의 특징 ★

첫째, 영미권에서 발간된 최신 국가정보학 교재를 본문에 반영하고, 주요국의 국가정보기구 변화 동향을 함께 다루었습니다.

둘째, 한국의 안보환경에 가장 중요한 대상국가 중 하나인 북한의 정보기구 동향을 다룬 가장 최근의 연구결과를 반영하였습니다.

셋째, 주요 용어와 사례를 구체적으로 설명하는 〈더 알아보기〉를 통하여 국가정보학과 관련된 방대한 지식이 수험생 여러분에게 좀 더 쉽고, 재미있게 다가갈 수 있도록 하였습니다.

넷째, 각 PART를 정리하는 적중문제를 제공하여 해당 이론을 다시 한 번 복습하고, 군무원 시험을 효과적으로 대비할 수 있게 하였습니다.

수험생 여러분, 대한민국은 그 어느 때보다 국가의 안전보장과 국익 수호가 중요한 시점입니다. 급변하는 안보환경을 정확하게 파악·분석하고 적시에 정책결정에 필요한 판단을 제공하는 국가정보활동은 군무원을 준비하는 수험생 여러분이 가장 흥미롭게 공부할 수 있는 과목이라 자신합니다. 스티븐 호킹 박사의 지적 여행은 2018년 3월 18일 종료되었지만 군무원을 준비하는 수험생 여러분의 지적 여행은 지금부터 시작입니다. 군무원 합격이라는 목표달성까지 여러분 곁에서 함께하겠습니다. 오래 기다려 주셔서 감사합니다. 이제 함께 달리면 됩니다. 지금까지 '군도 국가정보학'의 박보라였습니다. 2022년 원하시는 바를 군도 국가정보학을 통해 성취하시길 기원합니다.

저자 **박보라**

군무원 채용 필수체크

✿ 채용시험 응시연령

최종시험의 시행 예정일이 속한 연도에 다음의 계급별 응시연령에 해당하여야 함
❶ 7급 이상 : 20세 이상
❷ 8급 이하 : 18세 이상

✿ 군무원 채용과정

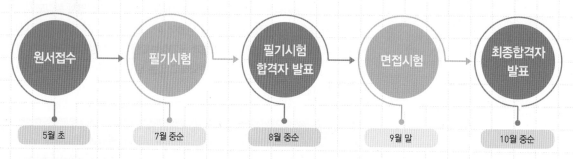

원서접수	필기시험	필기시험 합격자 발표	면접시험	최종합격자 발표
5월 초	7월 중순	8월 중순	9월 말	10월 중순

1 필기시험

- 객관식 선택형 문제로 과목당 25문항, 25분으로 진행
- 합격자 선발 : 선발예정인원의 1.5배수(150%) 범위 내(단, 선발예정인원이 3명 이하인 경우, 선발예정인원에 2명을 합한 인원의 범위)
  ⋯→ 합격기준에 해당하는 동점자는 합격처리

2 면접시험

- 필기시험 합격자에 한해 응시기회 부여
- 평가요소
  - 군무원으로서의 정신자세
  - 의사표현의 정확성 · 논리성
  - 예의 · 품행 및 성실성
  - 전문지식과 그 응용능력
  - 창의력 · 의지력 · 발전가능성

3 최종합격자 결정

필기시험 합격자 중, 면접시험 성적에 필기시험 성적을 각각 50% 반영하여 최종합격자 결정

※ 위 채용일정은 2021년 군무원 국방부 주관 채용공고를 기준으로 작성하였으므로 세부 사항은 반드시 확정된 채용공고를 확인하시기 바랍니다.

✿ 영어능력검정시험 기준점수

구분	5급	7급	9급
토익(TOEIC)	700점	570점	470점
토플(TOEFL)	PBT 530점 CBT 197점 IBT 71점	PBT 480점 CBT 157점 IBT 54점	PBT 440점 CBT 123점 IBT 41점
텝스(TEPS) 2018.5.12. 이전 실시된 시험	625점	500점	400점
新텝스(新TEPS) 2018.5.12. 이후 실시된 시험	340점	268점	211점
지텔프(G-TELP)	Level 2 65점	Level 2 47점	Level 2 32점
플렉스(FLEX)	625점	500점	400점

⋯ 당해 공개경쟁채용 필기시험 시행 예정일부터 역산하여 3년이 되는 해의 1월 1일 이후에 실시된 시험으로서 필기시험 전일까지 점수가 발표된 시험에 한해 기준점수 인정
⋯ 응시원서 접수 시에 본인이 취득한 영어능력검정시험명, 시험일자 및 점수 등을 정확히 기재

✿ 한국사능력검정시험 기준점수

구분	5급	7급	9급
한국사능력검정시험	2급	3급	4급

⋯ 2020년 5월 이후 한국사능력검정시험 급수체계 개편에 따른 시험종류의 변동(초 · 중 · 고급 3종 → 기본 · 심화 2종)과 상관없이 기준(인증)등급을 그대로 적용함
⋯ 당해 공개경쟁채용 필기시험 시행 예정일부터 역산하여 4년이 되는 해의 1월 1일 이후에 실시된 시험으로서 필기시험 전일까지 점수(등급)가 발표된 시험에 한해 기준점수 인정
⋯ 응시원서 접수 시에 본인이 취득한 한국사능력검정시험의 등급인증번호와 급수(성적)를 정확히 기재(증빙서류 제출 없음)

※ 위 기준점수는 군무원인사법시행령을 기준으로 작성하였으므로 세부 사항은 반드시 확정된 채용공고를 확인하시기 바랍니다.

GUIDE
STRUCTURES

이 책의 구성과 특징

군도(軍道) 한 권으로 군무원 필기시험 합격하기!

최신 출제경향에 맞춘 핵심이론과 보충·심화학습 자료

이론편

CHAPTER 02 국가정보의 개념

1 국가정보의 개념

1. 국가정보와 정보의 개념

(1) 일반 사회에서 사용되는 '정보(information)'는 '정...
① 정보(information)란 의미를 부여하기 어려운...
지 않은 상태의 첩보(information), 어떤 현상...
내용으로 통용되는 지식(knowledge)을 포함

❶ 꼼꼼하고 알찬 이론 정리
방대한 국가정보학 이론을 최신 출제경향에 맞춰 정리했습니다.

더 알아보기

좋은 정보의 요건
1. 적시성: 아무리 훌륭한 정보라도 필요한 시기에 정...
로 정보의 가치는 상실된다.
2. 적합성: 정보는 문제되는 사안에 대한 정책결정자의...
3. 간결성: 정보는 정책결정자가 최소한의 노력으로 무...

❷ 더 알아보기
본문의 이론에서 더 나아가 꼭 챙겨야 하는 심화 내용을 담았습니다.

군도(軍道) 한 권으로 기출문제까지 섭렵하기!

핵심이론과 직결된 적중문제

문제편

CHAPTER **05** 국가정보학 총론 적중문제

①

01 국가정보의 의미에 대한 설명으로 옳지 않은 것은?

① 넓은 의미의 국가정보는 정보지식 입수 또는 상대방의 입수행위를 저지하는 조직 등을 포괄하고 있다.

② 좁은 의미의 국가정보는 정보지식을 입수하기 위한 정보활동을 의미한다.

③ 국가정보체계는 지식, 활동, 조직의 3가지 요소

02 다음 중 국가정보학의 특성으로 옳지 않은 것으로만 구성된 것은?

㉠ 국가정책의 요구에 의해 만들어지는 목적지향적인 학문이다.
㉡ 포괄적이고 종합적인 학문으로 체계적인 연구가 용이하다.
㉢ 수시로 변화하는 상황에 적용하는 실용적 측면의 학문이다.
㉣ 연구대상에 대한 학문적 접근이 쉬워, 절차적으로 생산되고 조직적으로 관리된다.
㉤ 당면해 있는 문제의 해결을 목적으로 한다.

04 국가정보학의 발전이 부진했던 이유로
① 이론 정립의 미흡함과 전문가의 부족
② 국민들의 정보기관에 대한 부정적인 인식
③ 자료의 방대함으로 기준이 모호
④ 법적 · 제도적으로 접근이 어려움

44 PART 01 국가정보학 총론

05 국가정보활동에 대한 다음 설명 중 옳
것은?
① 정보수집활동은 정책결정자의 요구에 따
한 첩보를 수집하는 활동이다.
② 자국의 안보와 국가이익을 침해하는 소
외국, 국내 위해세력을 포착하여 사전 ·
나 사후 수습하는 활동을 방첩활동이라
③ 정보수집, 방어활동, 공개활동은 수동적
등에 해당한다.
④ 정보기관의 정보활동 중 비밀공작활동을
집과 방첩활동을 제외한 모든 활동을 말

06 21세기 국가정보활동의 패러다임 변화
다음 설명 중 옳지 않은 것은?
① 세계화로 인한 관리영역의 확대
② 과학기술의 발전으로 민간에서도 우수한 정보를 자체적으로 취득 가능
③ 민주화로 인한 비밀정보활동이건이 호전
④ 교통 · 통신의 발달로 인한 다국적 기업의 등장

07 다음 중 국가안보의 유형과 위협형태의 연결이 잘못된 것은?
① 정치안보 - 단기 투자성 자금 유입, 외화밀반출, 환투기사범
② 군사안보 - 전쟁, 국경분쟁, 테러리즘
③ 생태안보 - 종족갈등, 조직범죄, 마약
④ 사이버안보 - 통신컴퓨터시스템 마비, 컴퓨터해킹, 안보체계 마비

② 상세한 해설

친절한 해설로 혼자서도 관련 문제를 학습할 수 있습니다.

① 파트별 기출문제

핵심이론과 관련된 기출문제를 파트별로 분류해 수록했습니다. 본문에서 학습한 내용을 문제를 통해 한 번 더 확인하고 확실히 숙지할 수 있습니다.

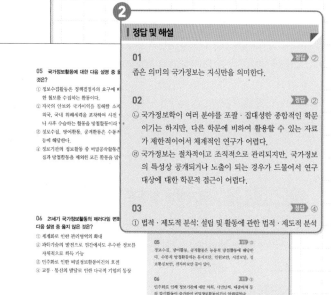

② 정답 및 해설

01 정답 ②

좁은 의미의 국가정보는 지식만을 의미한다.

02 정답 ②

㉡ 국가정보학이 여러 분야를 포괄 · 집대성한 종합적인 학문이기는 하지만, 다른 학문에 비하여 활용할 수 있는 자료가 제한적이어서 체계적인 연구가 어렵다.
㉣ 국가정보는 절차적이고 조직적으로 관리되지만, 국가정보의 특성상 공개되거나 노출이 되는 경우가 드물어서 연구대상에 대한 학문적 접근이 어렵다.

03 정답 ④

① 법적 · 제도적 분석: 설립 및 활동에 관한 법적 · 제도적 분석

05 정답 ③

정보수집, 방어활동, 공개활동은 능동적 방첩활동에 해당한다. 수동적 방첩활동에는 문서보안, 인원보안, 시설보안, 정보통신보안, 전자파보안 등이 있다.

06 정답 ③

민주화로 인해 정보기관에 대한 의회, 시민단체, 대중의 등의 감시활동이 증가하여 비밀정보활동이건이 악화되었다.

07 정답 ①

① 생태안보: 여성문제, 인구폭발, 자원관리, 환경오염, 전염병
② 경제안보: 단기 투자성 자금(핫머니)의 유입, 외화밀반출, 환투기사범
③ 군사안보: 전쟁, 국경분쟁, 테러리즘
④ 사이버안보: 통신컴퓨터시스템 마비, 컴퓨터 해킹, 안보체계 마비

이 책의 차례

최신 군무원
국가정보학 기출복원

2021 9급 기출복원

01
인간정보의 경우 이중스파이의 가능성이 있고, 정보원이 기만정보를 제공해 줄 수 있으므로 첩보의 신뢰를 파악하기 어렵다.

01 다음 중 인간정보와 기술정보에 대한 설명으로 옳지 않은 것은?

① 인간정보는 첩보의 신뢰여부를 파악하기 쉽다.
② 인간정보는 상대방 의도를 쉽게 파악할 수 있다.
③ 기술정보는 정보원이 접근할 수 없는 원거리의 정보도 수집이 가능하다.
④ 기술정보는 수집되는 정보가 많아서 분석 시 오랜 시간이 소요된다.

02
한국은 쿼드에 참여하지 않는다. 쿼드 참여 국가는 미국, 일본, 인도, 호주로 총 4개국이다. 쿼드는 한국, 베트남, 뉴질랜드를 포함해 '쿼드 플러스'로 확대할 계획을 구상 중이다.

02 다음 중 쿼드(Quad)에 대한 설명으로 옳지 않은 것은?

① 쿼드에 참여하는 국가는 미국, 한국, 인도, 호주이다.
② 쿼드는 중국을 견제하기 위해 미국이 인도−태평양 정책 강화를 목적으로 만들어졌다.
③ 쿼드에서는 반도체 등 산업분야와 안보관련 협조 등을 공동으로 논의한다.
④ 2017년 트럼프 정부에서 시작해 바이든 정부에서도 수행한다.

03
알카에다는 오사마 빈 라덴이 설립한 무장단체로 '미국과의 성전'이라는 이름으로 중동 및 세계 주요국가에서 테러공격을 수행하고 있다. 9·11 테러를 주도한 배후세력이자 세계에서 가장 영향력이 큰 테러단체 중 하나이다.

03 2001년 9·11테러 등을 일으켰으며, 아프가니스탄을 근거지로 두고 있는 테러단체로 옳은 것은?

① 헤즈볼라
② 알카에다
③ 이슬람 자유여단(IIB)
④ 하마스

04
산업스파이 교육은 민간기업이나 산업체에서 수행하는 활동으로 국정원에서 수행하지 않는다.

04 다음 중 우리나라 국정원이 수행하는 산업보안활동으로 옳지 않은 것은?

① 산업보안교육, 산업보안 컨설팅 및 설명회 개최
② 산업스파이 교육
③ 지적재산권 침해 대응
④ 첨단기술 해외유출 차단

정답 01 ① 02 ① 03 ② 04 ②

05 대안분석 중의 하나로 집단의사와 상반된 입장의 피력자를 공식적으로 지목하여 검증하는 기법은?

① 악마의 변론
② 홍팀 분석
③ 경쟁가설분석
④ 핵심판단기법

06 컴퓨터에 침입 루트를 알아놓은 뒤 재침입하는 해킹방법으로 옳은 것은?

① 악성코드
② 백도어
③ 리바이스 엔지니어링 공격
④ 버퍼 오버플로우 공격

07 다음 중 인간정보의 첩보 배포기술로 옳지 않은 것은?

① Brush pass(브러시 패스)는 스쳐 지나가며 정보를 건네는 방식을 말한다.
② Dead drop(데드 드랍)은 정해진 지정 장소에 물건을 보관하고 찾으러 오는 방식을 말한다.
③ Dvoke(드보크)는 사진이나 그림 등 이미지에 정보를 넣는 방식을 말한다.
④ Letter box(레터박스)는 공공시설이나 보관함에 정보를 넣는 방식을 말한다.

08
국가보위성은 김정은의 직접적인 지시를 통해 북한 정권과 사회주의 체제유지를 위한 사업을 진행하며, 주민의 사상동향 감시, 반체제 인물색출, 정치범 수용소 관리, 해외정보수집·공작, 국경경비·출입국 관리 등 임무를 수행한다.

09
「보안업무규정」 제9조(비밀·암호자재취급 인가권자)에서 I급비밀 취급 인가권자는 대통령, 국무총리, 감사원장, 국가인권위원회 위원장, 각 부·처의 장, 검찰총장 등이 있다.

10
게임이론은 양적분석 방법에 해당하는 내용이다.

11
방송뉴스나 신문기사는 목적성을 가지고 의도적으로 수집한 자료로 첩보에 대한 설명이다.

08 다음 〈보기〉에 해당하는 북한의 정보기관은 어디인가?

> **보기**
>
> 탈북자 관련 정보활동은 위장 탈북 및 국내 정착 북한이탈주민들에 대한 재입북 공작으로 이루어지고 있다.

① 국가보위성
② 문화교류국
③ 보위국
④ 정찰총국

09 국가비밀 중 I급비밀 취급 인가권자로 옳지 않은 것은?

① 국무총리, 국가인권위원회 위원장
② 각 부·처의 장
③ 검찰총장, 감사원장
④ 대법원장, 국회의장

10 정보분석 방법 중 질적분석 방법에 해당하지 않는 것은?

① 계층분석기법
② 브레인스토밍
③ 델파이
④ 게임이론

11 다음 중 첩보(Information)와 정보(Intelligence)의 특징이 아닌 것은?

① 정보는 정보기관에서 수집하고 분석하여 검증한 지식을 말한다.
② 뉴스, 기사, 지식 등은 모두 정보에 포함된다.
③ 정보는 국가비밀성을 갖고 있다.
④ 정보는 첩보의 부분집합이다.

정답 08 ① 09 ④ 10 ④ 11 ②

12 다음 중 김정은 체제에서 직접 지도 감독하에 활동하는 정보기관으로 옳은 것은?

> ㉠ 정찰총국
> ㉡ 통일전선부
> ㉢ 문화교류국
> ㉣ 해외연락부

① ㉠, ㉡, ㉢
② ㉠, ㉡, ㉣
③ ㉠, ㉢, ㉣
④ ㉡, ㉢, ㉣

12
북한의 정보기관 중 해외연락부는 존재하지 않는다.

13 민주주의와 국가정보활동에 대한 설명으로 옳지 않은 것은?

① 민주주의는 법을 우선하고, 국가정보활동은 국가안보를 우선시하여 가치가 상충되는 경향이 있다.
② 민주주의는 정보활동의 투명성을 중시하고 국가정보활동은 비밀성을 중시한다.
③ 민주주의는 권력을 분산시키는 반면 정보활동은 권력을 집중시킨다.
④ 민주주의와 국가정보활동은 신뢰성을 전제로 한다는 점에서 공통점이 있다.

13
민주주의는 시민과 시민, 정부와 시민 간의 상호신뢰가 요구되지만, 정보활동은 항상 경계와 감시체제를 유지한다.

14 다음 국가정보의 분류 중 잘못된 것은?

① 대상지역에 따라 국내정보와 해외정보로 구분한다.
② 사용자의 수준에 따라 국가정보와 부문정보로 구분한다.
③ 목적에 따라 정책정보와 안보정보로 구분한다.
④ 요소에 따라 민간정보와 군정보로 구분한다.

14
요소에 따라 군사, 과학기술, 정치, 경제, 사회, 사이버, 환경 등으로 구분한다.

15 현재 우리나라 정보기구에 대한 설명으로 옳지 않은 것은?

① 사이버작전사령부는 2009년 북한의 DDos공격을 계기로 창설되었다.
② 군사안보지원사령부는 군사보안, 군 방첩 및 군에 관한 정보의 수집, 처리 등에 관한 업무를 수행한다.
③ 기무사령부는 군과 민간을 모두 수사하며, 군방첩 및 보안 업무를 담당한다.
④ 국방정보본부는 군사정보 및 군사보안에 관한 사항과 군사정보전력의 구축에 관한 사항을 관장한다.

15
기무사령부는 1991년 1월 국군기무사령부로 변경했고, 2018년 8월 조직을 해편해 군사안보지원사령부가 창설되었다. 현재 없어진 정보기관이며, 정보기관은 민간을 수사할 수 없다.

정답 12 ① 13 ④ 14 ④ 15 ③

16

정보보고서는 정치적 입장과 무관하게 중립성을 가지고 객관적으로 작성되어야 한다.

16 정보생산자에게 필요한 능력이 아닌 것은?

① 정보생산자는 담당분야에 대한 전문지식과 적절한 언어능력을 1개 이상 갖추어야 한다.

② 사용자에게 쉽고 명확하게 전달할 수 있도록 간단명료하게 보고서를 작성해야 한다.

③ 정보보고서 작성은 전적으로 정보생산자의 능력이므로 경험과 지식을 토대로 주관적으로 작성해야 한다.

④ 심층적 전문지식과 적절한 분석기법을 숙달해야 한다.

17

NCS는 「헌법」 제91조에 '국가안전보장에 관련되는 대외정책·군사정책과 국내정책의 수립에 관하여 국무회의의 심의에 앞서 대통령의 자문에 응하기 위하여 국가안전보장회의를 둔다.'고 명시되어있다.

17 다음 중 우리나라의 NSC와 관련하여 옳지 않은 것은?

① NSC는 대외정책, 안보정책에 대해 대통령 직속의 정책자문기관이다.

② NSC의 의장은 대통령이지만, 회의 소집 및 주재는 국무총리에게 위임 가능하다.

③ NSC는 상임위원회와 사무처를 주축으로 하고, 상임위원회는 통일·외교·안보현안에 관한 정책을 조율한다.

④ NSC는 헌법에 명시되어 있지 않지만, 통일·외교·안보현안에 관련된 최고 의결기관이다.

18

이스라엘은 특별활동이 아닌 특별임무(Special Assignment)라는 용어를 사용한다.

18 비밀공작활동에 대한 용어로 옳지 않은 것은?

① 미국: 특수활동(Special Activity)

② 러시아: 적극적 조치(Active Measure)

③ 영국: 특수정치활동(Special Political Action)

④ 이스라엘: 특별활동(Special Activity)

19

ⓒ 미국이 만든 기구로 중국은 가입되어 있지 않다.

ⓔ 중국이 만든 기구로 미국은 가입되어 있지 않다.

오답의 이유

㉠ 미국과 중국이 모두 가입되어 있다.

ⓛ 미국과 중국이 모두 가입되어 있지 않다.

19 다음 중 미국과 중국이 자국의 영향력을 확대하고 견제하기 위해 설립된 기구들로 옳은 것은?

㉠ APEC(아시아태평양경제협력체)
ⓛ ASEAN(동남아시아국가연합)
ⓒ TPP(환태평양경제동반자협정)
ⓔ RCEP(역내포괄적경제동반자협정)

① ㉠, ⓒ

② ㉠, ⓔ

③ ⓒ, ⓔ

④ ㉠, ⓛ

20 정보생산자와 정보수요자에 대한 설명으로 틀린 것은?

① 정보수요자는 생산되는 정보를 의존하여 정책을 결정하는 경우가 있다.

② 정보수요자가 원하는 시점에 정보를 생산해 제공하는 것은 매우 어렵다.

③ 정보생산자는 정보기관을 말하며, 정보수요자는 정책결정자를 포함한다.

④ 정보생산자가 자체적으로 정보수요자를 선정해 정책을 주도적으로 이끌어간다.

21 다음 중 국가정보의 필요성이 아닌 것은?

① 국제조약 검증 및 국가의 외교협상력 제고

② 국가산업활동을 위한 산업경쟁력 제고

③ 기업활동에 이익을 주는 산업정보활동

④ 현재 및 미래 안보위협에 대비

22 다음 중 정보실패에 대한 설명 중 적절하지 않은 것은?

① 정보실패는 분석관 및 조직의 오류, 정보배포상의 오류 등이 있다.

② 정보활동은 정보활동의 성공보다 실패가 더 많이 알려지는 경향이 있다.

③ 정보실패는 정보기관의 전적인 문제이다.

④ 정보실패는 정책결정자의 정책실패로 연결될 수 있다.

20
정보생산자는 제도와 조직의 측면에서 정보수요자(정책담당자)를 일방적으로 주도하지 않으며, 또한 위계적으로 우위에 있지도 않는다.

21
국가정보는 국가산업에 이익을 주는 활동을 하기 위한 기관이다.

22
정보기관 외에도 다른 기관들 사이의 협조와 공유의 미비가 정보실패로 이어진다.

정답 20 ④ 21 ③ 22 ③

23
냉전이후 공개정보의 비중과 중요성이 점점 증가하고 있었다.

23 정보환경의 변화로 인해 정보기구가 대응해야 하는 일이 아닌 것은?

① 냉전이후 공개정보의 비중과 중요성이 점점 낮아지고 기술정보가 중요해짐에 따라 기술정보수집 수집 역량을 강화해야 한다.

② 정보기구는 정책결정자와의 원활한 의사소통을 위해 소통채널을 다양화해야 한다.

③ 세계화 진전과 경계의 모호성으로 적절한 조직과 기능으로 변화하고 대응해야 한다.

④ 냉전이후 산업정보가 중요해짐에 따라 전문성을 위해 산업체, 비정부단체와 협력해야 한다.

24
정보는 비밀·통제구역 안에서 생산되어야 한다.

24 다음 중 정보를 생산할 때 적절하지 않은 것은?

① 정보는 정책이 결정되기 전에 생산되어 제공해야 한다.

② 객관성을 위해서 정보는 공개된 장소에서 생산되어야 한다.

③ 정보는 정책과 관련된 내용이어야 한다.

④ 정보는 수요자의 요구사항에 부합하여 작성되어야 한다.

25
국가정보는 비밀성, 합목적성, 전방위성의 특성을 가지고 있다.

25 다음 중 국가정보의 특성으로 옳지 않은 것은?

① 정보활동은 합법적으로 처리하였느냐가 아니라 국가이익에 얼마나 부합하였는지에 대한 합목적성을 가진다.

② 국가정보는 정책결정자의 정치적 목적을 위해 사용한다.

③ 국가정보는 사용자의 판단과 집행의 효율성을 보장하는 비밀성을 지닌다.

④ 국가정보는 종합적인 지식으로 모든 분야가 국가이익을 위해 필요한 전방위적 성격이 있다.

정답 23 ① 24 ② 25 ②

2021 7급 기출복원

01 다음 중 PNIO에 대한 설명으로 옳지 <u>않은</u> 것은?

① 결정된 PINO는 중간에 임의로 조정할 수 없다.

② 국가정보기관이 국가의 정책수립과 실행을 위해 필요한 정보수집에 대한 지침이다.

③ PINO는 NSC의 장이 선정한다.

④ PINO는 각 정보기관들과 협조하여 최종 선정한다.

01
NSC의 장은 대통령이고, PINO는 국가정보원장이 선정한다.

02 다음 중 영상정보(IMINT)에 관한 설명으로 옳지 <u>않은</u> 것은?

① 영상정보 수집수단으로 무인정찰기 중에서는 글로벌호크, 프레데터 등이 있다.

② 수집장비로 레이더, 적외선–전자광학 카메라 장비 등이 있다.

③ 영상으로 수집한 내용은 누구나 쉽게 판독이 가능하다.

④ 영상정보는 순간을 포착하는 정보이므로 전후 관계 파악이 어렵다.

02
영상정보는 훈련된 영상 전문가가 아니면 판독이 어렵다.

03 다음 중 정보의 역사에 대하여 틀린 설명은?

① 무선통신기술 발전으로 전쟁에서 정보의 역할이 점차 증대되었다.

② 영국은 19세기 후반에 비밀정보국(SSB)을 창설, 방첩과 해외정보를 담당하였다.

③ 19세기 러시아는 국가주도의 정보기관 '오흐라나'를 설치, 비밀경찰의 임무를 수행했다.

④ 1941년 진주만의 공격으로 미국은 CIA를 창설하였다.

03
영국은 비밀정보국을 1909년에 창설했다.

04 다음 중 프로파간다(Propaganda)에 관한 설명으로 옳지 <u>않은</u> 것은?

① 사실에 근거했을 때 가장 효과적이다.

② 잘못 활용했을 경우 Blow Back 현상을 야기시킬 수 있다.

③ 용어는 종교에 관련된 어원으로 시작되었다.

④ 냉전시기와 제2차 세계대전 시기에 가장 많이 활용하였다.

04
사상을 선전하는 내용이기 때문에 사실에 과장이 포함된다.

정답 01 ③ 02 ③ 03 ② 04 ①

05
중앙집중형 정보기구는 정보를 통합하여 종합분석하는 것을 의미한다. 중국에는 MSS, 미국은 ODNI, 일본은 CIRO가 있다. 러시아에는 SVR, FSB로 두 개의 기관이 분리되어 있고 종합하는 부서는 따로 없다.

05 우리나라의 국가정보원 같은 중앙집중형 정보기구를 가지지 않은 국가는?

① 중국

② 미국

③ 러시아

④ 일본

06
국가안보지원사령부는 방위산업만 담당한다.

06 산업기술보호와 관련된 내용 중 옳지 않은 것은?

① 산업기술보호와 관련된 법률은 '산업기술 유출 및 방지에 의한 법률'이다.

② 군사안보지원사령부는 방위산업뿐만 아니라 국가의 중요한 산업기술을 전반적으로 관리한다.

③ 국가정보원에서는 산업기술보호를 위해 산업기술보호센터를 설치, 운영한다.

④ 산업기술은 국가나 공공기관의 기술뿐만 아니라 민간기업의 산업정보고 포함한다.

07
사이버작전사는 북한의 정보전이나 사이버전에 대응하고 예방하는 곳이다. 군 정보통신분야 보안은 안보지원사에서 담당하고 있다.

07 다음 사이버보안과 관련된 내용 중 옳지 않은 것은?

① 사이버전은 정보전 및 네트전으로 구분한다.

② 한국은 2004년부터 사이버범죄, 사이버테러, 사이버전으로 구분하여 대응하고 있다.

③ 군 정보통신분야 보안은 사이버작전사가 담당하고 있다.

④ 합참의장이 인포콘을 관리한다.

08
토론을 할 때 상대방 입장에서 의견을 먼저 제시하는 기법을 악마의 대변인이라고 한다.

08 다음 설명 중 대안분석기법으로 옳은 것은?

> 어떤 사안에 대하여 반대 입장을 취하는 사람을 선정, 토론을 통해 최선의 결과를 얻어내며 집단사고를 깨기 위한 기법으로 고착된 견해를 변화시키는데 효과적이다.

① A팀 B팀

② 악마의 대변인

③ 붉은 세포역할

④ 핵심전제조건

정답 05 ③ 06 ② 07 ③ 08 ②

09 다음 중 북한의 국가보위성의 임무로 옳지 않은 것은?

① 해외정보를 수집하고 비밀공작을 수행한다.
② 국내 방첩 및 불순분자를 차단 감시한다.
③ 남한과 교류업무를 수행한다.
④ 민간인 사찰 및 정치사상범을 관리한다.

09
남한과 교류업무를 수행하는 곳은 통일전선부이다.

10 다음 중 공격 대상이 다른 것은?

① 스푸핑
② 전자폭탄(EMP)
③ 랜섬웨어
④ 트로이목마

10
①·③·④는 소프트웨어를 공격하고, ②는 하드웨어를 공격한다. 전자폭탄은 전자 방출 효과로 전자기펄스의 영향을 받는 곳에 있는 모든 전자기기, 즉 통신 장비, 컴퓨터, 이동 수단, 전산망, 군사용 장비 등이 마비된다.

11 다음 중 역용공작과 관련된 내용이 아닌 것은?

① 닭모이
② 더블크로스 작전
③ 울트라작전
④ 피그스만 침공

11
울트라작전은 독일의 에니그마 암호 기계를 해독하는 작전으로 역용공작과 관련이 없는 내용이다.

12 다음 중 통신제한조치에 대한 내용으로 옳지 않은 것은?

① 대통령령이 정하는 정보수사기관장은 국가안정장에 위험이 예상되는 경우 대테러활동에 필요한 경우에 한하여 통신제한조치를 할 수 있다.
② 긴급통신제한조치 시 규정에 의해 대통령령의 승인을 얻어야 하며 36시간 내 대통령의 승인을 얻지 못할 시 지체 없이 긴급통신제한조치를 중지해야 한다.
③ 국가안보를 위협하는 음모행위, 사망이나 상해를 야기할 수 있는 중대한 범죄의 계획이나 실행 등 긴박한 상황이 있고 정해진 통신제한조치 허가요건이 구비하지 않았어도 긴급한 사유가 있는 때에는 법원의 허가 없이 통신제한조치를 할 수 있다.
④ 대한민국에 적대하는 국가, 반국가활동의 혐의가 있는 외국기관, 외국인, 대한민국의 통치권이 사실상 미치지 아니하는 한반도 내의 집단이나 외국에 소재하는 그 산하단체구성원의 통신제한조치는 서면으로 대통령의 승인을 얻어야 한다.

12
통신제한조치 허가요건을 미리 구비하고 있고, 긴급한 사유가 있을 때는 통신제한조치를 할 수 있다.

정답 09 ③ 10 ② 11 ③ 12 ③

13
국가정보 목표 우선순위를 재조정하는 것
은 효율성과 통제성을 위한 방향에 해당
하지 않는다.

13 민주사회에서 정보기구는 효율성, 통제성의 문제가 서로 대립한다. 효율성과 통제성을 위한 정보기구의 방향으로 틀린 것은?

① 국가정보체계의 효율성을 제고하고 정보역량을 강화를 위해 제도를 개혁해야 한다.

② 국가정보 목표 우선순위를 재조정한다.

③ 정보기구는 의회에 예산을 요구하고 의회는 정보기구의 예산집행을 적절하게 통제해야 한다.

④ 중앙집중형분석기구를 통하여 첩보출처를 종합, 중앙분석체제를 통해 효율성을 증대시킨다.

14

오답의 이유

① 정보 요구에 의해서 적합한 분석대상
을 선정한다.
② 첩보 수집과정에서의 실수는 분석관의
잘못일 가능성이 있다.
③ 수집 과정상 해당하는 설명으로 분석
과정의 오류에는 해당하지 않는다.

14 다음 중 정보분석 과정에서의 오류에 해당하는 것은?

① 정보기관이 임의로 분석대상을 선정한다.

② 첩보에서 실수가 있어도 대체로 분석관 탓이다.

③ 정보기관의 수집 능력상의 한계가 있다.

④ 정보분석관의 인지상의 실패, 능력상의 실패, 분석관의 결여 등이다.

15
정보소비자는 정보를 요구하지 않는다.
정보기관을 무시하고 보고서 내용을 신뢰
하지 않는 경향이 있다. 정보소비자가 정
보를 요구하는 것은 소비자의 오류가 아
니다.

15 다음 중 정보소비자의 오류가 아닌 것은?

① 정보기관이 아닌 자신의 사적인 보고를 선호한다.

② 정보기관을 불신하여 보고를 신뢰하지 않고 분석관을 무시한다.

③ 자신의 정책에 지지하지 않거나 부합되지 않는 보고는 무시하는 경향이 있다.

④ 정보소비자가 선호하는 양적분석 정보를 적극적으로 요구하는 경향이 있다.

16
정보가 정책을 이끄는 것은 독재국가나
저개발 국가에서 일어나는 일이다.

16 다음 중 정보와 정책에 대한 내용 중 다른 것은?

① 정보가 정책을 이끈다.

② 국가정보는 정책과정을 지원하는 역할을 한다.

③ 정보와 정책은 밀접한 공생관계를 유지해야 한다는 것은 행동주의이다.

④ 정보와 정책은 거리를 두어야 한다는 것이 전통주의이다.

정답 13 ② 14 ④ 15 ④ 16 ①

17 다음 중 능동적 방첩, 수동적 방첩과 관련된 법률 내용 중 성격이 다른 것?

① 방첩업무규정
② 국가정보보안 기본지침
③ 국가보안법
④ 테러방지법

17
국가정보보안 기본지침은 수동적 방첩과 관련된 법률이다.

18 다음 중 시간기준으로 정보보고서를 분류할 때 나머지와 다른 것은?

① 고위간부정책요약(SEIB)
② 국방정보평가(NID)
③ 국방정보요약(DIA)
④ 군사정보요약(MID)

18
판단보고서에 해당한다.

오답의 이유
①·②·④는 현용정보보고서에 해당한다.
① 주 6회 보고서를 작성하며, 주로 고위직만 열람이 가능하다.
② 주 6회 보고서를 작성하며, 전 부서에서 열람이 가능하다.
④ 주 5회 보고서를 작성하며, 전군 지휘관에게 배포한다.

19 다음 중 비밀공작으로 옳은 것은?

① 비밀공작 종류로 선전, 정치, 경제, 전복, 준군사공작이 있다.
② 비밀공작은 대외정책 목표와 일치하지 않아도 된다.
③ 비밀공작은 정부부처에서도 수행할 수 있다.
④ 비밀공작은 국가정보기구의 유일한 활동이다.

19
오답의 이유
② 비밀공작은 대외정책목표를 달성하기 위한 정책수단이다.
③ 비밀공작은 전문인력과 정보를 가진 곳에서 수행할 수 있어 국가정보기관만이 수행한다.
④ 국가정보기구에서는 다른 활동도 함께 진행하고 있어 유일한 활동은 아니다.

20 다음 중 비밀공작과 관련된 내용으로 잘못된 것은?

① 비밀공작은 국가이익과 국가안보를 위하여 정보기관에서 수행하는 행위이다.
② 비밀공작은 비공개를 원칙으로 하지만 차후에 공개할 수도 있다.
③ 미국의 경우 대통령의 승인을 받았다면 의회에 통보하지 않아도 된다.
④ 비밀공작은 선전공작, 정치공작, 경제공작, 전복공작, 준군사공작 등이 있다.

20
정보수권법에 의해서 대통령의 승인을 받았다고 하더라도 대통령은 의회에 사전에 서면보고를 해야 한다.

21 다음 정보수집 분류 내용 중 다른 것은?

① 정보수집은 공개와 비밀로 구분한다.
② 공개로 수집한 정보를 공개출처정보라 한다.
③ 비밀정보에는 인간정보와 기술정보가 있다
④ 비밀정보가 주된 수집수단이다.

21
공개정보도 수집수단에 포함되어있다.

정답 17 ② 18 ③ 19 ① 20 ③ 21 ④

22
테러수사는 사법기관에서 이루어지고 있다.

22 다음 냉전체제 이후 발생하는 새로운 테러에 대한 설명 중 다른 것은?

① 다수국가가 국제적으로 연계되어 추적이 어렵고, 다수국가가 공동 대응 방식으로 대응하고 있다.

② 국제테러수사가 사법기관으로 이동하는 경향이 있다.

③ 테러목적이 추상적이고 공격주체가 불분명하고 불특정 다수를 대상으로 한다.

④ 조직이 다원화되고 비조직적이며 실체 파악이 어렵다.

23
방첩수사는 범죄요건을 구성하지 않는 상황에서도 첩보를 수집할 수 있다.

23 다음 중 방첩수사와 관련하여 적절하지 않은 것은?

① 범죄요건을 갖추기 이전에는 방첩수사를 할 수 없다.

② 방첩수사는 내국인들을 대상으로 할 수 있다.

③ 형법 제98조에는 간첩행위를 적국을 위한 간첩으로 규정하고 있어 외국인에 대한 간첩행위의 처벌은 모호한 부분이 있다.

④ 제국익문사는 대한제국의 방첩기관이다.

24
위장부인은 임무를 수행하는 과정에서 신분이 노출되는 등의 일이 벌어질 경우 수립하는 것으로, 미리 계획단계에서부터 포함시키지 않는다.

24 다음 중 비밀공작에 대한 설명으로 다른 것은?

① 비밀공작은 비윤리적이므로 최후의 수단으로서 사용해야 한다.

② 위장부인은 비밀공작 계획단계부터 포함시켜서 계획을 수립한다.

③ 9 · 11 테러 이후 비밀공작을 위한 정보수집의 역류현상이 발생한다.

④ 비밀공작 시 사전에 철저한 첩보수집내용을 바탕으로 공작계획을 구체적으로 수립한다.

25
외국어를 배우는 것은 개인의 능력을 향상시킬 수 있는 부분이지만, 외국어 능력이 반드시 필요한 소양은 아니다.

25 다음 중 정보분석관에게 필요한 소양이 아닌 것은?

① 외국어를 한 가지 이상 숙달하여 전문성을 높인다.

② 정보분석 대상국국가에 대한 선행학습이 필요하다.

③ 정보보고서 작성기술을 숙달시킨다.

④ 분석업무에 대한 전문지식과 분석기법을 숙달한다.

정답 22 ② 23 ① 24 ② 25 ①

01 다음 중 국가정보학 연구의 한계로 가장 옳지 않은 것은?

① 국가정보활동은 보편성으로 인해 학문적 연구가 어렵다.

② 국가정보활동은 비밀성 및 기밀성으로 인해 연구대상으로 삼기 어렵다.

③ 국가정보활동만을 별도로 분리하여 학문적 연구대상으로 분류하기 어렵다.

④ 국가정보활동에 대한 연구자료가 부족하여 체계적인 학문적 연구가 어렵다.

01
국가정보학의 연구가 부진했던 주요 요인은 학문적 연구를 위한 보편성 부재, 상시적 접근이 어려운 국가정보활동의 비밀성 및 기밀성, 사실적 권력활동의 영역에 해당하여 독립된 학문분야로 생각하지 않는 경향이 큰 점, 국가정보활동에 대한 연구자료가 부족한 점 등이 있다.

02 다음 중 켄트(Kent)의 국가정보 개념에 포함되지 않는 것은?

① 무기

② 활동

③ 조직

④ 지식

02
켄트는 국가정보 개념을 지식 또는 첩보, 활동 및 조직을 포괄한다고 정의하였으므로, 무기는 이에 해당하지 않는다.

03 국가정보는 여러 가지 기준에 따라서 다양한 방식으로 분류될 수 있다. 다음 중 이러한 국가정보의 분류로 옳지 않은 것은?

① 국가정보는 그 사용목적에 따라 보안정보와 정책정보로 구분되며, 외사정보나 대공정보는 보안정보에 속한다.

② 국가정보는 요소에 따라 정치정보, 경제정보, 군사정보, 과학기술정보, 사회정보로 구분되며, 탈냉전 이후에는 환경정보, 사이버정보가 새로 추가되었다.

③ 국가정보는 대상지역에 따라 국내정보와 국외정보로 구분되는데, 정보활동이 이루어지는 물리적 공간에 따라 구분되며 행위의 주체가 내국인인지 외국인인지는 중요하지 않다.

④ 국가정보는 수집방법에 따라 인간정보, 기술정보, 공개출처정보로 구분되는데, 특히 빅데이터 분석방법론이 개발되면서 공개출처정보의 가치는 높아지는 추세이다.

03
대상지역에 따라 국내정보 및 국외정보로 구분하나, 대상지역은 정보활동이 수행되는 물리적 공간이 아닌 정보목표의 대상지역에 따라 구분한다. 이러한 분류방식에서 행위의 주체가 내국인인지 외국인인지는 중요하다.

정답 01 ① 02 ① 03 ③

04

정보는 정책적 목적을 가지고 분석 · 평가된 가공된 지식을 말하며, 목적성을 가지고 의도적으로 수집된 사실은 첩보이다.

04 다음 중 첩보(Information)와 정보(Intelligence)에 대한 설명으로 옳지 않은 것은?

① 정보는 목적성을 가지고 의도적으로 수집한 자료를 말한다.

② 아무리 정교한 내용이라도 일단 전문 정보기관에서 정제되지 않으면 첩보로 간주한다.

③ 사회에서 통용되는 정보라도 정보기관에서 검증되지 않은 자료를 수집하는 경우는 첩보에 해당한다.

④ 첩보는 전문 정보기관 요원이 전문성을 발휘하여 정확하고 신뢰성 있는 내용을 정리해 정책결정자에게 전달해 업무에 도움이 될 때, 비로소 확실한 정보의 역할을 수행하는 것이다.

05

㉮에 해당하는 내용은 '정확성'이고, ㉯에 해당하는 내용은 '객관성'이다.

05 정보가 정책결정과정에 기여하기 위해서는 몇 가지 요건들이 구비되어야 하는데, 다음 보기의 ㉮, ㉯에 알맞은 정보의 구비요건은?

정보는 ㉮ 이 있어야만, 올바른 정책결정을 수립할 수 있고 적합한 대책을 강구할 수 있기 때문에 ㉮ 은 정보의 생명과도 같다. 정보의 ㉮ 이 높을수록 가장 최선의 정책결정이 가능하고, 최대효용의 국가이익을 추구할 수 있기 때문이다. 정보의 ㉮ 을 제고하기 위해서는 수집된 첩보에 대한 신뢰성이 확보되어야 한다.

정보는 ㉯ 이 있어야 한다. 정보는 정책결정에 필요한 판단의 근거를 제공하는 매우 중요한 역할을 하기 때문에 ㉯ 을 유지해야 한다. 생산자나 사용자의 의도에 따라 정보가 주관적으로 왜곡될 때 정보는 국가이익을 위한 정책결정에 기여하는 것이 아니라, 생산자나 사용자가 선호하는 정책을 합리화하는 도구로 전락하게 된다.

	㉮	㉯
①	정확성	객관성
②	적시성	적합성
③	적합성	완전성
④	적시성	정확성

06

정보절차는 정보요구-수집-처리-분석-배포의 과정을 되풀이하는 정보순환과정으로 이루어진다.

06 다음 중 정보순환단계의 하나인 환류(Feedback)에 대한 설명으로 옳지 않은 것은?

① 정보절차는 정책담당자가 정보생산자에게 정보를 요구하는 단방향으로 진행된다.

② 정보의 환류를 통해 정보공동체와 정책공동체가 서로 상호작용을 할 수 있게 된다.

③ 정책담당 부서의 정보소비에서 발생한 여러 국면의 상황은 정보순환에 상당한 영향을 미칠 수 있다.

④ 정책담당자들에 의해 제기되는 피드백 중 일정한 내용은 정보요구로 간주되어 새로운 정보순환이 진행될 수 있다.

정답 04 ① 05 ① 06 ①

07 다음 중 영상정보 수집에 대한 설명으로 옳지 않은 것은?

① 영상정보가 제공하는 자료는 쉽게 이해할 수 있다는 장점이 있다.

② 글로벌호크는 실시간 영상을 보낼 수 있으며, 무장능력으로 인해 공격목표가 발견되면 즉시 공격할 수 있다.

③ 2011년 미 해군특수부대(Navy Seal) 요원들이 9·11 테러의 주범인 오사마 빈 라덴을 급습하였을 때 그가 숨어있었던 은신처의 건물구조, 주변 지형, 기습경로 등을 파악하는 데 있어, 국가지리공간정보국(NGA)이 결정적인 역할을 하였다.

④ 상업용 위성의 성능이 개선되고 활동이 증가하면서 정보기관의 첩보수집에 적극적으로 활용되고 있다.

07
미국 공군의 무인정찰기 겸 공격기인 프레데터(Predator)에 대한 설명이다.

08 다음 중 인간정보(HUMINT)에 대한 설명으로 가장 적절하지 않은 것은?

① 일반적으로 인간정보는 비밀리에 첩보활동을 수행하는 사람 즉 스파이를 의미한다.

② 인간정보는 신호정보활동처럼 적의 의도나 계획을 파악하기에는 어려움이 따른다.

③ 인간정보는 공개정보 수집이나 기술정보 수집활동으로는 원하는 정보를 획득할 수 없는 경우 활용되어지며, 위험 부담이 크다.

④ 인간정보활동은 첩보의 진위 확인이 어렵기 때문에 역공작·이중스파이와 같은 배신 가능성이 존재한다.

08
인간정보는 신호정보를 통해 파악하기 어려운 적의 의도 및 숨겨진 계획 등을 파악하기 위해 사용된다.

09 다음 〈보기〉의 첩보수집 수단에 대한 설명으로 옳지 않은 것은?

> **보기**
>
> 지상 또는 공중에서 감지기를 사용하여 획득한 첩보를 분석하여 생산된 정보를 말하며, 통상 종이에 인쇄된 것과 모니터에 나타난 것으로 구분된다.

① 정보를 획득하기 위한 수집수단으로 주로 정찰위성과 항공기가 활용되고 있다.

② 정보는 적 시설·장비의 위치, 적 지형의 특징, 적의 활동사항 등에 대하여 정확한 정보를 제공한다.

③ 정보는 기상에 따라 수집활동이 제한되며, 분석을 위해 장시간이 소요된다.

④ 정보는 암호해독과 조합을 이루어 상대방에 관한 정보를 취득하는 가장 중요한 수단으로 활용된다.

09
주어진 보기는 영상정보에 대한 설명이며, ④는 신호정보에 대한 설명이다.

정답 | 07 ② 08 ② 09 ④

10

10
판단정보는 현 상황에 대한 분석뿐만 아니라 미래 상황에 대한 예측 및 판단까지 포함하는 정보를 의미한다.

10 정보보고서는 시간적 특성에 따라 기본정보, 현용정보, 판단정보로 구분할 수 있다. 다음 중 이러 한 정보보고서에 대한 설명으로 옳지 않은 것은?

① 판단정보는 적대국가 또는 적대세력의 위협에 대한 경고정보를 포함한다.

② 기본정보는 상황 또는 사물의 정적인 상태를 기술하는 것으로서 기본적 항목에 대해 기술하는 것이다.

③ 현용정보는 어떤 조직이나 사건에 대해 현재 시점의 정세나 동향을 설명하는 것이다.

④ 정보보고서는 보고시기를 기준으로 정기보고서와 수시보고서로 구분한다.

11
악마의 변론에 대한 설명이다. A팀/B팀 분석은 유력한 가설이 두 개로 나뉘어 서로 대립할 때 이를 검증하기 위한 방법이다.

오답의 이유
① 질적분석의 주요분석 기법으로 브레인스토밍, 경쟁가설분석, 역할연기, 델파이 기법 등이 있고, 양적분석의 주요분석 기법으로 베이지안 기법, 행렬분석 기법, 시뮬레이션 등이 있다.
② 경쟁가설분석은 분석사안에 대해 최대한 많은 가설을 도출하고 가설과 모든 증거자료의 일치 여부를 검토하는 방법으로서 각종 증거와 배치가 적은 가설을 중심으로 결론을 도출하는 방법이다.

11 다음 중 정보분석 기법에 대한 설명으로 옳지 않은 것은?

① 질적분석은 개별적·문화적 사회현상에 대한 행위자의 주관적 의도를 이해하는 접근방법이고, 양적분석은 어떤 현상의 경험적·객관적인 법칙을 중시하면서 외부로부터 설명하는 접근방법이다.

② 경쟁가설분석은 많은 자료가 있으면서도 불확실한 상황이 지속되는 복잡한 사안을 판단하는 데 유용하며, 오판 가능성을 줄여주는 기법이다.

③ 악마의 변론은 중요한 정보사안과 관련하여 분석방향 또는 핵심전제가 거의 결정되었으나, 간과한 검토사항이 있는지 확인하고 중요한 분석전제가 잘못되지 않았는지 점검하기 위해 활용되는 기법이다.

④ A팀/B팀 분석은 유력한 가설이 하나만 있을 때 이것을 분석하기 위한 방법으로, 최초 가설을 세운 A팀에 대해 B팀이 논리적 오류를 확인하여 대안가설을 제시하는 기법이다.

12
보기는 양적 분석기법 중 베이지안 기법에 대한 설명으로, 사건 발생 가능성을 베이지안 공식을 사용하여 구체적 확률로 나타내는 분석기법을 말한다.

오답의 이유
① 분석대상에 대한 다수의 가설을 설정하고, 각 가설을 뒷받침하는 증거를 평가하여 몇 개의 중요 가설로 압축한 다음 이를 중심으로 핵심적인 판단을 추출하는 방법
② 정보분석대상인 사실관계에 영향을 미치는 여러 변수를 최대한 도출하고, 이 변수를 인과관계에 따라 도식화하여 직간접적인 요인을 규명하고 향후 추세를 전망하는 방법
④ 상호간 우열을 가리기 어려운 두 개 이상의 가설을 동일한 평면에서 동일한 조건에서 동시에 평가 하여 상대적 우월성을 확인하는 방법

12 다음 〈보기〉에서 설명하고 있는 정보분석의 방법으로 옳은 것은?

> **보기**
> • 실증주의적·경험주의적 패러다임의 방법론에 기초를 두고 있다.
> • 실재가 연구자와 독립적이기 때문에 도구에 의해 객관적으로 측정할 수 있다는 시각이다.
> • 기술자료에서 가치에 대한 표현은 삭제되며, 연구를 통해서 얻어진 증거로부터 사실을 설명한다.
> • 분석을 위해 개념 변수 가설들이 연구 이전에 선택되면 연구과정에서 통제된다.

① 핵심판단 기법

② 인과관계 기법

③ 베이지안 기법

④ 경쟁가설 기법

정답 10 ① 11 ④ 12 ③

13 정보와 정책의 관계에 대해 옳은 내용을 모두 고른 것은?

> ⊙ 독립성설 – 정책공동체와 정보공동체 사이의 절연과 상호 간 독립이 이루어져야 한다.
> ⓛ 공생관계설 – 정보와 정책은 서로의 영역을 넘어서라도 긴밀한 관계를 유지해야 한다.
> ⓒ 유기적 조화설 – 정보는 정책에의 대표적인 투입변수이지만, 정책은 해당 정보를 거부하고 다른 정책 결정인자에 기초하여 추진될 수도 있다.
> ⓔ 쌍방관계설 – 정책결정자는 단지 정보를 수령하는 것에만 그치치 않고 '정보를 형성한다'는 입장이다.

① ⊙, ⓛ

② ⓒ, ⓔ

③ ⊙, ⓛ, ⓒ

④ ⊙, ⓛ, ⓒ, ⓔ

13
정보와 정책의 관계를 설명하는 이론에는 독립성설(전통주의), 공생관계설(행동주의), 유기적 조화설, 무관계설이 있다.

14 다음 중 정보수요자와 정보생산자의 관계에 대한 설명으로 가장 옳지 않은 것은?

① 정보수요자의 구체적 요구와 관계없이 정보생산자로서의 분석관은 정보를 수집하고 분석한 자료를 항상 준비하여 정보수요자에게 신뢰를 주고 설득력이 있어야 한다.

② 미국의 경우 정무직 고위관료들은 CIA 분석관의 객관성과 전문성을 충분히 인정하는 태도를 보인다.

③ '정보의 정치화'의 결정적 책임은 정보생산자보다는 정책결정자에게 있다고 보아야 한다.

④ 정보생산자는 정보수요자의 조언자로서 역할을 수행해야 하지만, 정책 결정의 중심에서 조금 떨어져 있어야 한다.

14
정보수요자와 정보생산자는 각각의 조직 문화, 역할의 차이, 상이한 경험 등으로 상대 조직에 대한 불신과 불편감을 가지고 있다.

15 다음 중 정보실패의 요인으로 가장 옳지 않은 것은?

① 정설이론(Received Opinion)

② 경상이론(Mirror Image)

③ 집단이론(Group Thinking)

④ 인지부조화(Cognitive Dissonance)

15
정설이론(분석상의 편견), 경상이론(거울 이미지), 집단이론(집단사고)은 정보실패의 내적 요인으로 정보 분석관의 인지적 오류에서 비롯된다.

정답 13 ③ 14 ② 15 ④

16

준군사공작의 대표적 사례이다. 준군사공작은 국가정보기구가 정식 전쟁이 아닌 방법으로 수행하는 전쟁에 준하는 비밀공작활동을 의미하며, 정부전복이라는 정치적 목적을 실현하기 위해 군사력을 공작으로 이용하는 것을 의미한다.

오답의 이유
① 경제공작에 해당하는 설명이다.
② 정치공작에 해당하는 설명이다.
④ 기만공작에 해당하는 설명이다.

16 다음 〈보기〉의 사건과 관련 있는 비밀공작의 내용으로 가장 적절한 것은?

> **보기**
> • 1961년 쿠바 피그만 공격
> • 1980년대 아프가니스탄 무자헤딘 지원
> • 2000년대 아프가니스탄 북부동맹 지원

① 경제적 불안과 사회 불안을 생성해 해당 국가에 혼란을 주는데 초점을 두고 있는 행위이다.
② 대상 국가의 정세를 자국에게 유리한 방향으로 바꾸기 위한 공작으로 특정 후보 또는 특정 정권을 축출하기 위해 정보를 유포하는 행위이다.
③ 정보기관의 주도하에 대규모의 인원을 동원하여 적대국에 대해 직접적인 군사공격을 단행하는 행위이다.
④ 대상 국가에게 약점을 숨기고 실존하지 않는 힘이 있는 것처럼 속이거나 인지하고 있는 정보를 왜곡하기 위한 행위이다.

17

이라크 대량살상무기 및 이라크전의 정보실패를 설명하는 내용이다.

오답의 이유
② 연방수사국(FBI)은 안보 위협 활동과 관련된 국내 정보활동을 위주로 수행하므로 비교적 기본적인 해외정보가 많지 않다.

17 9·11 테러 사건과 관련된 보고서에 대한 설명으로 가장 옳지 않은 것은?

① 정보공동체의 정보의 의도적 조작이 정보실패의 가장 큰 요인이다.
② FBI의 테러 관련 업무는 기본적인 해외정보가 많지 않아 체계가 잡혀 있지 않았다.
③ FBI는 해외정보감독법의 절차에 의해 수집된 정보자료를 형사부서와 공유하지 않는 것을 원칙으로 하는 조직문화가 있다.
④ 미국 정보공동체를 구성하고 있는 16개 정보기관들이 생산하는 정보가 원활하게 공유되지 않았다.

18

정보기구에 대한 제도적 통제는 국가정보기관이 행정부 소속 기관이기 때문에 최고 통치권자(대통령 또는 총리)의 통제, 삼권분립에 기초한 통제(입법부·사법부)가 이루어지게 된다. 제도적 차원에서 최고 통치권자는 정보기관 통제를 위한 조직을 신설하였고(국가안전보장회의), 입법부는 정보통제 관련한 입법, 사법부는 사후적 판단에 의한 정보기관의 민주적 통제를 위한 가이드라인을 제시한다.

18 다음 중 정보기구 업무에 대한 제도적 통제에 해당하지 않는 것은?

① 입법부(국회)
② 언론
③ 사법부
④ 국가안전보장회의

정답 16 ③ 17 ① 18 ②

19 정보기관은 행정 부처 소속부서에 따라 분류될 수 있다. 다음 중 유럽의 국방부 소속 정보기구만을 모두 고른 것은?

> ㉠ 영국 정보통신본부(GCHQ)　　　㉡ 독일 연방군방첩국(MAD)
> ㉢ 프랑스 군사정보국(DRM)　　　　㉣ 프랑스 국내안보총국(DGSI)

① ㉠, ㉡

② ㉡, ㉢

③ ㉠, ㉡, ㉢

④ ㉠, ㉡, ㉢, ㉣

20 다음 중 우리나라 정보기구의 기원과 변천에 대한 설명으로 옳지 않은 것은?

① 1902년 제국익문사는 우리나라 최초의 근대적 정보기관으로 고종황제 직속 정보기관으로 운영하였다.

② 임시정부는 일제의 동향 및 국내정보 수집은 물론 군자금 모집 및 전달, 요인암살 및 탈출 등 비밀공작, 민족정기 고취를 위한 홍보 선전활동 등 비밀활동을 다양하게 수행하였다.

③ 해방 후 한국의 정보활동은 일본 정보기구의 지원을 통해 체계화되고 발전되기 시작하였으며, 육군정보국, 특무대가 정보활동을 주도하였다.

④ 1961년 6월 설립된 중앙정보부는 우리나라 최초의 국가정보기관으로, 기존의 정보기관들이 주로 군사정보에 중점을 두고 활동했던 것과 달리 국가 제반 사항을 위한 정보기관으로서의 역할을 수행하였다.

21 북한의 대남도발 사건을 순서대로 옳게 나열한 것은?

> ㉠ 판문점 도끼만행 사건
> ㉡ 미얀마 아웅산 묘소 폭파 사건
> ㉢ 창랑호(DC-3기) 납북
> ㉣ 울진 · 삼척 무장공비 침투사건

① ㉠ → ㉡ → ㉢ → ㉣

② ㉠ → ㉣ → ㉢ → ㉡

③ ㉢ → ㉣ → ㉠ → ㉡

④ ㉣ → ㉠ → ㉢ → ㉡

22

⑦ 군대 내 간첩, 불순분자, 사상적 동요자 색출 및 모든 군사범죄에 대한 수사·예심·처벌을 집행하는 북한군의 정보기관

ⓒ 체제와 정권 수호를 위해 반국가·반혁명행위 감시가 최우선적인 임무이다. 현재 사회안전성으로 개칭됨

ⓒ 남한의 군사정보 수집 및 정찰활동을 담당하며, 울진·삼척 무장게릴라 사건 등을 수행

ⓔ 북한의 대내외 정보업무를 통합적으로 수행하는 기관

22 〈보기〉의 업무내용과 북한 정보기관의 연결로 옳은 것은?

> **보기**
>
> ⑦ 북한군 내 정보사찰기구이다.
> ⓒ 수령 보위 옹호사업에 최우선 순위를 두고 있다.
> ⓒ 한국군에 대한 군사첩보를 수집하고 무장간첩을 남파하는 기관이다.
> ⓔ 국내외 정보업무를 통합적으로 수행하는 기관이다.

	⑦	ⓒ	ⓒ	ⓔ
①	국가보위성	인민보안성	보위국	정찰총국
②	국가보위성	보위국	인민보안성	정찰총국
③	보위국	인민보안성	정찰총국	국가보위성
④	보위국	국가보위성	정찰총국	국가보위성

23

KGB는 제1총국을 계승하였다. SVR은 러시아의 대표적인 대외정보기관이다.

23 다음 중 각국의 정보기구에 대한 설명으로 옳지 않은 것은?

① 미국 중앙정보국(CIA)은 1947년 국가안전보장법(National Security Act)에 기초하여 설립되었으며, 첩보수집, 정보분석, 비밀공작 등의 임무를 수행한다.

② 러시아 해외정보부(SVR)는 군의 보안업무를 담당하지 않고 국내 문제에도 개입하지 않는 등 정치권력과 일정한 거리를 두었기에, 소련 연방이 해체된 이후에도 존속될 수 있었다.

③ 영국 정보통신본부(GCHQ)는 영국 국내외 주요 통신을 포괄적으로 감청하여 정보를 수집하는 업무를 수행하며, 육·해·공군이 운영하는 군 통신감청부대를 지휘한다.

④ 중국 국가안전부는 급진적인 정보화 시대에 대비하여 컴퓨터, 인터넷, 사이버 공간에 대한 통제·감시·검열을 하기 위한 조직을 확대하고 있다.

24

DGSE는 프랑스 국방부 산하의 정보기관으로, 국가안보 관련 해외정보와 경제적 대테러정보 확보를 정보활동의 목표로 한다.

오답의 이유

① 일본의 국제정보 담당은 외무성 산하의 '국제정보통괄관조직'이다.

③·④ 군사 정보활동에 관련한 업무를 주로 수행한다.

24 국방부 소속의 해외정보 및 경제정보에 뛰어난 두각을 나타내고 있는 정보기관은?

① 일본 내각정보조사실

② 프랑스 대외안보총국(DGSE)

③ 한국 군사안보지원사령부

④ 러시아 군총참모부 정보총국(GRU)

정답 22 ③ 23 ② 24 ②

25 다음 중 이스라엘의 정보기관에 대한 설명으로 옳지 않은 것은?

① 모사드(Mossad)는 주로 인간정보(HUMINT) 수단을 활용하여 해외 정보활동을 담당한다.

② 신베트(Shin Bet, 샤바크)는 수상 직속 정보기관으로 국내 방첩 및 보안활동을 담당한다.

③ 아만(Aman)은 주로 군 관련 정보활동을 담당한다.

④ 라캄(LaKam)은 신호정보 수집을 담당하며, 통신감청을 통해 인근 국가들의 동향을 파악한다.

25
라캄은 군사부문의 과학기술 정보수집 활동을 담당하였는데, 1980년대 중반에 미 해군과의 마찰로 해체되었다.

26 다음 중 이라크 전쟁과 관련한 미국의 정보기관들의 정보실패 요인으로 옳은 것만 연결한 것은?

> ㉠ 공격의 명분을 획득하고자 정보를 의도적으로 조작
> ㉡ 부시 행정부의 정책적 시각을 뒷받침하기 위해 조직적으로 왜곡
> ㉢ 첩보수집 활동 위축에 따른 정보분석상의 오류
> ㉣ 정보기관들 간의 정보공유

① ㉠, ㉣

② ㉠, ㉡

③ ㉠, ㉡, ㉢

④ ㉠, ㉡, ㉢, ㉣

26
이라크전의 정보실패는 정보왜곡에 해당한다. 실패 원인으로는 첩보수집 능력 저하, 분석관의 자질 미흡, 분석관의 인지적 오류가 지적되고 있으며, 대통령과 정책결정자들의 의도적인 정보조작 가능성이 높은 대표적 '정보의 정치화' 사례이다.

[오답의 이유]
㉣ 정보기관 간 정보공유 부재는 9 · 11 테러의 실패 원인이다.

27 다음 중 국가보안법의 역사에 대한 설명으로 옳지 않은 것은?

① "이 법은 국가의 안전을 위태롭게 하는 반국가 활동을 규제함으로써 국가의 안전과 국민의 생존 및 자유를 확보함을 목적으로 한다"로 시작되는 국가보안법은 일제 강점기 시기의 치안유지법을 그 모태로 하고 있다.

② 국가보안법은 1948년 10월 여순반란 사건을 계기로 좌익세력을 제거하려는 의도와 신생국가의 기틀을 다지기 위해 1948년 12월 법률 제10호로 제정되었다.

③ 북한공산집단을 '반국가단체'의 하나로 규정하되 이를 '적국'차원으로 보아 외환의 죄에 해당하는 행위를 비롯한 다양한 반국가행위를 처벌함으로써 국가의 외적 · 내적 안전을 도모하고자 하는 것이 국가보안법의 입법목적이다.

④ 냉전체제가 완화 등 국제정세가 변화하자 국외공산계열에 대한 규제를 완화하고 남북대화의 장애요인을 해소할 필요가 있어 1980년 12월 국가보안법을 폐지하였다.

27
1980년 반공법을 폐지하고, 반공법의 내용 가운데 필요한 부분을 국가보안법에 흡수하는 방식으로 국가보안법을 전면 개정하였다고 보아야 옳다.

정답 25 ④ 26 ③ 27 ④

28
② Ⅰ급 비밀과 관련된 설명이며, Ⅱ급 비밀은 누설되는 경우 국가안전보장에 막대한 지장을 초래할 우려가 있는 비밀이다.

28 다음 중 보안업무규정에 명시된 비밀의 등급으로 옳지 않은 것은?

① Ⅰ급비밀 – 국가의 중요한 정보수집활동사항
② Ⅱ급비밀 – 국가안보와 직결된 국가 핵심 기술 · 정책 연구자료
③ Ⅲ급비밀 – 누설될 경우 국가안전보장에 해를 끼칠 우려가 있는 비밀
④ Ⅰ급비밀 – 국가방위 및 외교에 결정적인 영향을 주는 사항

29
뉴테러리즘의 시대에 테러조직은 느슨한 그물망 형태의 네트워크 조직으로 변모하여 지도부 제거가 조직의 존폐에 직접적인 영향을 주지 못하고 있다. 오히려 지도부의 제거는 차기 지도자 자리를 놓고 하부 조직간 경쟁을 가져오기도 한다.

29 다음 중 뉴테러리즘의 특징으로 옳지 않은 것은?

① 글로벌 커뮤니케이션 발달로 테러공격을 통한 공포의 확산이 쉬워졌다.
② 테러공격 대상이 변화하여 불특정 일반 대중을 대상으로 테러가 일어나기도 한다.
③ 테러 조직은 위계망 조직형태로 지도부를 제거하면 쉽게 무력화되는 특징이 있다.
④ 테러범의 체포나 처벌이 어려운 경우가 대부분이다.

30
네트전은 저강도 분쟁과 전쟁 이외의 군사작전을 중심으로 한 사회전반에 걸친 새로운 분쟁과 갈등을 말한다. 특히 네트전은 네트워크 형태의 조직, 교리, 전략과 통신에 의존하며 수직적인 조직에서 탈피하는 것이 가장 두드러진 특징이다.

30 다음 중 네트전(Net War)에 대한 설명으로 옳은 내용을 모두 고른 것은?

> ㉠ 군사적 측면이 강조된다.
> ㉡ 수직적인 조직에서 탈피하는 것이다.
> ㉢ 분산된 계획, 다양한 공격 패턴, 불확실한 손해평가 그리고 제한된 자원을 특징으로 한다.
> ㉣ 전통적인 전쟁개념과 밀접한 관계를 유지하고 있는 고강도 분쟁, 그리고 중간 형태의 분쟁의 성격을 보유하고 있다.

① ㉠, ㉢
② ㉡, ㉢
③ ㉡, ㉢, ㉣
④ ㉠, ㉡, ㉢, ㉣

정답 28 ② 29 ③ 30 ②

PART

01

국가정보학 총론

CHAPTER 01

국가정보학의 개관

1 국가정보학의 의의

1. 국가정보학의 시작

(1) 역사: 정보(intelligence)가 인간에게 필수적인 역할을 하게 된 것은 인류가 사고능력을 갖추고, 첩보(information)를 가공하기 시작하면서부터이다.

① 사실상 정보활동은 인류의 탄생과 더불어 시작되었으며, 오늘날 첩보와 첩보에서 도출된 정보는 개인뿐만 아니라 기업, 산업, 군(軍) 및 정부가 내리는 일상적인 결정에 직접적인 영향을 발휘하고 있음

② 국가의 흥망성쇠는 해당 국가의 정보력과 정보를 바탕으로 내리는 의사결정에 달려 있으며, 정보활동의 중요성은 더욱 높아지고 있기에 무엇인가를 알고(know), 예측하며(anticipate), 기획하는(plan) 능력은 매우 중대해졌음

(2) 학문적 접근: 국가 차원의 정보활동이 점차 중요해지는 것과 대조적으로 국가정보에 대한 학문적 연구는 상대적으로 미흡한 편이다.

① 국가정보와 정보활동의 기밀성 준수를 위하여 증거기반의 국가정보학 연구는 사실상 존재하지 않았으며, 학문 분과로서의 국가정보학 연구는 1960년대가 되어서야 시작되었음

② 특히 영국과 미국처럼 효과적인 정보활동을 통해 제1차·제2차 세계대전의 승리를 거둔 국가에서도 국가정보에 대한 학문적 접근은 관련 자료가 일반인에게 공개되기 시작한 비교적 최근부터 시작됨

③ 냉전이 종식되고, 과거 기밀로 분류되었던 국가정보자료가 점차 공개되면서 영미권 학자를 중심으로 국가정보학 연구는 활성화되기 시작함

    ㉠ 대표적으로 미 중앙정보국(CIA)의 로버트 게이츠(Robert Gates) 정보부 부장은 1986년 하버드대 케네디스쿨과 공동으로 국가정보학 프로그램을 개설한 바 있음

    ㉡ 정책공동체의 필요성을 정보수집 및 분석과정에서 고려할 수 있도록 정보공동체(intelligence community)의 고위급 관료 대상의 사례연구 중심 프로그램을 개설·운영함

> **더 알아보기**
>
> **9/11 위원회 보고서**
> ① 9/11 테러 발생의 원인과 전개과정, 그리고 정보실패 조사를 위해 구성된 「9/11 위원회 보고서(The 9/11 Commission Report)」는 사건 조사를 위해 다음과 같은 질문을 제기함
>
> - 만약 미국 중앙정보국(CIA)이 알카에다 조직에 첩보원을 침투시켰다면 어떻게 되었을까?
> - 만약 미국 연방수사국(FBI)이 2001년 초부터 캘리포니아주에서 테러범을 추적했다면 어떻게 되었을까?
> - 만약 미국 국가안전보장국(NSA)이 알카에다 조직원의 이란어 메시지 감청과 번역이 신속하였다면 어떻게 되었을까?

② 「9/11 위원회 보고서」에서는 위 질문에 대하여 다음과 같이 답하고 있음

- 만약 미국 중앙정보국이 알카에다 조직에 정통한 첩보원을 단 한 사람이라도 침투할 수 있었다면, 항공기 납치계획은 미국 정부 관계자에게 제공되었을 것이다.
- 만약 미국 연방수사국이 2001년 초 당시 캘리포니아주에서 거주 중이던 테러범을 추적하였다면, 비행기 납치를 방지할 수 있었을 것이다.
- 만약 미국 국가안전보장국이 알카에다 조직원이 주고받은 이란어 메시지의 감청과 번역이 조금만 더 신속하였다면, "미국을 하늘로부터 공격할 것이다"라는 계획을 알 수 있었을 것이다.
- 중앙정보국과 연방수사국이 공항 보안요원과 조종사에게 테러위협을 경고하고, 테러범의 신상 자료를 공유하였다면 9/11 테러는 발생하지 않았을 것이다.

③ 9/11 테러(2001)는 국가정보를 국가안보의 핵심적인 요인으로 부각시킨 결정적 계기이자 정보활동에 대한 학문적 관심과 연구 활동이 활발해진 계기가 되었으며, 9/11 테러로 인해 국가정보학 연구가 활발해진 이유는 다음과 같음

- 국가정보학 연구를 위한 정부차원의 지원 증가
- 이라크전과 같은 특정 정책의 필요성 홍보
- 테러범 기소 및 사법처리 목적의 국가정보 활용
- 정보실패 사례연구를 통한 개선방안 모색
- 대학 등 교육기관의 국가정보학 강좌 및 학위프로그램 개설
- 전직 정보기관 종사자의 직무 경험 공유 및 저서 출간

(3) 정보활동 범위의 확대: 21세기에 접어들면서 테러위협 외 전통적인 방첩활동에 속하는 국제범죄와 함께 산업보안, 사이버보안 역시 중요한 정보활동의 대상에 해당되기 시작하였다.

① 냉전 종식 후 안보개념의 확대와 함께 정보활동의 대상 범위 역시 확대되기 시작함

(→ Part5 정보활동 변화와 정보협력 참조)

② 2020년 전 세계를 강타한 코로나19 팬데믹은 감염병 등 새롭게 대두되는 안보위협에 맞서 향후 정보기관의 역할과 활동 방향에 대한 화두를 제공함

더 알아보기

팬데믹과 정보공동체의 역할
- 2020년 전 세계를 강타한 코로나19는 감염병의 세계적인 대유행이 국가안보를 위협할 수 있다는 위험성을 지적하고 있음
- 국가적 위기상황에서 정보공동체는 해당 위기가 미치는 국내외 정치적 · 경제적 · 사회적 영향 등 지정학적 영향력에 대한 정보를 사전에 수집 · 분석하여 정책결정자에게 제공해야 함
- 코로나19 위기 역시 정보공동체의 정보수집 · 분석이 요구되는 상황이며, 감염병 정보의 공개적 제공, 코로나19 발생지역의 광범위함 등의 요소로 인해 정보공동체의 분석적 역할이 더욱 중요시되고 있음
- 대량의 자료를 처리하는 공개출처정보(OSINT)가 그 어느 때보다 중요한 정보원이 되었으며, 공개출처정보 속에 내재된 정보를 적절하게 분석 및 주요 행위자의 정책결정에 따른 향후 전망 등이 정보공동체의 역할로 강조되고 있음
- 앞으로 코로나19 종식 후 주요국의 정보공동체 변화에 주목할 필요가 있음

2. 국가정보학의 개념

(1) 정의: 국가정보학이란 국가적 차원에서 수행되는 정보활동과 관련된 제반 현상에 관한 학문으로 규정할 수 있다.

① 주요 연구 대상은 국가정보체계와 정보정책, 정보활동의 본질과 주체, 정보활동의 역사, 세계 주요 국의 정보기구체계가 해당됨

② 학문 분야로서 국가정보학은 행정학 · 경영학 · 정치학 · 사회학 · 법학 등의 접근이 주로 이루어지는 사회과학의 한 분야에 해당됨

③ 공개출처정보와 빅데이터 분석, 신호정보 · 지리공간정보 등을 포함하는 기술정보 역시 중요한 연구 대상인 만큼 자연과학과 공학적 접근도 함께 이루어지는 학제 간 연구가 필요함

(2) 응용학문으로써의 국가정보학: 국가정보학은 인접한 학문 분야에서 개발된 이론을 수용하고, 이를 토대로 새로운 이론을 구성하거나 현실에서 당면한 문제의 해결을 목표로 하고 있다.

더 알아보기

국가정보학의 학문적 성격

• 기술적 · 실용적 학문: 국가정보학은 목적지향적 · 부분적 기술적 측면을 가지고 있으며, 시시각각 변하는 안보상황에 맞춰 적응하는 실용적 측면이 존재한다.

• 문제해결적 · 국가정책적 학문: 정보는 정보수요자, 즉 국가정책결정을 위해 만들어지는 산물이기 때문에 당면한 국가적 문제해결과 미래지향적 정책까지 함께 제시할 수 있어야 한다.

• 절차적 · 기구조직적 학문: 정보는 정보순환과정에 따라 첩보를 수집 · 분석 · 평가 · 해석하여 완전한 지식으로 생산해내야 하며, 생산된 정보 또한 관리해야 한다. 따라서 국가정보학 역시 일련의 정보순환과정 절차를 다루는 절차적이고 정보기구 조직과 관련된 학문이다.

• 포괄적 · 종합적 학문: 정보활동은 정치 · 경제 · 사회 · 국제문제 등 다양한 사회 제반분야를 아우르는 광범위한 영역을 대상으로 하기 때문에, 국가정보학 역시 종합학문의 성격을 가진다.

• 사회심리적 · 인간관리적 학문: 일부 정보활동은 인간을 대상으로 이루어지며, 정보요원의 자질과 사기 관리, 국가에 대한 완벽한 충성심과 사명의식은 정보활동의 중요한 요소 중 하나이다. 이러한 면에서 국가정보는 사회심리적 · 인간관리적 측면을 지닌다.

• 경험적 연구방법을 통한 이론 확인과 가설 검증 등을 중심으로 하는 과학적 학문이 아니라는 견해도 제시된다.

---

3. 국가정보학의 기능

(1) 국가정보활동의 체계적 이해를 위한 지식의 체계화

① 국가정보학은 비교적 최근 이론적 틀을 갖추게 된 학문 분야

② 국가정보의 본질과 실체를 연구대상으로 하며, 국가정보활동에 대한 연구분야 및 연구방법 개발이 주요 목표

③ 연구를 통해 습득된 지식을 체계화하여 국가정보활동의 이론적 틀 발전에 기여

(2) 국가정보활동의 합리성과 효율성 제고 모색

① 가용자원의 범위가 한정된 국가정보활동의 우선순위를 선정하여, 국가정보활동의 효율성을 높이는 동시에 불필요한 자원 낭비를 줄이는데 기여 가능

② 역사적 접근법을 통해 정보활동의 성공사례 및 실패사례를 분석하여, 성공적인 정보활동 수행요건 및 상황 파악 가능

③ 정보활동의 순기능 · 역기능에 대한 인식의 지평을 넓혀 국가정보활동의 합리적 판단을 가능하도록 하는데 기여

(3) 국가정보활동의 정당성 부여

① 모든 국가정보활동은 원칙적으로 실정법에 기반하여 전개된다는 점에서 정보활동의 법적 근거를 통해 정당성 확보 가능

② 국가정보기관과 국가정보활동의 필요성 및 순기능에 대한 대국민 인식 제고에 기여 가능

③ 대국민 인식 제고는 정보활동과 정보기관에 대한 국민적 지지와 신뢰 확보의 기반이며, 국민의 정보기관 · 정보활동 인식 제고를 통해 국가정보와 관련 법적 · 제도적 발전과 국가정보활동의 발전 도모 가능

(4) 국가정보활동의 바람직한 방향 모색

① 국가정보활동에 대한 역사적, 기능적, 구조적, 법적 접근을 통해 정보활동의 윤리와 합법성, 국익과의 일치 여부 등을 학문적으로 논의

② 불법적 · 비윤리적 정보활동이 국민의 정부 신뢰를 저해한다는 점에서 국가정보학 연구는 정보활동에 대한 건전한 비판과 통제 근거를 제공

③ 정보활동의 비밀성이 저해될 수 있다는 우려가 제기되기도 하지만, 본질적으로 국가정보학은 국가의 정보활동과 정보기관의 발전방안을 모색하고 정책적 제언을 제시하는 역할

2 국가정보학의 연구범위와 대상

1. 국가정보학의 연구범위

(1) 국가정보학은 기본적으로 국가정보를 연구대상으로 하며, 국가정보활동이 국가안보 및 국익 수호라는 점을 고려했을때 국가정보학의 연구 대상은 사실상 국가 관련 영역 전반에 해당한다.

(2) 국가정보활동의 정치적 · 경제적 · 사회적 · 문화적 · 역사적 · 법적 제반문제가 해당되지만 효율적인 연구를 위하여 연구대상을 국가정보의 본질과 체계, 국가정보활동과 조직(조직구조 및 조직문화 포함), 국가정보정책, 국가정보의 역사 등으로 한정하는 것이 바람직하다.

2. 국가정보학의 연구대상

(1) 국가정보학의 본질과 체계

① 국가정보학의 기본 토대는 국가정보의 개념과 특성, 구비요건 등 국가정보의 본질을 연구하는 것이며, 국가정보가 수행하는 기능과 역할이 연구대상에 포함

② 정보요구 · 수집 · 처리 · 분석 · 배포 등 정보의 순환과정을 비롯한 국가정보의 전반적인 체계 역시 국가정보학의 주요 연구대상에 해당

(2) 국가 차원의 모든 정보활동

① 국가정보학의 기본 토대는 국가정보의 개념과 특성, 구비요건 등 국가정보의 본질을 연구하는 것이며, 국가정보가 수행하는 기능과 역할이 연구대상에 포함

② 정보요구 · 수집 · 처리 · 분석 · 배포 등 정보의 순환과정을 비롯한 국가정보의 전반적인 체계 역시 주요 연구대상에 해당

(3) 주요국의 정보기관 체계 및 정보활동

① 세계 각국의 정보기구는 상이한 시대적 상황에서 국가적 필요에 의해 창설되어 시대적 수요에 따라 변화 및 발전되어 왔으며, 지금도 새로운 환경 속에서 지속적인 변화를 모색 중임

② 각국의 정보기구의 설립과 변천 과정, 정보기구의 종류 및 조직구조, 조직문화, 주요활동, 관리체계 등 분야가 주된 연구대상에 해당

③ 국가 간 정보기관 및 정보활동 양상을 비교하는 연구도 연구대상에 포함

(4) 정보와 정책결정의 관계

① 첩보수집과 분석과정을 거쳐서 생산된 정보가 국가의 정책결정에 어떤 영향을 미치는가에 대해 연구하고 있음

② 정책의 결정과정에 해당하는 정책환경의 진단, 정책수립 및 조정, 정책의 선택, 정책의 집행 등 의제과정에서 정보가 기여하는 다양한 기능도 연구대상에 포함

③ 정보생산자와 정보사용자의 관계, 국가정보기구의 감독과 통제, 국가정보와 윤리문제 및 정보환경 변화에 대한 국가정보의 대응, 국가정보기관의 문제점과 개선방안도 해당

(5) 정보활동의 역사와 정보 · 성공 · 실패 사례연구

① 정보활동에 대한 역사적 연구를 통해 정보활동의 변천과 발전과정을 파악할 수 있으며, 사례연구를 통해 정보성공과 정보실패의 원인 분석이 가능

② 정보활동의 역사적 연구는 현재의 정보활동을 위한 중요한 지식과 교훈을 제공할 수 있음

3 국가정보학의 접근법

1. 주요 학자별 접근방법

(1) 국가정보학의 연구대상은 매우 다양하기 때문에 다양한 연구방법이 적용되어, 학자별 연구방법 역시 다양하게 나타난다.

(2) **토마스(Stafford Thomas)**: 역사적 접근, 기능적 접근, 구조적 접근, 정치적 접근으로 구분한다.

(3) **와크(Wesley Wark)**: 문헌조사적 접근, 역사학적 접근, 개념화적 접근, 방법론적 접근, 공공정책적 접근, 기본권적 접근, 저널리즘적 접근, 대중문화적 접근으로 세분화하여 구분한다.

(4) **스캇과 잭슨(Len Scott & Peter Jackson)**: 사례연구적 접근, 정보순환론적 접근, 정보의 국내 정치적 기능 접근으로 구분한다.

(5) **루드너(Martin Rudner)**: 역사적 · 사례연구적 접근, 기능적 · 과정적 접근, 구조적 · 조직적 접근, 정치적 · 정책결정적 접근으로 구분한다.

(6) 주요 학자별 접근방법을 살펴볼 때, 대표성 및 중복 여부의 측면에서 토마스와 루드너의 접근법이 가장 적합하게 여겨진다. 하지만 이러한 접근법은 절대적인 분류방식은 아니며, 국가정보학의 접근방법은 연구자가 국가정보의 성격을 어떻게 인식하는가에 따라 다르게 나타나는 경향이 있다.

2. 역사적 접근(= 사례연구적 접근)

(1) **의의**: 정보활동의 역사적 전개과정과 정보활동의 사례를 중심으로 연구하는 방법이며, 영국과 독일의 역사학자를 중심으로 전개된 방법이다.

(2) 전체의 틀 속에서 국가정보의 체계적인 이해와 개선방안 모색에 매우 유용하며, 세계 주요국이 수행하는 정보활동의 특성 및 능력을 파악하는 데 사용할 수 있다.

(3) 정보활동의 성공사례와 실패사례를 가져온 원인과 환경, 결과를 연구하여 향후 정보활동에 유용하게 사용될 수 있는 행동지침을 제시할 수 있는 방법이다.

3. 기능적 접근(= 과정적 접근)

(1) **의의**: 국가정보기관이 수행하는 정보생산, 보안방첩, 비밀공작 등 정보활동의 기능과 국가정책을 수립할 경우 정보활동의 역할을 연구하는 방법이다.

(2) 국가정보활동이 체계적인 순환과정을 거쳐 이루어지는 만큼, 정보요구, 정보수집, 정보처리, 정보분석, 정보배포 등 정보순환과정을 다루는 연구방법이다.

4. 구조적 접근(= 조직적 접근)

(1) **의의**: 정보기구의 조직체계와 조직별 정보활동 등 국가정보기구의 구조를 연구하는 방법이며, 정보기구는 각 활동에 따른 구조가 분화되어 있기 때문에 국가정보의 전반적인 이해를 높일 수 있다는 점에서 유용한 접근방법이다.

(2) 구조적 접근에서는 관련 국가의 정보활동수준, 정보활동의 분화상태, 각 조직의 지휘체계, 정보활동의 방향, 정보활동의 지원활동 등 전반적인 정보활동에 대한 이해를 높일 수 있다.

(3) 주요국의 정보기구에 대한 비교·분석하여 자국 정보기구의 문제 및 취약점을 이해하고 건설적인 발전을 유도할 수 있다.

5. 정치적 접근(= 정책결정적 접근)

(1) **의의**: 국가정보활동의 정치적 측면을 중심으로 연구하는 방법이며, 역사적 접근방법을 주로 활용했던 영국과 달리 미국에서 정치학자들을 중심으로 활용된 방법이다.

(2) 정보활동의 성공과 실패에 대한 일반모델 개발, 정보의 정치화, 정보와 정책의 관계, 정보수요자와 정보생산자의 관계, 정보의 통제 기제 등이 주요 연구 분야이다.

6. 법률적 접근

(1) **의의**: 법률을 통해 구체적으로 규정된 정보기구의 다양한 활동·임무·기능을 연구하는 방법이며, 국가정보기관의 설립과 활동은 법적 근거를 통해 합법성을 인정받게 된다는 점에서 필수적인 접근 방법이다.

(2) 세계 주요국은 정보활동과 관련된 법을 지속적으로 제정·개정하여 적법한 정보활동 수행을 모색하고 있으며, 이러한 법률에 따라 정보기구의 활동·임무·기능이 구체적으로 규정된다.

(3) 비밀공작 등 일부 국가정보활동 수행과정에서 합법성 여부 및 국민 기본권 제한 문제가 제기되면서 정보활동의 통제와 합법적 감시가 법적 근거에 따라 이루어지고 있다.

(4) 이러한 측면에서 정보기구·정보활동에 대한 법률적 연구 역시 매우 중요하며, 법적으로 규정된 정보기구의 활동·임무·기능 및 정보감시·통제가 주요 연구대상이다.

1. 시기별 해외 연구동향

(1) 냉전 이전

① 고대의 체계적인 국가정보학 연구는 기원전 600년 경의『손자병법』을 제외하면 거의 드물며, 손자는 군사정보의 중요성을 언급하고 있음

- 손자: "총명한 군주와 현명한 장수가 움직이기만 하면 적을 이기고 출중하게 공을 세우는 이유는 먼저 적정을 알고 있기 때문이다."

② 클라우제비츠(Clausewitz): 적대국가의 군대 및 국가 동향 파악이 아국의 대응동향 설정에 기초가 된다는 점에서 정보의 중요성을 인정하였지만, 전시상황에서 적국에 관한 정보보고서가 기만·허위정보가 많다고 주장하며 정보에 대해 부정적인 입장을 취하고 있음

③ 마키아벨리(Machiavelli): "힘으로 적을 제압하는 것만큼 기만책으로 적을 물리치는 것도 훌륭한 것"으로 인정된다 하며 전략적 기만의 중요성을 언급하였으나, 첩자나 이중첩자의 활용에 대한 언급은 미흡하였음

④ 홉스: 첩보의 가치 및 중요성에 대하여 충분히 이해하고 있었음

(2) 1950~1960년대

① 국가정보의 학문적 역사는 20세기 후반에 들어서 비로소 시작된 것으로 평가

ㄱ 국가정보와 관련된 최초의 체계적인 저서: 셔먼 켄트(Sherman Kent)의『미국의 대외정책을 위한 전략정보(Strategic Intelligence for American World Policy, 1949)』

ㄴ 힐스먼(Roger Hilsman)의『전략정보와 정책결정(Strategic Intelligence and Decision Making, 1956)』, 덜레스(Allen Dulles)의『정보의 기술(The Craft of Intelligence, 1963)』등의 발간과 함께 국가정보학 연구가 발전하기 시작함

ㄷ 미국의 중앙정보국(CIA)은 1955년부터 켄트의 주도 아래『정보연구(Studies in Intelligence)』라는 기관 내부 저널을 발간하기 시작함

ㄹ 이 저널은 주로 CIA 요원들의 정보활동 사례연구를 중점적으로 다루고 있으며, 국가정보활동에 대한 학술적인 내용의 논문들도 다수 게재되어 미국의 국가정보학 연구가 발전될 수 있는 토대를 형성함

CIA의 정보연구
URL: cia.gov/resources/csi/syudies-in-intelligence/

② 냉전 시기에 해당하는 이 시기에 정부기관 내부에서 비교적 활발히 연구가 진행된 것에 비해 학계의 연구는 상대적으로 저조했던 것으로 평가

(3) 1970~1980년대

① 영국과 미국을 중심으로 국가정보학 연구가 활발해지기 시작한 시기

② '워터게이트' 사건 등 미국 정보기관의 활동이 대중에 공개되면서 정보기관의 불법성에 대한 비판과 정보기관에 대한 불신이 높아지면서 '처치 위원회' 등 정보기관의 개혁에 대한 논의가 활발하게 전개

더 알아보기

처치 위원회(The Church Committee)

1. 미국 상원정보위원회(SSCI)의 전신(前身)에 해당하는 '처치 위원회'는 미국 정부의 국가정보활동 조사를 위해 설립된 미국 상원 위원회임
   - 다수당인 민주당 상원의원 6명과 공화당 상원의원 5명으로 구성
   - 위원장 프랭크 처치(Frank Church)의 이름을 따 '처치 위원회'로 불림
2. 미군의 민간인 사찰, CIA의 '가족의 보석(Family Jewels)' 작전 수행, 정보기관의 자국민 대상 정치활동 정보수집 등이 언론에 폭로되면서 중앙정보국(CIA)과 국가안보국(NSA), 연방수사국(FBI) 등 활동내역 조사
3. 조사 결과, '처치 위원회'는 미국 정보기관의 탄생과 주요 작전, 불법적 정보활동 사례와 권력남용에 대한 14편의 보고서를 통하여 정보기관의 개혁 권고안을 제시하였고 그중 일부가 채택되어 실천됨
4. 「처치 위원회 보고서」는 현재까지 대중에게 공개된 보고서 가운데 미국의 정보활동에 대한 가장 광범위한 내용을 제공하고 있으며, 비록 대부분의 내용이 비밀로 지정되어 있지만 약 5만 페이지 이상의 분량은 공개되어 있음
5. '처치 위원회'는 정보요원 또한 법을 준수해야 하는 존재임을 지적하였고, 정보활동의 법적 제약에 대한 정보기관의 무관심이 국가정보활동에서 가장 위험하다는 점을 부각하였다는 점이 가장 큰 성과로 평가됨

---

③ **미국**: 1979년 국가안보 문제에 관심을 가진 다양한 학문적 배경을 가진 학자들로 구성된 '국가정보연구협의회(Consortium for the Study of Intelligence)'가 설립됨

   ㉠ 이 협의회는 『1980년대를 위한 정보요구(Intelligence Requirements for the 1980s)』를 편찬하여 국가정보학의 학문적 발전뿐만 아니라 미국의 정보활동 방향을 실질적인 개선을 가져오는 데 크게 기여함

   ㉡ 1970년대에 공개된 정보기관의 문서를 바탕으로 국가정보활동의 학술적 연구가 활발해졌고, 국가정보학이 하나의 학문적 영역으로 정착될 수 있었던 계기로 평가됨

더 알아보기

1970~80년대 출간된 주요 국가정보학 관련 서적

1. 미국의 서적
   - 터너(Stansfield Turner): 『비밀과 민주주의(Secret and Democracy, 1985)』
   - 버코위츠와 굿맨(Bruce D. Berkowitz and Allan E. Goodman): 『미국 국가안보를 위한 전략정보(Strategic Intelligence for American National Security, 1989)』
2. 영국의 서적
   - 매스터먼(J. C. Masterman): 『더블크로스 작전(Double Cross System, 1972)』, 제2차 세계대전 당시 영국의 첩보활동을 다룸
   - 윈터보덤(F. C. Winterbotham): 『극비사항(The Ultra Secret, 1974)』

---

(4) 1990년대

① 냉전이 종식된 1990년대는 국가정보의 중요성에 대한 인식이 약화된 반면, 과거 기밀로 분류된 비공개자료가 일반인에게 공개되면서 국가정보 연구가 활성화 · 다양화

    ㉠ 냉전기 정보활동 관련자료가 공개되면서 냉전시대에 전개되었던 첩보활동, 비밀공작, 전쟁 지원 등 역사적 사례연구가 활발하게 이루어짐

    ㉡ 영 · 미 학계를 중심으로 국가정보학 연구가 활성화되면서 이론서들이 다수 출간되었으나, 영미를 중심으로 이루어졌다는 점에서 일반화의 한계를 가짐

② 정보개혁 문제가 대두되면서 국가정보학계 역시 정보기관의 규모와 역할을 활발히 논의하였고, 냉전 종식 이후 새로운 안보위협으로 부상한 글로벌테러리즘, 대량살상무기(WMD) 확산, 산업스파이, 조직범죄 등 연구내용이 다양화되기 시작

③ 영국의 경우 「정보기관법(The Intelligence Services Act 1994)」이 제정되면서 국가정보기관의 존재 공개 및 정보연구의 인식을 전환하는 계기가 마련되었고, 점차 정보연구에 대한 관심도 증가

④ 한편 캐나다는 왕립기마경찰대(RCMP; Royal Canadian Mounted Police)가 연루된 스캔들(1970년대 말~1980년대 초)을 계기로 정보활동에 대한 정부 간행물이 다수 출간

    ㉠ 당시 스캔들 수사를 담당한 맥도널드 위원회(McDonald Commission)의 권고에 따라 캐나다 보안정보국 설립 및 연례 보고서가 출간되기 시작함(1984)

    ㉡ RCMP의 스캔들로 인해 보고서는 주로 정보활동의 법률적 제약과 정보윤리를 중점적으로 다루고 있음

더 알아보기

1990년대 출간된 주요 국가정보학 관련 서적
- 슐스키(Abraham Shulsky): 「소리없는 전쟁(Silent Warfare, 1993)」
- 홀트(Pat M. Holt): 「비밀정보와 공공정책(Secret Intelligence and Public Policy: A Dilemma of Democracy, 1996)」
- 로웬탈(Mark Lowenthal): 「국가정보: 비밀에서 정책까지(Intelligence: From Secret to Policy, 2000)」
- 허먼(Michael Herman): 「평화와 전쟁 시기의 정보력(Intelligence Power in Peace and War, 1996)」, 영국 최초 정보기관의 업무를 종합적으로 소개

---

(5) 2000년대 이후

① 9/11테러와 이라크 대량살상무기 관련 정보조작문제가 중요한 정치 쟁점이 되면서 정보실패가 국가정보학의 주요 의제로 대두

② 세계화 · 정보화라는 정보환경의 변화에 따라 정보기관의 개혁 필요성에 대한 논의가 활발히 전개

    • 스틸(Steele)은 공개정보의 중요성을, 버코위츠와 굿맨은 기존의 비효율적이고 경직된 수직 · 계층적 형태의 조직구조를 탈피하여 융통성 있게 변화를 수용하는 수평적 · 네트워크 형태의 조직구조를 제안

③ 국가정보학 연구가 세분화 · 전문화 경향

④ 영국의 경우 런던 지하철 테러(2005), 이라크 대량살상무기 관련 정보 조작 등을 계기로 정보의 중요성에 대한 관심 증가, 정보활동에 대한 국민의 지지에 영국 정부의 인식 전환

    • 정보공개 문제에 소극적이던 영국 정부 및 정보기관은 정보공개에 적극적인 자세로 변화

⑤ 국가정보학 연구는 여전히 영국과 미국을 중심으로 전개되고 있으며, 유럽 및 아시아의 연구는 상대적으로 적은 편

⊙ 유럽국가의 경우 국가정보학 연구에 대한 관심이 여전히 낮은 수준이며, 국가정보학에 대한 논의
가 활발해진 경우에도, 관리적 접근, 역사적 접근, 정치적 접근을 중심으로 전개

ⓒ 아랍국가의 국가정보학 연구는 비아랍권 연구자의 저작물을 제외하면 사실상 전무한 편이며, 이
는 국가정보 연구를 금기시하는 문화와 일정 시간 경과 후 기밀자료를 공개하는 법적 근거가 없
는 국가가 대다수라는데 기인

더 알아보기

주요국의 국가정보 관련 연구물 출간 빈도(1986~2015년)

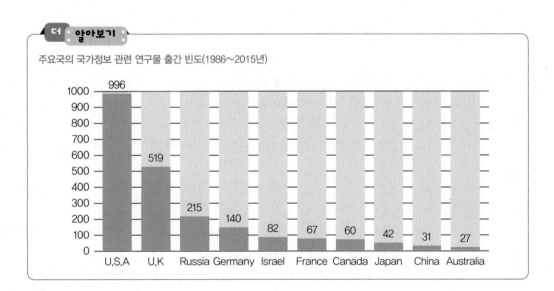

2. 국가정보학의 교육현황

(1) 미국

① 1970년대 중반 베트남 전쟁과 '워터게이트' 사건을 계기로 정보기관 활동에 대한 일반인의 관심이
증가하였고 학계 연구가 활발해짐에 따라 학부 및 대학원에 국가정보 관련 교과목 대폭 개설

⊙ 9/11 테러 발생 이후 정보의 가치에 대한 인식 전환과 국가활동상 우선순위화에도 불구하고 국가
정보교육은 정보교육 강사진의 부족, 교육 커리큘럼 구축 및 프로그램 개설 부족 등을 이유로 지
지부진했던 상황

ⓒ 2005년 국방부 국방정보국(DIA; Defense Intelligence Agency)의 주도로 미국 정보공동체센터
의 우수교과 프로그램(IC-CAE; US Intelligence Community's Center of Academic

Excellence program) 개시

- 이 프로그램은 정부 출연 기금을 통해 국가정보를 위한 인적 자원 양성 목적으로 대학 내 관련 교육과정 개설이 주요 내용

© 9/11 위원회와 WMD 위원회의 정보교육 예산증액 건의 후 CIA 대학(약 300여 개)을 비롯해 군 정보 교육기관(1,417개)과 100여 개 대학(840여 개)에서 정보 관련 강좌를 개설

② 현재 미국은 세계 최대 규모로 학부 · 대학원의 국가정보학 교육과정을 운영 중이며, 이는 미국의 국가정보학 연구 및 교육이 실전투입을 위한 정보요원의 훈련을 핵심 목표로 삼고 있는 데 기인

⊙ 미국의 정보활동은 상당수가 공개정보(open source)에 기반하기 때문에 정보의 수집, 처리 및 분석이 중요하게 여겨지며, 질적인 방법론뿐만 아니라 양적인 방법론 역시 점차 중요하게 여겨지면서 네트워크 분석 및 빅데이터 분석이 중요하게 대두됨

© 동시에 정보교육의 일정 수준 담보를 위해 국가정보국(DNI) 산하 국가정보대학교(National Intelligence University)를 창설, 정보공동체에 소속된 정보기관 간 정보교육의 표준화 및 정보기관 간 인적 네트워크의 형성 도모

> **더 알아보기**
>
> **주요 교육 내용**
> 정보요원에게 필요한 전문지식은 외국의 역사 · 언어 · 문화, 정확한 분석을 위한 심리적 소양 및 분석기법, 그리고 과학적이고 기술적인 전문지식 등이며, 필요한 학문분야는 사회과학, 인문학, 자연과학 및 공학 등 해당

(2) 영국: 영국의 국가정보학 연구는 문헌연구에 중점을 둔 역사적 사례연구 중심, 따라서 국가정보학 교육역시 정보요원의 실전 훈련보다 교육 그 자체에 중점을 두고 있다.

① 영국 국가정보학 교육의 특징은 학부 과정보다 대학원 과정에 주로 개설되어 있고, 학부과정에서는 주로 역사학과 내 개별 강좌로 국가정보학이 개설되어 있다는 점이며, 최근 들어 국가정보학 분야에서 학사학위 취득 가능해짐

② 대학원 과정은 국제관계의 한 분야로 개설되어 있으며, 정보활동 실무자보다는 국가정보학 연구자 양성이 교육 목표임

③ 교육내용 역시 사회과학적 접근보다 역사적 접근 및 사례연구가 중심을 이루고 있으며, 정보분석 방법론을 다루고 있는 교과목은 극히 드문 편임

(3) 한국: 1997년 국내 최초 연세대와 중앙대에서 '국가안보와 정보' 강의가 개설된 이후 2000년대 들어 국가정보학 연구가 활성화되었다.

① 2002년 '국가정보포럼' 창설 이후 매년 국가정보학 관련 관 · 학 공동학술세미나 개최되고 있음

② 2000년대 들어 경찰행정학과 및 정보보호학과 등 유관학과의 설립이 대폭 증가하면서 국가정보학 관련 교과목 개설 또한 증가하였고(2007년 기준 18개 대학, 30여 개 강좌), 성균관대 · 건국대 등 주요 대학에서 국가정보학 학위과정 개설을 통해 국가정보학이 학문의 한 분야로 자리잡기 시작함

③ 2007년 '한국국가정보학회' 창립 이후 국가정보학 연구의 중심 역할을 수행함

④ 국내 국가정보학 관련 강좌는 공무원 경력경쟁채용 인정 교과목 등 취업과 연계되어 개설된 경우가 다수이기 때문에 개론 성격의 강좌가 주로 개설되었다는 점이 한계

⑤ 영국의 경우와 마찬가지로 한국의 국가정보학은 국제관계의 일부로 포함되어 독자적인 학문 분야로서 교육과정 개설, 심층적인 강좌 발굴, 우수한 연구진의 양성이 필요한 상황으로 평가됨

1. 타 학문분야에 비해 비교적 새롭게 시작·발전되고 있는 국가정보학은 주로 연구대상에 대한 기술적 설명 중심의 지식 체계화가 진행 중이며, 앞으로 이론적 분석 및 연구의 체계화가 필요하다.

2. 국가정보의 학문적 연구가 부진한 요인은 국가정보활동의 비밀성으로 인한 자료 접근성 제한, 연구대상의 학문적 접근의 제약(국가정보활동의 비밀성과 외경성), 정보기관에 대한 부정적 인식과 정보업무를 경원시 하는 문화, 광범위한 연구내용으로 인한 전체적 체계 수립의 어려움, 사실적 권력활동의 영역 등이 지적되고 있다.

3. 국가정보학의 활성화 방안

    (1) **학제 간 연구의 활성화**: 광범위한 정보활동 분야를 다루는 국가정보학은 보다 발전된 인접학문과 학제 간 연구를 통하여 발전이 가능하다.

    (2) **국가정보 연구자료의 접근성 확대**: 자료의 제약이 국가정보학 발전을 저해한 원인으로 지적되어 온 만큼, 일정 기간이 경과한 보존자료는 주기적으로 검토하여 공개할 필요성이 있다.

    (3) **정부차원의 국가정보학 연구 육성 노력**: 미국 CIA의 경우처럼 대학 등 교육기관 내 관련강좌 설치, 국가정보 관련 프로그램 지원 등 정부 차원의 지원이 필요하다.

CHAPTER 02

국가정보의 개념

1 국가정보의 개념

1. 국가정보와 정보의 개념

(1) 일반 사회에서 사용되는 '정보(information)'는 '정보(intelligence)'에 비해 포괄적인 개념이다.

① 정보(information)란 의미를 부여하기 어려운 상태로 존재하는 자료(data), 의미의 타당성이 검증되지 않은 상태의 첩보(information), 어떤 현상의 의미가 분석 · 평가과정을 거쳐 일반적으로 인정된 내용으로 통용되는 지식(knowledge)을 포함

② 자료(data), 뉴스(news), 지식(knowledge), 정보(intelligence)의 의미를 포함 및 혼용하여 사용

(2) 반면 정보(intelligence)란 "어떤 현상의 의미가 분석 및 평가과정을 거쳐 타당성이 검증된 지식"을 의미하나, 일반적으로 국가정책 · 국가안전보장과 관련된 비밀내용을 담은 지식을 의미한다.

(3) 정보공동체 및 국가정보학계에서는 '정보'의 개념을, 자료, 첩보와 엄격하게 정의 및 구분하여 사용하고 있다.

① **자료**: 특정한 목적에 의해 평가가 이루어지지 않은 단순한 사실이나 기호

② **첩보**: 목적성을 가지고 의도적으로 수집한 자료. 첩보는 아직 정보기관의 가공처리 및 의미의 타당성이 검증되지 않은 단계

③ **정보**: 특정한 목적을 달성하기 위해 첩보를 수집 · 평가 · 분석 후 타당성을 검증한 것

구분	의미	사용목적	내용
자료(data)	특정목적에 의해 평가 · 가공되지 않은 단순 사실	• 학술적 용도 • 실무적 용도	• 역사적 사실 • 각종 자료 및 신호
첩보 (information)	목적성을 가지고 의도적으로 수집된 사실	• 개인의 특정목적 • 단체의 특정목적	• 신문기사 • 방송뉴스
정보 (intelligence)	정책적 목적을 가지고 분석 · 평가되어 가공된 지식	국가차원의 정책결정 및 평가	• 국가정보판단보고서 • 대통령일일보고서

④ 학자별 정보(intelligence)의 개념 정의

리첼슨	현재 또는 잠재적으로 국가안보에 중요한 영향을 미칠 수 있는 국가들이나 작전지역에 대한 첩보 자료를 수집 · 평가 · 분석 · 종합 · 판단하는 일련의 과정을 거쳐서 생산된 결과물
심스	행위자 또는 정책결정자를 위해 수집 · 정리 · 분석된 첩보
머피 위원회	일상생활 속에서 흔히 접하기 어려운 자료
허먼	정보는 모든 종류의 첩보를 활용하지만 기본적으로 끝없는 은폐와 기만으로 가득찬 부분을 꿰뚫고자 하는 노력
술스키	근본적으로 외부 집단이 숨기려고 하는 노력하는 첩보 자료에 접근하고자 하는 것으로, 지식, 활동, 조직으로 구성
켄트	지식 또는 첩보, 활동 및 조직을 포괄하는 개념

⑤ 정보학계에서는 대부분 정보(intelligence)의 개념을 다음과 같이 정의하는 경향

㉠ 자국의 국가안보와 국가이익을 도모하기 위해 필요한 것

㉡ 국제관계 · 국방 · 국가안보 · 비밀성에 관련되는 것으로 정의하는 경향

※ 켄트의 정보 개념이 오늘날 각국 정보기관 및 학계에서 널리 인정되는 개념

(4) 국가정보(national intelligence)는 국가적 차원에서 활용되며, 사용자가 주로 국가의 최고정책결정권자라는 점이 다른 정보와 다르다.

① 칸트의 정보개념에서, 국가정보는 결국 "일종의 지식이며 그러한 지식을 입수 또는 저지하는 행위, 그리고 입수 · 저지 기능을 수행하는 조직"을 포괄하는 개념으로 해석됨

② 이러한 정의에서 국가정보 구성요소는, 지식으로서의 정보, 활동으로서의 정보, 조직으로서의 정보로 구성됨

③ **지식으로서의 정보**: 정보활동에 따른 최종 산출물 또는 인지 가능한 형태로서의 생산물

㉠ 최초 수집된 첩보(information)는 '생자료 또는 원(原)자료(raw data)'라고 하며, 생자료가 분석 · 평가과정을 거쳐 정보(intelligence)로 변환됨

㉡ 정보순환과정(intelligence cycle)은 첩보가 정보로 처리되는 일련의 과정을 의미

더 알아보기

정보순환과정
기획 및 지시 → 첩보수집 → 정보처리 → 정보분석과 생산 → 정보 배포 및 환류

㉢ 분석과정을 거쳐 생산된 정보가 바로 정책결정권자가 필요로 하는 정보이며, 지식으로서 얼마나 유용한 정보를 생산해내는가가 곧 정보기관의 역량평가 기준이 됨

④ **활동으로서의 정보**: 정보생산활동 및 방첩, 비밀공작을 포함하는 개념

㉠ 정보생산활동은 첩보수집과 정보분석으로 구분함

㉡ 활동으로서의 정보는 정보수요자의 요청에 따라 첩보가 수집 · 분석 · 제공되는 과정 전체를 의미 (= 과정으로서의 정보)

⑤ **조직으로서의 정보**: 첩보수집·분석·평가를 통해 정보를 생산하는 활동을 담당하는 조직인 정보기관

　　㉠ 정보기관의 가장 중요한 임무는 국가안보를 위해 필요한 첩보를 이용 가능한 수단을 모두 동원하여 수집하고, 수집된 자료 분석을 통해 정보사용자가 필요로 하는 정보를 생산함에 있음

　　㉡ 정보기관은 정보생산 외에도 방첩활동, 국가의 외교·안보적 목표달성을 위한 비밀공작 수행이 주요 임무

(5) 결국 국가정보는 국가의 정책 및 국가안전보장과 관련된 전 분야가 대상이 되며(대상), 국가안보 제반 분야의 정책수립과 집행 및 국가안보위협으로부터 국익 수호에 필요한(목적) 지식뿐만 아니라 활동과 조직을 포괄하는 개념(범위)으로 이해해야 한다.

2. 국가정보의 특성

(1) **비밀성**: 국가정보의 가장 큰 특징이며 성공적인 정보수집 및 상대방의 기만술책 방지를 위하여 비밀유지는 필수적이다. 또한 사용자의 판단 및 집행 효율성을 위해서 비밀성은 필요하다.

(2) **합목적성**: 정보활동은 국가이익을 전제로 한 적극적이고 전향적인 활동인 만큼 성공여부는 국익에 기여 정도로 판단되며, 정보활동의 불법성이 폭로될 경우 국가 및 정부의 막대한 손상을 야기하므로 합법성을 최대한 추구해야 한다.

(3) **전방위식**: 국가정보가 유기적이고 종합적인 실용지식이며, 사회체계의 모든 분야는 상호연관되어 서로 영향을 미치기 때문에 특정 분야만 단독 조망하기는 사실상 불가능하다.

3. 국가정보의 요건

정보의 가치는 정책결정과정 기여도에 의해 평가되며, 정보가 정책결정과정에 기여하기 위해 적시성, 정확성, 객관성, 적합성이라는 요건을 갖춰야 한다.

(1) **적시성**: 정보는 시간에 따라 가치가 변화하기 때문에 정책결정에 필요한 시점에 제시되어야 가장 효용성이 크며, 모든 정보활동은 적시성에 초점을 맞춰 이루어져야 한다.

(2) **정확성**: 정보의 정확성이 높을수록 올바른 정책결정 및 적절한 대책 수립이 가능하며, 정확한 정보를 통해 최대효용의 국가이익을 추구할 수 있다. 정보의 정확성은 수집된 첩보의 신뢰성이 확보되어야 가능하며, 향후 전망의 제시와 종합적인 정책대안 검토는 정확한 첩보분석이 바탕이 되어야 한다.

(3) **객관성**: 정보는 국가이익에 바탕을 둔 객관적 정책결정을 위한 판단근거를 제공하기 때문에 객관성을 유지해야 한다.

(4) **적합성**: 정보의 목적이 국가정책 수립 및 집행에 도움이 되고, 정책결정 기여에 정보의 가치가 있기 때문에 정보가 필요한 사안의 정책결정과 정보는 관련되어야 한다.

더 알아보기

좋은 정보의 요건

1. 적시성: 아무리 훌륭한 정보라도 필요한 시기에 정책결정자에게 전달되지 못한다면 국가정책결정에 활용될 수 없으므로 정보의 가치는 상실된다.
2. 적합성: 정보는 문제되는 사안에 대한 정책결정자의 지식과 이해를 넓혀주고 국가정책결정에 도움이 되어야 한다.
3. 간결성: 정보는 정책결정자가 최소한의 노력으로 문제되는 사안을 이해할 수 있도록 내용과 형식 모두 간결하게 작성되어야 한다.
4. 명료성: 정보는 정보분석 결과를 통해 분명하게 밝혀진 사실과 아직 밝혀지지 않은 사실을 명확하게 밝히는 것이며, 정보의 신뢰 정도와 정보분석을 통해 보충된 부분까지 전달하여야 한다.
• 정보의 객관성: 객관성은 좋은 정보를 판단하는 기준은 아니었으나, 정보의 객관성에 대한 요구가 매우 중대하고 일반적으로 인식되고 있기 때문에 좋은 정보의 기본적인 전제로 받아들여져야 한다. 정보가 객관적이지 않다면, 적시성, 적합성, 간결성, 명료성 모두 의미가 없어지기 때문이다.
• 정보의 정확성: 정확성은 기준이 아니다. 정확성은 정보를 평가하는 데 있어 적용하기가 어려운 기준이었으나 9/11 테러 및 이라크 전쟁 등 잇따른 정보실패 사례가 발생하면서 점차 정보의 정확성에 대한 요구는 높아지고 있다.

2 국가정보의 기능과 역할

1. 조기경보 기능

(1) 정보의 조기경보 기능은 잠재적인 적국의 전략적 기습을 방지하는 것이다.

① 국가안보에 대한 위협을 충분히 가하지 못하는 전술적 기습과 달리, 전략적 기습은 국가안보에 치명적 위협이 가능한 경우를 의미하며, 국가정보는 조기경보(early warning)를 통해 전략적 기습을 방지

② 적대국가의 움직임을 탐지하여 기습공격처럼 국가존립에 대한 위협을 사전에 파악하여 적시적 대응능력을 확보하는 것이 국가정보의 최우선적인 임무에 해당

③ 적대국가의 군사전략 · 전술, 전쟁계획, 전력구조, 무기체계, 군사배치 등에 대한 정보를 획득하고 사전에 대비하는 것이 국가정보의 주요 역할

(2) 조기경보 기능은 주로 군사안보 등 전통안보에 중점을 두고 이루어졌으나, 국제안보환경과 정보환경의 변화에 따라 국제적 차원에서 발생하는 기후변화, 감염병, 재난재해, 금융위기 및 국제범죄 역시 조기경보 대상이 되었다.

2. 국가정책 지원

(1) **국가의 전략적 목적**: 모든 국가의 전략적 목적은 국가이익의 증대와 안전보장 추구에 있으며, 국가는 전략적 목적 달성을 위해 적극적인 대내외 정책을 추진한다.

(2) 국가정보는 정책환경 진단, 정책의 수립 및 조정, 정책선택, 정책집행 및 평가라는 국가정책의 각 단계를 지원할 수 있다.

(3) **정책환경 진단**

① 개념: 정책 결정자의 정확한 판단을 위해 국내외 다양한 요인과 국제정세 파악을 통한 정보 제공

② 정책환경

㉠ 국익증대를 위한 국내외 다양한 여건 진단하고 현재 상황을 인식하는 데 기여함

㉡ 자국에 대한 잠재적국의 위협 평가 및 안보유지에 필요한 정책 수립 기여

㉢ 자국의 국익 및 안보 취약성 진단 기여

국익적 취약성과 안보적 취약성
- 국익적 취약성: 국가의 전략적 분야에 해당하는 산업기술·과학기술, 통상, 금융, 외환 등 분야가 다른 국가와의 경쟁에 서 낙후되는 원인과 배경
- 안보적 취약성: 외교적·군사적 측면의 취약요소와 방첩 분야에서 다른 국가의 정보기관이 수행하는 정보활동으로부터 취약한 부분

(4) 정책 수립 및 조정

① 개념: 정책을 수립하고 조정하는 데 유용한 지식을 제공하고, 정책추진에 필요한 제약요인을 검토하는 데 필요한 판단을 제공

② 정보는 관련 대상국가에 대한 다양한 국익확대 요소와 안보위협 요소 등의 지식을 생산, 제공함으로써 자국의 외교안보정책 수립에 기여 가능

   ⊙ 정책수립 시 정책의 성공 여부와 추진과정에서 제기되는 문제점을 검토하는 것이 중요함

   ⓒ 정보는 정책환경 변화에 따른 현 정책의 문제점을 파악하도록 지원함

   ⓒ 정책환경 변화에 대응하기 위해 새로운 정책수립 검토와 시행 중인 정책의 조정방향에 필요한 판단을 제공함

③ 정보는 정책수립과 조정과정에서 등장하는 제약요인을 검토하는 데 필요한 판단을 제공함

   ⊙ 국가의 대외정책 추진과정에서 외교·군사·경제·문화 등 다양한 수단이 동원되며, 정보는 해당 수단 활용에 따르는 제약요인을 평가하는 데 필요한 판단을 제공함

   ⓒ 제약요인 검토는 내부적인 자체능력(예 예산, 인력, 조직 등), 추진 중인 정책에 대한 국내외 여론 등이 대상임

(5) 정책선택

① 정보는 정책결정자에게 유용한 정책대안 범위를 제공하고, 필요한 정책 판단을 내릴 수 있음

   ⊙ 정책수단의 다양성은 정책대안의 다양성을 가져오며, 제시된 정책의 선택범위가 넓을수록 정책선택 시 많은 어려움이 뒤따르게 됨

   ⓒ 정보는 국익증진과 국가안보를 위해 각 대안의 장단점, 향후 파급영향 등을 분석하여 가장 효용성이 큰 정책대안을 선택하는 데 필요한 판단을 제공함

   ⓒ 수준 높은 정보가 요구되는 것은 사실이나, 정책결정자의 의지·판단에 따라 중요한 정보가 정책선택에서 활용되지 않는 경우가 있기 때문에 훌륭한 정보가 반드시 훌륭한 정책선택으로 이어지는 것은 아님

② 정보는 한정된 국가자원과 국력을 효과적으로 사용하는 데 필요한 판단을 제공함

   ⊙ 국가의 정책결정은 국가가 보유한 능력을 가장 효과적으로 사용하여 국가발전을 모색하는 것이며, 정보는 국력의 효율적·경제적·집중적 사용에 필요한 판단을 제공함

   ⓒ 정확하고 충분한 정보를 통해 국력이 사용되어야 할 정확한 상황을 분석하고, 적시에 국력이 사용될 수 있으며 국력의 분산을 방지할 수 있음

③ 정보는 현재의 정책환경을 바탕으로 앞으로 전개될 미래를 전망하고 새로운 상황을 예측할 수 있음

   - 미래의 정책환경은 불확실성과 불안정성이 특징이며, 정책선택은 가변적인 미래환경 예측을 바탕으로 이루어지기 때문에 정확한 미래상황 예측이 최선의 정책선택을 위해 필수적임

④ 정보는 정책의 집행시기와 정책 평가에 대한 판단을 제공
  ㉠ 정책 성공은 적시적 집행시기에 달린만큼 정보는 시의적절한 정책집행시기 결정에 역할
  ㉡ 정보는 현재 진행 중인 정책의 문제점, 효과, 반응 등 판단에 기여

3. 협상체결 및 국제조약 검증

협상은 국가 간 매우 중요한 외교적 수단이며, 협상력의 정도는 바로 정확한 상대국에 대한 정보가 좌우한다.

(1) 협상대상국에 대한 충분한 정보를 통해 협상의 유리한 고지를 점유하는 것이 가능하다.

(2) 국제조약의 준수의무가 부여된 관련 상대국의 조약 이행 여부를 감시 및 평가하는데 기여한다.

3 국가정보의 분류

국가정보의 체계적 이해를 위해서 정보의 분류는 필수적이며, 일반적으로 사용목적, 대상지역, 요소, 사용주체, 시계열적 특성, 수집방법을 기준으로 분류한다.

1. 사용목적에 따른 분류

(1) **정책정보**: 국가이익의 증대와 국가안전보장을 위한 정책의 수립과 집행을 지원하는 정보를 의미한다.
  ① 국가외교, 국방, 경제, 과학, 환경, 보건복지 등 국정 전반에 걸쳐 정책결정과 집행에 지원되는 정보
  ② 정책정보의 생산은 국가정보기관의 중요한 기능

(2) **보안정보**: 국가안전보장 위해세력의 행위에 대한 정보로, 방첩정보로 표현하기도 한다.
  ① 자국에 관계되거나 영향을 주는 국내외 안보문제를 총망라하는 것으로 국가경찰기능을 위한 정보에 해당
  ② 외국 정보기관의 조종을 받는 세력이나 그 추종세력이 수행하는 자국 상대 첩보수집, 전복, 테러, 태업 등 반국가행위를 방지하기 위한 정보
  ③ 외국 정보요원 파악 및 확인을 위한 조사와 감시 그리고 상대방 정보기관에 관한 정보도 해당
  ④ 통상 방첩활동은 국내에서 이루어지므로 국내 정보기구의 중요한 업무이며, 대공정보 · 외사정보 역시 보안정보에 해당

> **더 알아보기**
>
> 「국정원법 개정안」(2020)
> • 「국정원법 개정안」이 2020년 12월 13일 국회 본회의를 통과함에 따라 국가정보원의 대공수사권은 경찰로 이관, 3년간 유예기간 부여
> • 이 개정안은 국정원의 직무 범위에서 국내 보안정보, 대공 등 불명확한 개념을 삭제

2. 대상지역에 따른 분류

(1) 대상지역에 따라 국내정보 및 국외정보로 구분되나, 대상지역은 정보활동이 수행되는 물리적 공간이 아닌 정보목표의 대상지역에 따라 구분한다.

(2) **국내정보**: 자국 내 사항을 대상으로 하는 정보이며, 사용목적에 따라 국내정책정보, 국내보안정보로 구분된다.
  ① **국내정책정보**: 국내 경제, 사회, 과학기술 등 국가 내부의 정책결정에 필요한 정보 의미

② **국내보안정보**: 국내에 침투하는 간첩·반국가세력 등의 안보위협으로부터 국가안전 유지에 필요한 정보

더 알아보기

개정된 국가정보원법상 직무범위

제4조(직무)

① 국정원은 다음 각 호의 직무를 수행한다.
  1. 다음 각 목에 해당하는 정보의 수집·작성·배포
     가. 국외 및 북한에 관한 정보
     나. 방첩(산업경제정보 유출, 해외연계 경제질서 교란 및 방위산업침해에 대한 방첩을 포함한다), 대테러, 국제범죄 조직에 관한 정보
     다. 「형법」 중 내란의 죄, 외환의 죄, 「군형법」 중 반란의 죄, 암호 부정사용의 죄, 「군사기밀 보호법」에 규정된 죄에 관한 정보
     라. 「국가보안법」에 규정된 죄와 관련되고 반국가단체와 연계되거나 연계가 의심되는 안보침해행위에 관한 정보
     마. 국제 및 국가배후 해킹조직 등 사이버안보 및 위성자산 등 안보 관련 우주 정보
  2. 국가 기밀(국가의 안전에 대한 중대한 불이익을 피하기 위하여 한정된 인원만이 알 수 있도록 허용되고 다른 국가 또는 집단에 대하여 비밀로 할 사실·물건 또는 지식으로서 국가 기밀로 분류된 사항만을 말한다. 이하 같다)에 속하는 문서·자재·시설·지역 및 국가안전보장에 한정된 국가 기밀을 취급하는 인원에 대한 보안 업무. 다만, 각급 기관에 대한 보안감사는 제외한다.
  3. 제1호 및 제2호의 직무수행에 관련된 조치로서 국가안보와 국익에 반하는 북한, 외국 및 외국인·외국단체·초국가행위자 또는 이와 연계된 내국인의 활동을 확인·견제·차단하고, 국민의 안전을 보호하기 위하여 취하는 대응조치
  4. 다음 각 목의 기관 대상 사이버공격 및 위협에 대한 예방 및 대응
     가. 중앙행정기관(대통령 소속기관과 국무총리 소속기관을 포함한다) 및 그 소속기관과 국가인권위원회, 고위공직 자범죄수사처 및 「행정기관 소속 위원회의 설치·운영에 관한 법률」에 따른 위원회
     나. 지방자치단체와 그 소속기관
     다. 그 밖에 대통령령으로 정하는 공공기관
  5. 정보 및 보안 업무의 기획·조정
  6. 그 밖에 다른 법률에 따라 국정원의 직무로 규정된 사항
② 원장은 제1항의 직무와 관련하여 직무수행의 원칙·범위·절차 등이 규정된 정보활동기본지침을 정하여 국회 정보위원회에 이를 보고하여야 한다. 이 경우 국회 정보위원회는 정보활동기본지침에 위법하거나 부당한 사항이 있다고 인정되면 재적위원 3분의 2 이상의 찬성으로 시정이나 보완을 요구할 수 있으며, 원장은 특별한 사유가 없으면 그 요구에 따라야 한다
③ 제1항제1호부터 제4호까지의 직무 수행을 위하여 필요한 사항과 같은 항 제5호에 따른 기획·조정의 범위와 대상 기관 및 절차 등에 관한 사항은 대통령령으로 정한다.
[시행일: 2024. 1. 1.] 제4조 제1항 제1호 다목, 제4조 제1항 제1호 라목

---

(3) 국외정보: 외국의 사항을 대상으로 하는 정보, 즉 해외정보를 의미하며 국내정보와 마찬가지로 사용목적에 따라 국외정책정보와 국외보안정보로 구분한다.

① **국외정책정보**: 타국의 정치·경제·사회·군사·과학 등에 관한 정보이며, 외국이 자국의 국익과 안전보장에 대한 행위 또는 정책의 방향을 어떻게 계획하고 있는가를 파악하기 위한 정보

② **국외보안정보**: 자국의 안전에 위협을 초래하는 대상국가의 간첩, 테러, 선동 활동에 관한 정보이며, 상대국 정보기관의 조직, 활동방법, 활동목표 등 탐지도 포함

> **더 알아보기**
>
> 북한정보는 국내정보일까, 국외정보일까?
> • 헌법상 북한은 대한민국의 합법적 영토이나 현실적으로는 통치권이 미치지 못하는 지역이다.
> • 1991년 북한은 우리와 함께 UN에 동시가입, 국제사회에서 주권국가로 인정받았기 때문에 국외정보로 분류한다.
> • 분단국가라는 현실을 고려한다면, 우리나라에서 북한정보의 비중이 크므로 일반적으로 국내 정보기관에서는 북한정보를 다른 국외정보와 별도로 구분하여 취급한다.

3. 요소에 따른 분류

(1) **군사정보**: 전통적으로 국가안보는 군사안보를 의미하는 경우가 대부분이었으며, 군사정보는 한 국가의 군사적인 요소에 관한 정보를 의미한다.

① 군사적인 능력, 취약점, 가능한 행동방책, 또한 그 의도 등 대상국의 군사력과 관련된 총체적 지식을 의미

② 상대국의 물리적 군사력, 군사전략, 군사정책, 군 지휘권, 방위산업과 군비관리, 국방비, 군사제도 등을 포함

(2) **과학기술정보**: 한 국가의 과학기술의 요소에 관한 정보인 과학기술정보는 주로 대상국의 군사력에 영향을 줄 수 있는 요소들이 해당된다.

① 과학기술은 군사 분야 첨단무기체계의 개발 동향에 관한 정보뿐만 아니라 민간분야의 과학기술 발전에 관한 정보수집 및 분석활동 포함

② 핵무기 개발과 안보의 관계를 고려하여 과학기술정보 관련 우선수집분야는 핵무기 관련 정보이며, 민간분야는 컴퓨터공학, 생명공학, 과학, 레이저, 원자력, 우주력, 항공 분야 등이 해당

③ 대상국의 과학기술정책, 과학 전문인력, 과학기술 협력관계, 과학기술 수준 및 과학기술 능력 등도 해당

> **더 알아보기**
>
> 미중간 기술경쟁: 5G와 화웨이
> • 화웨이 관련 사이버 안보 문제의 외교적 현안 등장
>   오래전부터 화웨이(華爲) 장비 사용을 둘러싼 사이버 안보 논란은 제기되었지만, 외교적 현안으로 부상한 것은 비교적 최근이다. 2018년 미국 정보기관의 화웨이 제품 사용중지 경고(2월), 화웨이 부회장 겸 최고재무책임자의 체포(12월), 2019년 트럼프 대통령의 국가비상사태 선포 행정명령을 통한 민간 기업에게 화웨이와 거래 중단 요구에 이어 2020년 영국 역시 화웨이산 5G 장비 및 유선 인터넷망 장비 구매를 모두 중단하기로 결정하였다. 미국과 영국이 가입한 '파이브 아이즈'에 소속된 호주, 뉴질랜드 역시 화웨이를 배제하는 방침을 결정하였다. 미국 상무부는 2020년 5월 화웨이에 대한 추가 제재를 실시하면서, 화웨이는 통신장비, 서버, 스마트폰 제작에 필수적인 반도품 부품조달과 신제품 출시에 어려움을 겪게 될 전망이다.
> • 화웨이와 5G시장 표준 선점의 문제
>   중국의 화웨이에 대한 견제가 많은 이유는 중국이 미래기술·경제 분야의 중심이 될 5G 이동통신 관련 특허를 가장 많이 보유하고 있다는 점이 지적되고 있다. 4G까지는 미국과 유럽이 시장의 표준제정을 주도하였으나, 4차 산업혁명의 핵심 인프라 분야에 속하는 5G 분야 특허 출원은 화웨이가 가장 많이 보유하고 있다는 점이다. 중국 정부는 4차 산업혁명 대비전략인 '중국제조 2025'에서 5G 기술을 언급하고, 2016년부터 시작된 13.5 계획에서도 5G 기술을 전략적 신흥 산업으로 지정하는 등 통신인프라 설치와 부가 서비스 확대를 위해 정부 차원에서 대대적인 지원을 제공하고 있다.
> • 앞으로도 기술패권을 둘러싼 화웨이에 대한 미국의 압박은 앞으로 더 거세질 것이며, 미중 간 글로벌 기술패권 경쟁에 따라 줄 세우기식 외교가 치열해질 가능성이 매우 높아질 것으로 전망된다.

(3) **정치정보**: 한 국가의 정치적인 요소에 관한 정보인 정치정보는 정치적인 능력, 취약점 및 가능한 행동방책 또는 의도에 관한 판단을 포함한다.

> 예 정치권력구조, 국민들의 정치적 태도, 정치 지도자들의 성향, 정당, 선거, 쿠데타, 분쟁 등 국내정치 동향 및 대외정책 포함(외교정책, 주요국과의 관계, 외교형태 등)

(4) **경제정보**: 한 국가의 경제적 요소를 다루는 경제정보는 현재의 경제 수준과 잠재성장력 등 국가의 경쟁력을 대상으로 하는 정보를 말한다.

① 냉전 종식 이후 군사문제뿐만 아니라 경제문제가 중요한 안보이슈로 부각되면서 경제정보는 국익에 매우 중요한 영향

② 국내외 경제정책, 전략자원의 수급실태, 국제경쟁력 확보 등이 경제정보에 해당되며, 국내 중요 산업기밀 보호를 위한 산업보안활동 역시 광의의 경제정보에 포함

③ 코로나19 팬데믹을 통해 글로벌 가치사슬(GVC; Global Value Chain) 재편이 예견되므로 경제정보는 향후 국가 경쟁력 회복에 있어 그 역할이 증대되는 상황

(5) **사회정보**: 한 국가의 사회적 요소에 관한 정보로서 한 국가의 정치 및 군사정보와 밀접한 관계를 맺는다.

① 대상국 내부의 사회 구조, 문화제도, 사회변동, 사회집단의 성격과 활동에 관한 내용 포함

② 사회구성원, 문화, 사회적 속성, 사회집단, 사회계층, 사회운동, 사회복지 등 포함

③ 탈냉전 시기 정보화, 기후변화 및 비국가행위자로부터 제기되는 안보위협인 테러, 국제범죄 등이 새로운 안보위협요소인 신안보위협으로 대두

(6) **사이버정보**: 인터넷이라는 가상의 공간에서 일어나는 제반 요소를 다루는 사이버정보는 컴퓨터와 네트워크에 관련된 비밀첩보 수집 및 보안대책 수립이 주요 내용이다. 특히 사이버공격 및 사이버테러는 국가안보에 치명적인 위협을 가하는 대상이 되었으며, 사이버정보는 국가정보기관의 주요 업무를 대상화하고 있다.

(7) **환경정보**: 기후변화 등 환경문제가 인류의 생존을 위협하면서 국가안보와 직결되는 문제로 부상함에 따라 환경정보 또한 국가정보기관의 주요 임무 중 하나로 확대되었다.

> 예 '2050 탄소중립' 추진에 따라 유럽연합 등에서 탄소국경세 도입을 예고하면서 환경정보는 경제정보와 연계되는 양상을 보임

(8) 국가안보의 범위가 환경, 인구, 자원, 식량 등으로 확대되면서 '신안보' 분야에 대한 첩보수집 및 정보분석 활동의 필요성이 높아졌고, 과거에 비해 보다 활발하게 수행되고 있다.

4. 사용주체에 따른 분류

국가정보는 사용자의 수준, 즉 주체에 따라 국가정보와 부문정보로 구분되며, 해당정보를 생산하는 조직을 각각 국가정보기관과 부문정보기관으로 분류한다.

(1) **국가정보**

① 국가정보기관에서 생산하는 정보로서 국가적 목적을 위해 생산되는 정보를 의미

② 국가정책의 수립과 집행에 필요하거나 국내외로부터 국가의 안보와 이익을 수호하는 데 요구되는 정보

③ 국가정보는 국가의 최고정책결정권자의 필요나 요구에 따라 제공되는 정보이며 특정부처의 권한이나 필요를 넘어선 높은 수준의 종합적 정보

④ 국가정보기관이 대부분 국가정보의 생산을 원칙으로 하고 있으나 개별 행정부처에 소속된 부문정보기관도 국가정보를 생산하는 경우가 있음

(2) 부문정보

① 단위 행정부처에 소속된 개별적인 부문정보기관들이 소속부서의 업무수행을 위해 생산하는 정보를 의미

② 통일, 외교, 국방, 치안 등 특정 부처의 필요와 요구에 따라 생산되는 정보

(3) 국가정보기관과 부문정보기관의 구분: 정보기관의 소속이 문제가 아니라 기관의 기능이 국가정보 임무수행 또는 단위 행정부처 업무수행을 위한 정보생산 여부에 따라 구분한다.

예 한국과 미국의 정보생산 주체에 따른 국가정보 분류의 예

국가정보기관	국가정보원, 미국의 국가정보장
부문정보기관	한국 군사안보지원사령부(전 기무사), 국군정보사령부, 미국 국방정보국(DIA)

5. 시계열적 특성

(1) 분석대상의 시계열적 특성에 따라 기본정보, 현용정보, 판단정보로 구분한다.

(2) 기본정보: 정보대상에 대한 틀을 형성하는 구조적·기초적 내용에 대한 정보이다.

① 각국의 지역특성, 정치제도, 군사력이나 경제력과 같이 비교적 변화가 적은 고정적인 상황에 관한 내용 포함

② 대부분 공개 출처에서 입수 가능한 정태적 사실

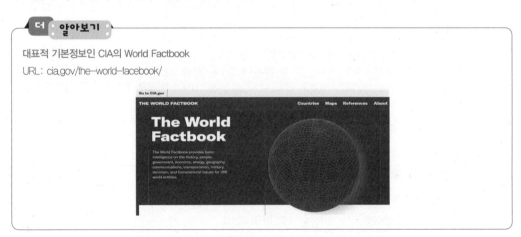

더 **알아보기**

대표적 기본정보인 CIA의 World Factbook

URL: cia.gov/the-world-facebook/

(3) 현용정보: 정태적인 기본정보를 바탕으로 동태적으로 변화한 사실과 그 변화한 사실이 가지는 현재적인 의미를 분석한 정보를 의미한다. 최근 발생한 사건 및 현재 진행 중인 사안에 관한 내용을 포함하고 있으며, 대부분의 정보분석 보고서가 현용정보에 해당한다.

(4) 판단정보: 정보대상의 과거·현재 상황과 그 정보를 포함한 제반 판단자료를 면밀히 분석하여 미래의 전개 상황에 대한 추세를 판단하거나 예측하는 정보를 의미한다. 일반적으로 판단자료는 사용자에게 제공된 첩보자료의 의미 평가와 향후 발생할 사안에 대한 판단을 제시하는 내용 포함하고 있다.

예 미국 국가정보회의(National Intelligence Council)의 『국가정보평가서(National Intelligence Estimates, NIE)』

6. 수집방법에 의한 분류

(1) 수집방법에 따라 국가정보는 인간정보, 기술정보, 공개출처정보로 구분한다.

(2) **인간정보(HUMINT; Human Intelligence)**

① 공작원, 협조자, 망명자, 여행자 등 인간출처로부터 획득된 정보 의미

② 과학기술이 발달하면서 기술정보의 비율이 대폭 증대되었지만 여전히 인간정보의 필요성과 중요성은 인정받고 있음

(3) **기술정보(TECHINT; Technical Intelligence)**

① 항공기, 인공위성, 도청장치, 레이더, 레이저 등 과학기술 장비를 동원하여 수집한 정보 의미

② 기술정보는 지리공간정보, 신호정보, 징후계측정보 포함

(4) **공개출처정보(OSINT; Open Source Intelligence)**

① 신문, 방송, 인터넷, 학술지, 국제회의내용 등 공개된 출처로부터 수집된 정보를 의미

② 합법적으로 이루어지는 것이고, 쉽게 얻을 수 있고 그 수집방법이 쉬운 것이 장점

③ 빅데이터 분석방법론이 개발되면서 공개출처정보의 가치는 더욱 높아지는 추세

더 알아보기

빅데이터 분석이 정보수집 및 예측에 있어 과연 만능인가?
• 2016년 미국 대선에서 트럼프 대통령의 당선은 빅데이터와 인공지능에 대한 관심을 불러일으킨 계기이기도 함
• 전통적인 여론조사와 달리 빅데이터와 인공지능을 바탕으로 '샤이 트럼프'의 트럼프 후보의 지지도를 파악하고, 당선을 예측하였다는 점에서 빅데이터 분석을 통한 정보수집 및 예측에 대한 기대도가 증가함
• 빅데이터 분석은 방대한 자료 속에 숨겨진 의미를 파악할 경우 유용한 정보를 제공할 수 있다는 장점이 있으나, 잘못 이해할 경우 오차나 특이 사례에 해당하는 경우를 하나의 트렌드적 신호로 오인할 가능성이 높음
• 결국 빅데이터에 대한 전문적인 지식과 체계적인 교육만이 방대한 자료가 제공하는 장점을 살리고, 잘못된 신호를 바탕으로 한 정보분석과 예측을 피할 수 있는 길이 될 것임

정보분류

사용자의 수준에 따른 분류	국가정보, (국가)부문정보
사용목적에 따른 분류	정책정보, 안보정보
대상지역에 따른 분류	국내정보, 국외정보(해외정보)
시계열에 따른 분류	기본정보, 현용정보, 판단정보
요소에 따른 분류	정치정보, 경제정보, 군사정보, 사회정보, 과학기술정보
수집활동에 따른 분류	인간정보, 기술정보, 공개출처정보

CHAPTER 03

국가정보활동의 기원과 역사

① 고대와 중세의 정보활동

1. 고대 서양의 정보활동

(1) 정보활동은 인류의 탄생과 더불어 시작한 것으로 여겨지며, 국가가 등장하면서 본격적으로 전개되었다. 오늘날 정보활동의 모체가 되는 다양한 활동은 부족국가 시대의 문헌에서도 빈번하게 등장하며, 이를 통해 정보활동이 인류의 생존과 번영을 위한 수단으로 오래 전부터 활용되었음을 알 수 있다.

(2) 고대 이집트의 정보활동과 카데시 전투(기원전 1275년)

① **세계에서 가장 오래된 첩보활동**: 고대 이집트의 신성문자(히에로글리프)에는 파라오의 명을 받아 바눔 장군이 적을 정찰한 내용이 전해져 내려옴

② **카데시 전투**: 오늘날 시리아 지역의 주도권을 둔 히타이트와 이집트 사이에 벌어진 전투 도중 스파이를 활용하여 기만정보를 배포하고 전투의 우위를 점하려 했던 사례

③ 당시 이집트 람세스 2세는 히타이트 탈영병의 기만정보를 믿고 카데시 북쪽으로 이동하였는데, 히트이트군의 기습공격을 받아 상당한 손실을 입고 간신히 귀환

(3) 성서의 정보활동

① 「**민수기**」: 엑소더스를 위해 모세가 12지파 부족장의 아들을 1명씩 선발하여 가나안에 정찰을 보낸 것이 정보수집 초기단계에 해당

② 「**여호수아서**」: 여호수아가 보낸 2명의 스파이가 위기모면을 도와준 라합에게 정보협조의 대가를 약속, 여리고성을 함락한 사례

(4) 그리스 · 페르시아의 데르모필레스 전투와 살라미스 해전

① 조기경보 시스템과 기만공작의 중요성을 보여주는 사례

② 페르시아 크세르크세스 1세의 책사인 데마라토스가 크세르크세르 1세의 침공 의도를 목판에 적어 스파르타 레오니다스 왕과 고르고 왕비에게 보내 사전에 방어전선 구축이 가능했음(→ 영화 「300」의 배경)

③ 에피알테스의 배신으로 데르모팔레스 전선이 무너지자 살라미스 섬 주변의 좁은 해협으로 페르시아 함대를 유인하기 위해 기만정보를 배포함

④ 살라미스 해전을 통해 페르시아 해군은 대패 후 그리스에서 철수하였고, 쇠퇴의 길을 걷기 시작함

(5) 알렉산더 대왕의 우편검열

① 할리카르소스 포위작전(기원전 334년)이 장기화되자, 군사의 충성도를 확인하기 위해 우편검열을 실시함

② 편지 내용에서 장기간 원정에서 문제를 유발할 가능성이 높은 군인은 모두 마케도니아로 송환되었음

③ 원정에 대한 강한 신념과 알렉산더 대왕에 대한 높은 충성도를 지닌 군인으로만 구성된 원정대를 통해 알렉산더 대왕의 장기간 원정은 성공 가능했음

(6) 율리우스 카이사르와 아우구스투스의 군사정보 수집

① 카이사르(=줄리우스 시저)는 오늘날 프랑스에 해당하는 갈리아 지방의 점령지와 전장관리를 위해 체계적인 군사정보 수집이 필요하였고, 여러 종류의 정찰병을 운용

② 육군 행군 시 최전방을 담당하는 프로쿠르세토레스, 장거리 정탐활동을 하는 익스플로레토레스, 현지 언어에 능숙하고 신분을 위장하여 적지 깊숙이 침투하여 정보를 수집하는 스페큘레토레스로 분류하여 활용

③ 스페큘레토레스는 수집한 정보를 카이사르에게 직접 보고하였기에 암호로 모든 문서를 작성하였으며, 로마 모든 지역을 스페큘레토레스의 정보보고를 통해 관리

④ 아우구스투스는 로마제국 전체를 연결하는 전령 통신망을 구축, 정보수집과 전파에 비약적인 발전을 가져옴

(7) 로마제국 황제들의 암살위협 대비

① 로마제국 황제는 대부분 암살의 위협에 노출되어 있었기 때문에 첩보활동의 주된 대상은 국경이나 해외 적국보다는 내부의 정적에 집중됨

② 일반적으로 황제의 근위대를 위장신분으로 정적 집단에 잠입, 감시를 통해 결정적 순간에 색출하는 방식을 통해 이루어짐

③ 도미티아누스 황제는 비밀경찰인 프루멘타리에게 조직, 장군, 원로원, 기독교 반체제 인사에 대한 밀착 감시를 주요 임무로 부여함

(8) 그리스 · 로마에서는 첩보수집과 더불어 수집된 첩보를 안전하게 전달하기 위한 방법으로서 암호체계가 함께 발전하였다.

① **그리스 스파르타**: 기원전 5세기경 원시적 형태의 군사용 암호통신수단인 '스키테일' 고안

② **그리스 극작가 폴리비우스**: 기원전 4세기 아라비아 숫자와 로마자를 조합한 암호체계 고안

③ **로마**: 기원전 1세기경 간첩과 비밀암호체계를 활용하였으며, 율리우스 카이사르는 '카이사르 알파벳'이라는 암호체계를 사용함

더 알아보기

스키테일과 카이사르의 알파벳

• 스키테일은 원통형의 막대기에 양피지나 파피루스 천 조각을 감은 다음 그 위에 비밀 전문을 적고, 비밀전문이 적힌 천 조각을 풀어서 정보 수요자에게 전달한다. 이때 동일한 크기의 원통형 막대에 천 조각을 되감기 전에는 그 내용을 파악할 수 없다는 점에서 비밀성을 유지할 수 있었다.

• 카이사르는 원문의 글자를 알파벳 배열 순서에 따라 2글자 건너 3번째에 위치하는 문자로 바꾸는 방식. 예를 들자면 A는 D로, K는 N으로 대신하는 방식의 암호를 이용하여 편지를 주고받은 것으로 알려졌다. 카이사르의 알파벳을 사용하여 "HELLO"를 쓰자면 "KHOOR"이 된다.

2. 고대 동양의 정보활동

(1) 손자병법
① 고대 동양에서는 병법의 발전과 정보활동은 군사활동을 뒷받침하는 중요한 영역의 하나로 자리잡음
② 「손자병법」 용간편에서는 스파이 활용의 중요성을 기술하고 있는데, 적에 대한 결정적인 정보는 정보를 가지고 있는 자에게서만 얻을 수 있다고 강조하면서 정보수집 비용을 아끼지 말 것을 조언함

> **더 알아보기**
>
> **손자병법 〈용간편〉에서 나타나는 간자의 종류 및 활용법**
> • 향간: 적국에 거주하는 일반 사람을 포섭하여 첩자로 이용하는 방법
> • 내간: 적국의 관료를 포섭하여 첩자로 이용하는 방법
> • 반간: 적의 첩자를 포섭하여 아국의 첩자로 역이용하는 방법
> • 사간: 아국 첩자에게 허위정보를 주고 적에게 보내 널리 퍼뜨리는 방법으로, 허위진술이 밝혀질 경우 보통 죽게 되는 첩자
> • 생간: 적지에서 정찰활동을을 수행하고 살아 돌아와서 보고하는 첩자

(2) 고대 이슬람 세계의 정보활동
① 암호의 과학적 해독방법이 발전함
② 다마스커스 포위작전(634)을 앞두고 비잔틴제국 쿨부클아르 장군은 무슬림 군대의 전투력을 평가하기 위해 아랍계 기독교인을 활용, 자유로운 정보활동을 수행하게 함
③ 빈도분석법: 아바스왕조 시대 바그다드에서 그리스 철학을 번역하던 이라크 학자 킨디가 시작한 과학적 암호해독방식
　　㉠ 킨디는 그리스어 편지를 번역하던 중 특정 문자가 나타나는 빈도수가 다른 문자의 빈도수보다 높다는 사실을 발견, 빈도분석법을 이용한 암호해독방법을 발견함
　　㉡ 일반적으로 편지의 문장에서 알파벳 'e'의 빈도수가 가장 높은 점에 착안, 암호화된 편지에서 가장 빈도수가 높은 알파벳을 'e'로 치환, 그다음 빈도수의 알파벳을 치환하는 방식으로 해독함

> **더 알아보기**
>
> **빈도분석법을 이용하여 춤추는 사람 그림을 해독한 셜록 홈즈**
>
> ☆☆☆☆☆☆☆☆☆☆☆☆☆
>
> 대치 암호는 홈즈가 「춤추는 사람 인형」에서 해독한 유명한 암호이다. 이 암호는 글자를 대신해 메세지를 전하고 있다. 처음에는 유치하고 터무니없어 보이지만 홈즈는 이것이 영어 알파벳 철자에 해당하는 기호라는 것을 재빨리 추리해 냈다.
> 1. 암호 해독자가 가장 먼저 할 일은 메세지에 있는 글자를 알파벳의 빈도수에 따라 분류하는 일이다. 이것 역시 홈즈가 시도했던 첫 번째 단계이다. "이미 알다시피, e는 영어 알파벳에서 가장 흔한 글자일세. 너무나도 자주 나타나기 때문에 짧은 문장에서조차 그걸 느낄 수 있을 정도야"라고 홈즈는 설명한다.
> 2. 독립적으로 떨어져 있는 글자들은 a, I 혹은 드물긴 하지만 o일 확률이 높다. 같이 붙어 있는 두 글자를 모으면 ee, oo, ff 그리고 ss이다.
> 3. 두 철자로 구성되는 가장 흔한 단어를 빈도수에 따라 나열하면 of, to, in, it, is, be, he, by, or, as, at, an 그리고 so이다.
> 4. 깃발은 띄어쓰기, 즉 한 단어가 끝나는 것을 구분하는 표시이며 초지에 온 메시지와 대조하면서 나머지 알파벳들로 채워 나간 결과 주어진 그린의 메시지가 'Am Here Abe Slaney(나 여기 있어 에이브 슬레이너)"라는 것을 알아차리게 된다.

(3) 고대 후반부터 중세에 이르는 사이 인간정보 수집이 다양한 형태로 발전하여 상인을 이용한 정보수집과 종교인·예술인을 가장하여 정보활동을 벌이는 다양한 형태의 인간정보 수집활동이 발전하였다.
  ① 중세시기 상주대사제도의 정착에 따라 타국에 상주하는 외교관이 공식채널을 통해 정보를 수집하는 형태의 정보활동이 발달하기 시작함(상주대사: 정보활동에 종사하는 직업외교관)
  ② 몽골군은 유럽공격에 필요한 정보수집활동을 위해 베니스 상인에게 실크로드 독점무역권과 전시안전을 보장하는 비밀조약을 맺고 동유럽의 지도와 정보를 획득함
  ③ 칭기즈칸은 효과적인 비밀정보활동을 통해 정복활동을 성공적으로 전개함
    ㉠ 칭기즈칸은 정복에 앞서 첩자를 상인으로 가장하여 원정군의 선발대로 출발시킨 다음, 상거래를 통해 적의 능력, 취약점, 동향 등을 파악하여 보고하게 함
    ㉡ 칭기즈칸 군대의 잔인함 등에 대한 유언비어를 퍼뜨려 정복 대상 지역 내 공포 분위기를 조성하여 전투 전부터 상대방의 전의를 상실하게 함

2 르네상스 시기와 근세의 정보활동

1. 정보활동의 변화

르네상스 시기 정보활동은 당시 국가의 시대적 필요를 반영하면서 외교, 국방, 왕권유지라는 세 가지 목표와 연계되어 발전하기 시작했다.

(1) 통치자를 대신하여 정보활동을 총괄하는 정보책임자 등장

(2) 통신보안을 위한 암호의 보편적 활용

(3) 정보활동의 확대에 따른 정보예산 규모의 증가

(4) 상주대사제도와 별도로 신분위장 스파이 해외 네트워크 운영

(5) 방첩활동의 증가

(6) 군사작전시 정보참모조직 운용 및 치안활동을 위한 행정조직 확립

(7) 비정규전의 출현과 함께 지형정보의 중요성 부각

(8) 적국 상대로 감시활동과 기습작전을 펼치기 위한 특수부대 창설

(9) 소수정예 비밀요원의 첩보활동 증가

2. 르네상스·근세 시기 주요국의 정보활동 변화양상

(1) **이탈리아의 정보활동 변화양상**
  ① 정보활동의 통신보안을 위한 암호체계가 발달
  ② 암호해독 전문가 지오반니 소로와 새로운 암호체계 구성 전문가 레온 알베르티가 대표적인 인물
  ③ 알베르티의 『사이퍼디스크』는 영국의 전설적 정보활동 총괄자인 웰싱햄 경이 숙지할 정도로 외교가의 필독서 역할

(2) **영국의 정보활동 변화양상**
  ① 정보활동을 총괄하는 책임자의 출현과 국가수준 정보예산 편성이 시작
  ② 영국의 정보활동은 엘리자베스 1세 재위기간에 시작

③ 당시 국무부 장관이었던 월싱햄 경은 정보활동 총괄 책임자로서 엘리자베스 여왕의 생명 및 안전보장, 여왕직의 지속적 유지가 정보활동의 목표

④ 최초의 정보예산 편성은 크롬웰 경이 암살 예방 및 왕정복귀 음모 분쇄를 위해 연간 7만 파운드 집행이 시초

⑤ 크롬웰 집권기 정보책임자 썰로는 유럽 전역에 노출되지 않을 새로운 스파이 네트워크를 구축, 스파이 사이 통신비밀유지를 위해 암호국을 가동함

(3) 프랑스의 정보활동 변화양상

① 군사작전의 일부로 정보활동이 활용됨

② 프랑스 육군 대원수였던 모리스 삭스 백작은 군사정보활동을 군사작전의 일부로 간주함

③ 오스트리아군에 소속된 비정규군이 처음 사용한 '소전투' 등장, 기존의 정보활동이 상당히 위축됨

④ 소전투 대비를 위해 부대 지휘관의 독립적인 정찰병 운용 및 부대의 안전한 전술기동을 위해 근거리 전술정보 확보 및 표적정보 수집이 운용목적임

⑤ 군 총사령관이 필요한 적 지휘부 관련 정보를 '전략첩보'로, 소전투에 필요한 전투정보를 '전술첩보'로 부르기 시작함

(4) 미국의 정보활동 변화양상

① 미국 독립전쟁(1775~1783년) 이전부터 영국군은 독립세력에 대한 첩보전을 시작, 독립세력 내 스파이 네트워크를 구축하기 시작함

② 독립세력은 처치 박사의 체포를 계기로 독립세력에 침투한 스파이 네트워크의 존재를 인식, 1775년 소규모의 '녹색 용 집단'을 결성하여 보스턴 주재 영국군 동향 감시를 시작함

③ 워싱턴 장군의 독립군 총사령관 취임을 계기로 위험한 비밀임무수행을 담당할 최초의 미군특수부대라 할 수 있는 150명 규모의 기습공격부대를 창설하였으며 기습공격부대를 기반으로 육군 정보부대가 창설됨

④ 뉴욕시 중심 독립세력 최고의 첩보조직 '컬퍼 링' 창설(1778), 탈머지 소령의 지휘로 신분위장과 함께 정보와 방첩활동을 수행

⑤ 독립세력의 첩보조직은 영국군에 비해 독립군의 군사적 역량이 미비하다는 점을 인정, 이에 적합한 정보작전을 수행하였으며 신분노출 방지를 위해 점조직 형태로 활동함

(5) 프랑스 혁명기의 정보활동 변화양상

① 군사 쿠데타로 정권을 잡은 나폴레옹은 반대세력에 의한 암살 기도 및 군사쿠데타 모의를 사전에 색출하고 방지하는 것 외에도 왕정복귀세력의 색출과 제거, 원정전쟁의 성공을 위해 국내정치 안정 등이 당면과제였음

② 정권유지를 위해 치안정보활동에 연간 수백만 프랑의 예산을 집행하였으며, 치안과 정보에 높은 전문성을 가진 책임자로 치안행정조직·운용에서 탁월한 면을 보인 조셉 푸셰를 중용함

③ 나폴레옹은 푸셰의 치안정보 재능은 인정하되, 치안정보조직에 대한 견제가 필요한 것으로 판단하여 푸셰의 정보보고와 대조·확인 목적으로 자신이 직접 지휘하는 비밀경찰부를 조직·운영함

④ 주요 보고내용은 궁정 소문, 새로 상연된 연극에 대한 청중 반응, 증시 현황, 군인 탈영현황, 범죄관련 뉴스 및 군인 범죄, 외국 스파이의 체포 및 심문 결과, 교도소 동향, 건설현황 및 실업률 등 다양한 치안정보로 구성

⑤ 치안정보활동을 위해 나폴레옹의 정보망은 외국 주요도시 및 각국 왕실과 궁정에도 구축, 외국 주재
  정보원과 스파이는 주재국 왕실과 주요 정치인, 군부 및 언론 동향 파악과 서신의 비밀검열을 통해
  정보를 보고함

(6) 근세 영국의 정보활동 변화양상

① 소수정예로 구성된 탐사장교의 정보활동이 활발히 전개

② 프랑스의 침공에 대비하기 위해 군사지식보급소를 신설(1803)하였으나, 전쟁에 필요한 정보를 제공
  할 수 있는 수준은 아니었음

③ 스페인 침공(1808)을 계기로 영국도 대응차원에서 웰링턴 장군을 파견, 웰링턴 장군은 독자적인 정
  보활동 수행을 위해 소수정예의 정찰장교를 구성하여 운용함

④ 웰링턴 장군 휘하의 정찰장교 운용 목표는 정확한 군사지도제작과 군사정보 수집이었으며, 기본적으
  로 승마에 뛰어나거나 통역가, 기자, 예술가 등으로 구성됨

⑤ 정찰장교를 통해 획득한 정보를 기반으로 웰링턴 장군은 프랑스군을 상대로 소규모 기습작전을 전
  개, 스페인 게릴라와 협력

3 근대의 정보활동

1. 근대정보활동의 특징

(1) 군사 · 치안정보에 집중된 정보활동의 영역이 방첩 영역으로 확대되었다.

(2) 정보수집활동이 인간정보수집에서 기술정보수집으로 확대되었다.

(3) 상주대사뿐만 아니라 언론인도 인간정보수집의 주요 행위자로 활동하였다.

(4) 일부 민간회사도 국가안보를 위한 정보활동에 참여하였으나, 각국의 정보활동이 본격적인 정보조직을
  중심으로 이루어지기 시작하였다.

2. 군사이론의 정립과 정보활동

(1) 클라우제비츠는 『전쟁론』: 정보의 정의, 정보의 불확실성, 불확실한 정보를 극복할 정보관의 자질, 공포
  환경에서의 인간의 비이성적 판단을 설명하였다.

① 정보는 "적과 적국에 관해 갖고 있는 모든 지식"이며, 정보를 기초로 사고와 행동이 이루어짐

② 전쟁에서 수집된 정보는 불명확하거나 불확실하기 때문에 지휘관의 명확한 식별력이 필요함

③ 인간의 공포심은 틀린 정보를 허위 정보로 증폭시키며, 인간은 좋은 것보다 나쁜 것을 더 믿으며 나
  쁜 것을 과장하는 경향이 있음

(2) 조미니의 『전쟁술』: 군사통계와 군사지리학, 첩보획득 수단을 설명하였다.

① 첩보수집의 기본방법: 첩보활동, 정찰, 심문, 개연성 있는 가설의 구축

② 불완전하고 모순된 첩보수단이라도 이를 배가시키면 진실 규명이 가능하다고 주장

③ 여러 수단을 통해 정확한 첩보 수집이 어렵기 때문에 발생 가능한 상황을 고려하여 개연성있는 가설
  을 수립하고, 이를 바탕으로 대안을 설정한 후 부대 이동을 권고

3. 영국의 비밀정보국 신설

러시아와 크림전쟁(1854~1856)을 위해 유명무실한 지형통계국을 폐지하는 대신 비밀정보국을 신설하였다.

(1) 대러시아 정보활동 강화를 위해 스파이의 신규 선발과 대러시아 정보망을 구축하였다.

(2) 러시아 스파이 색출을 위해 방첩기능을 강화하였다.

(3) 자국 대중매체의 탐사보도를 통해 전쟁의 승패에 영향을 줄 수 있는 영국군의 정보가 유출되었다.

4. 미국의 남북전쟁과 언론의 정보활동

(1) 언론의 정보활동이 본격적으로 시작된 것은 미국의 남북전쟁 때부터이다.

① 전황에 대한 신속보도를 위해 북부군 취재 전담 종군기자가 150명 이상이었으며, 북부군에 관한 신속한 보도는 북부군 가족뿐만 아니라 남부 연합군에게도 전달

② 남부 연합군은 북부군의 정보 파악뿐만 아니라 종군기자의 위험성을 인식하여 종군기자의 취재를 불허함

(2) 핑커턴 회사: 링컨 대통령의 암살위협 적발을 통해 대통령의 경호정보활동을 전담하였고, 대통령 신변경호와 함께 군사동향 파악 및 위조지폐 감별 등 임무를 담당하였다.

① 링컨 대통령의 신변경호는 철도이동로의 안전을 통해 확보함

② 남부군 내 위장잠입을 통해 고급정보를 수집하였으나, 군 경력이 부족한 관계로 군사정보 분야에서 한계를 노출함

③ 결국 1862년 군사정보는 맥클렌 장군이 담당하게 됨

5. 프러시아의 스파이 네트워크와 여론전

(1) 프러시아 스파이 네트워크 창설: 프러시아의 비스마르크 총리는 오스트리아와 전쟁을 위해 빌헬름 슈티버에서 오스트리아 육군의 준비태세 보고서 제출을 지시한 것이 시작이었다.

① 슈티버는 오스트리아 육군 현황 파악을 위해 잡상인으로 위장, 오스트리아 전역을 여행하며 군사기지 및 병참에 관한 지도를 작성하여 보고함

② 슈티버의 보고에 만족한 비스마르크는 오스트리아 전역의 군 동향을 파악할 수 있는 스파이 네트워크 구축을 지시하였고, 슈티버는 기존 방식과 전혀 다른 스파이 네트워크를 구축함

③ 슈티버는 오스트리아를 여러 지역으로 세분하고, 해당지역 출신 인물을 중심으로 상주 스파이 네트워크를 구축하였으며, 이 네트워크는 점조직 형태로 노출 시 피해를 최소화하는 방식으로 설계됨

④ 상주스파이는 지속적으로 프러시아 본부에 최신 정보를 보고, 본부가 관심을 보이는 첩보에 대한 추가 조사는 직파간첩인 특별 스파이가 특파되어 상주스파이의 도움을 받아 추가첩보를 수집함으로써 수행

⑤ 슈티버는 특히 언론인을 상주스파이 또는 정보제공자로 선호한 점이 특징

(2) 비스마르크는 로이터 통신사와 같은 외형상 언론사의 형태를 띤 새로운 형태의 스파이망 활용을 원했다.

① 당시 로이터 통신이 국제 뉴스를 독점하며 국제 여론을 주도하고 있었기 때문에 언론을 통한 선전공작을 주목하였음

② 오스트리아 방첩기능의 무능함을 파악한 비스마르크는 프러시아에 유리한 여론 선전공작을 실시하여 오스트리아 정부의 지지율 하락과 국민적 반감 확대를 이끌어냄

③ 프로이센-오스트리아 전쟁(보오 전쟁) 승리를 계기로 전쟁 준비와 국제 여론 조성에 정보활동이 중요하다는 사실을 인식하였으나 전쟁승리의 결정요인은 신형무기가 더 중요하다는 점 또한 확인함

④ 주변국의 신형무기 개발현황과 성능에 대한 군사정보 수집활동 또한 지속하였음

(3) 프로이센-오스트리아 전쟁 승리 이후 비스마르크는 프랑스와 전쟁을 위해 프랑스 내 스파이 네트워크를 구축하였다.

① 프랑스 내 스파이 네트워크는 언론사 형태의 상주스파이 네트워크를 통해 기본적 첩보수집을 담당함

② 기존 방법으로 획득이 어려운 고급정보는 프랑스 고위인사를 포섭하여 수집함

③ 고급정보 접근 가능 인물 가운데 재정상태를 체계적으로 조사한 후 스파이 후보를 물색했고, 저렴한 이자 대출을 통해 접근하여 고급정보를 제공받음

④ 제1차 세계대전 전까지 프랑스 내 프러시아 상주스파이는 약 15,000명으로 알려짐

(4) 한편 비스마르크는 프로이센-오스트리아 전쟁과 프로이센-프랑스 전쟁(보불전쟁) 기간 동안 왕과 국가 지도부 및 점령지에서의 안전한 이동 보장을 위해 비밀 경호대를 신설하였고, 군사작전의 비밀유지를 위해 종군기자 감독과 우편서신검열을 강화하였다.

6. 독일 스파이의 위협과 영국 MI5의 창설

(1) 프로이센-프랑스 전쟁을 계기로 유럽에서 독일 스파이에 대한 공포가 확산되었고 프랑스에서는 드레퓌스 사건이 발생하였다.

> **더 알아보기**
>
> 드레퓌스 사건
> 1894년 10월 참모본부에 근무하던 포병 대위 A.드레퓌스는 독일대사관에 군사정보를 팔았다는 혐의로 체포되어 비공개 군법회의에서 종신형의 판결을 받았다. 드레퓌스의 혐의를 입증할 증거는 독일대사관에서 몰래 입수한 정보 서류의 필적이 드레퓌스의 필적과 유사하다는 점 외에는 없었다. 그 후 프랑스 군부는 해당 사건의 진범이 드레퓌스가 아닌 헝가리 태생의 에스테라지 소령이라는 확증을 얻었는데도 군 수뇌부는 진상 발표를 거부하고 사건을 은폐하려 하였다.
> 드레퓌스의 결백을 믿어 재심을 요구해 오던 가족도 진상을 알게 되었고, 1897년 11월 진범인 에스테라지 소령을 고발했지만, 군부는 형식적인 심문과 재판을 거쳐 그를 무죄 석방하였다. 그러나 재판 결과가 발표된 직후 소설가인 에밀 졸라의 '나는 고발한다'라는 제목의 논설로 드레퓌스 사건은 다시 논란의 중심에 서게 되었다. 졸라는 공개적으로 대통령에게 보내는 편지의 형식으로 유죄판결을 내린 군부의 의혹을 신랄하게 반박하였고, 이를 계기로 프랑스 전체가 '정의·진실·인권의 옹호'를 주장하는 드레퓌스파와 '군의 명예와 국가 질서'를 내세우는 반(反)드레퓌스파로 분열되었다. 드레퓌스파는 자유주의적 지식인과 사회당·급진당이 가담하여 인권동맹을 조직하였고, 반드레퓌스파는 국수주의파·교회·군부가 결집하여 프랑스 조국동맹을 결성하였다. 마침내 이 사건은 한 개인의 석방문제라는 차원을 넘어 정치적 쟁점으로 확대되면서 제3공화정을 극도의 위기에 빠뜨렸다.
> 1898년 여름 군부는 드레퓌스 사건의 유죄를 확인할 새로운 증거서류를 찾았으나, 이 서류가 날조되었고, 체포된 증거서류 제출자가 자살함으로써 반드레퓌스파는 큰 타격을 받게 된다. 증거 조작 사건에 따라 정부도 재심을 결정했으며, 1899년 9월에 열린 재심 군법회의는 드레퓌스에게 재차 유죄를 선고하였지만 드레퓌스는 대통령의 특사로 석방되었다. 석방된 이후에도 드레퓌스는 무죄 확인을 위한 법정 투쟁을 계속한 끝에 1906년 최고재판소로부터 무죄판결을 받고 복직 후 승진도 하게 된다.

(2) 당시 보어전쟁에서 고전을 면하지 못한 영국은 보어전쟁 배후에 독일이 있다고 주장하고 독일 스파이를 영국적 관점에서 분류하였다.

    ① **전략스파이**: 평시에 영국 식민지에 침투해 정치와 군사상황을 연구하게 한 다음 전시에 현지 주민의 반발을 일으켜 불안상황을 조성해 영국군을 철수하게 만드는 유형

    ② **전술스파이**: 군의 준비태세, 교통시설, 지형, 군사시설을 조사하는 유형

    ③ **현장스파이**: 정찰임무를 수행하고 전시에 적의 움직임을 보고하는 정찰병으로 위장해 활동하는 유형

    ④ **상주스파이**: 부유층으로 신분을 위장하여 화동하고, 주로 연락을 담당하는 유형

    ⑤ **상업스파이**: 언어 연수생을 가장하여 일을 배운다는 핑계로 영국의 주요 교역 제품의 제조 비밀을 알아내는 유형

(3) 보어전쟁 이후 독일 스파이에 대한 두려움이 영국 내에서 점차 확산되자 당시 아슈스 총리와 영국제국 방위위원회는 정부차원의 대응을 위해 새로운 정보국의 설립을 결정, 비밀방첩국 MO5를 창설하였다 (1909).

    ① 초창기 단 2명의 요원으로 구성된 MO5는 프러시아 빌헬름 2세의 영국 방문을 통해 독일 상주 스파이를 적발, 동향을 감시하다 상주 스파이 전원을 체포하는 성과를 올림

    ② 당시 상주 스파이의 신원 확인을 위해 해외정보부(MI1C)의 협조를 받음

    ③ 이후 MO5는 MI5로, MI1C는 MI6로 확대 발전하게 됨

4 현대의 정보활동

1. 제1차 · 제2차 세계대전 및 냉전체제와 정보활동의 변화

(1) 정보활동 영역의 확대가 이루어졌다.

(2) 정보통신기술 발전과 더불어 정보수집능력이 비약적으로 발전되었다.

(3) 현대정보활동에서는 선전활동이 정보활동의 한 영역으로 포함되었으며, 이중 스파이와 방첩, 그리고 기만공작이 중요한 정보활동으로 인식되어 많이 활용되었다.

(4) 각국은 정보능력의 향상을 위해 본격적인 국가정보기구를 설치하여 운용하기 시작하였고, 정보실패 경험을 통해 교훈과 정보능력을 개발하였다.

CHAPTER 04 국가정보의 순환과정

1 국가정보 순환과정의 의의와 정보요구

1. 국가정보 순환과정

(1) 왈츠(Kenneth Waltz): "국제사회는 본질적으로 무정부 상태"라는 주장처럼 각 국가는 안보를 위한 자구책(self-help)을 모색하게 되고, 이를 위해 국가 차원의 정보기구를 설립 및 정보를 수집·분석하여 순환하게 된다.

① 정보의 순환과정은 정보의 요구와 함께 시작되며, 정보수요 발생 시 국가정보기구는 필요한 첩보수집 계획을 수립

② 정책결정의 최고책임자가 요구한 정보를 국가정보목표 우선순위(PINO)에 따라 분류하고, 적합한 방법의 첩보수집 수단 선택

> **더 알아보기**
>
> 정보와 첩보의 구분
> - 첩보: 목적성을 가지고 의도적으로 수집된 사실
> - 정보: 정책적 목적을 가지고 분석·평가된 가공된 지식

③ 분석관이 이해할 수 있도록 처리된 첩보는 전문분석관의 손에 들어가게 되면서 정보의 생산과정이 시작

④ 첩보수집과 분석을 통해 생산된 정보는 정보수요자에게 전달, 정책결정에 활용되는 하나의 정보순환과정으로 완료되는 것으로 간주

⑤ 불완전·불확실한 정보의 경우, 원래의 정보요구에 추가적인 요구가 덧붙여져서 새로운 정보수요 발생

⑥ **정보의 환류:** 해당 정보의 효용가치에 대한 정보수요자의 평가가 내려지는 과정

> **더 알아보기**
>
> 정보의 순환과정
>
>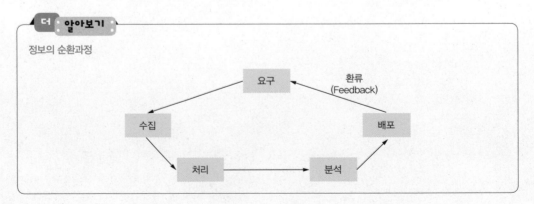

(2) 정보순환속도는 나라별로 다르며, 정보공동체 역량은 정보순환의 속도를 가늠하는 역할에서 중요하다. 정보역량의 차이를 가져오는 요소는 정보기술 격차와 국가정보공동체의 정보수집문화 등이 해당된다.

> **더 알아보기**
>
> **죄수의 딜레마와 정보협력기회의 상실**
> - 게임이론에서 등장한 용어인 '죄수의 딜레마'는 자신의 이익만을 고려한 선택이 결국에는 자신뿐만 아니라 상대방에게도 불리한 결과를 유발하는 상황
> - 국가 간 협력은 해당 국가의 의도와 숨겨진 역량을 알아야 하기 때문에 정보가 요구되는데, 상대방의 정확한 의도를 알지 못한 상태에서 정보협력의 기회가 상실될 수 있음

2. 정보요구

(1) 정보는 국가안보를 위한 자산인 동시에 국제협력을 위한 인프라의 역할을 담당하며, 민주주의의 진전과 더불어 정보의 투명성이 요구되고 있다.

① 정보공개의 요구가 높아지면서 시민의 자발적인 정보생산 참여가 증대

② 대테러 등 안보위협의 다양화에 따라 정보생산에서의 민관협력이 중요시되는 경향

③ 이러한 측면에서 정보공동체는 확장되어 가고 있으며 국가정보의 요구 주체는 비정부기구와 개인까지 포함 가능

> **더 알아보기**
>
> **코로나19 팬데믹과 정보생산의 민관협력**
> - 코로나19의 전세계적 확산은 보건문제뿐만 아니라 사회 전반에 영향을 미치게 되면서 국가안보에 중대한 위협을 가하는 요소가 되었고, 왜 정보기관이 코로나19 팬데믹을 경고하지 못했는가에 대한 성찰이 제기되었음
> - 실제로 미 정보기관은 트럼프 대통령에게 코로나19 발생 초기 대유행의 가능성에 대한 경고를 담은 정보보고서를 올렸으나 묵살되었다는 이야기와 함께 코로나19처럼 대규모의 감염병 유행사태에서 정보기관의 역할에 대한 논의가 활발하게 진행됨
> - 2020년 12월 화상회의를 통해 모인 주요국의 전직 정보기관 수장들은 코로나19 팬데믹이 정보생산의 민관협력 중요성을 일깨운 계기라고 지적하면서, 코로나19 대규모 유행 이전 보건의료 전문가들이 감염병 발생동향 분석을 통해 새로운 감염병의 유행 가능성을 지적하였음을 언급
> - 감염병 정보를 위한 새로운 정보기구의 창설보다는 민간부문 전문가들과의 정보협력을 활성화시키고, 정보협력을 통해 다양한 시각에서의 정보분석과 예측이 앞으로 변화하는 안보환경 대응에 필요하다는 조언을 제시함

(2) 제한된 정보공동체의 역량에 따라 정보공동체의 총책임자는 정보요구의 우선순위를 설정하며, 이에 따라 정보활동이 시작된다.

① 연간 정보활동의 지침이 되는 국가정보목표순위(PNIO)를 부문 정보기관에 전달

② 각 부문 정보기관은 상위 지침에 의거하여 수집활동의 순위를 정한 첩보기본요소(EFI) 작성 → 일반적인 정보활동 시작

③ 별도정보요청(OIR)은 정보환경의 급격한 변화나 새로운 정보수요가 발생하여 정보수요자의 별도의 정보요구가 발생한 경우에 해당

④ 특별첩보요청(SRI)은 정보요구 충족을 위해 분석부서 또는 본부에서 수집부서에 대해 구체적인 첩보수집을 요청한 경우에 해당

(3) 정보요구의 성격은 다양한 편이며, 포괄적이고 장기적인 목적인 경우 정보요구가 분명하게 드러나지 않는 경우가 있다.

> **더 알아보기**
>
> 제국주의 일본과 만주국 수립
>
> 정보요구를 요구하는 이유가 분명하고 명확하게 드러나지 않은 경우도 존재한다. 장기적이고 포괄적인 목적의 정보요구에 이러한 경우에 해당하는데, 제국주의 일본이 설립한 만도철도주식회사가 대표적 사례이다.
>
> 러일전쟁 승리를 통해 요동반도의 주요 거점을 장악한 제국주의 일본은 동경대 출신 엘리트를 모아 만도철도주식회사를 설립하고, 관동군 참모정보부서와 긴밀한 협조를 통해 만주지역에 대한 세밀한 인문지리와 역사 연구를 지시하였다. 일본은 연구결과를 통해 생산된 정보를 바탕으로 만주국을 수립하였으며, 사실상 만주를 지배하고자 하였다.

① 포괄적 · 장기적 목적의 정보요구는 학문적인 조사보고서에 가까운 것으로 장기적 종합적이고 심층적인 정보의 집합에 해당

② 주로 국방정보에서 '전략정보'에 해당하는 정보요구가 해당

③ **전략정보**: 상대국가의 주요 인물정보, 경제정보, 정치 · 사회정보, 운송 · 통신체계정보, 지리정보 등을 종합적으로 요구하는 경우가 대표적임

2 첩보수집과 첩보처리

1. 첩보수집

(1) **의의**: 정보생산을 위한 일차적인 정보활동이자 기본 토대가 되며, 효과적인 첩보수집을 위해서는 다양한 첩보의 출처 확보 및 이용이 중요하다.

① **첩보의 출처**: 첩보를 획득할 수 있는 사람, 장치, 시스템 또는 활동을 의미

② **구분**: 첩보 출처에 따라 인간정보활동, 기술정보활동, 공개출처수집방법

(2) **인간정보활동(HUMINT)**: 사람을 활용하여 정보를 수집하는 것으로 '간첩(espionage)'이라고도 하며, 대표적으로 전통적인 정보활동에 해당한다.

① 인간정보수집을 위해서는 정보기관에 소속된 정보관과 정보관에게 첩보를 제공하는 출처가 필요함

② **출처**: 자발적 협조자(walk-ins)와 정보관이 물색 · 고용하는 공작원(agents)으로 분류

③ **공작원**: 은밀하게 첩보를 수집하여 정보관에게 제공하는 점에서 '비밀출처'로 불리기도 함

④ 이외 포로, 여행자, 유학생, 이중첩자, 망명자, 언론 또는 상대국가의 불만세력 등도 인간정보로 활용 가능

⑤ **역사 속 인간정보활동의 사례**: 춘추전국시대 말기 연나라 장수 진개, 고구려 장수왕 때 승려 도림 등

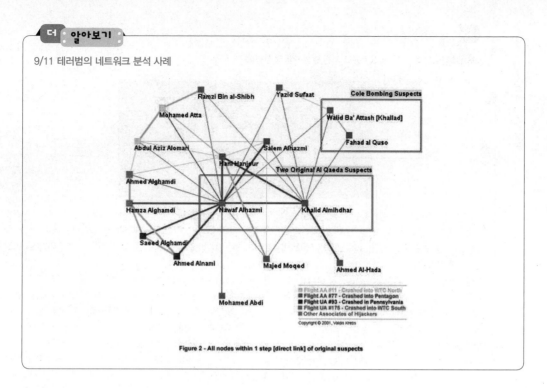

더 **알아보기**

9/11 테러범의 네트워크 분석 사례

Figure 2 - All nodes within 1 step [direct link] of original suspects

(3) **기술정보(Techint) 활동**: 과학기술을 응용한 각종 기계·장비·컴퓨터 등을 이용하여 첩보를 수집하는 것으로 영상정보, 신호정보, 징후계측정보 등이 해당된다.

① **영상정보(IMINT)**: 유·무인 정찰기, 인공위성 촬영 등을 통해 첩보를 수집

② **신호정보(SIGINT)**: 통신·전자·레이더 등 신호를 통해 전달되는 첩보를 수집하는 것이며, 통신정보수집(COMINT), 원격측정정보수집(TELINT), 전자정보수집(ELINT), 레이더정보수집(RADINT)으로 분류

    ㉠ 도청: 불법적인 통신정보활동

    ㉡ 감청: 합법적인 절차를 거친 통신정보활동

    ㉢ 통신정보 외에도 다양한 신호정보가 첩보수집 대상이며, 레이더 신호·레이저 정보·적외선 정보·핵물질 관련 정보가 수집대상에 해당되며 암호화된 통신정보 해독 역시 기술정보에 포함됨

더 **알아보기**

기술정보의 중요성: 미드웨이 해전
- 암호화된 통신정보를 해독하는 것 역시 기술정보에 해당
- 제2차 세계대전 당시 미국은 일본 해군의 암호를 해독하여 미드웨이 해전에서 승리할 수 있었음

③ **징후계측정보(MASINT)**: 영상과 통신을 제외한 기타 유형의 정보로 적대국의 무기보유량이나 산업활동 실태를 파악하는 데 이용

    예 북한 영변 원자로의 핵활동 추정을 위해 주변 지역 토양 추출 및 핵실험 후 지진파로 위력을 측정, 공기 중 물질 검출을 통해 핵실험 여부 측정이 해당

징후계측정보의 예: 북한서 5.7 규모 지진 발생…北 핵실험 추정

북한의 핵실험장이 있는 함경북도 길주군 풍계리에서 오늘(3일) 북한의 6차 핵실험에 따른 것이 유력한 인공지진파가 감지 됐습니다. 합동참모본부는 "오늘 12시 36분경 쯤 북한 풍계리 일대에서 규모 5.7의 인공지진파를 감지하였으며 핵실험 여 부를 분석 중에 있다"고 밝혔습니다. 국방부와 합참은 북한이 6차 핵실험을 감행했을 가능성이 크다고 판단, 위기조치반을 긴급 소집했습니다.

기상청 국가지진화산종합상황실도 오늘 오후 12시 36분 함경북도 길주군 북북서쪽 44㎞ 지역에서 규모 5.7의 지진이 발 생했다고 밝혔습니다. 기상청에 따르면 진원의 깊이는 0㎞입니다. 기상청 관계자는 "일반적으로 인공지진은 파형 분석상 S 파보다 P파가 훨씬 큰데, 이번 지진이 그런 특성을 보인다"며 "그동안 핵실험을 한 지역과도 일치한다"고 설명했습니다. 미 국 지질조사국(USGS)과 중국 지진국도 북한에서 지진파를 감지했습니다. 청와대 고위관계자는 "북한에서 발생한 지진이 6 차 핵실험에 따른 것으로 추정이 가능하다"고 말했습니다. 이와 관련, 문재인 대통령은 오늘 오후 1시30분 국가안전보장회 의(NSC) 전체회의를 긴급 소집했습니다. 문 대통령은 NSC 전체회의를 주재하고 북한 핵실험에 따른 대응을 논의할 예정 입니다. 합동참모본부도 북한의 6차 핵실험으로 인한 지진일 가능성이 높다고 보고 전군에 감시경계태세 격상을 지시했습 니다.

출처: SBS 뉴스, 2017년 9월 3일자 보도

(4) 공개정보수집(OSINT): 비밀활동에 의지하고 않고 첩보를 수집하는 것으로 공개정보수집은 공개적이고 합법적인 방법으로 첩보를 수집한다.

① 실제 첩보수집의 경우 공식적인 외교활동, 신문·라디오·TV 등 공개적 자료를 통해 첩보를 수집하 는 공개정보수집의 비중이 높음

② 냉전의 종식과 정보화 시대의 도래에 따라 공개출처자료의 접근성과 신속성이 증대되면서 공개출처 자료가 급증

③ 공개정보수집은 적은 비용으로 효과를 극대화할 수 있으며 때로는 비밀첩보수집보다 더 우수한 정보 를 제공할 수 있다는 점이 장점

(5) 신뢰도 높은 정보를 생산하기 위해서는 공개출처정보 외에도 기술정보와 인간정보를 상호보완적으로 활용하는 것이 요구된다.

2. 첩보처리

(1) 의의: 수집된 첩보를 분석에 이용할 수 있는 형태로 전환시키는 과정을 말하며, 수집된 첩보의 종류에 따라 처리과정 또한 다르다.

① 바로 분석에 활용될 수 있는 첩보도 있으나 기술적 수단에 의해 수집된 영상, 신호, 실험 통계자료 등은 분석관이 이용할 수 있는 형태로 변환시키는 과정이 필요

② 또한 해외수집첩보는 본국 전달과정에서 암호화되며, 암호화된 첩보는 일반적인 문장으로 전환이 필요

③ 첩보처리 과정은 암호해독, 영상판독, 측정통계자료분석, 외국어자료번역, 과다자료 정리작업 등이 포함

(2) 정보수집이 인간정보에서 기술정보로 진화되면서 첩보처리의 기술과 처리용량 역시 비약적인 발전을 하고 있다.

    ① **통합전술지휘자동화체계(C4I)**: 막대한 첩보 가운데 의미있는 첩보를 선별 및 분명하고 간결하고 체계적으로 전달될 수 있도록 정보로 변환하는 대표적 장치

    ② **빅데이터 분석 방법 및 인공지능(AI)의 연구**: 공개정보 속에서 특정한 패턴과 트렌드를 추적하여 위기나 정책을 예측하는 시스템 개발을 가능하도록 함

3 정보분석과 정보배포

1. 정보분석절차와 분석방법

(1) **정보분석**: 첩보로부터 중요한 사실관계를 확인하고 결론을 도출하여 정보를 생산해내는 과정을 말한다.

    ① 정보분석은 '평가 → 분석방법 선택 → 분석실행 → 종합 → 해석 및 판단 → 보고서 작성'의 순서로 진행

    ② 정보분석의 전 과정에서 역정보 또는 기만정보를 색출하기 위해 지속적인 평가와 비교는 필수적임

(2) 정보분석방법은 분석대상에 따라 달라지며 사회과학적 연구방법과 유사하다.

    ① 단순한 상황중심의 현용정보는 고도의 분석기법이 필요하지 않음

    ② 계량적 연구방법과 질적분석방법 외 복잡계 이론도 정보학에 도입되고 있음

(3) **계량적 연구방법**: 관찰대상국가의 미래행동 및 장기적 예측을 위해서는 계량적 연구방법이 효과적이다.

    ① 독립변수와 종속변수를 식별하고 변수간 인과관계를 판별하는데 회귀분석 등 계량분석이 활용됨

    ② 인간의 합리성을 전제로 기본적 공리에 입각하여 행동의 원리를 구성, 국가행위를 설명 및 예측하는 기법도 발전

    ③ 종류: 내용분석, 의사결정 나무기법, 시계열 분석, 델파이기법, 베이지안기법 등도 해당

(4) **질적분석방법**: 특정사례 연구 및 발생가능 시나리오 도출 등에서 유용하다.

    ① 시뮬레이션 기법(역할연기기법과 폴밀게임)은 특정 사안 발생 시 주요 정책결정자의 반응과 상호작용을 입체적으로 모의실험 해보는 기법

    ② 상상 가능한 모든 가설 도출을 위해서는 브레인스토밍 기법이 사용

    ③ 종류: 그 외 핵심판단기법, 경쟁가설기법, 인과고리기법, 분기분석, 목표지도 작성, 계층분석, 역사 사례비교기법 등 해당

(5) **복잡계 이론**: 양자역학의 발전에 따라 정보학에 도입된 분석방법으로 프랙탈 이론, 네트워크 이론, 카오스 이론 등이 적용된다.

2. 정보분석 실패

(1) **정보실패가 발생하는 이유**: 인간 인식과정의 결함, 집단사고 증후군, 분석관의 능력결핍, 정보공동체 내 협조체계 미비 또는 정보공동체의 수집역량 부족에 있다.

(2) **인간 인식과정의 결함**: '거울효과'가 대표적으로, 보통 인간은 자신이 생각하고 행동하는 대로 상대도 그렇게 할 것이라고 믿는 데서 인식의 오류가 발생한다.

(3) **집단사고 증후군**: 징후가 계속 보고됨에도 불구하고 집단사고에 걸려 가능성을 묵살하는 경우로 조직내 부단결을 중시하고 소수의견을 묵살하는 조직문화 내에서 발생하기 용이하다.

(4) "지혜의 싸움"이라는 정보전은 결국 전문성, 통찰력, 직관력, 판단력 등 지적 능력의 차이에서 승패가 갈린다.

(5) 정보공동체 내 협조체계 미비의 대표적 사례는 9/11 테러로, 테러 모의와 관련된 조각 정보는 많았으나 정보기관 사이의 협조와 공유가 미비하여 대형 정보실패로 이어진다.

더 알아보기

삼국지 속 정보실패 사례: 주유의 실패한 미인계

적벽대전의 승리 이후 제갈량과 주유는 전리품을 나누게 되었는데, 이때 제갈량은 계책을 이용하여 형주, 남군, 양양 등 요충지를 쉽게 차지해버렸다. 오나라의 손권과 주유는 유비와 제갈량이 점령한 요충지를 돌려받고자 사신을 파견하였지만, 제갈량이 다양한 핑계를 대면서 돌려주지 않자 유비의 사별을 계기로 청혼하면서 영토를 둘러싼 지략의 대결이 시작된다. 제갈량은 오백 명의 군사와 함께 유비를 호위하여 출발하는 조자룡에게 금낭 세 개를 주며 시간과 장소를 정해주며 열도록 지시한다.

1. 첫 번째 금낭: '교국로'를 찾아라

   첫 번째 금낭에는 오나라에 도착하거든 '교국로'를 찾으라는 것과 촉나라와 오나라 양국의 혼사를 소문내라는 지시가 적혀있었다. '교국로'는 당대 유명한 강남 미인 소교와 대교의 아버지였는데, 당시 소교는 주유의 부인이었으며 대교는 손권의 형인 손책의 부인이었다. 게다가 호위병사 오백 명이 시장에 나가 혼수품을 사들이니 유비가 손권의 누이에게 장가들러 온 사실이 오나라에 퍼지게 되었다. 혼사를 빌미로 유비를 인질로 삼으려 했던 주유의 계책이 실패하게 된 것이다.

2. 두 번째 금낭: 연말에 형주를 떠올리게 하라

   의도치 않았던 유비와 손권의 누이 사이의 혼사가 이루어지자 주유는 미인계를 이용한 두 번째 계책을 제시한다. 가난한 서생 출신인 유비에게 부귀영화와 미인을 제공하여 촉나라를 잊게 한 것이다. 주유의 의도대로 유비는 부귀한 저택과 아름다운 부인에게 빠져들어 형주를 잊어버린 듯한 나날을 보내고 있었는데, 연말이 다가오자 조자룡은 두 번째 금낭을 열었다. 조자룡은 유비를 찾아가 조조의 오십만 대군이 형주를 침략하였다는 보고를 올렸고, 유비는 잊고 있던 제갈량과 관우, 장비 등이 떠오르게 된다. 이에 부인에게 촉나라로 돌아가야 하는 자신의 입장을 설명하자 손부인은 기꺼이 따라나서겠다고 한다. 정월 초하룻날 유비는 장모이자 손권의 어머니에게 세배를 드린 후 제사 핑계로 강변으로 나와 형주로 향한다.

3. 세 번째 금낭: 여장부인 손부인을 믿으라

   유비가 손부인과 함께 달아난 사실을 모르고 있던 손권은 초이틀이 되어서야 유비가 달아난 사실을 알고 추격병을 보냈다. 적은 병력은 조자룡이 방어하였으나, 주유의 명으로 지키고 있던 서성과 정봉의 군사가 앞을 막아서자 조자룡은 세 번째 금낭을 열어 그 내용물을 유비에게 바쳤다. 유비는 내용물을 보고 이 난국을 타개할 사람은 부인밖에 없다며 손부인 앞으로 다가가 눈물을 글썽이자, 손부인이 직접 나서서 서성과 정봉을 꾸짖었다. 평소 무예를 좋아하고 여장부적 기질을 가진 손부인을 손권의 부하들 역시 두려워하고 있던 것이었다.

---

3. 정보보고서 작성

(1) 정보의 의미는 보고서의 완성에 있으며, 보고서는 알기 쉽고, 정보요구자의 궁금증을 충족할 수 있도록 최대한 맞춤형으로 전달되어야 한다.

(2) 분량 역시 정보수요자가 소화할 수 있을 만큼 최대한 압축되어야 하며, 소요기한을 넘기지 않고 적시에 전달되어야 의미가 있다.

4. 정보배포

(1) **의의**: 정보배포는 정보순환과정에서 최종적으로 정보가 전달되는 과정을 말한다.

① 정보배포에서 추가적인 정보수요 발생 시 정보순환과정의 출발점인 정보요구로 환류가 되는 연계과정이기도 함

② **정보배포 시 고려사항**: 누구에게, 어느 정도의 분량으로, 얼마나 신속하게, 어떤 형태의 보고를 취할 것인가를 고려함

③ **정보배포주기**: 정보종류에 따라 다르며 대체로 현용정보는 하루나 일주일, 국가전략정보는 분기별이나 연도별이며 장기 국가정보는 몇 개년으로 확장되기도 함

(2) 범위: 정보배포범위인 배포선은 정보의 기밀급수에 따라 다르다.
① Ⅰ급 비밀문서는 최고정책결정자와 핵심인물이 해당
② Ⅱ · Ⅲ급 비밀문서 또는 대외비는 배포선의 범위와 보안기준과 관리방법도 차별적으로 적용

(3) 보고방법: 전통적인 보고서형식, 전자문서 또는 이메일 첨부 암호화 문서, 독대를 통한 구두보고, 파워포인트 프레젠테이션 또는 영상자료 등 다양하다.
① 전자문서와 이메일 첨부 암호화문서는 신속한 보고 가능이 장점
② 독대를 포함한 구두보고는 일반적으로 고도로 비밀이 요구되거나 민감한 사안인 경우에 해당

(4) 정보배포: 정보의 신뢰도, 가치 평가와 밀접한 관련이 있으며, 많은 정보가 첨단 통신망을 통해 실시간 유통이 가능해지면서 정보의 배포속도는 특히 군의 전투력 증진에 중요한 역할을 하게 되었다.

배포하는 정보보고서의 형태

형태	내용
보고서	• 가장 일반적으로 활용되는 방법이며, 서류형태로 보고함 • 가급적 요약된 형태로 작성해야함 • 현용 정보보고서, 경고 정보보고서, 평가 · 분석 정보보고서
브리핑 자료	• 고위층 또는 다수 인원을 대상으로 정보담당관의 구두설명을 통해 이루어짐 • 특히 현용정보의 배포수단으로 활용되며, 정보검토의 시간적 여유가 없거나 해당 정보에 대한 이해도가 낮은 정보소비자의 이해도를 높일 목적으로 사용함
일일정기보고서	• 매일 24시간 세계정세 변화를 중심으로 주요 내용 종합분석 • 주로 현용정보를 다루며, 사전에 합의된 양식으로 작성
정기간행물	• 주간 · 월간 · 분기별 작성, 출판되는 보고서 • 광범위한 배포를 위해 인쇄되며, 사용자에게 중요 진전사항을 알리는 성격
연구과제보고서	• 특정 주제에 대한 심층 분석을 통해 작성되는 장문의 보고서 • 판단 정보보고서에 많이 활용
메모(각서)	• 긴급한 정보를 배포시 이용되는 짧은 형태의 보고서 • 각서에는 요약된 내용이나 결론만이 포함
전문	• 돌발적이고 긴급을 요하는 정보배포를 위해 이용되는 수단 • 해외주재 공관에서 본국에 정보를 신속히 전달 시 활용

01 국가정보의 의미에 대한 설명으로 옳지 않은 것은?

① 넓은 의미의 국가정보는 정보지식 입수 또는 상대방의 입수행위를 저지하는 조직 등을 포괄하고 있다.

② 좁은 의미의 국가정보는 정보지식을 입수하기 위한 정보활동을 의미한다.

③ 국가정보체계는 지식, 활동, 조직의 3가지 요소를 포함한다.

④ 국가정보학은 정보활동에 대한 지식을 학문적인 차원에서 보다 체계적으로 정립하였다.

02 다음 중 국가정보학의 특성으로 옳지 않은 것으로만 구성된 것은?

> ㉠ 국가정책의 요구에 의해 만들어지는 목적지향적인 학문이다.
> ㉡ 포괄적이고 종합적인 학문으로 체계적인 연구가 용이하다.
> ㉢ 수시로 변화하는 상황에 적응하는 실용적 측면의 학문이다.
> ㉣ 연구대상에 대한 학문적 접근이 쉬워, 절차적으로 생산하고 조직적으로 관리된다.
> ㉤ 당면해 있는 문제의 해결을 목적으로 한다.

① ㉠, ㉡   ② ㉡, ㉣

③ ㉢, ㉤   ④ ㉣, ㉤

03 국가정보학의 연구방법으로 옳지 않은 것은?

① 법적 · 제도적 분석

② 체계적 분석

③ 구조 및 기능분석

④ 비선형적 분석

04 국가정보학의 발전이 부진했던 이유로 옳지 않은 것은?

① 이론 정립의 미흡함과 전문가의 부족

② 국민들의 정보기관에 대한 부정적인 인식

③ 자료의 방대함으로 기준이 모호

④ 법적 · 제도적으로 접근이 어려움

05 국가정보활동에 대한 다음 설명 중 옳지 않은 것은?

① 정보수집활동은 정책결정자의 요구에 따라 필요한 첩보를 수집하는 활동이다.

② 자국의 안보와 국가이익을 침해할 소지가 있는 외국, 국내 위해세력을 포착하여 사전 예방하거나 사후 수습하는 활동을 방첩활동이라 한다.

③ 정보수집, 방어활동, 공격활동은 수동적 방첩활동에 해당한다.

④ 정보기관의 정보활동 중 비밀공작활동은 정보수집과 방첩활동을 제외한 모든 활동을 말한다.

06 21세기 국가정보활동의 패러다임 변화에 대한 다음 설명 중 옳지 않은 것은?

① 세계화로 인한 관리영역의 확대

② 과학기술의 발전으로 민간에서도 우수한 정보를 자체적으로 획득 가능

③ 민주화로 인한 비밀정보활동여건의 호전

④ 교통·통신의 발달로 인한 다국적 기업의 등장

07 다음 중 국가안보의 유형과 위협형태의 연결이 잘못된 것은?

① 경제안보 – 단기 투자성 자금 유입, 외화밀반출, 환투기사범

② 군사안보 – 전쟁, 국경분쟁, 테러리즘

③ 생태안보 – 종족갈등, 조직범죄, 마약

④ 사이버안보 – 통신컴퓨터시스템 마비, 컴퓨터해킹, 안보체계 마비

01 　　　　　　　　　　　정답 ②

좁은 의미의 국가정보는 지식만을 의미한다.

02 　　　　　　　　　　　정답 ②

ⓒ 국가정보학이 여러 분야를 포괄·집대성한 종합적인 학문이기는 하지만, 다른 학문에 비하여 활용할 수 있는 자료가 제한적이어서 체계적인 연구가 어렵다.

ⓔ 국가정보는 절차적이고 조직적으로 관리되지만, 국가정보의 특성상 공개되거나 노출이 되는 경우가 드물어서 연구대상에 대한 학문적 접근이 어렵다.

03 　　　　　　　　　　　정답 ④

① 법적·제도적 분석: 설립 및 활동에 관한 법적·제도적 분석

② 체계적 분석: 정보의 순환체계를 분석하여 연구

③ 구조 및 기능분석: 정보기구로서 활동하는 모든 기관의 구조와 기능을 분석

04 　　　　　　　　　　　정답 ③

정보기관의 은폐로 활용 자료가 부족하다. 군사정권 때 쿠데타, 간첩사건 등과 관련된 문서의 무단파기와 비밀화로 구체적인 연구활동은 할 수가 없었다.

05 　　　　　　　　　　　정답 ③

정보수집, 방어활동, 공격활동은 능동적 방첩활동에 해당한다. 수동적 방첩활동에는 문서보안, 인원보안, 시설보안, 정보통신보안, 전자파보안 등이 있다.

06 　　　　　　　　　　　정답 ③

민주화로 인해 정보기관에 대한 의회, 시민단체, 대중매체 등의 감시활동이 증가하여 비밀정보활동여건이 악화되었다.

07 　　　　　　　　　　　정답 ③

③ 생태안보: 여성문제, 인구폭발, 자원결핍, 환경위기, 전염병

① 경제안보: 단기 투기성 자금(핫머니)의 유입, 외화밀반출, 환투기사범

② 군사안보: 전쟁, 국경분쟁, 테러리즘

④ 사이버안보: 통신컴퓨터시스템 마비, 컴퓨터 해킹, 안보체계 마비

08 분리형 정보기관에 대한 설명으로 옳은 것은 모두 몇 개인가?

⊙ 신속하고 효과적인 대처가 가능하다.
ⓒ 정보독점을 방지하고 권력의 남용을 차단하는 효과가 있다.
ⓒ 예산낭비 등 비효율적인 요인이 증가한다.
② 구소련과 우리나라의 정보기관의 형태가 대표적이다.
⑩ 기관·간의 과잉충성과 경쟁으로 정보왜곡 현상이 나타날 우려가 있다.
ⓑ 국내 보안과 해외정보 간의 유기적인 협력이 가능하다.

---

① 2개   ② 3개
③ 4개   ④ 5개

09 다음 중 정보실패에 대한 내용으로 옳지 않은 것은?

① 안보에 치명적인 영향을 미칠 수 있는 현상을 정확히 예측하거나 판단하지 못하여 발생하는 현상을 말한다.
② 정보분석관의 언어적 능력, 직관력, 분석업무에 대한 전문성이 부족하여 실패하는 경우 정보실패가 발생한다.
③ 정책결정자들이 자신들의 정치적 목적을 달성하기 위하여 정보를 의도적으로 왜곡하는 것도 정보실패의 일종이다.
④ 인지적 오류 중 경상이미지의 오류란 집단의 조직원들이 갈등을 최소화하고, 의견의 일치를 유도하기 위하여 합리적인 대안 제시를 무시하여 발생하는 오류이다.

10 냉전 이후 국가안보의 구조 변화로 옳지 않은 것은?

① 민주화의 진전으로 정보기관의 불법적인 요소가 상당 부분 감소하였다.
② 국가 간의 경계가 모호해지고 자유무역이 확대되었다.
③ 국가정보의 대상이 초국가적으로 확대되면서 적대국의 개념이 모호해졌다.
④ 과학기술의 발달에도 기계기술에 의존하기보다는 인간접촉을 통한 정보수집이 더욱 증가하였다.

11 다음 중 ⊙~ⓒ에 들어갈 단어를 바르게 나열한 것은?

• (⊙): 1차적인 입력활동으로서 가공되지 않은 단순한 사실이다.
• (ⓒ): 수집방법을 불문하고 획득되어 알려진 사실 그 자체로서, 목적에 따라 수집된 데이터의 단순한 집합체이다.
• (ⓒ): 사용자의 의도와 목적에 맞게 분석·집계된 가공된 사실이나 내용이다.

---

① ⊙ – 정보, ⓒ – 첩보, ⓒ – 자료
② ⊙ – 정보, ⓒ – 자료, ⓒ – 첩보
③ ⊙ – 자료, ⓒ – 첩보, ⓒ – 정보
④ ⊙ – 자료, ⓒ – 정보, ⓒ – 첩보

12 정보에 대한 학자들의 정의가 잘못 짝지어진 것은?

① 클라우제비츠(Clausewits) – 적과 적국에 관한 지식의 총체이다.

② 데이비스(G.B.Davis) – 받아들이는 사람에게 필요한 형태로 처리된 데이터이다.

③ 셔먼 켄트(Sherman Kent) – 지식이며 조직이고 활동이다.

④ 마크 로웬탈(Mark Lowenthal) – 국가안보이익을 증진하며 잠재적인 위협에 대처하는 정부의 정책과 시행에 대한 지식이다.

13 케빈 스택(Keven Stack)이 분류한 정보가 아닌 것은?

① 기본정보

② 전략경보정보

③ 현용정보

④ 판단정보

14 다음 중 제프리 리첼슨(Jeffery Richelson)의 정보 분류 방식에 따라 분류된 국가정보의 범위에 해당하지 않는 것은?

① 정치정보

② 군사정보

③ 인간정보

④ 과학정보

08 정답 ②

㉠ 통합형 정보기관의 장점에 해당한다.

㉣ 대부분의 국가가 분리형 정보기관에 해당하지만, 구소련의 KGB나 우리나라의 국가정보원은 통합형 정보기관에 해당한다.

㉥ 분리형 정보기관은 국익 관련 정보영역에서 국내외 경계가 불분명하여 국내 보안과 해외정보 사이에 유기적 협력을 필요로 하는 탈냉전시대의 현실에 부응하지 못하고 있다.

09 정답 ④

경상이미지의 오류란 상대도 나와 같이 생각할 것이라는 판단에 의한 오류이다.

10 정답 ④

냉전 이후 과학기술의 발달로 종전의 인간 접촉을 통한 비밀정보 획득보다는 기계기술을 이용한 정보수집이 점차 증가하고 있는 추세이다. 그러나 인간접촉을 통한 비밀정보 획득이 사라진 것은 아니며, 여전히 중요한 방법으로 여겨진다.

11 정답 ③

'㉠ – 자료, ㉡ – 첩보, ㉢ – 정보'가 옳은 내용이다.

12 정답 ④

아브람 슐스키(Abram Shulsky)가 정의한 내용이다.

13 정답 ④

판단정보는 셔먼 켄트가 분석형태에 따라 분류한 종류이며 Keven Stack은 정보를 기본정보, 전략 경보정보, 현용정보, 예측정보로 분류하였다.

14 정답 ③

인간정보는 수집활동에 따른 분류에 해당하며, 인적 자산의 활동으로 수집된 정보 또는 정보활동 자체를 의미한다. 요소에 따라 분류된 국가정보에는 정치정보, 군사정보, 과학정보, 경제정보, 사회정보가 있다.

PART 01

15 "정보는 정보를 필요로 하는 시점에 제공되어야 효용이 높아진다."는 것은 정보의 어떤 효용에 대한 내용인가?

① 통제 효용(Control Utility)
② 접근 효용(Approach Utility)
③ 시간 효용(Time Utility)
④ 형식 효용(Form Utility)

16 생산자나 사용자의 의도에 따라 정보가 주관적으로 왜곡되지 않도록 하는 노력이 필요한 것은 정보의 어떠한 요건에 해당하는가?

① 객관성
② 적합성
③ 완전성
④ 정확성

17 사용자 수준에 따른 분류로서 정책의 뼈대를 구성하는 내용이 담긴 종합적인 정보는?

① 국가정보
② 전략정보
③ 전술정보
④ 통합정보

18 다음 중 전투정보에 대한 설명으로 옳지 않은 것은?

① 전투서열정보는 군대의 구성, 배치, 병력을 알 수 있는 정보를 말한다.
② 군사능력정보란 전력구조, 전비태세, 현대화, 지속성으로 구성되어 있다.
③ 전투정보는 작전정보와 전술정보로 구성되어 있다.
④ 전술정보는 도서, 인터넷, 통계자료 등 공개 출처를 통해 얻을 수 있다.

19 다음 제시문의 성격으로 옳은 것은?

> 일본 쓰나미 피해로 원전이 폭발하여 우리나라에도 낙진의 가능성이 있다는 사실들이 확산되었고 주식시장 폭락과 사회 불안정이 지속되자 이에 따른 제반대책들을 조사하여 제출하였다.

① 자료
② 데이터
③ 첩보
④ 정보

20 신뢰성이 가장 높은 정보는?

① 직접정보
② 간접정보
③ 이차정보
④ 부차정보

21 정보의 분류에 대해 연결이 잘못된 것은?

① 입수형태에 따른 분류 – 직접정보, 간접정보
② 수집활동에 따른 분류 – 정치, 사회, 과학, 기술정보
③ 사용자 수준에 따른 분류 – 국가부문정보, 국가정보
④ 성질(사용수준)에 따른 분류 – 전략정보, 전술정보

15　　정답 ③

① 통제 효용(Control Utility): 정보는 정보가 필요한 사람들에게 필요한 만큼 제공될 수 있도록 통제될 수 있을 때 효용성이 높다.
② 접근 효용(Approach Utility): 정보는 정보사용자가 접근을 하기 쉬워야 효용성이 높아진다.
④ 형식 효용(Form Utility): 정보는 정보사용자의 요구에 맞는 형태에 부합될수록 효용성이 높다.

16　　정답 ①

① 객관성(Objectivity): 생산자나 사용자의 의도에 따라 정보가 주관적으로 왜곡되지 않도록 하는 노력이 필요하다.
② 적합성(Relevance): 정보는 사용자의 사용목적과 관련된 것이어야 한다.
③ 완전성(Completeness): 단편적이고 기초적인 정보가 아닌 관련되어 있는 모든 사항을 포함해서 작성을 해야 한다.
④ 정확성(Accuracy): 정확성이 담보되지 않는다면 필요 없는 정보로 전락하게 된다.

17　　정답 ①

전략정보(Strategic Intelligence), 전술정보(Tactical Intelligence)는 성질(사용수준)에 따른 분류에 해당한다.

18　　정답 ④

도서, 인터넷, 통계자료 등 공개 출처를 통해 얻을 수 있는 정보는 전략정보이며, 전술정보는 첩보 등 비밀 출처를 통해 얻을 수 있다.

19　　정답 ④

정보는 어떠한 목적을 가지고 수집된 첩보를 정보처리의 과정을 통해 적합한 정책을 제시하도록 판단의 기준을 제시하는 것으로서 위와 같은 사실들에 대해 조사만 하였다면 첩보로 볼 수 있지만 관련 대책들까지 가공하여 제출하였기 때문에 정보로서 가치가 있다고 볼 수 있다.

20　　정답 ①

정보는 입수하는 상황에 따라 신뢰도의 차이를 보이게 된다. 일반적으로 자기 자신이 경험한 직접적인 정보가 가장 신뢰성이 높다고 볼 수 있다.

21　　정답 ②

수집활동에 따른 분류로는 인간정보(HUMINT)와 기술정보(TECHINT)가 있다.

PART

02

국가정보 활동론

CHAPTER 01 첩보수집

1 첩보수집의 개관

1. 첩보수집의 개념

(1) **개념**: 정보활동의 출발점에 해당하는 첩보수집은 정보생산, 비밀공작, 방첩활동 등에 필요한 첩보를 입수 · 공급하는 과정을 의미한다.

① 첩보수집은 적국 또는 상대국의 상황을 파악하고, 그들에 대한 정보활동을 펼치기 전 수행해야 하는 필수활동

② 첩보수집은 국가정보요구를 충족시키기 위해 필요한 각종 자료를 입수하는 활동

③ 첩보는 정보생산 뿐만 아니라 비밀공작, 방첩 등 다른 정보활동 수행에도 필수적임

> **더 알아보기**
>
> 역사 속 첩보수집의 기록
> - 고대 이집트 바눔 장군의 적정 탐지를 기록한 히에로글리프
> - 『구약성서』민수기 13장: 각 부족 대표 12명을 선발하여 보내 토착인 정세 파악
> - 『손자병법』용간편: "적의 정황은 오직 그 정황을 아는 첩자를 통해서만 얻어질 수 있다" → 첩보수집의 중요성 설명
> - 『군주론』: "군주는 항상 조언을 잘 들어야 하며, 정보와 의견을 구해야 한다" → 첩보의 중요성

(2) 정보활동이 첩보수집, 비밀공작, 방첩 등으로 분화되고 첩보의 진위를 검증하고 종합하는 분석기능이 발달하기 이전 첩보수집이 곧 정보활동 그 자체를 의미하였다.

(3) 첩보수집의 종류는 인간정보수집, 기술정보수집, 공개출처정보수집이 있으며, 첩보수집방법은 정보목표에 따라 적절한 수집방법을 선택 · 결합하여 효율적인 첩보수집을 도모하여야 한다.

① **인간정보수집(HUMINT)**: 사람을 활용하여 정보를 수집하는 활동

② **기술정보수집(TECHINT)**: 기술적 수단에 의해 첩보를 수집하는 활동

③ **공개출처정보수집(OSINT)**: 외교경로, 언론, 인터넷 등 공개출처를 통해 첩보를 수집하는 활동

2. 첩보수집 계획수립

(1) **첩보수집의 절차**: 첩보수집 예산확보, 첩보수집체계 및 방법 선택, 첩보수집 우선순위 결정, 수집출처 및 수집방법 보호방안 검토 등 일정한 절차를 통한 사전 준비를 하여야 한다.

① 첩보수집활동 역시 철저한 사전계획 수립과 확실한 성공을 전제하여 단계적 수행을 원칙으로 함

② 첩보수집목표에 따라 다양한 수집체계를 구성, 인원 · 장비 · 시스템 구축 비용이 소모되기 때문에 상당한 정보예산이 필요함

③ 인간정보수집과 관련된 예산은 첩보원 물색·훈련, 목표접근을 위해 투입되는 시간과 비용을 포함하며, 장기적 관점에서 충분한 예산확보가 필수적임

④ 기술정보수집은 지상기지·수집함정·수집항공기·정찰위성 구축 및 전문요원 양성에 상당한 비용이 소모됨

⑤ 일반적으로 인간정보수집에 비해 기술정보수집의 비용이 더 높으며 2010년 기준 미국 정보공동체 예산의 80%가 기술정보수집에 소요되는 것으로 알려짐

(2) 정보요구에 적합한 정보생산을 위해 최선의 첩보수집방법 선택이 필요하며, 요구사항과 사안에 따라 무엇을 어떻게 수집할 것인가를 논의하여 결정해야 한다.

> **더 알아보기**
>
> 코드명 '제로니모'
> - 2011년 5월 CIA의 오사마 빈 라덴 제거 공작명이며, 인간정보수집과 기술정보수집이 함께 시너지 효과를 보인 대표적 사례
> - CIA는 인간정보수집 및 러시아와의 정보협력 등을 통하여 빈 라덴이 파키스탄 아보타바드에서 은신하고 있다는 정보를 수집하고, 빈 라덴의 측근에게 접근하여 2,500만 달러의 현상금을 제시하여 유혹함
> - 기술정보수집 방법을 활용하여 NSA에서는 빈 라덴 연락책의 휴대전화 통화내용을 감청하고, NGA는 감청한 내용을 분석하여 은신처를 확인함. 나아가 NGA는 NRO가 촬영한 위성사진과 차세대 무인항공기를 이용한 촬영사진을 토대로 빈 라덴 은신처의 모형도를 제작함
> - 특수부대인 네이비 실은 NGA가 제작한 빈 라덴 은신처의 모형을 대상으로 실전연습을 실시하였고, 그 결과 빈 라덴 제거 공작을 성공적으로 수행하게 됨

3. 첩보수집의 우선순위

(1) 정보기관의 첩보수집에는 한계가 존재하므로 국가정보목표 우선순위(PNIO)에 입각하여 중요한 첩보를 우선적으로 수집하여야 한다.

① **정보기관의 첩보수집상 한계**: 인간정보수집의 경우 한정된 첩보원의 수와 가용 출처가 제한된 경우가 있으며, 기술정보수집에는 수집기술체계의 부족 또는 불완전한 경우가 존재함

② **국가정보목표 우선순위**: 정보기관이 수집하여야 할 정보요구를 규정한 것을 의미하며, 첩보수집의 한계가 있기 때문에 중요한 첩보를 우선적으로 수집해 국가정보목표 우선순위를 따르게 됨

③ 미국은 2004년 「정보개혁법」에 따라 국가정보장(DCI)이 국가정보목표 우선순위를 결정하며, 과거 CIA부장이 겸임하는 중앙정보장(DCI)이 담당함

④ 우리나라는 「정보 및 보안업무 기획·조정 규정」 제4조에 따라 국가정보원장이 국가정보목표 우선순위를 작성함

(2) 첩보수집은 시급한 문제부터 먼저 착수해야 하나, 사안에 따라 시급한 문제를 우선으로 착수해 중요한 문제가 뒤로 미루어지거나 정상적으로 다뤄지지 못하는 경우가 발생하기도 한다.

① 첩보수집의 제로섬 결과를 초래할 가능성 고려 필요

② 우선순위가 높은 정보요구의 경우 과잉수집될 가능성 고려 필요

③ 첩보수집의 우선순위 체계수립과 동시에 효율적인 분담시스템 구축이 필요

(3) 효율적인 정보생산과 연계된 첩보수집을 위해 수집목표·방법 설정 시 정보분석기관 및 관련 부서의 참여를 통한 의견 수렴이 필요하며, 정보수요를 충족시킬 수 있는 정확한 정보 생산을 위해 수집관과 분석관이 주어진 사안에 대해 서로 의견을 나누고 이해하는 관계가 구축되어야 한다.

4. 첩보수집의 출처

(1) 첩보수집의 출처는 첩보를 획득할 수 있는 사람, 장치, 시스템, 활동 등을 의미한다.

(2) 출처에 따라 인간정보수집, 기술정보수집 등으로 나뉘며, 공개적인 방법으로 수집이 가능한 경우 공개출처, 공개적인 방법으로 수집이 불가능한 경우는 비공개출처 또는 비밀출처라고 한다.
　① 인간정보수집 시 첩보출처는 사람이며, 기술정보수집 시 첩보출처는 장치나 시스템 등이 해당함
　② 정보기관의 주요 임무는 비공개출처로부터 첩보수집에 있음

(3) 탈냉전 이후 세계화 · 민주화 · 정보화의 흐름에 따라 공개출처의 중요성은 점차 강조되는 추세이며, 인터넷이 확산되면서 공개출처에서 획득 가능한 자료의 중요성이 획기적으로 증가하고 있다.

(4) **공개출처에서 획득한 첩보수집의 장점**
　① 정보기관이 분석하고자 하는 중요과제와 관련된 전문가의 평가 · 여론을 미리 확인 가능함
　② 비공개출처로부터 획득한 첩보의 진위와 가치 판단에 활용 가능함

(5) 상대국의 국가전략과 정책 파악 및 자국에 대한 외교 · 협상전략, 위협정도를 판단하기 위해 비공개출처 첩보는 반드시 필요하다.
　① 국가체제의 직접위협 요소는 약화되었으나 국가안보와 국가이익을 위해서는 공개출처 정보수집 외 비공개출처 정보수집이 여전히 필요하기 때문임
　② 정보기관은 수집한 첩보에 대한 비밀보호뿐만 아니라 지속적 첩보수집을 위해 수집출처를 보호하는 출처보안 역시 중요하게 다루고 있음

더 알아보기

미국 정보공동체 역할 및 능력 평가위원회

1. 1996년 3월 미국 의회는 「미국 정보공동체 역할 및 능력 평가위원회」 보고서를 통해 비공개출처 첩보수집이 불가피한 이유를 다음과 같이 설명하고 있음
　• 외부에서 자국에 접근하지 못하도록 차단하고 있는 국가가 존재함
　• 적대행위를 계획하는 국가는 그 의도를 밝히는 경우가 드물고, 준비상황을 은닉함
　• 대부분 국가는 세부적인 군사능력 및 군사력 증강계획을 비공개함
　• 테러 · 마약거래 · 스파이 활동 등은 공개적 추진대상이 아니라 비밀스럽게 진행된다는 점
2. 결국 냉전이 종식되고 정치적 민주화가 전세계적으로 진전되면서 국가체제를 직접적으로 위협하는 요소는 약화되었음에도 불구하고 국가안보와 국가이익을 위해서는 공개출처 첩보 외 비공개출처 첩보수집이 여전히 필요하다는 것임

---

2 인간정보수집

1. 인간정보수집의 주체

(1) **개념**: 전통적인 정보활동에 속하는 인간정보활동(HUMINT)은 사람을 출처로 하는 첩보수집활동이다.
　① 인간정보수집은 정보관이 주도하는 첩보수집 · 비밀수집활동이 중심이나 일부 공개출처정보수집활동도 포함
　② 인간정보수집활동의 주체는 정보관, 첩보원, 협조자로 구분 가능함

(2) 정보관

① 첩보수집활동의 주관자로서 첩보원의 지휘 · 통제를 통해 수집목표 달성, 정보관 자신의 직접 첩보수집활동을 수행

② 정보관은 주로 활동지역의 사람을 첩보원으로 모집 · 운영하며, 첩보원 운용과정은 5단계로 구성

③ 유능한 전문 정보관에게는 외국어 구사능력, 첩보원 모집 및 운용기술, 방첩활동 회피기술, 비밀연락 목적의 통신기술, 각종 무기활용법 및 첩보장비 운영기술 등이 필요하며, 지속적 반복을 통한 숙달이 필요

④ 정보관이 주목을 받지 않고 비밀활동을 수행하기 위해서는 적절한 가장(cover)을 갖추어야 함

(3) 정보관의 가장

① 개념: 가장(cover)은 특정 지역에서 활동하기에 적절한 직업 등의 신분으로서 본부로부터 재정지원을 받을 수 있는 수단이 되고 출처에 접근가능한 첩보원과 접촉할 수 있는 명분 등의 역할을 수행

② 정보관의 가장은 공직가장(official cover)과 비공직가장(non-official cover)로 구분

③ 공직가장은 정보관을 외교관 등 정부 공무원으로 파견하는 것이며, 비공직가장은 사업가 · 언론인 · 여행가 등 민간인 신분으로 활동하는 것

구분	공직가장	비공직가장
장점	• 합법 정보관, 경(輕)가장(thin cover) • 외교관 파견이 대표적 • 외교관 특권 부여로 국제법상 보호 가능 • 주재국 정부 공무원 및 타국 외교관 등 다양한 출처 접근이 용이함 • 주재국 국민이 파견국 정보기관과 자연스러운 접촉 통로를 제공할 수 있음 • 첩보수집 · 보고에 필요한 통신수단, 자금 및 활동비 수령이 용이함 • 공직가장 시 효과적인 수집활동을 위해 적절한 직급과 직책 부여가 필요함	• 비합법 정보관, 중(重)가장 • 민간인 신분의 다양한 직업 · 신분을 선택 가능하므로 유용한 출처에 폭넓게 접근 가능(국적 변경도 해당) • 주재국 감시에서 벗어나 광범위한 출처에 쉽게 접근 가능함 • 외교관계 단절 시에도 현지에서 계속 활동할 수 있는 장점이 존재함
단점	• 주재국 방첩기관에 의해 누가 정보관인지 쉽게 판명될 수 있음 • 외교관계 단절 및 전쟁 발발 시 모든 외교관 철수로 인해 장기간 구축해 온 첩보수집관계 와해 가능성 존재	• 적절한 가장을 위해 많은 시간과 비용이 소요됨 • 보안통신시설을 이용할 수 없기 때문에 중요하고 긴급한 수집첩보 본국 전달이 어려움 • 가장활동 병행에 따른 첩보수집 활동에 제한 가능성 존재 • 체포 시 형사처벌 등 위험 노출 가능성

④ 주재국에 정보관의 신분 공개 여부에 따라 백색 정보관(white)과 흑색 정보관(black)으로 분류함

⑤ 백색 정보관은 일종의 연락관(liaison officer)으로 테러, 마약, 국제범죄 등 이슈와 관련하여 주재국 정보기관과 협력하는 창구역할(정보협력업무 담당)

⑥ 흑색 정보관은 공직가장 또는 비공직가장에 관계없이 주재국에 신분을 공개하지 않은 정보관

(4) 정보관의 공직가장 또는 비공직가장 선택 여부는 수집대상 첩보, 첩보출처, 첩보수집 환경 등에 따라 달라진다.

(5) 정보기관 상호 간 연락관 파견을 통해 상호정보협력을 진행하며, 국가 간 정보협력은 인간정보수집의 중요수단으로서 정보기관 간 공통 관심사에 대한 정보교환이 주로 이루어지고 있다.

(6) 첩보원과 협조자

① 첩보원(agent)은 정보관과 계약관계를 맺고 출처에 접근하여 첩보를 수집하여 정보관에게 전달하는 사람

② 정보관은 고급 출처 접근, 유용한 첩보의 안정적 공급을 위해 필요한 직위·직책을 가진 인물을 대상으로 다양한 설득방법 동원

> **더 알아보기**
>
> 첩보원이 정보관에게 첩보를 제공하는 이유
> - 금전적 동기
> - 자국 정부의 행동 및 이념에 대한 실망 또는 불만
> - 첩보를 제공하는 국가에 대한 더욱 강렬한 이념적·인종적·종교적 충성심
> - 모험심
> - 약점에 대한 협박에 굴복

③ 협조자(freelance agent, walk-in)는 정보관과 계약관계 없이 자발적으로 정보기관을 찾아와 첩보수집에 협력하는 사람을 의미함

④ 경제적 이익을 목적으로 자신이 획득한 정보를 판매하고자 하는 사람(freelance agent)과 외국공관을 찾아와 자발적으로 첩보를 제공하기를 희망하는 사람(walk-in)으로 분류 가능함

⑤ 전자의 경우 이중스파이 가능성과 기만정보 여부 판단이 필요함

⑥ 후자의 경우 정치적 망명이나 보호 요청 경우도 있으며, 주재국 정보기관의 조종을 받거나 상대 정보기관의 첩보수집방식 탐지 등의 목적이 있을 가능성도 존재함

⑦ 자발적 협조자는 정보관 체포·추방을 위한 함정 또는 첩보의 불확실성·과장 가능성과 잠재적 배신의 소지가 존재함

⑧ 자발적 협조자에 대한 지나친 의심은 좋은 첩보수집 기회를 놓치게 될 수 있음을 인지할 필요가 있음

2. 인간정보수집의 절차

(1) 인간정보수집활동은 정보관의 상대국 파견에서부터 시작되며 정보관은 정보목표 달성을 위해 첩보 출처를 고려하여 첩보원을 채용한다.

① 인간정보수집활동의 성공여부는 출처 접근에 적합한 첩보원이나 협조자의 확보 여부에 있음

② 정보관은 첩보원과 신뢰관계를 조성·유지하면서 첩보원의 관리·운용을 통해 첩보를 수집하고, 상황에 따라 정보관이 직접 기밀문서 입수 또는 감청장치 설치 등 활동을 수행함

(2) 인간정보수집활동의 첩보순환과정에 따라 수집요구, 수집계획수립, 수집활동, 첩보보고의 단계를 거치면서 수집·보고한다.

(3) 인간정보수집요구

① 제2차 세계대전을 계기로 국가 차원의 첩보수집 계획수립과 첩보수집활동의 체계적 수집이 전개되기 시작함

② 첩보수집요구는 국가정보목표 우선순위, 첩보기본요소, 별도정보요청, 특별첩보요청 등으로 구분함

③ 국가정보목표 우선순위는 국가의 모든 정보기관이 수행하여야 할 연간첩보수집활동의 목표에 해당함

④ 국가정보목표 우선순위가 배포되면, 각 부문 정보기관은 부처의 정책수립, 군 작전계획 등을 고려하여 연간 첩보수집 계획을 작성하며, 이것이 첩보기본요소에 해당됨

⑤ 국가정보목표 우선순위 작성 당시 예측할 수 없었던 정보환경의 변화 또는 새로운 정보수요 제기 시 새로운 첩보수집을 요구하는 것을 별도정보요청 또는 기타정보요청이라 함

⑥ 정보기관의 본부가 일선 수집부서에 대해 특별한 첩보수집 지시를 내리는 것을 특별첩보요청이라 하며, 수집부서는 우선적으로 처리할 필요가 있음

⑦ 정보기관의 수집요구가 대외에 노출되면 국가의 정보목표가 공개되어 국가안보에 치명적인 결과를 초래하므로 첩보수집요구 전달 시 비밀리에 암호화한 통신망을 이용하는 것이 일반적임

더 알아보기

영국의 이중스파이 두스코 포포프 사례

첩보사에서 대표적인 이중 스파이로 평가되는 두스코 포포프(Dusko Popov)는 제2차 세계대전 당시 독일의 정보기관인 '압베어(Abwer)'의 스파이였으나 영국으로 전향하여 이중 스파이로 활동하였다. 상법 변호사로 중립국인 포르투갈의 리스본에서 활발하게 활동하던 포포프는 여러 언어를 자유자재로 구사하고, 다양한 고객을 접하는 과정에서 독일의 적국인 영국 관련 정보를 손쉽게 취득할 수 있는 점에서 독일의 스파이로 포섭되었다. 그러나 포포프는 독일 압베어에 포섭됨과 동시에 MI5 리스본 지부와 접촉하여 영국을 위한 스파이 활동을 자원했다. 암호명 '세발 자전거'로 활약한 포포프를 통해 영국은 독일에 기만정보를 흘리는 역공작이 가능하였고, 그 결과 제2차 세계대전의 향방을 가르게 된 노르망디 상륙작전에 성공할 수 있었다.

하지만 포포프는 정보기관의 첩보수집요구가 노출된 경우 국가적 정보목표가 드러나게 된 사례에 해당한다. 포포프는 독일 정보기관의 지시에 따라 미국 내 스파이 네트워크를 구축하기 위해 진주만 공격 4개월 전에 미국에 입국하였고, 영국은 미국 FBI에 포포프가 이중 스파이라는 점과 독일이 하와이에 위치한 군사시설에 관심있다는 점을 통보하였다. 그러나 당시 에드거 후버 FBI국장은 포포프를 의심하여 미국 내 활동을 제한하였기 때문에 진주만 침공에 대한 추가 첩보를 얻는 데는 실패하였다.

---

(4) 인간정보수집계획 수립

① 개념: 첩보수집요구에 따라 정보관은 첩보수집계획을 수립하여야 하며 정보목표 또는 수집요구에 따라 연간·월간·주간 수립계획과 특별수집계획으로 구분함

  ㉠ 연간·월간·주간 수립계획: 정보목표 또는 수집요구에 따라 지속적으로 수행함

  ㉡ 특별수집계획: 특정한 수집요구에 따라 수시로 수립함

② 수집계획에서는 정보수요, 요구사항, 수집사항, 여건개책 및 수집방법, 예상문제점과 대책, 보고방법, 보고시기 등이 포함됨

③ 첩보수집계획 수립에 앞서 목표분석이 선행되며, 목표분석은 각종 공개·비공개 자료를 종합하여 첩보수집활동의 대상이 되는 인물, 단체, 지역 등에 대해 수집활동의 기초자료를 준비

④ 목표분석은 수집대상목표의 기본사항과 최근 동향을 정리 · 분석함으로써 정확한 수집목표 파악, 수집여건 개척 도움 등 첩보수집계획 수립의 기초가 됨

⑤ 목표분석 시 기본정보사항, 현용정보사항, 목표접근방안으로 나누어 검토가 필요함

   ⊙ 기본정보사항: 비교적 변화가 적으면서 목표를 특정할 수 있는 기본적이고 중요한 내용

   ⓒ 현용정보사항: 수집목표의 현재상황 및 활동동향을 파악하는 것임

   ⓒ 목표접근방안: 수집목표의 성향, 취미, 관심사항, 취약점 등이 포함되며, 구체적인 첩보수집계획 작성방향을 제시해주는 역할을 수행함

(5) 인간정보수집활동

① 개념: 정보출처인 사람으로부터 필요한 첩보를 수집하는 것으로 접촉준비활동, 출처접촉활동, 첩보획득활동으로 구분됨

   ⊙ 접촉준비활동: 출처와 접촉할 수 있는 장소 · 여건을 확보하기 위한 활동으로 사전정찰 등이 필요함

   ⓒ 출처접촉활동: 출처와 직접 만나는 인원회합과 출처를 직접 만나지 않거나 만나더라도 문건이나 물자만을 주고받는 비인원연락으로 구분함

   ⓒ 첩보획득활동: 문건 · 물자 입수나 관찰 · 면담을 통해 필요한 첩보를 확보하는 것

② 인간정보수집활동은 주재국 방첩기관의 끊임없는 관찰대상이 되기 때문에 수집활동은 합법 · 불법을 불문하고 비밀리에 은밀하게 진행하여야 하며, 모든 정보기관은 비밀 첩보수집 기법과 기술개발 및 지속적인 반복 · 훈련을 통해 전문 정보관 양성을 노력하고 있음

> **더 알아보기**
>
> 인간정보수집과 비밀첩보수집의 차이
> 정보관 또는 첩보원이 특정 지역의 지형을 파악하거나 특정한 시설물을 관찰 · 확인하기 위하여 해당 지역을 방문하거나 사진촬영, 관찰 등의 활동을 하는 경우는 비밀첩보수집에 해당하며, 인간정보수집은 출처가 사람인 수집활동을 의미함

(6) 첩보보고

① 개념: 수집된 첩보를 수요자에게 전달하는 과정이며 첩보수집활동의 마무리 단계

② 구두보고도 있으나 일반적으로 문서보고가 주를 이루며 수집요구의 핵심내용이 누락되지 않도록 하고, 수집 내용의 원형을 유지하여 객관적으로 보고하는 것이 중요

③ 첩보보고는 입수한 내용을 신속 · 정확하게 보고하는 것이 중요함(보고의 적시성)

④ 원칙적으로 암호화하여야 하며, 입수 문건 송부 시 외교행랑이나 인편전달 등 보안에 유의 필요함

3. 인간정보수집 보안수단

(1) 개념: 인간정보수집 보안수단은 정보관이 첩보수집활동 전개과정에서 주재국 방첩기관에 포착되지 않도록 비밀리에 활동하기 위한 각종 방법을 의미한다.

(2) 인간정보수집의 거의 모든 단계에서 보안수단이 필요한데, 예를 들자면 정보관의 주재국 파견을 위해서는 신분보안을 위한 가장이 필요하고, 첩보원 모집 · 협조자 접촉 시 비밀연락 수단을 강구해야 하며, 위험성 여부 표시를 위해 신호를 사용하고, 첩보조직 보호를 위한 차단 · 부분화 조치를 하며, 수집첩보보고를 위해 암호통신을 사용하는 것이 해당된다.

① 가장(cover)은 정보관이 주재국에 거주하면서 첩보수집활동을 전개할 수 있는 신분을 말하며, 수집목표에 적합한 가장 선택과 비공직 가장의 경우 가장을 뒷받침할 수 있는 문건까지 필수적임

② 비밀연락은 정보관과 첩보원 또는 협조자가 서로 비밀리에 접촉하거나 수집된 첩보를 은밀하게 전달하기 위한 방법을 말하며, 사람이 직접 만나는 인원회합과 첩보수집주체가 직접 만나지 않고 매개인·매개체를 통해 간접적으로 접촉하는 비인원연락으로 구분함

③ 보안을 위해 정보관과 첩보원·협조자가 서로 만나는 인원회합은 가급적 하지 않는 것이 바람직하나, 중요한 첩보·물자 전달, 교육·지시·인수인계·브리핑·감동·위로 등 목적으로 만나야할 경우가 존재함

④ 안전회합은 안전하고 은밀하게 만날 수 있는 장소 선정이 중요하며, 안전가옥(safe house)에서 만나는 경우가 많음

⑤ 비인원연락은 수수자(live drop), 편의주소 관리인(accommodation address custodian), 연락원(courier), 수수소(dead drop), 드보크(debok), 카토스(car toss), 풋토스(foot toss), 브러시 패스(brush pass) 등이 해당됨

　㉠ 수수자: 사전에 협조된 제3자를 가운데 두고 첩보를 주고받는 방법
　　예 영화 「베를린(2013)」의 도입 부분에 나오는 것처럼 첩보원이 케밥 노점에서 암호화된 문건을 맡기고 표종성(하정우 役)이 찾아가는 경우, 케밥 노점상은 수수자가 됨

　㉡ 편의주소 관리인: 비밀연락을 위해 우편물을 수령하고 관리하는 사람을 의미하며 일종의 차단장치 역할을 하고, 반드시 실존하는 인물일 필요는 없음

　㉢ 연락원: 첩보조직의 일원으로 첩보 관계자 사이의 연락업무를 담당하는 사람

　㉣ 수수소: 다른 첩보자가 찾아갈 수 있도록 비밀자료를 은닉하여 두는 장소를 의미하며, 가장 많이 활용되는 전통적인 방법임

　㉤ 드보크: 쉽게 식별할 수 있는 자연지형, 지물 또는 주변 장소 등을 활용하여 문건이나 물건·공작금·무기 등을 주고 받는 연락수단

　㉥ 카토스: 달리는 자동차에서 일정한 장소에 물건을 던져 상대방이 회수해 가도록 하는 방법

　㉦ 풋토스: 걸어가면서 일정한 장소에 물건을 던져 상대방이 회수해 가도록 하는 방법

　㉧ 브러시 패스: 서로 스쳐 지나가면서 물건을 주고받는 방법
　　예 같은 모양의 가방을 가지고 가다가 서로 교환하는 방법

⑥ 불가피하게 전화·이메일 등 통신수단을 사용할 경우 암호나 음어, 비밀서법, 미세축소사진을 사용하는 마이크로 다트 등의 방법을 사용하고, 최근에는 그림에 은닉하는 방법인 스테가노그라피 등을 사용하는 추세임

⑦ 차단(cutout)은 첩보조직의 보호를 위해 첩보활동에 참여하는 사람들 간에 직접 접촉이나 서로 알지 못하게 하는 것을 의미하며, 발각 시 피해최소화 목적으로 수행됨

소련과 러시아의 이중 스파이로 활동한 로버트 한센

2001년 체포된 로버트 한센(Robert Hansen)은 북부 버지니아 폭스톤 공원에서 무인 수수소를 설치하려다 현장에서 체포되었는데, 조사 결과 한센은 소련 KGB와 러시아 SVR 정보관에게 무려 25년 동안이나 미국의 기밀과 주요 정보를 넘겨준 대가로 금전적 이익을 취득한 것으로 밝혀졌다. 1985년부터 2001년 체포될 때까지 한센은 주로 자신의 집 근처에 위치한 9곳의 공원을 무인 수수소를 설치하는 장소로 활용하였으며, 단 한 차례도 소련·러시아와 직접적으로 접촉하지 않았던 것으로 나타났다. FBI 방첩관이었던 한센의 이중 스파이 사건은 '올드리치 에임스 사건' 이후 미국 최대의 스파이 사건으로 평가되고 있다.

4. 인간정보수집의 장점과 단점

(1) 인간정보수집의 장점

① 첩보원의 독자적 판단능력을 통해 명확하게 드러난 첩보 외 기술정보수단으로 읽어낼 수 없는 상대방의 전략적 의도와 정책추진방향 및 아직 구체화되지 않은 계획 등을 파악할 수 있음

② 첩보원을 통해 유용한 첩보수집뿐만 아니라 상대국가에 기만정보 등 거짓첩보를 퍼뜨려 혼란을 줄 수도 있음

③ 기술정보수집에 비해 비용이 적게 들어감

(2) 인간정보수집의 단점

① 수집된 첩보의 진위 확인이 어렵기 때문에 역공작·이중공작원과 같은 배신, 기만 가능성이 존재함

② 정보관과 첩보원 간 신뢰관계의 파탄 가능성이 항상 존재함

③ 대상국가·대상조직의 보안체계가 강한 경우에는 첩보출처에 접근하는 것이 어려움

④ 상대국에게 첩보원이 노출될 경우 첩보원의 안전이 위협받게 됨

⑤ 첩보수집활동 종료 이후 정보원 등이 과거 활동 내역에 대한 정치적·금전적 요구 또는 비밀활동 공개를 통하여 정보기관이나 정부의 입장을 어렵게 하는 경우가 있음

3 기술정보수집

1. 신호정보

(1) 신호정보(SIGINT)는 수집대상인 신호의 종류에 따라 통신정보수집, 원격측정정보수집, 전자정보수집 등으로 구별된다.

(2) 통신정보수집: 적대국가나 범죄조직 등의 전화, 전신, 텔렉스, 컴퓨터, 팩시밀리 등 각종 전기적 통신신호를 수집하는 활동이다.

① 상대방의 전략적 의도를 파악하는 데 매우 효과적임

② 분석을 통해 의미의 해석과 파악이 필요한 지리공간정보에 비해 통신정보는 직접적으로 전략적 의도와 목적 파악이 가능함

③ 목소리의 고저 장단, 톤, 단어선택, 억양 등의 확인이 가능하므로 상황을 정확히 파악하는 데 유용한 단서를 제공함

④ 통신정보수집은 제1차 세계대전을 전후하여 각국이 상대방 군사통신을 감청하기 시작하면서 본격화됨

세계대전 당시 통신감청 사례
- 영국: 독일 외무장관인 아서 짐머만이 멕시코 주재 독일대사에게 보낸 전문을 해독하여 독일이 멕시코 정부와 접촉하여 미국에 대항하는 동맹을 맺을 계획을 사전에 파악하여 미국에 전달하였고, 미국이 제1차 세계대전에 참전하도록 유도하였음
- 미국
  - 제2차 세계대전 중 일본의 암호통신체제 '퍼플(purple)'을 해독하여 일본 정보망 체포에 활용함
  - 태평양 전쟁 당시 일본군의 무선교신 증가에 주목하여 일본의 작전목표 AF가 미드웨이 섬을 지칭하는 암호임을 확인하였고, 미드웨이 해전계획을 사전에 파악하여 일본 함대를 격파하는 데 활용함

⑤ 인터넷과 광케이블의 사용에 따라 통신량이 폭발적으로 증가하면서 통신정보수집의 양 또한 증가하여 슈퍼컴퓨터와 키워드 검색 방법이 사용되고 있음

(3) 글로벌 대테러전의 확대로 통신정보수집과 함께 인간정보수집과의 연계방안이 연구되고 있다. 일반적으로 테러조직이 사용하는 통신은 장거리 신호정보 감지장치로는 쉽게 포착이 어려우며, 대상자가 사용하는 언어 문제로 인해 인간정보수집이 병행되어야 한다.
예 9/11 사례

(4) **원격측정정보(TELINT)수집**: 미사일 등 실험장비와 지상기지 사이에 이루어지는 교신내용을 수집하는 것을 의미한다.
① 수집하는 내용이 언어가 아니라 탑재된 센서가 송신하는 다양한 신호라는 점이 통신정보수집과 차이점
② 실험장비의 속도, 부품별 온도, 연료유출 속도 등을 종합적으로 분석 시 실험장비의 성능 파악과 개선에 활용 가능함

(5) **전자정보(ELINT)수집**: 외국 군사시설·장비로부터 방출되는 각종 전자파 등을 탐지·수집하는 것으로 외국기기신호정보(FISINT)수집이라고도 한다.
① 군사적 수집목표물의 성능을 파악하는 데 유용하며, 각종 무기와 레이더 등에 탑재된 전자장비에서 발생하는 각종 전자파·출력신호·무선 원력제어 신호 등을 수집하는 것임
② 지상기지·함정·항공기에서 방출되는 전자파나 레이더 신호 수집 시 장비나 무기의 성능을 분석함
③ 레이더 신호 수집 시 레이더 장비의 최대 운용범위 파악 등 성능 판단이 가능함
④ 다수의 통신이 위성시스템을 이용하여 이루어지기 때문에 감청을 위해서 안테나를 탑재한 위성을 우주공간에 배치하거나 지상기지를 세워 위성에서 지상기지로 송신하는 신호를 감청함

2. 지리공간정보

(1) **지리공간정보(GEOINT)수집**: 광학적·전자적 수단으로 사람 또는 사물의 모습을 재생하는 것을 의미하며, 인공위성·항공기·사람 등이 수집수단으로 활용된다.

(2) 지리공간정보는 과거에 사진정보(PHOTINIT)에서 영상정보(IMINT)로 발전하였고, 이후 인공위성과 무인 항공기 등을 활용한 지리공간정보가 되었다.
① 현대적 의미의 지리공간정보수집은 제1차 세계대전 당시 군용기에 사람을 태워 전장과 적후방의 동태를 카메라를 사용하여 촬영하는 방식으로 시작
② 현재 U-2, SR-71, RC-135 등 정찰기나 '프레데터', '글로벌 호크' 등 무인 항공기 및 인공위성이 널리 활용되고 있음

③ 지리공간정보는 수집목적에 따라 다양한 공간해상도가 필요하며, 대상목표의 특성과 정보의 유형에 따라 분석관이 요구하는 해상도는 달라짐

④ 분석관은 과거의 영상자료와 비교하면서 현재 상황의 의미를 분석하고, 향후 변화 가능성을 예측하며 컴퓨터가 영상을 비교 · 검토하는 자동변화추출 프로그램을 이용하여 분석의 오류를 줄임

⑤ 장점

    ㉠ 항공기는 근접촬영이 가능하기 때문에 정밀한 영상자료 수집이 가능하며, 인공위성은 항공기에 비해 광범위한 지역의 영상자료 획득이 용이함

    ㉡ 지리공간정보는 정밀하고 생생하게 볼 수 있는 영상을 제공함

    ㉢ 대상목표의 영상을 통해 부수적인 주변 상황에 대한 정보 제공이 가능함

⑥ 단점

    ㉠ 훈련된 영상 전문가가 아니면 판독이 어려움

    ㉡ 특정 시간과 장소에서 촬영된 정태적 자료라서 전후 상황을 알려주지 못함

(3) 상대국가의 지리공간정보수집 기만을 위한 위장모조물체 설치나 의도적으로 특정 행동을 취할 가능성 때문에 기만정보 또는 허위정보에 속지 않도록 유의해야 한다.

더 알아보기

영상정보 수집체계의 분류

지리공간정보는 기후의 영향을 많이 받아 목표물의 정확한 확인이 어렵기 때문에 기후영향을 적게 받는 다양한 수집체계를 발전시키게 됨

• 광학적 수집체계: 일반적으로 가시광선을 이용한 촬영한 사진의 해상도가 전파 및 다른 전자파장을 이용하여 촬영한 사진의 해상도보다 높은 편이다.
  – 광학 센서: 주간의 양호한 날씨에 항공사진을 촬영하여 지상에서 필름 · 사진으로 영상을 재생하여 활용하는 방법이며, 해상도가 우수하기 때문에 정밀분석에 사용되지만 야간 · 악천후에서는 촬영할 수 없다.
  – 전자광학센서: 반도체 소자인 전자결합소자(CCD)를 감지센서로 사용하여 디지털 방식의 영상을 획득하고, 이를 압축하여 전송하는 센서이다. 현재까지 영상의 질이 다소 떨어지나, 정찰거리가 멀거나 시계가 나쁜 상태에서는 광학 센서보다 양호하고 새벽에서 황혼까지의 연장촬영이 가능하다는 장점이 있다.
  – 광학 센서에서 전자광학센서로 점차 옮겨가고 있는 추세임

• 적외선 수집체계: 수집대상인 물체 고유의 복사열 에너지 차이를 감지하여 영상으로 만드는 방법으로 위장된 표적이나 야간 탐지에 유리하며, 상승단계 미사일의 발사대 위치식별 · 피격지점에 대한 예측이 가능하다는 장점이 있다. 그러나 습도가 높은 환경에서는 성능이 현저히 저하되는 단점이 있다.

• 레이더 수집체계: 구름을 투사하여 영상을 만드는 방법으로, 합성개구레이더(SAR)에서 레이더파를 순차적으로 발사한 후 레이더파가 굴곡 면에 반사되어 돌아오는 미세한 시간차이를 합성해 지상지형도를 만들어내는 시스템이다.

---

3. 징후계측정보

(1) **징후계측정보(MASINT)수집**: 대량살상무기 개발, 화학무기 개발, 군비통제, 환경오염, 마약제조 등과 관련된 활동을 감시하고 통제하기 위한 정보를 생산하는 데 필요한 첩보를 수집하는 방법이다.

(2) 징후계측정보의 발달은 전자정보수집과 원격측정정보수집이 크게 기여하였으며, 전자광학, 지구물리학, 물질, 핵 · 방사능, 레이더, 무선주파수 등 6개의 분야가 해당된다.

① **전자광학 분야**: 적외선 · 편광 · 분광 · 가시광선과 같은 다양한 유형의 빛과 레이저를 포함하여 스펙트럼의 적외선에서부터 자외선 부분에 이르기까지 방출되거나 반사되는 에너지의 성질을 수집해 분석함

② **지구물리학 분야:** 가청음 · 중력 · 자기장 · 지진과 같은 지구 표면 혹은 그 근처에 있는 여러 장소들의 비정상성과 변화를 수집하여 분석함

③ **물질 분야:** 화학적 · 생물학적 · 핵관련 물질 표본을 포함하여 기체 · 액체 또는 고체의 성분을 판별함

④ **핵 · 방사능 분야:** 감마선 · 중성자 · X선 등의 특징을 수집하여 분석함

⑤ **레이더 분야:** 가시거리 레이더 · 가시거리 외 레이더 · 합성개구(synthetic apertures) 레이더 등 여러 유형의 레이더를 포함해 목표 혹은 물체로부터 반사되는 전자파들의 특성을 수집 · 분석함

⑥ **무선주파수 분야:** 물체에서 방출되는 전자기 신호를 수집 · 분석함

(3) 징후계측정보수집은 미국에서 가장 발달하였으며, 인공위성과 전자정찰기를 동원하여 핵 · 화학적 폭발로 발생하는 전리층의 압력 감지 및 화학적 반응 탐지 활동에 활용하고 있다.

4. 기술정보수집의 장점과 단점

(1) 장점

① 정보관이 접근하기 어려운 지역에 관한 첩보를 원거리 수집 가능함

② 단시간 내 수집목표 접근이 가능함

(2) 단점

① **고비용문제:** 기술정보수집은 막대한 비용이 들지만 한국의 경우 북한에 대한 접근이 어렵고 핵 · 미사일 문제가 존재하기 때문에 기술정보 수집수단이 확충될 필요가 있음

② **자료식별 및 처리문제:** 기술정보수집은 너무 많은 자료를 수집하게 되어 선별 및 처리가 어려움. 보고서 생산에 활용되지 않은 첩보에 존재할 수 있는 중요한 내용 식별을 위해 슈퍼컴퓨터를 이용하여 수집한 영상을 자동저장하고 필요한 자료를 찾아내는 기술을 도입 중임

③ **수집대상 식별 및 추적문제:** 수집대상이 소형화 · 유동화되어 지하에 건설되는 경우 및 유사시설 건설을 통해 판별을 어렵게 하는 경우 등 수집대상의 식별 및 추적이 어려움

④ 기술정보수집의 단점을 보완하기 위하여 인간정보수집을 통한 수집대상의 위치 확인이 필요함

4 공개출처정보수집

1. 공개출처정보수집의 개관

(1) **개념:** 공개출처정보(OSINT)수집은 공개된 출처에서 첩보를 입수하는 활동을 말한다.

(2) 공개출처정보의 수집출처는 언론 미디어, 인터넷자료, 공공자료, 연구 · 학술자료, 기술정보적 자료, 인간정보적 자료로 구분할 수 있다.

① **언론 미디어:** 라디오, TV, 신문, 잡지, 인터넷 기반 언론매체 등이 해당됨

② **인터넷 자료:** 인터넷에 기반한 단체 또는 개인이 생산하는 자료로 각종 소셜 미디어 사이트, 동영상 공유 사이트, 블로그 등이 포함됨

③ **공공자료:** 각종 정부보고서, 예산 · 인구조사 등 공식통계, 청문회 자료, 법률안 토의자료, 언론배포 자료, 각종 연설문, 해상 · 항공안전을 위한 경고문, 환경평가자료 등 행정기관 발표자료 등이 포함됨

④ **연구 · 학술자료:** 전문가 및 학자의 연구물 · 학술자료로 회의 및 세미나 자료, 연구논문, 직종별 전문협회 자료, 과학 · 기술 전문가 보고서 등이 포함됨

⑤ **기술정보적 자료:** 상업위성으로부터 수집한 영상 · 웹사이트 분석결과 및 민간에서 측정한 지구물리학 관련 자료가 해당됨

⑥ **인간정보적 자료**: 공개적인 방법으로 정부 관계자, 외교관, 군인, 학자, 전문가, 사업가, 정치적 망명자, 피난민 등을 면담하여 입수한 자료 등이 해당됨

(3) 미국의 경우 1999년 코소보 사태가 공개출처정보수집에 대한 인식을 새롭게 하는 계기를 제공해주었으며, 「9/11 테러 진상조사 보고서(2004)」 및 「대량살상무기 정보능력평가위원회보고서(2005)」를 통해 공개출처정보를 전담하는 전문조직 창설의 필요성이 제기되었다.
① 이러한 권고에 따라 국가정보장(DNI) 산하 '공개출처센터'가 설립
② 공개출처센터는 라디오, TV, 언론, 인터넷, 데이터베이스, 비디오자료, 지리공간 자료, 사진, 상업영상자료 등을 수집하고 효율적 활용을 위한 분석방안을 모색

(4) 공개출처정보는 그동안 전문수집관, 처리담당관, 개발담당관이 존재하지 않았기 때문에 다양한 관점에서 충분히 활용되지 못하였으나, 첩보수집활동의 출발점으로서 정보수집활동의 범위와 방향 설정 및 수집방법 결정에 참고할 수 있다.

2. 공개출처정보수집의 장점과 단점

(1) 공개출처정보의 장점
① **접근의 용이성**: 출처가 공개되어 있기 때문에 접근이 편리함
② **기만과 조작의 어려움**: 공개출처정보의 수집출처가 다양한 만큼 인간정보에 비해 기만과 조작이 어려움
③ **다른 정보수집 방향성 제시 가능**: 인간정보와 기술정보의 수집방향을 제시할 수 있음
④ **비밀첩보의 해석·평가에 유용**: 수집된 비밀첩보의 해석과 평가에 유용하게 활용될 수 있음

(2) 공개출처정보의 단점: 전세계 수많은 출처를 통해 수집할 수 있는 정보의 양이 지나치게 많기 때문에 필요하고 유용한 자료를 탐색하고 수집하는 데 많은 시간과 비용이 소요된다.

5 첩보수집의 과제와 전망

1. 탈냉전·세계화의 흐름 속에서도 한반도는 남북 간 대치상황이 여전히 지속되고 있다는 점, 북핵 및 미사일 개발, 미국의 국가안보전략 변화와 미중간 전략경쟁의 지속 등으로 안보정세는 오히려 악화되고 있다.

2. 특히 미중간 전략경쟁이 경제적 디커플링의 모습으로 나타나는 등 국가 간 경제전쟁이 심화되면서 경제·통상·자원·과학기술 등 분야에 대한 정보활동이 중요한 비중을 차지하게 되었다.

3. 2020년 코로나19의 전세계적 대유행 상황을 맞이하면서 국가정보의 역할은 새로운 위협으로 부상하고 있는 신안보위협의 조기 탐지 및 대응방안 마련이라는 목표가 추가되었으며, 범세계적 문제에 있어 전략적 사고로 접근할 필요성이 그 어느 때보다 높다.

4. 공개출처자료를 수집하고 분석하여 효율적으로 활용할 수 있는 시스템의 구축과 분석을 통해 공개출처정보를 생산 및 활용하기 위한 연구 또한 필요해지고 있다.

CHAPTER 02 정보분석

1 정보분석의 의의

1. 정보분석의 개념

(1) 개념: 정보분석은 국가적 현안해결을 위해 수집된 첩보를 분석하여 사실관계를 파악하고 앞으로의 전망과 파급영향을 예측하며 필요한 대응방안을 강구하는 활동을 의미한다.

① 정보순환과정의 한 단계인 정보분석은 '지식으로서의 정보'를 생산하는 활동임

② 정보분석의 첫 번째 단계는 수집된 첩보를 통해 현안문제와 관련된 사실관계를 파악하는 것임

③ 정보분석의 두 번째 단계는 파악된 사실관계를 기초로 향후 전개방향을 전망하고 파급영향을 예측하여 필요한 대응방안을 강구하는 것임

(2) 국가정보분석은 국가의 현안문제와 관련하여 정책결정자의 의사결정에 활용할 수 있는 지식을 제공하는 것을 목적으로 한다.

(3) 정보분석의 고려여건

① **정확성**: 정확하고 객관적인 분석

② **적합성**: 관련정책에 적합한 정보

③ **적시성**: 사안의 우선순위를 파악하여 1순위부터 진행

(4) 정보분석대상의 분류

① **허위정보**

㉠ 상대국에게 혼란을 주기 위해 고의로 누출한 정보나 이중 스파이에 의해 침투하는 정보

㉡ 정보처리과정에서 정보의 신뢰성을 보장하기 위해서 허위정보를 걸러내는 일이 필수임

㉢ 정보의 패턴을 연구하거나 다각적인 정보를 교차비교하는 방법으로 허위정보를 걸러냄

② **공개된 사실**

㉠ 공개된 정보 중 각국의 지리·사회·국방 등 첩보에 도움이 되는 정보

㉡ 국가, 국책연구기관, 민간연구소, NGO 등 다양한 출처가 해당됨

㉢ 수집이 용이하고, 시간·비용 등이 상대적으로 적게 소비됨

③ **비밀**

㉠ 각국에서 외부공개를 회피하는 정보

㉡ 국가 내부의 경제, 이슈, 정책 등이 속함

④ **미스터리**

㉠ 공개정보나 비밀정보 등을 분석하는 것으로는 해결할 수 없는 문제

㉡ 미스터리의 존재는 사회불안을 야기하고, 국가안보를 저해할 가능성이 있기 때문에 분석대상 정보에 포함됨

(5) 정보분석에서 발생하는 이슈

    ① 주석전쟁: 본문에서의 지분을 넓히기 위한 경쟁으로, 특별한 의견 개진이 없었다가 무지를 숨기기 위해 추가 의견을 주석에 경쟁적으로 기재하는 것

    ② Back scratching and Log-rolling: 정보기관 간 협력 및 교환을 통해 서로의 입지를 공고히 하는 것을 말하며, 정보기관 간 서로 등을 긁어주거나 통나무를 같이 굴리는 것과 비슷하다는 의미에서 붙여진 명칭

    ③ Cry Wolf Effects: 양치기 소년처럼 중요하지 않은 경고를 계속 남발하게 되어 정작 중요한 경고는 묻히게 되는 상황

    ④ False Hostage: 정보기관들이 서로 협상에서 우위를 점하기 위하여 다른 정보기관의 견해에 강력하게 반기를 드는 것으로, 실제 의견에 대한 반대라기보다는 대외적 입지 구축을 위해 다른 견해에 반대하는 것이 해당됨

2. 정보분석의 목적

(1) **국가이익**: 국가의 목적이자 국가의 존재이유가 되며, 오늘날 국가의 안전보장과 영토보존, 경제적 번영과 발전, 국민보호와 자긍심 고양은 대내외를 불문하고 국가정책의 목표가 되고 있다.

(2) 국가는 다양한 국가이익을 추구하고 있으며, 어떠한 국가이익을 우선적으로 추구할 것인가에 대한 우선순위의 문제가 발생하게 된다.

    ① 국가이익의 우선순위는 결국 국민에 의해 선택된 정책결정자의 판단에 좌우됨

    ② 국가이익의 우선순위를 판단하는 데는 가치판단이 필요하지만, 국가정책을 통해 추구해야 하는 국가이익이 존재한다는 것은 별개의 사안임

    ③ 국가이익의 우선순위는 사활적 이익, 핵심적 이익, 중요한 이익, 지엽적 이익으로 구분 가능함

      ⑦ 사활적 이익: 국가의 존립을 위협하는 사태(⑩ 국가 간 전쟁)

      ⓛ 핵심적 이익: 국가의 안전보장 및 질서, 경제적 기반 등에 치명적 손실을 초래할 우려가 있는 상황

      ⓒ 중요한 이익: 적절한 대응이 수반되지 않고 방치될 경우 심각한 손실이 우려되기 때문에 정부의 지속적·광범위한 대책강구가 필요한 상황

      ⓔ 지엽적 이익: 방치될 경우 비교적 적은 손실이 예상되는 경우이며, 주의 깊게 관망하는 자세가 요구되는 상황

2 정보분석 부서와 정보분석관

1. 정보분석 부서

(1) 정보기관은 대부분 내부조직으로 정보분석 부서를 운영하고 있으며, 국가정보기관은 국가차원의 중요한 사안에 대한 종합적 분석·판단을 위해 국가적 분석역량을 망라한 정보분석 조직을 운영하고 있다.

(2) 미국의 경우 루즈벨트 대통령 집권시기 윌리엄 도노반 정보조정관(COI) 임명을 통해 국가차원의 정보분석 조직을 운영하게 되었으며, 오늘날 미국의 정보기구에서 정보분석을 담당하는 부서는 CIA의 정보분석국(DI), 국방부의 국방정보국(DIA), 국무부의 정보조사국(INR) 등이 해당된다.

(3) 2004년 「정보개혁법(Intelligence Reform Act)」이 제정되면서 정보공동체 관리책임이 국가정보장(DNI)에 이관되었고, 국가 차원의 정보분석 업무를 수행하는 국가정보회의도 국가정보장 산하로 이관되었다.

(4) 국가차원의 정보분석 업무를 수행할 경우 경쟁적 분석과 협조적 분석을 고려해야 한다.

    ① **경쟁적 분석**: 분석부서를 보유하고 있는 정보기관 상호 간 경쟁을 유도하여 특정 정보기관의 오판을 방지하고 장기적으로 국가정보분석 능력향상을 도모함

    ② **협조적 분석**: 각 정보기관의 분석역량을 통합하여 공동으로 분석업무를 수행하게 하여 중요한 현안에 대해 최선의 정보생산을 가능하게 하기 위함

(5) 정보분석부서 조직원칙은 지역기준, 요소기준으로 나눌 수 있다.

    ① **지역기준 방법**: 미주, 아시아, 유라시아, 중동, 아프리카 등으로 나누는 방법

    ② **요소기준 방법**: 정치, 경제, 군사, 과학기술, 문화 등으로 나누는 방법

    ③ 어느 한 방법은 주요 분류기준으로 하고 다른 것을 보조 분류기준으로 하는 것이 일반적임

    ④ 정보분석부서를 지역과 요소라는 복합적 기준으로 조직하는 것은 정책결정자의 관심사안을 대처하기 위한 최소한의 준비라는 측면과 현안문제사안을 심도 있게 분석하기 위한 측면임

(6) 정보분석의 질적 수준 향상을 위해서는 분석조직과 분석관의 관계에 대한 연구가 필요하며, 분석관의 전문성 강화방안과 정보분석 부서 및 조직 운용 방안 검토도 중요하다.

2. 정보분석관

(1) 정보분석관의 필요 소양

    ① **정보분석 목적인 국가이익과 국가정책에 대한 올바른 이해**

        ㉠ 국가가 처한 국내외 현실을 직시하고 국가적 현안에 대한 파악이 필요함

        ㉡ 국가이익 실현을 위해 추진 중인 국가정책의 방향을 이해하고 구체화하겠다는 의지·능력이 구비되어야 함

    ② **담당업무에 대한 요소별·지역별 심층 전문지식과 분석기법의 숙달**

        ㉠ 업무관련 심층 전문지식은 학문적 연구성과와 이론을 적용하여 특정문제의 분석틀을 발견하는 데 유용하게 사용될 수 있음

          예 국가지도자 행위패턴 분석을 위해 리더십 이론을 검토

        ㉡ 분석기법에는 인간사고의 한계를 극복하는 방법, 분석적 사고방법, 적의 기만·부인을 간파하는 방법, 쟁점이 되는 현안을 도출하는 방법, 복잡한 문제를 명료하게 정리하는 방법, 시간·자료수집에 제약이 있는 상황에서 최선의 결론을 도출하는 방법, 분석적 오류를 감소하기 위한 대안분석 방법, 미래상황에 대한 예측방법 등이 포함됨

    ③ **숙달된 보고서 작성 기술**

        ㉠ 가능한 간결하고 명료한 보고서를 작성하여야 하며, 단순히 내용만 짧은 것이 아니라 정책결정자가 보고서의 내용을 최소한의 노력으로 이해할 수 있도록 작성하여야 함

        ㉡ 전문용어보다는 평이한 용어와 문장을 사용하여 알기 쉽게 작성하여야 함

        ㉢ 현용정보는 짧은 보고서 분량과 심도 있는 분석이 불필요하다는 것이 특징이나 판단정보는 긴 보고서 분량과 심도 있는 분석이 필요함

        ㉣ 정보보고서는 언론기사나 학술논문과는 다른 문장전개 방식과 문체를 사용하므로 별도의 숙달과정이 필요하기 때문에 초임 분석관의 경우 반드시 선임 분석관의 지도가 필요함

(2) 정보분석관의 분석전문성 향상을 위해 분석관 자신의 지속적인 자기계발 노력과 함께 분석부서 또는 정보기관 차원의 제도적 지원이 필요하다.

3 정보분석의 절차

1. 분석과제 정의

분석과제 정의는 정보분석이 필요한 이유와 정보요구의 배경을 파악하는 것이다.

(1) 정보수요를 제기한 정책결정자가 정보분석관에게 요구하는 구체적인 내용이 무엇이며, 왜 요청했는가?

(2) **정보요구의 유형**: 복잡한 현안에 대한 상황파악, 사태의 파급영향 분석, 미래예측 및 가능한 대안제시 등이 해당된다.

(3) 정보분석 결과가 정책결정과정에서 어떻게 활용될 것인가 판단하는 것에 해당된다.

2. 가설설정

(1) 정의된 분석과제에 대해 존재할 수 있는 모든 가능성을 고려하여 최대한의 가설을 설정하며, 평가를 유보하고 생각할 수 있는 많은 가설을 도출해내는 것이 중요하다(브레인스토밍 등 방법 활용이 바람직함).

(2) 가설은 검증을 거치지 않은 추측에 의한 명제로서 분석과제를 판단하고 평가하는 기초자료이다.

(3) 가설은 엉뚱하고 기발한 것까지 포함시켜야 하는데, 적대 국가나 경쟁상대의 의도적 기만행위를 간파하는데 유용하게 사용될 수 있기 때문이다.

(4) 가설은 분석과제를 검토 가능한 구체적인 문제로 전환시켜 주고, 체계적이고 객관적으로 판단할 수 있는 기초를 제공해주는 역할을 한다.

(5) 일반적으로 가설이 일곱 개 이상 설정될 경우 검증이 어렵기 때문에 비슷한 가설을 그룹화하여 통제가 능한 수준으로 축소하는 것이 필요하다.

3. 첩보수집

(1) 분석과제에 대한 가설이 설정되었으면 이를 검증할 수 있는 첩보를 수집하여야 하며, 가설검증을 위해 추가로 첩보를 수집할 필요가 있는 경우가 대다수이다.

(2) 첩보수집은 정보분석관의 판단에 따라 적절한 방법을 활용하게 되며, 수집부서에 첩보수집 요청, 첩보처리부서에 관련첩보 지원요청, 민간전문가 접촉, 외국언론 등 데이터베이스 검색 등이 사용된다.

(3) 첩보수집 역시 가장 유력한 가설을 검증하는 첩보만을 수집해서는 안 되고 설정된 모든 가설을 검증할 수 있도록 충분한 첩보를 수집하여야 한다.

(4) 수집된 첩보는 내용분석에 앞서 신뢰성 평가를 해야 한다.
　① 신뢰성 평가는 적대국가나 경쟁상대가 기만공작의 일환으로 작성하여 유포한 기만첩보를 가려내는데 유용함
　② 기만첩보는 내용분석 이전단계에서 제거 필요함
　③ 기만첩보를 제외한 다른 첩보는 가설검증 시작 전에는 가치판단을 유보하여야 함

> **더 알아보기**
>
> Anchoring Effect
> 행동경제학 용어로 사람의 판단작용은 부분 첩보에 일부 기초하더라도, 특정한 가설을 유력하다고 생각하게 되면 이러한 판단이 인식을 선점하게 되어 왜곡되거나 편파적 영향을 미치는 현상을 말한다.

4. 가설검증

(1) 수집된 첩보를 이용하여 가설을 검증할 때에는 가장 유력하다고 생각되는 가설만을 집중적으로 검증해서는 안 되며, 어떤 증거가 어떤 가설과 상충되고 배치되는가를 중점 검토하여야 한다.

　① 가장 유력한 가설을 지지하는 증거는 다른 가설 역시 지지할 가능성이 높음

　② 많은 증거가 뒷받침하는 가설이더라도 결정적 증거 하나와 배치된다면 가설이 성립되지 않음

(2) 가설 검증 시 수집된 첩보자료와의 일치성 외 정보분석관의 논리적 추론 역시 활용 가능하며, 이 경우 정보분석관의 인지적 편견 배제가 중요하다.

　예 정보분석관의 인지적 편견 사례: 9/11 테러 조사위원회 보고서에 따르면 "대테러센터는 항공기가 피랍될 가능성 또는 폭발물을 실은 항공기가 무기로 활용될 가능성을 분석하지 않았다"라고 지적하고 있음

5. 결론도출

(1) 증거자료와 일치하는 가설을 중점적으로 검토하기 보다는 증거자료와 배치되는 가설을 제외하는 방법으로 가설을 검증하는 편이 바람직하다.

(2) 배치되는 증거가 가장 적은 가설을 가장 유력한 가설로 검토하되, 최종 결론 도출 시에는 일람표를 작성하여 가능성이 낮은 가설은 그 판단이유를 가능성이 높은 가설은 뒷받침하는 증거를 각각 기록한다.

　① 일람표에는 각 가설의 확실한 정도를 표시하기 위해 가능성의 정도 또는 확률을 기록해야 함

　② 정보분석 판단은 항상 잠정적이라는 점을 고려하여 결론을 도출한 다음에도, 분석을 진행하는 과정에도 상황의 변화 가능성을 고려하거나 새로 입수되는 첩보가 가설판단 결과에 영향을 줄 수 있는지 검토할 필요가 있음

4 정보분석기법

1. 자료형과 개념형 분석기법

(1) 자료형 분석기법

　① 모자이크 이론에 근거를 둔 전통적인 정보분석기법

　② 가능한 모든 첩보를 수집하고, 수집된 첩보를 모아서 모자이크를 완성하듯이 하나의 그림으로 완성하는 방법

　③ 영상·신호·원격측정정보에 적용가능하기 때문에 기술첩보 옹호론자가 선호하는 방식임

(2) 개념형 분석기법

　① 자료수집 이전에 하나의 큰 그림을 그리고, 이를 바탕으로 세부 첩보수집과 분석을 수행하는 방식

　② 내재적 접근, 보편이론적 접근, 비교역사 모델 등이 해당함

　　㉠ 내재적 접근: 특정 지역의 주요 현안을 분석할 때 지역의 특수성을 감안하여 분석방향을 설정하며, 구성주의적 시각이라고도 불림

　　㉡ 보편이론적 접근: 분석 현안의 특수성을 지나치게 강조할 경우 보편적 경향을 놓칠 수 있다는 지적에서 등장하였으며, 보편이론적 접근방법은 변수간 인과관계를 규명하고 미래 예측이 가능하다는 장점이 있음

　　㉢ 비교역사 모델: 분석 현안에 대한 심층분석을 통해 역사적 맥락에서 유사한 사건을 추적하고, 과거의 사례가 현재의 이슈에 어떠한 함의를 주는가를 추적하는 방법임

③ 기본 가정: 역사는 반복된다는 것임

2. 진단기법

(1) 핵심가정 점검
① 기초적 상황판단을 좌우할 수 있는 핵심가정을 문장으로 표현하고 사실 여부를 집중 검토하는 방법
② 핵심가정: 정보분석관이 사실이라고 받아들인 가정으로서, 상황판단 또는 평가의 기초가 되는 중요한 가설을 의미함
③ 정보분석관은 현재 상황 판단 및 미래 전개방향 전망 과정에서 불완전·불확실한 증거, 때로는 기만적 증거 해석 문제에 직면하며, 이러한 문제를 해결하기 위해 핵심가정을 수립함
④ 핵심가정을 고수하려는 태도가 있으므로, 핵심가정을 의식적으로 분명한 형태로 추출하고 가설의 성립기초 및 변화 가능성을 철저하게 검토하는 것이 필요함

(2) 변화징후검토
① 변화의 징후를 사전에 파악하여 지속적으로 관찰하고 모니터링을 통해 새로운 상황 변화를 신속하게 파악하는 방법
② 징후: 장차 나타나게 될 변화를 미리 포착할 수 있는 관찰가능한 현상이나 사건 등을 의미함
③ 징후는 대상국의 정치적 불안정 사태, 인권위기, 임박한 군사공격 등 바람직하지 않은 상황 도래나 경제상황 개선 및 민주화 진전 등 바람직한 상황을 미리 파악하는 데 사용 가능함

더 알아보기

특정 국가의 정치적 불안정성 평가 징후목록

분야	징후	2019				2020			
		I	II	III	IV	I	II	III	IV
행정부 운영능력	통치능력·정부조직 운영상태	◎	◎	◎	●	◉	◎		
	공공수요 대응능력	◎	◎	○	◎	◎	○		
	기초 생필품 조달능력								
	조직보안능력								
통치체제 정당성	형사사법시스템 가동력	○	○	○	◎	◎	◎		
	정치참여의 범위와 수준	◎	○	○	○	○	◎		
	부패 수준	○	○	○		○	○	○	
	인권침해 수준								
	국제조직범죄 침투 수준								
	타국의 정부 지지도 수준								
	시민사회의 건전성 수준								
...	...								

○ 낮은 관심 ◎ 보통 관심 ◉ 높은 관심 ● 심각(우려)
※ 출처: Central Intelligence Agency, A Tradecraft Primer: Structure Analytic Techniques for Improving Intelligence Analysis, (CIA, 2009) p. 13; 국가정보학회, (2015) p. 139 재인용.

(3) 경쟁가설분석

① 경쟁가설분석은 분석사안에 대해 최대한 많은 가설을 도출하고 가설과 모든 증거자료의 일치 여부를 검토하는 방법으로서 각종 증거와 배치가 적은 가설을 중심으로 결론을 도출하는 방법

② 많은 자료가 있으면서도 불확실한 상황이 지속되는 복잡한 사안을 판단하는 데 유용하며, 오판 가능성을 줄여주는 기법임

③ 대안적 가설을 설정하여 기만가능성을 검증하는 데 유익하며, 정보분석관 또는 정보분석 조직간 의견이 대립할 때 경쟁가설 행렬표를 이용하여 견해차이의 원인을 객관적으로 파악할 수 있게 함으로써 주장의 비인격화와 원활한 의사소통을 가능하게 함

> **더 알아보기**
>
> **경쟁가설분석 절차**
> • 1단계: 브레인스토밍 등을 활용하여 다양한 관점의 가설을 최대한 도출
> • 2단계: 분석사안과 관련된 모든 증거와 주장의 목록을 작성
> • 3단계: 가로방향(가설)과 세로방향(증거)으로 구성된 행렬표 작성, 각각의 증거와 가설의 일치 여부를 판단하여 표시
> • 4단계: 추가되어야 할 새로운 가설 성립 여부와 추가 입수가 필요한 증거에 대하여 검토, 행렬표를 수정
> • 5단계: 각각의 가설과 일치 또는 배치하는 증거의 수를 계산
> • 6단계: 분석결과에 가장 큰 영향을 미치는 중요 근거 파악 및 해당 증거의 오류 · 기만정보 가능성과 그 영향을 분석
> • 7단계: 추가 첩보수집에 의해 확인이 필요한 가설을 포함하여 가능성이 있는 모든 가설을 기초로 결론을 도출
> • 8단계: 결론에 포함된 모든 가설의 사실 · 거짓 판명 징후를 결정 및 지속적으로 점검

3. 검증기법

(1) 악마의 변론

① 중요한 정보사안과 관련하여 분석방향 또는 핵심전제가 거의 결정되었으나, 간과한 검토사항이 있는지 확인하고 중요한 분석전제가 잘못되지 않았는지 점검하기 위해 활용되는 기법

② 분석의 약점 보완 및 기존 분석팀의 고정관념을 재검토할 수 있는 기회로 작용함

　㉠ 기존 분석팀이 특별한 환경에서 전개될 수 있는 상황을 고려하지 못하여 핵심가정을 잘못 설정하는 것을 수정할 수 있음

　㉡ 중요한 분석판단을 도출한 첩보 · 논리의 오류를 확인하여 대안가설을 제시할 수 있음

> **더 알아보기**
>
> **악마의 변론 진행 절차**
> ① 기존 분석팀의 중요한 판단내용과 핵심가정을 파악하고, 이러한 분석판단에 도달하게 된 증거자료를 확인
> ② 기존 분석판단과 배치되는 결과를 도출할 수 있는 가설을 한 개 이상 수립
> ③ 첩보를 재검토하여 타당성이 의심스러운 것, 기만첩보 가능성이 있는 것, 중요첩보 중 입수되지 않은 것이 있는지 확인하고, 기존의 분석판단과 배치되거나 대안가설을 지지할 수 있는 증거를 집중 발굴
> ④ 기존 분석팀에게 잘못된 가정과 부실한 증거자료 · 기만자료 등을 제시
> ⑤ 기존 분석팀이 중요한 분석결함을 수정하지 않을 경우 별도의 검증보고서 제출
> ※ 별도의 검증보고서는 기존 분석판단의 핵심을 분명히 제시하고, 악마의 변론기법에 입각하여 도달하게 된 결론임을 밝히면서 새로운 문제를 제기하여야 함

(2) A팀 · B팀 분석

① 중요한 분석사안에 대해 처음부터 두 가지 견해가 비슷한 비중을 가지고 대립할 경우 유익하게 활용

이 가능한 방법이며, 악마의 변론 기법은 유력 가설이 하나일 때, A팀·B팀은 유력 가설이 두 개일 때 사용한다는 점이 차이점

② 정책결정자에게 서로 다른 전문적 분석시각 제시가 가능하며 정보기관 고위간부에게 정보분석관들 사이 이견이 없는 최소 공통분모적 의견만을 보고하는 대신 설득력 있는 상반된 주장을 보고할 수 있는 기회 제공이 장점임

③ 정책결정자는 두 팀의 핵심가정과 뒷받침하는 첩보의 차이점을 분명히 파악하고, 스스로 장단점을 판단하거나 정보분석관에게 추가질문을 하여 판단을 내릴 수 있음

(3) 고위험·저확률 분석

① 실현될 가능성은 낮지만 만약 실현될 경우 중대한 파급영향을 초래할 가능성이 있을 때 이를 검증하는 기법

② 정책결정자에게 실현가능성이 낮기 때문에 평소 그 파급영향을 거의 검토하지 않는 사안에 대한 경고를 제시할 수 있는 기회

  예 이란 팔레비 왕조 몰락, 소련의 붕괴, 독일 통일 등

③ 해당 사안이 실현될 경우, 어떤 파급영향을 미치고 어떤 과정을 거쳐 실현될 것인가를 분석하여 해당 사태가 초래할 위험한 결과를 파악하는 것이 중요함

  ㉠ 해당 사태가 발생할 경우 거치게 될 경로나 변화의 전체모습을 설명할 수 있는 모델 검토

  ㉡ 변화를 촉발할 사건이나 계기를 상정

④ 사태 전개 경로를 시나리오로 작성하고, 시나리오별 징후를 규정하면 실제 사태가 발생하였을 때 어떤 시나리오에 해당하는지 확인 가능함

⑤ 바람직한 방향으로 발전을 촉진할 요소와 상황을 악화시킬 요소 구분도 필요함

4. 아이디어 창출기법

(1) 브레인스토밍

① 정보분석을 시작하면서 분석과제와 관련하여 다양한 가설을 도출하는 데 사용되며, 다른 분석기법을 적용하는 과정에서 보조적으로 사용되기도 함

② 정보분석팀 및 관련 그룹이 함께 참석하는 것이 바람직하며 정보분석 프로젝트 시작 시 다양한 의견을 참고하여 분석주제를 구조화하는 데 많은 도움이 됨

③ 정보분석관의 고정관념을 완화하고 습관적인 업무관행을 재검토하는 데 특히 유용함

④ 새로운 아이디어 도출과 분석과제에 대한 종합적 시각 구축 및 불분명한 부분의 파악과 성급한 판단을 방지하는 데 도움이 됨

> **더 알아보기**
>
> 브레인스토밍
> 1. 기본원칙
>   - 다다익선: 질보다 양을 우선한다.
>   - 비판금지: 제안되는 의견에 대한 판단을 유보한다.
>   - 자유분방: 비록 엉뚱한 생각이더라도 받아들이도록 노력한다.
>   - 아이디어의 조합과 개선: 타인의 사고를 수용하고 자신의 의견을 제시한다.
> 2. 절차
>   - 확산적 사고단계: 새로운 아이디어와 시각의 창출
>   - 수렴적 사고단계: 도출된 아이디어를 핵심개념 중심으로 집단화 · 조직화

(2) 홍팀 분석

① 외국의 지도자나 의사결정집단이 결정한 내용을 파악할 때 거울 이미지에 의한 왜곡현상을 줄이고 최대한 실제에 가깝게 파악하기 위한 기법

    ㉠ 정보분석관은 특정한 이슈에 대하여 외국의 행위자들도 자신과 유사하게 이해하고, 동일한 동기와 가치관으로 행동할 것으로 생각하는 경향이 있음

    ㉡ 외국의 지도자는 역사적 · 문화적 · 조직적 · 개인적 경험이 다르기 때문에 정보분석관의 판단과 다르게 반응 · 행동한 경우가 많았음

> **더 알아보기**
>
> 거울 이미지
> 거울에 비친 글자처럼 어떤 화상이 원래의 화상과 똑같지만 좌우가 바뀌었거나 한 차원(dimension)이 반대로 되어 있는 것

② 홍팀분석은 분석대상인 개인 또는 집단과 유사한 문화적 · 조직적 · 개인적 요소를 의식적으로 설정하고 유사한 환경하에서 판단을 이끌어내는 방법

> **더 알아보기**
>
> 홍팀 분석 절차
> 1. 구성단계
>   - 분석대상의 정보환경에 대한 깊은 지식을 보유하고, 분석대상이 되는 인물 · 집단의 개성을 잘 파악하며, 이들의 평소 사고방식에 익숙한 사람들로 구성
>   - 단순히 해당 외국어 구사 가능자가 아니라 해당 문화를 체험하고, 인종적 배경이나 비슷한 정보환경 활동경험을 공유해야 함
> 2. 질문 발굴단계
>   - 분석대상이 처한 환경과 같은 환경이라는 전제로 의사결정을 해야 함
>   - 분석대상이 스스로에게 던질 것으로 예상되는 1인칭 질문을 발굴해야 함
>   - 예 나는 새로 들어온 정보에 대해 어떻게 생각해야 하는가?
>   - 나는 누구에게 의견을 구해야 하는가?
>   - 나는 무엇에 개인적 관심이 있는가?
> 3. 정책결정서 작성단계
>   - 분석대상이 내릴 것으로 예상되는 특별한 결정, 권고사항, 조치사항을 구체적으로 표현하는 정책결정서 작성
>   - 분석대상의 문화적 · 개인적 특성이 정확히 반영될수록 유용한 시사점 제시 가능

(3) 대안 미래분석

① 현재 전개되고 있는 상황이 매우 복잡하고 유동적이라 미래에 출현할 것으로 예상되는 모습이 대단
   히 불투명할 때 활용되는 기법으로 미래 시나리오 분석이라고도 함

② 복잡하게 전개되는 사건이나 상황에 대해 합리적인 결과를 예측가능하게 함으로써 정보분석관이나
   정책결정자가 대책을 검토할 수 있도록 함

③ 대안 미래분석은 불확실한 미래상황을 예측하기 위해 핵심 행위자 사이에 존재하는 요소, 추동력,
   촉진제 등이 상호간에 미치는 영향과 작용을 파악하는 구조화된 모델화 방안을 모색함

더 알아보기

대안 미래 분석

1. 대안 미래분석 절차
   • 핵심이슈 파악: 분석주제 관련업무를 수행하는 전문가와 공직자 등을 대상으로 체계적 인터뷰를 진행하여 핵심이슈
     가 무엇인지 파악함
   • 브레인스토밍 진행: 내외부 전문가 집단을 구성하여 핵심이슈에 영향을 미치는 주요 요소와 추동력을 파악 및 토의하
     기 위한 브레인스토밍 진행
   • 대안 미래분석 표 작성: 가장 큰 영향을 미치는 두 개의 요소를 도출하고, 두 개의 축을 배열하며 각 축의 끝에는 해당
     요소의 극단적 상황을 가정함
     예 가장 중요한 영향요소가 경제성장인 경우, 고성장–저성장이 축의 양 끝에 해당
   • 4차원의 미래모습 도출: 두 개의 축을 바탕으로 네 가지 영역의 미래모습을 도출하고 각 미래모습에 대한 구체적 시
     나리오 구성과 현실화될 경우 나타나는 징후·특징적 현상 점검
   • 각 영역별 정책·전략 수립 검토: 정보분석관 또는 정책결정자는 각 영역에 따라 나타나는 미래의 모습에 대응하여
     어떠한 정책이나 전략을 수립할 것인지 검토

2. 대안 미래분석의 사례: 대미 테러공격 가능성 분석

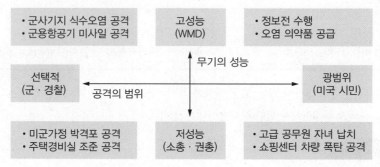

출처: US Government, A Tradecraft Primer: Structured Analytic Techniques for Improving Intelligence Analysis, March
2009, p.35.

더 알아보기

양적분석과 질적분석

1. 양적 분석
- 실증주의적 · 경험주의적 패러다임을 배경으로 통계적 일반화를 통해 반복적 사회현상에 대한 이해, 설명, 예측을 주도하는 가치중립적인 방법
- 장점: 수치나 확률도 계산되는 관찰결과의 일반화가 가능하다면 변화 예측 역시 가능하고, 자료의 명료성 · 엄밀성 · 신뢰성을 확보 가능함
- 단점: 확률 · 통계적 수치이므로 완벽한 대답을 제시하지 못함
- 주요분석 기법
  - 베이지안 기법: 사건 발생 가능성을 베이지언 공식을 통해 구체적 수치 · 확률로 나타내는 분석 기법으로 전쟁 · 군사행동에 대한 경고정보에 유용함
  - 정세전망 기법: 특정 국가가 선택할 국가정책을 예측하고 향후 정치의 전개방향을 전망하는 프로그램인 '폴리콘'과 '팩션'을 사용하는 분석모델
  - 행렬분석 기법: 선택가능한 대안이 여러 가지일 경우 우선순위를 부여할 수 있도록 항목별 점수를 부과하여 비교하는 방법
  - 시뮬레이션: 과제해결을 위해 실제 현상의 특징을 보이는 모형을 제작하여 모형의 반복 작동을 통해 문제점과 해결책을 파악하는 방법
  - 게임이론: 서로 다른 국가나 집단이 경쟁 또는 이해가 상충되는 방안을 두고 어떤 방안을 선택할 것인가 파악하는 방법
  - 의사결정나무 기법: 가능한 모든 대안을 계통별로 분류하고 입수된 첩보를 근거로 구체적 가능성을 판단하고 최적의 대안을 찾아가는 기법으로 복잡하고 불확실한 상황에서의 전체 상황 파악에 유용함
  - 계량적 내용분석

2. 질적 분석
- 구조주의 · 해석주의적 패러다임을 배경으로 개별적 · 문화적 사회현상에 대한 행위자의 주관적 의도를 이해, 설명, 예측을 주도하는 가치내재적인 방법
- 장점: 자료 · 첩보가 부족할 경우 효과적이며, 관심있는 현상에 대한 심도있는 연구가 가능함
- 단점: 객관적 설명이 결여되어 있어 객관성을 상실하였으며, 신뢰도가 낮을 수 있다는 점
- 주요분석 기법
  - 브레인스토밍: 자유로운 연상과 상상을 동원하여 제시되는 아이디어를 정리, 평가하여 참신한 아이디어를 발굴하는 방법
  - 핵심판단: 분석대상에 대한 다수의 가설을 설정하고, 각 가설을 뒷받침하는 증거를 평가하여 몇 개의 중요 가설로 압축한 다음 이를 중심으로 핵심적인 판단을 추출하는 방법
  - 경쟁가설 분석: 상호간 우열을 가리기 어려운 두 개 이상의 가설을 동일한 평면에서 동일한 조건에서 동시에 평가하여 상대적 우월성을 확인하는 방법
  - 인과고리 기법: 정보분석대상인 사실관계에 영향을 미치는 여러 변수를 최대한 도출하고, 이 변수를 인과관계에 따라 도식화하여 직간접적인 요인을 규명하고 향후 추세를 전망하는 방법
  - 역할연기: 해당 지역 전문가를 해당 국가의 최고정책결정자의 역할과 임무를 부여하여 특정 사안 발생 시 반응 등을 예측하는 방법
  - 델파이 기법: 정확한 통계적 수치 제시가 어려울 경우 해당 분야의 전문가 의견을 피드백 및 종합하여 향후 추세를 전망하는 기법
  - 사례연구

1. 정보보고서 작성 시 준수원칙

(1) 정보보고서 작성 시 준수해야 하는 원칙은 적시성, 적합성, 명료성, 간결성, 정확성, 완전성, 객관성, 일관성 등이 있다.

　① **적시성**: 정책결정 시 제공되어야 한다는 원칙

　② **적합성**: 정책결정자의 요구에 초점을 맞추어 맞춤형 정보생산물로 작성되어야 한다는 원칙

　③ **명료성**: 결론을 분명하게 제시해야 한다는 원칙

　④ **간결성**: 불필요한 내용과 표현을 최소화하여 가능한 한 짧은 보고서를 작성하는 원칙

　⑤ **정확성**: 완전성은 시간의 제약 내에서 최대한 확보되어야 한다는 원칙

　⑥ **객관성**: 정보가 정치적 입장과 무관하게 중립성을 견지해야 한다는 원칙

　⑦ **일관성**: 하나의 정보보고서는 하나의 주제에 대해서만 내용을 구성해야 된다는 원칙

(2) 정보보고서는 보고시기를 기준으로 정기보고서, 수시보고서로 구분하고, 정기보고서는 시간적 특성에 따라 기본정보, 현용정보, 판단정보로 분류한다.

　① **기본정보**: 상황 또는 사물의 정적인 상태를 기술하는 것으로, 기본적 항목에 대해 기술함

　② **현용정보**: 어떤 조직이나 사건에 대해 현재 시점의 정세나 동향을 설명하는 것임

　③ **판단정보**: 현재의 상황파악을 기초로 앞으로 어떻게 전개될 것인가를 예측하고 선택 가능한 정책대안을 검토하는 것임

(3) 정보보고서의 구성상 특징은 중요한 내용 및 결론을 앞쪽에 기술하는 두괄식이며 표준화된 양식에 따라 작성한다는 것이다.

　① 제목은 전체 내용을 파악할 수 있도록 압축적으로 표현, 주어와 술어가 포함된 문장형식으로 구성

　② 정보보고서의 표현상 특징은 많은 양의 정보를 압축하여 요약형태로 표현, 능동태를 주로 사용하며, 특징 위주의 요점을 기술(명사형으로 끝내는 것이 일반적)

> **더 알아보기**
>
> CIA의 정보보고서 작성원칙
> - 전체 구도를 결정한다.
> - 결론을 먼저 제시한다.
> - 논리적으로 구성한다.
> - 보고서형태를 구분하여 이해한다.
> - 적합한 용어를 사용한다.
> - 단순 · 간결하게 생각한다.
> - 명료하게 생각한다.
> - 능동태를 사용한다.
> - 스스로 검토한다.
> - 정보수요를 파악한다.

6 정보분석의 과제와 전망

(1) 정보분석관에 대한 전문직업교육 강화가 필요하다.

① 장교 등 다른 전문 직업군에 비하여 정보분석관의 전문성 강화 교육시간은 짧은 편이라는 지적이 제기되면서 정보기관이 자체적으로 운영하는 교육기관의 전문교육 필요성이 증대됨

② 정보전문요원 양성은 정보기관이 아니면 사실상 어렵기 때문이며, 정보기관의 고위간부들이 직원의 전문교육 필요성을 인지하고 우수 교수요원의 확보를 통한 전문교육 프로그램 개발이 필요함

(2) 심층 전문지식 개발을 위해 외부 교육기관·연구소와의 교류확대가 필요하다.

① 정보분석의 핵심적 역할은 정책결정자에게 정치·경제·안보 관련 국제정세 파악과 정책결정에 필요한 정보를 제공하는 것임

　㉠ 정세 흐름 및 담당업무 관련 전문지식이 부족할 경우 입수한 첩보를 제대로 해석하지 못하는 등 정보실패를 초래할 수 있음

　㉡ 심층 전문지식이 부족할 경우 고정관념, 추측·불확실한 가정에 입각한 인지적 오류를 범할 가능성이 존재함

② 정보분석관에게 필요한 심층 전문지식은 글로벌 과제에 대한 장기간 연구를 통해 거시적 정세 파악 및 심층지식 획득에 유용한 외부 교육·연구기관 등과의 교류를 통해 획득할 수 있음

(3) 정보분석 조직의 리더십 변화가 필요하다.

① 젊은 직원의 사기 증진과 새로운 분석문화 제고를 위하여 직업전문교육, 외부 교육·파견기회의 적극적 확대, 새로운 분석기법 습득 및 업무 활용을 장려하여야 함

② 특히 빅데이터 등 공개출처정보의 중요성이 점차 증대되고 있기 때문에 소프트웨어 등 도구를 활용하여 분석업무를 할 수 있도록 환경을 조성하고, 외부 학자·해외 전문가 접촉 기회를 확대할 수 있도록 제도적 개선이 필요함

CHAPTER 03

비밀공작

┃1┃ 비밀공작의 개념

1. 비밀공작의 정의

(1) 정보기관이 수행하는 비밀활동의 일부인 비밀공작은 나라마다 서로 다른 개념과 용어를 사용하고 있다.

  ① 미국

    ⊙ 비밀공작은 외국의 상황에 영향을 미칠 목적으로 수행되는 비밀활동에 해당하며, 자국 내 정치상황은 해당되지 않는 것으로 제한하고 있음

    ⓛ 미국의 경우 비밀공작에 대한 부정적 인식으로 인해 비밀공작을 '특수활동(special activity)'으로 완곡하게 표현함

      • 제1의 방안: 평화적 외교활동으로 해결

      • 제2의 방안: 직접적인 군사개입으로 해결

      • 제3의 방안: 비밀스러운 중간 수준의 조치를 통해 해결

    ⓒ 미국 정보공동체: 비밀공작을 "자국의 대외정책목표 달성을 위해 다른 국가의 정치·사회 상황 및 사건 등에 영향을 미칠 목적으로 수행하는 정치적·경제적·군사적 활동과 선전활동을 포함하는 것"으로 정의함

    ② CIA는 "미국 정부의 개입 사실을 숨길 수 있는 범위 내에서 대외 정책을 지원하기 위해 수행되는 특수 해외활동"으로 정의함

  ② 러시아: '적극적 조치(active measures)'라는 용어를 사용하며, 다른 국가의 내정에 영향을 미치기 위해 비공개적 방법 및 공개적 수단을 사용하는 경우를 포함하는 것으로 정의하고 있음

  ③ 이스라엘: 모사드의 영문명칭에서 '특별임무(Special Assignment)'를 명시하고 있으며, 이 경우 특별임무는 비밀공작을 의미하고 있음

(2) 국가정보기구의 비밀활동에는 비밀첩보수집활동, 방첩활동과 비밀공작이 모두 포함된다.

  ① **비밀첩보수집활동**: 다양한 분야에서 특별한 임무를 완수하기 위해 비밀리에 수집활동을 추진할 경우 취해지는 계획과 활동이 해당됨

  ② **방첩활동**: 외국정보기관의 침투를 차단하는 방어활동과 이중스파이를 이용한 역용공작 등 공격적인 활동이 포함됨

  ③ **비밀공작**: 비밀첩보수집활동과 방첩활동을 제외한, 정보기관이 대외정책목표달성을 위해 수행하는 비밀활동을 의미함

2. 국가정보기구가 수행하는 비밀공작의 특징

(1) 비밀공작은 대외정책목표 달성을 위한 정책수단이라는 점에서 다른 비밀활동과 차이가 있다.

(2) 비밀공작은 공작의 결과가 노출될 수밖에 없다는 점에서 첩보수집활동과 차이가 있다.

(3) 비밀공작은 국가정보기관만이 수행한다.

2 비밀공작의 목적과 필요성

1. 비밀공작의 목적

(1) 의의: 비밀공작은 한 국가가 다른 국가를 대상으로 대외정책의 목적을 공작적 방법으로 달성하려는 활동을 말한다.

(2) 비밀공작으로 달성하기 위한 대외정책목적

① 대상국가의 정책결정과정에 영향력을 행사하고자 함

② 대상국가의 정치체제 전환을 모색함

③ 전시에 적국의 전략 및 전술에 영향력을 행사하기 위해 수행함

> **더 알아보기**
>
> **CIA 최초의 성공적 비밀공작: 이란 모사데크 정권 전복**
>
> 한국전쟁이 계속되는 동안 중동의 이란에서는 석유자원의 국유화를 둘러싼 총성 없는 전쟁이 벌어지고 있었다. 이란의 민족주의 정치가 모하마드 모사데크의 주도로 이란 의회가 1951년 4월 28일 석유자원 국유화를 단행하면서, 1901년 이후 이란 석유를 독점적으로 개발해온 영국 국영회사인 '영국–이란석유회사(AIOC)'가 국유화된 것이다. 당시 AIOC는 영국 최대의 외화 수입원이었기 때문에 영국은 이란 석유의 국유화를 막아야 했으며, 영국 정부는 군사력을 동원해 국유화를 저지하려 하였으나 미국의 반대에 부딪히게 되었다.
>
> 당시 한국전쟁이 한참이던 상황에 미국은 소련의 군사개입이 우려된다는 이유로 영국의 군사개입을 거부하였고, 영국과 이란의 협상에 의한 해결을 촉구하면서 중재에 나섰다. 2년 이상 지속되던 영국과 이란의 대치상태는 1953년 8월 모사데크 총리의 실각과 석유자원 국유화의 실패로 종결된다. 모사데크 정권 전복은 CIA 최초의 성공적 비밀공작이었으며, 이후 아이젠하워 행정부 8년 동안 48개 국가에서 170차례의 비밀공작을 벌였다. 이란에 대한 비밀공작은 단기적으로는 정권교체에 성공했으나 1979년 이슬람혁명 및 반미 정권 탄생의 빌미가 됐고 오늘날 중동지역이 세계 최대의 분쟁지역이 되는 최초의 도화선이 됐다.

2. 비밀공작의 필요성

(1) 비밀공작은 정보기관 활동 중 가장 논란이 되는 분야인데, 대부분의 비밀공작이 비합법적이기 때문에 공개적 · 민주적인 대외정책과 양립될 수 없는 활동으로 간주되고 있다.

① 사실상 다른 국가에 대한 '은밀한 내정간섭'이라는 점에서 유엔 헌장에 위배됨

② 비밀공작의 수법 역시 매수, 기만, 폭력, 납치, 살해 등과 같은 범죄 수단이 동원될 수 있다는 문제점을 내포함

③ 비밀공작을 통한 개입 사실이 노출될 경우 국제적인 비난 여론은 물론 대상 국가와의 외교 단절 사태도 초래할 가능성이 있음

유엔헌장 제2조

이 기구 및 그 회원국은 제1조에 명시한 목적을 추구함에 있어서 다음의 원칙에 따라 행동한다.

1. 기구는 모든 회원국의 주권평등 원칙에 기초한다.
2. 모든 회원국은 회원국의 지위에서 발생하는 권리와 이익을 그들 모두에 보장하기 위하여, 이 헌장에 따라 부과되는 의무를 성실히 이행한다.
3. 모든 회원국은 그들의 국제분쟁을 국제평화와 안전 그리고 정의를 위태롭게 하지 아니하는 방식으로 평화적 수단에 의하여 해결한다.
4. 모든 회원국은 그 국제관계에 있어서 다른 국가의 영토보전이나 정치적 독립에 대하여 또는 국제연합의 목적과 양립하지 아니하는 어떠한 기타 방식으로도 무력의 위협이나 무력행사를 삼간다.
5. 모든 회원국은 국제연합이 이 헌장에 따라 취하는 어떠한 조치에 있어서도 모든 원조를 다하며, 국제연합이 방지조치 또는 강제조치를 취하는 대상이 되는 어떠한 국가에 대하여도 원조를 삼간다.
6. 기구는 국제연합의 회원국이 아닌 국가가, 국제평화와 안전을 유지하는데 필요한 한, 이러한 원칙에 따라 행동하도록 확보한다.
7. 이 헌장의 어떠한 규정도 본질상 어떤 국가의 국내 관할권안에 있는 사항에 간섭할 권한을 국제연합에 부여하지 아니하며, 또는 그러한 사항을 이 헌장에 의한 해결에 맡기도록 회원국에 요구하지 아니한다. 다만, 이 원칙은 제7장에 의한 강제조치의 적용을 해하지 아니한다.

(2) 비밀공작의 장점

① 비교적 신속하고 조용히 외교목표 달성 가능
② 외교적 교섭이나 군사적 개입에 비해 비용이 적게 소요됨

(3) 비밀공작은 정책담당자가 특정한 외교적 · 국방적 목적 달성을 위하여 비밀공작 동원이 가장 바람직하다고 여기는 정책적 판단에 의해 이루어지는 정책수단이다.

(4) 비밀공작의 노출 시 비밀공작의 의미가 상실되므로, 자국의 개입 사실을 숨기는 것이 매우 중요하며, 이러한 배경에서 미국은 '그럴듯한 부인 가능성(plausible deniability)' 달성 여부가 비밀공작 개념의 중심에 있다.

① 그럴듯한 부인가능성: 비밀공작 수행국가가 개입 혐의를 받을 경우 이를 설득력 있게 부인할 수 있는 가능성을 말함
② 비밀공작이 보다 대규모이거나 폭력적 양상을 보일 경우 그럴듯한 부인가능성의 달성이 어려워지는 것이 일반적임

1. 선전공작

(1) 정부가 공개적으로 수행하는 선전활동이 출처를 숨길 수 없다는 점, 허위정보·역정보 제공에 적합하지 않다는 한계점을 극복하기 위해 선전공작(propaganda)를 추진하게 된다.

(2) 선전공작은 라디오·신문·전단살포·인터넷 등 조작된 정보를 유통하여 대상 국가 내 여론을 자국에 유리하게 조종하려는 비밀활동을 의미한다.

(3) 선전공작은 모든 비밀공작의 기본이 되는 활동으로, 장기적 측면에서 정치공작, 준군사공작 등 다른 비밀공작활동을 전개할 수 있는 기반이 된다.

    ① 선전공작은 외국 언론인 또는 학자 등에게 금품 제공을 함으로써 자국에 유리한 기사 및 사설 게재를 유도하는 수법을 주로 사용함

    ② 언론사에 광고 형태로 보조금을 직접 제공 또는 방송사 및 언론사 등을 직접 운영하는 방식도 해당

    ③ 폐쇄사회의 경우 현지 언론인에게 접근하기가 쉽지 않으며, 현지 언론인을 활용한 공작은 거의 불가능함

(4) 선전공작은 '역류(blowback)'라는 부작용이 발생하기도 하는데, 한 국가의 정보기관에서 대상 국가의 여론을 조작할 목적으로 게재한 기사를 자국 언론사에서 「외국의 시각」 등 형태로 국내에 소개하는 현상이 해당된다.

(5) 선전공작의 출처 공개 여부

    ① 백색선전(white propaganda)

        ㉠ 의의: 출처를 정직하게 공개하는 방식으로 정확한 정보 제공을 통해 자국의 신뢰를 높이고자 할 때 사용됨

        ㉡ 러시아의 'Radio Moscow'가 대표적인 예이며, 경우에 따라서는 일부 과장 또는 허위정보를 유포하기도 함

    ② 흑색선전(black propaganda)

        ㉠ 의의: 출처를 숨기는 방식으로 주로 허위 정보나 폭로 정보를 제공할 때 사용되는 방식임

        ㉡ 정보기관이 외국 신문사 등에 유리한 내용의 기사 게재를 유도하는 것이 대표적인 사례에 해당됨

    ③ 회색선전(gray propaganda)

        ㉠ 의의: 출처를 완전히 숨기지는 않더라도 여전히 출처를 정직하게 공개하지 않는 경우를 통칭함

        ㉡ 출처를 가장하여 민간 기관인 것처럼 위장하거나 정부 운영을 숨기는 경우는 흑색선전 선택 이유, 설득력 제고, 외교적 이유가 있음

더 알아보기

흑색선전을 선택하는 이유
- 대상국 국민 설득에는 출처를 숨기는 경우가 설득에 더욱 유리할 수 있는 경우
  - 예 친영국 성향의 미국 언론매체인 「프로비던스 저널」을 활용한 미국의 세계대전 참전 유도
- 외교적 문제 발생 소지가 있는 경우
  - 예 1979~1981년 사이 이란 인질사태 기간 중 소련은 국제사회에서 대외적으로 이란의 인질사태를 국제법 및 관례에 따라 비판하였으나 「이란민족방송」을 통하여 이란 내 반미감정 유도

2. 정치공작

(1) 정치공작이란 특정 국가의 내부 정세를 자국에게 유리한 방향으로 바꾸기 위한 공작으로 주로 자국에 우호적인 세력에게 비밀리에 재정 지원을 하는 방법을 사용한다.

    ① 대상 국가의 선거에서 특정 후보의 당선 또는 특정 정권의 장기 집권을 지원하거나, 특정 후보 또는 특정 정권을 축출하기 위해 상대 정당 또는 상대 후보에게 은밀하게 재정 지원 등을 제공하는 비밀 공작

    ② 정치공작의 대상은 정치적 영향력을 행사할 수 있는 개인 · 단체 모두 해당됨

(2) 정치공작 중 하나로 영향공작이 있으며 영향공작은 대상 국가의 특정 정책이 자국에 유리하게 결정되도록 영향을 미치는 데 목적이 있다.

    ① 영향공작은 대상 국가의 정치 세력 판도에 영향을 미치는 것이 목적이 아님

    ② 영향공작의 대상은 정책결정과정에 영향을 미칠 수 있는 고위관료, 여론지도자, 정재계 요인 및 언론인이 해당됨

더 알아보기

삐에르 샤를 빠스 사건

프랑스 언론인이었던 삐에르 샤를 빠스(Pierre–Charles Pathe)는 1976년 KGB로부터 자금 지원을 받아 프랑스 정치인을 주요 독자로 하는 뉴스레터 「Synthesis」를 발행하였다. 빠스는 고급 정보에 접근권한이 없는 대신 프랑스 정계 내부 사정에 정통하다는 점을 살려 프랑스 정치인의 정책판단에 영향을 미치려고 시도했던 것이다. 빠스는 프랑스–미국 등 서방권 국가와 이해관계가 일치하지 않는 점을 집중 부각하거나, 구소련 국가의 입장을 변론하는 방식을 통해 영향공작을 시도하였다.

---

(3) 정치공작은 개입 사실이 노출될 경우 위험부담이 크기 때문에 신중을 기해야 하며, 그 어떤 공작보다 자국의 개입 사실을 숨기는 것이 중요하다.

    ① 정치공작 전개 시 공작관과 공작원 사이의 직접 접촉을 자제하고, 중간에 차단장치를 개입시키는 것이 일반적임

    ② **차단장치(cut-out)**: 공작보안을 위해 공작관과 비밀공작원 사이에 차단할 목적으로 중간에 개입시키는 사람 또는 기관을 의미

3. 기만공작

(1) **개념**: 적국이 직면한 정치 · 경제 · 군사상황에 관한 잘못된 정보분석을 유도하는 시도를 말한다.

(2) **목적**: 적국이 잘못된 정보분석을 바탕으로 아국의 이익에 도움이 되는 방향으로 행동하도록 유도하는 데 있다.

    ① 기만은 자신의 약점을 숨기고 실존하지 않는 힘이 있는 것처럼 속이거나 적이 인지하고 있는 내용을 왜곡하기 위해 시행함

    ② 이중공작원을 이용한 역용공작이 주된 방식이며, 전시 및 평시에도 행해짐

    ③ 기만은 장기간에 걸친 철저한 준비가 필요하며 정보활동을 통해 적이 무엇을 생각하고 예측하고 있는지 파악하는 것이 선결과제임

4. 경제공작

(1) **개념**: 경제공작은 대상 국가의 경제기반을 붕괴시키는 데 초점을 맞추는 비밀활동이다.

(2) **목적**: 경제공작은 경제적 혼란과 사회 불안을 야기하여 궁극적으로 정치적 불만 또는 폭동을 유발하는 것이 목표이다.

① 파업 유도, 전기공급망·유류 저장고 파괴, 위조지폐 발생, 대상 국가의 대외 교역 조건 악화 등이 해당

② 경제적 불안이 정치적 불안으로 연계되는 경우가 많기 때문에 경제공작과 함께 흑색 선전을 병행하는 것이 효과적임

(3) 대상국 컴퓨터 시스템 교란 등이 새로운 경제공작 수법으로 부각 중이다.

> **더 알아보기**
>
> **'별들의 전쟁': 전략방위구상**
> 전략방위구상은 미국 본토를 향해 발사되는 대륙간탄도미사일을 발사 초기 단계에서부터 탐지하고 이를 요격 미사일 등을 이용해서 요격하는 방어장비 개발계획이다. 당시 레이건 행정부는 1984년 실시한 실험결과를 과장하여 발표함으로써 소련이 미국의 전략방위구상에 대응하기 위해 막대한 예산을 낭비하도록 유도하였다. 그 결과 소련의 붕괴가 약 5년 정도 앞당겨진 것으로 평가되고 있다.

5. 준군사공작

(1) **의의**: 규모가 가장 크고 폭력적이며 위험한 공작으로써, 적에게 직접적인 타격을 가할 목적으로 대규모 무장단체에게 장비를 지원하거나 이들을 훈련시키는 것을 말한다.

① 대상국가 정부 전복 목적으로 군사력을 이용한다는 점에서 가장 과격한 유형이며, 보안 유지가 어렵고 정치적 위험부담이 수반됨

② 일반적으로 정치공작 시도 후 별다른 성과가 없을 경우 준군사공작으로 발전하는 것이 일반적인 양상임

> **더 알아보기**
>
> **미국의 준군사공작 사례**
> 1. 미국의 준군사공작 대표적 성공사례 – 소련의 아프간 침공 사건
>   1979년 소련이 지지기반이 취약한 친소 정권을 지원하기 위하여 아프가니스탄을 무력으로 침공하게 되자, 미국은 아프간 반군인 무자헤딘 등에게 무기를 비롯한 전투에 필요한 물자를 제공하는 등 반군의 반소 투쟁을 지원하였다. 아프간 반군의 격렬한 저항에 부딪히게 된 소련군은 아프가니스탄에서 철수할 수밖에 없었으며, 미국의 아프간 반군 지원공작은 성공적으로 종료하게 되었다.
> 2. 미국의 준군사공작 대표적 실패사례 – 쿠바 피그만 침공 사건
>   쿠바의 카스트로가 주도한 공산혁명이 성공하면서 쿠바 내 미국 기업의 국유화 등 노골적인 반미정책이 추진되자, 미국은 카스트로 정권의 무력 전복을 결정하였다. 1961년 CIA는 미국에 망명한 반공 성향의 쿠바인을 모집, 군사훈련을 실시한 후 쿠바의 중남부 해안 피그만에 상륙시켰다. 그러나 사전 정보 누설, 미국 정부의 우유부단한 태도 등으로 인해 상륙 부대원 전원이 사살 또는 포로로 잡히는 참패를 당하였으며, 이 사건은 이듬해인 1962년 쿠바 미사일 위기 사태 전개에 지대한 영향을 미치게 되었다.

(2) 암살공작 또한 준군사공작수단 중 하나로 암살이 갖는 사안의 민감성을 고려하여 '집행공작', '극단적 편견의 종식' 또는 '무력화' 등 완곡한 표현으로 대신하고 있다. 1976년 이후 사실상 중단되다시피 한 암살공작은 글로벌 대테러전의 확산에 따라 다시 전개되고 있다.

   예 이란 솔레이마니 제거작전(2020), 오사마 빈 라덴 암살작전(2011)

(3) 쿠데타공작 역시 준군사공작에 포함되며, 쿠데타공작의 핵심은 대상국가의 군대로 하여금 정부를 전복하도록 부추기거나 고무시키는 데 있다.

   ① 쿠데타공작에서 가장 중요한 것은 개입 흔적을 남기지 않는 것임

   ② 간접적이고 모호한 암시나 지지 입장의 간접적 암시 등이 해당됨

4 비밀공작의 결정 및 수행

1. 비밀공작의 계획수립

(1) 정당성 검토

   ① 비밀공작 계획수립 시 가장 중요한 것은 비밀공작의 정당성 검토이며, 외교적 · 군사적 수단 등 다른 수단으로 성취할 수 없는 특별한 정책적 목적을 완수하기 위해 선택될 때 정당성이 인정됨

   ② 비밀공작이 정책적 목적과 밀접하게 일치되지 않으면 정책공동체로부터 심각한 저항을 받게 되기 때문에 공작계획관은 정책입안자들과 공작계획을 밀접하게 사전조율할 필요가 있음

(2) 공작수행능력 검토

   ① 정당성이 인정되더라도 실현 가능성이 없다면 현실성이 없기 때문에 공작수행능력을 함께 점검해야 함

   ② 공작수행능력은 공작기획능력, 공작여건개척능력, 공작원확보능력, 예산의 확보능력, 공작지원능력 등이 포함됨

   ③ 비밀공작 수행을 위해 인적 · 물적 자원이 확보되어야 하며, 금전적 비용 고려는 매우 중요함

   ④ 공작 추진상의 미비점과 제약요인을 사전에 철저히 파악하는 것이 매우 중요함

(3) 비밀공작의 위험도 점검: 비밀공작 실시 전 적어도 두 가지 위험성에 대한 고려가 필요하다.

   ① 노출에 의한 위험도 점검

   ② 비밀공작의 실패에 따른 위험도 점검

(4) 유사공작 검토

   ① 새로 제안된 비밀공작 평가와 관련하여 과거 수행되었던 유사공작에 대한 검토가 필요함

   ② 과거 유사사례 연구를 통해 성공요인 · 실패요인을 분석하고, 각 요인에 대한 분석을 바탕으로 현재 계획 중인 공작의 취약점 보완이 가능함

   ③ 사례연구를 통해 획득된 지침은 현재 계획 또는 추진 중인 공작의 점검 리스트로 활용 가능

> **더 알아보기**
>
> 유사공작 검토 시 점검 리스트
> - 동일한 국가 · 지역에서 시도되었던 유사공작이 있는가?
> - 해당 공작의 결과는 어떠하였는가?
> - 공작수행에 따르는 위험요소는 과거와 현재가 다른가?
> - 착수하려는 비밀공작 유형과 유사한 공작이 다른 곳에서 시도된 적은 없는가?
> - 만약 있다면, 해당 공작의 결과는 어떠하였는가?

2. 비밀공작의 결정: 미국의 절차를 중심으로

(1) 대통령의 승인

① 비밀공작은 공식적인 승인을 필요로 하며, 대통령은 제안된 공작이 국가의 구체적인 외교정책 목적을 지원하는 데 필수적이고 국가이익에 중요하다는 확신에 기초하여 승인명령에 서명

② 미국의 경우 대통령의 승인은 법률적 의무사항이며, 반드시 서면 승인일 것을 요구

③ 비상시에는 예외나, 서면기록이 보관되어야 하며 이 경우 48시간 내 승인서가 만들어져야 함

(2) 의회의 예산승인 및 통제

① 대통령 승인서는 공작수행기관에 전달되며 의회의 상·하원 정보위원회에 통지서를 통해 전달됨

② 정보공동체는 의회 예산 요청시 1년간의 비밀공작 활동계획을 함께 제출해야 하기 때문에 의회는 일반적으로 예산심의를 통해 공작 내용 파악이 가능함

③ 의회는 예산지원 거부를 통해 공작추진에 제동을 걸 수 있으나 비밀공작 승인권한은 없음

④ 또한 의회는 반군·테러지원국에 대한 무기나 훈련지원을 금지하는 법안 또는 암살을 금지하는 대통령 명령을 위반한 비밀공작 등에 대해 법적 승인 거부 가능함

⑤ 미국에서 비밀공작에 대한 감독은 점차 강화 추세임

> **더 알아보기**
>
> 「휴-라이언법」과 「정보감독법」
> • 「휴-라이언법(Hughes-Ryan Amendment of 1974)」: 비밀공작의 인가와 모니터링 과정에서 새로운 인원을 포함시켜 비밀공작 결정과정이 보다 공식화됨
> • 「정보감독법(Intelligence Oversight Act, 1980)」: 의회와 행정부의 비밀공작 통제가 더욱 강화됨

PART 02

3. 비밀공작의 수행

(1) 비밀공작 수행은 정보기관이 주도하고 일반적으로 담당 공작관이 공작원을 활용하여 추진한다.

① 공작원은 공작기관 또는 공작관의 비밀관계에 동의하고, 공작관의 지시와 통제를 받을 수 있어야 함

② 비밀공작부서에서 공작지령 하달 시 공작담당관은 공작 수행계획을 수립하고 공작 수행을 위한 공작원 획득·조종을 통해 비밀공작 수행

③ 비밀공작의 성공을 위해서는 무엇보다도 우수한 공작원을 획득하는 것이 중요함

(2) 공작원 포섭의 단계

① **목표분석 단계**: 공작목표인 외국의 조직·시설물 관련 자료를 수집하고 평가함

② **물색단계**: 공작원 후보자가 될 수 있는 특정 인물을 파악함

③ **조사단계**: 공작원 후보자 개인에 관한 배경첩보를 수집·분석함

④ **평가단계**: 공작원으로서의 적성과 자격 구비 여부와 공작원 모집제의를 받아들일 수 있도록 설득가능 여부를 평가함

⑤ **여건조성단계**: 공작원 후보자와 지속적 접촉을 통해 모집제의를 수락하는 상황 조성 및 제의가 실패할 경우 발생할 수 있는 피해를 감소시키기 위한 조치를 취함

⑥ **모집단계**: 공작원 후보자를 비밀조직에 가담시키고 공작임무 수행을 설득함

(3) 공작원 포섭을 위해서는 설득, 매수, 약점 조성을 통합 협박 등 다양한 방법이 동원된다.

    ① 설득은 공작원 대상자와의 잦은 접촉을 통해 공작 수행국가나 공작 수행 정보기관과 협력하는 것이 대상국·공작원 대상자를 위해서 유리하다는 점을 인식시켜 포섭제의를 받아들이도록 하는 것임

    ② 매수는 정치적·경제적·사회적으로 어려운 처지에 있는 자를 해외망명 주선 또는 금전적 회유, 취업·승진·해외유학 주선 등을 통해 포섭하는 것임

    ③ 약점 조성을 통한 협박은 공작원 대상자가 설득이나 매수를 통해 포섭될 가능성이 희박한 경우 주로 사용하는 방법

(4) 공작원 포섭 시 대상자가 상대국가의 정보기관에 이미 포섭된 이중 공작원 여부를 철저히 확인해야 하며, 배신 시 대비책 등을 철저히 강구하고 수시로 점검이 필요하다.

    ① 공작 포섭 시 공작임무 수행에 필요한 교육훈련을 철저히 시켜야 하며, 임무 종료 시 공작원을 해고하게 됨

    ② 포섭 시 약속사항의 이행과 함께 우호적인 방식의 종료 모색이 필요함

    ③ 공작 추진에 소요되는 시간은 공작수행능력 획득에 소요되는 시간에 달려 있음

(5) 비밀공작의 수행과정에서 중요한 것은 비밀유지이며, 공작계획 및 수행과정에서 비밀이 노출되면 이미 공작은 실패한 것이다.

5 비밀공작의 한계

1. 위장부인의 문제

(1) 비합법적·불법적 수단이 동원되는 비밀공작이 민주주의 국가의 정당한 정책집행 방법으로 사용될 수 있는가에 대한 정당성에 대한 논의는 이상주의자들과 현실주의자들의 견해가 상반되는 양상을 보인다.

(2) 이상주의자들은 비밀공작은 본질적으로 주권국가에 대한 내정간섭으로 국제법으로 용인되지 않는 불법이라는 입장을 보이고 있다.

(3) 현실주의자들은 국가안보를 위한 정책수단으로써 비밀공작은 불가피하고, 현실적인 필요성에 의해 정당성을 가지는 수단이며, 비밀공작의 적법성은 실정법으로 규정만 되면 인정된다는 견해를 보이고 있다.

(4) 현재까지 지배적 견해는 다양한 대외정책 목표달성을 위해 공개적 수단 및 외교적 노력만으로는 불가능한 일이 많기 때문에 비밀공작은 필요하다는 입장이다.

> **더 알아보기**
>
> **비밀공작수단으로써 암살의 문제**
> - 암살 금지를 찬성하는 입장: 국가가 특정 개인을 제거 대상으로 간주하고, 실제로 실행하는 것은 도덕적으로 옳지 않기 때문에 어떠한 경우에도 암살은 금지되어야 한다는 입장
> - 암살 금지를 반대하는 입장: 특정한 경우에 한해 피해를 최소화할 수 있는 최선의 선택이기 때문에 오히려 도덕적으로 정당하다는 입장

2. 위장부인의 문제

(1) '그럴듯한 부인'은 비밀공작으로 인해 발생한 사건들에 대한 자국의 개입을 그럴듯하게 부인하는 것을 의미한다.

(2) 비밀공작은 활동 그 자체보다 후원자의 정체 은폐가 중요하므로, 후원자의 누설 시 외교적 파장 및 피해를 최소화하기 위해 단계별로 은폐할 수 있는 장치가 필요하며, '그럴듯한 부인'은 대표적 장치이다. 미국의 경우 비밀공작의 핵심은 어떠한 변명으로 미국과의 연계를 차단할 것인가의 문제이다.

(3) **'그럴듯한 부인' 원칙의 효과적 적용을 위해서 필요한 사항**

① 비밀공작에 대한 관여는 가능한 한 최소한의 정부관료로 한정될 것

② 비밀공작활동 승인의 공식절차 및 승인기록문서는 존재하지 않아야 함

③ 비밀공작 자체는 가능한 한 최소한의 기록을 유지하며 수행하되, 활동 중 작성된 문서는 활동 종료 후 파기되어야 할 것

> **더 알아보기**
>
> **위장부인과 책임의 문제**
> 위장부인은 책임의 문제를 유발하게 되는데, 만약 비밀공작 실행의 전제가 자국의 역할을 부인할 수 있는 것이라면 다음과 같은 질문을 던지게 된다.
> • 공작관은 실패한 비밀공작에 대해 책임을 회피할 수 있는가?
> • 비밀공작을 승인한 대통령이 책임을 져야 하는가?

3. 결과의 평가문제

(1) 비밀공작의 결과는 성공과 실패가 혼합되어 있기 때문에 그 결과를 평가하는 일반적 기준은 없으며, 일반적인 평가절차나 방법은 한정적이고 적당하지 않게 된다.

(2) 특히 단기적 관점과 중장기적 관점에서의 성공 여부에 대한 판단이 다양하게 내려지므로 비밀공작은 특정 정권에 의한 정권 차원의 이익이 아니라 국가안보를 위한 거시적 안목에서 접근해야 할 것이다.

> **더 알아보기**
>
> **비밀공작수단의 성공 또는 실패: 이란과 아프간**
> 이란의 석유 국유화 저지와 소련의 아프간 침공 저지는 미국의 대표적인 비밀공작 성공사례이다. 이란에 대한 비밀공작은 단기적으로는 정권 교체에 성공했으나 1979년 이슬람혁명 및 반미 정권 탄생의 빌미가 됐고 오늘날 중동지역이 세계 최대의 분쟁지역이 되는 도화선의 역할을 하게 되었다. 소련의 아프간 침공 저지 역시 단기적으로는 소련군의 철수를 가져오게 되었으나, 오늘날 아프간 지역의 탈레반 정권 등장과 아프간 반군 출신의 오사마 빈 라덴이 글로벌 지하드를 주창하며 알카에다를 결성하게 된 결과를 가져왔다. 이러한 점에서 비밀공작의 성공과 실패 기준은 어디에 두어야 하는가에 대한 논란이 제기될 수 있다.

4. 비밀공작의 과제와 전망

(1) 냉전이 종식된 이후 비밀공작의 필요성에 대한 논란이 가열되고 있으나, 국가안보에 대한 새로운 유형의 도전이 계속되는 만큼 비밀공작의 필요성은 여전히 지속될 것으로 전망된다.

(2) 어떠한 비밀공작이라도 모두 정당화될 수 있는 것은 아니며, 비밀공작을 정당화하기 위한 조건이 필요하다.

① 책임있는 관련부서의 사전 심의를 거쳐 의회 관계자가 완전히 인지한 가운데 대통령에 의해 명백히 승인되어야 함

② 의도와 목표가 명확히 나타나야 하고, 합리적이고 정당해야 함

③ 목표달성을 위한 다른 효과적인 수단이 부재한 경우에만 추진해야 함

④ 성공할 수 있다는 적절한 근거가 있어야 함

⑤ 선택된 수단과 방법들이 공작목표에 부합되어야 함

(3) 앞으로 비밀공작은 적용범위와 대상에 있어 과거보다 제한되고 신중한 방향에서 재검토하는 일이 불가피해졌지만, 자국의 대외정책 목표달성을 위한 수단으로서 비밀공작의 필요성은 여전히 존재하고 있다.

① 비밀공작은 공식적인 대외정책과 법률을 엄격히 준수하면서 과거에 비해 더욱 정교하게 조정되고 계획된 대외정책의 일부분이 될 수 있음

② 외교적 · 군사적 수단과 유기적인 협조체제를 유지하는 동시에 첨단과학기술장비를 동원하는 방향으로 변화가 전망됨

더 알아보기

CIA의 비밀공작 검토 가이드라인

- 정책결정자는 국제분쟁에 대한 외교적 해결을 존중하여 가능한 한 비밀공작 수행을 금지해야 한다.
- 미국의 안보에 기밀이 아주 중요한 경우를 제외하고, 비밀공작은 공개적으로 규정된 정책목표와 부합하여야 한다.
- 비밀공작은 미국을 아주 당혹스럽게 하지 않는 범위 내에서 수행되어야 한다.
- 비밀공작 수행 전 정책결정자들은 공작전문가뿐만 아니라 정보분석관, 대상국가 전문가들과 광범위한 토론과 논의를 진행해야 한다.
- 비상시를 제외하고, 정책결정자들은 의회 보고를 포함하는 비밀공작 결정과정을 반드시 이행해야 한다.
- 비밀공작 지원 시 정책결정자는 미국의 법률을 위반해서는 안 된다.
- 정책결정자는 친미 민주주의 국가를 대상으로 하는 경우, 낮은 수준의 비밀공작도 피해야 한다.
- 비민주주의 국가가 대상인 경우에도 되도록 낮은 수준의, 덜 침해적인 수단을 모색하여야 하며, 높은 수준의 비밀공작은 모든 다른 수준이 실패했을 경우에 사용될 수 있도록 노력해야 한다.
- 공작관들은 공작원이 암살 · 테러 · 마약밀매 · 인권유린 및 미국의 법률 위반 등 불법행위와 연계될 경우 미국 정보기관과의 관계가 종료된다는 점을 지속적으로 경고해야 한다.
- 거의 모든 경우 정책결정자들은 비밀전쟁, 쿠데타 및 극단적인 조치를 거부해야 한다.
- 비밀공작 고려 시, 미국 정부가 오랫동안 고수해 왔으며 모든 미국 국민에게 존경받는 '정당한 대결' 정신을 잊어서는 안 된다.

CHAPTER 04

방첩과 보안

1 방첩의 의의

1. 방첩의 개념

(1) 방첩은 일반적으로 적대적인 외국 정보기관의 활동으로부터 국가를 보호하기 위해 수집·분석된 정보 및 활동을 의미한다.

① **사전적 의미**: 수집·분석·비밀공작과 함께 정보활동의 4대 주요 분야 중 하나이며, 정보활동의 일환으로 외국의 적대적 정보활동을 무력화시키고, 간첩행위로부터 정보를 보호하며, 전복 또는 파괴활동으로부터 인원·장비·시설·기록·물자 등을 보호하기 위한 제반 활동

② 방첩과 관련된 정보(방첩정보)와 상대방의 정보활동에 대응하는 활동(방첩활동)이라는 두 가지 의미로 사용

> **더 알아보기**
>
> 미국의 법률적 정의에 나타나는 방첩의 개념
> • 「국가안보법(National Security Act of 1947)」: 방첩업무라 함은 외국정부·외국기관·외국인 또는 국제테러범의 활동에 의하거나, 이들을 대신하여 행해지는 간첩활동, 기타정보활동, 파괴활동, 암살 등을 막기 위해 수입한 정보 및 행해지는 활동을 의미한다
> • 카터 대통령의 「행정명령 12036(50 USC 401a)」: 방첩은 외국정부나 그 기관, 외국 조직 또는 외국인, 국제테러조직에 의해 이루어지는 첩보활동, 여타의 정보활동, 태업, 암살 등으로부터 보호하기 위한 정보수집과 행위

③ 현재 세계 각국은 사용주체·객체에 따라 의미를 달리하고 있기 때문에 방첩활동의 개념을 다의적으로 해석함

④ 방첩은 '대간첩(counter espionage, 대스파이)'에서 시작된 개념으로 대스파이 활동은 냉전시기 방첩활동의 대부분을 차지하였으며, 오늘날 방첩활동의 핵심적 내용에도 해당됨

⑤ 정보활동 양상의 복잡화·다변화에 따라 방첩활동 역시 상대방의 정보활동에 대한 포괄적인 대응활동으로 개념화되어야 할 것임

더 알아보기

1. 방첩의 분류

능동적 방첩 (대스파이 활동)	정보수집	적대국가의 정보수집능력 평가
	방어활동	정보원에 대한 지속적 감시
	공격활동	첩보원의 역용 및 기만공작
수동적 방첩 (보안)	문서보안	기밀의 분류 · 대출 및 열람 · 배포 · 파기 관련 사항
	인원보안	신원조사, 동향파악, 보안교육
	시설보안	시설보안, 보안구역 설정
	통신(전산)보안	보안자재, 암호개발, 도청 · 해킹 · 바이러스 방지
	전자파 보안	각종 전자 · 통신기기에서 나오는 전파 차단

• 향후 능동적 방첩이 필요한 분야
 − 산업보안
 − 대테러 및 사이버테러
 − 국제범죄

2. 「국가정보원법」의 직무(2020년 개정)
제4조(직무) ① 국정원은 다음 각 호의 직무를 수행한다.
1. 다음 각 목에 해당하는 정보의 수집 · 작성 · 배포
 가. 국외 및 북한에 관한 정보
 나. 방첩(산업경제정보 유출, 해외연계 경제질서 교란 및 방위산업침해에 대한 방첩을 포함한다), 대테러, 국제범죄조직에 관한 정보
 다. 「형법」 중 내란의 죄, 외환의 죄, 「군형법」 중 반란의 죄, 암호 부정사용의 죄, 「군사기밀 보호법」에 규정된 죄에 관한 정보
 라. 「국가보안법」에 규정된 죄와 관련되고 반국가단체와 연계되거나 연계가 의심되는 안보침해행위에 관한 정보
 마. 국제 및 국가배후 해킹조직 등 사이버안보 및 위성자산 등 안보 관련 우주 정보
3. 제1호 및 제2호의 직무수행에 관련된 조치로서 국가안보와 국익에 반하는 북한, 외국 및 외국인 · 외국단체 · 초국가행위자 또는 이와 연계된 내국인의 활동을 확인 · 견제 · 차단하고, 국민의 안전을 보호하기 위하여 취하는 대응조치

2. 방첩의 목적과 범위

(1) 「방첩업무규정」상 방첩기관의 업무수행 범위(제3조)
① 외국의 정보활동에 대한 정보수집 및 색출
② 외국의 정보활동에 대한 견제 및 차단
③ 외국의 정보활동에 대응하기 위한 기법 개발 및 제도 개선
④ 다른 방첩기관 및 관계기관에 대한 방첩관련 정보 제공
⑤ 기타 외국의 정보활동으로부터 국가안보 및 국익을 지키기 위한 활동

(2) 방첩기관과 관계기관
① 방첩기관은 방첩에 관한 업무를 수행하는 기관으로 국가정보원, 경찰청, 해양경찰청, 국군안보지원사령부가 해당됨
② 관계기관은 방첩기관 외 기관으로서 정부조직법 및 그 밖의 법령에 따라 설치된 국가기관, 국가정보원장이 국가방첩전략회의의 심의를 거쳐 지정하는 지방자치단체, 국가정보원장이 국가방첩전략회의의 심의를 거쳐 지정하는 기관으로 명시됨

(3) 방첩활동의 주요 목적은 외국 정보기관의 정보수집·공작활동에 대응하여 자국의 안전과 이익을 확보한다는 위한 소극적·방어적 해석에서 외국의 정보활동 탐지 및 견제·차단을 위한 정보수집·작성·배포 등을 포함하는 대응활동으로 변화하였다.

① 상대국 정보요원을 포섭, 이중 스파이로 활용 또는 상대 정보기관에 대한 침투 및 허위정보 제공 등 공격적 개념까지 포함함

② 냉전의 종식 이후에도 여전히 방첩활동은 국가가 우선적으로 수행해야 하는 중요한 임무임

> **더 알아보기**
>
> **주요국의 방첩 실패사례**
> - 미국 9/11 테러(2001): 세계 각국에 방첩활동의 중요성을 일깨운 사례
> - 소련의 스파이 리하르트 조르게(Richard Sorge): 1933~1941년 사이 일본에서 독일 잡지사 특파원 활동을 통해 일본·독일군의 동향, 작전첩보를 수집하여 소련에 보고함. 특히 일본의 시베리아 침공 가능성이 없다는 결정적 정보를 입수·보고하여 소련의 성공적인 서부전선 방어를 이끌어냄
> - 미국의 소련·러시아 스파이 로버트 한센의 체포(2001): FBI 방첩관으로 활동하면서 소련 KGB와 러시아 SVR을 위해 미국의 기밀과 중요정보를 넘겨 줌

3. 능동적 방첩

(1) **의의**: 능동적 방첩은 적대국가 및 적대세력의 정보활동 대응에 필요한 모든 정보를 수집하는 것을 의미하며, 첩보수집 → 방첩수사 → 방첩공작 → 방첩분석의 단계로 이루어진다. 능동적 방첩활동에 필요한 정보수집은 다음의 질문에 답하고자 한다.

① 어떤 목표를 대상으로 정보활동이 이루어지는가?

② 어떤 수단을 활용하여 첩보수집·비밀공작활동이 전개되는가?

③ 적대세력 중 누가 방첩활동을 직접 지휘하는가?

(2) **첩보수집**: 방첩임무 달성을 위해 수행되는 첩보수집은 수집대상이 다르다는 점을 제외하면 일반적인 첩보수집활동과 거의 유사하다.

(3) **방첩수사**: 방첩수사는 감시와 수사를 모두 포함한다.

① 방첩수사에서의 감시활동은 스파이 행위가 예상되는 목표에 대해 집중적인 관찰을 실시하는 활동을 의미함

② 방첩수사는 적대세력의 정보활동으로 야기될 수 있는 국가안보위협요소를 차단하거나 무력화하는데 중점을 두고 수행되며, 범죄요건을 구성하지 않는 상황에서도 첩보를 수집할 수 있음

(4) **방첩공작(이중 스파이와 기만공작)**: 방첩공작은 첩보수집과 방첩수사보다 적극적인 방식의 방첩활동이다.

① 이중 스파이: 적대국 정보기관을 위해 스파이활동을 하는 것처럼 가장하고 있지만 실제로는 원래 스파이활동을 하도록 되어있는 국가로부터 통제를 받고 있는 경우

② 기만: 상대세력·적대세력이 아국의 정치·군사·경제분야 등에 대해 수행하고 있는 정보분석에 대해 상황을 교묘하게 조작하여 오판에 이르게 하는 시도

(5) **방첩분석**: 방첩과 관련하여 수집된 단편적인 첩보를 처리 및 종합하여 의미있는 사실이나 결정적인 결론을 도출하는 과정을 의미하며, 적대국가의 기만을 가장 중요하게 고려해야 한다.

2 보안

1. 보안의 개념

(1) 국가안보적 측면에서의 보안은 "국가안전보장이나 국가이익과 관련된 인원·문서·시설·지역·자재·전산·통신 등을 각종 위해요소로부터 보호하기 위한 예방대책"으로 정의할 수 있다.

(2) 사용주체와 용도에 따라 따라 다양한 의미를 내포하고 있으며, 국가에 따라 그 개념적 정의가 상이하다.
- 일반적으로 보안은 개인, 조직 또는 국가가 존립을 확보하거나 경쟁에서 승리하기 위해 필요한 요소를 찾아 보호하는 것을 의미하며, 국가뿐만 아니라 개인·가정·단체·기업 등 다양한 주체가 자기방어를 위해 능동적으로 행하는 것임

(3) 우리나라 보안업무는 삼권분립의 정신에 따라 국회(입법부), 사법부, 행정부가 독자적으로 정하여 시행하고 있다.
① 입법부: 「국회보안업무규정」 독자적 시행 및 국회사무총장이 보안업무 지도조정 기능 담당
② 사법부: 「비밀보호규칙」 독자적 시행 및 법원행정처장이 보안업무 지도조정 기능 담당
③ 행정부: 「보안업무규정」에 근거한 자체 보안내규를 제정하여 수행하며, 행정부 각급 기관에 대하여 국가정보원장이 보안업무 지도조정 기능 담당

(4) 보안관리의 기본원칙은 예방관리의 원칙, 관리자 책임의 원칙이 있다.
① 예방관리의 원칙: 보안관리의 목적은 사고예방에 있다는 원칙
② 관리자 책임의 원칙: 보호해야할 대상을 관리하는 자에게 비밀누설·분설 등 문제 발생 시 직접적인 책임이 있다는 원칙(「보안업무규정」 제3조)

(5) 보안관리를 위해 제도적으로 각종 보안관련 규정이나 지침·내규 등이 제정되어야 하며, 기구로는 보안업무와 관련하여 보안담당관, 분임보안담당관, 보안업무담당자 등이 있어야 하며 권한과 임무가 명확하게 명시되어야 한다.

2. 인원보안

(1) 개념: 국가안보나 국가이익 관련 업무가 잘 수행되도록 사람을 관리하는 것으로 중요업무 수행자를 성실하고 충성심있는 자로 선정하고, 지속적인 지도감독과 보호를 제공하는 제반관리 행위를 말한다.

(2) 대상: 일정한 신분을 획득하여 보안의 대상이 되는 인원(공무원 등)과 일정한 자격을 획득하여 보안의 대상이 되는 인원(선원, 해외여행자 등)으로 구분한다.

(3) 수단: 사람을 관리하는 수단으로 신원파악, 동향파악, 보안교육, 보안조치 등이 사용된다.

① **신원파악:** 공직자의 신분, 중요 자격 · 허가취득자 등에 대한 신원정보를 사전에 파악하는 것

　　예 신원조사

② **동향파악:** 신원파악 단계에서 신원이 안전하다는 판정을 받아 임용 · 자격부여된 사람이라도 주변환경 등 영향을 받아 직무자세 · 준법성의 문제가 발생할 수 있으므로 각종 유혹이나 불순한 기도로부터 보호하는 것

③ **보안교육:** 보안대상에 대한 정확한 이해 및 실천 의지, 보안관련 직무지식 습득이 효과적이므로, 수시 교육을 통하여 보안의 중요성에 대한 이해 제고와 반복교육을 통한 보안강조 및 철저한 감독이 필요함

④ **보안조치:** 보안조치는 취득한 비밀을 누설하지 않겠다는 다짐을 받는 것

　ⓐ 비밀유지 서약서: 신규임용자, 퇴직예정자, 해외출입자, 비밀 · 중요 업무처리자 대상

　ⓑ 비밀관리를 위한 협약서: 협력업체 대상

　ⓒ 심리적 압박을 주어 기밀을 철저히 보호하는 데 목적이 있으므로 상위 직급자 앞에서 개별적으로 문서를 통한 서약이 효과적임

　ⓓ 정기적 · 불시의 보안감사 및 점검 역시 보안의식 제고에 효과적임

3. 문서보안

(1) 국가기밀의 개념 및 분류

① 국가는 국가의 안전보장을 위해 보호할 가치가 있는 기밀이 누설되지 않도록 보호하는 것이 기본임

② 공식적으로 알려진 사실이 아니라도, 적국을 포함한 외국에 누설될 경우 국가안보 및 국익에 대한 명백한 불이익을 초래할 가능성이 있는 것이면 형식여하에 관계없이 국가기밀에 포함됨

(2) 비밀은 중요성과 가치의 정도에 따라 I, II, III급 비밀로 구분하고 있으며, 보안업무규정시행규칙 제11조에서 비밀세부분류지침을 작성하여 활용하도록 하고 있다.

① **I급 비밀:** 누설되는 경우 대한민국과 외교관계 단절 및 전쟁 유발 또는 국가의 방위계획 · 정보활동 및 국가 방위상 필요 불가결한 과학과 기술의 개발을 위태롭게 할 우려가 있는 비밀

② **II급 비밀:** 누설되는 경우 국가안전보장에 막대한 지장을 초래할 우려가 있는 비밀

③ **III급 비밀:** 누설되는 경우 국가안전보장에 손해를 끼칠 우려가 있는 비밀

④ **대외비:** 누술 시 국가안보에 손해 · 악영향을 미치는 것이 아니라 공정한 직무를 수행하고 이해관계자에게 공정한 기회를 보장하기 위해 "직무수행상 특별히 보호를 요하는 사항"

　　예 공무원 임용시험문제, 대학 입시문제, 특별지역 개발계획 등

(3) 국가비밀의 성립요건

① 비공지성

    ㉠ 행위 당시 한정된 인적 범위에서만 알려졌을 뿐 그 범위를 넘어 알려지지 않은 것을 의미함

    ㉡ 특정한 사안이 성질상 비밀로서 보호할 필요성이 있더라도 그 내용이 이미 일반에게 알려진 것이라면 보호의 가치가 없어짐

    ㉢ 따라서 일반에게 공지되지 않고, 한정된 사람에게만 접근가능해야 하므로 접근가능한 사람을 확정할 수 있어야 함(비밀사항 취급 기관 · 부서 소속 등)

    ㉣ 비공지성의 기준은 상대적임

② 필요성

    ㉠ 비밀로서 보호할만한 실질적인 가치가 있어야 한다는 실질비설을 취하는 경우 철저히 적용되고, 종국적으로 법원의 판단을 받게 됨

    ㉡ 국가기밀대상은 누설되는 경우 국가안보에 실질적 위협 제기 또는 공무의 민주적 · 능률적 운영을 보장할 수 없는 위험 존재 등 기능적으로 보아 비밀로 할 필요성이 인정되는 사항

③ 허용성

    ㉠ 보호대상인 기밀의 내용이 위헌 · 위법인 경우에도 국가기밀로서 법적 보호 대상 여부를 의미함

    ㉡ 법치주의 원칙에 따라 보호대상 기밀의 내용 역시 합헌성과 합법률성을 유지해야 함

    ㉢ 자국을 위태롭게 하거나 외국을 이롭게 하는 목적이 있을 경우 위법한 비밀을 보호할 수 없음

④ 진정성: 국가기밀로서 보호대상은 관할 국가기관에서 권한과 책임이 있는 자가 실제로 작성한 문건 또는 제조한 물건 등 진정한 것이어야 함

(4) 비밀의 취급

① 비밀의 취급이란 비밀을 수집하거나 작성 · 분류 · 재분류 · 접수 · 발송 등 일체의 관리행위를 의미함

② 비밀취급인가자의 비밀취급 범위는 소관업무 범위 내에서만 인가받은 등급 이하만 가능함

(5) 비밀의 생산

① 비밀의 생산은 비밀을 만들어 내는 것으로 비밀취급인가를 받은 자만이 생산 가능함

② 비밀 생산 시 유의사항

    ㉠ 사전계획에 의해서 생산

    ㉡ 현재 필요한 최소한의 양만 생산

    ㉢ 배포처에 따라 비밀의 내용을 제한

③ 비밀생산 · 접수 시에는 비밀관리기록부에 기록하고, 비밀의 작성 · 분류 · 접수 · 발송 · 취급 등 일체의 사항을 기록 · 유지하여야 함

(6) 비밀보관책임자의 임무: 비밀을 최선의 상태로 보관하고, 비밀의 누설 · 도난 · 분실 · 손괴 등의 방지를 위해 감독을 철저히 하여, 비밀열람 등을 철저히 기록 유지하고 관리하는 것을 의미한다.

(7) 비밀의 파기

① 개념: 비밀을 소각, 용해 또는 기타의 방법으로 원형을 완전히 소멸시키는 것을 의미함

② 그 내용 및 형태를 해독하거나 재생할 수 없는 정도라면 방법상 제한은 없으나 일반적으로 소각이 가장 효과적이고 완전함

4. 시설보안

(1) 시설보안대책 강구 시 유의사항

① 건설계획단계부터 시설보안대책을 철저히 검토

② 해당시설의 기능에 장애가 되지 않는 보안방벽 선택

③ 설치한 보안방벽은 시설의 위치 및 주변 환경과 조화를 이루어야 함

④ 시설의 중요도와 비례하는 정도의 보안대책 강구

(2) 보호구역

① 제한지역: 비밀 또는 정부재산 보호를 위하여 울타리 · 경호원에 의해 일반인의 출입에 대한 감시가 요구되는 지역

② 제한구역: 비밀 또는 주요 시설 · 자재에 대한 비인가자의 접근을 방지하기 위해 출입 시 안내가 요구되는 구역

③ 통제구역: 비인가자의 출입이 금지되는 보안상 극히 중요한 구역

ⓔ 비밀상황실, 비밀보관소, 전산실, 주요 연구실, 무기고, 중요시설의 핵심설비 등

5. 전산 · 통신 보안

(1) 전산분야

① 전산망 보안대책: 전산망의 효과적인 운용 · 관리를 위해 전산망의 보안취약요소를 사전에 발굴하여 대책을 수립하고, 전산망의 안전성과 신뢰성의 조화를 이루는 것

② 시설에 대한 보안대책 및 전자파 차단대책, 비밀번호 운용관리상 문제, 보조기억장치 관리 및 입출력 자료관리 등이 해당됨

(2) 통신분야

① 감청: 사용자의 허락 없이 유 · 무선 또는 기타의 방법이나 수단으로 대상자의 대화내용이나 전화 통화 내용 등을 청취 및 녹음하는 행위

② 도청: 무선 송 · 수신 장치를 이용한 무선도청, 전화기나 유선 전화선을 이용한 유선도청, 문 · 창 · 벽 등의 진동을 레이저를 이용하여 탐지하는 방법

③ 전파를 이용하는 무선통신은 항상 도청의 위험에 노출되어 있기 때문에 중요한 내용은 무선통신 이용을 피하거나 암호장비 설치장비 이용이 필수적임

④ 무선통신 운용자에 대한 보안의 생활화 교육이 필수적임

3 국가방첩

1. 국가방첩활동의 변천

(1) 국가 단위의 방첩활동이 본격적으로 시작된 것은 정부 산하에 정보기관이 제도화된 20세기 이후로 보는 것이 타당하다.

① 방첩 역시 정보활동의 일환으로 고대로부터 시작된 것으로 보이며, 스페인 무적함대의 침공을 사전에 파악한 16세기 영국 월싱햄 경의 방첩활동도 초기 방첩활동의 예에 해당함

② 본격적인 방첩활동은 독일에 대한 방첩활동의 필요성이 대두되면서 영국 비밀정보부(Secret Service Bureau)가 1909년 설립된 것이 대표적인 예임

③ 우리나라의 경우 고종황제가 창설한 제국익문사(帝國益聞社)가 방첩기관의 기원에 해당됨

④ 제국익문사는 각국 공사관과 개항장에 요원을 파견하여 국내 체류 외국인의 동향을 파악했으며, 전형적인 방첩활동으로 간주할 수 있음

> **더 알아보기**
>
> 제국익문사(帝國益聞社)
> • 우리나라 최초 근대적 정보기관
> • 1902년 6월 61명의 요원으로 창설된 고종황제 직속 정보기관
> • 표면적으로는 매일 사보를 발간해 국민이 보도록 하며, 국가에 긴요한 서적도 인쇄하는 현대판 통신기능 담당
> • 제국익문사 요원은 통신원, 밀정, 밀사 등의 이름으로 황제를 보필하면서 국권회복을 위해 다양한 활동을 하는 등 주로 일본의 침략 저지를 위한 정보활동 수행
> • 헤이그 밀사사건(1907)을 계기로 고종황제가 퇴위하면서 해체됨

⑤ 현대적 의미와 유사한 방첩업무가 시작한 것은 1945년 8월 15일 해방 이후 경찰조직과 군조직이 창설된 이후이며, 당시 내무부 사찰과가 대공활동과 외사활동을 담당하는 데 그쳤음

⑥ 1960년대 중앙정보부 및 내무부 치안국도 방첩 관련 조직을 새로 편성하였으나 대체로 대공활동의 일환으로 단편적인 방첩활동을 수행함

⑦ 진정한 의미에서 현대적 방첩활동이 체계적·독립적 업무영역으로 정착된 것은 1980년대 후반 북방정책 추진과 공산권 국가와 국교 정상화를 통해 공관이 개설되고, 국가안전기획부에 방첩업무를 전담하는 조직이 설치된 이후임

> **더 알아보기**
>
> 방첩업무규정(2012)
> • 탈냉전 시대 세계화·정보화 등 국가방첩의 필요성이 확대되면서 2012년 5월 제정·시행된 규정
> 제3조(방첩업무의 범위) 이 영에 따라 방첩기관이 수행하는 업무(이하 "방첩업무"라 한다)의 범위는 다음 각 호와 같다. 이 경우 제2호의2의 업무는 국가정보원만 수행한다. 〈개정 2020. 12. 31.〉
> 1. 외국등의 정보활동에 대한 정보 수집·작성 및 배포
> 2. 외국등의 정보활동에 대한 확인·견제 및 차단
> 2의2. 외국등의 정보활동 관련 국민의 안전을 보호하기 위하여 취하는 대응조치
> 3. 방첩 관련 기법 개발 및 제도 개선
> 4. 다른 방첩기관 및 관계기관에 대한 방첩 관련 정보 제공
> 5. 제1호, 제2호, 제3호 및 제4호의 업무와 관련한 국가안보 및 국익을 지키기 위한 활동

2. 국가방첩활동의 유형 및 대상

(1) 정보수집

① 공개정보의 수집

② 상거래 방식에 의한 정보수집

③ 인간정보 수단에 의한 정보수집

④ 기술정보에 의한 정보수집

(2) 공격적 방첩활동

① 침투되어 있는 외국이나 불순조직의 공작망 분쇄를 위해 취하는 적극적인 방첩수단

② 간첩, 태업, 전보, 테러, 국제범죄, 산업스파이 대응활동이 해당됨

③ 기만적 방첩수단도 공격적 방첩활동에 해당됨

④ 역용공작 및 이중공작

(3) 방어적 방첩활동

① 외국의 자국 대상 정보수집회동이나 비밀공작 등을 색출 · 차단 · 견제하기 위한 기능

② 소극적 · 수동적 방첩수단으로 인원 · 문서 · 시설 · 통신 · 전산보안이 해당

③ 주로 감시활동을 통해서 이루어짐

3. 국가 방첩전략회의 설치 및 운영

(1) 방첩업무규정에 의하면 국가정보원장 소속으로 국가 방첩전략의 수립 등 국가방첩업무에 관한 중요 사항을 심의하기 위하여 국가방첩전략회의를 두게 되어 있다.

(2) 전략회의의 효율적 운영을 위해 국가방첩전략실무회의를 둔다.

(3) 실무회의는 전략회의에서 심의할 의안을 미리 검토 · 조정하고 전략회의에 결과를 보고하며, 국가 방첩업무 현안에 대한 대책 수립 및 시행 관련 사항, 전략회의의 심의 · 의결을 거쳐 정해진 정책 시행방안, 전략회의로부터 위임받은 심의사항과 기타 방첩업무 사항을 심의한다.

4. 경제방첩

(1) 경제방첩은 '외국정부 또는 외국 정보기관·외국인 및 이와 연계된 내국인에 의하여 자행되는 국가의 경제안정이나 국가이익을 침해하는 행위를 색출하고 견제·차단하는 일련의 활동'을 말한다.

(2) 국가 간 경제스파이 행위가 본격화된 것은 냉전 종식 이후 총체적 안보 또는 포괄적 안보 개념이 보편화 되면서 경제안보가 국가안보의 중요한 구성요소가 되면서부터이다.

더 알아보기

안보개념의 구분

구분	국가이익/가치	위협형태	위협성과	관리능력	정책대안
군사안보	영토 및 주권의 보존	전쟁/국경분쟁/ 테러리즘	명시적/ 외생적/행태적	군사력/경제력/ 효과적 전술, 전략	상황적, 전략적, 전술적 대응/ 동맹관리
경제안보	성장, 복지, 배분, 고용, 시장의 확보, 확충	체계적 취약성/ 쌍무적 민감성/ 구조적 종속	명시적·묵시적/ 내생·외생적/ 구조·인지적	내부적 탄력성/ 사회조직능력/ 가치전환	발전전략/ 산업구조의 전환/ 집단행동을 통한 국제질서 개편
생태안보	국민의 유기적 보존 및 번성	인구폭발/ 자원 결핍/ 환경 위기/ 전염병	명시적·묵시적/ 내생·외생적/ 구조·인지적	내부적 탄력성/ 사회조직능력/ 가치전환	발전전략의 수정/ 인구 및 소비의 억제 가치체제의 전환
사회안보	사회적 안정 및 총화	마약/조직범죄/ 종족갈등/ 테러리즘	명시적·묵시적/ 내생·외생적/ 형태·구조적	내부적 통제력	예방/사회적 합의/ /국제협력
사이버 안보	생존, 번영, 안정	통신·컴퓨터 시스템 마비/ 컴퓨터 해킹/ 안보체계 마비	명시적/ 내생적형태/ 네트워크	내부적 통제력/ 기술관리능력	국제협력/민관협력/ 기술관리체계

(3) 첨단기술이 산업경쟁력을 좌우하게 되었고 기술확보를 위한 정보활동이 치열해짐에 따라 산업보안활동이 더욱 중요해지고 있다.

5. 방첩활동의 전망과 과제

(1) 상대의 정보활동에 대응하는 개념인 방첩활동은 정보활동 자체만큼 복잡다양하여 설명이 어려울 뿐만 아니라 미래 전망도 어렵다.

(2) 정보활동의 범위 확대, 비국가 행위자에 의한 안보위협의 문제가 제기되면서 방첩활동의 영역이 확장되고 있다.

(3) 주요국은 새로운 안보위협을 방첩의 영역에 포함시키고, 선제적이며 공세적인 방첩전략을 수립하는 등 방첩활동 역량을 경쟁적으로 강화시키고 있다.

산업보안

① 산업보안의 개관

1. 산업보안의 개념

(1) 개념: 일반적으로 중요한 기술 · 정보를 부당한 침해로부터 방어하기 위한 각종 활동을 지칭하는 용어지만 사용하는 입장에 따라 차이점이 있다.

① 개념상 차이
- ㉠ 국가기관: 국가의 경제력과 경쟁력을 좌우하는 각종 산업기술과 정보의 불법유출을 방지하기 위해 각종 제도와 침해행위를 규제 · 단속하는 활동
- ㉡ 산업계: 이윤극대화와 지속가능한 경영을 위해 중요한 경영자산이나 영업비밀 · 노하우 등의 불법 침해를 방지하는 기업대책 수립과 실행

② 목적상 차이
- ㉠ 국가기관: 국내 기업이 보유한 각종 산업기술과 정보자산 보호를 통해 국가 경쟁력 강화
- ㉡ 산업계: 이윤의 극대화

③ 대응상 차이
- ㉠ 국가기관: 산업스파이의 직접 적발 및 단속 외 제반 법률 입법과 정책 수립을 통해 기업이 스스로 산업보안의 필요성을 인식하고 필요한 시스템을 구축하여 대응하도록 유도함
- ㉡ 산업계: 기업 자체적 보안조직과 보안시스템을 운용하게 되는데 관련 법률규정을 준수하고 정부의 각종 정책과 행정지도 등을 참고함

	국가기관	산업계
개념	산업기술과 정보의 불법유출을 방지하기 위한 각종 활동	중요 경영자산 · 영업비밀 · 노하우 등의 불법침해 방지대책 수립과 실행
목적	국가경쟁력 강화	이윤극대화
대응책	관련 입법 및 정책수립을 통해 기업의 산업보안 시스템 구축 유도	관련 법규 준수 및 정부정책 · 행정지도 참고

④ 산업보안은 국가차원의 중요한 기술과 정보를 부당한 침해로부터 보호하기 위한 각종 활동이므로 국가차원의 중요기술이나 정보가 아닌 단순 영업비밀이나 기업비밀은 기업보안의 대상으로 보는 것이 타당함

⑤ 주요 학자별 견해
- ㉠ 이창무(2012)
  - 산업활동에 유용한 기술상 · 경영상 모든 정보나 인원 · 문서 · 시설 · 자재 등을 산업스파이나 경쟁관계에 있는 기업은 물론 특정한 관계가 없는 자에게 누설 또는 침해당하지 않도록 보호 관리하기 위한 대응방안이나 활동

- 산업체 · 연구소에서 보유하고 있는 기술 · 경영상의 정보 및 이와 관련된 인원 · 문서 · 시설 · 통신 등을 경쟁국가 또는 업체의 산업스파이나 전 · 현직 임직원, 외국인 유치과학자 등 각종 위해요소로부터 침해당하지 않도록 보호하는 활동
  - ⓒ 정진홍(2011): 산업상 유용한 기술상, 경영상의 정보를 산업스파이로부터 보호 관리하기 위한 대책과 활동
  - ⓒ 민병설(2002): 국가산업 발전에 유용한 기술이나 경영상에 필요한 정보 및 기술을 각종 침해행위로부터 안전하게 보호관리하기 위한 소극적 또는 적극적 대책과 활동
  - ⓔ 임창묵(2012): 산업기밀 등 기업의 자산을 외부의 침해로부터 보호하는 활동. '산업', '국가발전'이라는 개념을 포함하여 범위를 국가차원의 중요한 기술과 정보로 한정하고 있다는 점이 공통점임

2. 산업보안의 범위

(1) 산업보안은 국가차원의 중요한 기술이나 정보를 보호하기 위한 활동으로서 보호대상이 되는 기술과 정보는 국가 또는 공공기관뿐만 아니라 국내의 민간기업 및 대학, 연구소 등이 보유하고 있는 것을 포함하며, 국가차원의 중요한 기술이나 정보가 아닌 것은 산업보안의 대상에 해당되지 않는다.

> 예 기업 임직원의 부도덕한 행위, 기업의 탈세사실 등은 산업보안 대상이 아님

(2) 산업보안은 국가의 산업경쟁력을 보호하기 위해 중요한 기술이나 정보가 국외로 유출되거나 유출될 위험을 방지하기 위한 활동이다.
  - ① 국외유출 위험이 없는 단순 국내 기업 간 불법기술유출 및 탐지행위는 기업보안에 해당됨
  - ② 내국인 · 국내 기업의 행위라 하더라도 외국, 또는 외국인을 위한 산업기술, 정보의 탐지, 유출행위는 산업보안의 대상에 해당됨

(3) 산업보안은 부당한 침해로부터 보호하기 위한 활동으로서 불법적인 산업스파이 행위를 적발 규제하기 위한 것이다.
  - ① 합법적으로 산업기술과 정보를 취득하는 기술이전계약, 기업 인수합병, 공개자료 수집 등은 산업보안의 대상이 아님
  - ② 단, 국가로부터 연구개발비 지원을 받아 개발한 국가핵심기술을 해외로 매각, 이전, 수출하거나 해당 기술을 보유한 기업이 해외기업과 인수 합병 시 산업통상자원부 장관의 승인을 받아야 함

2 산업보안의 연혁과 발전과정

1. 산업보안의 역사

(1) 산업스파이 활동은 상거래 활동의 역사만큼 오래된 역사를 보이고 있다.

(2) **미국 최초의 산업스파이**: 캐벗 로웰(Cabot Lowell)
  - ① 1780년대 후반부터 영국은 증기기관을 이용하여 고품질의 양모와 면직물을 대량생산하여 부를 축적했으며, 방직기 제작기술의 국외유출을 엄격히 금지 → 일종의 산업스파이 방지법
  - ② 1811년 로웰은 영국 전역을 돌아다니며 당시의 최첨단 방직기인 '카트라이트' 방직기 제작기술을 훔쳐 뉴잉글랜드 지역에서 카트라이트와 거의 유사한 방직기를 제작할 수 있었음
  - ③ 이를 바탕으로 미국에서도 산업혁명이 이루어지고 북부의 본격적인 경제성장이 시작되었음

(3) 산업스파이 활동과 방지 노력이 오래전부터 계속되어왔지만, 근대국가 성립 후 통치권 확립과 외국의 군사적 침입으로부터 국가의 안전을 확보하는 일이 우선적인 관심사가 되면서 산업스파이 활동은 크게 주목받지 못하였다.

(4) 냉전이 종식되면서 미국을 비롯한 세계 각국은 일제히 국가의 경제력을 강화하는 데 관심을 갖기 시작하였고, 이에 따라 정보기관의 활동방향도 변화하였다.

① 미국의 조지 부시(G. H. W. Bush) 대통령은 1991년 정보공동체의 역할과 임무, 최우선 추진업무를 재검토하도록 지시하는 〈NSR-29〉에 서명함

② CIA 게이츠 부장은 이에 따라 재검토 작업을 진행하고 의회 증언을 통해 냉전 종식 이후 미국의 정보활동방향을 천명함

　　㉠ 대량살상무기 확산·마약·테러리즘 등에 대한 대응 강화

　　㉡ 금융·무역·기술개발 문제 등 미국경제에 영향을 미치는 국제경제문제 적극대처

　　㉢ 경제첩보를 수집목표로 제시한 것은 이때가 처음으로, 유럽, 일본 등 많은 우방국가가 긴장하게 되었음

2. 산업보안의 발전과정

(1) 미국은 에임즈 사건을 계기로 1994년 '국가방첩센터(National Counterintelligence Center)'를 설립하여 운영하여 왔으나, 리웬호 사건을 계기로 2001년 '국가방첩관실(ONCIX)'로 확대 개편하였다.

> **더 알아보기**
>
> 에임즈 사건과 리웬호 사건
> • 에임즈 사건: 1994년 FBI는 당시 CIA 요원인 앨드리치 에임즈를 구소련을 위한 산업스파이 혐의로 체포하였다.
> • 리웬호 사건: 에너지부 산하 로스 알모스 연구소 소속 과학자 리웬호가 중국에 불법으로 핵관련 기술을 넘겨주는 사건이다.

① 국가방첩관실은 국가정보장(DNI; Director of National Intelligence) 산하 소속임

② 주요 임무

　　㉠ 외국·테러조직·비국가행위자로부터 야기되는 각종 미국의 국가이익 침해행위를 색출

　　㉡ 국가정보시스템 보호

　　㉢ 정책결정자에게 방첩정보 제공

③ **핵심 방첩이슈**: 사이버보안, 경제스파이, 내부자 위협, 경제유통 시스템 위협 등

(2) 국가방첩관실은 안보평가센터(Center for Security Evaluation), 특수보안센터(Special Security Center), 내부자 위협 태스크 포스(National Insider Threat Task Force)와 2014년 합병되어 국가방첩장(National Counterintelligence Executive, NCIX)으로 확대되었다.

① 2014년 국가정보장은 국가방첩 및 안보센터(NCSC)를 설립하여 단일한 조직 내에서 효과적인 방첩 및 보안업무를 담당하도록 함

② 국가방첩장은 국가정보장의 NCSC의 역할을 수행하고 있음

　　① 국가산업보안프로그램: 국방산업보호를 위해 국방부 주도로 발전시켜온 프로그램

　　② 「경제스파이법(Economic Expionage Act of 1996)」: 산업스파이의 형사처벌 목적

　　③ '엑슨-플로리오 조항(Exon-Florio)' 조항의 도입(1988) 및 확대한 「외국인 투자와 국가안보법(Foreign Investment and National Security Act)」: 국가안전보장의 관점에서 중요한 산업기술과 자산의 해외유출 규제

　　④ 국가정보장이 직접 관장하는 국가방첩장실을 중심으로 산업스파이 색출활동 전개와 함께 민간기업 및 단체에 다양한 보안교육과 관련 정보를 제공해 오면서 발전

(4) 우리나라는 1980년대 이후 가전, 철강, 자동차, 조선, IT 등의 기술수준이 향상되면서 각종 산업기술 유출사고가 증가하게 되었다. 이에 따라 당시 국가안전기획부는 1989년 국내 첨단산업체 · 연구소 등의 기술보호 실태를 파악하고, '첨단산업기밀보호대책'을 대통령에게 보고한 이래 산업보안 활동이 시작되었다.

　　① 2003년 국가정보원 산하 '산업기밀보호센터'를 설립하여 산업스파이를 적발하고 중요한 산업기술과 정보를 보호하고 있음

　　② 2006년 「산업기술의 유출방지 및 보호에 관한 법률(산업기술보호법)」 제정

　　　㉠ 산업기술 보호를 위한 종합계획 · 기본계획 수립

　　　㉡ 산업기술보호위원회 설치를 통해 각종 정책 및 산업기술 수출 · 인수합병 등 구체적 사안 심의

　　　㉢ 산업기술보호협회를 설치, 민간기업 대상 교육 및 홍보 진행

3 주요국의 산업보안제도

1. 미국의 산업보안제도

(1) **국가산업보안프로그램**

　　① 국방부가 국방산업 분야를 중심으로 1950년대부터 발전시켜온 제도

　　② 민간기업이 행정부처와 국가비밀 관련계약을 체결할 경우 지켜야할 보안원칙과 기준 등을 관리하는 제도

　　③ 현재 국방부뿐만 아니라 국무부, 에너지부, 항공우주국 등 모든 행정부처가 국가비밀 관련계약을 민간기업과 체결할 경우 적용되고 있음

　　④ 국가비밀로 분류된 중요한 기술이나 정보를 기업이 산업적으로 이용할 경우 외부로 유출되지 않도록 관리하기 위한 제도

(2) **「경제스파이법」**

　　① 기업의 영업비밀을 보호하는 동시에 국가의 산업경쟁력을 보호하기 위해 1996년 제정

　　　㉠ 이 법은 주간(inter-state) 무역 또는 국제무역 물품생산에 사용된 영업비밀을 불법으로 취득한 자를 처벌하고자 하는 목적으로 제정됨

　　　㉡ 외국 또는 외국인에게 이익을 줄 의도가 있거나 이익이 되는 것을 알면서 영업비밀을 불법적으로 취득하였을 경우 가중처벌하고 있음

　　② 영업비밀이 해외로 유출되는 경우 뿐만 아니라 다른 주로 유출되는 경우에도 형사처벌하고 있으며, 특히 외국인에게 이익을 주는 유출행위를 무겁게 처벌하고 있음

(3) 「외국인투자와 국가안보법」

① 합법적인 기업 인수·합병을 통해 국가안전보장에 영향을 미칠 수 있는 중요한 산업기술이나 자산이 해외로 유출되는 것을 방지하기 위한 목적으로 제정

② 1988년 '엑스-플로리오(Exon-Florio)' 조항으로 제정되었고 2007년 법률로 개정

③ 이 법에 따라 구성된 '외국인투자위원회(CFIUS; Committee on Foreign Investment in the United States)'의 조사결과에 따라 대통령은 외국인 인수·합병에 대한 중지명령을 내릴 수 있음

(4) 「수출관리규정」

① 상무부가 주관하는 규정으로 외국으로 수출하는 전략물품을 통제하기 위한 제도

② 이중용도 물품·소프트웨어·기술 등 전략물자를 수출하기 위해서는 사전 승인을 받도록 하고 있음

> **더 알아보기**
>
> **이중용도 물품**
> 민간용으로 개발·제조되었지만 군사용으로도 사용할 수 있는 품목

(5) 「영업비밀보호법」

① 각 주(州)법으로 제정된 법으로 기업의 영업비밀 침해행위에 대해 손해배상을 규정하고 있음

② 간접적이나 산업기술의 불법유출을 방지하는 효과를 보이고 있음

(6) 국가방첩장실

① 국가방첩장실은 2001년 확대·개편에 이어 2014년 안보평가센터(Center for Security Evaluation), 특수보안센터(Special Security Center), 내부자 위협 태스크포스(National Insider Threat Task Force)와 2014년 확대되었음

② 경제방첩을 테러대응 다음의 중요한 과제로 설정하고, 산업보안 활동요원 증원, 해외지부 확대 등을 추진

③ 2003년부터 관·학·산업 관계자로 구성된 '정보보안 경영 태스크포스'를 구성하는 등 민간기업과 긴밀하게 협력을 진행 중

(7) 미국산업보안협회

① 정부의 산업보안제도와 정책을 기업에 홍보하고 전파하는 동시에 기업의 보안경영 기법을 연구하고 교육하는 역할을 담당하는 민간단체임

② 1955년 설립 이래 정부의 산업보안제도와 정책을 전파하는 데 주력하였으며, 1970년대 이후에는 기업의 보안경영 지원에 중점을 두고 있음

③ 현재 산업보안과 관련된 산업기술이나 정보의 유출문제 외 기업보안 및 안전에 관련된 재난관리, 화재안전, 직장폭력, 요인 신변보호 등 다양한 분야를 업무영역으로 포괄적으로 대응하고 있음

2. 일본의 산업보안제도

(1) 「부정경쟁방지법」

① 1990년 개정을 통해 영업비밀 침해행위에 대한 손해배상을 인정하는 영업비밀 보호규정을 도입한데 이어 2003년에는 형사처벌을 도입했음

② 이후 수차에 걸친 개정을 통해 영업비밀 보호정도를 강화해 나가고 있는데 국외에서 발생한 영업비밀 침해행위에 대한 처벌 도입(2005년), '부정한 경쟁' 목적이 없더라도 '부정한 이익을 얻거나 보유자에게 손해를 가할 목적'이 있으면 영업비밀 침해를 인정하는 등 강화 추세임

(2) 「지적재산전략회의」와 「지적재산전략본부」

① 국제경쟁력 강화와 경제활성화를 위해 산업보안뿐만 아니라 전반적인 지적 재산 활용과 보호전략을 논의하기 위해 2002년 설립되었음

② 지적재산전략회의에 따라 '지적재산전략대강'을 수립하였고 2003년 경제산업성은 일본 내 기술유출 대응을 위한 「영업비밀관리지침」과 국외 기술유출에 대응하기 위한 「기술유출방지지침」을 각각 제정 및 기업에 보급함

③ 2002년 「지적재산기본법」에 따라 지적재산전략회의는 해산되고, 「지적재산전략본부」 설립

  ㉠ 매년 지적재산의 창조 · 활용 · 보호에 관한 '지적재산추진계획'을 수립하여 시행하고 있음

  ㉡ 국가의 중요한 산업기술과 정보를 비롯한 각종 지적재산을 창출 · 보호하기 위한 각종 정책 포함

(3) 「외환 및 외국무역법」

① 2007년 개정을 통해 외국자본에 의한 첨단기술 보유기업의 인수 · 합병을 제한하고 외국인 투자 사전신고 분야를 대폭 확대함

② '도시바 사건(1987)' 이후 전략물품을 철저히 통제하고 있음

> **더 알아보기**
>
> 도시바 사건(도시바 코콤 위배 사건)
> 냉전기 미국과 동맹국인 유럽, 일본 등은 '공산권 수출통제위원회(CoCom)'의 통제를 받고 있었다. 당시 소련제 잠수함 프로펠러 소음문제 해결을 위해 소련 국영 기계수입회사 직원으로 가장한 KGB 요원에게 포섭된 일본 와코 코에키 상사의 주재원이 고액의 수수료를 받고 노르웨이 회사와 부분적으로 서류를 조작하여 코콤 심사를 통과시켰는데 훗날 승진 · 퇴직금 등 문제로 불만을 가진 해당 주재원이 관련 자료를 미국에 제출하며 미 국방예산 증액 및 무역 금수조치 언급 등 관련국간 갈등으로 비화된 사건이다.

3. 독일의 산업보안제도

(1) 「부정경쟁방지법」

① 기업의 영업비밀 침해행위에 대한 형사처벌과 민사손해배상을 모두 규정하고 있음

② 외국으로 유출될 것을 알고 침해한 경우에는 가중처벌 규정을 도입

(2) 「대외경제법」

① 국가안보, 기술보호 및 대외관계의 손상을 방지하기 위해 전략물자와 핵심기술 수출을 제한할 수 있도록 규정하고 있음

② 전략물자 및 핵심기술의 해외이전 제한을 위해 방위산업체의 해외매각 및 외국인의 방위산업체 투자를 제한하고 있음

(3) 「연방산업보안협회」와 「주(州)산업보안협회」
① 독일 내 산업보안 주무부처는 '연방경제기술부'로 「부정경쟁방지법」과 「대외경제법」 등 관련 법률이 규정한 제도와 정책을 운영하고 있음
② 연방총리실은 매주 정보수사기관장 회의를 개최하여 산업기술 유출실태와 보호방안을 협의하고 「연방산업보안협회」와 9개의 「주(州)산업보안협회」와 함께 긴밀한 산업보안 협조업무를 수행

4. 중국의 산업보안제도

(1) 「반부정당경쟁법」 : 영업비밀 침해행위에 대한 손해배상 청구권을 규정하고 있다(1993년 제정).

(2) 「상업비밀 침해행위에 관한 규정」
① 영업비밀 침해행위에 대한 행정조치를 위해 1995년 제정
② 이 규정에 따라 '공상행정관리기관'이 담당

(3) 「형법」
① 영업비밀 침해행위에 대한 형사처벌을 규정
② 범죄구성요건은 「반부정당경쟁법」의 영업비밀 침해행위와 동일

(4) 「기술수출입관리조례」
① 중요한 산업기술의 수출제한을 위해 2002년 제정
② 수출자유기술, 수출제한기술, 수출금지기술로 구분하고, '국가과학기술위원회'의 허가를 받도록 규정하고 있음

(5) 「인터넷기밀보호법」 외 기타
① 정보통신관리부가 동법에 따라 인터넷을 통해 첨단기술이 유출되지 않도록 감독하고 있음
② 상무부는 수출제한 및 금지대상 물품·기술이 해외로 유출되지 않도록 심사함
③ 국가안전부는 「국가안전법」에 따라 산업스파이를 '국가안전에 위해를 가하는 행위'로 간주하여 색출, 중형에 처하고 있음

4 산업보안제도와 정책

1. 국내 산업보안 제도

(1) 국내 산업보안 제도와 정책은 「산업기술의 유출방지 및 보호에 관한 법률(산업기술보호법)」을 중심으로 수립·추진되고 있다.
① "산업기술의 부정한 유출을 방지하고 산업기술을 보호함으로써 국내산업의 경쟁력을 강화하고 국가의 안전보장과 국민경제에 이바지함을 목적으로 한다"라고 규정하고 있음
② 산업기술 보호제도와 정책추진체계를 공공부문과 민간부문으로 나눌 수 있음

(2) 공공부문의 산업보안 관리체계
① 산업기술관리 부문
㉠ 산업기술보호위원회를 중심으로 산업통상자원부와 관계 중앙행정기관이 업무협조를 하면서 산업기술보호 종합계획, 산업기술보호 시행계획, 산업기술보호 보호지침 등 각종 정책을 수립·집행함

PART
02

ⓛ 산업기술위원회는 실무위원회 · 전문위원회 · 정책협의회의 지원을 받으며 산업기술보호 종합계획 수립, 국가핵심기술 지정 · 변경, 국가핵심기술 수출 및 관련 기업 해외인수 · 합병 등 심의를 담당함

② 불법유출대응 부문

ⓖ 국가정보원 산업기밀보호센터와 검찰청 · 경찰청이 상호수사공조체제를 이루어 산업기술유출에 대응함

ⓛ 산업기술분쟁조정위원회가 기술유출과 관련한 당사자간 분쟁조정을 담당함

(3) 민간부문의 산업보안 관리체계

① 산업기술보호협회가 기업 · 연구기관 · 전문기관 · 대학 등과 협조하여 산업기술보호 실태조사 · 정책개발 · 산업보안교육 및 전문인력 양성 등 역할을 담당함

② 산업기술보호 컨설팅 회사 등은 기업의 기술보호를 위한 자문역할을 수행하고 있음

2. 산업기술보호법과 산업보안정책

(1) 산업기술보호법

① 산업기술: 산업경쟁력 제고를 위해 제품이나 용역의 생산 · 개발에 필요한 기술정보 중 관계 중앙행정기관의 장이 법령에 따라 지정 · 고시한 것임

② 국가핵심기술: 산업기술 가운데 기술적 · 경제적 가치가 높아 해외로 유출될 경우 국가안전보장이나 국민경제발전에 중대한 악영향을 미칠 우려가 있는 것을 지정, 보호하도록 하고 있음

③ 산업기술을 보유한 기업은 특별히 산업기술을 보호하는 조치를 취할 의무는 없으나, 산업통상자원부장관은 「산업기술보호지침」을 제정하여 해당 기업이 활용할 수 있도록 제공의무가 있음

④ 국가핵심기술을 보유한 기업은 기술유출이 발생하지 않도록 대통령령이 정하는 바에 따라 필요한 조치를 취해야 함

ⓖ 국가의 연구개발비를 지원받은 국가핵심기술을 외국기업에 매각 · 수출할 경우 사전에 승인을 받아야 함

ⓛ 국가의 연구개발비 지원을 받지 않았으나 국가핵심기술로 지정된 경우에도 이를 보유 · 관리하는 기업이 해외인수 · 합병을 추진할 경우 미리 신고해야 함

ⓔ 국가핵심기술 또는 국가연구개발 사업으로 개발한 산업기술을 보유하고 있을 경우 유출 우려가 있거나 유출이 발생하였을 경우 산업통상자원부장관 및 정보수사기관의 장에게 즉시 신고해야 함

(2) 기타 산업기술 보호 관련법률

① 「부정경쟁방지 및 영업비밀보호에 관한 법률(영업비밀보호법)」

② 「외국인투자촉진법」에 의한 외국인 투자제한(제4조 및 시행령 제5조)

③ 「대외무역법」에 의한 전략물자 수출제한(제19조)

④ 「정보통신망 이용촉진 및 정보보호에 관한 법률(정보통신망법)」에 의한 타인의 정보 · 비밀침해 금지(제49조) 및 산업 · 경제 · 과학기술의 국외유출 제한(제51조)

⑤ 「방위사업법」에 의한 비밀누설 금지(제50조) 및 주요 방산물자의 수출제한(제62조)

CHAPTER 06

대테러정보활동과 국제범죄대응

1 안보환경의 변화와 테러리즘

1. 냉전의 종식과 뉴테러리즘의 등장

(1) 냉전의 종식 이후 전통적 안보위협은 감소한 반면 테러, 마약·위조지폐 및 국제조직범죄, 난민문제 등 새로운 안보위협이 부각되기 시작하였다.

> **더 알아보기**
>
> **안보개념의 확대**
>
> 냉전체제가 종식되면서 안보개념의 패러다임 변화가 일어나게 된다. 보스니아, 르완다 등지에서 발생한 내전은 대규모 무력분쟁이 국가를 초월하여 일어날 수 있다는 점을 증명하였다. 자연재해, 자원고갈, 환경오염, 감염병 등 다양한 요인이 국가의 생존과 주권, 국민의 안전을 위협할 수 있게 되면서 국가와 군사력만으로는 해결하기 어려운 국제분쟁의 요소가 존재한다는 인식이 널리 공유되기 시작하였다. 그리고 전통안보개념에 대한 반성과 함께 안보개념의 확장이 적극적으로 논의되면서, 안보위협을 규정하는 기준은 위협의 강도와 위협에 대한 취약성으로 확대되었다. 안보의 대상 역시 국가라는 단일체에서 국가를 구성하고 있는 국민으로 확장되었다. 국민을 안보의 대상으로 간주할 경우 취약성이 다양해지며, 안보위협 또한 다양해지게 된다. 안보의 대상과 영역이 확장되면서, 초국경적으로 발생하는 안보문제에 대응하기 위해 국가 간 상호협력이 필요하다는 인식도 증가하게 되었다. 인간안보, 공통안보, 협력안보, 포괄적 안보 등 새로운 안보개념이 등장하게 된 것이다.

(2) 새로운 안보위협 영역이 부각되기 시작하면서 전통적 안보개념은 포괄적 안보개념으로 확대되었고, 다양한 주체가 제기하는 안보위협에 대한 대응 역시 국가정보활동의 중요한 대상이 되었다.

① 특히 테러리즘의 경우 9/11 테러를 기점으로 테러수법의 다양화 및 공격의 증가를 통해 테러리즘으로 인한 피해가 심각하게 대두되었음

② 21세기 테러의 특징은 '뉴 테러리즘(new terrorism)'으로 부를 수 있음

> **더 알아보기**
>
> **뉴테러리즘의 특징**
>
> 1. 특정 테러집단 색출 근절의 어려움
> 2. 테러공격대상의 변화: 불특정 일반 대중 대상으로 변모
> 3. 무차별적 공격으로 이한 피해의 대형화
> 4. 신속한 테러공격 전개로 테러대처시간의 부족
> 5. 흉기, 차량 등 로우테크형 테러수단의 사용 증가
> 6. 인명피해 극대화 목적의 신종 대량살상무기 사용
> 7. 글로벌 커뮤니케이션 발달로 테러공격을 통한 공포 확산이 용이함
> 8. 테러사건 발생 및 대비에 따른 정치적 부담 증대
> 9. 테러범의 계층 변화(중산층 엘리트와 범죄경력 전무한 테러범의 증가)

10. 테러범의 체포나 처벌이 어려운 경우가 대부분임
11. 테러조직이 초국가적 네트워크 조직으로의 변모
12. 테러공격 대상의 중요성과 상징성 증가
13. 테러대상의 무차별적 선정

③ 세계 주요국의 지정학적 안보환경은 다르더라도 테러리즘은 전세계적인 문제로 부상하면서 테러대응은 거의 모든 국가가 총체적 국가안보 대응체제 구축에 매진하고 있음

④ 기존 우리의 안보정책과 대테러정책은 북한의 남침, 대남도발 테러를 대비하여 수립되었으나 9/11 테러를 계기로 국내의 대테러정책에서도 인식 변화가 일어나기 시작함

⑤ 특히 미국 오바마 행정부에서 대테러정책이 테러진압을 위한 군사적 작전 중심에서 테러발생의 근본 원인은 폭력적 극단주의 대응 및 예방으로 변화하면서 우리나라 역시 국제사회의 노력에 함께하고 있음
　　㉠ 한-아세안 폭력적 극단주의 예방을 위한 대화(2016)
　　㉡ 폭력적 극단주의 예방을 위한 국가행동계획 수립(2018)

⑥ 폭력적 근단주의 예방을 위한 국가행동계획(2018)
　　㉠ 대화 및 인권증진
　　　　• 공동체 구성원 간 대화와 소통 강화를 통한 갈등 예방
　　　　• 인권 · 민주주의 친화적 정책 환경 구축
　　㉡ 공동체 관여
　　　　• 지역사회와 함께하는 안전한 공동체 건설
　　　　• 소외 계층을 아우르는 포용적인 공동체 조성
　　　　• 폭력 피해자와 가해자에 대한 공동체 관여
　　㉢ 청소년 및 여성의 역할 강화
　　　　• 공동체와 생명존중 의식 함양을 위한 교육 강화
　　　　• 취약 청소년에 대한 지원 확대
　　　　• 양성 평등과 여성의 참여 증진
　　㉣ 교육 · 훈련과 고용 촉진
　　　　• 청년 일자리 제공 및 창업 지원
　　　　• 세계시민의식 확산을 위한 교육 실시
　　　　• 군복무 장병 대상 교육
　　㉤ 전략적 소통, 인터넷과 소셜미디어
　　　　• 건전한 인터넷 환경 조성을 위한 민 · 관 협력 강화
　　　　• 테러단체의 정보통신기술 악용 방지
　　　　• 인터넷 · 소셜미디어 문화 개선

2 테러리즘의 개관과 대응체계

1. 테러리즘의 개관

(1) 개념: 역사적 · 문화적 배경의 다양성에 따라 정의가 다르게 규정되는 등 다양한 정의를 제시하고 있으며, 국제사회 역시 보편적이고 일관된 테러리즘 개념 도출에 합의하지 못했다.

(2) 미국의 테러개념

① 미 애국법: 국제테러리즘과 국내테러리즘으로 구분

  ㉠ 국제테러리즘: 일반시민을 협박 또는 강요하거나 협박 또는 강요를 통해 정부의 정책에 영향을 주고자 하거나, 대량파괴 · 암살 또는 납치를 통해 정부 조치에 영향을 주기 위하여 미 연방 또는 각 주 형법에 범죄행위로 규정되어 있거나 미 연방 또는 각 주 관할지역 내에서 자행 시 범죄행위가 되는 무력행위 또는 사람의 생명에 위험을 초래할 수 있는 행위로서, 미합중국 영토 외에서 발생되거나 협박 · 강요 대상자 또는 범죄지 · 망명지 등 목적 달성을 위한 수단 등이 다국적 요소로 이루어진 경우

  ㉡ 국내테러리즘: 일반시민을 협박 또는 강요하거나 협박 또는 강요를 통해 정부의 정책에 영향을 주고자 하거나 대량파괴, 암살, 납치를 통해 정부조치에 영향을 주기 위하여 미 연방 또는 각 주 형법에 범죄행위로 규정되어 있거나 미 연방 그리고 각 주 형법상 범죄행위로 규정되어 있는 사람의 생명에 위험을 가하는 행위로서 원칙적으로 미합중국 영토 내에서 발생한 것

② 미 국방부: 정치, 종교, 이데올로기적 목적 달성을 위해 정부 · 사회에 대한 위압 혹은 협박의 수단으로 개인 · 재산에 대해 비합법적인 힘 혹은 폭력을 사용하거나 그 사용에 대한 협박을 하는 것

③ 미 국무부: 준(準)국가단체 혹은 국가의 비밀요원이 다수 대중에게 영향력을 행사하기 위해 비전투원을 공격대상으로 하는, 사전에 치밀하게 준비된 정치적 폭력

④ 미 CIA: 개인 · 단체가 기존의 정부에 대항하거나, 대항하기 위해서 직접적인 희생자들보다 더욱 광범위한 대중에게 심리적 충격 · 위협을 가함으로써 정치적 목적을 달성하기 위해 폭력의 사용 혹은 폭력의 사용에 대한 협박을 하는 것

(3) 한국의 테러개념

① 「국민보호와 공공안전을 위한 테러방지법(이하 '테러방지법')」

  ㉠ 국가 · 지방자치단체 또는 외국정부의 권한행사를 방해하거나 의무없는 일을 하게 할 목적 또는 공중을 협박할 목적으로 하는 행위

  ㉡ 사람, 항공기, 선박, 대중교통시설 및 전기, 가스 등 처리, 수송, 저장시설, 핵물질, 원자력시설 대상

② 「공중 등 협박목적 및 대량살상 무기확산을 위한 자금조달행위의 금지에 관한 법률(이하 '테러자금금지법')」

③ 「국가대테러활동지침」

  ㉠ 국가안보 또는 공공의 안전을 위태롭게 할 목적으로 행하는 행위

  ㉡ 테러관련 9개 국제협약에서 범죄로 규정한 행위만을 테러로 정의

(4) 서남아·중동지역의 테러개념

① 아랍국가연맹은 「아랍연맹헌장(1945)」, 「아랍테러대응전략(1997)」, 「테러억제를 위한 아랍협약 (1998)」이 아랍국가연맹의 주요 대테러협력 수단에 해당되는데, 「테러억제를 위한 아랍협약」 제2조를 통해 테러개념을 정의하고 있음

② 특이점: "외국의 지배 및 공격에 대응하여 자국 영토 해방 및 자기 결정권 보장을 위해서 무장투쟁을 포함하여 무차별적인 수단을 사용할 수 있는 권리"를 포함하고 있음(「테러억제를 위한 아랍협약」 제2조)

③ 이러한 개념은 서구권 국가 및 국제규범상 테러의 개념 정의와 다르고, '위협'과 '폭력'에 대한 정의 및 국제인권법 준수에 대한 조항이 빠져있음

④ 「테러대응을 위한 이슬람회의기구 협약(1994)」: 이슬람협력기구의 기본적인 대테러수단에 해당하나, '정당한 자구행위로써 무장행위'를 테러로 규정하고 있지 않다는 점이 특징(제2조 a항)

(5) 테러리즘의 시기별 변화 및 발생양상

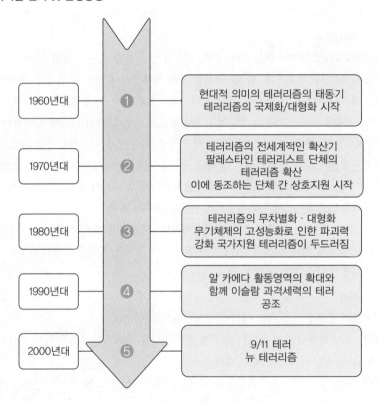

1960년대	❶	현대적 의미의 테러리즘의 태동기 테러리즘의 국제화/대형화 시작
1970년대	❷	테러리즘의 전세계적인 확산기 팔레스타인 테러리스트 단체의 테러리즘 확산 이에 동조하는 단체 간 상호지원 시작
1980년대	❸	테러리즘의 무차별화·대형화 무기체제의 고성능화로 인한 파괴력 강화 국가지원 테러리즘이 두드러짐
1990년대	❹	알 카에다 활동영역의 확대와 함께 이슬람 과격세력의 테러 공조
2000년대	❺	9/11 테러 뉴 테러리즘

(6) 국테테러 발생양상을 살펴보면 무차별적인 테러공격과 대상선정의 소프트타겟화가 특징이며, 불특정 다수를 대상으로 일어난 9/11 테러 이후 일반대중은 상시적인 테러위협의 가능성에 두려움을 느끼고 있다.

(7) 2010년 이후 자생테러(homegrown terrorism) 및 외로운 늑대 테러(lone wolf terrorism)가 하나의 뚜렷한 추세로 자리 잡으면서 대테러정책방향에도 전환이 모색되고 있다.

① 9/11 테러의 경우처럼 국제테러조직이 가하는 위협으로부터 국토를 수호하기 위해 공항, 여객기 등에 대한 안전조치 및 테러범 잠입차단을 위한 국경보안 강화, 형사사법기관과 정보기관의 데이터베이스 연계를 통한 광범위하고 신속한 정보공유체계 구축 등이 주요 대책으로 제시되고 있음

② 자생테러, 외로운 늑대 테러는 테러발생 이전 관계당국의 감시망에 오를 정도로 뚜렷한 범죄적 경향

이나 급진적 성향이 목격되지 않은 경우가 상당수 확인되면서 테러발생을 근본적으로 차단하기 위한 방안이 대테러정책의 주요 방향으로 전개되고 있음

(8) 테러리즘의 주요 특징

① 과거 요인암살 등이 주를 이루었던 것에 반해 불특정 다수를 대상으로 한 공격이 증대되고 있음

② 1960년대 이후 항공기를 이용한 항공테러리즘의 등장은 세계화와 국제무역의 증대에 따라 여전히 심각한 위협으로 부각되고 있음

③ 고전적 테러리즘에 해당하는 인질납치는 범죄-테러의 연계가 뚜렷하게 나타나는 중남미 지역에서 여전히 빈발하고 있음

④ 정보화의 진전에 따라 사이버공간을 통해 공격을 감행하는 사이버테러가 증가하고 있으며, 개인 차원의 해킹 등을 이용한 테러, 조직적·국가적 차원의 테러 등 다양한 행위자에 의해 발생하고 있음

⑤ 9/11 테러 이후 화생방 및 고성능 무기(CBRNE)에 의한 테러리즘 위협이 대두되었으며, 특히 코로나19 이후 탄저균 등 생화학 무기를 이용한 생물·화학테러에 대한 관심이 급증하고 있음

⑥ 특히 테러집단은 인터넷망을 이용하여 느슨한 네트워크 형태의 조직으로 변모, 유사한 사상을 가진 사람들끼리의 연대를 강화하는 경향을 보이고 있음

더 알아보기

중동 소재 주요 이슬람극단주의 테러단체

• 무자헤딘: 아프가니스탄·이란의 무장단체로 '성전을 행하는 전사'라는 뜻

• 헤즈볼라: 레바논에서 조직된 시아파 과격단체로 이스라엘 가자 지구 등에서 공격활동을 하고 있으며, 시리아·이란이 배후지원으로 확인되었음. 중동의 새로운 정치세력으로 부상하고 있다는 점에서 주목이 필요

• 하마스: 팔레스타인 무장단체로 '이슬람 저항운동'이라는 뜻의 아랍어 첫글자를 따름. 팔레스타인 총선을 통해 의회에 진출하였으며 합법적인 정당으로 변모 중임

• 알카에다: 오사마 빈 라덴이 설립한 무장단체로 '미국과의 성전'이라는 이름으로 중동 및 세계 주요국가에서 테러공격을 수행함. 9/11 테러를 주도한 배후세력이자 세계에서 가장 영향력을 가진 테러단체 중 하나임

• 탈레반: '학생'이라는 뜻의 아프가니스탄에서 결성된 무장단체이자 이슬람 정치단체로 1996~2001년 사이 아프가니스탄을 지배하였으며, 현재 미국과 평화협상 체결(2020) 이후 구체적 행동지침을 위한 내부대화가 진행 중임

• 이슬람국가(ISIS): 2014년 '국가'를 선포한 최초의 테러단체이며, 비록 국가를 참칭하고는 있지만 국제사회에서는 인정하지 않음. 전 세계에서 가장 큰 규모의 외국인 테러전투원이 참전하였고, 교묘하고 세련된 미디어전략과 강력한 중앙집권통제방식이 특징인 단체로 2019년 3월 마지막 점령지인 모술을 잃고 현재 느슨한 분권형 네트워크 조직으로 변모함

2. 테러대응체계

(1) 국제테러리즘의 확산에 따른 테러대응을 위한 국제공조가 절대적으로 필요해지면서 광범위한 차원의 테러대응노력이 이루어지고 있다.

(2) 테러대응을 위한 입법: 9/11 테러 이후 UN안전보장이사회 결의안이 채택되면서, 테러에 대한 각국의 포괄적인 노력 촉구와 함께 테러방지대책을 재정비하기 위한 각종 제도와 법적·제도적 장치 마련이 요구되었다.

① 테러대응을 위한 기존 법적 대응은 주로 국제법적인 차원에서 논의되었으며, 다양한 협약을 통해 테러대응을 위한 국제사회의 노력을 기울이고 있었음

② 우리나라의 경우 1982년 「국가대테러활동지침(대통령 훈령 292호)」을 제정하여 국가 대테러체계를 구축하였는데, 유관기관과 협의를 거쳐 동 지침의 개정을 통해 국가정보원 산하 테러정보통합센터 발족

③ 9/11 테러 이후 국가정보원 주도의 '테러방지법'이 의결, 제16대 국회에 제출되었으나(2001년) 법제사법위원회의 심사과정에서 수정논의가 제기되면서 국회의원 임기만료로 자동 폐기됨

④ 제17대, 제18대 국회에서도 테러방지법 법안 제정 필요성이 제기되어 의원입법으로 발의된 이후 거의 매년 지속적으로 테러예방 및 대응 관련 법안이 국회에 제출되었으나 폐기되었음

⑤ 2016년 3월 전격적으로 「테러방지법」이 제정되어 테러대응을 위한 국제사회의 노력에 일조하게 되었으나, 변화하는 테러발생 양상 대응을 위해 개정이 필요한 상황임

3 국제범죄의 대응과 대응체계

1. 국제범죄의 개관

(1) 국제범죄의 개념 정의를 위해서는 현대적 의미의 조직범죄 개념을 먼저 파악해야 하는데 조직범죄의 개념은 각국 형사사법기관 및 학계의 시각에 따라 다양하지만 경제성(= 탈이데올로기성), 불법성, 폭력성, 조직성, 비밀성 등이 공통 속성으로 제시되고 있다.

(2) **국제범죄의 개념**: 조직범죄의 공통 속성을 토대로 국제범죄를 정의한다면 조직범죄의 일반적 속성과 함께 범죄행위 혹은 범죄행위자가 2개국 이상과 직간접적으로 연계되어 발생하는 '초국가성'이라는 속성이 추가되어야한다.

(3) **조직범죄의 정치화**: 1990년대 이후 국제범죄조직이 각종 불법행위를 통해 획득한 불법자금으로 막강한 조직력과 첨단무기로 무장력을 강화하여 세력을 확장하면서 국가에 공공연히 도전을 가하는 것을 의미한다.

① **초국가적 마피아화**: 국제범죄는 마약밀매, 무기밀매, 국제적 성매매, 인심매매 등 비공식·불법경제뿐만 아니라 주식시장과 부동산시장 등 공식경제에 대한 영향력을 확대하고 있음

② 테러조직이 활동자금을 확보하는 차원에서 전통적인 국제범죄 영역에 개입하면서 국제범죄는 국제안보 차원에서 이슈화되고 있음

(4) 조직범죄의 범지구적 확산은 새로운 안보개념을 요구하며, 국제범죄조직의 전지구적 활동은 국가 및 국제안보는 물론 인간안보에도 매우 위협적이며, 기존의 안보위협에 대한 새로운 개념 정의를 요구하고 있다.

2. 국제범죄의 특징과 영향

(1) 마약 밀매에서 파생되는 막대한 불법수입은 범죄조직이 국내외적으로 지배적인 정치경제조직과 연대하게 만들어 정치적 부패를 심화시키며, 범죄조직과 경제기관 사이에서 발생하는 자금세탁을 통해 공생적 연계가 가능하다.

(2) 국제범죄조직의 목적 달성을 위한 폭력 증가와 새로운 형태의 정치적 마약테러리즘의 등장이다.

(3) 범죄조직과 게릴라조직·테러조직의 상호 연계가 점차 증가하고 있고, 테러-범죄 연계는 국제범죄조직의 활동을 더욱 복잡화하는 양상을 보이고 있다.

(4) 범죄조직에 의한 마약밀매는 단순히 국내 범죄행위 이상의 양상을 보이며 초국가적 성격을 가지게 되었고, 국외적으로 국가안보에 대한 중대한 위협요인으로 부상하고 있다.

3. 국제범죄 대응체계

(1) 초국가적 조직범죄 방지를 위한 UN협약(UNTOC, 2000)

① 조직범죄에 대항하기 위해 기존의 국제적 상호협력에 장애가 된 각국 법체계상 차이점을 해소하고자 제정

② UN 협약은 조직범죄에 효과적인 대항을 위해 국내법 기준을 강화하고 있으며, 우리나라 역시 2000~2001년 UNTOC 및 3개 부속 의정서에 모두 서명했지만 국내 형법을 UNTOC에 맞게 바꾸는 등 관련 절차를 거쳐 2015년 동 협약의 당사국이 되었음. 법무부와 외교부는 2013년 4월 범죄단체 조직죄를 UNTOC 기준에 맞게 수정하고 인신매매죄를 신설하는 등 형법을 개정한 후 5월 29일 국회비준 동의를 거쳐 UNTOC 가입 달성

(2) 방첩 차원에서의 국제범죄 대응

① 포괄적 방첩개념 도입: 21세기 방첩의 개념은 국가안보와 국가이익은 물론, 인간안보를 위협하거나 위해하는 것을 의미하며 온라인상 네트워크 취약성을 악용한 국제범죄 행위는 오프라인 방첩과는 또 다른 새로운 방첩의 영역에 해당함

② 내부위협 대비 필요: 한국은 점차 다문화사회로 진행되고 있기 때문에 가까운 장래 미국 및 서유럽의 경우처럼 내부로부터의 위협이 증대될 가능성이 매우 높다. 이주민 2·3세대의 한국사회 부적응 문제로 인한 극단주의 유입, 양극화·젠더 갈등 및 반이민정서에 기초한 극우 극단주의 세력의 등장 역시 주목이 필요함

③ 초국가적 위협의 연계 대비 필요: 초국가적 위협이 상존하는 글로벌 사회에서는 국가와 국민의 생존과 번영을 위해 정보기구는 국가정책방향을 제시하는 나침반의 역할을 담당하여야 하며, 정보기관의 중요 기능인 방첩활동 역시 새로운 시대적 상황과 문제에 대응하여 새로운 변신을 요구함

   ㉠ 테러조직과 마약조직 간 상호연계: '마약 테러리즘'의 등장

   ㉡ 마약조직과 범죄조직 간 상호연계: '프렌치 커넥션'

   ㉢ 범죄조직과 테러조직 간 상호연계: 범죄조직의 대량살상무기 밀매를 통한 테러조직 세력 강화

CHAPTER 07

사이버 정보 활동

1 사이버전의 개관

1. 사이버전의 개념

(1) 개념: 사이버 공간에서 일어나는 새로운 형태의 전쟁수단으로 컴퓨터 시스템 및 데이터 통신망을 교란·마비·무력화함으로써 적의 사이버 체계를 파괴하고 아군의 사이버 체계를 보호하는 것이다.

① 사이버 공간이란 단어는 SF 소설가 윌리엄 깁슨의 단편을 통해 처음 사용·확산된 용어

② 사이버 공간은 새로운 정보통신매체로서 정보통신장치와 그 속의 정보 두 가지 요소로 구성됨

③ 사이버전의 대표적 사례

㉠ 러시아-그루지아 사이 사이버 전쟁으로 인한 그루지아 정부·언론·음용·교통 전산망 마비 사건

㉡ 이스라엘-하마스간 전쟁 발발과 동시에 행해진 수백 개의 웹사이트 해킹 사건 등

④ 사이버전은 누구나 쉽게 참전할 수 있는 온라인 대전의 양상을 보여주고 있으며, 익명성, 저비용, 시공간의 무제약성으로 인해 앞으로 더욱 증대될 것으로 예측

(2) 사이버전은 사이버 공격과 사이버 보안 업무로 구분할 수 있다.

① **사이버 공격의 개념:** 적의 정보통신장치, 네트워크, 시스템, 소프트웨어 및 적의 사이버 체계에 저장·소통되고 있는 정보에 영향을 미치려는 행위

② **사이버 보안 업무의 개념:** 아군의 정보통신체계 보존을 위해 수행되는 행위

(3) 사이버 공격의 유형과 특징

① **사이버 공격의 개념:** 정보통신망을 통해 다른 컴퓨터에 불법접속하여 상대방 국가나 기업에 손상을 입히려는 일련의 행위

② **사이버 공격의 유형:** 적극적 공격과 수동적 공격기법

㉠ 적극적 공격기법: 허가받지 않은 상태에서 파일의 삭제·추가·변경·조작 등을 시도하는 것으로 정보 흐름의 순서를 바꾸고 복제·훼손·폐기·지연시킴으로서 서비스 거부를 초래하거나 위장관계를 설정하여 시스템의 합법적 사용자인 것처럼 가장하는 행위

㉡ 수동적 변경: 메시지의 변경은 시도하지 않고 단지 메시지의 내용을 도청하거나 트래픽·로그 정보를 분석하는 등의 행위

③ **해킹:** 사이버 공격에서 가장 많이 사용되고 있는 용어

㉠ 해킹의 개념: 정보통신망의 취약점을 이용하거 불법적으로 접근하거나 정보시스템에 유해한 영향을 끼치는 행위를 의미

㉡ 본래 정보통신망이나 시스템의 보안 취약점을 찾아 문제를 해결하고, 취약점을 악의적으로 이용하는 것을 방지하는 행위에서 시작함

ⓒ 크래커: 컴퓨터의 보급이 일반화되면서 점차 부정적 의미로 변질되어 타인의 컴퓨터에 침입하여 정보를 빼내 이익을 취하거나 파일 삭제, 전산망 마비 등 악의적 행위가 빈발

④ **컴퓨터 범죄**: 컴퓨터에 관한 반사회적 행위
 - 데이터의 부정조작, 데이터의 부정입수, 컴퓨터의 무단사용, 컴퓨터 소프트웨어 · 하드웨어 파괴 등이 해당됨

⑤ **사이버 범죄**: 컴퓨터 통신 등을 악용하여 사이버 공간에서 행해지는 범죄
 ㉠ 목적에 따라 해킹, 컴퓨터 바이러스 유포 등과 같은 범죄, 사이버명예훼손, 전자상거래사기, 개인정보 침해, 불법 사이트 개설 운영, 디지털 저작권 침해 등과 같은 유형으로 구분
 ㉡ 사이버 세계에서만 가능한지 또는 현실세계의 범죄가 사이버 공간에서도 발생했는지의 구분임
 ㉢ 사이버 범죄는 국내외에서 동시에 발생할 수 있기 때문에 초국경적 영향을 미칠 수 있는 국제형사 사법규칙이 필요함

⑥ **사이버 테러**: 국가 · 정치적 목적을 가지고 특정 조직이 행정 · 국방 · 통신 · 국가중요시설의 정보시스템을 파괴하여 국가기능을 마비시키는 행위

⑦ **전자적 침해행위 · 침해사고**: 정보보호 관련법규에서 사이버 공격 행위로 의미

(4) 사이버 보안의 유형과 특징

① **통신보안**
 ㉠ 1963년 「중앙정보부법」에 의거하여 "국가기밀에 속하는 문서"는 전신 · 전화 등 통신수단에 의해 평문으로 전달할 수 없도록 하고 암호자재를 이용하여 암호화해서 저장하고 소통하도록 규정한 것이 최초의 통신보안업무에 해당
 ㉡ 당시 통신보안용 암호자재는 대부분 수작업용 지편식 자재로 주로 군에서 사용되었으나 외교통신용으로 사용된 암호자재의 경우 통신량의 증가 · 암호자재의 특성 등으로 인해 외국산 암호장비를 사용할 수밖에 없었음
 ㉢ 통신보안발전의 큰 계기는 외국산 암호장비의 트랩도어 발견에서 시작되었으며, 당시 외국산 암호장비의 장비별 트랩도어 및 컴퓨터 계산량을 기반으로 한 통계적 분석기법으로 암호분석을 완료함
 ㉣ 우리 정부는 1980년대 초반부터 암호관련 조직 및 전문인력 양성에 힘쓰고 국산 암호장비 개발에 주력하여 2000년 한국전자통신연구원 부설연구소로 '국가보안기술연구소' 등을 개소하는 등 암호기술의 진정한 주권확립 기반을 마련함

② **전산 · 정보보안**
 ㉠ 전산보안의 개념: 컴퓨터 보급이 활발해진 1980년대 중반 이후 컴퓨터 접근 및 하드디스크에 보관되는 각종 정보에 대한 보호업무
 ㉡ 당시 전산보안은 컴퓨터 부팅 시 장비 · 패스워드 설정, 각종 정보자료 작성 시 파일 패스워드 · 자료의 암호화 저장, 국가기밀이 수록된 기억보조장치의 보안관리가 핵심사항
 ㉢ 정보보안: 컴퓨터 이용 네트워크(LAN, WAN)이 활성화되면서 등장한 프로토콜 보안 및 암호기술
 ㉣ 통신정보보호학회(한국정보보호학회)의 설립: 정부 주도 암호기술개발의 한계와 산업계 · 학계 · 연구기관의 연계 필요성에 따라 설립되었으며, 한국의 정보보호 분야가 한 단계 발전하게 된 계기임

③ 민간분야 정보보호
- 1996년 정보통신부(현 방송통신위원회)의 「전산망 보급 확장과 이용촉진에 관한 법률」을 개정, 정보통신부 산하 '한국정보보호센터(현 한국인터넷진흥원)'를 신설하여 민간분야 정보보호 업무 수행을 담당케 함

④ 정보통신 기반시설 보호
- ㉠ 사이버테러방지 관계장관회의 개최(2000년): 국가정보원·재정경제부·국방부·법무부·정보통신부 등 9개 부처 장관 참석
- ㉡ 「정보통신기반보호법」 제정·실시(2001년)
- ㉢ 「정보통신보호법」의 주요 내용은 주요 정보통신 기반시설 지정·고시, 보호대책 수립·시행, 취약점 분석·평가, 침해사고 신속통지, 피해확산 방지, 정보보호 전문업체 지정, 정보공유·분석센터 구축 및 운영, 국제협력 등이 해당

⑤ 사이버안전
- ㉠ 2003년 '슬래머 웜'으로 인한 우리나라 전체 인터넷이 마비된 인터넷 대란 이후 사이버안전에 대한 국가차원의 종합적·체계적 대응 필요성이 제기됨
- ㉡ 2004년 2월 국가정보원 내 국가사이버안전센터를 설립 및 「국가사이버안전관리규정」을 제정하여, 국가사이버안전에 관한 조직체계 및 운영사항 규정, 사이버안전 업무를 수행하는 기관 간 협력 강화

⑥ 전자정부 보안
- ㉠ 개념: 전자정부는 정보통신기술을 활용하여 행정의 효율성을 개선함으로써 행정서비스에 대한 국민의 접근성과 활용성을 높일 수 있도록 대부분의 국가가 채택하고 있는 새로운 정부혁신전략을 의미함
- ㉡ 2001년 「전자정부법」을 제정하여 행정업무의 전자적 처리를 위한 기본원칙, 절차 및 추진방법 규정

⑦ 정보보증
- ㉠ 개념: 기존의 정보보호 개념이 하나 더 발전한 것으로 정보의 가용성·무결성·인증·비밀성·부인방지를 보장하는 한편 외부로부터의 침입을 탐지하고 침입에 대한 대응능력을 강화하며 파괴된 시스템을 복원하는 능력을 포함하고 있음
- ㉡ 정보보증은 미 국방부 지침 「S-3600.1 정보작전(1996)」 발표를 통해 대두되었으며, '종심방어(Defense in Depth)' 개념을 통해 미군의 정보체계 보증을 대표하는 용어로 사용 중임
  - 종심방어: 네트워크로 연결된 정보체계 보호를 위해 방화벽·침입탐지체계 설치만으로 모든 위협요소를 해결할 수 없기 때문에 여러 단계를 거친 방어를 해야 제대로 정보보증을 할 수 있다는 개념

⑧ 개인정보보호
- ㉠ 기존 개인정보보호 관련 법률은 각각 공공부문(「공공기관의 개인정보보호에 관한 법률」)과 민간부문(「정보통신망법」, 「의료법」, 「신용정보보호법」 등)에서 관련 규정을 적용하여 관리하는 이원적 체계에 해당함
- ㉡ 「개인정보보호법」의 제정 및 시행(2011): 기존 관리체계에서 개인정보의 투명한 관리, 이용·제공의 적절한 통제, 유출 및 오남용 방지를 담보하고 공공부문과 민간부문의 개인정보보호를 위한 통합기구 설치 필요성이 제기되면서 제정·시행됨

2. 사이버 공격

(1) 사이버 공격은 공격대상 시스템의 가장 취약한 부분을 겨냥하여 이루어지며, 이를 위해 공격자는 공격을 수행하기 전 미리 공격대상에 관한 정보를 수집하여 취약한 부분을 식별해 낸다.

(2) 사이버 공격을 위한 정보수집에는 공격대상에 대한 보안상 취약점, 도메인 이름, IP 주소, 침입탐지시스템 설치 여부 등을 수집하는 풋 프린팅, 네트워크상 전문도구를 이용하여 공격대상 네트워크의 상태를 조사하는 스캐닝, 구글 해킹 등이 있다.

(3) 시스템에 대한 공격기술

　① 패스워드 공격

　　㉠ 사회공학적 기법: 사용자의 신원 및 주변 정보를 이용하여 패스워드를 조합한 후 직접 시스템에 입력하는 방법

　　㉡ 사전 공격: 사용자가 신원·주변정보가 아니더라도 기억하기 쉬운 패스워드를 작성하는 경향에 맞춰 사용자가 많이 사용하는 어휘를 모아 사전파일을 만든 다음 이를 이용하여 패스워드를 찾아내는 공격

　　㉢ 무차별 대입 공격: 올바른 패스워드를 찾을 때까지 가능한 모든 조합에 해당하는 경우의 수를 시도하는 방법

　② 버퍼 오버플로우 공격: 메모리에 할당된 버퍼의 양을 초과하는 데이터를 입력하여 프로그램의 복귀주소를 조작하여 궁극적으로 공격자가 원하는 코드를 실행하는 것

　③ 악성코드: 컴퓨터 시스템에 설치되어 시스템의 오동작 또는 마비를 통해 정상적인 서비스를 제공하지 못하게 하는 등 컴퓨터에 악영향을 끼칠 수 있는 모든 소프트웨어의 총칭

　　예 자기복제능력과 감염대상 유무에 따라 컴퓨터 바이러스, 웜, 트로이목마 등으로 분류

　④ 백도어

　　㉠ 공격자가 해킹을 통해 시스템에 침입하여 루트 권한을 획득한 후 시스템을 재침입할 때 권한을 쉽게 획득하기 위하여 제작된 프로그램

　　㉡ 공격자가 원격지에서 몰래 정보를 수집하거나 시스템의 특정 명령을 수행하고 재구성할 수 있도록 통제함

　⑤ 리버스 엔지니어링 공격

　　㉠ 목표가 되는 프로그램이나 프로토콜을 분석하여 똑같은 동작을 만들어내거나 설계구조를 알아내는 것

　　㉡ '디스어셈블러'라는 도구를 이용하여 컴파일된 바이너리 코드의 어셈블리 코드를 출력한 후 C언어 소스형태로 옮겨 적고 적당한 수정을 가해 기존 파일과 동일한 동작을 수행하는 프로그램을 만드는 것

　　㉢ 모든 어셈블리 코드를 소스 형태로 옮기지 않고 동작 방식만 파악하거나 일정 부분만 수정하는 것도 리버스 엔지니어링에 해당함

(4) 시스템에 대한 보안기술

① 인증: 여러 사람이 공유하고 있는 컴퓨터 시스템이나 통신망의 경우 이를 이용하려는 사람이나 응용 프로그램의 신분확인을 통해 불법적인 사용자가 들어올 수 없도록 시스템 보안을 유지하는 방법

  ㉠ 사용자가 알고 있는 정보를 이용한 사용자 인증 예 패스워드

  ㉡ 사용자가 가진 정보를 이용한 사용자 인증 예 스마트카드, RFID 카드 등

  ㉢ 사용자의 존재 자체를 증명할 수 있는 정보를 이용한 사용자 인증 예 지문·홍채·망막 인식

② 접근제어

  ㉠ 인증이 성공하여 접속이 허가된 사용자가 원하는 자원(네트워크·시스템 등)에 접근하기 위해서 해당 자원에 대한 권한이 필요함

  ㉡ 개념: 시스템은 불법접근이나 오동작 방지를 위해 자신의 자원에 대한 권한을 부여하거나 제어함

  ㉢ 요소: 주체, 객체, 권한

③ 백신프로그램: 시스템이 악성코드 등 감염될 징후가 있거나 감염되었을 때, 바이러스를 제거하기 위해 사용하는 바이러스 예방·치료 프로그램

(5) 네트워크에 대한 공격기술

① 서비스 거부공격(DoS)

  ㉠ 시스템 및 네트워크의 취약점을 이용하여 해당 시스템 및 네트워크의 사용가능한 자원을 부족하게 하여 원래 의도된 용도로 사용하지 못하게 하는 공격

  ㉡ 인터넷 사이트 또는 서비스의 기능을 일시적·무기한으로 방해하거나 중단하는 방법

  ㉢ DoS 공격 의심사례: 네트워크 성능 저하, 특정 웹사이트의 접근 불가, 모든 웹사이트에 접근 불가, 특정 전자우편의 급속한 증가 등

  ㉣ 서비스 거부공격은 라우터, 웹사이트, 전자우편, DNS 서버 등 모든 네트워크 장비를 대상으로 이루어질 수 있음

② 분산 서비스 거부공격(DDoS)

  ㉠ 다수의 시스템을 통해 공격을 시도하며 다양한 방법을 통해 동시에 공격하는 방법

  ㉡ 주로 좀비 PC를 이용하여 특정 서버를 통해 수행되는 방식으로 악의적 프로그램에서 정한 특정시간대에 시작되는 경향

    예 2009년 7월 7일 및 2011년 3월 4일 DDoS 공격

③ 스니핑·스푸핑 공격

  ㉠ 스니핑: 컴퓨터 네트워크상 흘러 다니는 트래픽을 엿듣는 도청장치인 '스니퍼'를 이용하여 네트워크상의 데이터를 도청하는 행위

  ㉡ 스니핑은 패킷을 가로챈 후 패킷 디코딩을 통해 주요 정보 획득에 목적을 두고 있기 때문에 보안의 기밀성을 해치는 공격 방법

  ㉢ 스푸핑: 외부의 악의적 네트워크 침입자가 임의로 웹사이트를 구성하여 일반 사용자의 방문을 유도한 다음 인터넷 프로토콜상 구조적 결함을 이용해 사용자의 시스템 권한을 획득하여 정보를 빼가는 해킹수법

    예 IP 스푸핑(허가받은 IP를 도용한 로그인), 유명 업체 명의를 도용한 스팸메일 발송 및 가짜 웹사이트 유도 등

(6) 네트워크에 대한 보안기술

① 조기경보 시스템

    ㉠ '제로데이 공격' 등 각종 사이버 공격의 징후정보를 사전에 수집하고 피해로 직결될 수 있는 위협 정보를 분석하여 보안관리자에게 미리 경보하는 능동적인 대응 시스템

    ㉡ 제로데이 공격: 소프트웨어에 보안 취약성이 발견되었을 경우 해당 문제가 공표되기 전 그 취약 성을 악용하여 이루어지는 사이버 공격

② 침입차단 시스템

    ㉠ 외부 네트워크에서 내부 네트워크로 침입하는 네트워크 패킷을 찾아 제어하는 기능을 가진 소프 트웨어 또는 하드웨어

    ㉡ 내부 네트워크로 들어오는 모든 패킷이 지나가는 경로에 설치하여 접근제어목록을 통해 허용되지 않는 사용자나 서비스에 대해 사용을 거부하여 내부자원을 보호

    ㉢ 단점: 방화벽 내부의 악의적 내부자에 의한 공격, 백도어를 통한 내부 네트워크 침입공격, 새로운 공격이나 침입차단 시스템을 우회하는 공격 등에 대해서는 차단이 불가능함

③ 침입탐지 시스템

    ㉠ 해킹·자동화된 툴을 사용하는 스크립트 키드에 의해 네트워크에서 사용되는 자원의 무결성, 비 밀성, 가용성을 저해하는 행위를 가능한 한 실시간으로 탐지하여 보안 관리자에게 경고 메시지를 보내주고 대응하는 시스템

    ㉡ 침입탐지 시스템은 보안정책에 따라 탐지 및 대응책을 설정하는데 비정상적인 행위탐지기법과 오 용탐지기법이 사용됨

④ 침입방지 시스템

    ㉠ 잠재적 위협을 인지한 후 이에 즉각적인 대응을 하기 위한 네트워크 보안기술 중 예방적 차원의 접근방식

    ㉡ 침입탐지시스템과 마찬가지로 네트워크 트래픽 감시를 통해 부당한 패킷을 적발 시 해당 IP주소 또는 포트에서 들어오는 모든 트래픽을 봉쇄함

(7) 암호기술

① 암호의 개념: 어떤 내용을 남모르게 전달하려고 쓰는 부호나 신호를 말하며, 정보를 통신망으로 전송 또는 기억장치에 저장할 경우 인가자만이 이용할 수 있도록 변형시키는 기술

    ㉠ 암호기술은 암호를 설계하는 기술을, 암호학은 암호기술과 암호공격기술을 모두 포함하는 용어이 나 보통은 암호기술과 암호학을 구별하지 않고 암호학으로 사용함

    ㉡ 암호기술은 송신 측에서 암호화 방법에 의거하여 평문을 암호화로 변환시켜 전송·저장하고, 수신 측에서 암호키를 사용하여 수신·저장된 암호문을 원래의 평문으로 복호시키는 과정을 거치게 됨

    ㉢ 「보안업무규정」: "암호자재라 함은 통신보안을 위하여 통신문의 내용을 보호할 목적으로 문자, 숫 자, 기호 등의 암호로 만들어진 문서나 기구를 말한다"라고 정의

② 암호기술의 기본용어

평문	• 송신자와 수신자 간 보내고 받는 일반적인 문장으로 모든 사람이 이해할 수 있는 형태의 문장 • 암호화되어 있지 않은 보통의 글
암호문	송신자와 수신자 간 주고받고자 하는 내용을 제3자가 이해할 수 없는 형태로 변형한 문장
암호화	• 평문을 비인가자(제3자)가 이해할 수 없는 형태로 변형한 문장 • 일반적으로 암호화 과정은 송신자가 수행함
복호	• 인가된 자가 암호문을 다시 원래의 모습으로 변환하는 과정 • 일반적으로 보호 과정은 암호문을 수신한 인가자가 수행함
암호키 및 복호키	평문의 암호화과정이나 암호문의 복호과정에서 필요한 입력값
암호알고리즘	암호화 및 복호에 사용되는 수학적 함수
암호해독	• 비인가자가 불법적으로 암호문을 수집하여 평문으로 복원하려는 시도 • 사용되는 암호키와 주변정보 수집 또는 암호 알고리즘의 취약점 이용
송신자 · 수신자	• 통신망상에서 비밀리에 평문을 주고받는 사람을 의미 • 송신자: 평문을 암호문으로 변경하는 사람 • 수신자: 암호문을 평문으로 복호하는 사람
공격자	비인가자를 말하며 암호문으로부터 평문을 복원하기 위해 노력하는 자

③ 암호사용 목적

㉠ 기밀성: 각종 공격으로부터 정보가 누설되지 않고 지속적으로 보호되는 것

㉡ 무결성: 수신된 메시지의 위조 또는 변송과정상 변조 · 재구성을 막거나 그 여부에 대해 확인이 가능한 것

㉢ 가용성: 정보가 적절한 시간에 인가된 당사자에게 접근 가능해야 한다는 것

㉣ 인증: 컴퓨터 시스템 · 통신망에서 이용자나 응용 프로그램의 신분을 확인하여 불법적인 사용자의 접근을 차단하는 행위

㉤ 부인봉쇄: 송신 측이 자신의 정보를 정확하게 상대방에게 전송하였다고 할지라도 수신 측이 이를 부인하거나, 수신 측이 정확한 정보를 받았음에도 불구하고 송신 측이 자신이 보낸 정보가 아니라고 주장하는 것을 방지하는 기능

(8) 암호기술의 구분

① 고전암호

㉠ 시저암호: 평문의 각 문자를 순서대로 n문자만큼 옮겨 암호화하는 방법

시저암호의 예: 영화 [베를린]

㉡ 환자암호(Substitution Cipher): 시저암호를 좀더 복잡한 방식으로 사용하여 메시지를 다른 문자로 변환시키는 방법

ⓒ 전자암호(Transposition Cipher): 메시지에서 사용한 문자의 위치를 어떤 일정한 규칙에 의해 뒤섞어서 해당 규칙을 모르는 사람은 본래의 메시지를 알아볼 수 없도록 암호문을 만드는 방법

> **더 알아보기**
>
> 고전암호해독의 조건
> • 암호방법이 알려져 있는 경우
> • 문자 출현율의 치우침 등 평문에 대한 통계적 성질의 데이터가 있는 경우
> • 통계적 특성을 적용할 수 있는 범위의 암호문을 가지고 있는 경우

② 기계암호
  ㉠ 에니그마: 제1차 세계대전 당시 독일에서 개발된 기계로 여러 개의 작은 톱니와 전기적 신호가 결합하여 동일한 암호코드 없이 사전에 풀기 어려운 암호를 송수신하는 기계
  ㉡ 퍼플: 제2차 세계대전을 끝내고 미국이 획득한 일본의 외교 암호기기(유럽 알파벳을 쓰는 97형식의 타자기)

③ 현대암호
  ㉠ 현대암호방식은 암호화와 복호에 사용되는 키의 특성에 따른 분류와 평문처리방식에 따른 분류로 구분할 수 있음
  ㉡ 암호화와 복호에 대치되는 키의 특성에 따라 암호방식의 분류: 전통적인 암호방식에서는 암호화와 복호와에 동일한 키를 사용해왔는데, 이를 대칭키 암호방식이라 함(대칭키, 비밀키, 공통키, 관용키 모두 동일한 의미)
    예 RSA, Rabin 암호, 타원곡선 암호, ELGamal
  ㉢ 평문을 처리하는 방식에 따라 분류
    • 블록 암호방식: 평문을 블록 단위로 나누어 암호화를 수행하여 같은 길위의 암호문을 생성하고 복호도 암호화와 동일하게 블록 단위로 나누어 수행하는 암호방식
    • 스트림 암호방식: 평문과 암호문을 1비트, 1바이트 단위로 축차적으로 암호화 및 복호를 하는 것으로 블록암호에 비하여 경량 및 고속동작이 용이하다는 이점으로 무선환경이나 스트리밍 서빗 환경에서 주로 사용됨

④ 암호키 복구방식
  ㉠ 개념: 암호기술사용의 문제점을 해결하기 위해 암호문의 사용자가 아니더라도 사전에 약속된 특정한 조건하에서 허가된 사람에게 복호가 가능한 능력을 제공하는 암호시스템
  ㉡ 강력한 암호기술의 역기능
    • 인가자가 암호문 작성 후 복호에 필요한 암호키 분실 시 암호문 복호가 불가능하여 중요 정보의 손실 우려
    • 악의적 사용자가 정보를 암호화하고 키를 담보로 금품을 요구하는 경우
    • 범죄자들이 강력한 암호시스템을 이용하여 소통하여 수사기관의 활동을 무력화하는 경우
  ㉢ 키 복구제도의 장점
    • 암호사용자에게 키의 분실·도난의 경우 암호화된 평문을 다시 복구할 수 있다는 보장을 제공하여 사용자의 신뢰를 증대할 수 있음
    • 범죄자의 암호통신 운용 시 범죄수사를 지원하여 공공의 안녕과 질서를 도모할 수 있으며, 이 경우 합법적인 경우에 한함

ⓔ 암호키 복구방식의 종류
- 암호키 위탁방식: 법원의 허가를 받은 복수의 신뢰기관에 사용자의 비밀키, 비밀키의 부분 또는 키 관련 정보를 위탁하는 방식
- 캡슐화 방식: 암호문을 생성하는 각 세션마다 키를 복구해낼 수 있는 정보를 포함하는 필드를 생성해서 해당 암호메시지에 부가시키는 방식

> **더 알아보기**
>
> 클리퍼 정책
> 1993년 미국 클린턴 행정부는 민간의 암호제품 이용을 허용하면서 국가안보와 치안에서 발생할 수 있는 상충관계를 해결하려는 목적으로 합법적인 도청을 수행하는 법집행기관의 업무를 지원하는 한편 개인의 사생활 보호를 위해 키 위탁방식을 채택하는 것을 주요 내용으로 하는 클리퍼 정책을 발표함

2 사이버전 대응체계와 전망

1. 사이버전 대응체계

(1) 우리나라는 사이버전에 대해 분야 · 기관별 별도의 대응체계를 구축하고 있다.
  ① 「사이버안전관리규정」: 중앙행정기관, 지방자치단체 및 공공기관
  ② 「정보통신기반보호법」: 주요 정보통신 기반시설
  ③ 「군사안보지원사령부령」 · 「국군사이버사령부령」: 군 정보통신망
  ④ 「정보통신망 이용촉진 및 정보보호 등에 관한 법률」: 민간분야 정보통신망

(2) 「사이버안전관리규정」에서는 국가사이버안전의 중요사항을 심의하기위하여 국가정보원장 소속하에 '국가사이버안전전략회의'와 동 전략회의의 효율적 운영을 위하여 '국가사이버안전대책회의' 운영규정을 지정하고 있다.
  ① 사이버 공격에 대한 국가차원의 체계적 대응을 위해 국가정보원장 소속하에 '국가사이버안전센터'를 설립하여 국가공공기관 정보통신망 관제업무 수행
  ② **국방분야 정보통신망**: 국군안보지원사령부 소속 국방정보전대응센터가 사이버 공격을 탐지 및 대응
  ③ **민간부문 정보통신망**: 한국인터넷진흥원 소속 인터넷침해사고대응지원센터가 사이버 공격 탐지 및 대응

(3) 국가정보원장은 사이버 공격의 파급영향, 피해규모 등을 고려하여 관심, 주의, 경계, 심각 등 수준별 경보를 발령, 체계적인 대응 및 대비를 하도록 규정하고 있다.

(4) 국군사이버사령부는 국방개혁 2020 계획과 7 · 7 DDoS 공격을 계기로 군 차원의 사이버 안전의 필요성을 가지고, 2010년 1월 1일 국방정보본부 예하 사령부로서 설립되었으며, 국방사이버전의 기획, 계획, 시행, 연구 · 개발 및 부대 훈련에 관한 사항을 관장하고 있다.

(5) 정보통신기반보호법에 의거하여 국방분야 정보통신기반시설의 보호업무와 군의 보안업무는 국군안보지원사령부가 담당하고 있다.

2. 사이버전 대응의 과제와 전망

(1) 과거 학구적 탐구와 기술적 호기심이 중심을 이룬 사이버 공격의 목적과 동기는 최근 들어 정치적 의도와 경제적 이익 등의 목적을 달성하기 위해 조직적 · 국가적 차원의 사이버 공격 가담 경우가 늘어나고 있다.

① 특정 대상을 지속적으로 공격, 하나의 공격이 실패 시 다른 공격을 시도, 공격범위의 정부관련 · 국가 주요 기반시설로의 확대 등 광범위해지고 있음

② 공격기술 역시 정교하고 복잡한 기술 집약형 악성코드 등으로 무장하고 있어 사이버 공격의 사전 탐지 및 대응은 어려워지는 실정임

(2) 세계 주요국의 사이버전 대응양상이 과거 사이버 공격에 대한 탐지 · 대응의 방어중심에서 공격자 역추적, 공격근원지 대응공격 등 공격중심 방어로 전환되고 있으며, 공격중심 방어 선언은 오인의 위험을 감수하더라도 사이버전에 대해 공격적 · 선제적 대응 의지를 피력한 것으로 보인다.

(3) 국제적 환경에서 우리나라 역시 사이버전 업무수행 조직 및 체계의 정립, 공직자의 보안의식제고와 국민계도활동 · 보안서비스 확대, 공격중심 방어기술개발 예산 확충 등이 과제로 지적되고 있다.

CHAPTER 08

국가위기관리와 신안보위협요인

1 국가위기의 개관

1. 국가위기의 정의

(1) 위기의 개념

① 위기의 다양한 개념 정의

㉠ 개인 · 조직 · 국가체계에 가해지는 내 · 외부적 압력에서 유발되는 위협의식

㉡ 예측하지 못한 상태에서 발생한 사건으로 적절한 대처방안을 마련하지 못한 경우 재산 · 인명피해 등 국가적 손실이 막대한 것

㉢ 안보적 용어로서 위기: 어떤 사건이 전개되는 과정에서 결정적인 시기 또는 불안한 상황

> **더 알아보기**
>
> 국가안보적 측면에서 위기의 개념
> - 클라우제비츠: "국제적 위기는 평시의 비군사적 수단에 군사력의 정치적 · 심리적 사용을 가하여 행해지는 정치적 교섭의 지속"
> - 코플린: 대외정책상 위기는 해당 체제에 속하는 하나 이상의 국가와의 관계에서 전환점을 가져오는 특정한 상황이며, 이 경우 관련 국가 중 적어도 한 국가에서는 이러한 전환점을 인식할 수 있어야 함

② 학자별 위기의 개념 정의

㉠ 핑크(2000): 위기를 개선되거나 악화되기 시작하는 전환점

㉡ 쿰(2007): 예측하지 못한 상태에서 발생한 사건이며, 잘못 대처할 경우 조직, 산업, 또는 이해 당사자에게 부정적인 영향을 미칠 수 있는 중대한 위협

㉢ 길핀 & 머피(2008): 조직의 미래성장과 이익 · 생존에 위협을 가할 가능성이 있는 사건

㉣ 김영욱(2002): 조직의 일상적 업무를 뒤흔들고 조직의 미래활동에 위협을 주며 주요 공중과의 관계에 부정적인 영향을 주는 사건을 통칭

> **더 알아보기**
>
> 미국 국토안보부 산하 FEMA의 위기 개념
> 인위적 · 자연적 대형 복합재난, 전국 규모의 파업 등 사회위기, 국가적 행사와 국제테러, 국가 총력전 차원의 주입을 요구하는 국가적으로 중대한 사건 또는 국가의 안위와 관련된 사태

③ 종합하자면 위기란 국가가 위험에 처했거나 위험에 처할 가능성이 높은 상황을 의미하며, 국가위기란 국가주권 또는 정치 · 경제 · 사회 · 문화체계 등 국가의 핵심 요소나 가치에 중대한 위해가 가해질 가능성이 있거나, 이미 가해지고 있는 상태를 의미함

(2) 국가위기의 조건과 분류

① 국가위기의 구성요소

ⓐ 긴급성: 정책결정에 허용된 시간적 촉박성

ⓑ 위협의 크기: 국가의 근본가치를 위협하는 사안의 중요도

ⓒ 기습성: 사전에 예측하지 못한 상태에서 발생하는 속성

ⓓ 파급성: 즉시 적절한 대처가 없을 경우 더욱 파괴적인 결과를 초래하는 속성

더 알아보기

위기 정의 시 고려요소

특정한 사안을 위기로 고려하기 위해서 정책결정자의 입장에서 다음의 3가지 요소를 고려하여 위기 여부를 결정해야 한다:

• 위기의 출처: 위기의 출처가 내부인가 또는 외부인가?

• 가용한 의사결정시간: 의사결정을 선택하는데 소요할 수 있는 시간은 충분한가?

• 사안의 상대적 가치: 정책결정자가 인식하는 사안의 상대적 가치는 높은 편인가 또는 낮은 편인가?

---

② 국가위기관리의 분류

ⓐ 전통적 안보: 북한으로부터 제기되는 위기(예 군사위협, 급변사태, 핵·대량살상무기 확산)와 외부로부터의 위기(예 주변국과의 갈등·충돌, 테러)

ⓑ 재난·재해: 자연재난(자연현상에 의한 대규모 피해)과 인적 재난(인위적 요인에 의한 피해)

ⓒ 국가핵심기반: 국민의 안위·국가경제·정부 핵심기능에 중대한 영향을 미칠 수 있는 인적·물적 기능체계

ⓓ 기존 위기의 유형은 전쟁·천재지변 등 물리적 충격에 국한되었으나 최근 들어 대형재난·경제위기·에너지 자원문제·사이버 안보·기후변화 등으로 점차 범위가 확대되는 추세임

더 알아보기

재난·국가핵심분야 위기 사례

1. 재난분야 국가위기 사례
   • 삼풍 백화점 붕괴(1995)
   • 태풍 '루사'(2002), 태풍 '매미'(2003)
   • 동남아 쓰나미(2004)
   • 양양 산불(2005)
2. 국가핵심기반분야 국가위기 사례
   • 인터넷 대란(2003)
   • 화물연대 운송거부(2003)
   • 조흥은행 금융 전산망 마비(2003)

---

③ 국가위기의 영역과 분류

국가위기의 영역

수단적 영역 ＼ 지역적 영역	대외적 영역			대내적 영역
	대북관계	대주변국관계	대국제관계	
군사적 영역	영역 Ⅰ	영역 Ⅲ	영역 Ⅴ	영역 Ⅶ
비군사적 영역	영역 Ⅱ	영역 Ⅳ	영역 Ⅵ	영역 Ⅷ

영역별 국가위기 유형의 분류

위기발생영역		위기유형의 분류
대외적 영역	대북관계영역	
	군사적 영역 (영역Ⅰ)	위기유형 1: 전면전 발발위기 위기유형 2: 북한의 국지도발 위기유형 3: 무장병력의 침투 위기유형 4: 특정 목표에 대한 북한의 공격 및 위협태세 위기유형 5: 남북한 군사력 균형상태에 대한 심각한 위협 위기유형 6: 북한과 주변국간의 군사적 충돌
	비군사적 영역 (영역Ⅱ)	위기유형 7: 북한내 정치적 급변상황 위기유형 8: 북한내 심각한 사회적 혼란사태 위기유형 9: 집단탈북자 또는 대량 난민의 대남 유입 위기유형 10: 북한역내 아국민 자산에 대한 테러, 억류 및 구금 위기유형 11: 돌발적인 북한의 대외정책 및 대남정책 변화 위기유형 12: 우리측 국민이나 자산에 대한 북한측의 테러
	대주변국관계영역	
	군사적 영역 (영역Ⅲ)	위기유협 13: 주변국의 대북 핵심 전략무기 지원 위기유형 14: 지역에서 대략살상무기의 확산 및 영토분쟁 위기유형 15: 해상 또는 공중에서 주변국과 우발적 군사적 충돌 위기유형 16: 주변국의 아국에 대한 의도적 군사압력/도발행위
	비군사적 영역 (영역Ⅳ)	위기유형 17: 주변국들간의 전략적 균형관계 급변 위기유형 18: 주변국들의 대한반도 정책 급변사례 위기유형 19: 동북아 이외 지역에서 주변국들과 전략적 이해 상충
	대국제관계영역	
	군사적 영역 (영역Ⅴ)	위기유형 20: 동북아 이외 지역에서 군사적 개입 불가피 사태 위기유형 21: 미국의 대한군사지원 역량상 중대결함 초래사태 위기유형 22: 해상 및 공중 수송로상 위해 사태
	비군사적 영역 (영역Ⅵ)	위기유형 23: 국제적 경제위기로 인한 안보상 위협발생 사태 위기유형 24: 국제교역상의 심각한 경제적 충돌 위기유형 25: 초국가집단에 의한 불특징 테러사태
대내적 영역	군사적 영역 (영역Ⅶ)	위기유형 26: 불순세력에 의한 군사 쿠데타 위기유형 27: 국내 무장봉기
	비군사적 영역 (영역Ⅷ)	위기유형 28: 극심한 국내 정치·사회적 혼란사태 위기유형 29: 요인암살 등으로 인한 돌발적인 안보취약 사태 위기유형 30: 사이버 러 및 정보체계 곤란 위기유형 31: 국내 미확인 주체에 의한 공공시설 파괴 위기유형 32: 생태계·환경파괴 및 심각한 에너지 문제 위기유형 33: 천재지변 및 대형 재난재해

출처: 국제정치논총 제43집(2003)

④ 국가위기의 특징
　　㉠ 일상의 능력만으로는 해결이 어렵기 때문에 관련 기관 및 인력의 공조가 필수적임
　　㉡ 사회 구성원 누구도 원하지 않는 상황으로 발전되기 쉬우며, 정책결정자의 위기 판단 여부에 따라 결과가 달라짐
　　㉢ 다양한 집단을 대상으로 다양한 형태의 위기가 발생하므로 어떤 개인ㆍ조직ㆍ국가도 위기로부터 자유로울 수 없음
　　㉣ 위기는 반복적으로 발생하지만 정확한 예측이 불가능함

2. 국가위기관리의 개관

(1) 국가위기관리의 정의
① 개념: 국가위기를 효과적으로 예방ㆍ대비하고 피해를 대응ㆍ복구하기 위해 국가가 자원을 기획ㆍ조정ㆍ집행ㆍ조정ㆍ통제하는 활동
② 필요성
　㉠ 다양한 신안보 위협요인이 등장하면서 위협요인의 상호의존성 심화
　㉡ 경제발전ㆍ민주화ㆍ교육수준 향상에 따른 국민의 안전에 대한 욕구 증대
　㉢ 국가ㆍ정부의 경쟁력 강화 및 선진국 진입의 필수 요소(위기라는 충격에 대한 국가적 안정성 유지 필요)
③ 효과적인 국가위기관리를 위해서 위기에 대한 명확한 인식, 위기에 대처할 수 있는 제도적 장치, 통합적인 위기관리체제 구축이 필요하며, 국가 총체적 차원에서 준비되어야 함
④ 가장 바람직한 위기관리는 위기 또는 특정 문제가 발생하기 전 그 위기ㆍ문제를 해결하는 사전적 예방 측면이며, 위기발생으로부터 피해의 범위와 정도를 최소화하여 국가의 존망 및 주권, 국민의 생명ㆍ재산 보호는 국가의 의무임

(2) 국가위기관리 이론
① 내재적 위기 이론
　㉠ 위기발생은 하나의 사회현상으로 파악하여 자연발생적이고 내재적인 것으로 이해
　㉡ 위기발생의 원인은 특정한 사회의 내적 구조의 결과
　　예 사회구조의 복잡성, 위기인식의 부족, 맹목적ㆍ획일화된 조직문화, 정보 및 의사소통의 어려움, 정책실패, 인적자원 부족 등
② 거버넌스 네트워크 이론
　㉠ 기존 중앙집권적 통제와 중앙ㆍ지방정부의 이분법적 통치관계 패러다임에서 정책주체 간 상호작용을 구조화하는 협력 네트워크 구축을 모색
　㉡ 행위자간 통합과 협력, 조정, 파트너십을 통한 시너지 효과 극대화에 관심을 가짐
③ 신뢰제고전략 이론
　㉠ 조직의 대외적인 신뢰를 제고하여 체제를 안전하게 유지하고, 사고를 예방하는 차원의 논의
　㉡ 특정 조직이 다른 조직에 비해 효과적으로 위기에 대응하는가에 대하여 관심
④ 조직적응 이론
　㉠ 예측하지 못한 조직의 위기관리 능력 향상을 위한 조직의 신축적ㆍ유연한 대응능력 향상에 중심
　㉡ 위기관리 차원에서의 조직유형을 각기 다르게 적용하여 유형화함

⑤ 단계별 위기관리 이론

　　㉠ 위기관리의 단계적 모델을 질병에 비유하여 사전경고단·징후단계, 위기발생단계, 사후처리·만성적 단계, 해결단계로 구분함

　　㉡ 위기단계의 전개과정에 따라 위기감지단계, 대비·예방단계, 위기피해 억제단계, 회복단계, 학습단계로 구분함

⑥ 위기예측 모델 이론

　　㉠ 행태주의 발전과 함께 위기관리에 대한 과학적 작업이 시도되면서 발전한 이론

　　㉡ 데이터 마이닝 등 고도의 정보분석·처리기술이 발달하면서 국가위기조기경보·대응 분야에서 가장 실용적으로 적용할 수 있을 것으로 기대되는 분야

(3) 위기관리 정책결정 모델

① 앨리슨 모델

　　㉠ 합리적 행위자 모델: 국가나 정부를 대변하는 정책결정자들이 합리적 행위자들로 구성됨

　　㉡ 관료정치 모델: 정책결정 행위자 사이에 존재하는 모종의 경쟁에서 정책결정을 둘러싼 경쟁적 행위자간 정치적 흥정 결과

　　㉢ 조직과정 모델: 정책결정자들의 개인적 동기·성격보다는 조직 그 자체의 특성과 일상적인 업무 처리의 과정을 중요시하는 관점

② 허먼 모델

　　㉠ 개인긴장 모델: 정책결정자가 국가목표를 자기의 목표로 인식하여 대응하면서 개인적 심리상태에 긴장이 증가하게 됨

　　㉡ 조직반응 모델: 정책결정자가 자신이 선호하고, 자신을 따르는 소수의 인원만 정책결정에 참여·선택하려는 경향

　　㉢ 적대적 상호작용 모델: 위기발생 시 국가의 행동은 그 국가가 이전에 위기를 제시한 상대국에게 받은 것으로 인식되는 적대감에 대한 반작용

　　㉣ 비용계산 모델: 정책결정자가 특정 상황에서 계획된 행동이 초래할 잠정적인 비용과 이익을 국가적인 차원에서 비교한 후 행동을 취하는 것

③ 쿠즈민과 져먼의 모델

　　㉠ 위기경로모델로 위기환경의 변화에 따라 정책사고 유형 역시 변화하는 것으로 위기를 설명함

　　㉡ 위기환경의 조건은 질서적 사태, 복잡한 상태, 혼란·반발 상태, 교란적 상태로 구분함

④ 폴리휴리스틱 모델

　　㉠ 복잡한 정책과정을 단순화하기 위해 인지적·합리적 접근법을 통하여 외교정책결정 시 결정의 이유와 방법에 초점

　　㉡ 정책결정의 절차는 결정자들의 목적이나 활동영역, 다른 상황적 제약에 의해 다양하게 변화하며, 국내정치적 중요성을 감안하는 점이 특징

> **더 알아보기**
>
> 폴리휴리스틱 모델의 장점
> • 매우 복잡하고, 정보적·시간적 제약이 있는 상황에서 정책결정자의 신속·용이한 정책분석에 유용함
> • 인지적 제약을 극복할 수 있음
> • 정책결정의 매트릭스를 단순화

3. 위기관리 전략

(1) 공세적 위기관리: 위기상황에서 상대적으로 우위에 있는 쪽이 다양한 공세적 전략을 구사하여 순응을 강요, 위기확대를 촉발하지 않고 유리한 상황을 조성하면서 위기상황을 해결하는 것이다.

    ① **공갈 전략:** 군사적 행동, 금수 조치, 해상 봉쇄 등의 조치를 취하고 위협을 가하는 것

        ㉠ 공갈위협의 신뢰성이 중요하며 공갈을 하는 자가 합법적인 성격을 가져야 성공함

        ㉡ 해당 문제에 대한 양측의 상대적인 동기가 공갈에 의한 결과에 영향을 미쳐야 성공함

        ㉢ 국내 · 국제적 손해를 감수하면서 굴복하는 것을 두려워하거나 자국의 입지가 약화될 것을 우려하여 적당한 요구조차 거부할 경우 미치게 될 영향을 고려할 필요

    ② **제한적 · 전환적 탐색 전략:** 제한적이고 전환 가능한 시험적 군사행동을 사용하여 단기적 위협의 목적을 달성함

    ③ **신속하고 결단적 행위를 통한 위기의 기정사실화:** 상대국의 위협을 위기로 인식하고 자국 내의 위기대응조치를 발동함

    ④ **완만한 소모적 전략 이용**

        ㉠ 게릴라 활동이나 테러공작과 같은 소모전략을 이용하는 상황과 사례

        ㉡ 동기는 강력하나 가용 자원이 빈약한 도전자는 상대적으로 강력한 자원을 보유하였거나 또는 동기는 상대적으로 부족한 상대방을 대상으로 소모적 전략을 활용함

        예 이집트 나세르 대통령의 중동전쟁 소모전(1967~1970년)

(2) 수세적 위기관리: 위기상황 시 위협받는 이익을 보호하면서 동시에 위기확대를 원하지 않을 때 선택한다.

    ① **강압적 외교 전략:** 통상금지나 국제기구 · 국제관계를 활용하여 상대방의 위협을 중단하게 하는 것으로 무력사용 위협이 뒷받침된 순수한 외교전략

        예 쿠바 미사일 위기(1962) 시 미국의 대소 강경외교 전략, 수에즈 위기(제2차 중동전쟁, 1956) 시 이스라엘 · 영국 · 프랑스 동맹군에 대한 UN · 미국 · 소련의 정치적 압박

    ② **대항적 확대 저지를 동반한 제한적 확대 전략:** 군대를 분쟁지역으로 이동 배치, 교착상태의 전선을 돌파하여 주요 도시나 지역으로 공격 개시 등

    ③ **능력 시험 전략:** 상대방이 위기를 확산하지 못하도록 하거나, 상대방의 위기확산을 억지하면서 실제로는 상대방의 능력을 시험함

        예 1차 베를린 위기관리(1948), 제2차 금문도 위기(1958) 시 미국의 대응(항공모함 포함 군사력 증강, 미국의 방어구역 내 금문도 · 마조도 포함)

    ④ **협상타결을 타진하기 위한 시한연장 전략:** 외교협상을 통한 해결책을 모색하면서 시간을 버는 사이 위기의 원인이 스스로 해소되기를 기대함

    ⑤ **동일보복(tit-for-tat) 전략:** 위기상황의 확대를 저지하기 위해서 동일한 수준 또는 그 이상을 초과하지 않는 수준의 보복을 통해 위기관리 상황을 타개함

    ⑥ **한계설정 전략:** 도전자에게 행동의 한계를 설정하고, 이 한계를 넘어서게 되면 강력한 대응을 촉발할 것이라고 경고함

        예 2007년 이스라엘-헤즈볼라 충돌 당시 이스라엘이 레바논 내 헤즈볼라에 대한 공격은 용인하고 레바논 정규군을 공격할 경우 전쟁으로 간주하겠다는 시리아의 대응 등

(3) 쉘러의 6가지 전략

① **예방전쟁**: 전쟁이 불가피하고 승산이 있을 경우 채택하는 정책

　　예 러일전쟁(1904~1905년), 미·일 태평양전쟁(1941) 등

② **세력균형정책**: 힘의 균형을 통한 제압 및 봉쇄정책

　　예 냉전기 미국의 對소련 정책, 한국전쟁(1950~1953년), 베트남전쟁(1963~1969년) 등

③ **편승정책**: 강대국 주도의 동맹에 가담하여 안보·경제의 공공재 수혜를 목표로 하는 정책

　　예 한미동맹

④ **구속정책**: 위협을 제기하는 국가를 동맹의 틀에서 구속하여 해당 국가의 영향력을 제약하는 정책이며, 다자동맹, 집단안보체제는 구속정책을 보완하는 수단으로 사용되고 있음

⑤ **포용정책**: 비강제적 수단이나 국제레짐 및 규범을 통한 이해관계를 조정하는 전략으로 새롭게 부상하는 국가의 현상타파적 행위를 개선하기 위해 비강제적인 수단을 사용

　　예 중국의 강대국 부상에 따른 미 행정부·EU의 대중정책

⑥ **거리두기 정책**: 위협국가에 대한 봉쇄노력에 무임승차하는 전략

　　예 고립정책

더 알아보기

다자안보협력

- **다자주의**: 국제사회에서 국가간 문제를 해결하거나 조정해나가는 방식을 말하며, 명목적 다자주의와 실질적 다자주의로 구분할 수 있다.
- 명목적 다자주의는 3개 이상의 국가들이 집단적으로 국가정책을 조정해 나가는 방식이며, 실질적 다자주의는 3개 이상의 국가들이 어떤 원칙·규범·기준을 구성해 나가면서 국가정책을 상호조정하는 것을 말한다(예: 국제조약의 국내 비준).
- **포괄적 호혜성**: 실질적 다자주의의 특징으로, 포괄적 호혜성에 대한 기대가 관련 국가 사이 공유될 경우 협력 가능성은 높아짐 → 다자안보협력 가능성 증대
- **협력안보**: 각 국가간 군사적 대립관계 대신 협력적 관계 설정을 추구하여 상호양립 가능한 안보목적을 달성하는 것을 의미하며, 역내 국가가 상호 관심사에 대한 의견을 교환할 수 있는 채널(=설득과 조정의 장)을 구축하여 상호안심의 수준을 높여나가는 것이 가장 중요한 목표

---

2 한국의 주요 국가위기사태

1. 한반도 위기사태의 특징

(1) 북한은 한반도 위기사태를 유발하는 주요 원인 제공자이며, 북한발 한반도 위기사태의 특징은 북한 내부의 정치적 변동 영향, 국제정세에 민감한 위기발생, 우리 정부의 외교적 노력과 연관성 부족, 다양한 형태의 위기사태 발생 및 위협대상의 무차별적 선택이라는 점이 특징이다.

(2) **북한 내부의 정치적 변동 영향**: 북한 내부의 군부·대남공작부서·정치세력 간의 권력 다툼이 대외 위기사태를 초래하는 경향을 보이고 있다.

(3) 북한발 한반도 위기사태는 국제정세에 민감한 특성을 보이고 있으며, 연도별 한반도 위기의 양상이 다르게 나타난다.

① 1960년대: 미국의 월남전 수행과 한국의 군사력이 약했던 시기에 해당하며, 무력도발을 다수 감행

② 1970년대: 판문점 등 국지적인 긴장 초래

③ 1980년대: 대한민국 정부를 겨냥한 도발을 주로 자행하였으며, 한반도 이슈 해결에 있어 일본 · 미국 등의 간섭을 배제하고자 함

④ 1990년대 이후: 미사일 발사, 핵실험, 국제조약 탈퇴 등 위협으로 국제사회에서 북한의 존재를 부각하는 방식의 위기를 초래하고 있음

(4) 한반도 위기는 남북관계 뿐만 아니라 지정학적 위치상 미국, 일본, 중국 등 주변국의 영향을 상당히 받는 경향을 보인다. 또한 우리 정부의 외교적 노력 및 인도주의적 지원이 반드시 북한의 한반도 위기도발을 감소시키지 않는 양상을 나타내기 때문에 우리 정부의 외교적 노력과 연관성이 높지 않다.

(5) 한반도 위기는 군사적 무력충돌, 무장게릴라(공비) 침투, 민간여객기 납치 · 폭파, 주요 인물 암살 기도, 국제조약 탈퇴, 미사일 발사 등 다양한 형태의 위기가 발생하는 경향을 보이며, 위협대상 또한 정부 요인, 주요 국가기반시설만 해당되는 것이 아니라 민간인 등 불특정 다수가 선택되는 위협대상의 무차별화를 보이고 있다.

2. 시대별 주요 국가위기사태

1950년대	• 대한항공 여객기(DC-3) 납북사건(1958)
1960년대	• 서해 아군함정 피격사건(1967) • 청와대 기습사건(1968) • 미군 정찰함 푸에블로호 납북사건(1968) • 울진 · 삼척지구 무장공비 침투사건(1968) • 대한항공 여객기(YS-11) 납북사건(1969)
1970년대	• 육영수 여사 저격사건(1974) • 제1땅굴 발견(1974) • 판문점 도끼사건(1976)
1980년대	• 아웅산 국립묘지 폭파사건(1983) • 금강산댐 수공위협(1986) → 전두환 정권의 조작사건으로 결론 • 대한항공기(KAL 858) 폭파사건(1987)
1990년대	• 북한의 핵확산금지조약(NPT) 탈퇴(1993) • 북한 김일성 사망사건(1994) • IMF 외환위기(1997) • 북한 대포동 1호 미사일 발사사건(1998)
2000년대	• 서해 해군 교전사건(2002) • 북한 대포동 2호 미사일 발사사건(2006) • 북한 핵실험(1차:2006, 2차:2009, 3차:2013, 4차 · 5차:2016) • 백령도 인근 해군 천안함 침몰사건(2010) • 연평도 포격사건(2010) • 북한 김정일 사망(2011)

3. 한반도 위기관리 발전방향

(1) 글로벌 위기수습과정의 특징과 한반도 위기 수습

① 많은 국가위기가 외교적 협상과정에서 해결되고 있는 추세

② 실제 군사적 충돌이 발생하더라도 대부분 국지전의 양상에 해당되며, 전면적으로 확대되는 경우는 비교적 적은 편

③ 위기 수습 과정에서 유엔 및 관련 주변국의 적극적인 중재와 협상이 성과를 보이고 있음
예 스웨덴이 중재한 평화협상, 카타르가 중재한 수단-예멘 평화협상 등

(2) **한반도 위기상황 발생 원인**: 북한이 제기하는 한반도 위기는 김일성-김정일-김정은 3대 후계체제 구축을 위한 여건조성, 대미 · 대남 · 대중 협상력 제고, 대내적 통제를 통한 체제안보와 정권유지, 강성대국 건설 목표를 배경으로 발생하였다.

(3) **한반도 위기관리의 발전방향**

① 기본원칙: 단호한 수습책으로 수립 · 적용하여 지속 발생 가능성이 있는 소규모 위기사태를 방지하고, 위기도발의 이면에 숨겨진 북한의 의도를 정확히 파악하여야 하며, 한미협력강화를 통한 대응 및 위기 발생시기의 규칙성에 따른 사전 대비책 마련이 필요함

   예 위기 발생시기의 규칙성: 한미연합훈련에 따른 북한의 불만 표시 또는 도발 등

② 한반도 위기관리는 국가적 차원의 위기관리 대응책을 모색이 필요하다는 인식을 전제로 관련 법률의 제정을 통한 제도적 근거 마련, 위기관리 전문인력의 양성, 정치지도자와 정책결정자의 확고한 안보관이 바탕이 된 리더십 추구 및 나아가 위기대응문제에 관한 국민적 통합 노력이 필요함

③ 안보개념의 확대와 더불어 한반도의 안보를 위협하는 다양한 요인들에 대한 고려도 향후 필요하게 되며 '안전' 개념이 '안보' 개념으로 확대되는 추세에 대응하여야 함

   예 코로나19 유행에 따른 보건안보위협 대두 등

01 다음 중 정보의 장단점에 대한 설명으로 옳지 않은 것은?

① 영상정보(IMINT)의 발전은 측정정보(MASINT)의 발전에도 기여했다.
② 기술정보는 수집이 용이하지만 고비용이며 적의 기만정보, 역정보 등에 농락당할 위험이 높다.
③ 공개출처정보(OSINT)는 인간정보와 기술정보 전반에 대한 수집계획을 수립하는 데 기초자료로 사용할 수 있다.
④ 영상정보는 광범위한 목표에 대한 수집이 가능하나 목표물을 식별해야 한다는 단점이 있다.

02 다음 중 신호정보(SIGINT)에 해당하지 않는 것은?

① COMINT
② TELINT
③ ELINT
④ IMINT

03 다음 중 기술정보와 군사정보에 대한 내용으로 옳지 않은 것은?

① 기술정보는 정보용 장비나 기기 등에 의해 수집한 정보를 말한다.
② 군사정보는 주변국에 대한 군사정보 수집 업무가 포함된다.
③ 기술정보는 과학기술의 수집 또는 생산 및 관리 업무를 실시하며 과학기술의 보안 업무는 군사정보에 포함된다.
④ 군사정보는 군사 보안업무가 포함된다.

정답 및 해설

01 정답 ①

영상정보(IMINT)는 측정정보(MASINT)와 서로 다른 별개의 정보이다. 기존의 영상정보는 날씨나 시간의 제약을 받았으나, 카메라기술의 발달로 이러한 제약이 점차 줄어들고 있다.

02 정답 ④

신호정보(SIGINT)에는 통신정보(COMINT), 원격측정정보(TELINT), 전자정보(ELINT)가 포함된다. IMINT는 영상정보를 말한다.

03 정답 ③

군사정보는 주변국에 대한 군사정보의 수집·생산 및 관리 업무와 수집된 주변국 군사정보의 부대 전파업무를 수행하며 군사 보안업무 역시 수행한다. 반면 기술정보는 외국에 대한 정보와 산업·경제·과학기술 정보의 수집·생산 및 관리 보안 업무를 실시하며, 정보용 장비나 기기 등에 의한 정보수집 업무도 수행한다.

04 다음이 뜻하는 용어는?

영상정보나 신호정보를 제외한 나머지 기술로 획득하는 정보로서 대량살상무기 감시에 적합하며 각종 국제범죄의 정보를 수집하고 있는 정보이다.

① 신호정보
② 인간정보
③ 측정정보
④ 사진정보

05 다음 중 선전공작에 대한 설명으로 옳지 않은 것은?

① 목적한 상대방에게 계획한 심리적 감정을 자극하여 자기 측의 주장이나 지식 등을 전파하는 것을 말한다.
② 백색선전은 공식적인 보도경로를 통하여 수행하기 때문에 용어사용에 제약이 있다.
③ 흑색선전은 적국 내에서도 수행이 가능하다.
④ 회색선전은 출처를 위장하는 것이 특징이다.

06 다음 중 빈칸에 들어갈 인물로 알맞은 것은?

( )은/는 미국 연방수사국(FBI)의 방첩관으로 25년 간 근무하면서 1985년부터 무려 15년간 러시아에 미국의 기밀과 주요 정보들을 유출했으며, 미국은 2000년 10월경 FBI요원이 러시아에 정보를 제공해주고 있다는 내용의 러시아 정부문서를 입수하면서부터 ( )에 대한 수사를 착수해 2001년 간첩활동 혐의로 ( )을/를 체포했다.

① 킴 필비
② 로버트 한센
③ 개리 파워
④ 알드리히 에임스

07 다음 중 비밀공작에 관한 사항이 아닌 것은?

① 정보기관이 목표에 대해 계획적으로 행동을 하되 자신의 조국이나 기관을 드러내지 않고 영향을 주는 활동을 말한다.
② 자국의 정치적 변화를 위하여 행동한다.
③ 첩보수집활동, 선전활동, 파괴공작활동 등의 임무를 수행한다.
④ 자국에게 유리한 방향으로 이끌어 올 수 있게 행동하는 방법이다.

08 다음은 비밀공작의 어떠한 특성에 대한 내용인가?

비밀공작은 특성상 만일에 사태에 대비한 위장대책을 마련해야 한다.

① 장기성
② 복선성
③ 비밀성
④ 비정형성

09 비밀공작이 노출된 경우 이를 은폐하는 것을 '위장부인'이라 하는데, 위장부인을 해야 하는 이유로 가장 적절한 것은?

① 비밀공작이 노출된 경우 공작원의 위험을 방지하기 위해서이다.
② 노출된 비밀요원을 다시 공작에 투입하기 위함이다.
③ 외교적으로 상대국과 마찰이 발생할 수 있기 때문이다.
④ 공작을 통해 포섭한 상대국의 고위관료나 단체가 위험할 수 있기 때문이다.

10 손자병법 중에서 적을 제압하는 기술의 종류가 아닌 것은?

① 벌교
② 벌모
③ 벌성
④ 벌병

04　정답 ③

측정정보는 영상정보나 신호정보를 제외한 나머지 기술로 획득하는 정보로서 핵물질이나 전자파 등을 감시하며 국제범죄에 사용되는 무기거래 등의 정보를 수집한다.

05　정답 ④

회색선전은 출처를 위장하는 것이 아니라 출처를 공개하지 않는 것이 특징이다. 출처를 위장하는 것은 흑색선전에 대한 설명이다.

06　정답 ②

제시문은 로버트 한센에 대한 설명으로, 1994년 에임스 이후 미국 내 최대의 스파이로 평가받고 있다.
④ 1950년대 후반부터 40년 가까이 CIA에서 근무했던 에임스는 CIA의 첩보망과 공작내용들을 구(舊) 소련 KGB에 팔아넘겼다

07　정답 ②

상대국의 정치적 변화를 위하여 행동한다.

08　정답 ②

① 장기성: 비밀공작의 특성상 단기적으로 보이는 가시효과를 기대하기 힘듦
③ 비밀성: 전 과정에서 공작사항이 폭로되지 않도록 보안을 철저히 함
④ 비정형성: 정해진 활동규칙보다 임기응변적으로 처리하는 방식으로 행동

09　정답 ③

비밀공작이 노출된 경우 이를 은폐하기 위하여 위장부인을 하게 되는데, 가장 큰 이유는 외교 갈등을 피하기 위함이다.

10　정답 ③

① 벌교: 적의 동맹을 차단시켜 힘을 약화시킴
② 벌모: 대적의 의지조차 갖지 못하게 적의 계획을 사전에 제거
④ 벌병: 적의 사기를 떨어뜨림

11 비밀공작을 목적에 따라 분류할 경우 다음은 어떠한 공작에 대한 설명인가?

> 시설이나 물건 등 적국의 자원 등을 사용하지 못하도록 하여 방위력을 약화시키는 직·간접적인 활동공작

① 태업공작
② 와해모략공작
③ 정치공작
④ 기만공작

12 다음 중 사건의 발생가능성을 확률로 수치화하여 의사결정을 돕는 분석기법은?

① 베이지안 분석
② 귀납적 통계분석
③ 정세전망분석
④ 행렬분석

13 다음 중 연결이 바르지 않은 것은?

① 분기분석 – 질적 분석
② 베이지안 기법 – 양적 분석
③ 시뮬레이션 – 질적 분석
④ 행렬분석 – 양적 분석

14 정보분석관이 자신이 처음 세운 가설에 너무 몰입하여 자신의 가설을 뒷받침하는 자료의 분석에만 편중하여 결국 자신의 가설이 옳다는 결론을 내리게 되는 현상은 무엇인가?

① Mirror Imaging
② Layering
③ Clientism
④ cry wolf effect

15 정보분석 시 고려 요건이 아닌 것은?

① 정확성
② 적시성
③ 적합성
④ 객관성

16 다음 중 가설설정의 6단계에 부합하는 것은?

① 문제설정 → 가설설정 → 가설선택 → 첩보수집 → 가설평가 → 피드백
② 문제설정 → 가설설정 → 첩보수집 → 가설평가 → 가설선택 → 피드백
③ 가설설정 → 문제설정 → 가설선택 → 첩보수집 → 가설평가 → 피드백
④ 문제설정 → 첩보수집 → 가설설정 → 가설평가 → 가설선택 → 피드백

17 정보분석관이 갖추어야 할 요건으로 옳지 않은 것은?

① 상대국의 권력구조, 대중문화 등에 걸친 세부분야에 대한 지식
② 타국의 정보를 분석하기 위한 외국어 능력
③ 분석한 정보를 명확하게 표현할 수 있는 보고서 작성능력
④ 상대국가에 동화될 수 있을 정도의 역사·문화·언어지식

11 정답 ①

② 자기의 신분과 목적을 의도적으로 공개하여 상대방을 유혹하는 심리전의 일종
③ 적성국 정치에 고위관료나 단체들을 포섭하여 본국의 정치상황을 유리하게 하기 위한 공작
④ 적성국의 현재 사실과 다른 잘못된 사실을 심어주어 혼란과 불안을 야기하기 위한 공작

12 정답 ①

베이지안 분석(Bayesian): 사건의 발생가능성을 확률로 수치화하여 정책결정을 돕는 기법

13 정답 ③

시뮬레이션은 양적 분석 기법이다.

14 정답 ②

② 사고경직의 오류(Layering): 정보분석관이 처음 세운 가설에 무게를 두다가 분석과정 동안 자신이 옳다고 생각하는 쪽으로 분석결과를 가져가는 현상
① 경상이미지의 오류(Mirror Imaging): 상대방의 태도 양상도 나와 같을 것이라는 전제하에 상대국을 분석하는 현상
③ 과신주의의 오류(Clientism): 정보분석관이 유사한 주제에 대한 정보를 계속 처리하게 되면서 비판능력을 잃어버리고 순응하는 현상

15 정답 ④

객관성은 정보분석 시 고려 요건이 아니다.
① 정확성: 정확하고 객관적인 분석
② 적시성: 사안의 우선순위를 파악하여 1순위부터 진행
③ 적합성: 관련 정책에 적합한 정보

16 정답 ②

가설설정의 6단계는 "문제설정 → 가설설정 → 첩보수집 → 가설평가 → 가설선택 → 피드백"의 순서가 옳다.

17 정답 ④

상대국가에 대한 지식을 바탕으로 객관적이고 냉철한 시각으로 정보분석을 해내는 것이 정보분석관이 갖추어야 할 자세이다. 그러므로 동화되어야 한다는 표현은 옳지 않다.

18 분석과제에 대해 잘 알고 있는 전문가들이 직접 연기를 하며 해당 가설의 진행결과를 유추 해보는 기법은?

① 시뮬레이션 기법(Simulation)

② 역할연기(Role Playing)

③ 귀납적 통계분석

④ 정세전망분석(Policon and Factions)

19 다음 중 분산형 정보분석기구에 대한 내용으로 바르지 못한 것은?

① 고유한 임무영역에 대해서 차단성과 권위성을 갖고 있어 외부 시각에 영향을 받지 않는다.

② 각 정보기관이 각자 수집 및 분석기능을 가지고 특별한 교류 없이 활동을 하게 되며, 조직의 중복과 예산의 낭비라는 측면에서 비효율적이다.

③ 첩보수집, 정보분석, 비밀공작, 방첩활동 등 정보활동을 총괄적으로 수행하는 기구로 강력한 정보력을 유지할 수 있다.

④ 정보 독점 방지 및 권력 남용을 차단할 수 있으며 정보기간 간의 상호견제와 균형효과를 가져와 정치 개입과 권력남용과 같은 병폐를 예방할 수 있다.

20 다음에서 설명하는 이론으로 알맞은 것은 무엇인가?

> 정보기관들이 서로 협상에서 우위를 차지하기 위해 다른 정보기관의 견해에 무조건 강한 반기를 드는 것을 말한다. 이는 실제로 다른 기관의 견해를 반대했기 때문이라기보다는 정보기관의 입지를 다지기 위해 이루어지는 행위라 할 수 있다.

① False Hostages

② Cry Wolf Effects

③ 주석전쟁

④ Log-rolling

21 보호구역에 대해 옳지 않은 것은?

① 제한지역이란 비밀 또는 국·공유재산의 보호를 위하여 울타리 또는 방호·경비인력에 의하여 일반인에 대한 출입의 감시가 요구되는 지역을 말한다.

② 제한구역 및 통제구역에는 그 구역의 기능 및 구조에 따라 주야간 경계대책, 방화대책 및 경보대책 등이 마련되어야 한다.

③ 통제구역이란 비인가자의 출입이 금지되는 보안상 극히 중요한 구역을 말한다.

④ 제한구역 및 통제구역의 설정은 가능한 한 최대한의 범위로 제한한다.

22 암호자재의 제작에 대한 내용으로 틀린 것은?

① 각급기관에서 공통으로 사용할 암호자재는 국가정보원장이 제작·배부한다.

② 각급기관에서 사용하는 Ⅲ급 비밀 소통용 암호자재는 국가정보원장이 인가하는 암호체계에 따라 그 기관의 장이 제작·배부할 수 있다.

③ 암호자재를 사용하는 기관의 장은 사용기간이 끝난 암호자재를 7일 이내에 그 제작기관의 장에게 반납하여야 한다.

④ 각급기관의 장은 Ⅲ급 비밀 소통용 암호자재를 제작하거나 변경한 때에는 1부를 국가정보원장에게 제출하여야 한다.

23 암호자재의 관리에 대한 내용으로 틀린 것은?

① 암호자재는 비밀보관용기에 보관한다.

② 암호자재를 보유하고 있는 기관은 월 1회 이상 암호자재를 점검하여 점검기록부에 기록·유지하여야 하며, 보안담당관은 월 1회 점검사항을 확인하여야 한다.

③ 암호자재를 보유하고 있는 기관은 암호자재 관리기록부를 비치하고 기록·유지하여야 한다.

④ 암호자재를 사용하는 기관의 장은 암호자재의 관리에 관하여 책임을 진다.

24 다음 중 보안업무규정상 신원조사에 대한 설명으로 옳지 않은 것은?

① 비밀취급 인가 예정자는 신원조사의 대상이 된다.

② 판사 또는 검사 신규 임용예정자는 국가정보원장이 신원조사를 한다.

③ 친교 인물, 정당 및 사회단체 관련 사항, 인품 및 소행 등이 조사사항에 포함된다.

④ 신원조사의 요청을 받은 기관의 장은 특별한 사유가 없는 한 요청을 받은 날부터 15일 내에 신원조사회보서의 양식에 따라 조사결과를 작성하여 요청기관에 통보하여야 한다.

18 〉정답〉②

분석과정에 대해 잘 알고 있는 전문가들이 역할을 맡아 서로의 역할을 연기해 보면서 앞으로의 진행 결과를 예측해 보는 질적 분석 기법은 '역할연기'이다.

19 〉정답〉③

③ 통합형 정보기구에 대한 설명이다..

20 〉정답〉①

② Cry Wolf Effects: 양치기 소년처럼 중요하지 않은 경고를 계속 남발하여 신뢰를 잃고 결국 정작 중요한 경고에는 사람들이 귀기울이지 않게 되는 현상

③ 주석전쟁: 무지를 숨기기 위해 후에 계속 추가의견을 덧붙여 점점 주석이 많아지는 현상

④ Log-rolling: 정보기관 간에 협력을 통해 서로의 입지를 유지시켜 주는 것. 함께 통나무를 굴리는 것과 비슷해서 붙여진 이름이다.

21 〉정답〉④

제한구역 및 통제구역의 설정은 필요한 최소한의 범위로 제한한다(보안업무규정 시행규칙 제55조).

22 〉정답〉③

암호자재를 사용하는 기관의 장은 사용기간이 끝난 암호자재를 지체없이 그 제작기관의 장에게 반납하여야 한다(보안업무규정 제7조).

23 〉정답〉②

암호자재를 보유하고 있는 기관은 주 1회 이상 암호자재를 점검하여 그 결과를 암호자재 점검기록부에 기록·유지하여야 하며, 보안담당관은 월 1회 점검사항을 확인하여야 한다(보안업무규정 시행규칙 제5조 제5항).

24 〉정답〉④

신원조사의 요청을 받은 기관의 장은 특별한 사유가 없는 한 요청을 받은 날부터 30일 내에 신원조사회보서의 양식에 따라 조사결과를 작성하여 요청기관에 통보하여야 한다(보안업무규정 시행규칙 제59조 제1항).

① 보안업무규정 제33조

② 보안업무규정 시행규칙 제56조 제1항

③ 보안업무규정 시행규칙 제58조

PART
02

25 보안감사에 대한 설명으로 옳지 않은 것은?

① 보안감사 및 정보통신보안감사를 실시함에 있어서는 개선 필요 사항의 발굴에 중점을 둔다.

② 보안감사는 중앙행정기관의 장이 시행한다.

③ 보안감사의 정기감사는 연 2회 실시하고, 수시감사는 필요에 따라 실시한다.

④ 조사결과를 통보받은 해당 기관의 장은 조사결과에 대하여 필요한 조치를 하여야 한다.

26 다음의 설명이 뜻하는 용어로 알맞은 것은?

> • 보안유지 또는 기밀유지라고도 불린다.
> • 상대방으로 하여금 우리 측의 의도를 파악하지 못하게 하고 우리 측의 상황도 적측에 전파되어서는 안 된다는 것을 뜻한다.

① 방첩활동

② 보안관찰

③ 역용공작

④ 양동간계시위

27 다음 중 능동적 방첩이 아닌 것은?

① 정보수집

② 방어활동

③ 정보통신보안

④ 공격활동

28 다음 중 비밀사항에 대한 표시방법을 강구하는 것과 관계있는 수단은?

① 정보 및 자재보안의 확립

② 적에 대한 첩보수집

③ 허위정보 유포

④ 대상인물감시

29 다음 중 테러리즘의 특성이 아닌 것은?

① 테러리즘이란 정치 · 사회적인 영향력을 증대하기 위해 비합법적인 폭력을 사용하는 것을 뜻한다.

② 제한된 물량과 소규모의 희생으로 큰 효과를 거둘 수 있다.

③ 테러는 군사 활동과 유사한 정확성을 지니는 등 전술적인 면모가 있다.

④ 테러의 대상은 사람에게만 국한된다.

30 다음 중 테러의 수행단계로 가장 올바른 것은?

① 계획수립단계 → 정보수집단계 → 조직화단계 → 공격준비단계 → 실행단계

② 정보수집단계 → 조직화단계 → 계획수립단계 → 공격준비단계 → 실행단계

③ 정보수집단계 → 계획수립단계 → 공격준비단계 → 조직화단계 → 실행단계

④ 정보수집단계 → 계획수립단계 → 조직화단계 → 공격준비단계 → 실행단계

31 다음에서 설명하고 있는 테러리즘(Terrorism)은 무엇인가?

일반 대중들의 공포를 목적으로 적이 누구인지 모르고, 전선이나 전쟁규칙도 없으며, 대량 살상무기나 사이버무기, 생물학무기, 생화학무기 등을 사용하며, 결국 사회나 국가 전체의 혼란 및 무력화를 추구하는 테러리즘을 지칭하는 용어

① 뉴테러리즘
② 메가테러리즘
③ 테크노테러리즘
④ 바이오테러리즘

32 다음 중 국가별 대테러 부대가 잘못 연결된 것은?

① 미국 – CIA
② 프랑스 – GIGN
③ 영국 – SAS
④ 독일 – GSG-9

25 　　　　　　　　　　　　　　　정답 ③

보안감사 및 정보통신보안감사는 정기감사와 수시감사로 나뉘어지며, 정기감사는 연 1회 실시하며 수시감사는 필요에 따라 수시로 한다(보안업무규정 제41조 제1항 및 제2항).
① 보안업무규정 제41조 제3항
②, ④ 중앙행정기관의 장은 보안감사를 실시하고, 이 보안감사의 결과를 국가정보원장에게 통보한다. 국가정보원장은 보안조사의 결과를 해당기관의 장에게 통보하고, 이 조사 결과를 통보받은 기관의 장은 조사결과에 대하여 필요한 조치를 하여야 한다(보안업무규정 제39조 및 제42조).

26 　　　　　　　　　　　　　　　정답 ①

방첩은 보안유지 또는 기밀유지라 불리며 상대방이 우리 측의 의도를 파악하지 못하게 하고 우리 측의 상황도 상대방에 전파되지 않게 하는 것을 뜻한다.

27 　　　　　　　　　　　　　　　정답 ③

문서보안, 인원보안, 시설보안, 정보통신보안은 수동적 방첩에 해당한다.

28 　　　　　　　　　　　　　　　정답 ①

적성국의 목표인 우리측 첩보나 정보가 들어있는 문서는 무엇보다 비밀사항에 대한 표시방법과 보호방법이 마련되어야 한다.

29 　　　　　　　　　　　　　　　정답 ④

테러의 대상은 사람뿐만 아니라 시설물도 해당된다.

30 　　　　　　　　　　　　　　　정답 ④

테러의 수행단계는 '정보수집단계 → 계획수립단계 → 조직화단계 → 공격준비단계 → 실행단계'의 순서로 이루어진다.

31 　　　　　　　　　　　　　　　정답 ①

뉴테러리즘은 2001년 미국의 세계무역센터 건물 테러사건처럼 테러의 대상이 무차별적이며, 테러의 목적 또한 불분명한 새로운 개념의 테러리즘을 가리키는 용어로서, 결국 사회나 국가 전체의 혼란 및 무력화를 목표로 하고 있기 때문에 천문학적인 수준의 경제적 · 물질적 피해를 준다는 특징이 있다.

32 　　　　　　　　　　　　　　　정답 ①

미국은 SWAT(미연방특수경찰부대)에서 담당한다.

PART 02

33 다음 중 국민보호와 공공안전을 위한 테러방지법상의 내용으로 옳지 않은 것은?

① 공중을 협박할 목적으로 사람을 인질로 삼는 행위는 법에서 정의하는 테러에 해당한다.
② 폭행이나 협박으로 운행 중인 선박을 강탈하는 행위는 법에서 정의하는 테러에 해당한다.
③ 테러단체란 국가정보원장이 지정한 테러단체를 말한다.
④ 대테러활동에는 인원·시설·장비의 보호 및 국제행사의 안전확보가 포함되어 있다.

34 다음 중 국내 마약범죄에 대한 설명으로 옳지 않은 것은?

① 마약범죄가 조직화되고 있는 양상을 보인다.
② 향정신성의약품이 마약이나 대마보다 범죄범위가 크다.
③ 원어민강사, 외국인노동자 등 외국인 마약사범이 증가하고 있다.
④ 밀반입경로는 다양한 편이 아니지만, 그 수요가 늘어 범죄의 규모가 커지고 있다.

35 마약류에 관한 설명 중 옳은 것은?

① 한외마약은 천연마약의 주성분을 원료로 하여 얻을 수 있는 비합법적 마약이다.
② 생아편은 앵속의 열매가 익기 전에 껍질부분에 상처를 입혀 흘러나오는 액즙을 채집하여 건조시킨 것으로 녹색을 띤다.
③ GHB(물뽕)는 청소년들이 소주에 타서 마시기도 하는데 이를 "정글주스"라고 한다.
④ 메스카린은 미국의 텍사스나 멕시코 북부에서 자생하는 선인장인 페이요트에서 추출·합성한 향정신성의약품이다.

36 다음 중 위조지폐에 관한 내용으로 옳지 않은 것은?

① 5만 원권 지폐의 유통으로 국내 원화 위조지폐범죄의 심각성이 커지게 되었다.
② 행사할 목적으로 내국에서 유통하는 외국의 화폐, 지폐 또는 은행권을 위조 또는 변조한 자는 형법상 1년 이상의 유기징역에 처한다.
③ 행사할 목적으로 외국에서 통용하는 외국의 화폐, 지폐 또는 은행권을 위조 또는 변조한 자는 형법상 5년 이하의 징역에 처한다.
④ 위조달러는 슈퍼노트라고도 하며, 주로 북한이나 콜롬비아 등 각국의 범죄조직이 유통하고 있다.

37 다음 중 밀입국에 대한 설명으로 옳지 않은 것은?

① 주로 개발도상국에서 우리나라로 밀입국을 시도한다.

② 관계기관에서 발행한 여권 등 출국에 필요한 유효한 증명 없이 대한민국 외의 지역으로 도항 또는 국경을 넘는 것을 밀항이라 한다.

③ 밀항 또는 이선·이기한 사람은 밀항단속법에 따라 3년 이하의 징역 또는 2천만원 이하의 벌금에 처한다.

④ 영리를 목적으로 밀항 등의 행위를 알선한 사람은 5년 이하의 징역 또는 5천만 원 이하의 벌금에 처한다.

33 정답 ③

테러단체란 국제연합(UN)이 지정한 테러단체를 말한다(국민보호와 공공안전을 위한 테러방지법 제2조 제2호)

34 정답 ④

단속이 강화되면서 밀반입은 갈수록 지능화되고 있으며, 밀반입경로도 다양해지고 있는 상황으로 단속을 어렵게 만들고 있다.

35 정답 ④

① 한외마약은 의약품으로 사용되는 합법적인 약품으로 성분은 마약성을 띠고 있으나, 일정한 사용 기준은 보건복지부장관이 정한 것을 말한다. 일반약품에다 천연마약 및 화학적 마약성분을 미세하게 혼합한 약물로 신체적·정신적 의존성을 일으킬 염려가 없는 것으로 약국에서 감기약으로 판매하는 인산코데인말이 있다.

② 양귀비에서 나오는 액즙은 백색이지만 이것이 공기에 노출되어 산화되면 암갈색 또는 검은색을 띠게 된다.

③ GHB(물뽕)는 성범죄용 약물로 악용되어 "데이트 강간 약물"로 불리며, 정글주스는 덱스트로메트로판(러미라)에 대한 내용이다.

36 정답 ③

행사할 목적으로 외국에서 통용하는 외국의 화폐, 지폐 또는 은행권을 위조 또는 변조한 자는 10년 이하의 징역에 처한다(형법 제207조 제3항).

② 형법 제207조 제2항

37 정답 ③

밀항 또는 이선·이기한 사람은 3년 이하의 징역 또는 3천만원 이하의 벌금에 처한다(밀항단속법 제3조 제1항).

② 밀항단속법 제2조 제1호

④ 밀항단속법 제4조 제2항

PART
02

PART

03

국가정보 기구론

CHAPTER 01

정보기구 총론

1 정보기관과 정보활동

1. 정보기관의 개관

(1) **개념**: 정보기관은 첩보수집, 정보분석, 방첩, 비밀공작 등의 정보활동을 전문적으로 수행하는 조직이며, 정보기관은 국가안전보장이라는 궁극적인 목표달성을 위해 정보활동을 수단으로 이용한다.

(2) **국가안보의 필수요소로서의 정보기관**: 전 세계 거의 모든 국가는 정보기관을 운용 중이며, 만약 정보기관이 정보활동을 제대로 수행하지 못할 경우 국가안보와 이익에 치명적인 손실을 초래할 수 있다는 점에서 정보기관은 국가의 안전보장 및 번영을 위해 필수적인 요소로 여겨지고 있다.

(3) **임무**: 정보기관의 기본적 임무는 정책결정자의 정책수행에 필요한 '사전 지식으로서의 정보'를 지원하는 것이며, 이를 위해 공개수단과 비밀수단을 활용하여 첩보수집, 수집된 첩보의 진위와 타당성을 검증하는 정보분석을 거쳐 지식으로서의 정보를 생산한다.

(4) 정보기관에서 최종적으로 생산된 정보는 정책결정자에게 제공되어 올바른 정책결정을 지원함으로써 국가안보에 궁극적으로 기여한다.

(5) 이러한 점을 종합하였을 때, 정보기관의 가장 중요한 임무는 정확한 정보분석과 판단을 통해 현재 상황에 대한 올바른 판단을 제공하고, 미래에 제기될 수 있는 안보위협을 적시에 예측하고 경고하는 데 있다.

2. 정보기관의 주요 활동

(1) 정보기관은 자국의 정책결정자가 정책을 수행하는데 필요한 정보를 제공하기 위하여 첩보수집과 정보분석을 수행한다.

(2) 정보기관은 자국의 대외정책을 지원하기 위해 외국의 정부 · 정치 · 경제 · 군사 · 사회 등 여러 분야에 은밀히 개입하여 자국에게 유리한 여건을 조성하는 활동인 비밀공작을 수행한다.

① 정보기관이 수행하는 대부분의 정보활동은 정책지원활동이지만 비밀공작은 정책집행활동이라는 면에서 차이점이 존재함

② 비밀공작은 사실상 다른 국가에 대한 은밀한 내정간섭이라는 점에서 유엔헌장에 위배되며, 범죄적 수단이 동원된다는 점에서 윤리적 문제점이 존재함

③ 비밀공작이 외부에 공개될 경우 국제적 비난과 대상 국가와의 외교 단절사태가 초래할 수 있다는 점에서 위험부담이 크지만, 상당수의 국가는 비밀공작을 전담하는 조직을 설립하여 수행하고 있음

(3) 정보기관은 상대국 정보기관의 첩보수집, 전복, 테러행위 및 파괴활동 등 각종 정보활동에 대응하는 방첩활동도 수행한다.

① 중요한 국가기밀의 유출과 적대국가의 기만·역정보 파악은 국가의 잠재적인 성장 가능성을 훼손하고, 정책결정자의 왜곡된 정책결정을 유도하여 국가안보에 위협을 제기하기 때문에 이를 사전에 탐지·파악하는 방첩활동은 정보기관의 중요한 임무에 해당함

② 광의의 방첩개념에 해당하는 적대국가의 전복, 테러, 파괴행위 기도 등 각종 공작을 사전에 파악하고 차단하여 국민의 생명과 재산을 보호하는 활동 역시 정보기관의 중요한 임무에 해당함

2 정보기관의 조직원리

1. 정보기관의 특징

(1) 정보기관은 정부조직의 일부이지만, 정보기관이 수행하는 업무영역, 기본임무, 활동방식, 조직의 속성, 연계성, 보편성 측면에서 다른 정부조직과 구별되는 특징이 있다.

(2) **업무영역**: 정보기관은 한 분야의 업무만을 전담하는 일반 정부조직에 비해 업무영역이 광범위하고 포괄적이며, 활동성격에 따라 구분된다는 특징이 있다.

① 일반 정부조직은 명확히 설정된 활동영역에 따라 업무가 구분되며 외교·국방·통상·교통·자원 등 각 영역별 담당 분야 내에서 독립적으로 업무를 수행하고, 업무성과는 다른 부처의 업무영역과 연계되지 않으며 해당 부처의 업무영역 내에서 평가받음

② 정보기관은 국가안보와 국익에 대한 정보의 수집·분석·배포와 관련하여 특정한 분야에 한정되지 않고 정보활동을 필요로 하는 모든 분야를 대상으로 정보활동을 수행하고, 이에 대한 평가를 받음

③ 정보수집·분석, 특정한 정보수집방법·기술과 관련된 활동에 따라 담당 분야가 구분되는 경우는 있지만, 일부 예외를 제외하면 정보기관은 외교·국방·통상·교통·자원 등 국가안보와 관련되는 모든 분야를 대상으로 포괄적인 정보활동을 수행함

(3) **기본임무**: 정보기관은 기본적으로 적·적대 국가에 대응하는 활동을 목표로 하며, 대적활동을 통해 국가안보를 수호하고자 한다.

① 일반 정부조직은 일반 국민 대상의 서비스 제공을 활동목표로 하고 있으며, 정책의 입안과 집행 등 정책결정과정을 주관함

② 정보기관의 활동목표는 일반 국민이 아닌 적을 대상으로 하며, 정보기관이 수행하는 첩보수집, 정보분석, 방첩, 비밀공작 등 정보활동의 기본 목표는 적대세력의 위협으로부터 국가안보를 보호하는 데 있음

③ 또한 정보기관은 정책결정에 필요한 자료의 적시 제공으로 임무가 제한되며, 정보의 객관성 유지와 정보기관의 정치화 방지를 위해 정책결정과 정책집행역할은 배제됨

(4) 활동방식과 조직의 속성: 정보기관은 철저하게 비밀성을 유지하는 방식을 통해 업무를 수행하며, 이는 민간은 물론 정부조직 어느 곳에서도 찾아보기 어려운 특징이다.

① 일반 정부조직은 대부분 공개적으로 획득한 자료를 활용하여 업무를 수행하지만, 정보기관이 수행하는 정보활동 대부분은 철저하게 비밀을 유지하면서 이루어짐

② 정보기관의 비밀성 유지와 차단의 원칙은 민관협력을 통해 보완·발전되는 다른 정부 부처 업무와 다르게 정보기관의 민간 연계 및 보완·발전을 어렵게 하는 부분이며, 폐쇄적이고 경직된 조직문화를 형성함

③ 정보기관의 비밀성은 정보혁명이라는 현대사회의 변화와 시대적 요구를 완전히 외면할 수 없기 때문에 비밀성과 차단의 원칙을 유지하되, 정보화의 흐름을 반영하는 임무수행 전략개발이 요구됨

④ 정보활동 공개는 정보실패 사례, 국회 청문회의 부적절한 정보활동에 대한 심의가 대부분임

(5) 연계성: 정보기관이 수행하는 정보활동은 다른 정부조직, 의회, 군 등 정책입안 담당자와의 연계 속에서 의미가 발생하며, 활동 역시 평가받게 된다.

• 정보수집·분석업무가 성공적이더라도 정보가 정책입안·결정자에게 효과적으로 공유되지 못하거나, 공유되더라도 채택되지 않으면 정보활동의 성과는 사라짐

(6) 보편성: 민주주의·권위주의 등 정치제도의 성격과 관계없이 어느 국가나 정보활동을 수행하는 기구를 운용하고 있다.

• 담당 영역에 따라 구분되는 다른 정부조직의 경우 국가별로 행정서비스분야 분류방식에 따라 해당 조직이 존재하지 않을 수 있음

2. 정보기관의 조직원리

(1) 정보기관은 담당 영역 없이 정보활동을 기준으로 조직되며 국가별로 다양한 형태를 보이고 있다.

① 정보기관은 국가안보의 보장이라는 동일한 목표를 추구하더라도 일반적인 정보수집·정보분석 외 방첩, 비밀공작 등 다양한 정보활동을 포함함

② 동일한 정보활동이라도 국내·해외 대상 활동, 군사관련 활동, 대테러 활동 및 일반적인 국가안보 관련활동 등 활동영역과 대상, 분야에 따라 다양하게 분류될 수 있음

(2) 정보활동 수행을 위해 사용하는 기술에 따라 정보활동은 인간정보(HUMINT), 통신정보(COMINT), 신호정보(SIGINT), 지리공간정보(GEOINT) 등으로 분류할 수 있으며, 이러한 활동은 반드시 구분되어 개별적인 기관에 의해 수행되어야 하는 것은 아니다.

① 국가별로 정보예산 규모, 정보활동 인식 등에 따라 상이한 형태의 정보기관을 운영함

② 다양한 정보활동을 복합적으로 수행하는 정보기관, 국내와 해외의 정보활동을 구분하여 수행하는 정보기관, 각종 기술정보 활동별로 다수의 정보기관 운영 등이 있음

(3) 활동영역, 내용 및 수단으로 다양하게 구분되는 정보활동들이 전체적으로 연계되면서 동시에 유기적으로 이루어져야 성공적인 정보활동을 수행할 수 있다.

• 9/11 테러 이후 미국의 정보공동체 개편이 주요 사례에 해당함

3 정보기구의 유형

1. 정보기구의 유형 분류

(1) 정보기구는 정보활동의 내용, 정보를 사용하는 방법 및 대상 등에 따라 다양한 유형으로 나타난다.
   ① **통합형**: 상이한 업무를 수행하는 여러 부서로 구성된 복합기구적 정보기관
      예 한국 국가정보원, 중국 국가안전부, 구소련 KGB 등
   ② **분리형**: 특정 정보활동을 전문적으로 수행하는 분업화·특성화된 정보기관
      ㉠ 특정 정부 부처의 업무 관련 정보활동을 수행하는 정보기관
      ㉡ 국내 보안 및 방첩을 수행하는 정보기관
      ㉢ 군사정보활동을 담당하는 정보기관
      ㉣ 해외정보활동을 전담하는 정보기관
         예 미국, 영국, 이스라엘, 주요 유럽국가 등은 기능별로 단일임무를 수행하는 정보기관 운용

(2) **미국**: 국무부, 에너지부, 그리고 법무부의 마약단속국(DEA; Drug Enforcement Administration) 산하 정보부서들은 소속 정부 부처 담당 영역과 연관된 정보활동을 주로 수행하는 정보기구들이다.

더 알아보기

1. 국내 방첩 및 보안활동 담당 정보기구
- 미국 연방수사국(FBI)
- 영국 보안부(SS/MI5)
- 러시아 연방보안부(FSB)
- 독일 헌법수호청(BfV)
- 프랑스 국내안보총국(DGSI)
- 이스라엘 신베트(Shin Bet)

2. 군사 정보활동을 담당하는 정보기구
- 미국의 국방정보국(DIA; Defense Intelligence Agency)
- 러시아의 참모부 정보총국(GRU)
- 일본의 방위성 정보본부(DIH; Defense Intelligence Headquarters)

3. 해외정보활동을 담당하는 정보기구
- 미국 중앙정보부(CIA)
- 영국 비밀정보부(SIS/MI6)
- 러시아 해외정보부(SVR)
- 독일 연방정보부(BND)
- 프랑스 대외안보총국(DGSE)
- 이스라엘 모사드(Mossad)
- 일본 내각정보조사실

---

(3) 정보활동에 사용되는 특정기술과 관련되어 특화된 정보활동을 담당하는 정보기구를 별도로 두고 있는 나라도 있다. 신호정보(SIGINT)를 담당하는 미국의 국가안보국(NSA; National Security Agency), 영국의 정부통신본부(GCHQ; Government Communications Headquarters), 그리고 지리공간정보(GEOINT)를 담당하는 미국의 국가정찰국(NRO; National Reconnaissance Office), 국가지리공간정보국(NGA; National Geospatial Intelligence Agency) 등이 예이다.

(4) 정보기구들은 운영의 독립성을 기준으로 정보기구 자체로서 독자적으로 조직되고 운영되는 독립정보기구, 행정조직상 다른 정부 부처 산하에서 해당 부처장의 지휘하에 운영되는 정보기구로 구분할 수 있다.

> **더 알아보기**
>
> 다른 행정부처 소속 정보기구
> - 영국 외무부 산하 SIS 및 내무부 산하 SS
> - 미국 국토안보부 산하 정보분석실(I&A; Office of Intelligence & Analysis)
> - 해안경비대 정보실(CGI; Coast Guard Intelligence)
> - 국무부 산하 정보조사국(INR; Bureau of Intelligence and Research)
> - 에너지부 산하 정보 · 방첩실(IN; Office of Intelligence and Counterintelligence)
> - 재무부 산하 정보분석실(OIA; Office of Intelligence and Analysis)
> - 국방부 산하의 국방정보국(DIA)
> - 국가정찰국(NRO)
> - 국가 지리공간정보국(NGA; National Geospatial Intelligence Agency)
> - 법무부 산하의 연방수사국(FBI) 등

(5) 정보활동의 효율성과 관련한 장점과 단점

① 장점
  ⊙ 정보활동이 포괄적으로 이루어지는 통합형 정보기구의 경우 무엇보다도 전체 정보활동에 대한 효율적인 통합이 가능하며 다양한 정보활동들 간의 유기적인 연계가 이루어지기 용이함
  ⓒ 통합형 정보기구의 경우 정보의 수집부처 배포, 그리고 수집된 정보를 바탕으로 하는 구체적인 정보활동의 계획 수립 및 집행, 그리고 이러한 전체적인 정보활동을 수행하는 데 있어서 활동별 우선순위의 결정 등이 서로 연계되어 일관적으로 이루어짐으로써 보다 효율적이고 성공적인 정보활동을 수행할 수 있게 될 가능성이 큼
  ⓒ 정보기구가 업무별 · 기능별로 분화되어 있어 정보활동이 분담되어 이루어지는 분산형 정보기구의 경우, 하나의 정보기구가 포괄적인 정보활동을 수행하는 정보기구에 비해 업무의 전문성을 높일 수 있음
② 단점
  ⊙ 정보활동 간 분명한 영역 구분이 어렵기 때문에 정보기구들 간에 중복된 정보활동이 이루어질 가능성이 큼
  ⓒ 유사한 성격의 정보활동과 관련하여 우선순위를 결정하는 문제 또는 유사한 정보활동을 수행하는 정보기구들 간의 조정 및 협력 문제가 존재할 수 있음
③ 방대한 정보공동체를 운영하는 미국이 정보기구를 통합적으로 운영하려고 노력하는 가운데 지적되어 온 가장 본질적인 문제이자, 미국이 정보 개혁을 통해 해결하기 위해 가장 중점을 두고 있는 부분에 해당하기도 함

정보기관의 개혁과 평가

포괄적이고 통합된 정보공동체 운영의 필요성에 대한 인식은 세계에서 가장 다양하고 분화된 정보기구들로 이루어진 정보공동체를 운영하고 있는 미국에서 뚜렷하게 관찰되어 왔다. 통합된 정보활동의 필요성에 대한 인식은 이미 제2차 세계대전 직후 성공적인 정보활동을 위해 구심점 역할을 수행할 중앙정보기구로서 CIA를 창설한 데에 반영되어 있었고, 2009년 9/11 테러를 겪으면서 국가정보장실(ODNI; Office of the Director of National Intelligence)의 창설을 통해 더욱 강화되었다. 이러한 일련의 개혁 과정을 통해 미국이 달성하려고 하는 목표는 분산된 정보기구들의 활동이 중복되는 것을 피하고 정보활동의 일관성과 효율성을 증가시키며, 정보기구들이 서로 밀접하게 연계되고 정보활동을 수행하는 과정에서 협력이 잘 이루어지도록 함으로써 정보활동이 성공할 가능성을 높이는 것이라고 할 수 있다. 그러나 그동안 미국에서 이루어진 일련의 개혁 과정이 소기의 목표를 달성했는가 하는 점과 관련하여 긍정적인 평가를 내리기 어려운 측면이 있다.

(6) 통합적으로 운영되는지, 영역과 기능 등에 따라 특화되어 운영되는지, 독립적으로 운영되는지, 아니면 다른 정부 부처에 속해 있는지에 따라 구분될 수 있는 정보기구는 나라마다 서로 다른 정치 환경, 안보 관련 경험, 그리고 정보기구 및 정보활동에 대한 인식 등이 반영되어 조직의 성격과 규모, 운영 원칙 및 활용 내용, 그리고 정보기구에 대한 통제 방안 등의 측면에서 다양한 특징을 보인다.

PART 03

CHAPTER 02

한국의 정보기구

1 한국 정보기구의 기원과 변천

1. 근대 이전의 정보활동

(1) 우리 민족의 역사에서도 정보활동은 국가의 생존과 발전에 중요한 역할을 담당해왔으며, 역사적 기록상 정보활동은 삼국이 등장한 순간부터 시작된 것으로 보인다. 특히 우리나라 역사상 가장 전쟁이 많았던 시기인 삼국시대는 700여 년 동안 총 460회의 전쟁이 발발하였던 만큼 외적으로부터 국가와 왕권을 보호하는 수단으로 다양한 형태의 정보활동이 수행되었다.

① **삼국시대:** 수 양제의 중국 통일(589) 이후 동아시아 국제질서가 재편되면서 고구려 · 백제 · 신라는 한반도의 주도권 장악과 수 · 당나라의 침략에 맞서 주권 수호를 위해 활발한 정보활동을 전개함

    ㉠ 수나라의 통일로 삼국시대의 전쟁은 국제전으로 발생 양상이 변화하면서 전쟁의 발생빈도와 규모가 모두 증가하였고, 삼국은 급변하는 동아시아 국제정세를 정확하게 파악하고 자국의 생존을 확보하기 위한 정보활동을 수행함

    ㉡ 중국과 국경을 접하고 있었던 고구려는 지정학적 위치로 인하여 첩보수집 대상국가가 신라나 백제에 비해 많았으며, 수나라와 당나라인 중원 왕조 외에도 북위, 북연, 선비, 돌궐, 말갈 등 다양한 북방 부족국가를 대상으로 첩보활동을 전개함

    ㉢ 삼국시대의 첩자는 국가의 생존을 위한 군사행위로 여겨져 긍정도, 부정도 아닌 중성적인 이미지였으나, 통일신라시대부터 외부의 적을 대상으로 첩보활동을 전개했다는 기록은 거의 없게 됨

    ㉣ 통일신라 이후 외부로부터의 위기가 잦아들자 왕권유지를 위한 내부 보안활동에 중점을 두어 정보활동을 펼쳤으며, 정보활동이 내부 정적 간 세력다툼을 위해 사용되면서 첩자의 이미지와 위상은 점차 부정적으로 변화하기 시작함

> **더 알아보기**
>
> 삼국사기에 등장하는 첩보활동
> - 고구려 호동왕자와 낙랑공주 설화: 첩자와 첩자활용의 중요성 인지 사례
> - 고구려 장수왕: 승려 도림을 백제로 침투, 개로왕과 백제를 파탄에 빠뜨려 한강 이남 유역을 점령
> - 살수대첩: 고구려 을지문덕 장군은 수나라 군대에 포로로 잡힌 후 적의 상황을 염탐하고 돌아와 심리전과 교란작전을 통해 수나라 군대 30만 명을 몰살하는 승리를 거둠
> - 고구려 연개소문, 신라의 김유신과 김춘추 역시 첩보전의 대가로 알려짐

② **고려시대**: 후삼국시대 통일과정에서 중국과 대외관계가 필요했고, 후삼국 통일 이후 북방 영토 수복을 위해 송·원·명나라를 대상으로 대외 정보활동이 수행된 것으로 추측되나, 중국과 북방지역 대상의 첩보활동에 대한 기록은 찾아보기 어려움

- ㉠ 당시 중국은 당나라 멸망(907) 이후 송 왕조 성립(960) 사이 5대의 정치적 혼란기가 지속되었으며, 과거 발해 영토의 서반부 지역에서 거란족이 흥기하고, 동반부 지역에서는 발해 유민집단의 할거 등 긴박한 상황이 전개됨
- ㉡ 고려는 건국(918) 이후 후백제와의 전쟁 등 남부 지역의 정세 안정이 당면한 과제였기 때문에 옛 고구려 영토 회복보다는 후삼국 통일에 주력할 수밖에 없었으며, 후삼국 통일 완성(936) 이후 평양 개척 등 북진정책을 시도함
- ㉢ 고려 영토가 청천강 유역까지 확대된 이후 확보한 지역 개척과 방어에 주력하면서 중국과 북방을 대상으로 하는 첩보수집 활동은 사실상 소홀해지고, 고려 후기로 갈수록 왕권 강화와 기득권 유지 목적의 대내적 정보활동이 중심을 이루게 되었음

③ 고려시대의 정보활동은 전문화된 특정기관이 전담하지 않고, 사신 등 공식적인 외교사절과 국경의 주둔군 및 상인, 유학생 등 각종 비공식적 채널을 통해 필요한 정보를 수집하였으며, 적의 병력·무기체계·지형정보·사기 등 군사 관련 사항에 우선순위를 둔 정보목표가 세워졌으나 선진정책·학문·농업기술 등 분야에서도 다양한 정보활동이 전개됨

- 예 • 최무선이 국경 지역 중국인들에게 중국이 비밀로 관리하던 화약제조법을 몰래 배워 고려의 대포를 개발하고, 이를 훗날 왜구 격퇴에 활용
  - • 고려 말기 원에 갔던 사신들이 새로운 학문인 성리학 서적을 수집해와 고려 개혁에 이념적 기틀을 잡는 데 활용

(2) 조선시대: 건국 이후 200년간 외국의 침략이 없었던 조선은 명·청 교체기의 중국 정세나 일본의 침략 의도 등 대외 정세에 대한 국가정보활동이 총체적으로 실패하면서 국가의 존립 자체가 위태로워지는 심각한 위기가 있었다.

① 임진왜란 발발 10년 전인 선조 15년(1582) 율곡 이이는 여진족(북쪽)과 왜구(남쪽)에 대비하기 위해 '징병 10만 양성'을 건의하였으나 조정의 반대에 거쳐 무산됨

② 일본에 1년간 체류하면서 일본의 조선침략 의도 여부를 관찰한 조선통신사 김성일과 황윤길의 엇갈린 정보보고는 당파싸움 등 정쟁에 치우쳐 정보력의 부재와 안보불감증을 초래한 대표적 사례에 해당함

③ 임진왜란 이후 200여 년 간 조선은 20회에 걸쳐 통신사를 운영하며 일본의 국정을 탐문하는 등 제한된 수준의 대외 정보활동을 전개하였으나, 유교사상의 영향으로 대외 정보활동보다는 국내정보 및 보안활동에 중점을 두었음

- ㉠ 중종 12년(1517) 군사적 대응책 협의를 위해 설치된 비상설기구인 비변사는 을묘왜변(1555)을 계기로 상설기구로 발전하였으며, 임진왜란(1592)이 발발하자 국정 전반을 총괄하는 최고기관이 되었음
- ㉡ 비변사의 기능과 권한이 강화되어 의정부와 육조를 능가하는 최고의 군사·정치기관이 되었음에도 불구하고, 본연의 임무인 국가안보와 위기관리 분야에서 제대로 된 역할을 수행하지 못한 것으로 평가됨

ⓒ 전국 각 지방의 실정 파악을 위해 암행어사 제도 실시, 민심을 직접 듣는 상소 및 신문고 제도 등을 운용하였으며, 조선 후기에는 전국적으로 활동하는 보부상을 활용해 민심의 동향뿐 아니라 주요 사건에 대한 정보를 수집하여 활용함

(3) 조선시대에서 수행된 다양한 공식 · 비공식적 정보활동에도 불구하고 국제정세에 대한 집권층의 인식은 턱없이 부족했고, 정보활동 자체도 전문화 · 조직화되지 못함으로써 구한말 일본을 비롯한 제국주의 열강의 침략을 대비하는 데 실패하였다.

2. 근대 이후의 정보활동

(1) 조선 후기 강화도조약 체결(1876) 이후 개항과 함께 조선의 근대화가 시작되었으며, 제국주의의 국권침탈이 지속되자 정부의 정보활동 의지가 강화되고 그 활동범위도 확산됐다.

① 제국주의 열강에 맞서 국권수호와 국력 강화를 위해 다양한 유형의 정보활동이 전개되기 시작하였으며, 그중에서 독립운동 단체들의 비밀활동은 한층 전문적인 정보활동의 형태로 발전했음

② 당시 서구 열강들과의 수교가 이루어짐에 따라 서양식 외교제도가 들어오고 각국의 상주 공관을 중심으로 치열한 국익쟁탈전이 전개되면서 정부는 정보활동의 필요성을 더욱 절감하였음

③ 산업혁명 이후 발전을 거듭한 교통 · 통신기술이 국내에 보급되고 정보의 신속한 유통이 가능해지면서 이를 활용한 체계적이고 전문적인 정보활동이 요구되었음

④ 이러한 배경에서 고종은 우리 역사상 최초로 1902년 6월에 근대적 정보기관인 '제국익문사(帝國益聞社)'를 설립함

ⓐ 제국익문사는 표면적으로는 "매일 사보를 발간하여 국민들이 보도록 하고 국가의 중요한 서적도 인쇄 발간하는 통신사"라고 하였으나, 사실상 황제 직속의 비밀 정보기관에 해당함

ⓑ 최고 수장인 '독리(督理)'는 황제가 특별히 신뢰하는 사람으로 임명하였으며 그 아래에 '사무(司務)', '사기(司記)', '사신(司信)' 등을 두고 16명의 통신원 등 총 60여 명의 정보원이 활동하였음

ⓒ 이 요원들은 대한제국의 기밀유출을 막는 방첩활동과 국권수호를 위한 정보활동을 중점적으로 수행하였음

ⓓ 정보활동 지역을 서울과 지방, 항구 및 외국 등 4개 권역으로 나누어 활동하면서 정부고관 및 서울 주재 외국 공관원들의 동정, 외국인들의 간첩행위 등을 탐지하였으며, 학교 및 종교 · 사회단체의 반국가적인 행위들도 파악하였음

ⓔ 열강의 노골적인 국권침탈이 계속되는 상황에서 황권을 보호하고 열강의 국권침탈 동향을 파악하는 활동, 특히 일본의 침략을 저지하는 활동에 초점이 맞춰져 있었으며 이들이 수집한 정보는 황제에게 직보(直報)되었음

ⓕ 그러나 국권 회복의 노력이 수포로 돌아가고 헤이그 밀사 사건으로 고종이 퇴위하자 1907년 7월 제국익문사는 결국 해체되었음

⑤ 우리나라 역사 최초의 근대적 정보기관이 명맥을 이어가지 못하고 불과 5년 만에 아쉽게 해산되었으나 이들의 국권 수호정신은 일제 식민통치기간 동안 다양한 항일투쟁의 초석이 되었음

(2) 한일합방 이후에는 국가차원의 정보기구가 설치되지는 못했으나 일본의 식민통치에 대항하며 다양한 비밀 정보활동이 이루어졌다.

① **상해임시정부**: 일본의 식민통치에 대항한 정보활동의 대표적 사례

    ㉠ 1919년 상하이에서 설립된 임시정부는 항저우(杭州), 광둥(廣東), 충칭(重慶) 등지로 본부를 옮겨가며 1945년 광복까지 일본의 조직적인 탄압을 피하기 위해 철저한 비밀활동을 전개하였음

    ㉡ 근거지를 해외에 둔다는 공간상 한계를 극복하고 국내 조직들과의 연계를 효율적으로 유지하기 위해 점조직 같은 비밀 연락수단을 활용하였음

    ㉢ 임시정부는 일제의 동향 및 국내정보 수집은 물론 군자금 모집 및 전달, 요인암살 및 탈출 등 비밀공작, 민족정기 고취를 위한 홍보 선전활동 등 비밀활동을 다양하게 수행하였음

② **의열단**: 단재 신채호 선생이 주도해 1919년 창설되어 다양한 비밀 항일활동을 전개하였음

    • 일본의 고관 및 군 수뇌부, 친일 매국노, 밀정 등의 암살과 함께 조선총독부 및 경찰서 등 일제 통치시설 파괴 등을 추진하였음

        <u>예</u> 1921년 조선총독부 폭탄투척사건, 1923년 종로경찰서 및 1926년 식산은행 폭탄투척사건 등은 의열단의 대표적인 비밀활동 사례에 해당함

③ **한인애국단**: 임시정부 국무령인 김구 선생이 1926년 상하이에서 결성하여 괄목할만한 비밀 공작활동을 수행하였음

    • 한인애국단은 임시정부 산하 비밀 군사조직의 성격으로 창설되어 일제 고위관리 암살 및 주요 시설 파괴 등의 활동을 수행하였음

        <u>예</u> 대표적인 사례로는 1932년 일본 천황을 겨냥한 이봉창 의사의 폭탄투척사건, 윤봉길 의사의 상하이 홍구공원 폭탄투척 사건 등

④ **한국광복군**: 1940년 중국 충칭에서 임시정부의 군대로 창설되어 항일 군사 활동의 일환으로 조직적인 비밀 정보활동을 전개하였으며, 특히 친일 인사나 부역자들을 처단하고 국내 지하조직과 연락을 유지하는 비밀활동을 적극적으로 수행하였음

    ㉠ 1945년에는 미 CIA의 전신으로 당시 중국에 나와 있던 미 전략정보국(OSS)과 협약을 맺고 요원들에 대한 첩보훈련과 무선교신 등 특수공작 훈련도 실시하였음

    ㉡ 1945년 5월에는 OSS와 제휴해 국내로 요원을 진입시키기 위한 지하공작을 계획하고, 광복군과 미군이 상륙할 때 항일세력을 총궐기시키고 일본군을 공격한다는 '독수리 작전 계획'까지 수립하였음

    ㉢ 이러한 광복군의 비밀활동은 일본의 무조건적인 항복으로 시행되지 못하였을 뿐만 아니라 1946년 광복군의 해산과 함께 아쉽게 소멸되고 말았음

    ㉣ 일본의 패망과 함께 한반도에 진주한 미군정이 광복군을 인정하지 않게 되자 조직이 해산되고 개인자격으로 귀국해야만 하였기 때문임

    ㉤ 우리 스스로의 힘으로 광복을 맞지 못하고 미국에 의존하여 독립하게 된 관계로 우리 임시정부의 자체적인 정보활동이 인정받기 어려웠음

3. 해방 후 정보활동

(1) 해방 후 한국의 정보활동은 당시 진주해 있던 미군정의 지원을 통해 체계화되고 발전되기 시작한다. 한국 최초의 국가정보기관인 '중앙정보부'가 1961년 설립되기 전까지 약 15년간 미국의 '방첩대(CIC, 1945~1948년)', '육군정보국(1948~1950년)', '특무대(1950~1960년)'가 정보활동을 주도하였다.

(2) 첫번째 미 방첩대(CIC) 주도기(1945~1948년): 해방 후의 미군정과 함께 시작하였다.

① 해방 직후 남북한에 미군과 소련군이 각각 진주함에 따라 남한지역에 진주한 미군은 남한지역을 미군정 관리체제로 전환하고 공산주의의 확산을 차단하기 위한 정보활동을 시작함

② 이러한 상황에서 1945년 9월 서울에 진주한미 제224 CIC 파견대는 동경 제441 파견대의 통제하에 부분적인 활동을 시작하였음

③ 1946년 2월 한국 내 모든 CIC 파견대에 관한 작전통제권을 장악하면서 본격적인 활동을 시작하였음

④ 한국 정부의 행정체제가 거의 갖춰져 있지 않는 상황에서 미 CIC는 자연스럽게 미군정을 지원하면서 국가정보활동을 주도하는 기관이 되었음

⑤ CIC는 우선 미 군정체제 및 사법권에 도전하는 체제전복 세력 및 반국가 사범을 색출하는 활동을 중점적으로 전개하면서 국내 및 북한관련 정보 수집과 공작활동도 수행하였음

　㉠ 청년단체들에 공작원을 투입하여 정보를 수집하기도 하고 우익 청년단체를 배후에서 지원하였음

　㉡ 이러한 활동을 위해 민간 통신정보대를 운영하기도 하였으며 이 과정에서 일제 치하에서 활동했던 헌병 및 경찰 정보조직을 상당부분 그대로 활용하기도 하였음

⑥ 정보활동 목표를 설정하고 운영하는 책임자 대부분이 미군정 인사인 관계로 사실상 미 정보기관이 중심이 된 정보활동이라고 할 수도 있으나 실무 정보활동의 대부분은 경찰 정보조직 등에 의해 수행되었음

　㉠ 이렇게 수집된 정보는 24군단 정보참모부에 보고되어 군정 수행에 반영되었을 뿐만 아니라 동경 주재 미 극동군사령부와 미 본토 육군 및 국무부 등에도 보고되었음

　㉡ 미 CIC는 1948년 공식적으로 한국에서 철수하였지만 요원의 상당수는 그대로 남아 북파 공작 첩보 부대인 켈로부대(KLO)와 미 극동 공군의 대북 첩보기관(USAF) 요원으로도 활동했음

(3) 육군정보국 주도기(1948~1950년): 1948년 공식 출범한 대한민국 정부가 CIC 주도하에 독자적인 정보활동 체계를 구축해 나가는 시기였으며, 이는 육군정보국 주도로 추진되었다.

① 대한민국 정부가 공식 출범하면서 미군정이 종료되었고 1949년 9월 철수를 앞둔 미군은 민간 부문과 군사 부문을 나누어 이승만 정부에 업무를 인계했음

② 대한관찰부: 민간 부문에서 미 CIC를 모방해 정보업무를 수행하기 위해 1948년 7월 대통령령 제 61호로 창설된 기관

③ 이범석 국무총리 주도로 창설되어 이승만 대통령의 심복으로 알려진 장석윤의 책임 하에 범죄수사와 정보수집, 사찰 등의 업무를 수행하였음

④ 대한관찰부는 1949년 10월 '사정국(司正局)'으로 명칭을 바꾸고 미군정에서 이양한 민간 영역에서 정보활동을 수행하였음

　㉠ 법률적 근거 없이 대통령령에 근거해 방첩 및 좌익사범 사찰 등의 업무를 수행하였기 때문에 이승만 대통령의 정치적 목적을 위한 도구로 악용될 가능성이 크다는 비판을 받기도 하였음

　㉡ 1949년 1월 수원에서 개최된 청년단체 통합대회에서 대한독립청년단 회원 50여 명이 납치되어 고문받는 사건이 발생하자 국회에서 예산배정을 거부하였고 1949년 10월 해체됨

ⓒ 민간부문 정보기구가 해체되면서 결국 국가의 정보활동은 미 CIC의 업무를 군 부문에서 인계받은 '육군본부 정보국'이 수행하는 체제로 귀결되었음

ⓔ 육군정보국은 미 CIC의 업무를 인수하기 위해 1948년 5월 '특별조사과(SIS)'를 설치해 미 CIC로부터 인계받은 업무를 수행하였음

ⓜ 신설 조직의 직원들에 대한 교육훈련 차원에서 미 CIC 주선으로 샌프란시스코 소재 방첩대 훈련소에서 위관장교 41명에 대한 1개월 과정의 직무교육을 실시함

ⓗ 특별조사과는 이후 '특무과', '특별조사대' 등으로 명칭을 바꾸고 조직을 확대하면서 방첩 및 국가 전복세력 색출 등 업무를 수행하였음

ⓢ 1949년 10월에는 '방첩대(CIC)'로 다시 개칭하고 부정부패자 색출 등으로 업무를 확대하여 활동하였으며 현재의 '국군기무사령부'로 명맥이 이어져 내려오고 있음

(4) 특무대 주도기(1950~1960년): 6 · 25 전쟁의 영향으로 군사 정보기구인 특무대가 주도적인 정보활동을 전개하던 시기이다.

① 전쟁 기간 중 대공 및 방첩 업무에 대한 수요가 폭증하자 정부는 1950년 10월 육군본부 일반명령 제91호를 통해 '방첩대(CIC)'를 육군본부 정보국 소속에서 육군본부 직할의 특무대로 분리 독립함

② 독립 기구로 확대 · 개편된 특무대는 전쟁 중에 간첩 및 이적행위자 색출, 군시설 보호, 보안 및 방첩 등의 업무를 적극적으로 수행함

③ 전쟁 후 이승만 대통령으로부터 각종 특명사항을 지시받아 수행하면서 정치개입 및 월권 등의 부작용을 야기함

④ 특무대장 김창룡은 전쟁 중 공산당 색출과 군내 적색분자 제거에 기여하면서 이승만 대통령으로부터 절대적인 신임을 받았으나 권력을 남용하고 군 지휘계통을 무시한다는 군 내외의 불만을 야기함

⑤ 김창룡의 전횡은 군 간부들의 반발을 불러일으켰고 급기야 반대파 군인들의 모의에 의해 1956년 1월 암살당하는 불행한 결과를 초래함

4. 국가정보기관의 출범

1961년 6월 설립된 중앙정보부는 우리나라 최초의 국가정보기관이며, 기존의 정보기관들이 주로 군사정보에 중점을 두고 활동했던 것과 달리 중앙정보부는 국가 제반 사항을 위한 정보기관으로서의 역할을 수행하였다.

(1) 1961년 5 · 16 군사쿠데타 직후 통치주체였던 '국가재건최고회의'는 국가 모든 영역에서의 효율적 통치를 뒷받침할 정보기구의 필요성을 절감하였다.

(2) 이러한 배경에서 국가재건최고회의가 밝힌 것처럼 "공산세력의 간접 침략과 혁명과업 수행의 장애를 제거"하기 위해 1961년 6월 대통령 직속의 국가정보기관으로 중앙정보부가 창설되었다.

① 육군본부 정보국 전투정보과장을 역임했던 박정희 의장과 정보장교 출신의 김종필 초대부장은 중앙정보부의 영문 명칭을 미국 CIA를 본 따 'KCIA(Korean Centrall Intelligence Agency)'로 하였음

② 수사권 없이 순수 해외정보활동을 수행하는 미국의 CIA와 달리 중앙정보부(KCIA)는 수사권을 가지고 국정 각 분야의 정보를 수집하고 통합 조정하는 역할까지 수행했음

③ 사실상 미국 CIA와 FBI의 기능을 통합한 기능을 수행하면서 강력한 권한을 기반으로 통치권력을 보좌하게 된 것임

(3) 1961년 창설 당시 중앙정보부는 육군본부 방첩대 및 특무대, 첩보부대 및 헌병대 등에서 차출된 인원들을 근간으로 약 3,000명 정원의 4국 3실 체제로 출범하였다.

① 군의 정보 · 방첩 · 첩보 장교 출신들을 중심으로 초기 지휘부가 구성되었지만 군사업무에 국한되지 않고 국가정보기관으로서의 조직체계를 갖추고 신생 정권의 국정운영을 총괄 보좌하는 각종 국내외 정보활동을 수행하였음

② 대한민국 정보기관 역사상 최초로 해외 거점에 요원들을 파견하고 체계적으로 관리하면서 국내외 정보를 통합하는 국가정보기관으로서의 역량을 구축해 나가기 시작하였음

③ "우리는 음지에서 일하고 양지를 지향한다"는 모토 아래 정보기관 요원으로서 직원들의 전문성을 고양하고 1965년부터는 공개채용 제도를 도입해 조직을 문민화하고 전문성을 더욱 강화해 나갔음

④ 정부의 조직 및 기능 확대에 따른 국가 정보업무 수요에 부응하여 조직을 점진적으로 확대하면서 정보역량 강화를 추구했음

⑤ 정보 및 보안업무에 대한 조정 · 감독권을 바탕으로 여타 부문정보기관들에 대한 통제권도 행사하면서 국가정보기관으로서의 위상도 확립해 나갔음

(4) 명실상부한 국가정보기관이 최초로 탄생했다는 점에서 중앙정보부가 지니는 함의는 매우 크다.

① 광복 후 군과 경찰을 중심으로 이루어졌던 부문정보기관의 정보활동이 법적 · 현실적 한계를 극복하기 어려웠던 반면, 중앙정보부는 국가차원의 전략적 정보활동과 부문정보기관에 대한 통합조정이 가능하도록 했던 것임

② 정보활동의 지평이 해외 정보로까지 확대되었다는 점도 괄목할 만한 부분임

③ 그동안 육군 정보국 및 특무대의 활동이 군사정보 중심의 방첩 및 보안, 대북 첩보수집 위주로 이루어진데 비해 중앙정보부는 국내뿐 아니라 해외정보 분야로까지 영역을 확대하여 명실상부한 국가정보기관으로서의 역할을 수행해 나가기 시작한 것임

2 국가정보원

1. 창설 배경

(1) 미국과 러시아를 비롯한 해외정보 선진국가들이 부문 정보기관 차원을 넘는 국가 정보기관을 운영하기 시작한 것은 제2차 세계대전 이후부터이다.

① 미국은 2차 대전 당시 군사정보 위주의 활동을 하던 전략사무국(OSS)의 후신으로 1947년 9월 CIA를 출범시켰으며, 구소련도 비밀경찰 조직인 체카(Cheka)를 모태로 하는 조직을 1954년 4월 KGB로 확대 · 개편하였음

② 동서진영 간의 냉전이 본격화되면서 전투정보 수집 위주의 군사정보기관만으로는 치열한 이념전쟁에서 승리할 수 없기 때문에, 외교 · 안보는 물론 정치 · 경제 · 사회 · 문화 등 각 분야 정보를 통합하는 국가정보기관이 필요하다는 판단에서 비롯됨

③ 이러한 국가정보기관을 통한 미소간의 치열한 정보전은 한 기관만의 독자적 정보력만으로는 한계가 있었기 때문에 역량 있는 우방국 정보기관들의 협조를 절실히 필요로 하였음

　㉠ 우리와 비슷한 처지의 분단국 서독이 2차 대전 후 국내 보안정보 활동을 전담하는 '연방헌법보호청(BfV)'을 창설하고 이어서 1956년 4월 해외 정보기구인 '연방정보부(BND)'를 창설한 것도 유사한 맥락에서 이루어졌음

ⓛ 이러한 환경에서 미국 CIA는 냉전의 전초기지라 할 수 있는 한반도에서도 자국의 우방국 정보기관이 상당한 역량을 갖고 자신들과 협조할 수 있기를 희망하였음

ⓒ 이러한 CIA의 희망은 제1공화국부터 한국정부에 종종 전달되었으며 1950년대 말에는 당시 정보 및 전략판단 등의 업무를 수행하던 연합참모본부의 유재흥 총장에게도 전달됨

ⓔ 이에 유재흥 총장은 미국측 요청을 수용하는 것이 바람직하다고 판단해 김정열 국방부 장관을 통해 이승만 대통령에게 보고했으나, 이승만 대통령이 주저하자 국방부는 자체적으로 1959년 1월 국방장관 직속으로 중앙정보부를 설치하고 이후락을 책임자로 임명하였음

ⓜ 이 기구가 법적 근거가 없는 기구임을 감안해 대외적으로는 '179호실'이란 위장명칭을 사용하면서 미 CIA와의 정보협력 업무를 수행하게 하였음

ⓑ 179호실은 북한 등 미국과의 상호 공동 관심사안에 대한 정보자료 및 평가를 미 CIA와 수시 교환하고 특이 사항을 선별해 국방장관에게 보고하며 그중 중요한 내용은 이승만 대통령에게도 보고하였음

(2) 1960년 4 · 19 혁명으로 이승만 대통령이 하야한 후 집권한 장면 정부에서도 CIA는 직원들에 대한 훈련 및 조직 운영자금의 일부 지원까지를 약속하면서 한국에 국가 정보기관 설립의 필요성을 주장하였다.

① 장면 정부는 1961년 1월 총리 직속으로 '중앙정보위원회'라는 명칭의 문민 중앙 정보기구를 설립하였는데, 국가정보기관이 연합 참모본부 총장 산하에서 내각제의 최고 통치권자인 총리 직속으로 이관됨으로서 국가 정보기관의 위상이 격상된 것임

② 중앙정보위원회는 법적 근거가 없는데다 예산 운용에 대한 국회의 강력한 견제를 받는 등 활동이 활성화되지 못하고 총리실의 예산지원을 받아 1주일에 1회 정도 총리에게 해외 정보를 보고하는 수준으로만 운영됨. 창설된지 불과 5개월 후 5 · 16 군사정변으로 1961년 6월 중앙정보부가 창립되자 중앙정보위원회는 중앙정보부의 해외파트로 편입되었음

(3) 5 · 16 집권수뇌부는 안보뿐만 아니라 국정 수행을 통합적으로 뒷받침할 수 있는 국가정보기관의 필요성을 절감하고 대통령 직속으로 중앙정보부를 창설하였다.

• 육군본부 정보국 전투정보과장을 역임한 박정희 의장과 김종필을 비롯해 당시의 집권세력들 입장에서는 CIA를 비롯한 우방국 정보기관들과의 협력, 그리고 향후 정치적 혼란 속에서 국정 운영을 뒷받침해 줄 수 있는 국가정보기관의 존재가 무엇보다 필요하다고 판단

2. 변천 과정

(1) 1961년 6월 10일 공포된 전문 9조의 짧은 「중앙정보부법」은 "국가 안전보장과 관계되는 국내외 정보사항 및 범죄수사와 군을 포함한 정부 각부의 정보 수사활동을 조정 감독한다"고 명시하였다.

① 국내외 정보활동에 대한 임무뿐 아니라 수사권 및 부문 정보기관들의 정보 · 수사 활동에 대한 조정 · 감독권도 부여한 것임

② 이러한 강력한 권한을 기반으로 중앙정보부는 공산세력의 침략저지를 위한 활동뿐 아니라 "혁명과업 수행의 장애를 제거하기 위한 활동도 적극적으로 전개하였음

ⓗ 혁명 이후의 국내외적 상황에서 이러한 업무를 추진하는 과정에 정치개입 및 월권, 정보 독점, 인권침해 사례 등의 비판과 부작용이 야기된 것은 매우 불행한 것임

ⓛ 1961년부터 1979년까지 여덟 차례에 걸쳐 발동된 정부의 계엄령과 그에 수반된 포고령의 집행, 특히 유신 헌법 체제를 유지하는 과정에서 이러한 부작용은 상당한 수준에까지 도달하였음

ⓒ 1973년 김형욱 전 중앙정보부장이 미국에 망명하는 사건이 발생하고, 1979년 1월 26일에는 김재규 중앙정보부장이 박정희 대통령을 시해하는 사건이 발생하며, 정보부의 조직과 임무·기능은 커다란 변화를 맞이하게 됨

(2) 국가정보조직의 수장이 국가통치자를 시해하는 사건이 발생함으로써 중앙정보부는 신군부 핵심세력의 기반이 된 보안사령부에 의하여 그 활동을 한동안 통제받아야 하였다.
　① 10·26과 신군부의 12·12 쿠데타, 5·18 광주민주화 항쟁을 거쳐 전두환 보안사령관이 대통령이 되는 과정에서 부문 정보기관이던 보안사령부가 사실상 핵심적인 역할을 수행하면서 국가정보기관으로서의 중앙정보부 역할은 위축될 수밖에 없었음
　② 중앙정보부의 역할이 축소되면서 많은 직원들이 조직을 떠나야 했고 강제적인 조직개편의 과정도 감내해야 했던 불행한 시기에 해당함

(3) 1981년 제5공화국이 출범하면서 중앙정보부는 '국가안전기획부(Agency for National Security Planning)'로 개칭되고 조직도 국내담당 제1차장 및 해외담당 제2차장 체제로 개편되면서 국가정보기관으로서의 위상과 역량을 다시 회복해 나가기 시작한다.
　① 오랫동안 축적된 정보역량을 바탕으로 부문 정보기관으로서는 수행하기 어려운 국내외 정보에 대한 수집·분석·배포뿐만 아니라 수사권 및 보안 감사권, 부문 정보기관에 대한 기획·조정 기능을 빠르게 회복하여 1982년에는 사실상 기존의 기능을 거의 대부분 회복하였음
　② 특히 1987년 민주화 조치 이후 정보기관의 월권행위에 대한 정치권 및 언론의 감시가 강화되면서 군 정보기관인 보안사령부의 활동이 위축되기 시작하자 국가정보기관으로서의 국가안전기획부 위상은 더욱 강화되었음
　③ 1990년 4월 보안사령부의 민간인 사찰 사건이 폭로된 사건을 계기로 '보안사령부'가 '국군기무사령부'로 개칭되고 국내 정보활동을 대폭 축소하면서 안전기획부는 국가정보기관으로서의 명실상부한 위상을 더욱 확고하게 굳혀 나가게 됨

(4) 대한민국의 정치·사회적인 민주화가 진전됨에 따라 국가안전기획부의 권한과 역할도 변화하게 된다.
　① 1981년 제5공화국 출범으로 제정된 「국가안전기획부법」은 종전 「중앙정보부법」에서 규정(제2조 제5항)한 부문 정보기관에 대한 "정보 및 보안업무의 조정·감독" 조항을 "정보 및 보안업무의 기획·조정"으로 완화하면서 감독기능을 폐지함
　② 1993년 출범한 문민정부는 1994년 1월 「국가안전기획부법」을 개정하여 "국가정보정책의 수립과 정보판단 및 운영에 관한 사항 협의를 위한 정보조정협의회 조항도 삭제하였음
　　ⓒ 더 나아가 직권남용을 금지하는 규정(제11조)을 신설하여 "원장·차장 및 기타 직원은 그 직권을 남용하여 법률에 의한 절차에 의하지 아니하고 사람을 체포 또는 감금하거나 다른 기관·단체 또는 사람으로 하여금 의무 없는 일을 하게 하거나 사람의 권리행사를 방해하여서는 아니된다"고 명시하고 처벌규정도 마련하였음
　　ⓒ 전 직원들의 정치관여 금지의무를 명시고 이를 실행하기 위한 '정치관여죄'까지 신설하였음
　③ 정치권에서는 1994년 6월 '국회정보위원회'를 신설함으로써 사상 최초로 정보기관의 예산과 중요 직무사항에 국회의 통제가 시행되는 체계를 마련하였음
　　• 우리 헌정사상 처음으로 정보기관의 정치적 중립성 및 예산 문제 등에 대해 국민의 대표기구인 국회가 상시 감독과 견제를 실시할 수 있는 선진국 형태의 통제장치가 탄생한 것임

(5) 이러한 과정에서도 안전기획부는 국내외 정보환경의 변화를 반영하여 '국제조직범죄 및 테러 대응' 등에 관한 새로운 정보분야를 개척하기도 하였다.

① 변화된 정보환경을 반영하여 조직체계도 부장 산하에 1차장(국내담당), 2차장(해외담당), 3차장(북한담당), 기획조정실장(기획 · 운영담당)을 두는 체제로 확대하였음

② 오랫동안 준비해 왔던 내곡동 신청사가 완공되면서 안전기획부는 34년 동안의 터전이 되어 왔던 남산과 이문동 시대를 마감하고 강남구 내곡동으로 이전하여 종전보다 훨씬 개선된 여건과 환경을 갖추게 되었음

(6) 문민정부에 이어 국민의 정부가 출범하면서 국가안전기획부는 1999년 1월 '국가정보원(National Intelligence Service)'으로 개칭되면서 다시 한번 재출발하는 계기를 맞는다.

① 창설 이후 계속 사용되어 왔던 "우리는 음지에서 일하고 양지를 지향한다"는 부훈(部訓)을 "정보는 국력이다"라는 원훈(院訓)으로 바꾸고, 영문명칭도 과거 사용되던 Agency 대신에 Service로 개칭하여 권위주의적 색채를 탈피하고 국민들에게 봉사하는 기관으로의 변환을 모색함

② 이러한 맥락에서 해외담당 차장을 1차장으로, 국내담당 차장을 2차장으로 서열을 조정하고 국내분야 정보활동 기능을 축소하는 대신 해외정보 및 경제 · 통상, 산업기술 분야에 대한 활동을 강화함

③ 2001년 9/11 테러 이후 부각된 국제테러리즘 위협에 대한 대처 및 2002년 한일월드컵 안전대책 업무 등을 계기로 대테러 및 국제범죄 분야에 대한 업무가 중요 업무로 자리잡으면서 관련 부서도 새로 편성됨

(7) 2003년 참여정부 출범 시에는 종전 정부와는 다르게 청와대에 '국가안전보장회의(NSC)' 사무처가 확대 · 개편되면서 대통령 직속기관인 '국가 정보원'의 대통령에 대한 업무 보고에 일부 변화가 발생하였다.

① '국가안전보장회의법 시행령' 및 '국가안전보장운영 등에 관한 규정(대통령령 17944호)'에 따라 NSC 사무처 산하조직으로 '정보관리실'이 신설되어 '국가안전보장 관련 정보의 종합 및 처리체계 관리' 업무를 수행하게 되었기 때문임

㉠ 이에 따라 NSC 차원에서 각종 안보현안 및 국가 위기에 대한 부처 간 공동 대응체계를 강화하면서 정보에 있어서 부처 간 공유가 한층 중요하게 자리 잡는 계기로 작용함

㉡ NSC가 안보관련 정보를 종합 처리하는 데 대한 월권 논란이 제기되면서 참여정부가 2006년 1월 대통령 비서실에 '통일 외교안보정책실'을 신설해 NSC 사무처의 기능을 흡수하면서 NSC 정보관리실 업무도 대통령 비서실로 이관되었음

㉢ 이로써 국정원의 대통령에 대한 보고체계는 원래대로 환원되었으나 안보 부처 간 협의 및 상호 정보공유에 대한 관행은 종전보다 중요하게 자리 잡는 계기로 작용하기도 하였음

② 참여정부가 사이버 안전의 중요성을 감안해 2005년 1월 '국가 사이버안전 관리규정(대통령 훈령 141호)'을 통해 국정원에 사이버안전정책의 수립 및 관련 정보의 수집 · 분석 임무를 부여하면서 '국가사이버안전 센터'가 설치되는 등 사이버 분야에서도 국정원은 중요한 역할을 수행하게 되었음

③ 대북 포용정책의 영향으로 탈북자의 국내 입국이 증가하면서 탈북자에 대한 심문 및 성공적 국내정착을 지원하는 탈북자 관련 전담조직도 더욱 확대되었음

(8) 이명박 정부는 과거 문민정부 및 참여정부의 유화적 대북정책에 대한 비판을 바탕으로 대공수사와 국내 보안정보 · 수사에 대한 업무를 강조하였다.

• 대북 포용정책과 우리사회 민주화의 분위기에 편승해 국내에 자생적인 친북 조직 및 인사들이 많아지고 있다는 인식에 따라 '외부의 적'만큼 우리 '내부의 적'도 위험하다는 인식의 변화가 배경임

(9) 이상에서 살펴본 것처럼 중앙정보부는 국가안전기획부, 다시 국가정보원으로 개칭되는 과정을 거치면서 시대의 변화와 요구를 수용해 오늘에 이르고 있다.

- 앞으로도 국가정보원은 미래의 정보환경 변화에 따라 계속 변하고 발전해 나가야 할 것이며, 현재의 국가정보원이 국민이 사랑하는 정보기관으로서 대한민국의 안보와 번영, 나아가 한반도의 통일을 견인하는 명실상부한 국가정보기관으로 나아가는 데는 앞으로도 많은 시대적 도전과 과제를 해결해야 함

3. 임무 및 기능

(1) 현재 「국가정보원법」(법률 제11104호)은 제2조에서 "국가정보원은 대통령 소속으로 두며, 대통령의 지시와 감독을 받는다"고 명시하고 있다.

① 국정원은 대통령 소속기관으로서 국정원에서 생산한 정보와 사용권한을 국가원수인 대통령이 갖는다는 것을 의미하는 동시에 국정원의 업무수행 결과에 대한 책임도 대통령에게 귀속된다는 것을 의미함

② 대통령제를 채택하고 있는 우리나라에서 대통령은 국가 원수이자 행정권의 수반, 그리고 국군 최고 통수권자임

㉠ 따라서 대통령이 국가안보와 각종 국가이익을 수호할 때 눈과 귀의 역할을 하는 국가정보원을 대통령 직속기관으로 두는 것은 당연한 것으로 평가됨

㉡ 국정원의 직무를 규율하고 있는 법률로는 「정부조직법」, 「국가안전보장회의법」, 「국가정보원법」과 「국가정보원직원법」 등의 법률이 있음

더 알아보기

국정원 직무 규율 법률

1. 정부조직법(제15조)은 "국가안전보장에 관련되는 정보·보안 및 범죄수사에 관한 사무를 담당하기 위하여 대통령 소속으로 국가정보원을 둔다"고 규정하고 있다.
2. 국가안전보장회의법(제10조)에서는 "국가정보원장은 국가안전보장에 관련되는 국내외 정보를 수집·평가하여 회의에 보고함으로써 심의에 협조하여야 한다"고 규정하고 있다. 그러나 이들 법률에서는 국정원의 업무를 안보관련 정보·보안 및 범죄수사, 그리고 국내외 정보로만 포괄적으로 규정하고 있다.
3. 국정원의 구체적인 임무 및 기능에 대해 국정원법(제3조)은 "1. 국외정보 및 국내 보안정보(대공, 대정부 전복, 방첩, 대테러 및 국제범죄 조직)의 수집·작성 및 배포, 2. 국가 기밀에 속하는 문서·자재·시설 및 지역에 대한 보안 업무(다만, 각급 기관에 대한 보안감사는 제외), 3. 형법 중 내란(內亂)의 죄, 외환(外患)의 죄, 군형법 중 반란의 죄, 암호 부정사용의 죄, 군사기밀 보호법에 규정된 죄, 국가보안법에 규정된 죄에 대한 수사, 4. 국정원 직원의 직무와 관련된 범죄에 대한 수사, 5. 정보 및 보안 업무의 기획·조정"으로 명시하고 있다.

③ 정부조직법 및 국가안전보장회의법에서 국정원의 직무범위를 정보 또는 국내외 정보로 포괄 규정하고 있는데 비해 국정원법은 국외 정보와 국내 보안정보로 그 범위를 구체적으로 명시하고 있고 국가기밀관리 및 보안업무에 대한 기능도 부여하고 있음

㉠ 이를 바탕으로 국정원은 공무원 임용 및 비밀취급인가 예정자 등에 대하 신원조사 업무를 수행하고 보안관련 시설 및 자제, 또는 지역을 보호하기 위한 활동도 수행하고 있음

㉡ 국정원법에서는 외국의 정보기관들과는 달리 수사권을 부여하고 있으며 그 범위를 간첩 수사와 직원의 범죄로 규정하고 있음

㉢ 남북 분단이라는 특수한 상황에서 북한의 대남전략이 교묘해지고 있을 뿐만 아니라 대내외 위협에 효율적으로 대응하기 위해 정보와 수사기능을 긴밀하게 연계시킬 필요가 있기 때문임

ⓔ 미국 역시 2001년 9/11 테러 이후 CIA 및 FBI, 국토안보부 등 16개 정보기관 전체를 통합·조정하는 '국가정보장(DNI)' 직제를 신설한 것에서도 반영됨

ⓜ 국정원에 직원들의 직무관련 범죄에 대한 수사권을 부여한 것은 국가기밀 및 보안업무를 취급하는 업무 특성상 일반 수사 기관에 수사를 일임할 경우 국가기밀이 누설될 가능성이 커지기 때문임

④ 국정원법이 규정하고 있는 "정보 및 보안 업무의 기획·조정" 기능은 국가최고 정보기관으로서 예산의 낭비를 방지하고 업무의 효율성 및 통일성을 유지하는 동시에 수집 및 생산된 정보를 공유하는 역할을 수행하라는 의미임

ⓗ 이에 대한 구체적인 기획·조정의 범위 및 절차 등은 「정보 및 보안업무 기획·조정규정」(대통령령 제21214 호)'을 통해 명시하고 있음

ⓛ 이 규정(제4조)에서는 국정원이 "국가 기본정보정책의 수립, 국가정보의 중장기 판단, 국가 정보목표 우선순위의 작성, 국가 보안방책의 수립, 정보예산의 편성, 정보 및 보안업무의 기본지침 수립 등을 수행하도록 하고 있음

ⓒ 국정원이 국가정보기관으로서 부문정보기관과 협조하여 국가정보목표를 달성할 수 있도록 유기적인 정보협력을 제도화하고 있는 것임

ⓔ 그러면서도 동 규정은 국정원의 조정규정 남용으로 인해 발생할 수 있는 정보독점을 예방하고 부문 정보기관의 자율성이 침해받지 않도록 조정 대상기관과 조정업무의 범위 및 절차도 동시에 규정(제5조 및 제6조)하고 있음

> **더 알아보기**
>
> **「국가정보원법」 주요 개정 내용(2020)**
>
> 1. 정치개입 금지
>   - [제3조]: '정치적 중립성 유지'을 운영원칙으로 규정
>   - [제4조]: 국내정보의 근거로 확장·해석되어온 '국내보안정보' 규정을 삭제
>   - [제6조]·[제11조]
>   - 정치개입 우려 조직 설치 금지
>   정치관여 지시 수사기관 신고시 정보위원회 보고 등 제도적 장치 보완
>   - [제23조]: '불법 감청·위치추적 등의 죄'를 신설하여 정보기관의 일탈에 대한 처벌 강화
> 2. 유능한 선진 정보기관으로서 직무수행 법적 근거 마련
>   - [제4조]: 안보개념 및 정보기관 역할에 대한 글로벌 트렌드를 반영하여 '경제방첩' 및 '과학정보(사이버·우주)'를 직무범위에 추가
>   - [제5조]: 직무수행방식에 대한 근거를 말현
>   - '필요한 최소한의 범위 안에서만' 조사 수행 및 조사의 남용 금지
>   - 조사권은 '행종조사기본법' 수준으로 한정
> 3. 국회에 의한 민주적 통제 강화
>   - [제4조]: '정보활동기본지침'을 신설하여 국회정보위에 보고하고 정보위 요구시 수정하도록 제도화
>   - [제15조]: 국회보고에 대한 조항을 신설하여 국가정보 중대사안 발생 시 정보위원회의 2/3 요구시 정보위 보고
>   - [제16조]: 예산 집행현황 분기별 보고
> 4. 대공 수사권 이관
>   - [제4조] 및 부칙: 직무조항에서 대공수사 관련조항 삭제
>   - 국가수사본부로의 원만한 수사권 이관을 위해 이관 시기는 3년 유예(2024.1.1.)
>   - 기존 수사대상인 내란·외환의 죄에 대해 '정보수집·작성·배포 업무'로 한정
>   - [제5조]: 국가안보수사의 공백 방지를 위해 국정원과 수사기관간 정보 공조체계 구축

3 부문 정보기관

1. 국방정보본부

(1) 의의: 군사에 관한 모든 정보를 관장하는 국방부장관 직속의 군정보 기구(대통령령 제23007호, 국방정보본부령 2011.7.1.)로서 군사정보 · 군사보안 · 군사정보 전력의 구축에 관한 제반사항을 관장한다.

① 중장급이 지휘하는 군내 최고 정보기구로서 정보사령부, 각 군 정보본부의 군사정보와 보안업무에 대한 기획 · 조정 권한도 보유함

② 가장 중요한 업무는 적과 주변국들의 군사적 위협에 대한 정보를 수집 · 분석 · 판단 · 전파하여 합동참모본부를 비롯한 작전부대들이 최상의 전투 대비태세를 갖출 수 있도록 하는 것임

③ 예하 별도 부대로서 미국 국가안보국(NSA)과 비슷한 신호정보 수집부대인 777 사령부를 두고 적에 대한 통신 및 전자정보 수집 · 분석 업무도 수행하고 있음

(2) 최근 국방부 직할부대로 독립했으나 정보본부와 긴밀한 관계를 유지하고 있는 '국군사이버사령부'를 통해 적의 인터넷 공격을 예방하고 필요시 복구 및 대응하는 업무도 간접적으로 관여하고 있다.

• 국군사이버사령부는 전산망에 대한 보호 및 공격이 중요해짐에 따라 준장을 책임자로 임명하여 전평시 사이버전 임무를 수행하고 있으며 향후 정보통신의 발달에 따라 그 중요성이 더욱 커질 것으로 예상되고 있음

　　예 국내 주요기관 웹사이트에 대한 북한의 DDoS(Distributed Denial of Service, 분산 서비스 거부) 공격 사례

2. 국군정보사령부

(1) 국군정보사령부는 대북 정보활동 및 비밀공작을 체계적으로 수행하기 위해 1990년 10월 육해공군의 첩보부대가 통합되어 창설되었다.

① 6 · 25 전쟁 이전부터 대북 정보활동을 해오던 '육군본부 정보국 2과(첩보과)'가 1951년 3월 분리 독립하여 '육군 첩보부대(HID)'로 활발한 대북 첩보활동을 수행해 오다가 '해군 첩보부대(UDU)', '미군 첩보부대(AISU)'들과 통합해 설립된 것임

② 정보사의 모태인 HID는 해방 이전 미국 OSS와 국내에서의 정보수집 및 지하조직을 추진했던 광복군 제2지대(지대장 이범석)의 명맥을 이어 받은 부대라 할 수 있음

③ 정보사령부는 그동안 활동 자체가 외부에 잘 노출되지 않아 왔으나 지난 2003년 09일 국회 국방위원회 소속 이경재 의원에게 북파 공작원과 관련해 제출한 자료에서 1951년 HID 창설 이후 1994년까지 양성된 북파공작원은 1만 3천여 명이며 이 기간 중 사망자 및 행방불명자는 7,800여 명, 부상자는 200여 명이고, 나머지는 생사여부 등이 확인되지 않고 있다고 밝힘으로써 정보사령부가 대북 공작을 주임무로 수행하고 있다는 것이 알려진 바 있음

(2) 정보사령부가 운용한 북파공작원은 일반적으로 6 · 25 전쟁 중인 1952년부터 1972년 '7.4 남북공동성명' 발표 전까지 북한지역에 파견되어 활동한 첩보요원을 의미하나 관련 법령에서는 남북이 분단된 1948년부터 1994년 사이에 특수임무 수행을 위해 북한지역에 파견 또는 관련 교육훈련을 받은 자로 규정하고 있어 군의 대북 첩보활동이 상당히 오랫동안 활발히 지속되어 왔음을 시사하고 있다.

3. 국군기무사령부(현 군사안보지원사령부)

(1) '국군기무사령부(현 군사안보지원사령부)'는 1948년 5월 발족한 조선경비대 정보처 내의 '특별조사과 (SIS)'가 독립부대로 발전해 설립된 기관이다.

　① 특별조사과는 1948년 여순 반란사건을 계기로 군내 좌익세력을 조사해 색출하는 숙군 작업을 주도하였고, 1949년 10월 육군본부 정보국 특무대로 개편되면서 군내 대표적 정보기구로 발전하였음

　② 한국전쟁 발생 후인 1950년 10월에는 육군본부 정보국으로부터 완전히 독립하여 '육군 특무부대 (CIC)'로 발족하였음

　③ 1960년 장면 정부 출범 이후에는 '방첩대'로 개칭되어 5 · 16 군사쿠데타 이후 군내 방첩 및 보안 정보활동을 활발하게 수행하였음

　④ 방첩대는 1968년 1월 북한 124군 부대의 청와대 기습 사건을 계기로 군사보안체계의 강화 필요성이 제기되자 1968년 9월 '육군보안사령부'로 확대 개편되었음

　⑤ 이후 월남패망 및 주한미군 철수 등으로 국내외 안보환경이 불안해지면서 1977년 10월 육해공 3군의 보안부대를 통합하여 '국군보안사령부'로 재탄생함

(2) 보안사령부는 5공화국 출범의 실질적 산파 역할을 수행하면서 군내의 방첩활동뿐 아니라 민간 부문을 포함한 국내 보안정보활동을 활발히 수행하였으나, 민간인 대상 정보수집 활동에 대한 월권 논란을 종종 야기하기도 하였다.

　① 1987년 민주화 운동 이후 군의 정치개입과 민간인 대상 정보활동에 대한 비판이 제기되자 군내 정보활동에 전념할 것을 천명하면서 민간 정보수집 부서를 폐지하기도 하였음

　② 개혁조치에도 불구하고 1990년 10월 민간인 불법사찰 사건이 언론에 폭로된 사건을 계기로 군 정보수집과 방첩활동이라는 본연의 임무에 집중하기 위해 1991년 1월 명칭을 '국군기무사령부(DSC)'로 개칭하였음

　③ 문재인 정부 출범 이후 기무사와 보안사의 정치적 개입, 일탈을 방지하고자 조직을 해편하여 국군의 보안 · 방첩을 담당하는 군사안보지원사령부가 창설되었음

(3) 안보지원사령부는 군사기밀에 대한 보안지원 업무, 안보위해사범 검거 및 대간첩 · 대테러 작전 등 군 방첩업무, 군 전투력 저해요인 조기 파악 및 대처를 포함한 군 관련 첩보수집 처리, 군인 · 군무원 · 방산업체 종사자에 대한 형법상 내란 · 외환 죄 및 반란 · 이적 죄 등 특정범죄 수사업무 등을 수행하고 있다.

　• 사령부 이외의 지원부대는 각 군의 사단 및 여단급 이상 제대에 파견되어 배속부대를 지원하면서 정보활동을 수행하고 있음

4. 경찰청 정보국 · 보안국 · 외사국

(1) 경찰의 정보업무는 「경찰법」 및 「경찰관 직무집행법」 등의 법률과 조직의 직제 등을 규정한 대통령령 등에 근거를 두고 있다.

　① 2014년 개정된 「경찰법」(법률 제113335호) 제3조는 "국가경찰의 임무로 국민의 생명 · 신체 및 재산의 보호, 범죄의 예방 · 진압 및 수사, 치안, 요인경호 및 대간첩작전수행, 치안정보의 수집, 교통의 단속 기타 공공의 안녕과 질서유지를 그 임무로 한다"고 규정함

　• 경찰법에서 명시하고 있는 치안정보란 '공공의 안녕과 질서에 대한 위험 또는 위반 상태를 제거하기 위해 국내외의 정치 · 경제 · 사회 · 문화 등에 대한 정보'를 의미

② 경찰청과 그 소속기관 직제 규정(대통령령 제24182호)에 따르면 치안정보 수집을 담당하는 '경찰청 정보국'은 치안정보업무에 관한 기획 · 지도 · 조정, 정치 · 경제 · 사회 · 노동 · 학원 · 종교 · 문화 등 제분야에 대한 치안정보 수집 · 분석 · 작성 및 배포, 정책정보의 수집 · 분석 · 작성 및 배포 임무를 수행함
- 이러한 임무 수행을 위해 정보국은 산하에 정보 1과부터 4과까지 4개과를 두고 있으며 16개 각 지방경찰청 정보과로부터도 필요한 정보를 실시간으로 보고받고 있음

(2) 경찰청 정보국뿐 아니라 경찰청 내에서 보안 및 방첩업무를 수행하는 조직으로는 '보안국'과 '외사국'이 있다.
① **보안국**: 보안정보의 수집 및 분석, 간첩 및 방첩사범 수사, 그리고 중요 좌익사범 수사 등에 관한 업무 수행
② **외사국**: 외사 국장 산하에 외사기획과 및 외사정보과, 외사수사과를 두고 외국인 관련 범죄 및 주한 외국정보기관과의 업무협력, '국제형사경찰기구(INTERPOL)'와의 협력 등을 수행하며 해외 주요 공관에 파견된 경찰주재관을 통해서도 대외 정보의 수집 및 해외 주요국 경찰과의 협력을 담당함

5. 기타 행정부 정보부서

(1) **대검찰청**: 국가 최고수사기관으로서 국법질서 확립과 관련한 제반 정보수요를 충족하기 위해 산하에 정보 관련 조직을 두고 있다.
① 공안분야 정보를 위해 대검찰청공안부에 '공안기획관'을 두고 공안정세의 분석 및 판단, 공안자료의 수집 · 보존 및 관리 등 공안정보를 담당하게 하였으나 2019년 7월 공안부 및 공안기획관의 임무는 폐지되었음
② 범죄정보 분야 수요를 충족하기 위해서는 1998년 12월 '범죄정보기획관실'을 신설해 운영해 오고 있음
- 범죄정보기획관: 범죄정보 업무와 관련해 대검찰청 차장검사를 보좌하고 있으며 산하에 '범죄정보 제1담당관 및 범죄정보 제2담당관'을 두고 있음

(2) **통일부**: 통일 및 남북 교류협력에 관한 정책을 수립 · 총괄하는 조직으로서 대북 정보의 분석 및 판단을 통해 정부의 통일정책에 신속하고 체계적으로 반영하기 위해 정세분석국을 설립해 운영해 오고 있다.
① 정세분석국은 북한의 정치 · 군사 · 권력 · 경제 · 사회 등에 대한 사항과 주변 정세를 조사 · 분석 · 평가하고 북한의 대남전략 · 전술을 평가 · 분석하는 업무를 담당함
② 이러한 업무를 위해 산하에 '정세분석 총괄과' 및 '정치군사분석과', '경제사회분석과'를 두고 있음

(3) **대통령 경호실**: 국가최고통치권자로서 살아있는 안보대상인 대통령의 경호를 위해 필요한 정보수요를 충족하기 위해 '안전본부장' 산하에 '정보과'를 두고 국내외 경호관련 정보를 수집해 오고 있다.
- 정보과는 대통령 경호를 위해 대통령 안전에 관한 정보를 자체 수집하기도 하지만 국가정보원 등 정보 · 수사기관과의 유기적 협력을 통해 경호 관련 첩보를 수집 및 분석, 경호실 내 '경호본부' 및 수행본부' 등에 제공하여 경호활동을 지원하고 있음

4 과제와 전망

1961년 창설된 국가정보원은 지난 50년 동안 각종 안보 현안 예측과 대응방안 제시 등 대한민국 안보 수호에 중요한 역할을 수행해 왔다. 그러나 국가정보원에 대한 국민의 인식에는, 과거 정권에서의 국내정치 개입 등으로 인한 부정적 이미지와 적극적으로 입법을 추진한 「테러방지법(2016)」에 대한 불신이 여전히 상존하고 있다.

1. 국가정보의 정치적 중립성 확보

(1) 과거 중앙정보부는 권력남용과 인권침해 문제 등으로 정보기관에 대한 국민들의 부정적인 이미지와 불신을 쌓은 적이 있다. 이것이 국민들의 국가정보기구에 대한 부정적인 인식에 기여하였다.

(2) 역대 국가정보 수장들이 정치적 사건에 연루되면서 임기를 정상적으로 마치지 못한 경우도 빈번히 발생했다.

(3) 국회 인사청문회 제도 도입으로 국가정보원장 임명에 대한 국회의 견제장치가 작동하고 언론의 감시가 강화되었음에도 불구하고 아직도 국정원장의 임명에 전문성보다는 대통령에 대한 개인적 충성도가 좌우하는 경우가 있다.

(4) 어느 나라 정보기관이든지 공식 및 비공식적으로 정보기구가 정치화될 수 있는 개연성이 있다. 특히 민주주의가 발전되지 않은 후진국일수록 이러 한 경향은 더욱 강한 편이다.
  ① 미국과 같은 선진국 정보기관들의 경우 정보와 정책을 엄격하게 구별하고 정보기관이 정확하고 적시성 있는 정보의 생산에만 주력하고 정책 영역으로 월권하는 행위를 엄격하게 금지하고 있음
  ② CIA 및 FBI 등 주요 정보기관장의 임명도 업무 전문성에 근거하여 정권의 변화에 상관없이 연임되는 경우가 많음

(5) 우리의 경우 국가정보기관장의 임기가 정해져 있지 않고 대통령에 의하여 결정되기 때문에 정보수장들이 소신 있게 정치적 중립성을 지키거나 자율적인 정보활동을 하는 것이 어렵다.

(6) 우리 국가정보기구가 국민들의 의혹과 불신을 해소하고 신뢰받는 정보기관, 사랑받는 정보기관으로 거듭나기 위해서는 인권침해 및 정치적 중립성에 대한 시비가 발생하지 않도록 각고의 노력을 해 나가야 한다.
  ① 국가정보 자체의 실무적인 노력뿐 아니라 제도적인 뒷받침도 강구되어야 함
  ② 정치권에서도 국가정보기관장에 대한 국회청문회 및 국회정보위 운영제도, 국정원장 임기제도 등 여러 가지 제도적인 보완조치를 연구해 나가야 할 것임

2. 민주적 통제장치의 내실화

(1) 현재 청와대를 제외하고 행정부 내에서 국정원에 대한 통제나 견제를 할 수 있는 기관은 없다.

(2) 과거 김영삼 정부 때인 1993년 5월 평화의 댐 건설 의혹과 남북 총리회담 당시 '청와대 훈령조작' 사건에 대한 시비를 가리기 위해 특별감사가 실시된 적도 있었으나 국정원법에 "원장은 국회 예산결산 심사 및 안건심사와 감사원의 감사에 있어서 국가의 안전보장에 중대한 영향을 미치는 국가기밀 사항에 한하여 그 사유를 소명하고 자료의 제출 또는 답변을 거부할 수 있다"(제13조 제1항)는 규정에 의거해 국정원은 필요시 자료제출을 거부할 수도 있다.

(3) 이러한 관계로 국정원을 통제 및 견제할 수 있는 상시적인 조직은 현재 국회 정보위원회가 유일하다.

    ① 지난 1994년 국회 정보위원회가 설치되어 수시로 정기 및 임시 정보위원회, 연례 국정감사 등을 통해 정보기관에 대한 통제를 시행하고 있음

    ② 이러한 정보위원회 설치 이후에도 '김기섭 전 기조실장의 국고횡령' 사건이 보여 주듯이 예산유용 및 정치적 중립성이 시비될 수 있는 개연성이 여전히 존재함

    ③ 물론 예산회계에 관한 특례법이나 국정원법 등에 따라 국정원 예산에 대한 국회의 구체적인 심의가 제한되고 있는 것은 사실임

    ④ 미국 등 선진국에서 조차 정보기관 예산에 대한 국회의 전면적인 통제나 정보 공개가 이루어지지 않고 있는 현실 등을 감안할 때 현실적으로 제약이 많은 것이 사실임

    ⑤ 미국과 같이 국가정보의 정치적 중립이 제도적으로 보장된 국가와 비교하면 아직도 우리는 이상과 현실의 괴리가 너무 크다는 것이 비판적임

    ⑥ 이러한 현재 시스템에서 정보기관에 대한 민주적 통제를 시행할 수 있는 유일한 기관이 국민을 대표하는 국회 정보위원회인 만큼, 국회는 예산과 주요 업무에 대한 제도적 견제장치를 보완해 민주적인 통제가 잘 이루어질 수 있도록 해야 할 것임

       • 이러한 국회의 민주적 통제가 실질적으로 작동하기 위해서는 국정원의 비공개 보고내용이 바로 언론에 누설되는 일이 반복되지 않도록 국회 스스로의 정치적 자정 노력이 필수적임

3. 정보수집 및 분석역량의 강화가 지속적으로 추진

(1) 국가정보차원의 중·장기 계획수립과 미래를 위한 과감한 정보인프라 투자가 요구된다.

(2) 직원들의 전문성을 강화하기 위해 전문력을 확보하고 기존 인원 대상의 재교육을 강화하는 동시에, 현재 운영 중인 정보분석시스템을 부단히 개선해 나가야 한다.

(3) 정보역량 강화는 짧은 기간 내에 이루어지는 것이 아니라 전체 인적 자원의 수준이 향상되고 운영 시스템이 개선되어야 가능하다.

(4) '인간정보(HUMINT)' 자산을 중요 정보목표에 전략적으로 선택 및 집중시켜 최대의 효율성을 낼 수 있도록 운영 체계를 개선하고, '기술정보(TECHINT)' 수집역량을 획기적으로 향상시키기 위해 과학기술 분야의 정보인프라에 대한 투자도 과감히 늘려 나가야 할 것이다.

(5) 우리도 장기적으로 정보자주성을 확보하는 수준에 이르기까지 독자적인 정보주권을 확보해 나가야한다.

4. 신안보 위협에 대한 대응역량을 더욱 강화

(1) 한반도 안보환경을 고려할 때 통일이 실현되기 전까지 국가정보원의 가장 중요한 정보목표는 북한 및 해외 분야가 되어야 한다. 북한과 대치하고 강대국들에 둘러싸인 우리의 안보 환경에서 가장 중요한 것이 안보를 튼튼히 하는 것이기 때문이다.

(2) 이제 우리의 정보활동도 국력의 신장에 걸맞게 그동안의 대북 위주에서 주변국 및 새롭게 부상하는 신안보 위협들을 포괄하는 방향으로 확대되어야 한다.

   ① 탈냉전 이후 전개되고 있는 오늘날 국제사회의 경쟁이 과거 정치·군사적 대결 위주에서 자원·에너지·과학 기술·문화 등 소프트파워의 분야로 빠르게 확대되고 있기 때문임

   ② 특히 자원·에너지 분야에서의 경쟁은 더욱 치열해 지고 있으며, 대테러 및 국제범죄, 사이버 등의 분야에서 국경을 넘나드는 안보위협은 무시할 수 없는 상황으로 확산되고 있음

   ③ 이러 한 분야에 대한 대응능력을 키우기 위해서는 기존의 조직과 인원으로 대처하는 데는 한계가 있다. 각 분야마다 요구되는 전문성이 현저히 다르고 목표 수준이 높을 수밖에 없기 때문임

(3) 따라서 국정원은 특별한 전문성이 요구되는 분야에 대한 인원의 선발 및 재교육, 그리고 정보목표에 대한 전략적 선택과 집중을 통해 이러한 정보 수요를 원만하게 충족시켜 나갈 수 있도록 내실을 기해야 한다.

PART
03

북한의 정보기구

CHAPTER 03

1 북한 정보기구의 기원과 변천

1. 북한의 국가안보와 정보기구 개관

(1) 북한의 국가안보 개념: 북한의 국가안보 개념은 국가의 생존, 번영 등과 같은 일반적인 국가의 국가안보 개념과는 다르며, 북한은 주권적 영역을 넘어 '남조선 혁명'과 '한반도의 공산화 통일'까지 국가안보의 개념과 목표를 설정하고 있는 것이 특징이다.

(2) 북한의 국가안보 전략: 북한은 '남조선 혁명과 한반도 공산화 통일을'이라는 목표 달성을 위해 '3대 혁명역량의 강화'를 국가전략으로 내세우고 있다.

① 북한을 조선 혁명의 전국적 승리를 위한 혁명기지로서 정치, 경제, 군사적 역량을 강화함

② 남조선 인민을 정치적으로 각성시키고 혁명적 당을 꾸려 혁명의 기본계층인 노동자·농민을 결속시켜 남조선의 혁명역량을 강화함

③ 공산주의 국가들과 단결하고 세계 반제국주의·반식민주의 세력과 연대를 강화하여 국제적 혁명역량을 강화함

④ 북한의 3대 혁명역량 강화노선은 북한 자체의 힘과 노력만으로 남조선 혁명을 기대할 수 없다는 정세 판단에 기초한 것임

(3) 조선노동당: 북한의 국가적 체계와 권력의 기조이자 최고 권력기구인 조선노동당의 규약에서 북한 정권의 당면목표와 최종목표를 각각 제시하고 있다.

① **당면목표:** 전국적 범위에서의 민족해방민주주의 혁명과업 수행

② **최종목표:** 온 사회의 김일성–김정일주의화

③ 당 규약에서 나타난 당면목표와 최종목표는 결국 '남조선 혁명'과 '한반도의 공산화 통일'을 의미하며, 이러한 목표는 정권수립 이후 현재까지 지속되고 있음

④ 이러한 의미에서 북한 정보기관의 최우선 목표는 김정은 정권의 공고화와 체제안보이며, 북한의 국가정보활동은 남조선 혁명과 한반도의 공산화 통일 실현을 위한 실천적 수단에 해당함

더 알아보기

조선노동당 당규약의 의미와 서문(2016년 개정)

• 북한은 사회주의 국가로서 조선노동당이 국가 위에 존재하는 당–국가체제 유지
• 북한을 규정하는 법률체계는 당규약–헌법–부문법의 순서로 구성됨
• 북한의 국가체계와 주민생활을 규정하는 최고의 법률은 조선노동당 규약임
• 「조선노동당 당규약」(2016.5.9. 개정) 서문: 조선노동당의 당면목적은 공화국 북반부에서 사회주의의 완전한 승리를 이룩하며 조선국적 범위에서 민족해방과 인민민주주의 혁명의 과업을 완수하는데 있으며 최종 목적은 온 사회를 김일성–김정일주의화하여 인민대중의 자주성을 완전히 실현하는데 있다.

---

(4) 김정은 시대 북한의 정보기관은 체제유지와 대남전략에서 매우 중요한 위치를 차지하며, 주요 정보기관으로는 국가보위성, 사회안전성, 보위국, 정찰청국, 통일전선부, 문화교류국 등이 있다.

북한 정보기관의 유형 및 소속

구분	정보기관 유형	소속
국가보위성	비밀경찰기관	국무위원회
사회안전성	경찰기관	국무위원회
보위국	군 정보기관	조선인민군
정찰총국	대남·해외정보활동 담당	국무위원회
통일전선부	대남·해외정보활동 담당	노동당
문화교류국	대남·해외정보활동 담당	노동당

> **더 알아보기**
>
> **사회안전성**
> 경찰기구인 사회안전성은 협의의 정보기구 개념을 적용하였을 경우, 보안기관으로 구별할 수 있으나, 광의의 정보기구 개념에서는 정보기관에 포함됨. 우리의 「방첩업무규정」 제2조에서는 방첩의 개념을 확대 적용하고 있다는 점에서 보안은 방첩의 범주에 포함되며, 보안기관인 사회안전성 역시 정보기관에 해당된다.

(5) 북한 정보·보안활동의 특성

① **목표**: 남조선 혁명을 실천하기 위해 남한의 혁명역량을 강화하여 '결정적 시기'를 조성하는 것이며, 북한의 국가정보활동은 결정적 시기를 맞이할 때까지 혁명의 제반여건을 성숙시키는 준비기의 활동을 주요 내용으로 함

② **주요 요건**: 북한의 정보공작활동은 남한의 혁명역량 강화를 위해 3가지 요건을 제시하고 있음

　㉠ 남한 인민대중의 정치적 각성과 혁명사상의 의식화

　㉡ 남한 내 혁명의 참모부 역할을 담당하는 지하혁명조직(=당)을 건설하고, 혁명의 기본계층인 노동자·농민을 결석시켜 '혁명의 주력군' 편성

　　예 통일혁명당 구축

　㉢ 노동계급의 주도적 역할 아래 각계 각층을 망라하는 '통일전선'을 형성해야 하며, 노동자·농민의 계급적 투쟁과 청년·학생·지식인의 민주화 투쟁을 결합한 '반미 구국 통일전선' 형성

> **더 알아보기**
>
> **통일혁명당 사건(1968)**
> • 박정희 정부 시절인 1968년 8월 24일 중앙정보부가 발표한 대규모 간첩사건으로 당시 158명이 검거, 50명이 구속된 1960년대 최대의 공안사건이다.
> • 통일혁명당은 김종태가 월북해 조선민주주의인민공화국의 지령·자금을 받고 결성된 혁명 조직으로 중앙당인 조선로동당의 지시를 받는 지하당이었다.
> • 당시 관계당국은 통혁당사건을 임자도 간첩단사건 및 서귀포 간첩선 사건과 더불어 남한에 대규모 지하당 조직을 구축하려는 북한 대남전략의 일환으로 규정했다.

③ 북한의 대남·통일전선 전술: 지하공작적 측면과 평화방략 측면에서 전개되고 있음
  ㉠ 지하공작적 측면(하층 통일전선 전술): 지하 공산당이 불법화된 상태에서 대중화된 기반을 확보하기 위해 외곽에 대중단체를 조직하는 대중확보 전술
    예 통일혁명당이 '학사주점'을 경영하면서 이를 근거지로 조국해방전선을 조직함
  ㉡ 평화방략적 측면(상층 통일전선 전술): 정당 및 사회단체들과 협상·연합에 주안을 두고 정치적 공세를 전개하는 일련의 평화통일 공세
    예 북한이 조직한 남한 내 각 정당·사회단체의 참가를 내세운 '조국통일 민주주의 노선(1949)', 1990년대 결성한 '조국통일 범민족연합'과 '조국통일 범민족 청년학생연합' 등
  ㉢ 북한의 평화방략적 통일전선 전술은 남북대화에도 적용되고 있음
④ 북한의 정보공작활동 양상: 폭력을 유효한 수단으로 간주한다는 점이 가장 큰 특징
  ㉠ 북한의 '남조선 혁명의 폭력 불가피 이론'은 폭력혁명 없이 부르주아 중심 국가의 대체가 불가능하다는 마르크스–레닌주의를 근본으로 하고 있음
  ㉡ 북한은 혁명의 결정적 투쟁시기에 폭력사용이 유일한 방법이라고 명시하고 있을 뿐만 아니라 혁명 준비기에도 폭력수단의 유용성을 강조하고 있음
  ㉢ 대남 정보공작활동은 남한정세 추이에 민감하게 반응하고, 이를 적용하는 다양한 투쟁형태와 방법을 구사해오고 있음

2. 북한 정보기구의 기원

(1) 소련 군정(1945): 북한 정보기구 역사의 시작점이다.
  ① 북조선 5도 행정국(= 북조선 행정 10국)
    ㉠ 해방 직후 북한에 진주한 '북조선 주둔 소련점령군사령부'는 1945년 10월 28일 '북조선 5도 행정국'을 출범시켜 북한지역 행정을 실질적으로 담당하게 함
    ㉡ 북조선 5도 행정국은 교육국, 교통국, 농림국, 보건국, 보안국, 사법국, 산업국, 상업국, 재정국, 체신국 등 10국으로 구성되어 '북조선 행정 10국'으로도 불림
    ㉢ 보안국: 당시 정보기구 역할을 담당한 부서로 치안업무 외 정보업무, 국방경비업무, 대남업무 등을 수행하였으며, 오늘날 북한 경찰·정보기구의 모체에 해당함
    ㉣ 보안국 산하 정보처에서 정보업무를 수행하였으며, 보안국 산하 정보공작대는 군 관련 정찰업무와 정보업무를 담당함
  ② '북조선임시인민위원회'의 출범과 보안국의 기능변화
    ㉠ '북조선임시인민위원회' 출범(1946.2)을 계기로 보안국은 치안업무와 국경경비업무를 담당하게 되었고, 보안국 산하에 경비, 감찰, 경호, 소방 등 조직과 대남공작·정보를 담당하는 정치보위부를 설치
    ㉡ 정치보위부 구성 이후 보안국 산하 무장조직인 '보안독립여단'을 신설(1946.5)하여 국가안전보장과 대외적 침략 방지의 업무를 부과
  ③ '북조선인민위원회'의 출범과 보안국의 개칭
    ㉠ '북조선인민위원회'가 출범하면서(1947.2) 보안국은 내무국으로 개칭됨
    ㉡ 국방업무를 담당하는 민족보위국이 신설되면서(1948.2) 내무국은 경찰과 비밀경찰업무를, 민족보위국은 국방과 군 관련 정보업무를 담당하는 업무분장이 이루어짐

(2) 북한 정권수립(1948): 국가정보기구로 창설되었다.

① 북한 정권수립 이전 정보기구 역할을 담당한 북조선인민위원회 내무국은 내각의 내무성으로 흡수되었으며, 내무성은 북한 최초의 경찰조직이자 정보기관에 해당

② 군사정보업무를 담당한 북조선인민위원회 민족보위국은 민족보위성으로 흡수됨

③ 초창기 북한의 국가정보활동은 북조선노동당 조직부 지도하에 내무성 정치보위국과 민족보위성 정찰국이 담당함

  ㉠ 내무성 정치보위국 산하에 38보위부, 해주·철원·양양지구 보위부, 대외정보부를 설치하였고, 상사를 통한 남북교역 형식으로 대남 정보활동을 수행함

  ㉡ 민족보위성 정찰국은 대남 첩보기구를 설치, 평양 시내 아지트를 위치하고 남북을 왕래하는 공작원을 수용·교육을 진행함

> **더 알아보기**
>
> 북조선노동당과 조선노동당 창립
> • 북조선노동당은 북조선공산당과 신민당의 합당으로 창립(1946)
> • 조선노동당은 북조선노동당과 남조선노동당의 합당으로 통합되어 오늘날까지 유지

3. 북한 정보기구의 변천

(1) 한국전쟁과 북한 정보기구의 개편

① **사회안전성의 신설(1951):** 내무성 정치보위국과 기타 부문 조직을 통합하여 출범한 독립적인 정보기구

  ㉠ 사회안전성은 한국전쟁 기간동안 반체제 세력을 효율적으로 통제하고 전시의 치안업무를 효율적으로 추진하려는 의도로 설립함

  ㉡ 사회안전성의 주요 임무는 반국가행위·반혁명행위의 감시, 신원조사·외국인 방문객 감시, 지방 치안유지·범죄단속, 국가기관·지역 경비, 교통질서·소방업무, 인구조사, 신분등록소 운영, 기밀문서 보관·관리, 교화소·강제노동 수용소 관리, 철도경비, 국유·사유재산 보호, 선박 출입관리, 반항공조직 운영 등 다양한 임무를 수행함

  ㉢ 사회안전성은 위의 임무수행을 위해 사회안전국, 보안국, 예심국, 반항공국, 교화국, 정부호위국, 철도안전국, 경비국, 산림국, 후방국, 정치국, 통신처 등을 산하에 둠

② **내무국의 사회안전국(1952):** 내무성에서 사회안전성이 분리·독립된 지 19개월 만에 내무성으로 재흡수·통합되어 내무성 사회안전국이 사회안전성의 역할을 대신 수행하게 됨

  • 통합이유: 사회안전성의 업무복잡화·다양화에 따른 능률성 저하와 내무성과의 대립으로 인한 치안업무의 혼란

③ 대남 정보기구 또한 한국전쟁 동안 개편되는데, 대남 정보활동 지휘부서인 노동장 조직부 내의 연락부를 독립된 부서로 분리하는 것이 핵심임

  ㉠ 연락부 산하에 기요과(기밀문서 관리부서), 연락과, 정보관, 유격지도과, 선전교양과, 조직지도과를 두었음

  ㉡ 직속부서로 '526 군부대'와 공작원 양성을 위한 '금강정치학원'을 둠

  ㉢ 노동당 연락부가 독립부서로 승격된 것은 한국전쟁 후반기에 접어들면서 게릴라 부대와 지하당 공작을 배합하는 북한의 전술 변화에 따른 것임

(2) 한국전쟁 이후 정보기구의 변화

① 한국전쟁 이후 북한은 내무성 편제를 대폭 확장하고(1956), 방학세 내무상 아래 5명의 부상과 조직
으로는 9개국 7개 처를 두었음

　㉠ 9개국: 사회안전국, 감찰국, 보안국, 정치국, 총무국, 후방국, 교화국, 경비국, 경위국(호위업무
　　담당)

　㉡ 7개 처: 간부처, 경비처, 반정찰처, 통신처, 반항공처, 경제안정처 등

　㉢ 사회안전국: 과거 내무성 정치보위국 업무 중 대남·대외정보를 제외한 업무수행을 맡았는데, 주
　　민 감시, 인민군 정치사찰, 정부기관 주요인사 감시, 반체제인사 감시·예심, 정당·사회단체·
　　언론·출판·종교계 사찰, 대외정보 수집, 한국정부 참여인사에 대한 수사·감시, 방첩사업, 각
　　시·도 내무부 지도사업을 담당

　㉣ 반정찰처: 대남·대외공작을 전담하였으며, 산하부서로 대남부, 일본부, 극동부, 경리부, 통신부,
　　공작부, 구라파부 등을 두었음

② 북한은 사회안전성을 신설하고 내무성의 치안업무를 이관하였고(1962), 그 결과 내무성은 강·하
천, 도로, 토지, 산림, 영해, 호수, 항만 등 국토 및 자원관련 관리업무로 임무범위가 한정되면서 '국
토관리성'으로 명칭이 변경(1964)

③ 조선인민군 내 정치안전국 설치(1968): 군 내부 정보활동 전담조직

(3) 1960년대 북한 정보기구의 주요 변화

① 남한의 4.19 혁명을 계기로 대남 정보활동 강화와 제4차 당대회(1961)를 통한 대남전술에 변화

　㉠ 1961년 제4차 당대회에서 지하당조직 확대와 반미 통일전선 형성 및 남북의 통일전선 결합을 통
　　한 공산화 통일 방침을 결정함

　㉡ 대남전술이 변화하면서 정보기구도 개편되었으며, 내무성과 민족보위성의 정보기구를 노동당 연
　　락국으로 통합함

② 당중앙위원회 제4기 8차 전원회의(1964)에서 '3대 혁명역량 강화'와 함께 정보기구를 개편함

　㉠ 3대 혁명역량 강화는 북한 사회주의 혁명역량 강화, 남한 혁명역량 강화, 국제 혁명역량과 단결
　　강화를 의미함

　㉡ 북한은 3대 혁명역량 강화를 위해 대남 정보활동을 지휘하고 있던 노동당 연락국을 '대남사업총
　　국'으로 개칭, 규모를 확대하였으며, 정보활동의 활성화를 위해 정보요원을 증원함

③ 한국군의 월남 파병(1964)을 계기로 북한의 정보활동은 인민무력부가 주도한 군사도발 공작이 중심
이 되었음

　㉠ 인민무력부는 작전국 산하 적공국(敵工局)을 내세워 대남공작, 대남침투, 대남도발, 대남심리전
　　등을 주관함

　㉡ 인민무력부가 주도한 283부대의 게릴라 활동(1967), 124부대의 청와대 기습사건(1968), 삼척·
　　울진의 무장간첩 남파사건(1968)이 실패하자 책임자 숙청 및 정보기구의 개편을 단행

　㉢ 정보활동을 총괄하던 대남사업총국을 폐지하고 당 중앙위원회 비서국이 관장하도록 하였고, 비서
　　국 산하에 연락부, 문화부, 조사부를 설치하였으며 인민무력부 정찰국 업무와 조선총련 공작사업
　　등 대남활동을 통제하게 함

　㉣ 대남 군사공작을 담당했던 124부대와 283부대를 통합하여 제8군단이라는 특수군단으로 함

(4) 국가정치보위부의 신설과 분리형 정보기구로의 변화

① 「사회주의 헌법」 채택(1972)과 국가정치보위부의 신설

    ㉠ 새로운 「사회주의 헌법」이 채택되면서 내각이 정무원으로 개편되고, 사회안전성을 사회안전부로 개칭됨

    ㉡ 김일성의 사회안전 업무와 정치보위 업무 분리지시(1973)에 따라 사회안전부 소속 정치보위국을 독립시켜 국가정치보위부를 신설함

    ㉢ 사회안전부는 치안질서 유지 등 경찰업무를 담당하였으며, 국가정치보위부는 북한 주민과 국가기관에 대한 반혁명 · 반국가범죄, 방첩, 정치사찰, 대내외 정보업무, 정치범 수용소 운영 등 비밀경찰업무를 담당함

    ㉣ 사회안전부장 이진수의 국가정치보위부장 발령(1982)을 계기로, 그동안 사회안전부 담당임무인 해안 · 국경경비 업무를 국가정치보위부로 이관하면서 사회안전부의 기능이 대폭 축소됨

② 1970년대 김일성의 권력 공고화와 함께 '고려연방제' 통일방안이 제시되면서 대남정책의 결정권이 인민무력성에서 노동당으로 이전됨

    ㉠ 김정일의 노동당 조직비서사업 시작과 함께 당을 중심으로 대남정책의 결정과 집행이 이루어짐

    ㉡ 정보기구의 개편 역시 업무 특성에 따라 대남부서를 대남침투, 인물포섭, 정보수집, 대남심리전, 교란, 파괴 등으로 세분화함

    ㉢ 통일전선부 신설(1977): 대남부서의 세분화 과정에서 신설되었으며, 노동당의 정보활동은 각각 대외조사부, 사회문화부, 작전부, 통일전선부로 구분됨

③ 북한의 정보기구가 1970년대 국가정치보위부(비밀경찰), 사회안전부(경찰), 조선인민군 정치안전국(군 정보기구), 대남정보기구 등으로 구분된 것은 북한 정권수립 당시 통합형 정보기구가 분리형 정보기구로 전환된 것을 의미함

④ 북한의 정보기구 체계는 일부 변화는 있으나 1970년대 개편을 기본골격으로 유지되어있는 편임

2 김정은 시대 북한 정보기구의 변화동향

1. 김정은 시대 북한의 정보기구 개편

(1) 정찰총국의 신설(2009)과 정보기구 개편: 김정은 후계체제 구축기간인 2009년 초반 국방위원회 산하 정찰총국을 신설하고, 당과 군에 흩어져 있던 대남공작기구를 통폐합하는 개편을 단행하였다.

① 북한은 정권수립 이후 여러 번의 개편을 통해 국내 정보활동은 국가안전보위성(현 국가보위성), 인민보안성(현 사회안전성), 군 보위사령부(현 보위국)가 담당하였으며, 대남 · 해외 정보활동은 노동당의 통일전선부, 대외연락부(현 문화교류국), 작전부, 35호실과 군의 정찰국이 담당하는 체계를 확립

② 김정은 권력세습이 진행된 2008년 이후 김정은 시대를 대비하기 위한 정보기구의 조직개편은 정찰총국의 신설과 당과 군에 산재한 대남 · 해외 정보기관의 통 · 폐합 방향으로 나타남

    ㉠ 정찰총국: 노동당 작전부와 35호실, 군의 정찰국 및 총정치국, 6 · 15국을 통합하여 정찰총국을 신설함

    ㉡ 노동당의 대외연락부는 내각의 225국으로 이전함

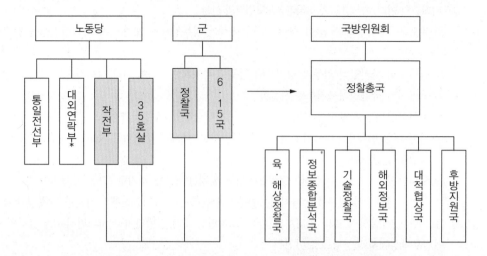

(2) 정찰총국의 신설에 따른 대남·해외 정보기구 개편은 업무의 효율성 추구와 역할 및 기능의 재조정을 통해 대남·해외공작과 정보 수집업무를 강화하려는 의도라고 할 수 있으며, 과거 테러·암살·납치 등으로 악명 높았던 기관을 '당'에서 '군'으로 이동하여 국제사회에서 노동당의 이미지 개선 효과도 추구하고 있다.

① 북한은 노동당 연락부, 민족보위성 정찰국, 내무성 반탐처 등 대남·해외 정보기관을 통합하여 노동당 연락국(1961)을 설립한 데 이어 노동당 조사국을 포함시켜 대남사업총국(1964)로 확대·개편

② 대남공작의 잇따른 실패로 책임자 허봉학을 숙청한 이후 대남사업총국은 해체되었으며, 그 이후 대남사업을 총괄하는 별도의 중간기구는 설치되지 않음

③ 정찰총국은 과거 대남·해외 정보활동을 총괄·지도하기 위해 설립된 대남사업총국과 유사한 기구

(3) 과거 김정일은 후계자로 결정(1975)된 이후 착수한 대남사업부서 개편과정을 통해 김정일은 대남사업부서를 완전히 장악할 수 있었다는 점을 볼 때 정찰총국의 창설은 김정은의 후계구도 구축과정에서 정보기구에 대한 장악을 용이하게 하려는 조치로 판단되었다.

① 북한은 정찰총국 창설시기인 2009년 헌법 개정을 통해 국방위원회를 국가의 최고 지도기관으로 격상시키고 그 위상과 권능을 강화

② 당·정·군의 핵심 간부들을 국방위원회에 포진시킴으로써 국방위원회를 중심으로 한 효율적인 통치 체계 구축 및 김정은 후계체제의 안정적 구축을 위한 수단으로 활용

③ 북한은 정찰총국 신설로 대남 정보활동의 주도권이 당에서 군으로 넘어갔다고 평가할 수 있으며, 과거 대남 정보활동을 주도했던 통일전선부와 대외연락부는 세력이 약화

④ 통일전선부는 대남정책 수립, 남북대화, 경제협력사업 등 공개적인 역할에 주력하는 반면 정찰총국은 대남 정보활동의 핵심부서로 등장

(4) 225국의 통일전선부 이동과 정보기관의 명칭 병경

① 북한은 대남공작 전문부서인 225국을 내각에서 노동당 통일전선부 산하로 재편입하였으며(2012), 노동당 통일전선부의 225국은 '문화교류국'으로 명칭을 변경(2015)

② 정찰총국의 정보활동 영역 역시 사이버 공간으로 확대(2012)

③ 북한의 정보기구 명칭 변경은 최근 들어 두드러지게 나타나고 있음

　㉠ 최고인민회의 제13기 4차 회의(2016)를 통해 국방위원회를 폐지하고 국무위원회를 신설함에 따라, 국가안전보위부는 '국가보위성'으로, 인민보안부는 '인민보안성'으로 명칭을 변경함

　㉡ 국무위원회 신설 이후 경찰기구의 역할을 담당하는 인민보안성은 '사회안전성'으로 명칭을 변경함(2020)

　㉢ 인민보안성이 사회안전성으로 변경되면서 인민내무군 역시 '사회안전군'으로 명칭이 변경되었을 것으로 여겨지며, 군 정보기관인 보위사령부 역시 '보위국'으로 명칭을 변경함(2016)

④ 주요 정보기구의 명칭 변경에도 불구하고, 개별 정보기관의 위상이나 역할·기능에는 큰 변화가 없는 것으로 보이며 김정은의 집권체제 구축을 위한 조직개편으로 보여짐

　㉠ 명칭 변경은 김정일 시대의 '군' 중심에서 김정은 시대의 '당' 중심 체제로 변화하면서 노동당 중심 통치체제 구축을 위한 조직개편의 연장선상에 해당됨

　㉡ 변경된 명칭이 과거 김일성 시대의 명칭임을 고려한다면 김정은의 '김일성 따라하기' 정책의 일환으로 볼 수 있음

김정은 시대 북한 정보기구 체제

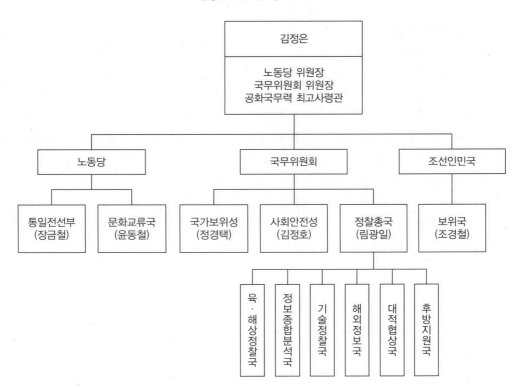

2. 김정은 시대 북한의 국내정보기구

(1) 국가보위성: 북한의 대내외 정보업무를 통합적으로 수행하는 기관인 국가보위성은 우리의 국가정보원과 유사한 기능을 수행하며, 북한 최고 정보사찰기관으로서 구소련의 KGB 운용 시스템을 모델로 하고 있다.

① **설립배경**: 갑산파 사건(1967) 이후 전문 감찰기구의 필요성 증대와 김정일의 권력세습 가시화

    ㉠ 내무성 정치보위국(1952)으로 출발한 국가보위성은 사회안전부 정치보위국(1962~1973)을 거쳐 1972년 5월 사회안전부로부터 독립하여 '국가정치보위부'를 신설하여 독자적인 정보기관으로 활동을 시작함

    ㉡ 국가정치보위부는 정무원 산하에서 독립하면서 국가보위부(1982)로 개칭되었다가 국가안전보위부(1993)로 다시 명칭이 변경되었으며 이후 국가안전보위성(1996) → 국가안전보위부(2010) → 국가보위성(2016)으로 개칭되어 현재에 이름

② **주요업무**: '국가정치보위부'로 설립 당시 김정일 후계체제 구축을 위협하는 장애요인을 적발 · 색출 · 제거하는데 주력하였으며, 국가보위성은 현재 최고 지도자인 김정은과 노동당 및 국가의 제도 보위를 최우선 임무로 삼고 있음

    ㉠ 김정은의 직접적인 지시를 통해 북한 정권과 사회주의 체제유지를 위한 사업을 진행하며, 주민의 사상동향 감시, 반체제 인물색출, 정치범 수용소 관리, 반탐, 해외정보수집 · 공작, 국경경비 · 출입국 관리 등 임무를 수행함

    ㉡ 정치사찰을 주요 업무로 하는 국가보위성은 원활한 업무수행을 위해 정치 사상범에 대한 체포 · 구금 · 처형 등을 법적 절차를 거치지 않고 임의로 결정하는 권한을 보유함

    ㉢ 북한 체제와 결부된 국가안보 사안은 국가보위성이 담당하며, 치안유지와 관련된 일반범죄는 사회안전성의 관할대상임

③ 김정은 시대 들어 국가보위성의 대남공작 활동은 증가하고 있으며, 국가보위성의 대남정보활동은 적극적 · 공세적 방첩에 해당됨

    ㉠ 대부분 탈북자로 가장하여 우리 사회에 잠입하는 위장간첩의 형태

    ㉡ 중국 내 탈북자 관련 첩보수집 및 송환활동도 담당하고 있음

④ 국가보위성의 조직은 국가보위상 아래 6명의 부상이 있으며, 국가보위성 본부는 정치국과 행정부서로 구성되었고, 행정부서는 35개국, 13개 지역보위국, 국가보위성 정치대학으로 구성됨

⑤ **김정은 시대 국가보위성의 변화**

    ㉠ 임시조직의 성격인 특별군사재판소 신설

    ㉡ 국경경비총국의 흡수

    ㉢ 해외대열보위국 중심 탈북자 관련 정보활동 증가

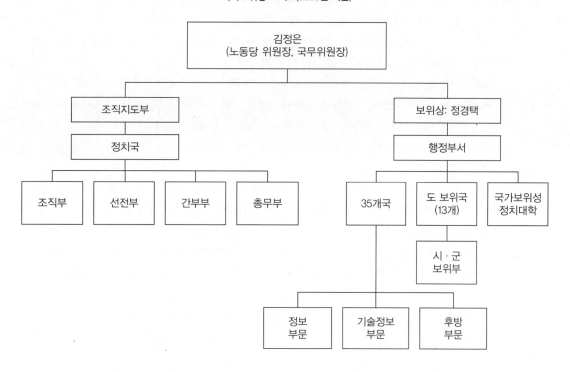

국가보위성 조직도(2020년 기준)

국가보위성의 주요 부서와 기능

부서	기능
작전종합지도국	국가보위성의 본부와 도 보위국에서 진행하는 모든 사업에 대한 종합·지도 업무를 수행, 모든 본부 국과 도 보위국에 지도원 파견
반탐정국	북한 체류 외국인과 해외동포들에 대한 감시·장악, 해외정보기관에 포섭되어 활동하는 첩보원 색출
해외대열보위국	해외 주재 대사관 및 무역대표부, 해외파견 근로자들에 대한 동향 감시와 소환·구속, 탈북자 관련 공작
북남대화보위국	통일전선부, 조평통, 민경협 등 대남사업기관 인원 감시, 남북회담·행사 진행 시 북측 대표들에 대한 감시·조사·구속
수사국	반탐정 사건에 대한 수사 및 업무지도·감독·통제
예심국	반탐정 사건과 발생 사건의 여죄 여부 확인·범증확보·사건 송치 및 구류장 운영·감독
검찰국·재판국	반탐정 사건으로 수사국과 예심국에서 수사 처리한 사건 기소·판결
미행감시국	북한주재 외국인, 해외방문단·대표단·참관단 및 사건 감시대상자들에 대한 미행감시와 요인사찰 업무 담당
농장감시국	국가보위성 사건으로 유죄판결을 받은 반국가범죄자(정치범)과 그 가족들을 정치범수용소에 수감·관리

(2) **사회안전성**: 김정은 정권을 옹호·보호하기 위해 주민을 사찰하는 기관인 국가보위성은 우리의 경찰청과 유사한 기능을 수행하며, 주민을 대상으로 하는 감시사업의 최일선에 있다.

① **설립배경**: 소련 군정기 북조선 5도 행정국 산하 보안국에 기원을 두고 있으며 공식적인 경찰조직으로 탄생은 1948년 정권수립과 함께 출범한 내무성임

    ㉠ 사회안전성은 김정은 정권과 사회주의 체제를 유지하기 위한 대국민 사찰을 전문으로 하고 있으며, 감시자와 감시대상자, 통제하는 자와 통제받는 자의 수직적 관계와 모든 주민이 상호감시 및 견제하는 수평적 관계가 복합적으로 작용하는 그물망식 체제임

    ㉡ 김정은 시대 시장의 확산과 함께 통제의 필요성이 증가하면서 사회안전성의 위상이 상승하고 역할이 확대되는 모습이 나타남

② **주요임무**: 수령 옹호 보위, 당과 정권 보안사업의 옹호보위, 인민의 생명·재산보호, 사회질서 유지

    ㉠ 일반적인 경찰임무 외 당의 정치사업, 소방사업, 지진관리, 철도·지하철 운영관리, 교화사업, 외화벌이 사업 등 업무수행

    ㉡ 주민에 대한 사찰과 함께 감시·통제·처벌 업무를 동시에 수행하며, 대북제재로 인한 경제난이 가속화되면서 사회안전원과 주민 간 부패를 매개로 하는 공생관계가 진행되면서 사회통제는 느슨해지는 편임

③ 사회안전성은 국가보위성, 인민무력성과 함께 김정은의 직접 통제를 받는 국무위원회 직속기관임

    ㉠ 김정은 정권 출범 초기 국방위원회 소속이었으나 장성택이 맡고 있던 노동당 행정부의 생활지도·정책지도 대상이었음

    ㉡ 장성택의 숙청과 노동당 행정부의 폐지 이후 조직지도부가 사회안전성의 지도·감독을 담당하고 있음

④ 사회안전성은 사회안전상 아래 제1부상, 보안·감찰·내부 등을 담당하는 부상으로 구성되어 있으며, 노동당 조직인 정치국, 국가보위성 파견조직인 보위부, 행정부서로 구성됨

    ㉠ 행정부서는 본부 소속 20여개 국, 13개 지역의 보안국, 김정일인민보안대학으로 구성됨

    ㉡ 정치국: 사회안전성의 당 사업을 지도·감독하는 정치사업조직으로 조직지도부의 통제를 받음

        • 정치국은 사회안전성에 대한 업무감독권과 인사권을 보유하기 때문에 가장 강력한 부서에 해당

    ㉢ 보위부: 국가보위성에서 사회안전성에 파견한 요원들로 구성되는 상주부서이며 사회안전성과 산하기관·보안원에 대한 보위사업 수행을 담당함

⑤ 김정은 시대 사회안전성의 변화

    ㉠ 사회안전성 요원 양성을 전담하는 인민보안대학의 개칭: 사회통제를 위해 인민보안부를 적극 활용하겠다는 의미 내포

    ㉡ 인민보안성의 보안부부장 직제 폐지 및 참모장 직제 재도입: 인민보안성 내 군율제도 수립

사회안전성 조직도(2020년 기준)

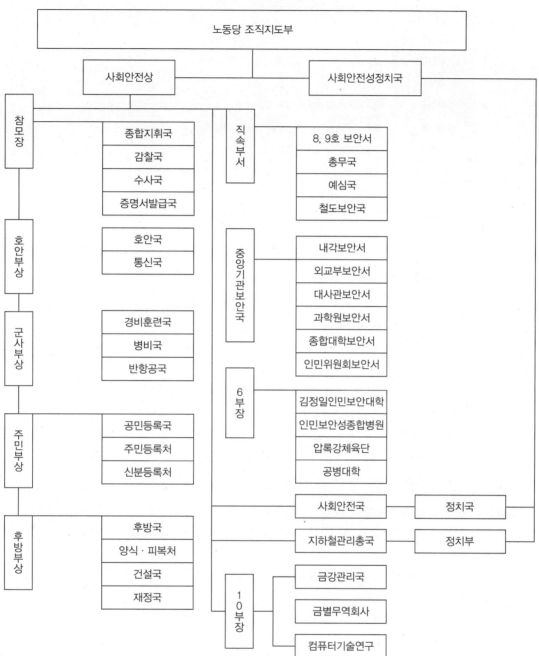

```
                          노동당 조직지도부

        사회안전상                           사회안전성정치국

참    ┌─ 종합지휘국           직    ┌─ 8, 9호 보안서
모    │  감찰국              속    │  총무국
장    │  수사국              부    │  예심국
      │  증명서발급국         서    └─ 철도보안국
      │
호    ├─ 호안국              중    ┌─ 내각보안서
안    │  통신국              앙    │  외교부보안서
부    │                    기    │  대사관보안서
상    │                    관    │  과학원보안서
      │                    보    │  종합대학보안서
군    ├─ 경비훈련국          안    └─ 인민위원회보안서
사    │  병비국              국
부    │  반항공국
상    │                    6     ┌─ 김정일인민보안대학
      │                    부    │  인민보안성종합병원
주    ├─ 공민등록국          장    │  압록강체육단
민    │  주민등록처                └─ 공병대학
부    │  신분등록처
상    │                          사회안전국 ── 정치국
      │
후    └─ 후방국                    지하철관리총국 ── 정치부
방    │  양식 · 피복처
부    │  건설국              1     ┌─ 금강관리국
상    │  재정국              0     │  금별무역회사
                            부    └─ 컴퓨터기술연구
                            장
```

부서	기능
종합지휘국	부서 및 산하 기관의 상황 총괄 · 지휘
감찰국	보안원 비리적발 및 조사 등의 감찰, 주민 정치사업
수사국	범죄 적발 · 수사
예심국	넘겨받은 범죄 혐의에 대한 범죄확정
호안국	화재 · 폭발 등과 관련한 안전 업무, 소방업무
교통국	교통질서 유지, 교통사고 처리
반항공국	폭격 · 화학무기 공격에 대비한 주민 대피 · 소개훈련, 등화관제
경비훈련국	보안원의 군사훈련, 주요시설 및 주요 간부사택 경비
병기국	무기와 찬약의 보관 · 관리 · 검열, 사격장 및 훈련장 격파
기요변신국	주요 문건 보관 · 관리, 암호 전보문 해석 · 전파
증명서발급국	여행 · 출장 증명서 발급
공민등록국	의뢰받은 신원확인, 신분 변동 등록, 주민대장 정리
신분등록국	주민의 출생 · 사망 · 결혼 · 이혼 · 거주이전 정리, 공민증 발급
통신국	유 · 무선 통신
재정경리후방국	보안성 예산 편성 · 집행, 생활비 · 의복 · 식량 · 자재 공급 · 관리
철도보안국	철도안전, 여행질서 단속
교화국	범죄자 수용관리, 교화소 운영
7총국(공병총국)	국가 주요 시설 건설
8총국(도로총국)	고속도로 및 교량 건설
지하철도운영관리국	평양시 지하철 관리 및 운영, 지하철 내 안전업무
중앙기관안전부	노동당과 내각 등 주요부서 간부 · 직원 보안사업

(3) 보위국: 군대 내 간첩, 불순분자, 사상적 동요자 색출 및 모든 군사범죄에 대한 수사 · 예심 · 처벌을 집행하는 북한군의 정보기관으로, 우리나라 군사안보지원사령부와 유사한 기능을 수행한다.

① 임무

ㄱ 군부대 내 반당 · 반혁명 · 반국가 행위자 색출 · 검거

ㄴ 능동적 · 독자적 방첩임무

ㄷ 최고 지도자의 군부대 현지지도 시 경호

ㄹ 군대의 주민등록사업

ㅁ 일반범죄자의 색출 · 처리

② 보위국은 정치안전국의 출범(1968)을 통해 현재의 독립부서로 등장하였음

ㄱ 정치안전국은 김정일의 후계체제를 군부 내에서 실현하고자 하는 의도로 출범하여 보위국으로 명칭 변경(1970년대 초)에 이어 국방위원회 직속 기관인 보위사령부로 확대 · 개편됨

ㄴ 김정은 시대에 보위사령부는 보위국으로 다시 명칭이 개편되었는데, 김정은 시대의 '선당 정치' 변화과정에 연계되어 있음

ㄷ 김정은 시대 북한은 노동장 중심의 통치체제 구축과 당–국가체제를 지향하는 사회주의 정상국가화를 추구 중임

ⓔ 보위사령부의 '보위국' 개칭은 위상의 하락보다는 군부 조직 개편 차원으로 평가되고 있음

③ 보위국은 정치부와 행정부서로 구성되어 있으며, 행정부서는 11개 부서와 교육과, 자료실로 구성됨

　　ⓞ 군단: 보위부와 보위 중대

　　ⓛ 사단: 보위부와 보위 소대

　　ⓒ 연대와 대대: 각각 보위부장과 보위 지도원이 비밀정보원과 함께 보위사업 진행

　　ⓡ 정치부는 보위국 내 행정부서, 간부처 부서, 보위사령부 직속부대에 대한 당 조직·사상생활을 지도 관리함

보위국의 주요 부서와 기능

부서	기능
종합처	각 군단 사령부 보위부들의 보고를 종합하고 지시
수사처	반 국가사건을 비롯한 군대 내 발생사건에 대한 수사 담당
예심처	각 군단 보위부들에서 미결로 처리된 예심 사건을 담당
감찰처	군대 내 살인사건과 각종 비리사건을 조사
사건종합처	각 부서들의 사건을 종합적으로 분석하고 정보를 수집
미행처	사건 용의자들과 외국인들에 대한 도청·감시·미행
기술처	각종 도감청 장치의 개발과 음성분석을 비롯한 기술분석 담당
공장담당처	인민무력성 예하 군수공장들에 대한 보안 및 경비 담당
특수기관담당처	일반순인들의 접근이 금지된 기관들에 대한 담당
주민등록처	군관가족들에 대한 주민등록과 신상정보 파악
해외담당처	해외정보수집과 국내에 들어오는 외국인 담당

3. 김정은 시대 북한의 대남·해외 정보기구

(1) 정찰총국: 정찰총국은 물리력을 기반으로 하는 대남·해외 공작업무를 수행하며, 미국의 CIA와 유사하다(통일선전부: 대화와 협상 등 정치공작 위주의 대남·해외사업 담당).

① **설립배경**: 노동당의 작전부와 35호실, 군 총참모부의 정찰국과 총정치국의 6.15국을 통합하여 국방위원회 산하에 신설(2009). 총참모국 소속으로 편재되어 있으나 총참모장이 아닌 김정은의 직접 지휘를 받는 독립 부서에 해당함

② **주요 업무**: 군사첩보 수집, 요인암살, 테러, 무장간첩 남파, 주요 전략시설물 파괴가 주요 임무이며, 무기수출, 마약제조 및 거래, 위조지폐 발행 등 불법행위뿐만 아니라 주요 산업시설 전산망 해킹 등 사이버공격을 주도하고 있음. 설립 이후 디도스 공격(2009·2011), 천안함 폭침(2010), 연평도 포격(2010), 황장엽 암살 시도(2010), 농협 전산망 해킹(2011), GPS 교란(2012) 등 크고 작은 대남도발과 김정남 암살(2017)을 주도함

③ **주요 조직**

　　ⓞ 정찰총국의 본부는 평양시 형제산 구역에 있으며, 예하 부대는 북한 전역에 산재해 있음

　　ⓛ 육·해상정찰국(1국): 간첩침투와 간첩양성 교육기관 운영

　　ⓒ 정보종합분석국(2국): 테러·납치·폭파 등 공작업무 담당

　　ⓒ 기술정찰국(3국): 사이버테러와 공작장비 개발

　　ⓡ 해외정보국(4국): 대남·해외정보 수집 담당

ⓜ 대적협상국(5국): 대남 군사회담 담당

ⓗ 후방지원국(6국): 보급지원 담당

(2) 통일전선부: 대남전략 · 전술업무를 총괄하는 대남부서이자 대외적으로 통일외교기관의 역할을 하는 노동당의 대남 · 해외정보기관이다.

① **연혁**: 문화부(1956)로 출발하여 문화연락부(1974)→문화부(1974)→문화부 폐지(1975)를 거쳐 등장 (1977)

ⓐ 문화부: 대남 선전 · 선동업무 수행을 위해 노동당의 부서로 신설되어 방송 · 전단 등의 제작 및 살포, 재일조선인총연합회 지도, 남한정세분석 및 대책수립 임무 수행

ⓑ 출범 초기 문화부는 남조선연구소, 대남방송총국, 재북평화통일촉진협의회, 방송대학 등 대남 연구기관과 선전기구를 보유하였음

ⓒ 김정일의 후계구축과정에서 대남부서 검열을 통해 조직 및 지도체계 개편이 이루어져 문화부는 폐지되었음

ⓓ 남북회담 및 통일전선 공작임무를 담당하는 통일전선부 신설(1977)과 함께 재등장

ⓔ 2000년 남북정상회담 이후 남북대화 · 교류의 활성화에 따라 다른 대남기관에 비해 역할이 확대되었으나, 2009년 정보기구 개편 및 정찰총국 신설로 우상과 역할은 약화 · 축소되었음

② **주요 업무**: 남북회담, 해외교포 공작사업, 대남심리전 및 통일전선사업 등 공개적인 대남업무 수행

③ **주요 조직**

ⓐ 정책과 · 대남과: 대남정책의 생산 및 기획 담당

ⓑ 교류 1 · 2과: 남북 · 해외교류 지도 및 관리 담당

ⓒ 회담 1 · 2과: 남북 당국 및 민간대화 담당

ⓓ 연고자과: 남한 · 해외교포 가운데 북한에 연고가 있는 대상 포섭 담당

ⓔ 재일총련과 · 재중총련과: 일본과 중국의 재외조선인총연합회 담당

ⓕ 간부과 · 조직과: 조직지도부의 통제 아래 통일전선부의 각종 조직 지도 · 관리 담당

ⓖ 조국평화통일서기국('조평서기국'): 주로 남북회담과 관련된 연구 · 실행, 정보수집, 인물포섭 등을 전담하였으며 2016년 최고인민회의 제13기 제4차 회의를 통해 노동당에서 내각으로 이동함

ⓗ 공개적 대남사업을 위한 외곽단체: 조국통일민주주의전선(조국전선), 반제민족민주전선(반제민전), 조선아시아태평양평화위원회(아 · 태평화위), 민족화해협의회 등, '우리민족끼리' 및 '국제태권도연맹(ITF)' 등도 해당

(3) 문화교류국: 북한 내 존재하는 대남 정보기구 가운데 가장 역사가 오래되었으며, 노동당 연락부의 후신에 해당하는 정통적인 정보 · 공작업무를 담당하는 정보기관이다. 통일전선부가 노동당의 선전선동부라면 문화교류국은 조직지도부에 해당한다고 볼 수 있을 정도로 중요한 기관이다.

① **연혁**: 북조선로동당 산하 '서울공작위원회'를 모태로 출발(1946) → 북조선 노동당5과(1947) → 연락부(1975) → 사회문화부(1988) → 대외연락부(1998) → 내각 이동 및 225국 개칭(2009) → 225국과 통일전선부로 통합(2012) → 문화교류국 개칭(2016)

② **주요업무**

ⓐ 간첩(공작원) 남파, 공작원 밀봉교육, 한국내 고정간첩 관리, 지하당 구축공작, 해외공작 등 정통 공작업무를 담당함

ⓑ 225국 시절부터 대외연락부의 대남공작 및 조총련 업무를 그대로 관장한 채 내각으로부터 독립적으로 활동하였으며, 문화교류국 역시 통일전선부 산하이나 독립적 활동을 전개함

ⓒ 통일혁명당사건(1968), 지하당 사건인 조선노동당 중부지역당 사건(1992), 민족민주혁명당
　　(1999), 일심회 간첩단(2006), 왕재산 사건(2011) 등이 주요 활동 내역에 해당함
③ **주요 조직**: 공작원 대상 남한정세·정보수집 및 포섭공작활동 교육 및 남파 후 남한 내 활동 지도를
　　담당
　ⓐ 초대소: 공작원 교육기관
　ⓑ 연락소: 공작원의 파견 및 귀환을 위한 기관
　ⓒ 봉화정치학원: 공작원 양성 전담
　ⓓ 314 연락소: 남한자료연구 및 위조신분증 제작 등 공작장비 연구·조달 담당
　ⓔ 남조선환경관: 남파공작원·침투 요원에게 남한의 실상을 알려주기 위해 남한의 거리 및 시설물
　　을 실물처럼 만들어 놓은 교육기관
　ⓕ 기타 공작자금 조달 및 외화벌이 목적의 무역상사 운영 (예 싱가포르 소재 '신사')

> **더 알아보기**
>
> **김정은 시대 북한 정보기구의 특징**
> • 김정은 직할 체제를 통한 정보기구 운용
> • 김여정과 조직지도부를 통한 정보기구 감시·통제
> • 정보기구의 사이버공격 증가
> • 정보기구의 조직변화
> • 국가보위성의 대남 정보활동 강화

PART
03

안심Touch

CHAPTER 04

미국의 정보기구

1 미국 정보기구의 기원과 변천

1. 정부기구의 기원

(1) 미국 역시 오늘날 우리가 알고 있는 정보기구들이 등장하기 훨씬 이전인 건국 당시부터 정보조직을 운영해 오고 있다.

    ① 조지 워싱턴(George Washington)이 독립군 사령관을 맡은 후 집행한 최초의 예산(333달러)은 보스턴에 비밀 연락조직을 건설하고자 사용한 것이었음

        ㉠ 워싱턴은 이후 독립전쟁 동안 영국이 장악하고 있던 주요 도시들에 유사한 비밀조직들을 결성하였고, 주 단위조직들이 도시의 비밀조직들을 통제하였으며 이를 최종적으로 워싱턴이 통제하였음

        ㉡ 미국은 당시 세계 최강국이던 영국의 정보조직에 비교할 만한 중앙집중적 정보조직 운영이 가능해졌음

    ② 건국 후 미국 의회는 초대 대통령인 워싱턴의 요청을 받아들여 4만 달러에 달하는 정보예산을 배정했고, 3년 후 이 예산은 당시 정부예산의 12%에 달하는 백만 달러로 증가함

(2) 제1차 세계대전 당시 윌슨 대통령이 워싱턴 주재 영국 정보책임자인 윌리엄 와이즈만(William Weisman)을 특별히 신임하여 독일 정부 · 독일군의 활동에 대한 정보를 적극 활용하기도 하였다.

(3) 우리가 오늘날 알고 있는 형태의 정보기구가 미국에 등장하게 되는 것은 제2차 세계대전이 발발하고 미국이 일본의 진주만 기습이라는 엄청난 정보 실패를 경험한 이후이다.

    ① 제2차 세계대전이 끝난 후 1945년 9월, 전시 미국의 정보활동을 담당해 온 전략정보국(OSS)이 해체

    ② 1946년 트루먼(Harry S. Truman) 대통령의 명령에 의해 정보활동의 통합적 · 체계적 수행을 위해 중앙정보부(CIA)의 전신이 중앙정보단(CIG)이 창설됨

(4) 명칭에서도 알 수 있듯 CIG는 정보활동의 통합적 운영을 취지로 탄생한 기구이며, 이는 훗날 CIA에 의해 계승된다.

    ① CIG의 책임자인 중앙정보단장의 영문 명칭은 CIA의 책임자인 중앙정보부장과 같이 DCI(Director of Central Intelligence)이었음

    ② DIC는 해외에서 수행되는 모든 정보활동을 조정하는 임무를 부여받았지만, CIA의 DCI가 최근까지 가졌던 정보분석을 통제할 권한은 부여받지 못했음

    ③ 현재의 국가정보장실(ODNI; Office of the Director of National Intelligence)이 창설되기 전까지 미국의 정보공동체(Intelligence Community)를 이끄는 역할을 수행한 CIA는, CIG와 관련된 조치들이 의회에 의해 승인받아 공식적인 법률로 전환되는 과정에서 탄생함

④ CIA가 창설되고 나서 오늘날과 같은 방대한 정보공동체가 구성되기까지는 오랜 시간에 걸쳐 국가안보국(NSA; National Security Agency), 국방정보국(DIA; Defense Intelligence Agency) 등 일련의 정보기구들이 서로 다른 임무와 체계를 가지고 창설되는 과정이 존재함

⑤ 미국이 이러한 방대하고 다양한 정보기구들을 정보공동체라는 개념 하에 통합적으로 운영하려는 태도를 공식적으로 취하기 시작한 것은 1981년 당시 레이건 대통령이 정보공동체 운영과 관련된 행정명령(E.O. 12333)을 공표하면서부터임

⑥ 이후 1992년 미국 의회가 1947년의 국가안보법(National Security Act)에 개정안을 마련하면서 정보공동체라는 용어가 법으로 공식적으로 사용됨

> **더 알아보기**
>
> **미국 정보공동체의 구성원**
> - 독립기관인 CIA
> - 국무부 산하의 정보조사국(INR; Bureau of Intelligence and Research)
> - 국방부 산하 정보기관인 국방정보국(DIA; Defense Intelligence Agency)
> - 국가안보국(NSA; National Security Agency)
> - 국가정찰국(NRO; National Reconnaissance Office)
> - 중앙영상국(CIO; Central Imagery Office)
> - 육 · 해 · 공 · 해병 정보부대
> - 법무부 산하의 연방수사국(FBI; Federal Bureau of Investigation)
> - 에너지부 산하의 정보 · 방첩실(IN; Office of Intelligence and Counter intelligence)
> - 국토안보부 산하의 비밀감찰국(Secret Service)
> - 관세청(Custom Bureau)
> - 정보지원실(OIS; Office of Intelligence Support)
> - 교통부 산하의 해안경비대(Coast Guard)

(5) 1947년의 국가안보법에 의해 탄생한 CIA는 전신인 CIG가 가지고 있던 문제점을 그대로 지니고 있었고, 정보공동체를 이끄는 역할이 ODNI로 옮겨가기까지 CIA는 이러한 문제점으로 인해 내내 미국 정보공동체를 이끄는데 어려움을 겪었다.

① CIA를 제외한 대부분의 정보기구들이 특정 정부 부처에 속해 있으면서 부처장의 통제를 받고 있다는 점에서 특히 어려움이 발생하게 됨

㉠ 정보기구들에 속한 정보요원들은 그들이 속한 행정부서의 책임자에 의해 평가받고 소속 행정부서로부터 예산을 배정받기 때문에, 자신이 속한 부서가 목적하는 바가 무엇이고 무엇을 필요로 하는가 하는 점에 영향을 받을 수밖에 없음

㉡ DCI가 정보공동체를 통제할 수 있는 권한을 가지고 이러한 문제를 완전히 통제하거나 이와 관련하여 해당 부처장들의 자발적이고 적극적인 협력을 이끌어 내는 것은 쉽지 않았음

㉢ 더욱이 DCI 자신이 중립적이고 객관적인 입장에서 정보공동체를 통제하는 사람이 아닌 CIA라는 정보기구를 대표하며 CIA의 관점을 대변하고 있는 사람으로 인식되는 상황에서 정보기구들 간의 차이를 조율하는 DCI의 역할은 더욱 제약을 받음

㉣ DCI의 정보예산 승인 및 감독과 관련된 역할도, 정보활동의 성격상 다른 정보기구의 모든 정보활동과 그에 대한 예산집행 상황을 파악한다는 것은 쉬운 일이 아님

㉤ 설사 DCI가 방침에 어긋나는 용도로 예산이 집행된 경우를 발견하더라도, 직접적으로 취할 수 있는 시정조치는 없었기 때문에 제한될 수 밖에 없음

② 이러한 문제점들은 DCI가 정보공동체를 이끄는 동안 계속 지적되었음에도 불구하고, 9/11 테러가 발생하고 그 여파 속에서 추진된 정보개혁에도 불구하고 오히려 더 악화됨

  ㉠ 기존의 DCI의 통제 아래에 있던 비밀감찰국 및 해안경비대 등 정보기구들이 국토안보부(DHI; Department of Homeland Security)에 소속되어 국토안보부 장관의 직접적인 통제를 받도록 되었음

  ㉡ DCI의 직할 기구인 CIA 및 FBI 등이 수집한 정보를 자체적으로 수집한 정보와 함께 통합 분석하고, 이와 관련된 정보활동을 조정·통제하는 역할을 수행하도록 권한이 주어진 DHS의 간접적인 영향 아래에 놓이도록 정보공동체의 구성이 조정되었기 때문임

  ㉢ DCI가 정보공동체를 통제할 권한이 약하다는 문제점은 DCI가 그러한 역할을 맡기 시작한 시점부터 계속 지적되어 왔음

  ㉣ 결국 9/11 테러의 여파가 가라앉은 이후, 정보공동체의 통합적 운영과 관련된 문제점들을 개선하려는 정보공동체 개혁 움직임이 다시 본격화되면서 DCI 중심의 구조 대신 현재와 같이 DNI를 정점으로 하는 구조가 구축되었음

2 미국의 국가정보체계

1. 구성과 기능

(1) 현재 미국의 정보공체는 다음과 같이 국가정보장(DNI; Directorate of National Intelligence)을 정점으로 16개의 기관으로 구성되어 있다.

 ① CIA는 독립적으로 운영되는 정보기관이고, 기타의 정보기관은 특정 행정 부처에 속해 있으면서 정보업무를 담당함

  ㉠ 법무부 소속의 FBI와 마약단속국(DEA)

  ㉡ 국토안보부 소속의 정보분석실(I&A)

  ㉢ 해안경비대 정보실(CGI)

  ㉣ 국무부 산하의 INR

  ㉤ 에너지부 산하의 정보실(OIA)

  ㉥ 국방부 산하의 DIA

  ㉦ 국방부 소속 국가안보국(NSA)

  ㉧ 국방부 소속 국가정찰국(NRO)

  ㉨ 국가지리공간정보국(NGA)

  ㉩ 육군, 해군, 공군, 해병 각각의 정보업무를 담당하는 조직이 해당

 ② 이들을 총괄하는 국가정보장실(ODNI; Office of Directorate of National Intelligence)을 제외하면 현재 총 16개의 정보기관이 미국 정보공동체를 구성하고 있다고 할 수 있음

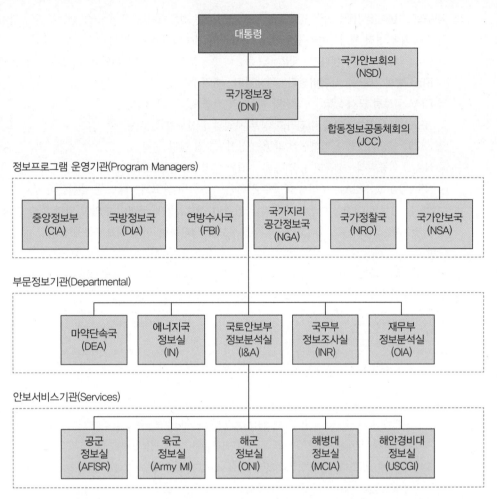

(2) 정보공동체 구성원은 수행하는 정보활동의 성격에 따른 구분이 가능하며, 정보프로그램 운영기관, 부문 정보기관, 안보서비스 기관으로 분류가 가능하다.

① 정보활동 성격에 따른 분류

  ㉠ 정보프로그램 운영기관: 특정 담당 분야의 정보활동 수행과 함께 관련 정보활동의 계획 · 예산 · 운영 · 평가와 관련하여 DNI를 보조하는 역할 수행

  ㉡ 부문 정보기관: 소속 행정부처와 연계되어 각 부처에서 필요로 하는 정보활동을 수행하는 정보기관

  ㉢ 안보서비스 기관: 군 조직의 일원으로 군 관련 정보활동을 수행하는 CGI 및 육 · 해 · 공군 및 해병의 정보부대로 구분될 수도 있음

② **정보프로그램 운영기관**: 미국 정보공동체를 구성하는 정보기관 중에서 소속 행정부처와 관련된 정보 업무 이외에 여러 행정부처와 관련된 국가 차원의 정보업무를 수행하는 기관

　㉠ CIA: 외교·교통·에너지·국방·군축·핵 프로그램 등 다양한 해외정보수집·분석 및 공작 담당

　㉡ FBI: 방첩·테러·사이버범죄·국제범죄·마약수사 등 담당

　㉢ DIA: 글로벌 군사전략·국방전략·대테러 전쟁 등의 업무 담당

　㉣ NSA: 각종 신호정보를 수집하고 정부 차원의 통신보안 업무 담당

　㉤ NRO: 인공위성을 운영하면서 각종 영상첩보수집 담당

　㉥ NGA: 인공위성·항공기 등을 통해 수집된 영상첩보를 기초로 지리공간정보분석·생산 담당

　㉦ NSA, NRO, NGA는 조직상 국방부 산하의 기관이며 최고책임자도 군 출신들이 주로 맡음

③ 수행하는 업무의 성격상 이들의 활동은 국방관련 정보활동에 국한되지 않고 담당 기술 분야인 신호, 항공 및 우주정찰 자료, 그리고 지구 관련 정보를 생산하여 전체 정보공동체에 공급하는 역할을 담당함

④ 정보기관들은 각각 서로 다른 분야에서 정보활동을 수행하지만, 이들의 역할은 순수한 정보 관련 업무에 한정되며 정책 제안을 하지는 않는다는 점이 공통된 특징임

정보기구	담당 활동
중앙정보부(CIA)	해외 관련 정보의 수집, 분석, 배포
마약단속국(DEA)	마약 관련 연방 법률 및 규제의 시행 및 그 과정에서 획득되는 마약 관련 정보 공유
국방정보국(DIA)	해외에서의 군사정보활동 수행 외국의 군사적 움직임, 의도, 능력과 관련된 종합적인 정보 수집 및 평가와 배포
연방수사국(FBI)	안보 위협 활동과 관련된 국내 정보활동 및 법 집행
국토안보부 정보분석실(I&A)	미국 내 테러 위협과 관련된 정보 분석과 배포
에너지부 정보실(IN)	해외의 핵무기와 핵물질 및 기타 에너지 문제와 관련된 정보 분석, 배포
국무부 정보조사실(INR)	국무부의 외교정책이나 외교관이 수행하는 외교 활동 관련 정보 분석 및 지원활동
국가지리공간정보국(NGA)	국가안보, 군사 활동 및 일반적인 교통수단의 운항이나 구호 활동 등에 사용될 수 있는 지구 관련 정보의 생산 배포
국가정찰국(NRO)	정찰위성 설계 제작 및 이를 이용한 정보의 생산 배포
국가안보국(NSA)	정부 관련 정보 체계의 보호, 외국의 암호화된 정보 분석, 신호 정보 분석
재무부 정보분석실(OIA)	국내외 금융, 경제, 무역, 조세 정책 관련 정보 및 그와 연관될 수 있는 정세 및 안보 관련 정보 분석 및 제공
공군 정보실(AFISR)	항공 정찰과 감시를 통한 군 관련 정보 제공
육군 정보실(Army MI)	지상군 현황과 동태에 대한 정보 제공
해군 정보실(ONI)	해양 작전 수행 및 해군 시설 보호와 관련된 정보활동
해병대 정보실(MCIA)	방첩, 테러 방지, 보안 유지, 암호 작성 및 해독 등과 관련된 정보 활동
해안경비대 정보실(USCGI)	항만 보호, 탐색과 구조, 불법 이민 및 마약거래 등과 관련된 해상보안, 해상을 통해 제기되는 위협으로부터 미국을 보호하기 위한 정보활동

2. 중앙정보부(CIA; Central Intelligence Agency)

(1) 미국 중앙정보부는 미국 정보공동체를 대표하는 대표적인 국가정보기관이다. 트루먼 행정부 시절이던 1947년 「국가안보법(National Security Act)」에 따라 "미국의 국가안보를 위해서 여러 행정 부처와 기관의 정보활동에 협조"하기 위하여 설립되었다.

(2) 주요 임무

① 국외 및 방첩정보의 수집 · 생산 · 배포

② 마약생산 및 거래에 관한 해외정보의 수집 · 생산 · 배포

③ DNI와 법무장관 승인하에 국내방첩활동

④ 다른 정보기관의 국외정보 수집 및 방첩활동 조정

⑤ 대통령이 승인한 특별활동 및 국가안보회의 지침에 따른 공통업무 등이다.

(3) 조직체계로는 부장과 차장, 차장보가 있으며 산하에 정보분석국(DI; Directorate of Intelligence), 국가비밀공작국(NCS; National Clandestine Service), 과학기술국(DS&T;Directorate of Science & Technology), 지원국(DS; Directorate of Support)등이 있다.

① **정보분석국**: CIA 부서 중에서 가장 규모가 큰 부서로서 정보를 분석하고 최종 생산해내는 부서임

② **국가비밀공작국**: 첩보수집, 방첩, 비밀공작 등을 수행하는 비밀활동 조직으로서 기존의 공작국(Directorate of Operations)을 확대개편한 부서임

③ **과학기술국**: 첨단수집기술을 개발하여 지속적으로 수집의 역량과 범위를 확장시켜 나가는 한편 정보분석국과의 지속적인 협력을 통해 새로운 분석기법을 개발하는데 주력하고 있음. 정보공동체 전체의 연구개발업무를 주도하면서 다른 정부부처나 민간 연구기관과의 협력을 통하여 정보환경에 부응하기 위한 개발연구를 지속적으로 추진 중임

④ **지원국**: 장비 및 비품공급, 통신 및 첩보기술, 재정 및 교육훈련, 의료, 인사관리, 기록물관리, 보안업무 등을 수행하고 있음. 기존의 다섯 개의 지원업무실인 재정관, 정보관, 인력관리실, 보안실, 글로벌 지원실 등을 재편하여 만든 부서임

⑤ 이외에도 CIA 전체의 원활할 업무를 지원하기 위하여 공보관실과 법률보좌관실, 감사관실 그리고 정보연구센터(Center for the study of intelligence)등이 존재함

3. 연방수사국(FBI; Federal bureau of investigation)

(1) CIA가 주로 해외 정보업무를 수행한다면 법무부 산하의 FBI는 주로 국내 방첩업무를 담당한다. 즉 미국 내에 잠입하여 활동하는 외국 스파이들을 체포하거나 외국 정보기관을 위하여 정보활동을 하는 미국인을 색출하는 것이 주요 업무이다.

(2) FBI는 1908년 테오도르 루즈벨트 대통령에 의해 법무부 산하 '수사과(Investigative Division)'로 창설되어 1909년은 다시 '수사국(Bureau of Investigation)'으로 개칭되었으며 1935년 현재의 '연방수사국(FBI)'으로 명칭이 변경되었다.

(3) FBI는 연방정부의 경찰인 동시에 외국정보기관에 대한 방첩업무가 고유업무이기 때문에 알코올, 위조지폐, 밀수, 밀입국과 같이 특별법으로 규정된 업무 이외에는 국익과 관련된 모든 사항에 대하여 수사권한이 있다.

① CIA나 DIA와 같은 정보기관들도 자체적으로 방첩기능을 갖고 있지만, 방첩문제에 관해 미국 정보공동체 내에서 가장 권위를 자랑하는 기관

② 조직체계로는 법무부장관의 지휘를 받는 국장과 부국장이 있으며 산하에 범죄수사기능과 대테러대
　 응기능 그리고 국내 방첩업무의 조정기능을 가지고 있음

③ 예전에는 공무원 뇌물사건, 주요 핵심인사 경호, 핵물질 및 무기관련 범죄, 선거법 위반, 간첩죄 등
　 이 FBI 업무의 큰 비중을 차지하였음

④ 2001년 9/11 테러 이후에는 대테러 및 보안 업무의 비중이 대폭 증가함

⑤ 국내 극우 자생테러위협이 점차 높아지면서 2020년 2월 기존 인종차별·국내테러부서로 확장

4. 국가안보국(NSA; National Security Agency)

(1) NSA는 1952년 대통령 비밀지침에 의하여 설립되었으며, 일반 대중에게 가장 알려지지 않은 정보기관
　 이다.

(2) NSA의 주요 업무는 미국 정부기관이 사용하는 암호체계를 개발하고 외국 정부들이 사용하는 암호들을
　 해독하는 암호해독 전문기관이다.

① 워싱턴 근교 메릴랜드주의 포트 미드(Fort Meade)에 본부가 있으며 전 세계각처에 통신감청소를 운
　 영함

② NSA는 산하에 직접 육해공군의 정보통신부대를 두고 있는 신호정보(SIGINT) 전문 기관임

　 ㉠ 전체 직원이 해외요원을 포함하여 8~12만 명에 달하며 국가정찰국(NRO)과 함께 가장 많은 정보
　 　 예산을 사용하는 미국 최대 규모의 정보기관

　 ㉡ 주로 타국의 암호화된 정보를 수집하여 해독하는 기능과 자국의 암호보안을 유지하는 기능 담당

　 ㉢ NSA의 정보수집대상: 신호정보(SIGINT), 통신정보(COMINT), 전자정보(ELINT), 심지어 미사
　 　 일 시험발사 시의 방출신호(Telemetry)까지 해당

③ NSA는 이런 신호정보활동 이외에도 광범위한 보안활동을 수행함

　 ㉠ 주요 통신보안기능으로 정부기관들의 통신절차와 암호의 개발

　 ㉡ 인가업무와 위성시스템의 보안을 위한 데이터 및 음성전송링크의 개발업무

　 ㉢ 통신보안수단으로서 비화 전화기의 보급 및 연방정부의 데이터뱅크 보안업무 등

(3) 현재 NSA국장은 현역 장군이 맡고 있으며 국방부 지휘체계에 속하지만, DIA처럼 국방부 산하기관으로
　 인식되지는 않는다.

① NSA의 조직체계는 철저히 비밀로 되어 외부에 공개되지 않고 있음

② 핵심부서 중에는 DDO라고 불리는 신호정보실(Office of Signals Intelligence Operation)이 있는
　 데 산하에 3개의 조직이 있어 각자 지역별 국가군의 감청을 담당

③ 이외 통신보안실(Office of Communications Security)이라는 비밀통신 보호기능을 맡은 부서가 존재함

5. 국가지리공간정보국(NGA; National Geospatial Intelligence Agency)

(1) 국가지리공간정보국(NGA)은 지구공간상의 각종 영상자료를 분석·평가하여 적시에 정확한 정보를 제
　 공하기 위하여 2003년 창설된 정보기관이다.

① NGA는 1996년 10월 「국가영상지도법(National Imagery Mapping Act)」에 의해 창설된 '국가영상
　 지도국(NIMA; National Imagery and Mapping Agency)'이 모태가 되어 여러 부서의 기능이 새롭
　 게 통합된 국방부 산하 정보기관

② "국가안보 목표의 달성을 위하여 적시성, 적절성, 정확성을 갖춘 영상정보 및 지리공간 정보를 생산"
　 하여 국가정책입안 및 군사작전에 활용을 위해 설립된 정보기관임

(2) 국가영상지도국(NIMA)이 2003년 NGA로 개편되면서 이름도 개칭되었지만, 당시 유관 국방부기관 및 정보기관들이 1년간 연구프로젝트를 진행하여 그 연구결과를 바탕으로 CIA의 국가사진판독본부(NPIC), 국방지도국(DMA), 중앙영상국(CIO), 국방보급계획국(DDPO) 등의 부서기능들과 국가정찰국(NRO) 및 국방정보국(DIA), 국방항공정찰국(DARO)의 산하 기능들이 통합되어 창설되었다.

(3) 2011년 미 해군특수부대(Navy Seal) 요원들이 9/11 테러의 주범인 오사마 빈 라덴을 급습하였을 때 그가 숨어 있었던 은신처의 건물구조와 주변 지형 그리고 해군특수부대의 침입 및 기습경로를 안내하는 데 NGA가 결정적인 정보를 제공하였다.

6. 국방정보국(DIA; Defense Intelligence Agency)

(1) 국방정보국(DIA)는 1961년 10월 국방부의 정보수집 · 생산 · 배포과정을 합리적으로 통합하기 위하여 로버트 맥나마라 국방장관에 의해 창설된 국방부 산하의 부문정보기관이다.
  • 정보공동체의 중앙집중화 움직임에 부응하여 육 · 해 · 공군 정보부대들의 경쟁적인 정보활동과 부처 이기적인 성향을 통합 · 조정할 필요성이 대두되어 만들어졌음

(2) DIA는 국방부 산하 정보기관들의 활동을 조정하고 해외주재관을 관리하며 국방장관을 포함하여 합참, 통합사령부, 특수사령부 기타 국방부 예하 조직들을 위해 정보활동을 수행한다.
  ① 주로 전쟁과 관련된 군사정보를 수집하고 분석하여 전투부대, 국방정책결정자 및 관련 정보기관에게 정보를 제공함
  ② 외국군 및 외국지형에 대한 기본정보의 수집 및 분석, 군사와 관련된 과학기술정보 수집 및 전파 그리고 잠재적 적국 및 동맹국의 군사능력과 취약점, 의도 등에 대한 정보판단의 임무를 수행함

(3) 조직체계
  ① DIA는 워싱턴 DC 볼링(Bolling) 공군기지 내의 국방정보분석센터에 본부를 두고 있고, 1990년대 중반 한때는 6,500명 정도의 직원이 상주하며 독자적인 정보활동을 해왔음
  ② DIA에는 J2로 불리는 현용정보 및 합참 · 사령부지원국(Directorate for Current Intelligence, Joint Staff and Command Support)이 있고, 그 예하에는 대마약지원팀(Counterdrug Support), 통합 및 특수사령부 및 합참 지원팀(Unified and Specialized Command and Joint Staff Support), 현안정보팀(Current Intelligence), 조직대응팀(Organizational Readiness) 등의 담당 부서가 있음
  ③ DIA 국장급은 3성 장군이 주로 맡고, 요원들은 육 · 해 · 공군에서 차출하며, 다수의 민간인이 근무하고 있음
  ④ 이외에 해외정보국(Directorate for Foreign Intelligence)은 주로 장기적인 조사 및 분석 · 평가 업무를 수행하는데, 그 예하에는 과학기술정보팀, 조사평가팀, 글로벌분석팀 등의 부서가 있음

7. 국가정찰국(NRO; National Reconaissance Office)

(1) NRO는 1960년대 우주정찰 시스템의 개발을 목적으로 케네디 대통령에 의해 창설된 정보기관이다.

① 1960년 5월 미국의 첩보비행기 U-2기가 소련 상공에서 격추된 적이 있는데 이후 소련영토에 대한 항공사진을 얻기 위한 대안으로서 첩보위성의 개발을 업무로 하는 정보기관으로 창설되었음

② 미국과 소련의 군사적 긴장이 최고조로 달한 냉전의 시기에 소련의 군사정보수집 목적으로 창설되었기 때문에 미국은 처음부터 NRO의 존재를 부인하였으며 냉전이 종식된 이후 1992년까지도 그 존재를 부인하는 등 가장 비밀에 쌓인 정보기관임

③ 첨단 첩보위성 및 정찰시설 개발이 필요하기 때문에 미국 정보기관 중에서 최대 규모의 예산을 쓰는 정보기관이기도 함

(2) NRO의 주요 임무는 정찰위성 및 탐지기기의 개발지원, 우주 지상기지 건설, 발사장치 선별 및 수집자료 전송 등으로서 업무의 효과적인 수행을 위하여 다른 국방·정보·우주통신 분야의 관련 조직들과 유기적인 협력관계로 유지하기도 한다.

① 주요 협력기관으로는 NSA, NGA, CIA, DIA 등이 있음

② 냉전 시 주적이었던 소련이 붕괴한 후에도 첩보위성 제작 및 발사에 계속 천문학적인 예산을 운용하는 NRO에게 비판적 여론과 의회의 신랄한 비판이 제기되지만, 21세기에도 우주산업의 중요성과 군사첩보의 중요성이 계속될 것이기 때문에 NRO의 활동은 지속될 것으로 전망됨

(3) 다수의 정보기관을 두고 분산형으로 운영되고 있는 미국의 정보공동체에서 정보기관들의 담당 분야가 항상 명확하게 구분되는 것은 아니다.

① 일반 정보활동과 국방관련 정보활동 사이의 경계 및 해외 정보활동과 국내 정보활동 사이의 경계가 명확하게 구분되지 않는 경우가 많음

② 일반적인 정보활동을 수행하는 CIA와 국방 정보활동을 담당하는 DIA 간, 그리고 해외 정보활동과 국내 정보활동을 각각 담당하게 되어있는 CIA와 FBI 간 갈등의 원인이 되어 왔음

③ 특정 기술정보 분야에서 정보를 생산하는 역할을 수행하는 NSA, NRO, 그리고 NGA같은 정보기관들은 담당 영역의 경계가 명확하다는 점에서 다른 정보기관들과 갈등 관계를 형성하게 될 가능성은 낮다고 할 수 있음

8. 특징

(1) 국가정보장(DNI) 중심의 정보공동체 운영

① 정보기구는 자국 내의 정치과정에 영향을 미치지 않는 범위 내에서 정책 마련 및 정부의 직무수행에 필요하고 국가와 국민의 이익을 보호에 필요한 정보를 수집하고 생산·배포하며, 관련된 정보활동을 수행함

더 알아보기

정보공동체 관련 레이건 정부 행정명령(E.O. 12333)

미국의 정보공동체는 다른 나라나 해외 조직이 미국을 대상으로 행하는 정보활동이나 테러 및 마약 등 범죄활동과 관련된 정보를 수집하고 그러한 활동으로부터 미국을 보호하며, 미국의 정치과정에 영향을 미치지 않는 범위 내에서 미국의 해외 정책목표 달성을 돕는 비밀활동을 전개한다. 이외에 대통령이 지시하는 정보활동을 수행하거나 이를 지원하는 활동을 수행한다.

② 미국은 이러한 역할을 수행하는 16개의 상호 독립적인 정보기관들을 운영하는 분산형 정보체제를 갖추고 있으며, 현재 미국 정보공동체의 구성 및 운영상의 특징은 정보공동체의 통합 운영을 전담하는 DNI를 정점으로 정보활동을 수행한다는 측면에 있음

더 알아보기

DNI 권한과 역할: 「정보개혁법(2004)」
- 객관적인 정보의 시의적절한 제공
- 정보의 수집 · 분석 · 배포와 관련된 목표와 우선순위 설정
- 정보공동체 내에서의 정보에 대한 접근성과 활용성 극대화
- 효율적인 정보예산의 편성과 집행
- 외국 정부 및 국제기구와의 정보 및 안보협력 관계 감독
- 정보기관 간 공동 정보활동 수행능력 증진과 정보공동체 운영기능 촉진을 위한 인사정책 및 프로그램 개발
- 국가안보 증진과 관련된 모든 측면이 고려되는 정확한 정보분석
- 정보활동 프로그램 운영계획 개발 및 시행

---

③ 정보공동체를 통합운영하는 역할은 ODNI가 창설되기 전부터 이미 DCI에 의해 수행되고 있음

　㉠ 현재의 DNI 중심의 정보공동체 운영이 이전의 DCI 통제 아래 정보공동체 운영과 다른 점은 정보공동체를 이끌어 가는 역할을 정보기관들 중 어느 한 기관을 이끌어 가는 사람에게 맡기기 보다는 어느 정보기관과도 직접 관련이 없는 내각 수준의 직위를 새로이 만들고 그 직위에 명목상의 권한이 아닌 실질적인 권한을 부여하고 있다는 점에서 찾아볼 수 있음

　㉡ 과거 정보공동체를 이끌던 DCI는 독립 정보기관인 CIA 책임자로서의 직위를 병행하고 있었던 반면, ODNI의 경우는 기존의 어떤 정보기관과도 직접적인 연관이 없는 부처 직원들로 구성된 독립된 내각 수준의 기관으로 창설되었음

　㉢ 이와 함께 앞에서 언급한 바와 같이 이전의 DCI에게 주어졌던 권한은 명목적인 권한의 성격이 강했던 반면, DNI에게는 실질적으로 정보공동체를 이끌어 갈 수 있는 권한이 주어졌다는 점도 이전의 DCI중심의 정보공동체 운영과의 차이점

　　예 이전의 DCI의 경우와는 달리, DNI에게는 해안경비대나 FBI와 같이 다른 행정부처에 속해 있는 정보기관의 경우도 소속 행정 부처의 책임자를 통하지 않고 직접적으로 통제할 수 있는 권한이 부여되어 있음

　㉣ DNI 권한에 부분적인 예외가 존재하는 분야는 군사 정보활동과 관련된 분야인데, 정보기관들이 수행하는 정보활동은 기본적으로 DNI와 각 정보기관 또는 행정부처의 장 간에 협의하여 이루어지지만, 국방부 산하 정보기관들에 대해서 만큼은 국방장관의 직접 통제를 받는 정보담당 국방차관(Under Secretary of Defense for Intelligence)을 통해서 통제함

　㉤ 이러한 예외가 존재하는 이유는 DNI가 군사작전의 실패에 대한 책임을 감안하면서 국방부 산하의 정보기관들이 수행하는 정보활동을 적극적으로 통제하려 할 가능성은 크지 않다는 측면에서 이해할 수 있음

④ 과거 DCI가 CIA라는 독립 정보기관을 운영하며 지원을 받는 가운데 정보공동체를 이끄는 역할을 수행했던 반면, 어느 정보기관도 직접 운영하지 않으면서 정보공동체의 통합적 운영을 통한 정보활동의 효율 증진을 책임지는 DNI의 역할을 지원하기 위해 ODNI는 산하에 아래와 같은 여섯 개의 조직을 두고 있음

　㉠ 국가정보회의(NIC; National Intelligence Council)
　　• DNI가 정보공동체를 이끄는 일을 보좌하고, 정보공동체의 중장기 전략정보 활동계획 수립을 담당함
　　• 학계 및 민간영역 전문가들의 견해를 참고하여 미국 정보공동체가 생산하는 가장 권위 있는 정보 생산물인 국가정보평가서(NIE)를 작성함

　㉡ 고급정보기술연구사업단(IARPA; Intelligence Advanced Research Projects Activity)
　　• 현재로서는 가능성이 크지 않고 개발하는 데에 비용이 많이 들지만 성공할 경우 미국에게 압도적인 정보 우위를 제공할 수 있는 연구사업을 수행하며, 직접적인 정보활동을 수행하지는 않음
　　• 산하에 핵심분석실(Office of Incisive Analysis), 안전공작실(Office of Safe & Secure Operations), 그리고 스마트수집실(Office of Smart Collection)을 두고 각각 정보분석, 비밀공작, 정보수집과 관련된 연구를 담당하도록 하고 있음

　㉢ 정보공유환경육성단(ISE; Information Sharing Environment)
　　• 정보공동체 구성기관 및 법 집행, 공공 안전, 국방, 외교 분야의 업무 담당자들에게 테러, 대량살상무기 등 안보 관련정보를 통합적으로 제공 및 성공적인 공유를 담당함
　　• 정보공유환경의 지속적 증진 작업도 수행하며, 민간부문 협력자 및 우방들과 정보를 공유하는 업무도 담당함

　㉣ 국가방첩관실(ONCIX; Office of th National Counterintelligence Executive)
　　• 방첩활동과 관련하여 DNI를 보좌하고 정보공동체 내에서의 방첩활동이 통합적이고 효율적으로 이루어질 수 있도록 지휘함
　　• 국가방첩관(NCIX)은 국가방첩정책위원회(National Counterintelligence Policy Board)의 의장으로서 정보공동체의 방첩 정책 및 절차를 개발하는 과정을 주관함
　　• 2010년 특별보안센터(SSC: Special Security Center)를 흡수 통합한 후부터 정보공동체가 수집하고 공유하는 정보를 보호하는 역할과 관련하여 DNI 보좌와 함께 보안관련 연구 및 교육을 담당하며, 보안정책의 마련·시행 평가 내용을 DNI에 보고하는 역할도 수행함

　㉤ 국가테러대응센터(NCTC; National Counterterrorism Center)
　　• 국내외 테러 관련 모든 정보를 통합 분석 공유하는 주무 부서
　　• 대통령과 DNI의 지휘 하에 정부 부처들 및 정보기관들에서 충원된 전문가들이 공동으로 테러 관련 정보를 분석하고 대테러활동 계획을 세우고 수행하며, 이와 관련하여 정보공동체를 이끄는 역할을 수행함
　　• 정보공동체 구성기관 및 정부 부처와 군 관계자들이 항상 테러 관련 정보에 접근할 수 있도록 보안이 설정된 웹사이트(NCTC Online)를 운영함
　　• 산하에 기관간위협평가협력단(ITACG)과 테러범신원정보자료원(TIDE)을 두고 있는데, ITACG는 정보기관들 간의 테러 관련 정보 공유를 원활하게 하는 역할을 수행하며, TIDE는 국제 테러범들의 신원정보 보관소로서 정보요원들이 필요할 때 언제든지 관련 정보를 활용할 수 있도록 하는 역할을 수행함

ⓑ 국가대량살상무기확산방지센터(NCPC; National Counter proliferation Center)
- 생화학·방사능·핵무기 등 대량살상무기의 확산과 관련하여 정보공동체가 수집 분석한 정보를 통합하고 이에 대한 해결책 발전을 담당함
- 대량살상무기 확산으로 인해 제기되는 장기적인 위협을 파악하고 정보공동체가 이에 대처할 수 있도록 대책을 강구하는 업무를 담당함

⑤ ODNI의 창설은 미국이 정보공동체 전체를 일사분란하게 조율하고 효과적으로 운영하고자 하는 제도적 노력을 보여줌
- ㉠ 이는 9/11 테러 이전부터 정보실패의 원인이 정보기관 사이의 협력 부족과 그로 인한 효율적인 정보활동의 어려움에서 비롯되었다고 평가
- ㉡ 이러한 문제점을 보완할 제도적 장치를 강구한 것으로 파악이 가능함

⑥ 한편 9/11 테러 이후 미국에서는 정보활동에 대해 규제를 완화하고 보다 적극적으로 정보활동을 수행할 수 있도록 1970년대 이후 강조되었던 정보활동의 민수기 도덕성 기준을 완화시키면서 정보활동에 대해 보다 많은 재량권을 부여하는 방향으로 변화가 이루어졌음
- 9/11 위원회 보고서와 그에 따라 마련된 법안 및 2005년 정보활동 능력 관련 보고서 등에서 관찰되듯이, DNI 직위에 대한 구상은 9/11 사태 이후 미국 정보공동체에 대한 효율성 강화 및 통합운영을 위한 시도로서 이해 가능함

⑦ DNI는 DCI 하에서 정보공동체 운영과 관련되어 관찰되었던 많은 문제점들을 해결하기 위한 개혁의 일환으로 창설되었지만, 정보기구 전체를 통합적으로 운영하는 문제와 관련하여 여전히 많은 문제점들이 존재함
- ㉠ ODNI에 속한 직원들 외의 다른 모든 구성원들에 대해서는 DNI가 아닌 소속 정보기관의 장이나 정부 부처장이 인사권을 행사함
- ㉡ DNI와 같은 수준의 정부 각료인 각 정부 부처장들은 소속 정보기관이나 정보부서의 정보활동 결과물을 DNI를 통하지 않고 직접 대통령에게 보고할 기회를 얼마든지 가질 수 있으며, 이제는 법률적으로는 CIA의 수장이 DNI를 통해 대통령에게 보고하도록 되어 있을 뿐임
- ㉢ 과거 DCI에게는 없던 실질적인 권한이 DNI에게 주어졌다고는 하지만, ODNI가 창설된 이후에도 CIA와 국방부가 그들의 정보활동 능력을 확대시키려는 노력을 계속해 온 것에서 볼 수 있듯이, 미국 정보기관들이 DNI의 지도에 일사분란하게 따르지 않을 가능성은 여전히 잔존함

(2) 정보기관들 간 연계 강화
① 정보활동에 필수적인 보안 유지의 필요성, 그리고 정보기관들 간에 존재하는 갈등이나 자발적인 협력의 부재는 필연적으로, 정보기관들 사이뿐만 아니라 정보기관 내에서도 수집된 정보가 원활하게 공유되지 못하게 하는 현상을 초래할 수 있음
- ㉠ 미국의 경우 정보공동체를 구성하고 있는 16개 정보기관들이 생산하는 정보가 원활하게 공유되지 않았고, 이러한 정보 공유의 실패는 9/11 테러와 같은 정보실패의 주요 원인으로 지적되어 옴
- ㉡ 미국과 같이 정보기관을 다수 보유하고 있는 나라에서는 중복된 정보활동으로 인해 정보예산이 비효율적으로 집행되거나 정보공유 실패가 발생할 수 있음
- ㉢ 이러한 인식에 기초하여 9/11 테러 이후 미국 정보공동체는 "전체를 부분의 합보다 크게 하는 팀(a team making the whole greater than the sum of its parts)"이라는 표현에서 나타나듯이 구조적, 절차적, 기술적 그리고 문화적인 측면에서 포괄적으로 정보기관들 간의 연계 구조망을 강화하여 정보역량을 극대화하는 데에 역점을 두고 정보개혁을 추진함

예 연방 및 지방 정부, 그리고 민간 영역 간 테러 관련 정년이 원활한 공유를 주요 목표로 국토안보부를 창설한 『국토안보법(Homeland Security Act, 2002)』, 그리고 정보기관간 협력 증진과 정보활동의 효율 증진을 주된 목표로 하는 ODNI를 창설하고 정보기관들이 수집한 테러 관련 정보를 통합적으로 분석하고 활용하는 국가테러대응센터(National Counterterrorism Center)를 창설한 『정보개혁 및 테러방지법(IRTPA)』 등

② 현재 정보기관들 간의 연계 구조망 강화 차원에서 가장 중점을 두고 추진되고 있는 것은 ODNI 산하에 창설된 정보공유환경육성단(ISE; Intelligence Sharing Environment)임

더 알아보기

정보공유환경육성단
- ISE는 ODNI를 창설한 정보개혁 및 테러방지법에 의해 창설
- 이 법안에서 밝히고 있는 ISE의 성격은 "기존의 정보체계의 능력을 바탕으로 하여 현실적으로 가능한 최대한의 정보체계를 연결시키고 시민의 사생활과 자유를 보호하는 가운데 정보의 공유를 촉진시키는 분권화되고(decentralized) 분할되어 있지만(distributed) 통합적으로 조화를 이루는(coordinated)" 정보환경임
- ISE는 테러, 대량살상무기 및 국가안보와 관련된 정보들이 정보기구간에 잘 공유될 수 있도록 통합적인 정보 존안 및 이용 환경을 제공하는 일종의 정보 허브와 같은 역할 수행

㉠ ISE의 운영자(program manager, PM-ISE)는 연방정부부처 및 기관 간 정보공유 환경의 증진을 위한 기준과 방안을 개발 운영하고 이의 시행을 감독하며, 모든 정부 부처 및 기관들에 적용되는 절차와 지침 및 기준을 제시할 권한을 보유

㉡ ISE가 이러한 업무를 추진하는 과정에서 대통령과 운영자에게 조언을 하는 역할을 수행하도록 창설된 정보공유회의(ISC; Information Sharing Council)는 정보공유 및 접근 정책위원회(IPC; Information Sharing and Access Interagency Policy Committee)라는 백악관 내 조직으로 위상이 강화되어 옴

㉢ ISE 운영 책임자는 테러대응 활동 및 국가안보는 물론이고 정보공유나 정보기술 등 다양한 분야의 전문가들을 보좌진으로 두고 정보공유 및 접근과 관련된 전문성을 지원받음

㉣ 정보기관 간의 정보공유를 증진시키기 위해서 다양한 수단을 동원할 수 있는 권한을 보유함

③ 이와 같이 ISE는 정보기관들 간의 정보공유 자체를 책임지는 기관이라기보다는 정보공유 환경을 증진시켜가는 것을 주된 역할로 하는 기관임

- ISE의 주도로 이루어진 주요 업적으로는 정보공유환경 증진을 목표로 여러 시스템 및 센터가 창설된 것을 들 수 있음

예 테러위협 등과 관련하여 민감하지만 비밀로 분류되지 않는 정보(SBU)들을 공문서기록관리국(NARA)에서 통합 관리하여 모든 정부 부처들이 이러한 정보에 접근하는 것을 용이하도록 하는 시스템(CUI), 국가테러대응센터(NCTC) 내의 ITACG, 그리고 국토 안보부 및 법무부 산하의 정보기관들 간의 정보협력을 담당하는 부서(Multiagency Program Management Office)들, 주 및 주요 도시 지역에서 연방정부, 주 정부, 기타 지방 정부 그리고 민간 영역들 사이에서의 위협 관련 정보의 수집, 분석, 공유가 이루어지는 구심점 역할을 수행하는 일종의 정보융합센터(Fusion Center) 등

④ 정보공무원들이 정보기관들 간에 교차 근무하도록 요구하는 것 역시 정보기관들 간에 존재 하는 장벽을 허물고 상호 이해와 전문성 증진을 통해 정보공유 환경을 증진시키려는 의도를 가지고 시도된 것이라고 할 수 있음

⑤ ISE가 포괄적인 의미의 정보공유 환경을 증진시키는 것을 목적으로 하고 있다면, NCTC는 특히 테러 관련 정보활동을 통합적이고 효율적으로 추진하기 위한 연계 구조를 형성하는 것을 목적으로 하고 있는 조직

    ㉠ NCTC는 9/11 테러 여파 속에서 2003년 창설된 테러위협통합센터(Terrorist Threat Integration Center)를 계승한 지 2004년 IRTPA에 의해 NCTC로 이름이 바뀐 후 ODNI의 산하 조직으로 편성됨

    ㉡ NCTC는 크게 두 가지 주요 임무를 수행하도록 되어 있음

        • 대통령, 국가안전보장회의(National Security Council), 그리고 국토안보회의(Homeland Security Council)의 정책에 맞추어 DNI의 지도 하에 잠재적인 테러 행위를 감시·분석·와해시키는 업무를 담당하거나 그러한 업무와 연계되어 있는 정부 부처들을 이끌면서 테러와 관련된 모든 정보를 통합·분석·배포하는 역할을 수행하는 것임

        • 정보만이 아니라 군사, 법집행 및 외교와 금융 등 다양한 분야와 관련된 모든 능력을 테러와의 전쟁을 위해 통합하여 사용하는 국가실행계획(NIP)과 같은 테러대응 활동 전략을 수립함

            – 계획에 따라 테러 관련 정보활동을 수행하는 모든 정부 부처들 및 정보기관들 간에 정보활동 자원이 효율적이고 효과적인 방향으로 사용될 수 있도록 조정하고 역할과 책임을 배정하는 역할을 수행하는 것임

            – 후자의 역할과 관련하여 NCTC 책임자는 DNI가 아닌 대통령에게 보고하도록 되어 있음

⑥ NCTC의 이러한 테러방지 관련활동에 공식적으로 연계되어있는 정부부처 및 정보기관들에는 CIA, FBI, 국무부, 국토안보부, 법무부, 에너지부, 재무부, 교통부, 보건복지부, 농무부, 핵통제위원회 및 연방의회 경찰청(Capitol Hill Police) 등이 있음

⑦ NCTC는 CIA, DIA, NSA 등 다양한 정보기관들 및 국토안보부에 의해 운영되는 데이터베이스에 접근할 수 있는 권한을 갖고, 테러범들에 대한 신상 정보를 관리하고 제공하는 정보 보관소(repository)로서의 역할을 수행하는 테러범신원정보자료원(TIDE; Terrorist Identities Datamart Environment)을 운영함

    ㉠ 이를 통해 해외와 연계된 테러범과 테러 단체 및 그들의 테러활동과 관련된 모든 정보를 통합적으로 분석

    ㉡ 보안이 설정된 웹사이트(NCTC Online CURRENT)를 통해 신속하게 제공함으로써 다양한 정보기관 및 군 등이 수행하는 대테러 활동을 지원

(3) 정보공동체에 대한 감독

① 민주주의 정치제도를 가지고 있는 국가들에서는 성공적인 정보활동과 함께 정보활동을 민주주의 원칙에 적합하게 유지하는 것이 주요 관심사임

    ㉠ 민주주의 원칙에 부합되나 실패한 정보활동만이 아니라 성공적이지만 민주주의 원칙에 어긋나는 정보활동 역시 정보기관의 존립을 위협할 수 있기 때문임

    ㉡ 위의 이유로 민주주의 정치 제도를 가지고 있는 국가들은 정보기구 운영과 활동에 민주성을 기할 수 있는 나름의 방안을 강구해 왔음

ⓒ 대통령제를 채택하고 있는 미국의 경우 일차적으로 대통령 휘하에 정보기구를 통제하기 위한 체제가 갖추어져 있지만, 다른 국가들에서와 마찬가지로 행정기구인 정보기구에 대한 주된 감독과 통제는 의회에 의해 이루어짐

② 행정부 내에서 정보기구에 대한 감독 기능을 수행하는 기구로는 정보공동체의 운영에 밀접하게 관여하는 국가안전보장회의(NSC), 대통령정보자문단(PIAB), 정보감독자문단 (IOB), 그리고 예산관리처(OMB)가 있음

　ⓐ NSC의 경우 정보프로그램실(OIP)이 정보기구를 감독하는 기능을 수행함

　ⓑ PIAB는 대통령에 의해 임명된 전문가들로 구성되며, 정보 수집 · 분석 · 평가 및 방첩 등 다양한 정보활동의 질과 적합성에 관해 대통령에게 조언하는 역할을 수행함

　ⓒ IOB는 원래 독립 위원회로 창설되었지만, 1993년 PIAB 내의 상설위원회로 흡수되어 정보활동이 헌법 및 각종 법률과 행정명령, 대통령의 지시 등에 부합되게 수행되는지 여부를 감독하고 이에 어긋나는 경우 즉시 대통령에게 보고하는 역할을 수행함

　ⓓ PIAB 및 IOB와는 달리 OMB는 정보기구에 대한 감독 및 정보활동과 관련하여 대통령을 보좌하는 임무를 위해 창설된 조직은 아니며, OMB는 대통령을 도와 연방 예산을 마련하고 행정 부처들의 업무 수행이 대통령의 의도와 예산계획 부합 여부를 감독하는 역할을 수행함

　ⓔ 정보기구도 행정부처라는 점에서 이러한 OMB의 업무 수행의 대상이 되며, OMB는 정보활동과 관련하여 특히 정보예산이 대통령이 추진하는 정책방침 및 우선순위에 맞게 편성되었는지 검토하는 역할을 수행함

③ 정보기구 내에도 자체적인 감독 기능을 수행하는 부서가 마련됨

　ⓐ 정보공동체를 총괄하는 임무를 수행하는 ODNI 내에 있는 하동정보공동체회의(JICC)는 DNI를 의장으로 하며, 정보 부서를 가지고 있는 국무부, 국방부, 재무부, 에너지부, 국토안보부 장관 및 검찰총장을 구성하며, 정보기구들에 대해 총괄적인 감독 업무를 수행하도록 되어있음

　ⓑ 구성원들에 대해 DNI가 효과적으로 지도력을 발휘하면서 정보기관들에 대한 감독활동을 수행하기를 기대하는 것은 현실적이지 않을 수도 있음

　ⓒ 각각 자신의 부처 및 소속 정보기관을 책임지고 있는 사람들이면서 각 정부 부처별로 서로 상충되는 이해관계나 관점을 형성시킬 수 있는데다가 DNI와 동급의 내각 관료들로 DNI의 지휘에 항상 협조적이지 않을 수 있기 때문임

　ⓓ JICC보다는 각 정부 부처 내에 있는 감찰관실(Office of Inspector General)이 각 부처 장관의 지휘하에 부처 업무와 관련된 조사활동을 수행하는 가운데 정보활동에 대해서도 보다 실질적인 감독기능을 수행할 가능성이 큼

　ⓔ 특히 CIA의 감찰관은 관련법(CIA Inspector General Act of 1989)에 의해 상원과 하원의 정보특위에 협력하도록 되는데 CIA 감찰관은 대통령에 의해 임명되고 해임되며, CIA의 지휘를 받지만 독립적으로 조사활동을 수행함

　ⓕ CIA가 감찰관의 조사활동을 중단시킬 경우에는 7일 내에 그 이유를 상원과 하원 정보위원회에 제출하여야만 함

　ⓖ CIA 감찰관은 1년에 두 번 상원과 하원 정보특위에 활동 결과를 보고하며, 두 위원회는 이에 기초하여 경우에 따라 추가 조사활동을 수행할 수 있으며, 상원 · 하원 정보특위는 성격상 직접 조사하기 어려운 CIA 내부 문제와 관련하여 CIA 감찰관에게 조사를 요구할 수 있음

◎ 위의 규정은 과거 CIA가 미국의 정보공동체를 이끄는 중심 역할을 수행하던 때 만들어진 것으로 이제는 과거와 같은 의미를 갖지는 못하지만, 이와 같은 자체적인 감찰활동이 제대로 운영되는 한 정보활동을 효과적으로 감독하는 기능을 수행할 수 있을 것임

④ 국방부의 경우는 복수의 정보기관들을 두고 있는 만큼 정보활동이 헌법과 법에 부합되게 수행되는가를 감독하는 정보감독 프로그램(IOP; Intelligence Oversight Program)을 별도로 마련하여 운영하고 있음

⑤ 대통령제를 실시하는 미국에서 정보기구를 포함한 모든 행정기구에 대한 감독은 무엇보다도 의회에 의해 이루어짐

　㉠ 정보기구의 경우, 정보활동에 대한 비밀유지가 요구되기 때문에 잘못된 정보활동이라도 공개되기 어렵다는 점에서 같은 행정부 내에서 이루어지는 감독보다는 의회에 의해 이루어지는 감독보다는 신뢰가 주어질 수 있음

　㉡ 미국 의회에서 정보기구에 대한 감독은 하원과 상원 각각의 정보위원회에 의해 이루어진다. 상원과 하원 정보위원회는 다른 상임위원회와는 달리 특별위원회(Select Committee)로서 상임위원회와 다음과 같은 차이를 갖고 있음

　　• 첫째, 소속 위원들은 본인의 선호에 따라 당선횟수(seniority)가 고려되는 가운데 정보위원회에 배정된 것이 아니라 의회의 정당 지도자들에 의해 선발

　　• 둘째, 위원장도 다른 위원회의 경우처럼 위원회 내에서 가장 당선횟수가 높은 의원 가운데에서 위원들의 투표에 의해 선발되는 것이 아니라 의회 정당 지도자들에 의해 지명

　　• 상임위원회와 비교할 때 상원과 하원의 정보위원회가 갖는 이 두 가지 차이점은 정보위원회에 대한 의회 정당 지도부의 영향력을 증대시키기 위해 고안된 것

　　• 상원정보특별위원회(SSCI; Senate Select Committee on Intelligence)와 하원상임정보특별위원회(HPSCI; House Permanent Select Committee on Intelligence)에 대해 대통령은 비밀공작을 포함해서 현재 진행되고 있는 모든 정보활동 및 정보실패에 대해 정보를 제공할 의무를 갖고 있음

　　• 상하원 정보특별위원회는 통상적인 정보 감독(intelligence oversight)을 수행하는 것 외에 정보예산 관련 심의 및 승인 과정을 통해서도 감독활동을 수행할 수 있음

　㉢ 또한 상원정보특별위원회의 경우 DNI, 국가정보차장(Principal Deputy DNI), CIA부장, 그리고 CIA의 감찰관에 대한 대통령의 인선을 인준하는 과정이나 정보공동체가 관련된 각종 조약을 인준하는 것을 통해서도 정보공동체에 대한 감독활동을 수행할 수 있음

⑥ 정보활동에 대한 감독활동은 상원과 하원의 정보특별위원회 이외의 다른 상임위원회들에 의해서도 각각의 관할 영역에 포함되는 정보활동을 대상으로 수행될 수 있음

　예 국방위원회(Armed Services Committee), 국토안보위원회(Homeland Security Committee), 법사위원회(Judiciary Committee)는 각각 국방부, 국토안보부, 그리고 법무부 산하 정보기관들의 정보활동에 대한 감독활동을 수행

⑦ 미국과 같은 대통령제 국가에서 정보기구 및 그들의 활동에 대한 감독은 의해 가장 적합하게 수행될 수 있지만, 정보기구에 대한 감독활동은 일반적으로 의원들에게 큰 동기를 제공하지 못함

　㉠ 정보활동은 성격상 비밀이 유지되어야 하는 경우가 많기 때문에 그에 대한 감독활동을 의원들이 지역구에서의 선거운동 등에 적극적으로 활용할 수 없는 경우가 대부분이기 때문임

ⓛ 대부분의 정보활동이 지역구민들의 이해관계와 직접적으로 관련되어 있지 않는 경우가 많은 것도 정보활동에 대한 감독활동을 수행할 동기를 감소시키는 요인이 될 수 있음

ⓒ 미국의 경우 이러한 문제점을 극복하기 위한 방안으로 정보특별위원회에 의회의 정당 지도자를 포함하여 당선횟수(seniority)가 높은 의원들을 주로 배정함으로써 정보특별위원회를 비중 있는 의원들이 참여하는, 따라서 위원이라는 그 자체로서 긍지를 느낄 수 있는 특별한 위상의 위원회 (prestigious committee)로 만드는 전략을 사용하고 있음

ⓐ 의정 경험이 많은, 특히 국방위원회나 법사위원회 등 정보활동과 관련되어 있는 상임위원회에서 오랫동안 활동해 온 의원들을 주로 배정하는 것은, 이들 위원회의 의견이 정보공동체 운영에 반영될 수 있도록 하는 것은 물론, 비밀스럽게 운영되어 다른 위원회에 비해 상대적으로 전문성을 획득하기가 어려운 정보활동에 대해 전문성을 보완함으로써 감독활동이 보다 효과적으로 이루어질 수 있도록 하는 방안이 될 수도 있음

3 과제와 전망

1. 미국 정보공동체의 과제

(1) 오늘날 미국 정보공동체의 구조적 특징은 ODNI가 어느 정보기관과도 직접 연결되어 있지 않은 독자적인 조직으로서 정보공동체를 이끄는 역할을 수행하는 데 있다.

① ODNI가 중심이 되고, 분산되어 독립적으로 운영되는 정보기관들을 전체적으로 조율하고 통제하며 효과적인 정보활동이 이루어지도록 하면서 운영상의 통합을 이루어 가는 데에서 찾아 볼 수 있음

② 구조적 특징은 다수의 정보기관들을 운영하는 데에서 필연적으로 발생하는 정보활동의 중복성을 조정하고 정보기관들 간의 자발적인 협력을 이끌어내는 것의 한계를 극복하기 위해 고안된 것임

③ 미국이 ODNI 창설을 통해 이러한 문제를 효과적으로 해결하고 있는지에 대한 평가는 아직 유보적이라고 할 수 있음

(2) ODNI를 정점으로 하는 미국 정보공동체에서, 가장 중점을 두고 추진되고 있는 정보기관들 간의 보다 성공적인 정보공유를 목표로 하는 개혁은, 이전의 DCI를 정점으로 하는 정보공동체에서 경험했듯이, 정보기관들 간의 협력 부족이나 경쟁으로 인해 개별 정보기관들의 적극적인 참여가 이루어지지 않는다면 성공하기 어렵다.

① 수집된 정보를 적절하게 평가하고 공유하는 데에 드는 막대한 시간과 자원을 고려한다면 개별 정보기관들은 다른 정보기관들과 협력하고 업무를 조종하는 가운데 정보수집을 분담하고 다른 정보기관들로부터 필요한 정보를 얻으려 하는 것보다는, 필요하다고 간주되는 정보를 스스로 수집하는 것이 보다 효율적이라고 생각할 가능성이 큼

② DNI가 이전의 DCI와 비교할 때 정보공동체 통제와 관련된 보다 실질적인 권한을 부여받았다고는 하지만, 다양한 정보기관을 실질적으로 통제하는 문제에 있어서 DNI 역시 여전히 적지 않은 문제를 경험하게 될 가능성이 존재함

ⓖ 그동안 DCI 산하에서 특히 정보의 해석과 관련된 핵심적인 역할을 수행해 온 CIA나 군사라는 특정 영역과 관련되어 있고, 미국 정보예산의 가장 많은 부분을 사용해 온 국방부 및 산하 정보기관들이 그들이 수행해 온 역할에 관여하려는 DNI의 시도에 적극적으로 협력하지 않을 가능성도 있음

ⓛ 다른 정부 부처 산하 조직으로 편성되어 있는 정보기관들을 통제하는 문제도 의도된 대로 진행되지 않을 가능성이 있음

ⓒ DNI로서는 이들 정보기관들에 대해 직접적인 영향력을 행사할 수 있는 실질적인 권한이 주어졌지만, 소속 부처 장관의 직접 통제도 받는 정보기관들이 DNI에 항상 능동적으로 협력할 수 있을지는 분명하지 않음

ⓔ 소속 부처와 ODNI의 방침이 갈등을 겪을 경우 문제가 될 수 있는데, 정보업무 수행과 관련하여 갈등을 겪는 경우 DNI의 지침에 대한 내각 서열이 동일한 각 부처 장관들의 협력은 담보될 수 없는 문제라고 할 수 있음

ⓜ 궁극적인 해결책은 전체 정보기관들을 실질적으로 하나의 정보기관으로 통합하는 것이라고 할 수 있지만, 이는 현실적으로 조만간 실현될 수 있는 방안이라고 볼 수 없음

2. 미국 정보공동체의 전망

(1) 이러한 가능성에도 불구하고 현재의 미국 정보공동체에 대해 부정적인 평가를 내리는 것은 적합하지 않다. 이러한 문제점들에도 불구하고 미국 정보공동체의 정보역량을 능가하는 정보체계를 발전시킨 국가는 아직은 없다고 할 수 있는데다가, 미국 정보공동체가 현재 가지고 있는 구조는 2005년 ODNI의 탄생과 함께 시작되었고 아직 완전히 정착될 만큼 충분한 시간을 갖지 못했기 때문이다.

(2) 과거 CIA의 탄생과 함께 시작된 분야별로 다양한 정보기구를 운영하는 가운데 통합적인 운영을 통해 전체로서 이 정보역량이 부분의 합보다 크도록 하는 것을 목표로 하는 정보개혁은 현재진행형이라고 할 수 있다. 정보학 연구의 측면에서도 앞으로 지속적인 관심을 갖고 관찰해야 할 대상이라고 할 수 있다.

CHAPTER 05

중국의 정보기구

1 중국 정보기구의 기원과 변천

1. 중국 정보기구 변천의 개관

(1) 중국 정보기구의 발전과정은 중국 국가수립 이전과 이후의 정보기구 발전양상이 다르기 때문에 중국 국가체계의 발전과정과 맥을 같이한다고 볼 수 있다.

① 중국은 국가수립(1949년 10월 1일)에 앞서 1921년 당이 창립되었고 이어 1927년 군이 창립됨에 따라 정보조직도 '당 → 군 → 국가'의 순서로 발전되는 양상임

② 1911년 신해혁명의 발발로 청조(淸朝)가 붕괴된 이후 중국은 국민당과 공산당 간 갈등과 내전 끝에 결국 1949년 공산당이 승리, 본토에 중화인민공화국이 수립되었음

③ 이 과정에서 중국공산당이 1921년에 창당되었고, 1927년 장제스(蔣介石)의 국민당이 공산당에 대해 대대적인 탄압을 시작하였던 상하이 대학살을 계기로 공산당은 홍군(紅軍)을 창설하게 됨

④ 중국의 정보기관도 처음에는 당 → 군 → 국가의 순서로 설치되어 운영되는 과정을 겪었고, 그 결과 당과 군이 정보기관에 대해 강한 영향력을 행사할 뿐만 아니라 적극적인 정보활동을 수행하는 관행이 형성됨

(2) 중화인민공화국이 수립되기 이전까지 중국공산당의 정보활동은 중국공산당 내부의 중앙사회부(中央社會部)가 주축이 되어 수행하였다.

① 당내 정보조직으로 중앙군사부(1925년 말), 중앙군사위원회(1926년 11월), 중앙특별 공작위원회 산하 중앙특과(1927년 11월) 등이 설치·운영되어 오던 것을 1930년대 말 정보업무 총괄부서로 중앙사회부가 설립되었음

② 중앙사회부는 주로 해외신문이나 외신을 분석하여 국제정세와 주요 사건에 관한 정보를 당지도부에 보고하는 임무를 수행하였으며, 1946~1949년간 국공내전에서 특히 중앙사회부는 공산당이 승리하는데 중요한 기여를 한 것으로 알려져 있음

  ㉠ 중앙사회부의 주요 임무는 정보(情報), 책반(策反), 간첩(間諜), 통일전선(統一戰線) 등이었는데, 업무내용은 중첩되고 상호보완적이었음

  ㉡ 정보조직은 당내 군사조직인 중앙군사위원회에 설치되어 당군 지도부의 지휘·통제를 받았음

(3) 중화인민공화국이 수립된 이후(1949년 이후) 중앙사회부는 중앙조사부(中央調査部, Central Investigation Department)로 개편되었으며, 1950년대 중국의 해외공관은 예인 없이 중앙조사부 요원으로 구성된 조사연구단위를 갖추고 정보수집활동을 하였다.

① 정보분석은 중앙조사부 제8국, 즉 1978년 이후 현대국제관계연구원(現代國際關係研究院)으로 알려진 곳에서 수행하였음

② 당내에는 중앙조사부 이외에도 대외연락부, 통일전선공작부 등이 정보활동을 수행하였음

③ 군에서는 기존 정보관련 부처들을 통합하여 총참모부 2국, 3국으로 신설 통합하여 군 관련 정보활동을 수행하였고, 총정치부 연락부도 정보활동을 수행하였음

(4) 문화혁명(1966~1976년)이 발발하자 중앙조사부는 해체되었고 간부들은 재교육을 위해 지방으로 '하방(下放)'되었으며, 중앙조사부의 활동과 기구들은 인민해방군 총참모부 제2국으로 흡수되었다.

① 문화혁명 기간 동안 막강한 권력을 행사했던 캉성(康生)은 중앙조사부의 요원들로 중앙실사소조(中央實査小組)를 구성하여 류사오치(少奇), 덩샤오핑(小平) 등의 숙청에 관여한 것으로 알려져 있음

② 1970년대 초 린뱌오(林)가 사망하자 중앙조사부는 재건되었음

③ 1977년 화궈펑(中国鋒)과 왕둥싱(汪光)이 권력을 장악하면서 이들은 자신들의 권력기반을 강화하기 위해 당의 정보활동을 강화시킬 필요에 직면하여 중앙조사부를 확대하고자 하였으나 문화혁명 직후 복권된 덩샤오핑의 반대로 중앙조사부의 확대 계획은 무산됨

④ 나아가 덩샤오핑의 주장에 따라 중앙조사부의 해외 조직들은 외교관으로서의 신분위장을 중단하고 특파원 혹은 기업인사 등의 신분으로 활동하게 되었음

(5) 1983년 공안부장이었던 류푸즈(夏之)는 중앙조사부와 공안부 내 방첩단위와 군 총참모부의 일부 조직을 통합하여 국가안전부를 설립할 것을 제안하였고 당 정치국이 이를 승인하였다. 같은 해 6월 전국인민대회(全國人民代表大會)는 국무원(國務院) 산하에 국가안전부를 설립하는 안을 통과시켰다.

① 국가안전부의 설립은 1978년 개혁개방정책의 추진과 밀접한 관련을 갖고 있음

㉠ 개혁개방이 본격적으로 추진되고 대외개방이 급속하게 전개되자 새로운 정보환경에 따라 정보활동을 강화하고 확대시킬 필요에 대응하기 위한 것이었음

㉡ 당과 군이 주도하던 이전의 정보조직을 통합하여 공식적이고 전문적인 정부산하의 정보기관을 수립할 필요가 있었기 때문임

② 역사적으로 중국의 대표적인 국가정보기관인 국가안전부는 네 단계의 발전과정을 거쳐 왔음

㉠ 첫 번째 단계(1930년대~1949년): 중화인민공화국 수립 이전 당 조직으로서의 중앙사회부시기

㉡ 두 번째 단계(1949~1983년): 중앙인민공화국 수립 이후 당 조직으로서 조사부 시기

㉢ 세 번째 단계(1983~1990년대 후반): 개혁개방과 대외개방에 대응하기 위한 국무원 기구로서의 국가안전부 제1기

㉣ 네 번째 단계(1990년대 후반~현재): 중국이 '평화적 부상(和平崛起)'을 목표로 적극적인 다자주의 외교를 펼치고 있는 국무원 기구로서의 국가안전부 제2기(1990년대 후반~현재)

2 중국의 국가정보체계

1. 중국의 국가정보체계

(1) 중국의 국가정보 인프라는 미국, 러시아에 이어 세계 3위의 규모이며, 중국은 당·정·군(黨·政·軍)에 걸쳐 방대한 정보조직을 갖추고 다양한 정보목표를 수행한다.

① 먼저 실질적으로 중국의 권력을 독점하고 있는 공산당 산하 정보기구로는 당 중앙 정법위원회와 당 중앙통일전선공작부, 당 중앙대외연락부가 설치됨

② 국무원 산하에는 중국의 대표적인 국가정보기관인 국가안전부와 공안업무(경찰)를 총괄하고 지휘·감독하는 공안부가 설치됨

③ 군 산하정보기관으로는 군 총참모부 2, 3, 4부와 총정치부 연락부, 그리고 총정치부 정치보위부 등이 있음

(2) 당 산하 정보기관들로 당 중앙정법위원회와 당 중앙 통일전선공작부 그리고 당 중앙 대외연락부가 있다.

① 당 중앙 정법위원회(黨 中央政法委員會)

㉠ 서기 1인과 위원 7인, 비서장 1인(위원이 겸직) 등으로 구성됨

㉡ 위원: 국가안전부장, 공안부장, 사법부장, 최고인민법원장, 최고인민검찰총장, 총정치부 부주임, 중앙기율검사위원회

㉢ 위원의 수가 고정된 것은 아님

㉣ 당 중앙정법위원회의 주요 기능: 매년 12월 전국 정법공작회의를 개최하고 이를 통해 중국의 주요 정보기구(국가안전부, 공안부, 사법부, 인민검찰원, 군 정보기관) 간 정보 및 공안업무를 협의·조정

② 당 중앙 통일전선공작부(統一戰線工作部)

㉠ 1명의 부장과 7명의 부부장, 1인의 비서장으로 구성됨

㉡ 주로 타이완을 대상으로 하는 통전공작 수행

㉢ 기타 홍콩, 마카오, 화교단체에 대한 정보활동 수행

③ 당중앙대외연락부(對外聯絡部)

㉠ 8개의 지역국으로 구성

㉡ 1930년대에 '중앙연락국'으로 불리다가 1949년 국가수립 이후 현재의 당 중앙 대외연락부로 개칭되었고, 대외정책결정과정에서 외교부에 비하여 그 위상이 높은 편임

㉢ 당의 대외관계를 책임지는 주무부서로서 전 세계 공산당 및 좌파단체와의 관계를 유지·강화가 목표임

2. 중국 정보기구 활동 내용

(1) 중국 정보기구들의 활동은 주로 반체제 인사들에 대한 내부정보활동과 해외정보활동으로 크게 나눌 수 있다.
- 특히 개혁개방정책의 농업·공업·과학기술·국방의 4개 현대화를 지원하는 업무와 대(對)타이완 공작을 통한 중국통일 문제에 집중되는 특징

(2) 중국 정부의 공식적인 정보기관은 국가안전부(Ministry of State Security)로서 국가안전부는 국가정보의 수집과 정보보호 담당한다.

(3) 국가안전부 외에 인민해방군(人民解放軍) 총참모부(總參謀部) 2부, 3부, 4부, 총정치부(總政治部) 연락부와 보위부 등이 군사와 관련된 첩보와 방첩의 임무를 수행한다.

① 총참모부
- ㉠ 총참모부 2부: 군정보부라고도 하며 중국의 가상적국 및 주변국을 대상으로 군사사상, 군사정책, 군사지리, 병력규모, 무기체제, 군인사 등 군사관련 전략 정보와 대간첩활동을 총괄·지휘함
- ㉡ 총참모부 3부: 통신정보부 혹은 기술정찰부라고도 하며, 신호정보에 의한 통신, 전자, 음성 정보의 수집과 암호해독, 주중 외국공관에 대한 통신감청을 담당함
- ㉢ 총참모부 4부: 전자부라고 하며, 1993년에 설립되어 전자전 및 국내의 전자산업을 담당하는 부서로서 중국의 전자정보 관리를 담당함

② 총정치부 연락부: 연락국, 조사연구국, 변방국, 대외선전국 등 4개 국외에 상하이, 광저우에 분국을 운영하고 있음
- ㉠ 연락국: 타이완에 대한 정보활동
- ㉡ 조사연구국: 주중 외국대사관에 대한 정보활동
- ㉢ 변방국: 베트남에 대한 공작
- ㉣ 대외선전국: 군의 선전활동을 담당

③ 총정치부 보위부는 군내 보안을 담당하는 것으로 알려져 있음

(4) 기타 기관의 정보활동

① 공안부(公共安全部, 公安部)
- ㉠ 국가공안업무 총괄 지휘감독, 경호·경비업무, 치안유지를 담당하는 중앙부처
- ㉡ 대테러 정책과 정보수집, 출입국관리, 타이완·홍콩·마카오 주민의 국내활동 관리 등 관련 정보활동을 수행함

② 신화사(新華社)
- ㉠ 중국의 국영통신사
- ㉡ 일반적인 통신사 기능 외에 전 세계의 소식을 수집·번역·요약·분석하여 관련 부처에 보고
- ㉢ 신화사는 국가안전부 등 정보기관 요원들의 해외파견 때 신분을 위장하는 수단으로 사용되기도 함
- ㉣ 국내에 31개 지부, 해외에 107개의 지국을 운영하고 있으며, 고용 인원은 대략 1만 명이 넘는 것으로 알려져 있음

3 국가안전부

1. 국가안전부의 창설 배경과 변천

(1) 국가안전부의 설립은 1978년 개혁개방이 본격적으로 추진되고 대외개방이 급속하게 전개되자 새로운 정보환경에 따라 정보활동 강화 · 확대시킬 필요가 생기면서 당과 군이 주도하던 이전의 정보조직을 통합하여 공식적이고 전문적인 정부산하의 정보기관 수립 필요에 창설 배경이 있다.

> **더 알아보기**
>
> **중국 국가안전부 설립 목적**
> 국가안전부는 "국가안전과 반간첩 공작을 영도 · 관리하며, 사회주의 현대화 건설과 조국통일의 대업을 보위하고 촉진시킬" 목적으로 1983년 7월에 설립되었다. 또한 "중국 사회주의체제를 파괴하거나 전복하려는 적대국의 요원, 스파이, 반혁명활동에 대응하여 효과적인 조치를 취하여 국가의 안전을 수호하는 책임"을 맡도록 규정되었다.

(2) 국가안전부는 헌법과 법률을 준수하도록 요구되고, 국가의 기밀과 안전을 보장하는 헌법적 책무를 수행하기 위해 시민들의 협력을 요청할 수 있도록 하였으며 반체제 인물 감시 및 해외첩보 수집과 공작활동도 수행한다.

① 국가안전부는 총리에 책임을 지며, 국가안전부의 초대 부장으로 공안부 부부장이었던 링윈(凌云)이 임명되었으나, 위창성의 망명(1985)에 따른 '래리 진 체포' 사건이 발생하면서 경질되었음

> **더 알아보기**
>
> **래리 진 사건**
> 1985년 공안부에서 차출되어 온 정보처장 위창성(俞强)이 미국으로 망명하는 사건이 발생하였다. 위창성의 망명으로 미국 내 중국 첩보조직의 일부가 노출되었으며, 이로 인해 중국계 미국 중앙정보국(CIA) 요원 래리 진(중국명 金无天)이 간첩혐의로 체포되었다. 래리 진은 1950년대에 중앙조사부가 미국에 파견한 이른바 '심저어(深魚, 장기간첩)'였다. 이 사건을 계기로 링윈은 경질되었다.

② 링윈의 후임을 둘러싸고 국가안전부 내에서 공안부 출신 파벌과 중앙조사부 출신 파벌이 갈등하게 되자 당 지도부는 당시 47세의 중립적인 외부인사 자춘왕(閏春旺)을 후임 국가안전부 부장으로 임명했음

　㉠ 덩샤오핑의 신임이 두터웠던 자춘왕 부장은 1998년 공안부장으로 전보될 때까지 12년 이상 국가안전부 부장으로 재직하였음

　㉡ 자춘왕 부장아래에서 국가안전부는 미국으로부터 핵관련 기술을 포함한 민감한 군사기술정보를 수집하는 데 상당한 성공을 거둔 것으로 알려짐

③ 1998년 허난성 출신의 장쩌민(江澤民) 주석의 측근 쉬융웨(許永)가 자춘왕의 후임으로 국가안전부 부장으로 임명되었음

　㉠ 쉬 부장은 특히 국가안전부 내 부패를 척결하는 데 노력하였음

　㉡ 국가안전부 내부에서는 요원들에게 제공되던 홍콩 여행허가서를 밀매하는 등의 부패관행이 만연하였고 특히 국가안전부는 중앙기율검사국의 검사를 받지 않아 이러한 부패는 더욱 조장되고 있었음

　㉢ 2003년 쉬융웨는 국가안전부 부장으로 재임명되었음

④ 2004년에는 정치국 상무위원 뤄간(干)의 지시에 따라 국가안전부는 천안문사태 희생자의 한 어머니인, 딩즈린(丁子)과 국내 및 해외에 거주하는 다른 천안문사태 관련 인사들을 감시하기도 하였으며, 딩즈린은 UN 인권위원회에 영상 증언을 제출하였음

더 알아보기

천안문 사태(1989)
• 1989년 6월 4일, 중국의 베이징시의 중앙에 있는 천안문(天安門: 텐안먼) 광장에서 민주화를 요구한 학생과 시민들을 중국정부가 무력으로 진압하여 유혈사태를 일으킨 정치적 참극
• 중국에서는 개혁·개방정책이 시작되면서 민주화 요구가 높아지면서 학생 중심으로 천안문 광장에서 민주화 요구의 단식투쟁 등이 이루어졌다. 이것에 대해 정부는 강경한 태도를 보이다 6월 4일 새벽에 해산에 응하지 않는 군중에 대해 전차, 장갑차를 투입하여 무차별적으로 최루가스와 실탄을 사용하여 제압하여 다수의 부상자가 나왔다. 군중도 전차를 불태우는 등 격렬하게 저항하여 병사 중에도 사상자가 속출하는 유혈사태가 발생했다. 때마침 고르바초프의 방중 취재로 체류하고 있던 각국 기자단에 의한 생생한 TV 중계로 전세계가 충격을 받아 중국 정부에 대한 국제적인 비난이 높아졌다.

⑤ 국안부는 파룬공 반정부 인사들에 대한 조치에도 관여 한 것으로 알려지고 있음
   ㉠ 2004년 10월 쉬융웨 부장은 카자흐스탄의 국가안전위원회 위원장인 나르타이 바에프(Nartai Dutbaev)와 회담을 가졌고, 국제테러·극단주의·조직범죄·마약거래 등에 대해 공동대응하기로 합의함
   ㉡ 2006년 2월에는 대표단을 이끌고 싱가포르를 방문하기도 하였음
⑥ 2007년 8월 중국공산당 17기 전국대표대회를 앞두고 경후이창(歌惠昌)이 국가안전부 부장으로 임명되었음
   ㉠ 경 부장은 1998년부터 국가안전부 부부장으로 근무해 왔으며, 그 이전에는 현대국제관계연구원(CICIR)을 이끌어 왔음
   ㉡ 경제정보 전문의 교수 출신인 경 부장은 2007년 중국공산당 17기 중앙위원회 위원으로 선출되었음
⑦ 2016년 제18기 당대회를 기점으로 시진핑 주석은 정보수장 국가안전부장을 천원칭(陳文清)으로 교체하였음

(3) 중국의 전문 정보요원은 임무의 성격에 따라 해외지사에 6년, 10년, 그리고 장기 체류의 형태로 파견된다.

(4) 전문 정보요원 외에 국가안전부는 중급의 기술과 데이터 수집을 위해서 보다 낮은 신분의 중국인 혹은 중국계 미국인들을 채용하였다.
   ① 중국인 여행객, 기업인, 학생, 연구원 등이 광범한 잠재적 요원의 풀(pool)임
   ② 국가안전부는 가용한 자원을 사용하여 인센티브를 제공하거나, 개인적 관계를 이용하거나, 혹은 본국으로부터의 격리와 같은 협박수단을 활용하는 방식으로 광범하게 요원들을 포섭함

2. 국가안전부 조직과 변화

(1) 1996년, 1997년 홍콩에서 발행되는『쟁명(爭鳴)』의 보도를 기반으로 미국과학자협회(FAS; Federation of American Scientists)에서는 국가안전부의 조직을 다음과 같이 제시하고 있다(〈표〉 참조).

국가안전부 조직체계의 변화

미국과학자협회 자료(1997)	타이완 자료(2004)
제1국 국내국	제1국 구미정보국(歐美情報局): 유럽, 미주, 대양주 지역 정보수집
제2국 국외국	제2국 동구정보국(東歐情報局): 러시아 동유럽 지역 정보수집(CIS 및 중앙아시아 지역 포함)
제3국 홍콩, 마카오, 타이완	제3국 아비정보국(亞非情報局): 아시아·아프리카 지역 정보수집
제4국 기술국: 첩보수집과 방첩기술의 연구, 개발	제4국 대만오국(臺港澳局): 타이완, 홍콩, 마카오 지역 정보수집
제5국 지방정보국 국가안전부의 성, 시 지방단위들의 조정과 통제	제5국 정보분석통보국(情報分析通報局): 정보의 분석과 통보, 수집 지도
제6국 반간첩국	제6국 기술정보국(科技情報局): 과학·기술 정보의 수집·연구 및 통신공작/활동 지휘
제7국 통보국: 첩보보고의 확인, 검증, 보고	제7국 반간첩정보국(反間諜情報局): 반간첩정보의 수집
제8국 연구국: 현대국제관계연구원, 정보분석과 정보생산	제8국 반간첩정찰국(反間諜偵察局): 외국간첩의 추적 정찰·체포
제9국 반책반·반정찰국	제9국 통신정찰국(通信偵察局): 우편물 검사 및 통신정찰
제10국 과학기술정보국	제10국 대방정찰국(對防偵察局): 해외 중국공관 안전공작 담당(유학생 및 반중국 세력 감시 활동 병행)
제11국 전자계산기국	제11국 정보자료중심국(情報資料中心局): 문서자료의 수집·연구·관리(중국현대국제관계연구원)
외사국: 해외정보기관과의 조정, 협력, 정보공유	제12국 사회조사국(社會調査局): 사회단체 연락 및 민의 동태 조사
기타부서: 　　　판공청(辦公廳) 　　　정치부(政治部) 　　　인사교육국 　　　감찰심계국(監察審計局) 　　　기관당위원회	제13국 기술정찰국(技術偵察局): 과학 기자재 관리·연구
	제14국 비마통신국(密碼通訊局): 암호·통신공작 담당
	제15국 대항아연구국(臺港澳研究): 타이완·홍콩·마카오 지역 정보분석, 연구조사
	제16국 계산기관리국(計算機管理局): 내부 전산망 관리, 전산망의 외부 침입 방지 및 사이버 정보분석
	제17국 양화기업국(兩化企業局): 국안부 소속 기업 및 사업 관리 담당
	기타부서: 　　　판공청(辦公廳) 　　　정치부(政治部) 　　　조직선전부(組織宣傳部) 　　　교육배훈부(教育培訓部) 　　　인사국(人事局) 　　　노간부국(老幹部局) 　　　감찰심계국(監察審計局) 　　　종합계획국(綜合計畫局) 　　　행정관리국(行政管理局)

① 국가안전부는 개혁개방 이후 폭발적으로 확대된 대외교류와 대외개방의 변화된 정보환경에 효과적으로 대응하기 위해 1983년에 설립됨

② FAS 자료와 여타 자료를 종합적으로 검토할 때 설립 초기에는 10여 국 전후로 조직되어 운용된 것으로 추정됨

③ 2000년 이후 타이완 자료에서는 17국과 관련 행정조직들로 대폭 확대되어 보다 전문화되고 세분화되어 있음을 알 수 있음

(2) 중국은 1997년 중국공산당 15차 전국대표대회와 1998년 9기 전국 이민대표대회를 계기로 장쩌민 2기 체제를 구축하면서 국가안전부 조직을 대폭적으로 확대시키고 전문화한 것으로 보인다.

　① 1996년 9월 국가안전부와 총참모부가 해외 정보활동 전반에 대한 대대적인 개편을 추진했음

　② 이에 따라 해외에서 활동하던 120여 명의 요원들을 소환하였다는 사실에서도 확인 가능함

(3) 장쩌민 2기 구축은 중국이 외교정책 전반에서 큰 전환점을 이룬 시기이다.

　① 1990년대 후반까지 중국의 외교정책은 덩샤오핑의 지침이었던 '도광양회(稻光未時)'를 크게 벗어나지 않는 소극적이고 현상수용적인 외교정책 노선을 견지하여 왔음

　　• 도광양회: 조용히 실력을 갖춰 때를 기다린다는 의미로 강대국(미국)과의 마찰을 피하고 실리를 최대한 취한다는 의미

　② 베오그라드 중국대사관 오폭사건으로 인한 미국과의 접촉, 중국의 WTO가입 협상 등을 계기로 중국은 보다 적극적인 외교정책을 추진하고 국제기구와 지역협 등에 적극적으로 참여하는 적극적 다자주의 외교로 전환함

　③ 외교정책 전환은 '부책임적대국(友景任的大国, 책임지는 대국외교)', 중국의 화평굴기(和平屈起, 평화적 부상), 중국의 '화평발전(和平发展, 평화적 발전)' 등의 외교지침으로 표출되기도 함

　④ 이 시점을 전후로 국가안전부의 조직도 적극적 다자주의 외교에 맞춰 해외정보활동을 강화하고 확대하는 방향으로 재편됨

(4) 최근에는 급속하게 정보화 사회로 전환하고 있는 중국과 국제사회에서의 정보활동을 수행하기 위해서 컴퓨터·사이버공간·정보통신과 관련되는 부처의 조직과 활동이 강화되고 있다.

　① 2012년 6월 기준으로 중국의 인터넷 사용자는 5억 4천만 명, 인터넷 보급률은 거의 40%에 가까움

　② 이들의 국내외 통신에 대한 감시·검열·통제 등을 수행하기 위해 정보통신 관련 조직이 대폭 강화되고 있음

　　• 2006년 BBC 보도에 의하면 중국의 국가안전부는 반정부, 반체제 인사를 포함하는 20만 명에 달하는 블랙리스트를 작성해 놓고 해당자에 대한 인터넷 감시를 수행하고 있다고 함

　③ 중국의 경제 성장에 따라 폭발적으로 수요가 늘어난 원자재와 에너지자원 확보를 위한 새로운 분야의 경제정보활동도 크게 증대되었을 것으로 예상됨

3. 국가안전부의 주요 정보활동과 사례

(1) 중국의 국가안전부와 여타 정보관련 부처들은 미국을 주요 정보수집 대상국으로 설정하고 있다.

　① 실리콘 밸리(Silicon Valley)를 중심으로 남부 캘리포니아 지역이 첨단기술 정보수집에 초점을 맞추고 있음

　　• 1990년대 후반 자료에 의하면 미국 내 중국의 정보요원은 외교관 신분(1,500여 명), 중국 유학생(연간 15,000여 명), 각종 미국 방문단 인원(약 10,000명) 등을 포괄하고 있는 것으로 알려져 있음

　② 비공식 요원들이 각자 정보의 조각들을 수집해오면 주로 이 조각들을 맞추어 전체 그림을 만들어내는 방식으로 정보활동을 수행함

　　㉠ 1999년 미의회의 위원회 청문회에 따르면 중국은 20년에 걸쳐 미국국립핵무기랩에서 'WW 88 핵탄두' 설계를 유출해갔던 것으로 밝혀짐

　　㉡ 중국은 자국의 군사정보능력의 발전을 위해 핵무기, 미사일, 항공우주 기술 등 미국의 다양한 첨단군사기술을 수십 년에 걸쳐 불법적으로 수집해갔고, 미국 정부의 방만한 기술수출통제정책이 중국의 첩보활동을 쉽게 허용했다는 지적이 제기되었음

ⓒ 1999년 뉴햄프셔 공화당 상원의원 루드먼(Rudman)의 보고서에 따르면 중국의 정보수집활동은 "겉으로 무해한 것으로 보이게 하는 정보의 인출기술"에 매우 능숙하다고 지적함

ⓓ 이러한 '완만한 정보수집활동(diffuse nature of data collection)'으로 인해서 미국 방첩부서(counterintelligence authorities)에서는 혐의자들을 처벌하는 것조차 어려운 경우가 많다고 함

(2) 중국의 경제정보 수집활동(economic espionage)은 주로 세 가지 방식으로 수행된다.

① 국내에서 특히 학자나 과학자들을 충원하여 정보를 구매하도록 해외에 파견하는 방식

② 중국 기업이 필요한 기술을 보유하고 있는 미국 기업을 매입하도록 하는 방식

③ 위장회사를 세워 기술을 구매하도록 하는 방식인데, 이 세 번째 방식이 가장 많이 사용되는 방식임

④ 미국 FBI는 중국 국가안전부가 정보수집활동을 위해서 약 3,000개의 위장회사를 설립한 것으로 추산 중임

⑤ 1998년 5월 20일 미국의회 합동경제위원회(the Joint Economic Committee)에 제출된 보고서에 따르면 미국 서부해안 지역에서 약 900건에 달하는 기술이전 사례 중 50% 정도가 중국과 관련이 된 것으로 조사됨

ⓐ FBI 보고에 따르면 실리콘 밸리에서 중국의 정보수집활동은 매년 20~30% 증가 추세임

ⓑ 미국 이외에도 영국, 프랑스, 독일, 네덜란드 등에서도 중국의 정보수집활동이 활발하게 이루어지고 있음

(3) 중국의 대미국 정보활동이 첨단 군사과학기술에 집중되어 있었다면 대(對)타이완 정보활동은 주로 통일과 관련된 정보활동으로서 역사가 가장 오래되고 포괄적인 정보활동으로 알려져 있다.

① 사안의 중요성으로 인하여 당·정·군의 모든 정보체계가 전부 다 동원되며 당 중앙의 대타이완 공작영도소조에서 총괄·지휘함

② 1987년 타이완인의 대륙방문이 허용되고 1991년 타이완의 계엄이 해제되면서 양안교류가 급속하게 확대된 이후 대타이완 정보활동은 더욱 확대되었음

③ 국가안전부의 현대국제관계연구원, 군 총참모부 2부의 '중국국제전략학회'는 학술교류를 통해 타이완의 정세를 파악하고, 군 총참모부 3부는 자체 기업단위인 '개리공사(凱利公司)'를 내세 워 타이완 기업과의 상업활동을 통한 정보활동을 해오고 있음

(4) 개혁개방 이후 중국 정보기구들의 잘못된 정보분석으로 인하여 심각한 외교적 타격을 입은 경우도 많다.

4 과제와 전망

1. 중국의 정보기구의 평가

(1) 중국은 1978년 12월 중국공산당 제11기 3차 중앙위원회 전체회의에서 개혁개방을 통한 경제건설을 국가발전의 최우선목표로 설정하고, 농업, 공업, 과학기술, 국방의 4개 현대화를 지속적으로 추진하여 '소강사회(小康社會)'를 건설한다는 목표를 세우고 지속적인 경제성장을 추진해 왔다.

(2) 대외 개방정책은 현재에도 여전히 지속적으로 추진되고 있다. 시진핑 시대 중국의 정보기관들은 이처럼 개혁개방 이후 새로운 정보환경에서 개혁개방의 목표를 추진하는 데 적극적인 역할을 담당하고 있다.

① 미국·캐나다·유럽·일본·호주·타이완 등 주요 관심지역에 대략 4만여 명으로 추산되는 요원들이 첨단의 군사과학기술, 정보통신기술, 위성우주항공기술, 산업경제통상 등에 관한 정보수집활동 수행 중

② 초기 단계의 산업화가 투입요소의 동원만으로 가능했다면 산업화가 고도화될수록 기술, 지식, 정보에 대한 수요가 커질 수밖에 없기 때문에 중국의 정보활동은 더욱 치열해지는 경향을 보일 수밖에 없음

③ 중국의 해외정보활동은 미국의 첨단기술산업과 군사기술에 집중되어 있고, 첩보수집 방식 또한 중국계 미국인, 학자, 유학생, 기업인, 기자 등 다양한 요원들을 활용하고 있는 것으로 알려져 있음

(3) 1983년 창설된 국가안전부는 개혁개방 이후의 변화된 정보환경에 대응하고 4개 현대화를 통한 경제발전의 국가목표에 적극적으로 부응하기 위해서 주로 미국·유럽·일본·캐나다·호주 등 선진국들의 첨단군사 과학기술, 정보통신기술을 획득하는 데 정보활동을 집중해 왔다.

① 1990년 말 이후 대해 적 부상을 목표로 하는 적극적 다자주의 외교를 추진하게 되면서 국가안전부의 기능도 대대적으로 확대·개편되었음(해외정보활동 부서가 확대)

② 최근 중국사회가 급속하게 정보화되고, 전 세계적으로도 정보화가 가속화되면서 국가안전부도 컴퓨터, 인터넷, 사이버공간에 대한 통제, 감시, 검열을 위한 조직을 확대화 추세임

③ 또한 급속한 산업화로 에너지수요가 급증하여 세계 최대의 에너지 수입국으로 전락한 중국으로서는 중국의 미래 '에너지 안보'를 강화·지원하기 위한 방편으로 이 분야의 정보조직도 크게 강화되었을 것으로 평가

2. 중국 정보기구의 전망

(1) 최근 미국의 경제패권 쇠퇴와 중국의 G2 부상으로 인한 국제역학관계의 변화로 한국에게 있어서 중국의 영향력과 중요성은 나날이 증대되고 있다.

① 양국 간의 단순 교역량의 비교뿐만 아니라 북한 및 통일문제 등에서 중국의 대한반도 영향력은 점점 더 커지고 있음

② 게다가 우리의 동맹국인 미국과 중국 간의 잠재적 갈등이 잠복되어 있는 등 언제 어떻게 국제정치적 상황이 바뀔지 예측하기 어려운 상황임

③ 국제질서가 새로 재편되고 동북아 안보지형에 새로운 변화가 일어나게 되면 이러한 새로운 안보지형은 우리에게 심각한 안보도전이 될 것이고, 이에 따른 대중국 정보역량이 중요한 정보과제가 될 수밖에 없음

(2) 세계 2위의 경제대국이자 세계 3위의 정보인프라를 갖고 있는 중국이 이제 우리의 주변 안보지형이나 정보환경에 어떤 문제를 제기하고 어느 정도의 정보역량으로 정보활동을 하고 있으며, 또 우리는 이에 대하여 어떤 정보목표로 대응적 정보활동을 해야 하는지 등에 대하여 치밀하게 분석하고 대응해 나가는 것이 향후 우리의 중요한 정보과제로 대두될 것으로 전망된다.

CHAPTER 06 일본의 정보기구

1 일본 정보기구의 기원과 변천

1. 제2차 세계대전 이전의 정보기구

(1) 일본 정보기구의 출발은 12세기 막부통치 시기부터 시작된 것으로 보고 있다.

① 당시 중앙은 각 지방 호족들의 사정을 알기 위해 다수의 정보원들을 활용하여 정탐활동을 수행함

② 에도시대에는 정보의 중요성이 더욱 확대되어 제도적인 정보활동이 활발하게 진행됨

③ 특히 메이지 유신을 계기로 정보수집에 큰 관심을 기울이며 체계적인 정보수집 노력이 국가적인 차원에서 시작됨

(2) 태평양 전쟁 시기까지 일본 국가정보체계는 군의 정보기관과 경찰이 중추적 역할을 맡고, 이들이 현지의 정보원들을 광범위하게 활용하는 '인간정보 네트워크'의 형태로 발전하는 양상을 보였다.

① 현대적인 군사력 건설을 위해 육·해군이 창설되고, 조직적인 군 정보기관인 참모본부가 1878년 설립되었으며, 육군정보기관인 특무부대가 활동을 개시하고, 군 정보기관의 핵심인 헌병대가 1881년에 349명의 정예요원으로 출범하면서 대본영 휘하 육군성의 소속기관으로서 활동을 개시함

② 특무부대와 헌병대가 함께 군의 핵심 정보활동기구로 정비됨

③ 1911년에는 내무성의 특별 고등경찰이라고 불리는 총리 산하의 민간인 사찰기구가 설치되어 1928년 무렵 전국적인 네트워크를 갖추게 됨

④ 일본 군부는 '나카노 학교'라는 정보요원 야성학교를 설립하여 우수한 재원을 육성하였으며, 나카노 학교 출신들은 전후에 일본 민간 기업에 취업해 정부와 기업 간 해외 정보공유의 핵심 고리역할을 담당함

(3) 군, 경찰 정보기관 이외에도 일본은 국책회사인 만주철도조사부를 만주, 중국 및 동남아까지의 국제정세, 현지 경제 및 법 관행 조사뿐만 아니라 학술적인 역사, 문화, 지리를 총괄하는 종합연구기관으로 발전시켰다.

• 만철조사부는 전후 일본의 해외 투자 및 무역에 관한 높은 수준의 조사활동을 전개하였는데, 현재 일본의 노무라종합연구소(NRI), 미츠비시종합연구소 등과 같은 민간 대기업 내 연구기관이 해외 경제 동향 및 정세분석의 중추역할을 하는 것은 과거 만주철도조사부가 닦은 역량과 무관하지 않다는 평가가 있음

2. 제2차 세계대전 이후의 정보기구

(1) 전후 일본에서는 정보기관의 역할이 축소되고, 군사안보보다는 경제중심의 대외관계가 중시되면서, 국내 민간 연구기관과 해외에 파견된 종합상사의 상사원이 수집하는 경제 · 산업정보가 통산성에서 활용되었을 것이라는 것이 그동안의 지배적인 견해였다.

(2) 2000년대 들어 발표된 CIA파일에 의하면, 일본에는 이미 제2차 세계대전 이전에도 정보기관이 존재했으며, 전후(戰後)에도 단일기관이 아닌 구(舊)군인의 첩보기관인 특무기관이 비밀리에 활동하고 있었다는 것이 드러났다.

① 미국 측 자료에 의하면, 이 조직의 전체구조는 우가키기관 산하에 가와베기관이 존재하고 그 산하에 아리스에기관, 고다마기관, 핫토리기관, 오이카와기관, 이와쿠로기관 등이 있었음(각 기관의 이름은 기관을 대표하는 인명을 딴 것으로 전쟁 전부터 일본의 정보기구 역할을 했던 조직임)

② 이러한 명칭은 이들 기관이 전쟁 전 특무 · 정보기관의 역할을 계승하고 있음을 암시하고 있으며 실제 이와 같은 이유로 미국은 해당 조직들을 정보기관이라고 호칭

③ **우가키기관**: 가장 규모가 큰 조직으로 비밀공작을 위해 타이완에 일본 의용군을 파견하였고, 국민당 정부로부터 자금을 지원받기도 했으며, 1948년 미극동군 총사령부 정보참모부(G2) 산하에서 정보공작을 행한 가토(KATO)기관에 추가됨

④ **가토(KATO)기관**: 카와나츠, 타나카, 오이카와 등 산하 기관의 머리글자를 딴 것으로, G2의 치안활동이나 활동의 하청을 수행하였음

ⓐ 가와베기관이 가토기관에 들어가 있어서 가토 · 가와베기관으로 불리기도 했음

ⓑ 가와베기관은 가토 산하기관과 함께 비밀공작을 수행하였음

⑤ 핫토리기관도 가와베기관과 마찬가지로 전국적인 네트워크를 가지고 있었으며, 국방계획과 국방군의 편성 연구뿐만 아니라 대공산권 공작활동을 수행함

⑥ 주목할 것은 가토 · 가와베기관 안에는 제2차 세계대전 동안 사군자의 이름을 따서 마쯔(松), 후지(藤), 우메(梅), 란(蘭)이라 부르는 특무기관에서 통신방수, 암호해독에 관련되었던 전직 군인이 존재했음

(3) 일본은 소련과 중국공산당의 암호해독을 전문으로 하는 핵심부서를 비밀리에 육성해왔던 반면 미국은 1947년까지 소련, 중국(국민당과 공산당)과 동맹관계에 있었기 때문에 이들 국가를 대상으로 한 암호해독 부서 양성이 곤란하였다.

① 미국은 일본을 점령했을 당시에 해당 부서에서 근무했던 자들을 찾아 G2에 협력하게 하였음

② 가토 · 가와베기관은 1951년 샌프란시스코 강화조약과 미일안전보장조약이 결성되자 활동예산을 받지 못하게 되면서 12월에 해체됨

③ 이 기관에서 활동하던 일부는 보안대로 들어가고, 그 외 일부는 요시다(吉田) 내각의 관방장관 오가타(諸方)가 구상했던 신정보기관으로 들어갔음

(4) 당시 요시다 총리는 오가타 장관의 '신정보기관' 구상이 나오기 전부터 정보기관을 설립할 것을 검토하고 있었는데, 이것은 미국 측의 재군비 요구에 따른 것이었다.

① 요시다는 타츠미와 도이중장을 시켜 대륙문제연구소를 중심으로 정보기관 설립준비를 진행함

② 막상 정보기관 설립이 실질적인 단계에 이르자 요시다는 이를 중단시킴

③ 1952년 4월 4일의 보고서에는 '요시다는 심경이 변해 보안대의 일을 우선으로 하고, 정보기관 설립은 그 다음으로 하는 것'으로 기술되어 있음

④ 실제는 요시다의 내각총리대신의 권한으로 직후 4월 9일에 내각총리대신 관방조사실이 설치되었음
  • 실장에 임명된 것은 내무부출신인 요시다의 비서 무라이
⑤ 요시다는 본격적인 정보기관이 아닌, 총리대신의 비서실과 같은 것을 만든 다음 준비가 되고 필요성이 높아지면 다음 단계로 이 조직을 확장하든가 별도 조직을 활동시켜 국가정보 기능을 강화하고자 했던 것으로 인식됨

(5) 1952년 내각관방장관 산하에 관방조사실이 설치되고 육군병력으로는 1950년에 경찰예비대가 설치되었으며 1952년에 강화·확충되어 보안대가 되었다.
  ① 해상병력에는 해상보안청이 설치되었고, 1952년에는 해상경비대가 설치되었음
  ② 같은 해 해상경비대 창설의 연장선상에서 구상되었던 공군도 창설할 목표가 세워짐

(6) 국내 치안유지를 위해 공안조사청이 1952년에 설치되어 국내 좌익 단체 활동을 통제하는 국내 정보활동을 개시하였다. 그러나 아직 본격적인 국가정보 기관은 일본에 존재하지 않았다.

3. '신(新)정보기관'의 구상

(1) 일본에는 중앙정보기구가 설치되지 않았던 이유는 일반적으로 일본이 패전국의 입장이었다는 점, 국민들의 정서, 당시 정치지도자들의 무관심 등이 그 이유로 제시되었다.

(2) 전후 일본은 요시다 내각부터 중앙정보기구 설치를 논의해 왔고, 1980년대 이후 나카소네 내각, 고이즈미 내각, 아베 내각에 이르기까지 지속적인 설치구상이 발표되기도 하였다.
  ① 2000년대 공개된 CIA파일에 의하면, 요시다 내각의 관방장관이었던 오가타의 신정보기관 구상에서 전후 일본이 전쟁 전 특무기관의 흐름을 이어 정보기관을 창설하고자 했던 것을 확인할 수 있음
  ② 이후 일본 내 언론들의 강한 반발과 성·청의 이해관계 대립으로 오가타의 정보기관 구상은 좌절되었지만, 언론이 이처럼 정보기관 설립에 극심하게 반대한 것은 오가타 이력과 언론 간의 이해관계 대립이 그 이면에 자리잡고 있었기 때문이었음
    ㉠ 오가타는 전시 중 내각정보국 총재를 역임하며 언론통제나 정보통제 및 선전공작을 행한 인물로 아사히 신문의 주필이었던 그는 전후 전쟁범죄 용의자로 지목되기도 하였음
    ㉡ 통신 감청에 중점을 둔 오가타의 신정보기관 상은 언론의 자율성과 독자성을 훼손할 것이라는 우려가 팽배하였으며 언론매체기관 간 패권을 둘러싼 이해관계도 첨예하게 대립되었음
  ③ 언론뿐만 아니라 사회당 등 야당도 신정보기관 구상에 격렬히 반대했는데, 이는 일본 내 공산주의 세력에 대한 정보수집이 포함될 것이라는 판단 때문이었음
  ④ 당시 전후 새롭게 출발하려는 일본의 국내 정세 하에서 군사 재무장의 의미를 담고 있는 오가타의 구상은 쉽게 받아들이기 힘든 것이기도 함

(3) 결과적으로 신정보기관 구상은 1953년 1월 당면 내각총리대신 관방조사실을 확충하는 것에 그치고, 이 조직에 정원 30명, 실근무자 70명을 증원하는 체제로 타협했다.
  ① 이전 안의 정원 300명과 비교할 때 큰 후퇴였기에 만족하지 못한 오가타가 1953년 9월 '국제정세조사회'와 이듬해 '중앙조사사'의 설립을 주장하면서, 다시금 언론의 격한 공격을 받게 됨
  ② 중앙정보기구 구상의 실현이 어려워짐에 따라 오가타는 관방조사실을 토대로 '신정보기관'을 만드는 것에만 집착하지 않고 '대륙문제연구소'나 '아시아문제연구소' 같은 외곽단체에 정보활동을 위탁하여, 관방조사실을 이러한 단체와 연계시키는 방침을 세웠음
  ③ 내각정보조사실(관방조사실에서 개정)과 외곽 단체와의 연계에 의해 정보활동을 수행하는 지금의 정

보체제가 이 당시 만들어지게 됨

(4) 오가타가 언론의 반발 등 심한 비난에 직면하면서까지 신정보기관 구상(국제정 세조사회와 중앙조사를 포함)을 강하게 추진하려고 했던 이유는 이미 과거 특무기관으로부터의 흐름이 전후에도 이어지고 있었으며, 전시에 내각정보국 총재를 역임한 오가타가 이전의 일본의 정보기관(일부는 G2산하)을 신정보기관의 중핵으로 위치시키려 하였던 데서 찾아볼 수 있다.

① 오가타의 요시다 내각 입각은 오가타와 미국 CIA의 이해관계가 일치한데서 이유를 찾을 수 있음

ⓙ 오가타는 신정보기관 구상에 필요한 CIA 기관에 대한 정보와 미국의 지지와 지원이 필요

ⓛ 미국으로서는 공산권 정보가 필요했던 양측의 이해관계가 일치함

② 1954년, 미디어의 반발과 관방조사실내 내분과 관계없이 '신정보기관'에 관련된 일이 불가능해짐

ⓙ '조선의옥(造船疑獄)사건'의 발각은 정국에서 자유당이 붕괴되고 있었기 때문임

ⓛ 조선의옥사건 정국의 혼란 속에 신정보기관을 창설하기 위한 미국 측의 보수당지원과 오가타 측의 정치정보 제공이라는 오가타와 CIA의 협력관계는 변질됨

ⓒ 이와 같이 마지못해 유지하던 협력관계마저 1956년 1월 28일 오카타의 죽음으로 종결됨

(5) 오가타의 신정보기관 구상은 좌절되었으나 그 과정에서 비록 규모는 작지만 이전에는 인원이 7명 밖에 되지 않던 관방조사실이 확충되었고, 오늘날의 내각 정보조사실 토대가 만들어졌다.

① 내각정보조사실만이 정보활동을 수행하는 것이 아니라 이것을 중심으로 민간연구소와 미디어기업이 제휴하여 종합적으로 정보를 수집·분석·평가하는 현재의 일본 국가정보체계가 구축됨

② 이런 의미에서 오가타의 구상은 전후 일본의 정보기구재건의 출발점이 되었다고 할 수 있음

2 일본의 국가정보체계

1. 일본 정보기구의 조직과 활동

(1) 일본은 미 CIA같은 중앙정보기관 대신 내각정보조사실을 중심으로 해서 각 성·청별 정보기관을 두고 있다.

① 내각정보조사실(국가정보기관), 방위성 정보본부(군사정보), 경찰청의 경비국·외사국 및 법무성의 공안조사청(국내정보)이 각각 정보활동을 담당하면서 이 네 기구가 정보기관의 핵심역할을 담당함

② 이외에도 국제정보는 외무부의 국제통괄관조직(국제정보국)이 담당하고 있음

③ 일본 정보활동은 언론이나 기업·내각이 지원하는 외곽단체들이 각종 정보활동의 주체가 되고 있다는 점도 특징임

(2) 내각정보조사실

① 의의: 내각정보조사실은 1952년 일본 최초의 국가적 차원의 정보기관으로 총리부 산하에 설치된 내각총리대신 관방조사실(내조실)에 연원을 두고 있음

ⓙ 관방조사실은 1957년에 정부 조직 개편에 따라 총리부에서 내각관방으로 이전되어 내각조사실로 개편되었음

ⓛ 이후 1986년 내각의 종합 조정 기능 강화의 일환으로 내각조사실은 내각정보조사실로 확대 개편되었음

ⓒ 2001년 시행된 행정 개혁에 의해 내각정보조사실장이 내각정보관으로 승격하면서 내각부 관방장관 예하의 내각정보관에 의해 국가정보의 중앙조정·통제기능이 강화되고 있음

② 냉전 종식 이후 일본의 안보 관심이 확대되고 국제적 불안정과 국내 위기 상황에 대처하기 위한 정보력 강화가 강조되면서 내각정보조사실의 규모와 인원은 계속적으로 확장되고 있음

　　⑩ 위성 정보 운영과 같은 새로운 임무를 부여받게 되는 등 그 역할과 비중도 계속 확대되고 있음

② 내각의 중요정책에 관한 정보의 수집 및 분석 이외의 조사에 관한 사무를 담당하고 있고, 내각정보관의 아래 차장 및 총무부문, 국내부문, 국제부문, 내각정보집약센터 및 내각위성정보센터가 업무를 분담하고 있음

　　㉠ 총무부문: 인사, 예산, 홍보 및 정보의 종합 분석 등에 관한 일을 담당

　　㉡ 국내부문: 국내 정보의 수집을 담당

　　㉢ 국제부문: 국외 정보수집에 관한 일

　　㉣ 경제부문: 국내외의 경제정보 수집을 담당하고 있음

　　㉤ 내각정보집약센터: 대규모 화재 등의 긴급사태에 관한 정보수집을 맡고 있으며, 긴급사태가 발생하면 모든 정보가 내각정보집약센터로 모이게 되어 있음

③ 내각정보분석관: 특정 지역, 또는 고도의 분석이 요구되는 특정분야의 일을 하며 내각위성정보센터는 국가안전의 확보, 대규모 화재 대응 등과 관련한 화상정보 수집을 담당함

　　• 내각위성정보센터는 2001년에 설치되어 현재 광학위성 2기, 레이더 위성 2기, 합계 4기 체제를 운용하고 있음

내각정보조조사실의 구성

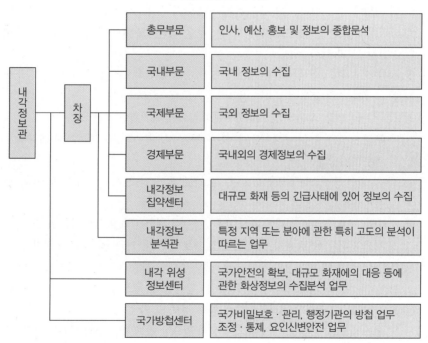

④ 국가방첩센터(Counter-Intelligence Center): 내각정보관을 센터장으로 하여 내각정보조사실에 설치되어 「방첩 기능의 강화에 관한 기본방침」 시행에 관한 연락 조정 등을 하고 있다.

　　• 이 기본방침은 방첩에 관한 각 행정기관의 시행과 관련해 필요한 사항의 통일을 도모하고, 기타 방첩에 관한 시책을 추진하는 체제를 확립하고 나라의 중요한 정보나 직원 등의 보호를 도모하는 것을 목적

⑤ 민간연구소 등 많은 외곽단체를 운영하면서 정보수집 및 분석 등의 도움을 받는 대신에 외곽단체의 예산을 부담하고 있는 것으로 알려져 있음

⑥ 외곽단체로서 정보활동을 수행하는 단체도 상당수여서, 내각정보조사실로부터 외곽단체의 인건비나 사업비 예산을 지원받는 단체도 17~25개에 이르고 있음

> 예 외곽단체로는 재단법인 세계정경조사회, 사단법인 국제정세연구회, 내외정세조사회, 라디오프레스, 일본무역진흥기구 등

(2) 방위성 정보본부(DIH)

① 방위성은 외국의 군사정보를 방위국 조사 제1과와 제2과, 육상, 해상, 항공 각 막료감부 조사부 및 각 자위대의 정보 전문부대 등에서 정보의 수집·분석을 각각 실시하고 있어 방위성 전체의 정보 수집·분석이 비효율적이라는 구조적 결함을 안고 있음

② 이 문제를 해결하기 위해 방위성 내의 복수의 정보기관을 통합하는 형태로 1997년 1월 20일 정보본부가 설치되었음

③ 2,414명(2009년도 예산정원)의 요원을 거느린 정보본부는 해외 군사정보에서부터 각종 정보를 취급하는 일본 최대의 정보기관임

　㉠ 방위위성에서는 정보수집 강화에 노력하고 있어, 각 자위대의 자위관 정원이 삭감되는 것과는 대조적으로 정보본부의 요원은 거의 매년 증원되고 있음

　㉡ 정보본부는 이전에는 통합막료회의의장(현 통합막료장)의 산하에 설치되었지만, 통합운용체제로의 이행에 따라 2005년 말 장관(현 방위대신)의 직할조직으로 새롭게 편성되었음

　㉢ 자위대의 운용에 직접 필요한 정보기능 등을 집약하고 효율적으로 보유하기 위해 정보본부 내에 통합정보부가 신설되었음

④ 정보본부의 기본적 업무는 각종 정보를 집약하고, 종합적으로 처리, 분석하고, 국제군사정세 등 방위성·자위대 전반을 통해 필요한 전략적인 정보를 작성하는 것

⑤ 정보본부는 본부장, 부본부장, 그리고 6개의 부와 부속기관인 통신소로 구성됨

　㉠ 각 부의 명칭은 총무부, 계획부, 분석부, 통합 정보부, 화상·지리부 및 전파부이며, 각각의 소관의 업무를 관장함

　㉡ 부속기관인 통신소는 6곳에 있으며, 정보본부의 요원 가운데 70%에 해당하는 인원이 전파부 및 각 통신소에 속해 있음

　㉢ 계획부: 정보의 수집 정리에 관한 계획, 정보에 대한 관계 부국과의 연락 조정, 조직 및 정원, 행정 재산의 취득, 업무 계획, 비밀의 보전 정보의 관리, 기획이나 섭외에 관한 업무를 담당함

　㉣ 분석부: 정부 및 방위성의 정책 결정 및 자위대의 활동 등에 이바지하기 위해 발간정보, 화상정보, 전파정보, 교환정보 등의 각종 정보를 집약한 후, 종합적인 분석업무를 시행함

　㉤ 통합정보부: 긴급하게 처리를 필요로 하는 정보 및 외국 군대 등의 동태에 관한 정보의 수집 정리 및 통합 막료감부에 대한 자위대의 운용에 필요한 정보 제공 등의 업무를 담당함

　㉥ 화상지리부: 민간의 위성으로부터 수집한 위성사진의 해석, 디지털 지도의 제작, 지리공간 정보 분석 등에 관한 업무를 담당함

　㉦ 전파부: 일본의 유일한 전파 정보기관으로서 전파 정보의 수집정리 및 해석, 전파 정보의 수집·해석 조사와 관련되는 장비의 기술연구 및 기술개발의 요구와 연구 개선에 관한 업무를 담당함

(3) 법무성 공안조사청(PSIA)

① 공안조사청은「파괴활동방지법」과「무차별 대량 살인 행위를 실시한 단체의 규제에 관한 법률」등의 법령에 기초해 테러조직, 폭력단체 등 일본에 대한 치안, 안전 보장상의 위협에 관한 정보를 수집·분석하는 법무성 산하의 정보기관임

  ㉠ 1952년 7월,「파괴활동방지법」의 시행과 동시에 법무부 특별 심사국(통칭 '특심국')을 발전적으로 해체하는 형태로 설치됨

  ㉡ 본래는「파괴활동방지법」이나 무차별 대량 살인 행위를 실시한 단체의 규제에 관한 법률의 규제 대상에 해당하는 단체일지의 조사(정보수집)와 처분 청구를 실시하는 기관임

  ㉢ 아울러 조사활동의 과정에서 입수한 정보를 분석·평가해 관계 기관이나 여당, 국회의원, 언론 등에 제공하고 있음

② 공안조사청의 활동 근거가 되는 법령인「파괴활동방지법」은 일본 공산당에 대한 구제를 염두에 두고 제정되었음

  ㉠ 옴진리교의 '마츠모토사린(sarin) 사건(1994)'이나 '도쿄 지하철 살인사건(1995)' 등을 일으킨 '옴진리교 사건'을 계기로 1999년「파괴활동방지법」의 적용 요건을 유연하게 한「무차별 대량 살인 행위를 실시한 단체의 규제에 관한 법률」이 시행

  ㉡ 공안 조사청은 이 법에 근거해 옴진리교의 후신인 '알레프(Aleph)' 시설의 입회검사를 계속함

더 알아보기

옴진리교 사건

1995년 3월 일본 도쿄에서 옴진리교의 광신도를 동원해 출근 시간대 도쿄 지하철에서 독가스인 사린을 살포하는 생화학 테러를 저질러 많은 사상자를 내고 일본 사회에 큰 충격을 주었다. 도쿄 지하철 사린 사건 1년 전에 발생한 나가노현 마츠모토 사린사건 역시 옴진리교의 소행임이 도쿄 지하철 사건 이후 밝혀졌다. 두 사건을 주도한 옴진리교의 전 간부 13명 모두 사형을 선고받았으나 2018년 교주 아사하라 쇼코만 사형이 집행되었다.

---

③ 공안조사청은 대상 단체에 대한 강제권은 없고, 경찰과 같은 사법행정 기관은 아니며, 공안조사청이 처분 청구를 실시한 후에, 그 처분을 심사·결정하는 기관으로서 공안심사위원회가 설치되어 있음

  ㉠ 조사대상 조직(국가) 내부에 협력자(스파이)를 만들어 정보를 입수하는 것을 목표로 공작활동을 실시하고 있음

  ㉡ 주요 업무는 국내외 정보·자료의 수집·분석·평가와 단체규제 및 행정기관에의 정보제공이며 주로 테러, 북한의 핵·미사일 및 납치문제 등 국제관계와 대량 살상 단체 그리고 옴진리교와 같은 국내 단체를 주요 대상으로 정보활동을 수행함

④ 공안조사청의 조직은, 내부 부국, 시설등기관 및 지방지분부국으로 구성되어 있는데, 내부 부국으로서 총무부, 조사제1부 및 조사제2부, 시설등기관으로서 공안조사 청연수소가 있고, 지방지분부국으로서 전국에 8개 공안 조사국과 14개 공안조사 사무소가 있음

(4) 경찰청 경비국

① 경찰청 산하의 정보기관은 경찰청의 경비국, 경시청의 공안부, 도부현의 경찰본부 경비부, 경찰서의 경비과·공안과로 구별됨

② 경찰청 경비국은 국가공안위원회의 특법 기관인 경찰청 내부 부국의 하나로, 크게 공안경찰과 경비경찰로 나뉨

  ㉠ 경비국은 공안경찰의 컨트롤 타워로 전국의 공안경찰을 지휘해 국제테러 조직, 구공산권 등 외국 첩보기관, 일본 공산당, 시민활동(반전운동, 노동운동 등), 컬트 단체(구 옴진리교 등), 우익 단체(주로 '우익행동'), 극좌 단체(혁명마르크스파, 중핵파, 혁노협) 등에 대한 사찰이나 협력자관리를 주된 임무로 수행

  ㉡ 조직은 경비기획과, 공안과, 경비과로 구성되며, 경비기획과에는 종합정보분석실과 화상정보분석실이 있고, 공안과는 경비정보대책실을, 경비과는 화재대책실, 경위실, 경호실을 두고 있음

  ㉢ 주요 임무는 경비경찰, 경위, 경호, 경비, 긴급사태에 대처하기 위한 계획 및 실시 등이며 외사정보부에서는 외국인 또는 재외일본인에 관계되는 일을 주관함

  ㉣ 경찰청 경비국의 외사과는 외국 첩보기관의 대일 유해 활동을 수사하는 것을 주요한 임무로, 세계 각국의 방첩기관에 가까운 성격을 가짐

  ㉤ 경찰청 경비국의외 사과는 경시청 및 각 도부현 경찰 본부의 외사과를 통솔함

(5) 외무성 국제정보통괄관조직(Intelligence and Analysis Service)

① 국제정보통괄관조직은 정보의 분석·평가를 전문적으로 실시하는 외무성 산하의 하나의 조직으로 시시각각 변화하는 국제 정세에 기민하게 대응하고, 중요한 정보와 정확한 정세를 판단하여, 이를 정책에 반영하고자 하는 목적에서 활동함

  • 특히 2001년 9/11 미국 테러 사건 이후의 국제테러 정세나 이라크 정세, 북한의 핵개발 문제 등 정확한 정보수집 및 정세판단의 필요성이 높아지고 있다는 판단하에 국제정보 수집활동 강화 의지를 표명 중임

② 외무성은 2005년 4월, 외무성의 정보수집·분석 활동 강화책을 논의하는 유식자 간담회인 '대외 정보기능 강화에 관한 간담회'를 설치해 대외 정보기능 강화에 나서고 있음

  ㉠ 같은 해 9월 "대외 정보기능의 강화를 향해서"라는 간담회 보고서는 인간정보 활동(HUMINT)을 전문으로 하는 '정보담당관'의 재외 공관 배치, 외교정책상 중요사항에 대한 기본적인 정보활동 방침 설정, 중·장기적인 관점에서 미국의 국가정보관(National Intelligence Officer) 제도를 참고할 것과 영국의 SIS(비밀 정보부, MI6)를 모델로 한 대외 정보기관을 외무성에 설치하는 것 등을 제언

  ㉡ 국제정보통괄관조직의 구체적인 업무는 여러 가지의 정보, 위성첩보수집 활동을 강화하고, 수집된 정보에 근거해 객관적·종합적 관점에서 분석하여 정세를 판단하는 것이며, 자체적으로 정보수집활동을 실시하지 않음

  ㉢ 정보기관(첩보기관)이라기보다는 분석·평가기관으로서의 기능을 수행하며 유사한 외국 기관으로서는 미 국무부의 정보조사국(INR: Bureau of Intelligence and Research)이 해당

  ㉣ 조직원은 국장급인 국제정보통괄관을 장으로 해서 대신관방 심의관 또는 국제정보관(과장급 분장관) 4명, 사무관, 전문분석원으로 구성되어 있으며, 국제지명이 각 실을 담당하고 있음

③ 국제정보통괄관조직의 구체적인 조직과 업무

　　㉠ 제1국제정보관실: 정보의 수집에 관한 총괄, 과학적 정보 수집, 대량 파괴 무기 개발·배치 문제에 관한 정보 수집·분석·조사를 담당

　　㉡ 제2국제정보관실: 정보의 분석에 관한 총괄, 국제 테러, 대량 파괴 무기의 확산 문제, 안전 보장을 비롯한 범세계적 과제 및 아프가니스탄·서남 아시아에 관한 지역 정세의 정보 수집·분석·조사를 실시

　　㉢ 제3국제정보관실: 동아시아, 동남아시아, 대양주 지역에 관한 정보를 수집·분석·조사

　　㉣ 제4국제정보관실: 유럽, 중앙아시아·코카사스, 미주, 중동(아프가니스탄 제외), 아프리카 지역에 관한 정보를 수집·분석·조사

2. 정보의 집약과 공유

(1) 일본의 각 성과 청은 개별적인 정보기관을 가지고 있으나, 정보를 집약하고 공유하기 위해 하나의 정보공동체를 구성하고 있다.

(2) 이 정보공동체는 내각정보조사실을 중심으로 방위성, 공안조사청, 경찰청, 외무성 등 정보기관 및 관계기관 등의 상시적 정보공유를 기본 원칙으로 한다.

① 합동정보회의와 내각정보회의를 통해 상시적 정보공유체제를 유지하고 있으며 내각정보조사실 및 내각정보집약센터는 내각의 의사결정을 지원하기 각 관계 성·청 정보기관의 정보를 집약하여 보고함

② 합동정보회의는 일본의 내각에 있는 내각관방부장관(사무)이 주재하는 관계성·청 국장급 회의임

　　㉠ 이 회의는 각 정보관계기관과의 정보협력을 위해 1986년 7월 내각 정보회의 아래 설치된 이후 격주로 개최

　　㉡ 2008년부터는 정보생산 평가기능도 도입되어 4분기당 1회 평가서를 작성하면 전 정보원이 분석·평가한 후 내각 정책부문에 보고하고, 정보공동체의 차원에서 정보 공유

③ 내각정보회의: 일본내각에 있는 회의로, 각 정보관계기관의 연락조정을 통해 내각의 중요정책에 관한 국내외 정보를 종합적으로 파악하기 위해, 1998년 10월 내각에 설치

　　㉠ 내각정보회의는 내각관방장관이 주재하는 관계부처차관급 회의이며, 연 2회 개최함

　　㉡ 2008년 3월의 내각결정에 의해 재무성, 금융청, 경제산업성, 해상보안청도 구성원에 추가되었고, 정책입안에서 정보분석이 보다 중시

　　㉢ 이는 내각정보회의의 기능이 점차 강화되고 있는 것을 보여주는 것으로, 2007년 2월 28일에 정보기능강화검토회의가 「총리관저에 있어 정보기능 강화의 기본적인 방침」이라는 내부문건을 내놓은 것도 이러한 내각 정보기능 강화의 문제의식을 뒷받침하고 있음

　　㉣ 이 문건의 구체적인 내용은 정보기능의 강화, 정보수집의 강화, 집약·분석·공유기능의 강화, 정보 보전의 철저 등 네 가지로 정보공유와 정보강화의 의지를 보여줌

3 과제와 전망

1. 21세기 안보환경의 변화와 내각의 위기관리 강화

(1) 1951년 9월 8일 요시다(吉田) 총리가 일본의 무조건 항복에 따른 강화조약에 서명하면서 시작된 전후 일본의 출발점이 된 51년 체제는 냉전 이후 일본 안보정책의 기본틀을 구성한 것으로 볼 수 있다.

(2) 탈냉전기에 변화된 안보환경은 그동안 주로 미국에 의존하고 있는 일본의 국가안보역할 강화로 이어지면서 일본의 정보기능 강화 움직임이 눈에 띄게 증가하고 있다.

(3) 특히 북한 대포동 미사일 발사는 일본 사회에 국가정보 강화를 가속화시키는 계기가 되었다. 이어진 납치문제를 비롯해 최근 아덴만 선박 납치 등 대외적 요인과 대지진 등 재난 안전, 대형 참사 등의 대내적 요인은 이러한 움직임을 가속화시키고 있다.

(4) 국가정보 강화의 움직임은 성·청 개혁과 더불어 내각을 강화하는 개편으로 이어졌으며, 동시에 국가정보기관의 개편작업도 적극적으로 진행되었다.

① 정부는 행정개혁의 일환으로 2001년 1월 6일부터 1부, 22성·청 체제를 1부 12성체제로 축소하면서 총리의 권한을 대폭 강화

② 총리의 발의권, 내각관방의 직무 확대, 내각부에 경제재정자문회의 설치 등은 총리가 주도적으로 경제 및 재정의 큰 방향이나 결정을 하게 함으로써 이제까지의 성·청중심의 행정체제가 총리중심으로 변화

③ 일본은 또한 내각부 관방장관 예하의 내각정보관에 의한 국가정보의 중앙조정·통제기능을 강화하고, 방위청을 방위성으로 개편하고 정보본부를 장관직할체제로 개편하는 등 정보기능을 집약하고 효율화를 도모

④ 외무성 또한 국제정보수집 활동 강화 의지를 보여주는 중임

2. 최근의 동향과 전망

(1) 일본은 전후 정보기관 설립을 둘러싼 미디어의 반발과 CIA 및 일본 내 성·청의 이해가 맞물려 중앙정보기관이 설치되지 않고 각 성·청 중심의 현재의 정보체계를 구축해 오고 있다.

(2) 일본이 이후 중앙정보기관 설치 논의가 전혀 없었던 것은 아니었다.

① 1980년대 중반부터 내각정보기관 설치의 필요성이 지속적으로 논의되어 왔음

② 2007년 아베 신조 총리 재임 시 일본판 '국가안전보장회의(NSC)'의 창설이 추진되었음

㉠ 9/11 테러와 북한 핵 미사일 발사 등으로 인해 별도의 정보기관의 필요성을 절감했기 때문임

㉡ 같은 해 NSC 창설 안건이 각료회의를 통과하기도 했음

③ 후쿠다 야스오 총리가 취임하면서 이 방안에 논란이 거듭되었는데, 외무성과 방위성이 반대하고, 인원 구성 방식 등을 놓고 부처 간 주도권 다툼이 이어져 같은 해 12월 24일 안전보장회의에서 NSC 창설안이 폐지되었음

(3) 이렇듯 각 성·청 간 갈등은 다른 일본 정보기관 구성의 걸림돌이 되고 있지만, 분명한 것은 일본정부가 정보역량 강화 의지를 천명하고 그에 따른 노력을 계속하고 있다는 사실이다.

① 대내외적인 이유로 정보의 중요성이 커져감에 따라 정보기관 및 정보기능 강화, 정보공유 및 정보협력에 대한 문제의식이 높아지고 있으며, 특히 내각을 중심으로 한 정보기관의 강화 움직임이 가시화되고 있음

② 각종 행정개편 및 정보기관 개편을 통해 정보의 효율화를 기하기 위해서 통합 운용 체제를 구축하는 가 하면, 장관 직할체제로 개편함으로써 내각기관에 대한 정보지원 기능을 강화하고 있음. 동시에 성·청 내 정보기관의 역할도 더욱 강화되는 추세임

(4) 사회적으로도 대포동 미사일 발사를 계기로 안보에 대한 위협이 실존한다는 인식과 특히 9/11 테러, 최근엔 소말리아, 아덴만 선박납치에 이르기까지 또 대내적으로는 각종 대규모 재난발생 빈도가 증가하면 서 정보기관 강화의 목소리는 점점 커져가고 있다.

(5) 이러한 대내외적인 안보 불안의 증가는 각 기관별로 분리되어 있는 정보기구에 대한 비효율화에 대한 지적들이 제기되고 있는 상황에서 장기적으로는 일본의 경우도 미국 CIA와 같은 중앙정보기관 창설로 이어질 가능성이 높아질 수 있다.

① 이미 이러한 움직임이 내각정보조사실을 중심으로 정보기능이 강화되고 있음에 주목할 필요가 있음
② 각 성·청별 경쟁과 견제가 어떻게 해소될 수 있는가, 일본의 보통국가화와 시민평화세력간의 대립 이나 그에 따른 일본의 정치적 이해관계가 어떻게 전개되는가에 따라 그 추이가 달라질 수 있음

(6) 한편 일본의 재무장화에 대한 주변국의 반발에도 불구하고 일본은 미국의 협조 속에 2007년부터 미사 일방어체제(MD) 전력을 강화 및 자위대도 MD운영 매뉴얼을 개정하여 자위뿐만 아니라 선제적 예방조 치가 가능해진다.

① 중국과의 영유권 분쟁으로 해상자위대를 증강하고 있으며, 해상자위대는 이미 평화유지활동을 명분 으로 해외작전을 수행하고 있음
② '기반적 방위력'에서 '동적 방위력'으로의 안보전략 계획의 변화를 보여주고 있는 2010 방위대강에서 는 중국 군사력 강화에 대한 북한의 군사적 움직임을 중대한 불안정 요인으로 꼽고 있음
③ 난세이(南西)군도 방세 강화, 도서지역 등 공백지역에 부대 배치, 육상자위대 정원 1,000명 감축, 해 상자위대 잠수함 16척에서 22척으로 증강함
④ 북한의 탄도미사일 등에 대비하기 위한 미사이 공체제 구축, 패트리어트 지대공 미사일(PAC-3)을 세 곳에서 여섯 곳으로 확대, 이지스함의 요격 미사일인 SM-3를 현재 4대에서 6대로 늘릴 계획 등 군사력 강화의 움직임을 보이고 있음

(7) 이외에도 개혁적인 변화가 서서히 일고 있는데, 내각관방 주도로 안보관련 법안을 입안하게 되었다는 점, 안전보장회의 강화 움직임 등 내각의 정보기능 강화와 더불어 전체적으로 국가안보에 대한 관심이 점차 증대하고 있다는 점이다.

(8) 대내외적인 안보환경 변화와 이에 대한 대응으로서 국가안보에 대한 관심증대는 일본 국내외 정보기능 강화의 필요성이 높아지는 방향으로 전개될 가능성이 더욱 크다.

(9) 일본 동북부 지방의 지진·쓰나미로 인한 대규모 재난 상황은 위성정보에 대한 정보강화 및 재난 대비 정보활동에 대한 관심 제고로 이어지고 있어 일본의 국가정보체계는 전반적으로 더욱 강화될 전망이다.

CHAPTER 07 러시아의 정보기구

1 러시아 정보기구의 기원과 변천

1. 소련이전 시기

(1) 러시아 정보활동의 역사적 기원은 공포정치로 잘 알려진 모스크바공국의 이반 4세가 황제 직속으로 1556년 창설한 '오프리치니나(Oprichnina)'에서 찾을 수 있다.

   ① 오프리치니나는 주로 당시 '보야르'라고 불렸던 고위 귀족층을 탄압하기 위한 비밀경찰기구로 황제의 정책에 비판적이거나 반대하는 자를 색출 및 처벌하는 폭압적 행위로 1572년 폐지될 때까지 공포의 대상이었음

   ② 제정러시아의 표트르 대제(1672~1725년)도 17세기 말 '프리오브라젠스키 프리카즈(Preobrazhensky Prikaz)'라는 비밀경찰을 창설, 강압 정치의 도구로 활용함

(2) **니콜라이 1세(1796~1855년)**: 치세 초기인 1826년 황제의 명령 집행을 감독하기 위한 통치 기구인 황제원(His Majesty's Own Chancery) 내에 '제3부(Third Section)'라는 정치경찰을 창설하였다. 이 제3부는 체제전복과 혁명방지를 위한 전제군주의 강력한 통치도구로서 신하들의 행동을 통제하고 이들에게 처벌과 포상을 내릴 수 있는 주요 기관으로 활동하였다.

(3) 아버지인 니콜라이 1세를 뒤이어 황제에 즉위한 알렉산더(1818~1881년) 2세는 '오흐라나(Okhrana)'라는 기구를 설치 국내정보는 물론 해외정보도 수집하였고, 니콜라이 1세 때 설치된 비밀경찰인 제3부를 그대로 운영해 오다가 이를 대체할 기관으로 1880년 내무부 산하에 '국가경찰부(State Police Department)'를 신설하였다.

2. 소련 시기

(1) 현대적 의미의 정보기구로서의 러시아 정보기구의 기원은 볼셰비키 혁명직후인 1917년 12월 20일, 레닌의 특별지시에 의거하여, 제르진스키(Felix Dzerzhinsky)가 공산혁명의 수호를 명분으로 비밀경찰기관인 '체카(CHEKA)'를 창설한 데에서 찾을 수 있다.

(2) 창설 초기 즉결 심판권 등 초법적 권한을 행사하였던 체카는 매우 복잡한 흡수 및 변화 과정을 겪어 1954년 국가보안위원회(KGB)로 정착된다.

   ① 체카는 1922년 2월 체포된 자들에 대한 판결 및 처벌권 등 억압적 기능이 약화된 채 내무인민위원회(NKVD) 산하 '정치총국(GPU)'에 흡수되었음

   ② GPU는 약 10년 후인 1932년 11월 내각 직속의 '합동국가정치국(OGPU)'이라는 명칭으로 독립하였음

   ③ 1934년 7월 OGPU는 다시 NKVD 산하로 편입되어 국가보안 총국(GUGB)으로 흡수, 스탈린의 정치테러 도구로 이용되었음

   ④ 1941년 2월 GUGB는 또다시 NKVD에서 분리되어 '국가보안인민위원회(NKGB)'로 승격 운영됨

⑤ 1946년에 이르러 NKGB는 '국가보안부(MGB)'로 명칭이 변경되었는데, 이때 NKVD는 내무 부 (MVD)로 개편되었음

⑥ 1953년 3월에 이르러 MGB와 MVD는 통합되지만, 1년 후인 1954년 베리야가 총살당한 후 MGB는 다시 분리되고, 이를 기반으로 1954년 3월 KGB가 창설됨

(3) KGB의 창설을 계기로 소련의 정보기관은 내각 산하로부터 권력 실세인 공산당 정치국에 의해 직접통제를 받는 기관으로 변경되었다.

① 소련 시기 KGB는 세계 최대의 정보기관으로서 방첩, 해외정보의 수집과 분석 등 기본적인 정보업무는 물론 군사보안, 국경수비, 국가원수 경호 등 광범하고 다양한 업무를 수행하였음

② KGB 의장들은 거의 예외 없이 지위와 권한을 활용하여 핵심 권력기구였던 공산당 내에서 권력투쟁을 전개하였음

3. 러시아 시기

(1) 1991년 8월 보수파가 주도한 쿠데타가 실패한 후 KGB는 또한 매우 복잡한 해체 · 통합 · 개편의 과정을 겪게 된다.

① 당시 쿠데타에는 KGB의 최고책임자 크류치코프(Vladimir Kryuchkov)를 포함하여 KGB의 거의 모든 고위지도자가 연루되었음

㉠ 고르바쵸프는 이들을 체포한 후 자신의 측근인 바카틴(Vadim Bakatin)으로 하여금 KCR 개혁에 착수하게 함

㉡ 바카틴은 KGB에 대한 대규모의 구조조정을 단행하고, 쿠데타 등 KGB의 여타 불법 행위를 조사할 5개의 국가조사위원회를 설치하였음

㉢ 바카틴은 KGB 산하 군사조직을 국방부에 이관하였으며, KGB를 5개의 분리된 기구로 나누고 중앙집중이던 권한을 러시아연방 등 12개 구성공화국들에 이관하였음

② 1991년 10월 당시 과도통치기구이었던 국가평의회는 KGB를 전격 해체하고, 연방중앙정보국 · 보안부 · 국경수비위원회 등 3개 기관을 설치하기로 결정하였음

③ 러시아연방의 옐친은 바카틴의 KGB 개혁 및 개편 조치를 고르바쵸프 대통령의 지위와 소련방 자체를 약화시키는 기회로 활용하였고, 1991년 12월 마침내 소련이 해체되었음

④ 소련의 해체를 계기로 KGB가 수행하던 역할과 기능을 분리 · 개편하는 조치가 가속화되었음

㉠ KGB의 제2총국(방첩), 제4총국(운송), 제6총국(경제 방첩), 제7총국(감시), 그리고 작전기술총국이 맡던 기능들과 테러리즘 대응 임무들을 보안부가 총괄하도록 함

㉡ 보안부는 곧 내무부와 통합되어 내무보안부로 개칭되었으며, 해외정보 담당부서로서 연방중앙정보국을 토대로 해외정보부(SVR)를 발족시킴

㉢ SVR은 사실상 해외정보를 담당하던 KGB 제1총국을 독립된 기관으로 재조직한 것임

㉣ 내무보안부는 이듬해 1월 헌법재판소의 결정에 의해 내무부와 보안부로 다시 분리되었고, 같은 해 6월 국경수비위원회가 보안부 산하로 이관

(2) 1993년 2월에는 보안부 내 과거 KGB 제8총국과 16총국을 기반으로 미국의 NSA와 유사한 '연방통신정보국(FAPSI)'을 창설 및 독립시켰으며, 1994년 2월 대통령실 소속 정보수집국을 FAPSI에 편입시켰다.

(3) 1993년 12월 러시아 의회 유혈 사태를 계기로 보안부를 해체하고 대신 '연방방첩부(FSK)'를 창설하였으며, 이때 보안부 산하에 있던 국경수비대를 '국경수비총국'으로 분리 · 독립시키는 등 방첩기구의 조직과 인원을 축소 및 정예화하는 방향으로 개편을 단행하였다.

(4) 1994년 1월 FSK, SVR, 그리고 FAPSI 등 주요 정보기관들과 안보회의를 대통령 직속기관으로 소속시킴으로써, 대통령을 중심으로 하는 정보체제의 기본틀이 정립되었다.

　① FSK는 당시 기승을 부리는 조직범죄문제, 방위산업 및 정보 기관 퇴직자들 관리 문제 및 체첸 반군 활동의 활성화라는 안보환경의 악화라는 상황을 반영하여, 1994년 6월 범죄 담당 부서를 신설함

　② 검찰청으로부터 수사총국을 회복(6월)한데 이어 체첸총국을 신설함(12월)

(5) 1995년 4월 3일 빈발하는 테러 및 사회불안 증대에 대처한다는 목표하에 「러시아보안기구법」(On the Organs of the Federal Security Service in the Russian Federation)이 제정된 것을 계기로 FSK는 '연방보안부(FSB)'로 명칭이 변경되었다.

　① 피의자에 대한 수사권, 스페츠나즈(Spetsnaz)라는 특수부대, 그리고 자체 감옥의 운영 등을 허용하는 이 법으로 인해 FSB의 권한과 위상이 크게 강화

　② 이 법에 의하여 FSB는 SVR과 협력하에 해외 활동을 전개할 수 있게 되었으며, 가택 수색권을 행사하고, 민간 분야의 보안요원을 훈련시킬 수도 있게 되면서 FSB는 크게 성장하게 됨

　　㉠ 1998년 무렵 FSB의 지시를 받으며 자체 보안부서를 보유하는 약 2,500여 개의 은행 및 72,000여 개의 기업들이 존재하게 됨

　　㉡ 에너지 분야의 거대 기업인 가즈프롬에만 20,000여 명의 보안요원이 근무 중인 것으로 알려져 있는데, 이들은 전·현직 FSB요원이거나 여타 보안기관 요원들임

　　㉢ 1996년에는 FSB 주관하에 모든 주요 회사대표들로 'FSB협의위원회(Consultative Council of the Russian FSB)'가 구성되어 보안 취약 부문을 규제하는 역할을 수행하게 되었으며, 이를 계기로 모든 민간 감시 및 조사장비는 사실상 FSB의 허가를 받게 됨

　③ 1997년 FSB는 러시아 은행들을 감시·감독하고, 러시아 방위 산업체와 외국업체 간 접촉을 통제하며, 대외재정 보유현황을 조사하는 '경제보안총국'을 신설

　④ 같은 해 7월에는 연방경호총국(GUORF)이 대통령경호실(SBP)에 소속되는 것으로 편제 변경되었고, 8월에는 대테러업무의 단일화 명분으로 GUORF 소속 알파(ALFA)특수부대가 FSB로 이관됨

　　㉠ 이러한 연장선상에서 9월에 테러문제에 관해 조정 및 통제권을 지니는 테러대응부서가 FSB 내에 설치됨

　　㉡ 1998년 7월 옐친 대통령은 '헌법보장국'을 부활시키는 등 FSB의 기능과 조직을 확대 및 강화하는 포고령에 서명하였음

　　㉢ 1999년 2월 FSB 내 테러대응센터인 헌법보장국을 통합하여 '헌법수호 및 테러대응총국'을 발족시켰음

　　㉣ 2003년 푸틴 대통령은 정규군 및 각종 무력부서 내에 'FSB 파견관실'을 설치하는 것에 관한 대통령령에 서명하였고, 이로써 FSB는 군내 방첩 및 보안활동도 수행하게 되었음

　⑤ 러시아 정보기관 중 최고의 위치를 차지하는 FSB는 1997년 말 기준으로 80여 개 국가에 연계를 갖고 있으며, 18개 국가에는 지부 개설 등 대외정보 수집에서 SVR과 상당한 정도의 경쟁 관계에 있는 것으로 알려져 있음

　　• 2003년 3월 푸틴 대통령은 '국경 수비대(FPS)'를 FSB로 편입시키는 한편, FAPSI를 폐지하고 그 기능을 FSB가 흡수·통합하게 함으로써 FSB의 권한과 역할이 다시 한번 크게 강화됨

2 러시아의 국가정보체계

1. 러시아 국가정보체계 개관

(1) 1954년 KGB라는 일원적 정보기관으로 운영되어 오던 러시아 정보기구는 1991년 소련연방 해체 이후 일련의 매우 복잡한 개편 과정을 거쳐, 기본 골격 면에서 주로 국내 정보업무를 담당하는 FSB와 주로 해외 정보업무를 담당하는 SVR의 이원체제로 확립되었다.

(2) 이 과정에서 러시아의 정치 상황은 물론, 국제 안보환경의 변화를 반영하면서 SVR보다는 FSB가 보다 더 복잡한 개편 과정을 겪었고, 경제와 교역, 테러리즘, 과학기술, 조직범죄와 마약 거래 등에 대처하기 위한 기능과 조직이 보강되었으며, 군정보기관으로 정보총국(GRU)이 있다.

(3) 소련 건국 당시부터 현재에 이르기까지 러시아 정보기관은 통상적인 정보활동뿐만 아니라 집권세력을 위한 정치사찰 및 내부통제의 기능을 수행해 왔다.

① 지도자가 바뀔 때마다 정보기관을 개혁하려는 노력과 시도가 있었음에도 불구하고, 그 기본 관행과 골격을 근본적으로 변화시키지는 못하였음

　　예 정보기관을 개혁하려던 대표적인 사례는 2001년 옐친 대통령이 KGB를 해외정보, 국내방첩, 그리고 신호정보 및 VIP 경호기관으로 분리

② 옐친 대통령도 집권 후반기로 가면서 결국 정보기구의 권한을 강화하였고, 푸틴 집권기에는 통치권 강화를 위해 야당 성향의 정치지도자들과 신흥 재벌들을 견제하는 정치적 목적에 정보기관을 적극적으로 활용함

③ 러시아 사회의 민주화 추세, FSB 및 SVR 등 정보기관에 대한 의회통제의 제도화 등으로 정보기관이 무소불위의 전횡에 일정한 제약이 가해지고 있지만, 여전히 러시아 정보기구는 보다 내밀화 · 고도화된 방식으로 여전히 권력의 전위기구로서의 역할을 수행 중이라는 평가를 받고 있음

2. 연방보안부(FSB)

(1) 조직

① 소련 붕괴 후 복잡한 개편과정을 겪어온 FSB(영문명칭 Federal Security Service)는 부장 휘하에 다음과 같은 조직을 구성

② 조직원은 2002년 기준 약 76,000여 명에 달하는 것으로 추정된적 있으며, 중앙조직 이외에 FSB는 각급 연방구성단위에 지역총국을 설치 · 운영하고 있음

FSB의 조직

부서	주요업무
방첩국	• 전략시설에 대한 방첩 지원 • 군사분야 방첩에 관한 업무
헌법체제 보호 및 대테러국	테러리즘 및 정치적 극단주의 감시 통제
연방경호국	대통령실 경호 목적 크렘린 주둔 스페츠나츠 관장
경제보안국	경제보안에 관한 제반 업무
공작정보 및 국제관계국	분석과 예측 및 전략기획업무
조직 인사국	조직과 인사에 관한 제반업무
활동지원국	제반 지원업무

국경경비국	국경 경비 및 통과에 관한 업무
통제국	• 감찰 업무 • 내부 보안 업무
과학 및 공학기술국	과학 및 엔지니어링에 관한 제반 업무
조사국	조사 및 수사 업무

(2) 임무와 활동

① KGB의 주된 계승자로서 FSB는 미국의 연방수사국(FBI), 비밀감찰국(SS), 국가안보국(NSA), 해안경비대(USCG), 그리고 마약단속국(DEA) 등이 행사하는 역할을 다 합해 놓은 정도의 방대한 역할과 권한을 보유 및 행사하는 러시아의 중추적 정보기관임

② FSB는 또한 스페츠나즈라는 자체 무장력 및 방대한 민간정보원 네트워크를 운용하고 있으며, FSB 요원의 숫자 및 예산은 비밀사항에 속함

③ FSB는 필요하다고 판단되는 경우 또는 복수의 기관이 동시에 관련된 경우, 러시아의 제반 법집행 기관 및 정보기관들 사이 정보, 안보정책, 활동을 주도 · 지휘하는 역할을 수행함

　예 체첸작전에 투입된 GRU 및 내무부 소속 스페츠나즈 등이 합동작전의 필요에 의해 FSB의 지휘 하에 활동하고 있음

④ **기본임무:** 러시아의 중추적 국내 정보 및 보안기관인 FSB는 러시아 시민의 인권과 자유의 보호, 국가주권과 영토의 보전, 헌법체계 보호 등 국가안보를 보장하는 임무를 수행함

　㉠ 방첩활동

　㉡ 국가기밀 보호 등 안보활동

　㉢ 국경 및 국내 보안업무

　㉣ 러시아 헌법질서를 파괴하려는 행위 저지

　　예 러시아연방의 헌정질서를 무력으로 변경하려는 활동 및 국권 강탈행위 등

　㉤ 테러대응

　㉥ 조직범죄 및 밀수 · 부패사범 적발

　㉦ 불법자금 세탁 적발

　㉧ 이민 관리

　㉨ 정치테러 및 분리주의 운동 감시 · 저지

　㉩ 마약 및 불법무기 거래에 대한 적발과 예방

　㉪ 무장폭동 목적의 범죄조직 감시

　㉫ 사회단체 및 개인의 불법무기 보유 적발

> **더 알아보기**
>
> **FSB의 방첩활동**
> • 1995~1996년 사이 간첩행위에 관여한 외국정보요원 400여 명 적발
> • 물리학자 다닐로프(Valentin Danilove) 등 간첩행위 및 불법기술유출에 가담한 과학자 고소
> • 두다예프(Dzhokhar Dudaev), 마스하도프(Maskahdov) 등 체첸 반군 지도자들 추적 살해
> • 모스크바 극장 인질사태 및 베슬란(Beslan) 학교 인질사태 때 FSB의 스페츠나즈는 쿨라예프(Nur-Pashi Kulayev) 한 명을 제외한 나머지 인질범 전원 현장 살해
> • 2006년 중 · 북부 코커서스에서 행해진 119차례의 테러대응작전에서도 FSB는 100명 이상의 테러지도자들을 사살한 것으로 알려져 있음

⑤ 대통령 · 의회 · 정부기관에 대하여 국가안보를 위협하는 사항, 비상사태, 대외 정치 · 경제관련 정보를 제공과 더불어 국가안보와 관련한 상급기관의 명령이 있을 경우 이를 이행하며, 국내 정치 · 경제 · 사회현상을 분석 및 진단

⑥ 방위산업, 원자력, 우주, 통신, 교통 등 국가 주요 전략시설과 러시아 주재 외국공관 및 기관의 보호도 FSB의 주요 소관업무임

⑦ 러시아 연방 내 하천, 연안 및 대륙붕 지역의 수자원 보호문제, 사람과 화물 및 상품과 동식물의 국경통과에 관한 업무를 수행하는 동시에, 국가의 안전보장과 관련된 국가과학기술정책도 수립 · 추진

⑧ FSB는 러시아의 수출 통제전략 수립과 집행에도 깊숙이 관여함

   ㉠ 군사물자 및 군사기술, 군민 양용 물자의 이전된 국제협정체결시 그 협정안을 FSB가 검토

   ㉡ 비확산을 목표로 핵과 연관 물자의 불법 유출을 방지하기 위한 정보활동도 전개

(3) 연방통신정보 업무

① FSB는 2003년 3월 폐지된 연방정보통신국(FAPSI)의 기능을 흡수하였기 때문에 FAPSI가 수행하던 기능을 살펴보는 것으로 FSB의 증대된 역할과 활동이 파악 가능함

   ㉠ 본래 FAPSI(Federal Agency of Government Information and Communication)는 미국의 NSA(National Security Agency)와 유사한 기관

   ㉡ 러시아의 보안기관들 중에서 가장 은밀한 기구였고, 그 인원은 최대 12만 명 정도에 달할 것으로 추산되는 등 정보기관 중 가장 규모가 큰 기구

② 1991년 8월의 쿠데타 이후 KGB의 통신, 암호 및 전자정찰부서, 즉 제8총국 및 제12총국이 고르바초프에 의해 연방정부통신위원회로 분리 이관되었다가, 1991년 12월 옐친에 의해 FAPSI라는 명칭으로 창설되었음

③ 1993년 2월 러시아 두마가 통과시킨 법안에 의해 권한이 강화된 FAPSI는 연방 정부의 모든 통신과 정보를 조직하고 군통신을 보호하는 책임을 맡았음

   ㉠ 비록 체포 또는 구금할 권한을 갖고 있지 않음에도 불구하고 기지보안과 이동야전통신망을 수립할 자체의 병력을 보유하였으며, 간부급은 FAPSI 관련 요원의 배석 또는 검사가 직접 발행한 영장 없이는 체포당하지 않을 권리 등 일정한 면책특권을 지님

   ㉡ 강대국으로서의 지위를 유지하는 데 필수적인 범세계적 감청능력을 존속시킬 필요성으로 인해, FAPSI는 존속하던 기간 중 러시아의 다른 보안 및 국가기관들이 겪었던 급격한 감축을 면할 수 있음

   ㉢ 쿠바와 베트남의 지부는 2002년까지 유지되었으며, 변덕스러웠던 옐친 대통령 집권시기에도 FAPSI는 그 독특한 정보수집 능력으로 인해 옐친에게 선별된 주제와 관련하여 매일 직접 보고를 하는 등 대통령의 신임을 받는 기관이 됨

④ 소련 붕괴 후 일정한 혼란이 발생되었을 때에도 FAPSI는 점진적으로 옛 소련 지역에 있던 시설망들의 운영 기능을 재가동하고 통신기지들을 연결 운용하였음

   ㉠ CIS 소속 대다수 지역에서 러시아가 중시하였던 문제의 하나는 소련시절부터 이 지역에 설치 운용되어 오던 기존의 장비와 설비를 재가동시키는 것

   ㉡ 결국 끈질긴 노력 끝에 1992년 5월 타시켄트에서 CIS 소속 10개국 정상들이 모인 가운데 암호체계의 비아에 관한 협정을 체결하고, 정부 간 통신조절위원회를 발족시킨바 있음

⑤ 러시아 내적으로 FAPSI는 중앙정부 차원의 데이터베이스를 관리하는 책무를 지니며, 1995년부터는 지역 및 중앙선거관리위원회를 연결하면서 투표집계 및 선거 감독을 위한 러시아연방 국가자동화시스템인 'Russian Federation State Automated System'을 관리 감독하는 역할도 담당함

⑥ FAPSI는 또한 러시아의 58개 주요 지역에 소재하면서 약 300여 개 지부를 갖고 있는 '지역정보분석센터(Regional Information Analysis Center)'들을 운영하였으며, 이 센터들을 통하여 1,200개를 상회하는 지방 출판물들을 분석하고 지방 정세를 업데이트하는 중임

⑦ 통제지향적이었던 옛 소련 시절의 통신체제는 정부의 각 계층마다 자신들만의 전용 네트워크를 사용하면서도 사실상으로는 철저히 중복성의 개념에 입각해 있었던 것으로 평가됨

　　㉠ 장관 및 차관 전용 통신네트워크는 '연방보호국(Federal Protection Service)'으로 소관이 넘어갔지만, FAPSI는 대통령실 및 중앙지방 간 통신네트워크를 관장하였음

　　㉡ FAPSI는 '이쉬토크(Ishtok)'라는 자신들만의 보안네트워크를 보유하였으며, 소련시절의 고주파 연계 네트워크를 최소한 4개 정도 인수한 것으로 알려져 있음

　　㉢ 옛 소련 영토 전반에 걸치는 병렬 전화네트워크인 '카스카드(Kaskad)'는 40,000여 중계국이 있었는데, 일정한 부분은 사유화되었고, FAPSI 감독하에 주요 석유 · 가스회사에 임대됨

　　㉣ FAPSI는 옛 소련공산당의 전국 전화 네트워크를 인수하였고 그 후 비즈니스 통신용 보안네트워크로 임대하고 있음

⑧ 1995년 4월 설립된 '연방경제정보보호센터(Federal Center for the Protection of Economic Information)'는 러시아의 금융부문과 해외 간 정보의 흐름을 관리하는 것이 주목적인데, 이 또한 FAPSI의 감독을 받았음

　　㉠ 러시아에서는 개인이나 회사가 독자적인 컴퓨터 보안체제를 만들 수 없으며, FAPSI에 의해 인가를 받은 기존 제품만을 구입해야 함

　　㉡ 중요 정부기관, 군간부, 주요 산업체가 사용하는 통신망 관리, 통신보안과의 개선, 암호 장비의 승인 및 시험, 비밀 및 암호통신분야 정보의 수집 업무는 방내 안보목적의 연구조사 활동, 그리고 무선전자시스템을 이용한 정치, 경제, 군사, 과학기술 분야에서의 해외정보 수집도 담당하였음

(4) 지배엘리트집단으로서의 FSB

① 러시아의 지배적인 정치적 인물 1,016명 중 78%는 KGB 또는 FSB 또는 이와 관련된 기구에 근무한 경력을 가지고 있음

② 소련 시기 또는 러시아 독립 초기 KGB 및 FSB 관련 인물들은 주로 안보 관련 분야에 종사하였던 것에 비해 현재 두 정보기구 경력자들 중 여전히 반 정도는 안보관련 분야에 종사하고 있지만 그 나머지는 기업, 정당 NGO, 지방정부기관, 그리고 심지어는 문화계에도 진출해 있음

③ 정보기구 경력을 지닌 사람들은 비록 공식적으로 정보기구를 퇴직하더라도 이른바 '활동하는 예비역'이 되는데, 이들은 퇴직자에 상당하는 급여를 받고 조직의 보호하에 면책권을 향유하면서 FSB의 지시를 따르는 것으로 알려져 있음

3. 해외정보부(SVR)

(1) 조직

① SVR(영문명칭 Foreign Intelligence Service)은 과거 KGB의 제1총국을 거의 온전하게 이어받는 형태로 개편되었기에 그 과정이 상대적으로 안정적이었음

② SVR의 직원 수는 약 1만 5천여 명에 달하는 것으로 알려져 있으며, 공표된 여러 자료들을 바탕으로 정리된 1990년대 SVR의 조직은 다음의 표를 참고

부서	주요업무
PR국	• 정치정보 수집 • 해외정보 수집
S국	• 위장 정보요원양성 및 해외 파견, 외국에서의 테러작전 및 사보타지 • 러시아 거주 외국인 포섭
X국	과학 및 기술 정보 업무
KR국	• 외국 정보 및 보안기관에 대한 침투 • 해외거주 러시아시민에 대한 감시
OT국	조직 운영 및 기술 지원 업무
R국	SVR의 해외 활동에 대한 평가
I국	• 정보 자료 분석 배포 • 대통령을 위한 정보 요약보고 업무
경제정보국	경제정보 수집 업무

③ 각 부서는 각각 SVR 부장에게 보고하는 1명의 차장이 지휘하며, SVR은 이 이외에 다수의 해외 거점들, 다양한 지원부서, 그리고 자체의 정보학교를 설치 운영하고 있음

④ 과학기술 분야를 담당하는 X국(Directorate X)이 해외정보아카데미(Academy of Foreign Intelligence)를 산하에 두고 있으며, S국(Directorate S)은 '뱜펠(Vympel)'로 불리는 정예의 스페츠나즈를 운용 중임

(2) 임무와 활동

① 주요 기본업무 및 활동

㉠ 1996년 1월 10일 발효된 「해외정보기구법(Law on Foreign Intelligence Organs)」이 규정하고 있는 SVR의 기본 업무는 다음과 같음

- 정보수집
- 러시아의 안보정책의 성공적 추진 여건 조성 등 제반 조치들의 적극적 실행
- 군사, 전략, 경제, 과학, 환경 그리고 기술 분야에서의 정보 수집 및 분석
- 러시아의 해외 공관원과 주재 기관 근무자들과 그 가족 보호
- 러시아 정부 관리 및 그 가족들의 안전 보장
- 해외여행 또는 체류 중인 러시아 시민, 그중에서도 특히 국가기밀을 다루는 사람들의 안전 보장 임무
- GRU 및 FSB 등 국가정보기관들과의 합동 활동
- 외국에서의 전자 감청
- 대량살상무기 및 기술의 확산 방지
- 불법무기와 마약거래, 조직범죄에 관한 업무

ⓛ 다른 나라의 정보기관들과 마찬가지로 SVR도 외교관, 무역대표부 직원, 특파원, 상사원 등의 신분으로 위장 파견된 요원들을 통해 다양한 정보를 수집함

- 소련 시기에는 주로 외교관, 무역대표부직원, 통신사 Tass의 특파원 등으로만 파견하였던 것에 비해, 현재는 거의 모든 유명 기업이 정보활동을 위한 수단으로 활용함

  예 SVR은 가즈프롬 및 LUK 오일 등과 매우 긴밀한 관계

- 해외에 진출한 거의 모든 러시아 기업들이 SVR의 일종의 전위조직으로 활용되고 있는데, 이 중 가장 유명한 것은 아에로플로트(Aeroflot)

- 아에로플로트 항공사는 과거 외국으로부터 소련시민을 러시아 국내로 압송 또는 철거시키는 일을 수행. 아에로플로트의 약 14,000여 직원 중 약 3,000여 명이 SVR, FSB, GRU 요원임. 아에로플로트는 국제정보활동에 소요되는 자금을 조달 및 융통해 주는 역할도 담당

- SVR은 외국 국적의 러시아인, 그중에서도 주로 성공한 러시아 이민자를 요원으로 포섭 또는 충원하는 데에도 적극적임

② 해외정보 전담 정보기구

ⓗ KCB 제1총국을 계승한 SVR은 러시아의 대표적인 대외정보기관임

- 소련시기 해외정보 담당부서인 제1총국은 미국, 캐나다, 유럽 전역, 쿠바와 베트남 등 공산국가들, 그리고 남예멘과 에티오피아 등 사회주의 성향의 국가 등 광범한 국가를 대상으로 정보 수집활동을 해왔음

- 이 시기 KGB와 바르샤바조약기구 국가 정보기관들은 50여 개에 달하는 제3세계 국가 정보기관의 요원들을 훈련시키는 한편, 베트남과 쿠바에 대규모의 감청 설비를 유지·운영함

- 1991년의 쿠데타 직후 외교관 신분으로 위장 근무하는 KGB 요원들이 감축되었고, 그해 8월 중앙정보처(CSR) 형태로 변모되었음

ⓛ 1991년 12월, 대통령령에 의거 1992년 7월 8일 법적 토대 위에서 해외정보만을 전담하는 정보기관으로 SVR이 설립됨

- SVR은 당시 약 15,000여 명의 인원이 40% 정도 감축되고 전자정찰 및 암호 장비들이 FAPSI로 이관되는 등 축소 정비된 정보기관으로서, 러시아 정보기관이 지니는 강점의 하나인 인적정보의 강화, 그리고 과거 소련의 영토이었던 지역 및 CIS에서 러시아의 위상을 재구축하는 일에 역량을 집중함

ⓒ SVR은 미국 카운터 파트인 CIA와 마찬가지로 국내 활동이 금지되어 있음

ⓔ 바르샤바 조약기구 및 소련의 동맹체제 와해, 냉전의 붕괴 등 국제정세의 변화 등 여러 요인들로 인해 정보수집 목표 및 그 방식에서의 변화나 인력 및 기구의 축소 등 외형상 막대한 변화를 겪기는 하였지만, 대외 정보업무가 지니는 특성상 다른 정보기관들에 비해 상대적으로 변동이 적으며 여전히 세계수준의 정보 수집능력을 지니고 활발히 그 활동을 전개하고 있음

③ 외교정책의 주요 행위자

ⓗ SVR은 군사정보기관인 GRU와 협력하에 해외에서의 정보활동을 전개하고 있으며, 해외 파견 요원의 숫자 면에서 1997년 기준으로 GRU가 6배나 더 많지만, 러시아 외교정책에 미치는 영향력이라는 면에서 SVR이 압도적 위치를 차지함

ⓒ SVR은 외국의 정보기관들과 반테러리즘에 관한 협력 및 정보 공유 협정 업무를 주관함
- 옐친 시기 SVR은 외교정책에 대한 주도권을 두고 외무부와 경쟁관계에 있었음. 그러나 SVR의 부장이던 프리마코프가 1996년 1월 코지레프의 후임으로 외무부장관에 임명되고 다수의 SVR 요원들을 외무부로 영입한 것을 계기로 이러한 경쟁에서 SVR이 승리하게 되었음
- 실제로 핵기술의 이란 이전, NATO의 동진에 대한 러시아의 대응, ABM 조약의 수정 문제 등 주요 외교 현안에 대한 러시아의 입장을 결정하는 데에 SVR이 주도적인 역할을 수행한 것으로 알려지고 있음
ⓒ SVR의 부장은 러시아 대통령에 의해 임명되고 대통령에게 직접 보고함. 매주 월요일 대통령에게 정기 브리핑을 수행하며, 필요시에는 수시 보고를 할 수 있음
- SVR 부장은 안보회의(Security Council) 및 방위회의(Defense Council)의 구성원임
- 러시아 대통령은 의회를 배제한 채 SVR에 대해 여하한 비밀 명령을 내릴 수 있음
- SVR은 대통령에게 일일 정보보고를 하는데, 이때 어떤 외교정책 옵션이 유리한지에 관한 내용이 포함됨

④ 독립국가연합(CIS) 지역에 대한 정보활동
㉠ 독립국가연합(CIS): SVR의 임무와 활동 중에서 높은 우선순위를 지니는 지역
- CIS지역이 러시아의 안보와 경제에 큰 영향을 미치는 지역일 뿐만 아니라, 이 지역 국가들과의 공유된 기술과 조직구조, 그리고 친숙한 인적 관계와 더불어, 러시아인들이 소수 민족으로 CIS 소속 국가들 내에 다수 거주하고 있기 때문임
- CIS지역에 과거 구축되어 남아있는 소련의 정보 유산 · 내지 자산들을 보전할 목적으로, 러시아는 1992년 4월 5일 알마아타에서 아르메니아, 우크라이나, 벨라루스, 카자흐스탄, 키르기즈스탄, 몰도바, 타지키스탄, 투르크메니스탄 등의 국가들과 기본협력에 관한 협정에 서명한 바 있음
- 서명국들은 테러리즘, 조직범죄, 그리고 마약 등에 관한 정보 공유와 더불어 상호 간에 정보 공작활동을 전개하지 않을 것에 합의하였음
- 역사적인 요인들과 더불어, 러시아가 이 지역에 대해 강한 이해관계를 갖는 또 다른 이유들로는 이 지역에 매장되어 있는 것으로 추정되는 막대한 석유 및 가스자원, 그리고 이슬람 세력의 준동 방지 등이있음
㉡ 옛 소련 구성공화국들에 대한 러시아의 관심과 노력에도 불구하고, 이 지역 정치의 매우 분열적이고 변덕스러운 특성에 의해, 러시아의 정보활동은 많은 지장을 받고 있음
- 이스라엘의 모사드와 마찬가지로, 이란, 터키, 사우디아라비아 등의 국가들도 중앙아시아 지역에 적극적으로 관여하고 있음
- 중앙아시아 소재 국가 등 모두 전 소련 구성공화국들로서 대체로 부패 및 권위주의적 통치라는 점에서 유사성을 지니고 있는데, 이러한 정치 사회적 환경은 걸프지역 이슬람 세력으로부터 지원금을 받는, 타지키스탄의 압달라 누리(Abdallah Nuri) 등과 같은 이슬람원리주의 반란세력들이 준동 원인으로 작용함
- 대규모의 오일 머니 유입과 더불어 인접 강국들이 이 지역에서 정권변화를 기도하려는 많은 유혹이 존재해옴
- 이와 같은 몇 가지 사실은 중앙아시아 지역 정세의 복합적이고 가변적인 양상을 잘 보여주는 것이고, 그러한 만큼 이 지역에 대해 SVR이 부여하는 우선순위와 중요도도 높을 수밖에 없음

CIS와 SVR의 관계
- 1995년 아제르바이잔 내무부 장관 자바도프(Rawshan Javadov) 주도의 쿠데타위협: 당시 아제르바이잔은 쿠데타 위협과 관련하여 터키가 석유 이권 등 복합적인 목적을 지니는 쿠데타 음모에 연루되었다고 비난하였다.
- 러시아 SVR의 입장에서 터키는 경쟁자이자 파트너인데, 러시아는 중앙아시아 지역 내 급진 이슬람주의 세력과의 투쟁에 관한 공동강령 합의 등 터키의 정보기관인 MIT와 실무수준의 협력관계를 구축한 바 있다.

⑤ 해외 정보활동의 몇 가지 사례

   ㉠ 냉전시기와 마찬가지로 러시아의 정보기관은 CIA의 최대 경쟁자

   ㉡ SVR은 냉전이 치열하던 시기 못지않게 적극적인 대미 정보활동을 전개하고 있으며, 과학자 및 교수 등으로 미국에서 활동하고 있는 러시아계 합법적 이민자들을 포섭, 이들을 보조적 요원으로 활용하고 있음

   ㉢ 1992년 러시아-중국 사이 체결된 정보협력에 관한 비밀협정은 SVR/GRU와 중국 인민해방군 군사정보총국 간의 협력에 관한 내용을 담고 있음

   ㉣ SVR은 사담 후세인 집권시기에 이라크 정보요원들의 훈련을 담당하였던 것으로 알려져 있으며 아제르바이잔 및 벨라루스 등 과거 소련 공화국이었던 국가의 비밀경찰들과 협력협정을 체결하였음

미국-러시아 정보활동 경쟁사례
- 미국은 러시아와 인접한 그루지아와 오랜 기간 친밀한 관계를 유지하였으며, 2002년 3월 반정부 활동 진압을 위한 그루지아 군 훈련을 목적으로 특수전 요원 160명을 파견
- 냉전이 종식되던 당시 북미 지역에서 다양한 위장 신분으로 활동 중인 KGB 및 GRU 요원들은 약 140여 명이었으나, 1995년경에 약 100여 명 수준으로 감소하였다. 그러나 최근 FBI 방첩 관련 자료에 의하면 북미지역에 활동하는 SVR 등 러시아 정보기관 요원은 다시 증가하는 것으로 나타났다.

4. 군총참모부 정보총국(GRU)

(1) 조직

① 1918년 10월 21일 레닌의 특별지시로 트로츠키 후원하에 창설된 GRU의 상세한 조직에 대해서는 거의 알려진 바 없으며, 단지 KGB와 마찬가지로 지역부서와 기능부서로 구분되어 운영되고 있는 것으로 알려지고 있음

   • 직원도 2만여 명 이상 되는 것으로 추정되고 있을 뿐 정확한 숫자는 알려진 바 없음

GRU가 세상에 알려진 계기
- GRU 요원이었던 망명자 아가베코프(Georges Agabekov)의 회고록(1931)
- 소련군 고위 정보장교 크리비츠키(Walter Krivitsky)의 자서전(1939)
- 1978년 정보총국요원 블라디미르 레준(Vladimir Rezun)이 영국에 망명한 후 GRU에서의 경험을 '수보로프(Victor Suvorov)'라는 가명으로 기고한 글

② GRU는 창설 당시부터 독립성을 지녀 소련 초기 막강한 힘을 행사하던 체카마저 GRU에는 간여하지 못하였음

③ KGB 등 러시아의 정보기관 또는 기구들이 매우 복잡한 통폐합의 과정을 겪어야 했던 것과는 달리 GRU는 창설 이후 현재에 이르기까지 독립성과 연속성을 이어가고 있음

④ GRU는 러시아의 가장 큰 해외 정보기구로 SVR의 6배나 되는 요원을 해외에 파견하고 있으며, 1997년 기준 2,500여 명의 스페츠나즈도 보유하고 있는 것으로 알려진 바 있음

(2) 임무와 활동

① 주로 전 세계를 대상으로 군사정보, 특히 러시아 외부의 정보원들로부터 전략, 군사기술과 경제, 군 작전정보 등의 군사정보 또는 정치관련 정보를 수집하는 임무를 수행함. 물론 GRU는 러시아 영토 내에서의 군 관련 정보활동도 수행함

② GRU는 또한 옛 소련시기 동맹국들에 SIGINT 기지를 운영하며 신호정보를 수집하였으며, 현재도 쿠바와 베트남 등에 기지를 운영하고 있음

③ GRU는 미국의 DIA(국방정보국)에 비견되는 경향이 있지만, 실제로는 미국의 다양한 정보기구들은 물론 거의 모든 군정보기구들의 업무를 합쳐 놓은 것과 필적하는 방대한 정보활동을 수행하는 것으로 알려지고 있음. 또한 GRU는 신호 및 영상정보 수집용 위성도 운영하고 있음

• 신호 및 영상정보 수집업무는 GRU의 우주정보국이 담당하는데, 우주정보국은 90년대에 130여 개의 첩보위성을 운영한 것으로 알려짐

3 과제와 전망

1. 1991년 KGB 지도부가 깊이 관여한 쿠데타가 실패하고 이어서 소서 일련의 복잡한 개편 과정을 겪은 러시아의 정보기구는 큰 틀에서 국 해외 정보업무를 각기 전담하는 FSB와 SVR의 이원체제로 정착되었다.

2. 소련 건국 당시부터 현재에 이르기까지 러시아 정보기관은 통상적인 정보전만 아니라 집권세력을 위한 정치사찰 및 내부통제 기능을 수행해 오고 있다. 러시아 사회의 민주화 추세, FSB 및 SVR 등 정보기관에 대한 의회의 통제로 일정한 발전이 이뤄지기도 했지만, 보다 내밀화 또는 고도화된 방식으로 여전히 권력의 전위기구로서의 역할을 수행하고 있다.

3. KGB의 주된 계승자라 할 수 있는 FSB는 미국의 FBI를 크게 능가하는 매우 방대한 권한을 보유 행사하며, 필요시 러시아의 제반 법집행 기관 및 정보기구들을 통합한다.

   (1) FSB의 기본임무는 국가주권과 영토의 보전, 헌법체계 보호 등 국가안보를 보장하는 것으로, 주로 국내적 관점에서 이를 위한 제반 정보업무를 수행한다.

   (2) 특히 FSB는 러시아에 대한 테러 발생시 무타협 내지 강경진압 방침을 고수한다.

   (3) 폐지된 FAPST 로부터 인수한 제반 통신정보업무와 기능을 수행하며, 광범위한 정치 사찰을 행하고 있다.

   (4) 또한 러시아 정치 엘리트의 다수는 전직 KGB 및 FSB 출신이 차지하고 있다.

4. SVR은 비록 FSB와 일정한 경쟁을 빚기도 하지만, 해외 정보업무를 전담하는 세계적인 수준의 정보기구이다.

   (1) 러시아의 주요 외교정책 방향을 결정하는 데 매우 큰 영향력을 지니며, 대통령에게 일일보고 형태의 정보보고를 행한다.

   (2) SVR에게 특히 CIS 소속 국가들에 대한 정보활동은 매우 높은 우선순위를 지닌다.

5. 하지만 러시아의 정보기구들은 변화하는 정보환경에 적응하여 보다 효율적인 정보기구로 발전해야 하는 일반적인 과제와 더불어, 정치억압 및 사찰기구로서의 역할에서 벗어나 증대하는 민주주의적 열망이라는 러시아 국내정치적 흐름에 부응하여야 하는 과제를 안고 있다.

CHAPTER 08

영국의 정보기구

1 영국 정보기구의 기원과 변천

1. 영국 정보기구의 기원

(1) 영국의 정보기구는 1573년 엘리자베스 여왕시대에 국무장관으로 재임하였던 월싱햄(Francis Walshingham)경이 해외정보수집망을 구축한 것에서 그 기원을 찾을 수 있다.

(2) 근대적인 의미의 영국 정보기구는 1909년 대영제국의회 국방위원회(Committee on Imperial Defence)가 그 필요성을 공식적으로 제기함에 따라 설립된 '비밀정보국(Secret Service Bureau)'이 모태가 된다.

    ① '비밀정보국'은 육군성 소속 '군사작전 총국'의 특별 분과인 'MO5'의 통제하에서 국내와 국외 파트로 나뉘어 운영

    ② 비밀정보국의 임무

        ㉠ 외국의 스파이로부터 영국의 기밀을 보호

        ㉡ 해외에 있는 영국 정보원의 정보활동을 지원

        ㉢ 국가 방첩 임무를 수행

    ③ 1916년 '비밀정보국'은 '군사정보국'의 일부로 편입되었고 이후 국내분야 담당 부서는 'MIS'로, 국외분야 담당 부서는 'MIC'로 개칭

2. 영국 정보기구의 변천

제1차 세계대전 기간 중 영국군은 독일 등 적국의 각종 군사·외교 통신을 감청 하고 이들 통신을 해독하기 위해 암호 해독을 전담하는 특수부대를 창설하였다.

(1) 영국 육·해군 공동 암호해독 부대는 이후 '정부암호학교(GCCS)'로 통합되어 영국 정부가 사용하는 암호에 대한 보안대책을 지원하였고 적 통신 감청임무 수행에서 상당한 성공을 거두었다.

(2) 1942년 GCCS는 '정부통신본부(GCHQ)'로 통합되어 현재까지 주요 신호정보 수집 및 분석업무를 수행한다.

2 영국의 국가정보체계

1. 영국의 정보공동체

(1) '비밀정보부(SIS, MI6)', '정부본부(GCHQ)', '보안부(Security Service, MI5)' 등 3대 조직으로 구성되어 있다.

① 이들 주요 정보기관은 영국의 국가안보 보호, 범죄활동의 감시와 예방, 영국의 번영 보장 등의 목적 달성을 위해 활동하고 있음

② '비밀정보부(SIS, MI6)'와 '정부통신본부(GCHQ)'는 영국정보기관 법령인 「정보기관법(Intelligence Services Act 1994)」에 근거하여 조직 구성과 활동이 법적으로 보장

③ '보안부(SS, MI5)'는 이와의 법인 'Security Service Act 1989'에 의해서 그 활동이 보장되고 통제됨

④ 이들 기관을 포괄적으로 통제하는 법령은 2000년에 제정된 「수사권규제법 2000」(The Regul Investigatory Powers Act 2000)으로서, 이들 3대 기관들은 위의 법령이 설정한 범위 내에서 정보활동을 수행함

(2) 국가정보체계는 각 기관별 역할과 기능이 보다 세부적으로 구분되어 있으며 정보기관의 활동과 조직의 총괄적인 책임은 영국 총리에게 있다.

① 영국의 총리는 하원 다수당의 지지로 선출되며 각료의 임면권을 가짐

② 총리는 약 20여 명의 각료를 임명하고 이들과 함께 국가정책을 입안하고 결정하며, 각 정부 부처들의 업무를 조정하는 임무를 수행

③ 영국정보기관의 관리와 업무협의를 위해 영국 총리 산하에 '합동정보위원회(JIC; Joint Intelligence Committee)'와 외무부 · 내무부 · 국방부에서 각 기관들의 특성에 따라 산하 정보기관을 운영

④ SIS(MI6)와 GCHQ는 외무부에 속해 있고, SS(MI5)는 내무부 산하, '국방정보본부(DIS)'는 국방부 산하에 위치

영국의 정보기구 구성도

⑤ **합동정보위원회(JIC)**: 정보기관의 활동이 효율적으로 이루어지도록 조정 및 감독하고 정보목표 순위를 결정하여 각 정보기관에 배포하여 업무의 우선순위를 조정하는 역할을 담당하고 있음

    ㉠ 합동정보위원회는 영국의 각 정보기관에서 보고하는 내용을 토대로 '일일정보보고서', '장기정세 보고서', '주간정보 평가보고서' 등을 작성하여 이들 보고서를 총리 및 내각에 배포

    ㉡ 각종 위험과 위협을 평가하여 위기에 대한 조기경보를 발령

    ㉢ JIC의 조직은 외무, 내무, 국방부 및 각 정보기관에서 파견된 요원으로 구성되며, 지역별, 분야별 분석팀들이 운영되고 있고, 부처 차관급 인사 및 정보기관 주요 인사로 구성된 위원회가 매주 정기적으로 회의를 개최

합동정보위원회(JIC) 구성도

(3) 영국의 3대 정보기관인 SIS, SS, GCHQ가 필요로 하는 예산은 정부의 'SIA(The Single Intelligence Account)'를 통해 지원을 받는다. SIA의 예산은 각 정보기관이 사회 장관들과 총리실의 '국가안보보좌관 (National Security Advisor)'이 상호협의하여 결정하고 각 부처의 의견을 반영해서 예산을 집행한다.

3 영국 정보기구 현황

1. 비밀정보부(SIS; Secret Intelligence Service, MI6)

(1) 영국을 대표하는 첩보영화이자 역사상 가장 유명한 스파이인 '007 제임스 본드'가 속해 있는 기관인 SIS 는 일반 대중에게는 'MI6'로 알려져 있다.

(2) SIS는 상당히 오랜 역사를 가졌음에도 불구하고 오랫동안 법적 기반 없이 존속해 오다가 1994년 12월 15일 정보기관법이 제정되면서 대표적인 대외정보기관의 위상을 확보하게 된다.

   ① SIS는 주로 해외정보 수집 및 공작 임무를 수행하면서 국가 안전의 확보 및 국익을 도모하고, 외국세 력의 영국에 대한 테러 등 중대 범죄를 조사하고 예방하기 위한 임무를 담당

   ② 미국의 CIA와 유사한 역할을 수행하며, 해외 정보기관으로서의 본연의 임무 이외에 SIS는 우방국 정보기관과의 정보협력 업무도 수행, SIS는 외무장관의 직속 기관으로 운영되고 있음

   ③ SIS의 임무는 매우 다양하며 광범위한 분야에서 비밀공작을 수행해왔음

      ㉠ SIS는 제2차 세계대전 당시 독일과 이탈리아 등 적국에 대한 방대한 정보를 연합군 지휘관에게 제공하여 커다란 전과를 달성

      ㉡ 무엇보다 독일의 암호체제를 해독하는 데 기여하여, 종전을 앞당기는 주목할 만한 성과를 거둔 바 있음

   ④ 제2차 세계대전 종전 후에는 중동 지역에서 국익보호를 위한 아랍권 친영세력의 활동을 지원하였으 며, 냉전 시에는 미국과 NATO 회원국들과의 협조를 통해 소련과 동구권에 대한 활발한 정보활동을 전개하여 많은 업적을 달성했음

   ⑤ SIS는 냉전이 종식되고 공산권이 붕괴하면서 소련 등의 대표적인 적성국가가 사라지고, 활동이 크게 위축되었으나 2001년 9/11 테러 이후 글로벌 대테러전에서 미국과 공조하여 국제테러 예방 및 테러 범 색출 등의 임무를 활발하게 전개 중

   ⑥ SIS는 조직의 수장인 부장 아래 본부장을 두고 있으며 본부장 산하에는 4개의 '처'와 해외공작을 통 제하는 '통제단'이 운영되고 있음

      ㉠ 4개의 처는 '인사 · 행정처', '지원처', '방첩 · 보안처', '정보생산처' 등으로 구성

      ㉡ SIS의 해외공작 부서는 영국, 유럽, 미국 및 중남미, 동구권, 아프리카, 중동, 극동 지역 등 7개 지역으로 구분되며 이들 지역은 각각 1개 지역을 담당하는 7명의 통제관에 의해 관리 감독

      ㉢ SIS의 부장은 Chief of SIS, 또는 'C'라고 불린다. 이는 SIS 제1대 부장인 맨스필드 커밍 (Mansfield Cumming)이 자신을 'C'라고 부른 후 그 전통이 유지되어 이후 부임한 SIS 국장들은 'C'로 통용되어 불리게 되었음

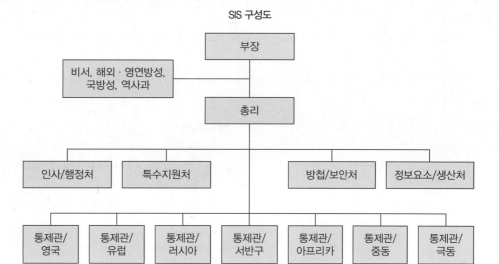

SIS 구성도

부장

비서, 해외 · 영연방성, 국방성, 역사과

총리

| 인사/행정처 | 특수지원처 | 방첩/보안처 | 정보요소/생산처 |

통제관/영국 · 통제관/유럽 · 통제관/러시아 · 통제관/서반구 · 통제관/아프리카 · 통제관/중동 · 통제관/극동

2. 보안부(SS; Security Service, MI5)

(1) 내무부장관 직속기관인 SS는 군소속이 아님에도 지금까지 군사정보기관을 지칭 MI5로 불리고 있다 (MI=Military Intelligence).

(2) SS는 미국의 FBI와 같은 역할을 수행하는 기구로서, 영국 내에서 활동하는 외국 첩보기관에 대한 방첩 업무 수행이 주요 임무이다.

① 최근에는 냉전 시대의 주요 임무인 방첩업무 못지않게 영국 국내에서 발생하는 자생 테러를 차단하고 테러를 색출해내는 것이 중요 업무로 부상하였음

② 이와 함께 마약, 불법이민, 조직범죄 등의 문제에 대해서도 업무영역을 확장하는 등 전통적으로 경찰이 담당하던 영역까지 활동의 범위를 넓히고 있음

(3) SS는 대테러 업무분야에서 이슬람 극단주의 테러가 부각되기 시작한 9/11(2011) 이후가 아니라 북아일랜드 무장테러단체가 활발히 활동하던 1970년대 초부터 상당한 경험과 지식을 축적해오고 있다.

① 현재 대테러 업무는 SS가 수행하는 가장 중요한 임무로 부상했으며, 이를 위해 SS 정보역량의 2/3 이상을 투입하고 있음

② 국내적으로는 여전히 북아일랜드 테러조직 색출과 단속을 계속하고 있으며 국제적 이슬람 테러조직과의 싸움을 전개하고 있음

③ 대테러임무를 수행함에 있어 SS는 MI6, 경찰 및 군정보기관과도 긴밀히 협력함

(4) SS는 총 7개 부서로 편성되어 있으며, 약 3,800여 명의 직원이 근무하고 있는 것으로 알려졌다.

① SS는 창설된 지 80년 만인 1989년에야 비로소 정보활동에 필요한 법적 기반을 확보하였음

② SS는 국가안보에 필요한 정보를 수집하고 조사하고 있지만 여전히 수사권은 없으며, 범죄자나 테러용의자를 수사하거나 체포해야 할 경우 경찰과 협조를 통해 업무를 수행함

㉠ SS의 'A국'은 정보자산 운영

㉡ 'B국'은 행정 및 재정 업무 수행

㉢ 'S국'은 전산관리 및 교육훈련

㉣ 'C국'은 방호 · 보안

㉤ 'F국'은 대테러

ⓗ 'K국'은 방첩활동

③ SS는 보안활동의 일환으로 정부기관의 보안 요소를 평가하고 무선통신 등의 통신보안업무 수행과 대테러 교육을 실시함

④ 정부 부서에 보안 업무에 대한 조언 및 지원을 하고, 관련법에 의거하여 우편검열과 통신감청 업무도 수행함

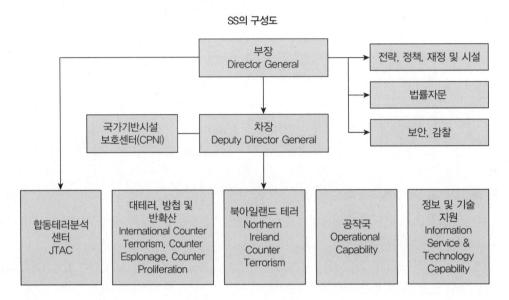

SS의 구성도

3. **정부통신본부**(GCHQ; Government Communications Headquarters)

(1) GCHQ는 미국의 통신정보를 담당하는 NSA와 유사한 임무를 수행한다.

① 외무부장관 산하에 운영되고 있는 GCHQ의 주요 임무는 영국 국내외 주요 통신을 포괄적으로 감청하여 이를 기반으로 정치, 군사, 경제, 테러 분야 등의 정보를 수집함

② 영국의 통신망을 적의 감청으로부터 보호하는 역할을 수행함

③ 이와 함께 통신감청에 필요한 전자통신, 음성통신에 사용되는 각종 암호자료를 수집 및 해독하고 새로운 암호체계를 보급하는 임무도 담당함

④ GCHQ는 육·해·공군이 운영하는 군 통신감청부대를 지휘하고, 영국 각 지역, 아일랜드, 독일, 지브랄타, 포클랜드, 아프리카 및 아시아 지역 등 세계 각지에 감청기지를 운영 중임

(2) GCHQ는 자체적인 정보 수집활동 외에도 미국 등 외 국가의 정보협력을 통하여 많은 정보를 수집하고 있다.

① 특히 미국, 캐나다, 호주, 뉴질랜드 등과 공동 감청망을 운영하며 다수의 합동기지를 운영하는 '파이브 아이즈' 국가임

② 이들이 공동운영하는 것은 '에셜론(Echelon)'이라고 알려진 거대한 국제 감청네트워크로서 그 성능은 비밀에 쌓여 있으나 전 세계의 거의 모든 통신망을 실시간 감청하는 능력을 보유한 것으로 평가되고 있음

③ 1989년부터는 GCHQ가 독자적인 인공위성을 확보하여 다양한 신호정보를 수집함

파이브 아이즈

제2차 세계대전 때 연합국의 일원으로 참전했던 영어 사용국인 5개국, 즉 미국·영국·캐나다·호주·뉴질랜드 5개국은 '파이브 아이즈(Five Eyes)'라는 이름의 정보협력 체제로 단결하고 있다. '파이브 아이즈' 국가의 정보공유는 제2차 세계대전 직후부터 시작되었는데, 미국과 영국은 1946년 비밀 정보교류 협정을 체결하면서 '유쿠사(UKUSA) 협정(1948)'이 탄생했다. 1956년 호주와 뉴질랜드, 캐나다가 합류하면서 5개국의 이름을 딴 'AUSCANNZUKUS' 협정으로 바뀌었으나 일반적으로 '파이브 아이즈(Five Eyes)'라 불린다.

파이브 아이즈의 정보수집활동은 크게 인간정보활동과 신호정보활동으로 구분되며, 신호정보활동 협력은 미국 NSA과 영국 GCHQ, 호주 DSD와 캐나다 CSEC, 뉴질랜드 GCSB가 맡고 있다. 인간정보활동은 미국 CIA과 영국 MI6, 호주 SIS, 캐나다 SIS, 뉴질랜드 보안정보서비스가 긴밀한 협력관계를 맺고 있다.

파이브 아이즈의 핵심 정보수집 프로그램은 '에셜론'이라는 감청 네트워크이다. 1960년대 말부터 가동된 에셜론은 파이브 아이즈의 정보수집을 기반으로 했고, 주요 대상은 소련과 동유럽 국가들이었다. 냉전이 종식된 1990년대에 에셜론은 위성통신과 인터넷 대상의 정보를 수집하는 단계로 확대됐다.

(3) 냉전말기 GCHQ 근무 인원은 약 7,000~10,000명이었으며, 2012년 현재 약 5,500명으로 축소되었다. GCHQ의 조직은 신호정보운영 소요처가 GCHQ의 중추적 역할을 수행하고 있으며, 총 6개 분과가 운영 중이다.

GCHQ 조직도

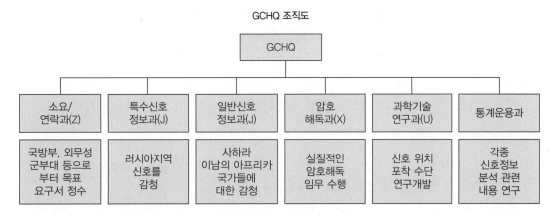

4. 국방정보본부(DIS; Defence Intelligence Staff)

(1) '국방정보본부(DIS)'는 영국의 주요 군사정보기관으로, 그 수장은 현역 중장이 맡는다. DIS부장은 또한 국방참모본부의 '정보참모직'도 담당한다.

(2) DIS는 크게 '국방정보분석참모부(DIAS; Defence Intelligence Analysis Staff)'와 '정보지리자산참모부(IGRS; Intelligence and Geographic Resources Staff)'의 두 조직으로 구성되어 있다.

(3) DIAS는 DIS의 민간인 부부장이, IGRS는 현역 육군 소장이 업무를 책임지고 있다.

CHAPTER 09 프랑스의 정보기구

1 프랑스 정보기구의 기원과 변천

1. 제1차 세계대전 이전

(1) 1415년 오랫동안 프랑스의 정보활동과 기만행위는 주로 영국을 겨냥하는 것이 대부분이었다. 그러나 1800년대 이후 유럽대륙에서 독일이 급부상하자 프랑스의 주요 정보활동의 대상은 독일로 전환된다.

(2) 1870년 보불전쟁 당시까지도 프랑스는 체계적이고 영구적인, 그리고 완전한 형태의 정보기관은 가지고 있지 않았으나 육군 병참부의 한 부서로 '통계과'를 두어 주변국의 관련 자료를 수집하였다.

(3) 1873년 보불전쟁이 프랑스의 패전으로 종결된 이후 체계적인 정보활동의 필요성을 절감한 프랑스는 군에 '첩보국'을 설치하게 된다. 그러나 첩보국은 1899년에 폐지되고 '육군일반참모부'의 제2부에 배속되면서 정보 수집기능도 축소되었다.

(4) 이후 프랑스의 정보 수집기능은 육군 일반참모부 2부가 주요 업무를 맡아 수행하고, 방첩기능은 내무부의 '치안국'이, 통신정보는 1909년에 설치된 '암호공동위원회'가 업무를 담당하게 되었다.

2. 제1차 세계대전 이후

(1) 제1차 세계대전 종전 이후인 1936년에는 육군 일반참모부 제2부 소속이던 첩보국이 독립부서로 분리되어 '정보부'와 '방첩부'로 구성되어 재탄생하게 된다.

(2) 이듬해인 1937년에는 방첩전문기관인 '국토감시청(DST)'이 설립되었다. 제2차 세계대전이 진행 중이던 1943년에는 드골에 의해 군 정보기관과는 별도의 '총특무국(DGSS)'이 설립되었고, 프랑스가 독일의 점령에서 벗어나자 DGSS는 '연구조사종국(DGER)'으로 명칭이 변경되어 이후 많은 공작원을 양성하게 된다. 이 기관은 특히 통신 감청 기능을 발전시키면서 프랑스 국내 정치상황 감시와 공산주의자 등 반국가단체에 대한 견제활동을 전개하였다.

(3) 1946년 전쟁 종전 이후 드골이 임시정부의 수반직에서 물러나면서 '연구조사총국(DGER)'은 해체되고, '해외정보 및 방첩국(DECE)'이 새로이 창설되었다. 1973년에는 DECE가 프랑스의 신호정보기관인 무선통신단을 흡수·통합하는 등 프랑스 정보기관의 기능을 개선하는 작업이 본격적으로 실시되었다.

246   PART 03   국가정보 기구론

1. 프랑스 정보기구 체계

(1) 프랑스의 정보기구는 다음과 같이 구성되어 있으며 프랑스 법률이 허용하는 범위에서 법률적인 보장을 받으며 정보활동을 전개하고 있다.

(2) 프랑스 내무부(Ministry of Interior) 산하에 방첩 및 대테러 등의 임무를 수행하는 '국내중앙정보국 (DCRI; Central Directorate of Interior Intelligence)'이 있다.

(3) 프랑스 국방부(Ministry of Defense) 산하에 '국방보안국(DPSD; Directorate for Defense Protection and Security)' 및 '대외안보총국(DGSE; General Directorate for External Security)'을 운영하며 주로 해외 정보수집업무를 수행하고 있다.

(4) 프랑스군(French Armed Forces) 산하에 '군사정보국(DRM; Directorate of Military Intelligence)'을 운영하고 있고 동 기관은 주로 국내외 군사정보수집 업무를 수행한다.

프랑스 정보기구 체계

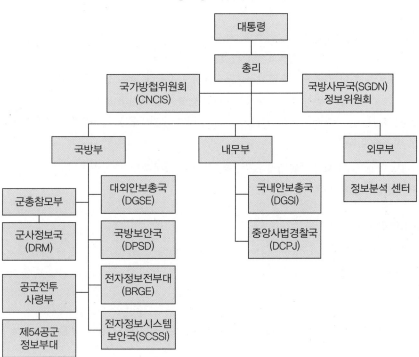

(5) 이외에도 '전자정보 전부대(BRGE; Brigade de Renseignement et de Guerre Electronique, Intelligence and Electronic Warfare Brigade)', '전자정보시스템보안국(SCSSI; Service Central de la Securite des Systeme Informations, Central Service for Information System Security)', '사법 경찰국(DCPJ; Direction Centrale de la Police Judiciaire, Judicial Police)', '국가방첩위원회 (CNCIS; Commission Nationale de Controle des Interceptions de Securite, National Commission for the Control of Security Interceptions)' 등 5개의 정보기관을 운영하고 있다.

2. 국내중앙정보국(DCRI; Direction Centrale du Renseignement Intérieur, Central Directorate of Interior Intelligence)

(1) 2008년 내무부 소속 국토감시청(DST)과 경찰청 산하 정보총국(RG)이 통합하면서 국내중앙정보국(DCRI)이 출범하였으며, 2014년 국내 안보위협 증가에 따라 국내안보총국(DGSI)으로 출범하게 되었다.

(2) 2014년 기준 3,300명 이상의 직원들이 근무 중인 것으로 알려져 있으며, 약 3억 유로에 해당하는 예산을 운용 중이다.

(3) 국내안보총국은 미국 FBI를 모델로 하고 있으며, 주요 임무는 크게 방첩, 테러대응, 사이버 범죄 대응, 잠재적 위협집단(국가 전복 기도·국내질서 위해단체 등)과 사회현상 감시 등 크게 4종류로 구분된다.

3. 군사정보국(DRM; Direction du Renseignement Militaire, Directorate of Military Intelligence)

(1) 프랑스의 군 정보기관은 군사정보를 수집·분석하는 임무를 수행하는 '군사정보국(DRM)'과 한국의 안보지원사령부와 유사한 역할을 수행하는 '국방보안국(DPSD)'으로 구분되어 있다.

(2) 군사정보국(DRM)은 걸프전(1992) 당시 군사작전 수행과 관련된 정보부족 문제해결을 위해 창설되었으며, 프랑스 육군과 공군의 정보기관이 통합된 단일 군 정보기관으로 발족하게 되었다.

(3) 주요임무로는 군사정보 계획수립 및 조정, 군사정보수집 및 사용을 담당하며, 최근 정치·전략정보 수집까지 영역을 확대하고 있는 것으로 알려져 있다.
  ① 군사정보국은 특히 기술정보와 영상정보·신호정보 수집에 많은 노력을 기울이고 있음
  ② 이 임무는 주로 DRM 산하의 공군항공정보자산을 통해 수행하고 있음
  ③ 1986년부터는 군사정찰용 첩보위성을 확보 운영함으로써 DRM의 독자적인 정보수집능력이 획기적으로 발전하게 되었음

(4) 해군의 정보기관은 DRM에 통합되지 않았는데 전 세계를 무대로 한 프랑스 해군 작전의 특성상 별개의 정보기구 운영이 필요하기 때문이었다.

4. 국방보안국(DPSD)

DPSD는 국방부 산하의 정보기구로서 '군사보안국(The Military Security)'의 후속 기관이다. DPSD의 주요 임무는 방첩, 군의 정치적 중립성 감시, 대테러(사이버 테러 포함), 국가안보위협 대응, 국방 대비태세 점검 등이 포함된다.

5. 대외안보총국(DGSE; Direction Generale de la Sécurité FA The General Directorate for External Security)

(1) 1982년 제정된 법령에 의해 DGSE 임무는 "프랑스 안보에 유리한 정보를 추구하고 또 이용하며, 국토 전역에 걸쳐 프랑스의 이익에 반대되는 간첩활동을 탐지하고 분쇄하는 것"으로 규정되었다.

(2) DGSE의 정보활동목표는 국가안보 관련 정보와 경제적 대테러 정보 확보에 있다. DGSE는 1984년 리비아 카다피 제거공작과 1985년 '레인보우 워리어호(Rainbow Warrior)' 폭파사건 등 연이은 공작 실패로 기관의 신뢰가 크게 손상된 바 있다.

레인보우 워리어호 사건

1985년 7월 프랑스는 프랑스령 폴리네시아의 뮈뤼로아 환초에서 핵실험을 준비하고 있었다. 국제환경보호단체인 '그린피스'는 프랑스의 핵실험을 저지하기 위해 환경 감시선 '레인보우 워리어호'를 뮈뤼로아 환초로 향하게 했다. 목적지를 향해 항해 중이던 '레인보우 워리어호'는 7월 10일 뉴질랜드 오클랜드항에 잠시 정박하였는데, '레인보우 워리어호'는 당일 자정에 폭파·침몰되었고 탑승 중이던 사진작가가 탈출하지 못하고 익사했다.

수사가 진행되자 위조 스위스 여권을 소지한 프랑스인 부부가 체포되었고, 그들은 프랑스 정보기관인 대외안보총국(DGSE)의 요원임이 드러났다. 처음 범행을 부인했던 프랑스 정부는 결국 총리가 사과하기에 이르렀고, 국방부장관이 사건의 책임을 지고 사임했다. DGSE 국장도 해임됐다. 정보요원 2명은 뉴질랜드 법정에서 10년 형을 선고받았으나 프랑스 정부와 그린피스 측의 물밑 교섭을 통해 수감 1년 만에 프랑스령 산호섬에 위치한 군사시설로 이감되고 2년 후에는 프랑스로 송환되었다. 그린피스 측에는 배상금 800만 달러를 지불했다. 역설적으로 그린피스는 '레인보우 워리어' 사건을 계기로 널리 알려지면서 세계 최대의 환경단체로 성장할 수 있게 되었다.

(3) 최근에는 작전목표를 국가 산업정보활동의 보호 등 프랑스 국익 강화에 주력하고 있어 DGSE의 위상이 일정 부분 회복되었다고 평가할 수 있다. DGSE는 정보사용자를 위해 정보 분석업무를 주로 담당하는 '전략국', 첩보수집 업무를 담당하는 '첩보국', 각종 비밀공작을 기획하고 수행하는 '공작국', 통신감청과 기술지원 업무를 담당하는 '기술국', 그리고 각종 행정업무를 지원하는 '행정국' 등의 조직으로 구성되어 있다.

(4) DGSE는 2007년 현재 약 4,620명의 인력을 운영하고 있는 것으로 알려져 있으며, 2009년 기준으로 약 5억 4천 380만 유로의 예산을 사용하고 있다.

CHAPTER 10

독일의 정보기구

1 독일 정보기구의 기원과 변천

1. 제1차 세계대전 이전

(1) 독일이 조직적인 정보활동을 하기 시작한 것은 프러시아가 독일 통일의 중요 분수령인 오스트리아와 전쟁을 기획하던 1866년부터였다.

① 당시 프러시아의 운명을 결정지을 '프러시아–오스트리아전쟁'에서 승리하고자 노력하던 프러시아는 1866년 3월 '정보국(Intelligence Bureau)'을 창설함

② '정보국'은 적의 약점에 대한 정보를 수집하여 프러시아군에게 제공하는 등 전쟁의 승리에 큰 기여를 함

(2) 이후 독일의 정보기구는 제1차 세계대전을 통해 급격히 팽창되었는데 전쟁수행에 있어 각종 정보수집 활동이 활발하게 전개될 필요가 있었기 때문이다.

2. 제1차 세계대전 이후

(1) 전쟁에서 패배한 독일은 베르사유 조약하에서 실질적인 군사력을 보유하지 못함은 물론 어떠한 형태의 정보기구도 운영이 불가능하였다.

(2) 히틀러의 집권을 계기로 독일은 베르사유 조약을 폐기하고 정보기구도 다시 창설하였다.

(3) 제2차 세계대전 시기 히틀러의 국가통치 차원의 필요성과 함께 유럽 전역에서 진행되던 대규모 전쟁 지원을 위한 정보수집 및 분석임무 수행을 위해 많은 정보기관이 신설되었다.

예 히틀러의 친위부대로 악명을 떨쳤던 SS(Schutzstaffel)의 경우 국내 보안부대로서의 역할을 수행함

(4) 제2차 세계대전 이후 히틀러에 의해 설치되었던 많은 독일의 정보기관들이 해체되었다. 비단 정보기관 뿐만 아니라 강력한 경찰국가 수립을 통해 두 차례 세계대전을 주도한 것으로 여겨져 경찰기관의 비경찰화 또한 단행되었다. 해체된 정보기관을 대신한 것이 종전 이후 미국에 투항했던 독일의 장군인 겔렌(Reinhard Gehlen)에 의해 조직된 새로운 정보기관이었다.

> **더 알아보기**
>
> 비경찰화
> - 기존 경찰사무에 해당하던 사무를 일반행정기관으로 이관하는 현상
> - 제2차 세계대전이 종료된 이후 강력한 경찰국가였던 독일은 비경찰화를 통해 산림, 위생, 건축, 영업사무가 일반행정기관으로 이관되었음

(5) 겔렌이 창설한 신규 정보조직은 1956년 4월 서독정부 각의의 의결을 거쳐, 총리실 산하에 편제되는 '연방정보부(BND)'로 확대 개편되면서 오늘날 독일연방 정보기관의 주역이 되었다.

독일의 정보기구 구성도

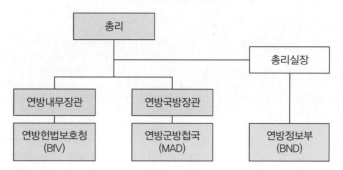

2 독일 정보기구 현황

1. 연방정보부(BND)

(1) 1956년에 창설된 연방정보부(BND)는 1990년에 이르러 관련 법령이 정비되면서 독일의 최고 정보기관으로의 위상을 재정립하게 된다.

(2) BND의 주요 임무는 해외 정보수집, 적국 정보기관에 대한 첩보수집, 인질 구출 등 독일 연방정부의 해외특수임무 수행, 방첩업무 산업정보수집, 국제테러 및 조직범죄퇴치, 마약밀매방지 등 매우 광범위하고 다양하다.

(3) 특히 BND는 독일 통일 이후 구동독의 정보기관인 '슈타지(STASI)'의 인적 청산업무를 담당하기도 하였다.

(4) 비록 방첩업무는 이후 소개될 '연방헌법보호청(BfV)'이 주로 수행하지만, BND는 조직구성과 임무수행 측면에서 우리나라의 국가정보원과 유사한 부분이 많다.

① BND의 본부 소재지는 뮌헨 인근 풀라흐와 수도 베를린으로 양분되어 있었으나 2021년 현재 베를린으로 단일화되었고, 독일과 해외 300여 곳에 지부를 두고 있음

② 2014년 기준 6,050명의 직원이 근무하고 있는 것으로 추산되며, 직원 가운데 절반은 민간인 계약직이며, 1/3은 공무원, 1/10은 현역 군인인 연방군 출신으로 구성됨

③ 군 출신 BND 직원은 공식적으로는 '군사 과학 사무소'(Amt für Militärkunde)에 배치되어 연방정보국의 업무를 수행하고 있음

④ 연방정보원의 예산은 극비로 분류되어 있으나, 연간 4억 3천만 유로를 초과하는 것으로 알려져 있음

⑤ BND는 다음과 같이 12개의 산하 조직으로 편성됨

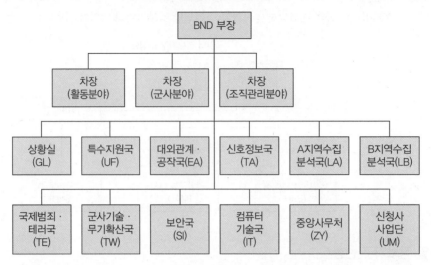

독일 연방정보부(BND) 조직도

2. 연방헌법보호청(BfV)

(1) 연방헌법보호청(BfV)은 1950년 동독과 동구권 국가들의 공산주의 확산 움직임을 방지하기 위해 설립된 연방내무장관 관할 방첩기관이다.

(2) '연방헌법보호청(BfV)'의 특징

① 독일의 16개 자치주에 각각의 '주헌법보호청(LfV)'이 설치되어 있음

② LfV는 중앙 BfV의 산하기관이 아닌 협력기관이며, BfV의 지휘를 받지 않음

(3) 냉전 당시 BfV는 소련과 동독 등의 서독 내 정보활동을 저지하고 국가기밀을 보호하는 데 집중하였으나 통일 이후에는 방첩, 외국의 정보활동 저지, 반연방활동 및 극좌·극우단체 등이 연루된 테러방지업무에 보다 많은 비중을 두고 있다.

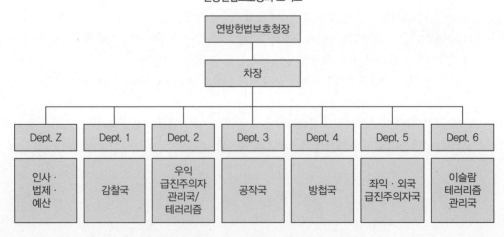

연방헌법보호청의 조직도

(4) 연방헌법보호청의 임무

　　① 자유민주주의 기본 질서, 연방 또는 각 주의 존립과 안전에 반하는 기도 연방 및 각 주의 헌법기관들의 업무수행을 불법적으로 침해하려는 시도 대응

　　② 독일의 안보를 위협하는 외국의 비밀활동

　　③ 폭력의 사용 또는 폭력적 예비활동에 의해 독일의 국가적 이익을 위협하려는 시도 등을 사전에 탐지하고 독일연방에 대한 공격 시도를 사전에 억제

　　④ 국제 평화 공존에 반하는 독일에서의 활동과 관련된 정보수집과 분석

(5) BfV의 주요 정보수집 업무는 인적, 물적 정보 및 관련 문헌들을 수집·평가하는 방식으로 이루어지며 사람을 연행 및 조사하는 수사권은 갖고 있지 않다.

　　① 독일 각 주의 헌법보호청은 지역규모와 현안 등에 따라 50~400명으로 구성되어 있음

　　② BfV의 본부는 쾰른에 위치하고 있는데, 주 헌법보호청에 대해 지휘권이나 인사권은 없으며 업무의 조정권만 가지고 있는 것이 특징

3. 연방군방첩국(MAD)

(1) '연방군방첩국(MAD)'은 방첩업무를 담당하는 독일의 군 정보기관으로서 1956년에 창설되었으며 주요 임무는 군사정보 보호, 보안 위해행위 및 첩보수집 행위 탐지, 방지 업무의 수행이다.

　　• 독일의 3대 방첩기관: BND(해외정보), BfV(국내정보), MAD(군정보)

(2) MAD는 직원이 2019년 기준으로 약 1,300여 명이며 민간인과 군인 신분의 직원을 합산한 수치이며, 2019년 기준 1억 1300만 유로에 달하는 예산을 운용 중인 것으로 알려졌다.

(3) MAD는 해외 정보수집과 조사업무의 경우 BND와 협력하고 테러조직 및 극우, 극좌세력에 대한 정보수집의 경우에는 BfV와 업무를 공조하고 있다.

(4) MAD의 특징은 동 조직이 군 정보기관임에도 불구하고 MAD의 수장에 민간인이 임명된다는 점이다.

독일 MAD 조직도

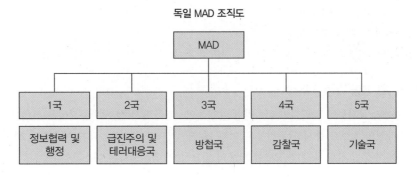

CHAPTER 11

이스라엘의 정보기구

1 이스라엘 정보기구의 기원과 변천

1. 국가개황

(1) 1948년 5월 14일 건국된 이스라엘(the State of Israel)은 총리를 정부 수반으로 하는 내각제 국가이다.

(2) 정부

① **대통령**: 루벤 리블린(Reuven Rivlin, 2014년 7월 취임)

② **총리**: 벤야민 네타냐후(Benjamin Netanyahu, 2009년 3월 취임, 2013년 재선, 2015년 삼선)

③ **의회**: Knesset(단원제, 120석, 임기 4년), 2021년 2월 기준 해산 상태(3월 총선 예정)

(3) 영토

① **면적**: 20,770km^2(한반도의 약 1/10)

　→ 골란 고원(Golan Heights) 및 팔 자치지역(Gaza, West Bank)까지 포함 시 면적은 총 28,023km^2

② **지형**: 평원, 산악, 사막, 해안으로 구성된 좁고 긴 형태(남북 470km, 동서 135km)

③ **기후**: 지중해성 기후(우기: 11월~4월, 연강우량: 500~750mm)

④ **수도**: 예루살렘(해발 750m)

• 예루살렘의 지위 문제에 대해 논란이 있으며, 각국 대사관은 모두 텔아비브에 소재하고 있으나, 미국은 트럼프 대통령 집권 당시 예루살렘으로 자국 대사관 이전함

⑤ **정부형태**: 의회 민주주의

⑥ **헌법**: 단일법으로서의 헌법은 없으나, 분야별 기본법이 사실상 헌법기능 수행

2. 국가정보기관 설립 과정과 특징

(1) 주변이 아랍 국가들로 둘러싸인 이스라엘은 국가안보활동에서 정보의 중요성을 무엇보다 강조한다.

• 이스라엘의 정보를 중시하는 전통은 오랜 역사를 가지고 있으며, 과거 이스라엘 백성의 가나안 이주 과정에서 주변 상황에 대한 정확한 정보의 필요성 및 생존전략은 이스라엘 정보문화로 자연스럽게 정착하게 되었음

> **더 알아보기**
>
> 「만수기」에 기록된 고대 이스라엘의 정보활동
>
> *"그 땅이 어떠한지 정탐하라. 곧 그 땅 거민이 강한지 약한지 많은지 적은지와 그들이 사는 땅이 좋은지 나쁜지와 사는 성읍이 진영인지 산성인지와 토지가 비옥한지 메마른지 나무가 있는지 없는지를 탐지하라."*
>
> 구약성서 모세 5경의 4번째인 민수기(民數記, The Book of Number)는 이스라엘 백성이 시나이산을 떠나 모압평원에 이르기까지 광야에서 겪었던 일을 기록하고 있는데, 여기에 정보활동에 대해 언급하는 구절이 존재하고 있다.

(2) 이스라엘의 모든 정보기관은 기원을 거슬러 올라가면 이스라엘 건국의 아버지이자 초대 수상인 다비드 벤구리온(David Ben-Gurion, 1886~1973년)과 관련이 있다.

- 이스라엘 국가설립을 주도한 벤구리온은 복잡한 민족관계와 강대국간 이익의 교차지점인 이스라엘-팔레스타인의 지정학적 위치에서 정보활동의 중요성을 잘 인식하고 있었고, 이스라엘 정보기관의 초기 출범에 크게 공헌하였다는 평가가 있음

더 알아보기

이스라엘 건국의 아버지: 벤 구리온

본명은 다비드 그루엔(David Gruen). 폴란드 프원스크 출생. 근대 시오니즘 창시자 T. 헤르츨의 영향을 받았다. 1906년 팔레스타인에 입국하여 팔레스타인노동당의 활동분자가 되었으며, 그 기관지의 편집장이 되었다. 제1차 세계대전 당시 콘스탄티노플(이스탄불)에 유학하고 있었으나 연합군에 가담하였다는 이유로 국외로 추방되어 미국으로 건너가 시오니스트인 I. 벤츠비와 함께 유대 군단을 결성하여 영국군과 함께 팔레스타인전쟁에 종군하였다. 전후에 팔레스타인에 머물면서 노동총연합을 조직하고 스스로 서기장이 되었다.

1933년 국제 시오니즘의 최고 감독기관인 시오니즘 집행위원회(Zionist Executive)에 들어가 2년 후에는 위원장이 되었고, 1948년 5월 이스라엘공화국 성립과 함께 총리가 되어 1953년까지 그 지위에 있었으며, 1955~1963년 다시 총리가 되었다. 저서로 『투쟁』(5권, 1949)이 있다.

(3) 이스라엘의 정보기관은 국제사회에서 매우 높은 평가를 받고 있으며, 특히 세계 각지의 유태인 네트워크를 활용한 인간정보(HUMINT)는 이스라엘 정보기관의 강점으로 알려져 있다.

① 해외 거주 유태인 네트워크를 통한 해당 지역 문제에 관한 전문지식과 주요 정보를 제공함

② 일찍부터 위성촬영이나 첨단 감시나 감청장비를 이용한 신호정보(SIGINT)의 역량도 강화해 왔으며 점차 신호정보의 중요성을 더 강조하는 추세임

(4) 이스라엘은 정보 획득을 위해 다양한 국가들과 정보 협력관계를 맺고 있으나 국가이익을 위해서라면 언제든지 이러한 관계를 청산하고 새로운 관계를 모색할 수 있다는 자세를 취하고 있다.

① 가장 중요한 우방인 미국과는 사안의 성격에 따라 정보를 교환하고 첩보 수집활동에서 협력하기도 하나 미국 국내에서 미 정부의 승인 없이 정보활동을 수행하기도 함

② 미국은 이스라엘이 중국과 정보 협력을 하고 중국에 군사 기술을 유출하는 것에 대해 여러 번 우려를 표명하기도 하였음

③ 종합하자면 이스라엘의 정보활동은 철저하게 국익을 위한 것이라는 점이 특징임

3. 이스라엘 정보공동체의 구성과 특징

(1) 이스라엘의 정보공동체는 군정보부 아만(Aman), 비밀정보부 모사드(Mossad), 보안부 쉰베트(Shin Bet), 그리고 경찰과 외교부 등 정부 부처의 정보관련 부서들로 구성된다.

① 아만은 주로 군관련 정보활동 담당

② 모사드는 해외를 무대로 활동 담당

③ 쉰베트는 국내 치안관련 정보활동 담당

④ 이스라엘 정보기관은 정치활동에 개입하지 않는 전통을 가지고 있으며 요원들의 우수한 자질과 헌신적 복무태도는 국제적으로 높은 평가를 받고 있는 편임

이스라엘 국민의 정보기관 신뢰

이스라엘 국민의 정보기관에 대한 신뢰는 매우 굳건하며, 때로 정보기관의 실수에 대하여 비난하는 사건이 발생하더라도 기본적인 신뢰 자체는 무너지지 않는다. 일반적으로 모사드, 아만, 쉰베트 순으로 이스라엘 국민의 높은 신뢰와 평판을 얻고 있는 것으로 알려져 있으며, 이스라엘 정보기관은 정치활동에 개입하지 않는다는 전통을 가지고 있다. 1980년대 중반까지 이스라엘 정보기관이 수행하는 작전 관련 기밀을 절대적인 비밀로 다루어져 무자비한 일이 자행되는 경우도 있었으나 '낙수(Nagsu)' 사건과 '300번 버스' 사건 이후 이스라엘 정보기관 역시 법을 준수하고자 노력하고 있다.

(2) 이스라엘 정보기관의 활동목표는 적대적 무장세력과 공존하는 지정학적 위치상 적성 세력의 조직, 목표 그리고 전략을 파악하기 위해 정보를 최대한 수집하고자 한다.

① 이스라엘은 정보획득뿐 아니라 정보분석과 올바른 해석도 강조하며, 정보분석 능력이 없다면 결국 정보의 효용성은 떨어질 수밖에 없다는 사실에서 기인함

② 현대 정보전의 문제는 일반저으로 정보 부족이 아니라 정보 과잉에서 나오기 때문에 이스라엘은 첩보에서 허위정보를 거르고 정보와 역정보, 첩자와 이중첩자를 구분하는 능력을 중요시함

　　예 1991년 후세인의 이라크가 이스라엘을 미사일로 공격했으나 이 공격이 이스라엘의 반격을 유도하기 위한 것임을 알고 보복을 하지 않았던 사례

(3) **이스라엘 정보원의 직업윤리**

① 이념: 시온주의(Zionism)

② 종교: 유태교

③ 정치적 전통: 민주주의

④ 도덕적 가치: 개인주의

(4) 이스라엘에서 정보요원의 윤리가 중요한 이유는 대테러 활동에서 법과 규정이 모든 것을 포괄하지 못하기 때문이다.

① 이스라엘의 지정학적 특성상 대테러활동은 요원의 생명을 담보로 해야 할 정도로 위험하고 폭력적이며 때로 불법적인 조치가 불가피한 상황에서 정보요원의 행위를 통제하는 기제는 법으로 충분하지 않음

② 실정법과 윤리가 균형을 이루어 행위 지침이 되는 것이 현실적임

(5) 이스라엘의 모든 정보기관은 의회 외교국방위원회 산하 정보기밀소위원회(Subcommittee for Intelligence and Secret Services)의 감독을 받는다.

① 정년 등과 관련한 이슈를 자세히 조사할 필요가 생기면 책임자를 두고 특별구성해 이를 조사함

② 조사 전권을 장악하는 국가검사관(State Comptroller)은 조사 결과와 의견을 의회(the Knesset)에 보고함

③ 강력한 권한을 행사할 수 있는 잠재적 능력의 정보기관들에 대한 문민 통제가 확실한 것이 특징임

2 이스라엘의 국가정보체계

1. 비밀정보부(ISIS; Israel Secret Intelligence Service, 또는 Mossad)

(1) 설립배경

① 1948년 5월 14일 영국의 위임통치가 공식 종료되고 이스라엘 건국이 발표된 다음 날부터 아랍국가들과 팔레스타인의 아랍인들은 이스라엘을 에워싸고 공격을 시작함

② 신생국 이스라엘의 안보를 위해서는 강력한 정보 인프라의 구축과 정보기관 간 명확한 책임 분할이 필요함을 시사했음

(2) 벤구리온의 초기 정보기관 구상과 기능

① 샤이(유태인 비밀 민병대 조직인 하가나의 첩보조직)는 군사 정보를 수집하고 보안, 검열 및 방첩을 책임

② 국내 정보기관을 설립함

③ 해외 정무정보기관(external political information service)을 설립하되 해당 기관은 (독립)전쟁이 종식되기 전까지는 국방부에, 전쟁 후에는 외교부에 귀속됨

PART 03

> **더 알아보기**
>
> **모사드의 기원**
>
> 벤 구리온이 구상하고 실로아(Reuven Shiloah)가 이끄는 외교부의 정무정보기관은 터키와 같은 비아랍 이슬람 국가들과의 동맹 구축, 해외 유태인의 구출 및 이스라엘로의 이송 등과 같은 해외의 정무업무에 집중했다. 1947년 여름 샤이의 한 조직이 해외에서 작전을 수행했다.
> 1948년 6월 정무정보기관을 정치국(tical department)으로 개편하면서 샤이의 해당 조직을 흡수했다. 정치국은 실질적으로 독립된 비밀 정보기관이었으나 형식적으로는 외교부에 속해 있었다. 이러한 소속 문제로 활동이나 예산에서 제약을 받자 1949년 7월 수장인 실로아는 총리에게 요청해 독립된 LLC의 초기 형태인 중앙협력부(Central Institute for Coordination)를 출범시켰다. 이 조직이 중앙정보부(Central Institute for Intelligence and Security)를 거쳐 1951년 3월 총리 직속의 모사드(Mossad)가 되었다.

(3) 구성 및 조직

① 본부는 텔아비브에 있으며 조직 수장의 존재는 1996년까지 국가기밀이었으나 이후부터는 정부가 직접 그 이름을 발표하고 있음

② 모사드는 미국의 CIA(Central Intelligence Agency), 영국의 SIS(Secret Intelligence Service), 러시아의 SVR(Sluzhba Vneshney Razvedki) 등과 유사한 이스라엘의 해외 담당 국가정보기구임

> **더 알아보기**
>
> **모사드의 모토**
>
> 과거 모사드의 모토는 "너는 전략으로 싸우라 승리는 지략이 많음에 있느니라(구약 잠언 24장 6절)"였으나, 이후 "도략이 없으면 백성이 망하여도 모사가 많으면 평안을 누리느니라(잠언 11장 14절)"로 바뀌었다. 이는 국가를 지키려면 전쟁에서 승리해야 하며, 승리를 위해서는 전략적 지침이 필요하고, 전략적 지침을 위해서는 정보가 중요함을 역설하는 의미라고 할 수 있다.

③ 모사드는 총 8개의 국을 두고 있으나, 일부 조직은 외부에 알려지지 않아 큰 부처는 해외 스파이 활동을 벌이는 정보수집국(Collections Department) 지역으로 세분화되어 있으며, 정보 수집 외에 해외 작전기획과 해외 지부관리도 담당함

④ 정보수집국 요원들은 보통 외교관, 또는 다른 신분으로 비밀리에 활동하며, 정무연락국(Political Action and Liaison Department)은 외국 정보기구나 외교관계가 없는 있고 정보업무 협력을 담당함

⑤ 메사다(Metsada)로 알려진 특별작전국(Special Operations Division)은 고도의 요인 암살, 파괴, 준(準)군사작전, 심리전 등의 임무를 수행함

⑥ 랍국(LAP: Lohamah Psichlogit)은 심리전과 선전 그리고 기만 작전을 담당함

⑦ 조사국(Research Department)은 15개 국가 또는 지역 및 핵개발 관련 일일 동향, 주간 요약 및 월간 상세 보고 등 정보생산을 관장함

⑧ 기술국(Technology Department)은 모사드 활동에 필요한 기기들의 개발을 책임

(4) 모사드는 인간정보수집, 비밀 작전, 그리고 대테러 활동을 수행하며, 책임자인 모사드 부장이 총리에게 직접 보고한다.

① 유태인 이주활동(디아스포라)을 할 수 없는 시리아, 이란 등의 국가에서 유태인들을 이스라엘로 이주시키는 공작과 해외 거주 유태인들을 보호하는 활동도 수행

② 서구 국가, 구소련연방 국가 그리고 UN 등에서 주로 활동하는 것으로 알려져 있음

③ 모사드가 자국보다 해외에서 명성이 더 높은 이유는 모사드의 활동이 국제사회의 주목을 많이 받았기 때문임

④ 모사드는 9/11 테러 직전 미국 정부에 관련 정보를 제공했던 것으로 알려짐

> **더 알아보기**
>
> **국제사회의 주목을 받은 모사드의 해외 작전 수행**
>
> 모사드가 수행한 해외 작전 중 유명한 사례는 1960년 아르헨티나에서 나치 전범인 아돌프 아이히만(Adolf Eichmann)을 납치해 이스라엘로 압송한 후 재판을 통해 처형한 사건이 있다. 당시 모사드는 리카르도 클레멘(Ricardo Klement)이라는 이름으로 살고 있던 아이히만의 실제 신분을 확인한 후 이스라엘 항공기 엘알(El Al)로 국내에 압송해 재판 후 처형했다. 아르헨티나는 주권 침해를 들어 이 사건을 UN 안전보장이사회에 제소했고 안보리는 이를 비판하는 결의안을 채택하였다. 이후 모사드는 또다른 나치 전범 요셉 멩겔레(Josef Mengele)가 아르헨티나를 거쳐 브라질에 은거 중임을 확인하였으나, 국제사회의 비난을 우려하여 멩겔레를 납치하려던 계획을 취소할 수밖에 없었다. 멩겔레는 제2차 세계대전 당시 아우슈비츠 수용소 의사로 근무하면서 수용자를 대상으로 잔혹한 생체실험을 했던 전범이었다.

(5) 모사드는 정보환경의 변화에 신속하게 대응해 왔으며, 정보통신기술의 발달로 모사드의 비밀운용이 사실상 어렵게 되자 1990년대 후반 이후 과감하게 보호가치가 없는 정보를 공개하기 시작하였다.

(6) 모사드가 처한 또 다른 정보환경 변화는 냉전의 붕괴와 경제 정보전의 확대라고 할 수 있다.

① 냉전 시절과 달리 적과 우군의 구분이 힘들어진 탈냉전시기 이스라엘은 적과 우군의 구분에서 국익에의 도움 여부를 통해 판단하는 매우 실용적 자세를 견지하고 있음

② 경제산업 정보수집·분석은 기능이 크게 확대됐다. 대부분 합법적인 수단을 통해 정보를 수집하는 관계로 조직 개편의 주안점을 해석 기능 강화에 두었음

③ 모사드는 정보수집뿐 아니라 평가, 분석, 해석도 강조하는 편임

(7) 테러리즘이나 핵, 미사일 등 대량살상무기의 위협은 여전히 모사드의 주요 관심사이며, 정보력이 있어야 안보위협을 사전에 제거할 수 있음을 경험을 통해 확실하게 인식하고 있다.

① 정확한 정보를 확보하려면 인간정보와 신호정보가 모두 필요하기 때문에 유태인 네트워크를 통한 국제적 인간정보수집 기능의 유지를 지속하고 있음

② 무기와 군사장비의 기술이 발달하는 추세에 맞춰 과학기술정보의 강화에도 많은 노력을 기울이고 있음

2. 보안부(ISA; Israel Security Agency, 또는 Shin Bet, Shabak)

(1) 연혁

① 이스라엘 보안부(ISA; Israel Security Agency 또는 GSS; General Security Service)는 1948년 이스라엘 독립과 함께 창설되었음

② 쉰베트(Shin Bet) 또는 샤박(Shabak)으로 알려진 이 기관은 방위군의 일부로서 이스라엘 정보부처의 기반을 구축하였으며 초기 수장은 하렐(Isser Harel)이었음

③ 쉰베트는 독립전쟁 동안 군에 속해 국내 보안문제만을 전담하였음

④ 독립전쟁 이후 방첩 및 아랍계 이스라엘 국민의 정치적 행위 그리고 친소련 야당 활동에 대한 감시기능으로 업무를 확대하고 안보 문제를 다룸에도 불구하고 군으로 총리의 지휘를 받아 왔음

더 알아보기

쉰베트의 모토

쉰베트의 모토는 "보이지 않는 수호자(Defender that Shall Not Be Seen)"이다. 쉰베트의 가장 알려진 활동은 스탈린 격하운동을 선언한 소련 총리 후르시초프의 1956년 제20차 소련 공산당 대회 비밀 연설문을 폴란드 주재 이스라엘 대사관을 통해 입수해 미국에 전달한 것이었다. 1967년 '6일 전쟁' 때는 이집트의 이중첩자를 통해 이스라엘이 지상군을 동원해 공격할 것이라는 허위정보를 제공하여 이스라엘 공군은 전쟁 발발 3시간 만에 무방비로 활주로에 노출된 이집트 공군 전투기를 궤멸할 수 있었다.

⑤ 1960년대 후반 이후 쉰베트의 가장 중요한 업무는 요르단강 서안(West Bank)과 가자 지구(Gaza Strip) 테러분자들의 활동 감시가 되었음

더 알아보기

쉰베트의 정보 실패 사례

1984년 버스승객들을 납치한 300번 버스 사건(Kay 300 Affair) 때는 쉰베트 소속 장교들이 아랍인 납치범 2명을 재판 없이 사살해 문제가 됐다. 조직의 수장인 샬롬(Avraham Shalom)을 강제 사임시켜 위기를 넘긴 쉰베트는 정부 특별위원회의 조사를 받았다.

쉰베트는 1995년 이스라엘 극우주의자의 라빈(Yitzhak Rabin) 총리 암살을 막는 데 실패해 명성에 오점을 남겼다. 극우주의자의 암살계획에 대한 정보를 입수했으나 감시를 위해 파견된 요원이 그가 위협이 되지 않는다는 보고를 잘못 올렸던 것이다. 당시 수장 길론(Carmi Gillon)이 사직하고 정부 특별위원회가 조사를 해 보안조직에 심각한 허점이 있음을 밝혔다.

(2) 구성 및 조직

① 쉰베트는 보안 위협을 가하는 인물 조사, 체포 및 취조, 그리고 주요 인물이나 시설에 대한 보안 문제를 담당하며 3개의 하부 조직으로 구성

② 아랍국(Arab Affairs Department): 이스라엘과 팔레스타인 지역의 반테러리즘 활동을 관장함

③ 비아랍국(Non-Arab Affairs Department): 과거 주로 공산권 국가들과의 문제를 다루었으나 탈냉전 이후에는 비아랍인들이 개입된 안보 문제와 외국 보안당국과의 안보 협력을 책임지고 있음

④ 보안국(Protective Security Department): 보호할 필요가 있는 고위급 인사나 정부 건물, 대사관, 공항 그리고 연구기관과 같이 안보관련 건물을 보호하는 업무를 수행함

(3) 쉰베트는 다른 정보기관보다 인간정보에 의존해 활동하는 경우가 많으며 예를 들어 지역 주민인 정보제공자로부터 하마스(Hamas)나 이슬람 지하드(Islam Jihad) 등의 반이스라엘 집단과 그 지도자들의 정보를 수집 및 유태인 극우주의자들의 동향 감시도 수행한다.

(4) 쉰베트는 독자적 혹은 군이나 다른 정보기관과 협력해 활동하기도 한다. 공군과 협력해 팔레스타인 내 반이스라엘 양대 무장조직인 하마스와 파타, 알카에다 등 이슬람 지하드 조직의 지도자나 지휘관을 겨냥한 표적 암살활동도 벌여왔다. 1996년에는 휴대전화기에 폭발물을 심어 하마스의 폭탄제조 기술자를 암살하기도 했다.

(5) 쉰베트는 감옥에 수감된 재소자나 체포된 테러범의 잔혹한 심문을 통해 정보를 얻는 것으로 악명이 높으며, 쉰베트의 초법적 행위가 국내외에서 비난을 받게 되자 1987년 란다우(Landau)위원회는 관련 사실을 조사한 후 수감자 인권 유린에 대한 사실을 확인하고 쉰베트에 심문과 관련된 지침을 하달했다.

① 이후에도 육체적, 심리적 폭력을 행사하는 심문은 계속되었다고 이스라엘 정부보고서는 밝히고 있음

② 2002년 의회는 총리가 책임지고 쉰베트의 심문방법을 교정하고, 긴급한 경우가 아니면 쉰베트의 수장은 임기를 5년으로 하는 법안을 통과함

③ '브첼렘(BTselem)'이나 '국제 앰네스티(Amnesty International)'와 같은 인권단체는 쉰베트가 국제 협약에서 고문으로 분류되는 육체적 고통을 이용한 심문을 여전히 시행하고 있다고 비난하고 있음

(6) 쉰베트는 1990년대 중반 이후 다른 정보기관들과 마찬가지로 비밀스러운 이미지를 벗고 대중에게 다가가기 위해 책임자 이름을 공개해 왔다. 어둡고 부정적이며 폭력적인 기관의 이미지를 벗기 위한 노력의 일환으로 2007년부터는 요원을 공개적으로 모집하고 있으며 2008년에는 공식 홈페이지에 블로그를 공개하고 있다.

더 알아보기

블로그와 유튜브를 통한 쉰베트의 공개채용 공고

(7) 테러리즘 행위가 다양해짐에 따라 쉰베트의 대테러 업무도 확장되었으며, 사이버 테러가 빈번해지자 철도 · 전력 회사 및 증권거래소의 컴퓨터를 감시해 왔다.

① 2012년에는 금융권의 반대에도 불구하고 상업은행 등 금융기관에 국가기관 요원을 파견해 컴퓨터를 감시하고 있음

② 과거 안보 문제로 여겨지지 않던 비전통안보 이슈가 안보화되면서 쉰베트의 활동은 더욱 확장될 전망임

3. 군정보부(MID; Military Intelligence Directorate, 또는 Aman)

(1) 연혁

① 1950년 창설된 군정보부(Military Intelligence Directorate)는 육·해·공군에 속하지 않는 약 7천 명의 요원으로 구성된 독자적 군 정보조직

② 아만의 모태는 영국이 위임통치하고 레스타인에 있던 유태인 비밀 민병대조직 하가나(Haganah)의 첩보조직인 샤이(Shai, 1940~1949년)임

③ 하가나는 영국령 팔레스타인에서 1920년부터 이스라엘 독립이 공식 선포된 1948년까지 유태인 구출, 유태인 이주, 아랍 폭도 진압, 반위임정부 작전을 수행했으며, 이후 이스라엘방위군(IDF; Israel Defense Forces)의 핵심이 되었음

④ 정보활동(Sherut Yediot, Information Service)을 의미하는 샤이는 하가나의 작전을 지원하기 위한 정보 수집과 방첩활동을 수행함

⑤ 제2차 세계대전 기간 동안 이스라엘인들은 영국의 무기, 자금 및 훈련요원을 제공받는 대신 중동 언어 전문가와 영국의 작전을 지원함

⑥ 이스라엘 정보기관에는 영국식 전통의 흔적이 강한 편인데, 이는 샤이의 초기 훈련을 영국 정보전문가들이 담당했었기 때문임

⑦ 샤이는 독일의 패망이 확실해지자 이스라엘 독립국가 수립을 또 다른 조직의 목표로 삼고, 영국 위임통치기관 사무실에 잠입해 영국의 관련 동향을 파악하여 유태인 독립조직 상부에 보고 및 선전용 정치정보를 수집했음

⑧ 팔레스타인과 해외의 아랍·반시온주의 세력에 침투해 활동하고, 하가나의 무기 밀반입과 불법 이민 계획의 성공을 위한 작전을 수행하기도 했으며, 비밀 방위산업체와 무기조달 조직을 보호하는 것도 임무였음

⑨ 1948년 당시 샤이는 68명의 참모, 60명의 영국인·유태인 요원, 그리고 80명의 아랍인 요원을 두고 있었으며, 연간 예산은 약 70만 달러(현 시세로 약 670만 달러)에 달했음

(2) 아만은 1973년 10월의 욤키푸르 전쟁을 예측하지 못해 명성에 타격을 입고 조직을 개편해야 했다.

① 아만의 일부를 분리해 이스라엘 군부가 직접 관할하는 정보기관으로 준장이 책임자인 '하만(Haman)'을 두었음

② 2000년에는 이스라엘 방위군 조직의 하나로 준장이 이끄는 모다쉬[Modash, 전장(戰場)정보부대]를 창설해 아만의 4대 기능 중 하나인 전장에서의 정보 수집기능을 수행하도록 했음

③ 모다쉬는 하만과 달리 육군(COC Army, 일명 MAZI) 사령부의 지휘체계에 속함

④ 하만이나 모다쉬 모두 실제 활동에서는 아만의 통제를 받으며, 공군과 해군은 아만으로부터 반독립적으로 활동하면서 첩보를 수집하는 소규모의 정보조직을 가지고 있음

(3) 구성 및 조직

① 아만은 현역 소장이 책임자로 있으며 내각에 책임을 지고 법적으로 총리의 통제를 받으며, 주요 국가정보 부처 중 가장 규모가 큼

② 아만의 수장은 소장급의 군 고위급 정보장교가 담당함

③ 참모 부처로는 정보국(Intelligence Corps)과 수집국(Collection Department)이 있으며, 정보수집 부대와 연구부서 그리고 보안부서가 있음

④ 공군, 해군, 육군의 정보부서와 지역사령부의 정보부서도 업무적으로 관장함

⑤ 아만의 기능은 안보 및 국방 정책과 군사 계획을 위한 정보분석, 군 및 정부기관에 정보 제공, 전장(戰場)에서의 안보 및 이를 위한 훈련과 작전, 군사기밀 검열, 정보 수집부대 운용, 지도 작성 및 배포, 정보활동 지침 개발 등임

⑥ 대외관계처는 해외 무관업무 지원과 해외 정보기관과의 연락을 담당함

(4) 아만은 군사 관련 정보를 다루지만 그 활동 영역은 대다수 다른 국가 군 정보기관이 수행하는 영역보다 넓다.

① 비군사적인 국가안보정보활동 및 관련 연구도 수행하는데 이는 건국 초기 이러한 기능을 수행할 수 있는 조직이 아만밖에 없었고 이것이 전통이 되었기 때문임

② 아만은 반드시 군사비밀로 분류된 사안이 아니더라도 관련된 사안이면 모두 검열할 수 있으며, 검열의 기준은 국가안보에 위해 여부임

더 알아보기

이스라엘 정보기관의 정보공개

이스라엘은 기본적으로 공개된 사회라 기밀이 많지 않은 편이다. 하지만 과거에는 언론에 대한 검열이 철저하였고, 현재도 공식적으로 검열이 가능하지만 실제로는 거의 하지 않는 것으로 알려져 있다. 검열에 의한 보도통제는 비교적 드물게 이루어지며, 안보에 민감한 정보나 뉴스는 언론매체가 '자기검열'을 통해 보도 수위를 조절하고 있다. 단 전직 군사 요원이 과거 업무에 관한 서적을 집필할 경우 위법 사항이 존재하는지 여부를 스스로 검열할 것을 요구하기도 한다.

③ 아만은 일일동향정보, 전쟁예측, 아랍국가 상황, 통신감청 등을 고려해 수상과 내각에 보고하며 국경 근처 정탐활동도 수행함

④ 군 내부에서 통상 '부대(Unit)'로 불리는 정찰대(Sayeret Matkal, General Staff Reconnaissance Unit)는 최전방이나 적의 후방에서 정보를 수집하며 반테러리즘 작전이나 인질구출 활동을 담당함

더 알아보기

엔테베 작전

1976년에 우간다 엔테베에 있는 엔테베 국제공항에서 에어 프랑스 항공기가 팔레스타인 테러범들에 의해 납치되어 승객 100명이 인질로 잡히자 이스라엘 특공대가 납치된 인질을 구출한 사건을 말한다. 엔테베 작전은 아만의 정찰대가 수행한 가장 유명한 작전이다.

⑤ 아만은 최근 중동 질서의 재편 움직임과 더불어 ISIS 잔당 소탕, 이란 핵문제 등 새로운 도전을 맞이하고 있음

더 알아보기

이스라엘의 지정학적 위치와 아만의 과제

• 시아파 연대에 해당하는 시리아·레바논의 무장 이슬람조직인 헤즈볼라와 이란의 무장공격 방어
• 아사드 정권의 생화학 무기 사용 및 대량살상무기의 헤즈볼라·하마스 등 반이스라엘 무장조직에의 유입 등 감시
• 국가, 무장조직에 이르는 다양한 형태의 국내외 적대세력 관련 정보수집 및 미국의 중동정책 등 해외정보분석을 통한 이스라엘 군사정책용 정세보고 작성

3 과제와 전망

1. 건국 선언 후 24시간도 되지 않아 주변 아랍국가들과 전쟁을 하고 이후 여섯 차례의 대규모 전쟁을 치러야 했던 이스라엘 국민들은 국가안보의 중요성을 뿌리 깊게 인식하고 있다.

    (1) 영토가 협소한 이스라엘이 전쟁에서 승리하기 위해서는 조기 경보와 기선 제압은 가장 중요한 전략 요소이다.

    (2) 이스라엘 국민들과 안보관련 담당자들은 이러한 사실을 잘 알고 있으며, 이를 위한 정보 획득이 국가안보의 기본이 되는 초석임을 항상 강조하고 있다.

    (3) 이스라엘 국민들이 국내 사회집단을 신뢰하는 순서는 군대, 모사드, 대법원, 정치인, 그리고 언론인 순서라는 조사결과처럼 군과 정보기관에 대한 신뢰가 높은 이유는 국가안보에 대한 그들의 역할이 중요하기도 하지만 해당 정보기관들이 자기들의 실수마저 공개하는 투명성과 윤리성을 갖추고 있기 때문이다.

    (4) 현대 사회는 정보통신의 발달로 인해 비밀주의나 정보 독점을 이용한 부처 이기주의가 점점 불가능해지고 있기에 이스라엘 정보기관들은 정보요원이나 주요 안보관련 기관 종사자들의 보안 소양을 강화하는 한편, 지나친 정보 비밀주의를 탈피함으로써 국가의 정보역량을 키우고 있다.

2. 정보강국 이스라엘은 정보기관의 업무 분업이 잘 이루어져 있으나 다른 한편에서는 일부 분야에서 활동 영역이 겹치는 문제로부터 자유롭지 못하다는 문제를 안고 있다.

    (1) 업무 영역이 겹치는 '회색지대(grey area)'로 인한 정보 획득구조의 문제와 이스라엘의 의사결정 체계가 전통적으로 별로 위계적이지 않고 느슨하기 때문이다.

    (2) 정보기관들은 서로 협력하기도 하지만 경쟁의식도 강해 정보 차단의 원칙을 넘는 갈등도 자주 겪으며, 이러한 영역 다툼은 탈냉전 이후 정보기관 활동영역이 축소되면서 더욱 심해졌다.

    (3) 정보 공유를 거절하거나 정보활동 협력을 통해 발생하는 비효율성의 문제는 이스라엘 정보공동체가 앞으로 해결해야 할 주요 문제이다.

PART
03

CHAPTER 12

국가정보 기구론 적중문제

01 국가정보원의 임무가 아닌 것은?

① 국외정보와 국내보안정보의 수집 · 작성 · 배포
② 국가정보원 직원의 직무와 관련 범죄 수사
③ 국가기밀사항인 자재 · 시설 · 문서 · 지역에 대한 보안업무
④ 법원에 대한 법령의 정당한 적용 청구

02 다음 중 국가정보원의 직무범위와 직권에 대한 설명으로 바르지 않은 것은?

① 국가정보원장 · 차장 및 기타 직원은 신속하고 중대한 사항을 다루기 때문에 법률에 따른 절차에 의하지 않고 사람을 체포 또는 감금할 수 있다.
② 국가정보원장 · 차장 및 기타 직원은 다른 기관 · 단체 또는 사람으로 하여금 의무 없는 일을 하게 하거나 사람의 권리행사를 방해해서는 안 된다.
③ 국가정보원 직원으로서 원장이 지명하는 자는 국가정보원법에 규정된 죄에 관하여 사법경찰관리와 군사법경찰관리의 직무를 수행한다.
④ 국가정보원장은 직무를 수행하기 위하여 필요하다고 인정할 때에는 소속직원에게 무기를 휴대시킬 수 있다.

03 국가정보원의 소속은?

① 대통령
② 국무총리
③ 국방부
④ 행정안전부

04 다음 중 국가정보원법상 정치관여금지 유형이 아닌 것은?

① 그 직위를 이용하여 특정 정당 또는 특정 정치인에 대하여 지지 또는 반대하는 의견을 유포하거나 이러한 여론을 조성할 목적으로 특정정당 또는 특정정치인에 대하여 찬양 또는 비방하는 내용의 의견 또는 사실을 유포하는 행위
② 정당이나 정치단체의 결성 또는 가입을 지원하거나 방해하는 행위
③ 소속직원이나 다른 공무원에 대하여 정치활동에 관여하는 행위를 하도록 요구하거나 그 행위와 관련하여 보상 또는 보복으로써 이익 또는 불이익을 주거나 이를 약속 또는 고지하는 행위
④ 불우이웃을 위하여 기부금모집을 지원하거나 방해하는 행위 또는 국가 · 지방자치단체 및 공공기관의 운영에 관한 법률에 따른 공공기관의 자금을 이용하거나 이용하게 하는 행위

05 국가정보원직원법에 대한 내용으로 틀린 것은?

① 직원은 1급부터 9급까지의 특정직 직원과 일반직 직원으로 구분한다.

② 특별한 전문지식과 경험이 요구되는 분야에 근무하는 직원에 대하여는 계급구분을 적용하지 아니할 수 있다.

③ 국가정보원의 직무의 내용·특수성 등을 고려하여 필요한 경우에는 별정직 직원을 둘 수 있다.

④ 직원의 임용은 학력·자격·경력·연령을 기초로 하며, 시험성적·근무성적과 기타 능력의 실증에 의하여 행한다.

06 국가정보원 직원 결격사유로만 짝지어진 것은?

㉠ 피성년후견인 또는 피한정후견인
㉡ 파산선고를 받은 자로서 복권된 자
㉢ 벌금 이상의 형의 선고를 받은 자
㉣ 금고 이상의 형의 선고유예를 받은 경우에 그 선고유예기간 중에 있는 자
㉤ 징계에 의하여 면직의 처분을 받은 자

① ㉠, ㉡
② ㉠, ㉢
③ ㉠, ㉣, ㉤
④ ㉡, ㉣, ㉤

07 다음 중 국가정보원직원법상의 금지규정이나 의무가 아닌 것은?

① 허위보고금지
② 선서의무
③ 비밀의 엄수
④ 영리업무의 금지

---

01 정답 ④

법원에 대한 법령의 정당한 적용 청구는 검사의 직무사항이다(검찰청법 제4조).

02 정답 ①

국가정보원장·차장 및 그 밖의 직원은 그 직권을 남용하여 법률에 따른 절차를 거치지 아니하고 사람을 체포 또는 감금하거나 다른 기관·단체 또는 사람으로 하여금 의무 없는 일을 하게 하거나 사람의 권리행사를 방해하여서는 아니 된다(국가정보원법 제11조).

03 정답 ①

국가정보원은 대통령 소속하에 있으며, 대통령의 지시·감독을 받는다.

04 정답 ④

불우이웃이 아니라 특정정당 또는 특정정치인을 위하여 기부금모집을 지원하거나 방해하는 행위 또는 국가·지방자치단체 및 공공기관의 운영에 관한 법률에 따른 공공기관의 자금을 이용하거나 이용하게 하는 행위가 금지된다.

05 정답 ③

국가정보원의 직무의 내용·특수성 등을 고려하여 필요한 경우에는 임기제 직원을 둘 수 있다(국가정보원직원법 제3조 제1항).

06 정답 ③

임용 결격사유(국가정보원직원법 제8조)
국가정보원 직원의 결격사유로는 ㉠, ㉣, ㉤ 뿐만 아니라 대한민국 국적을 가지지 아니한 사람, 대한민국 국적과 외국 국적을 함께 가지고 있는 사람, 파산선고를 받고 복권되지 아니한 사람, 자격정지 이상의 형을 선고받은 사람이 있다.

07 정답 ①

허위보고금지규정은 경찰공무원법상 경찰공무원에게 적용되는 규정이다(경찰공무원법 제18조).

PART
03

08 다음 중 국방정보본부의 업무에 해당하지 않는 것은 모두 몇 개인가?

> ㉠ 부내 정책의 대외 발표사항의 관리
> ㉡ 군사외교 및 방위산업에 필요한 정보지원
> ㉢ 국제정세 판단 및 해외 군사정보의 수집 · 분석 · 생산 · 전파
> ㉣ 국방정책 발전의제의 발굴 · 조정 · 건의 및 관리
> ㉤ 군사전략정보의 수집 · 분석 · 생산 · 전파
> ㉥ 사이버 보안을 포함한 군사보안 및 방위산업 보안 정책

① 1개   ② 2개
③ 3개   ④ 4개

09 다음 중 정보기관의 특성이 다른 하나는?

① 중앙정보부
② 국가안전기획부
③ 국가정보원
④ 국군기무사령부

10 다음 중 국가정보원법상 국가정보원의 직무 범위에 대한 설명으로 옳지 않은 것은?

① 정보 및 보안 업무의 기획 · 조정
② 국외 정보 및 국내 보안정보의 수집 · 작성 및 배포
③ 각급 기관에 대한 보안감사를 포함한 국가 기밀에 속하는 문서 · 자재 · 시설 및 지역에 대한 보안 업무
④ 암호 부정사용의 죄

11 다음 중 북한의 비밀공작활동에 대한 설명으로 옳지 않은 것은?

① 1968년 11월, 정찰국 예하 유격대원들이 울진 · 삼척일대를 침투하여 사상 선전을 하고 민간인을 살해하였다.
② 1983년 10월, 미얀마의 아웅산 묘역에서 전두환 대통령에 대한 암살기도가 있었으며, 대통령 암살은 실패하였으나 수행원들이 사망하였다.
③ 1987년 11월, 북한 공작원이 바그다드에서 출발한 대한항공 858기를 폭파하였다.
④ 1999년 6월, 북한 인민무력부 소속 잠수함이 강릉 해상에서 좌초되어 북한의 공작원들이 상륙 후 침투하였다.

12 다음에서 설명하는 대남정보부서는?

> • 공작원 밀봉교육
> • 지하당 구축
> • 우회침투를 통한 해외공작
> • 당계통 남파간첩 조종과 임무 부여

① 인민무력성
② 225부(구 대외연락부)
③ 정찰총국
④ 통일전선부

13 강릉 무장공비 침투사건을 주도한 정보부서는?

① 정찰총국 제2국
② 정찰총국 제5국
③ 인민무력성
④ 인민보안성

14 다음 중 북한의 정보기관에 대한 설명으로 옳지 않은 것은?

① 국가안전보위부는 대한민국의 정치사찰, 방첩 관련 업무를 수행한다.

② 보위사령부는 북한군 관련 민간인도 사찰과 북한군 내 반체제활동을 감시하고 있다.

③ 인민무력부 정찰총국은 군사정보 수집과 해외정보를 수집하며 1968년 청와대 기습사건을 주도하였다.

④ 대외연락부는 대한민국과의 교류업무를 수행하고 있다.

15 중앙정보국(CIA)에 대한 내용으로 옳지 않은 것은?

① 1947년 국가안전보장법(National Security Act)에 의해 창설되었다.

② 정부의 정보활동 조정을 위해 국가안전보장회의(NSC)에 권고한다.

③ 미국국가정보국(DNI)의 장의 역할을 수행한다.

④ 중앙정보국의 조직이나 기능, 명칭, 인원 등에 관한 자료는 원칙적으로 공개하지 않도록 규정되어 있다.

---

08 〉〉 정답 ②

㉠과 ㉣은 국방정보본부의 업무에 해당하지 않는다. ㉠은 국방부 대변인의 업무 내용, ㉣은 국방부 군사보좌관의 업무 내용에 해당한다.

09 〉〉 정답 ④

중앙정보부와 국가안전기획부, 그리고 국가정보원은 시대에 따라 변화한 기관으로 그 특성은 같다. 중앙정보부와 국가안전기획부, 국가정보원은 대통령 소속의 정보기관으로 우리나라 정보업무의 총괄적인 역할을 담당하고 있다. 국군기무사령부는 국방부 장관 소속의 군 정보기관에 해당한다.

10 〉〉 정답 ③

③ 국가 기밀에 속하는 문서 · 자재 · 시설 및 지역에 대한 보안 업무. 다만, 각급 기관에 대한 보안감사는 제외한다.

11 〉〉 정답 ④

강릉 잠수함 침투사건은 1996년 6월에 북한 인민무력부(현 인민무력성) 소속 잠수함이 강릉 해상에서 좌초되어 해안에 공작원들이 침투한 사건이다. 1999년 6월에는 제1연평해전이 있었다.

12 〉〉 정답 ②

225부(구 대외연락부)
공작내용: 공작원 밀봉교육, 지하당 구축, 해외공작

13 〉〉 정답 ①

② 정찰총국 제5국은 세계 각국에 가장한 공작원을 파견하고, 해외에서 주재국의 대남정책에 관한 정보를 수집하는 북한의 정보기관이다.

③ 작전국 산하 적공국(敵工局)을 내세워 대남공작, 대남침투, 대남도발, 대남심리전 등을 주관하는 북한의 정보기관이다.

14 〉〉 정답 ④

대한민국과의 교류업무는 통일전선부 담당 업무이며, 대외연락부는 간첩교육 및 파견과 공작거점 구축 및 통일전선 형성을 담당한다.

15 〉〉 정답 ③

국장이 겸임하던 국가 정보총괄 책임자인 중앙정보국장(DCI)을 폐지하고 국가정보국장(DNI)을 새로 만들어 15개 정보기관의 정보를 총괄하는 권한을 부여하고 대통령에게 직접 보고하는 개혁을 단행하였다.

16 각종 정보와 암호해독 및 미사일 감청 등의 임무를 수행하는 기관은?

① 중앙정보국(CIA)
② 국가안보국(NSA)
③ 국토안보부(DHS)
④ 중앙영상국(CIO)

17 미국의 연방수사국의 업무분장사항이 아닌 것은?

① 특정 공무원 신원조사
② 국내 방첩정보
③ 스파이 색출 작업 등 진행
④ 마약 관련 범죄

18 다음의 역할을 수행하는 기관은?

> • 특수부대인 MET(Mobile Enforcement Team)을 운영
> • 각종 법 집행기관에 분산되어 있는 마약 단속 업무를 통합하기 위해 탄생

① 마약단속국
② 국토안보부
③ 국무부 정보조사국
④ 미국국가정보국

19 다음 미국의 정보기관 중 인간정보를 담당하는 기관으로 가장 옳은 것은?

① GNA
② NSA
③ CIA
④ NRO

20 중국의 국가안전부, 공공안전부(공안부), 신화사, 외교부 등이 속한 정치기구는?

① 국무원
② 공안부
③ 보위부
④ 참모부

21 다음 중 연결이 옳지 않은 것은?

① 국가안전부 – 편제는 국무원에 속하지만 기능과 권한은 초정부적인 기능을 함
② 공안부 – 산불예방, 민간항공, 산아제한, 기술정찰 등 다양한 기능을 담당
③ 대외연락부 – 타 국가의 공산당 지원
④ 신화사 – 타 국가의 무기체계와 군대 능력 등 정보 분석

22 다음 중 내각정보조사실에 대한 내용으로 옳지 않은 것은?

① 내각정보조사실은 미국의 중앙정보국에 해당하는 기관이다.

② 각 성(省)·청(廳)이 수집한 자료를 조정·통제할 수 없다.

③ 국가정보기관으로서의 역할을 수행하나 다른 유관기관과 수평적인 구조로 감독·통제 기능은 없다.

④ 실질적인 첩보의 수집보다는 외국의 출판물의 번역과 같은 업무 때문에 국제정세에 대처하지 못한다는 비판을 받고 있다.

23 일본의 정보기관 중 북한의 미사일 발사실험을 계기로 국제적 위험에 대응하고 국방정보능력을 획기적으로 신장하기 위하여 설립된 기관은?

① 방위성 정보본부

② 공안조사청

③ 도도부현경찰본부

④ 공안위원회

---

16 정답 ②

① 국가안전과 관련된 사안에 대해 국가안전보장회의에 자문을 구하며, 수집한 자료 등을 각 부처에 배포하는 임무를 수행한다.

③ 2001년 9/11 테러 이후 분산된 국가안보기관들을 통합하여 취약점을 보안하기 위해 2003년 국토안보법에 의해 창설되었으며, 테러 위험으로부터 국가를 보호하는 임무를 수행한다.

17 정답 ④

마약범죄 관할은 마약단속국(DEA)의 임무이다.

18 정답 ①

③ 국무부 정보조사국은 공개정보만을 수집하는 정보기관이다.

④ 국가안보 관련 문제를 대통령에게 조언하며 모든 정보기관의 감독자 역할을 수행한다.

19 정답 ③

CIA는 미국 최고의 국가정보기관으로 인간정보를 담당하는 대표적인 기관이다. GNA와 NGA는 영상정보 처리를 담당하며, NSA는 미 국방부 소속 통신정보기관이다.

20 정답 ①

국무원은 중앙인민정부이며, 최고 국가권력기관의 집행기관이자 최고 국가 행정기관이다.

21 정답 ④

타 국가의 무기체계와 군대 능력 등 정보 분석은 군사정보부의 역할이다.

22 정답 ②

각 성(省)·청(廳)이 수집한 자료의 조정·통제하는 기능을 수행한다.

23 정답 ①

방위성 정보본부는 자위대 정보전문부대에 분산되어 있는 정보수집과 분석의 업무를 효율적으로 통합하기 위해 발족되었으며, 수집된 국방정보를 분석하여 배포, 통신감청은 전파부에서 교신내용 및 레이더 정보 등을 분석한다.

24 다음이 설명하고 있는 정보기관은?

> • 소련 최초의 정보기관으로 평가된다.
> • 볼셰비키 혁명 직후 레닌의 지시에 의하여 설립하
>   였다.
> • 반혁명분자의 처단 및 태업진압의 목적으로 설립되
>   었다.

① 연방경호청(FSO)
② 해외정보부(SVR)
③ 체카(Cheka)
④ 국가보안위원회(KGB)

25 국가보안위원회(KGB)를 해체한 인물은?
① 푸틴
② 보리스 옐친
③ 미하일 고르바초프
④ 레닌

26 MI6의 전신인 기관으로 국외정보수집을 주 목
적으로 하는 기관은?
① 비밀정보부
② 보안부
③ 정보통신본부
④ 국가범죄정보국

27 중앙범죄정보국(NCIS; National Criminal
Intelligence Service)과 중앙범죄수사국(NCS;
National Crime Squad) 등을 흡수하여 2006년 창설
된 기관의 명칭은?
① 중대조직범죄청
② 연방정보부
③ 연방헌법보호청
④ 정보통신본부

28 제2차 대전 중에 중앙정보활동국으로 창설되
었으며 프랑스 국내외에서 프랑스의 이익을 공격할
수 있는 테러 조직들의 방침과 행동 역량을 평가하는
기관은?
① 군사정보부
② 국내중앙정보국
③ 해외안전총국
④ 경찰총국 통합정보부

29 해외전담 정보기관이며 군사 및 민간 분야의
첩보를 수집하며 감청시스템을 통해 각종 범죄 및 사
회동향 등을 수집·분석하는 독일의 정보기관은?
① 겔렌 조직
② 연방정보부
③ 연방헌법보호국
④ 슈타지

30 이스라엘 국내방첩기관으로서 해외에 체류 중인 자국 공무원의 보호와 사보타지, 테러 등의 정보수집활동을 하는 기관은?

① 모사드
② 쉰베트
③ 아만
④ 라캄

24 정답 ③

체카(Cheka)는 볼셰비키 혁명 직후인 1917년에 창설된 소련 최초의 비밀정보기관이다. 레닌의 지시에 의하여 설립되었다. 공산 볼셰비키 혁명에 반대하는 반혁명분자의 처단 및 태업진압, 해외첩보 활동 등이 주 업무이다. 체카는 GPU, GUGB, MGB를 거쳐서 1954년 KGB로 개편되어 소련이 해체될 때까지 존속하였다.

25 정답 ③

미하일 고르바초프는 개혁과 개방정책의 일환으로 페레스트로이카(개혁)와 글라스노스트(개방)를 추진하였지만 자신의 주장을 반대하는 보수파가 쿠데타를 일으켜 반대에 부딪쳤고 3일 만에 실패로 막을 내리면서 KGB는 해체가 되었다.

26 정답 ①

② 영국 내의 간첩이나 태업 및 정부전복 등의 음모를 수집·분석하는 기관
③ 암호나 비밀을 보호하고 개발하는 기관

27 정답 ①

① 마약밀매, 인신매매, 여권 및 위폐범죄 등 정보를 수집하는 기관이다.

28 정답 ③

① 1992년 걸프전 때 겪었던 정보의 심각한 부족실태에 대한 문제를 보완하기 위해 발족한 기구
② 국토감시국(DST)과 경찰총국의 통합정보부(RG)가 통합된 조직으로 대테러, 사이버범죄대처, 방첩활동 등 주로 국내 보안을 담당하는 기구

29 정답 ②

③ 국내의 스파이 방첩활동, 국가안보를 위태롭게 하는 행위를 감시한다.

30 정답 ②

쉰베트는 국내 방첩기관으로 적성국 및 우방국가의 정보수집활동, 해외 체류하는 자국 공무원 보호 및 사보타지나 테러 정보수집활동을 한다.

PART

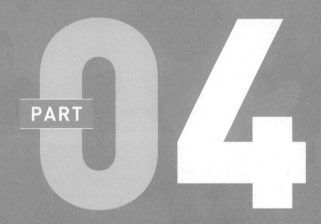

04

국가정보 정책론

국가정책과 국가정보

1 국가정보의 임무와 기능

1. 국가정보의 임무

(1) 국가정보는 국가안보를 보호하기 위한 수단이며, 국가안보는 국가존립과 국가이익에 손상을 가하려는 위협을 사전에 예방하거나 공격이 이루어지더라도 이를 효과적으로 방어하도록 대비책을 마련하여 위협으로부터 안전을 확보하는 것을 의미한다.

(2) 국가안보정책 수단으로서의 정보: 국민의 복리와 관련된 핵심적인 이익을 보호하거나 외부 위협에 대응하고자 국가가 획득하려는 지식으로 규정되며, 국력의 한 형태로 정보를 규정하는 경우도 있다.

(3) 군사작전이나 국가안보, 혹은 외교정책을 결정하는 기초자료로서 정보기능의 다양한 측면을 이해하고, 안보정책과 연관시켜 정보활동의 의미를 규정하는 것은 정책과 정보의 관계를 분석하는데 유용하다.

2. 국가정보의 기능

(1) 국가정보는 국가안보정책의 결정·집행·평가과정에 기여하는 방식에 따라 네 가지 기능으로 구분할 수 있다.

  ① **국가의 주요 정책결정 지원**

    ㉠ 국가정보는 국가정책을 둘러싼 국민적 지지가 부족한 상황 또는 정책참여 주체간 합의가 어려운 상황에서 정책방향 결정의 근거로 활용 가능함

    ㉡ 정보의 기능이 군사안보뿐만 아니라 대외경제정책, 외교정책 등으로 확대되면서 국가정보는 정부가 비밀리에 추진하는 정책결정과정에서 활용 가능하며, 이 경우에도 정보는 정책을 지원하는 것일 뿐, 정책 주도 역할을 할 수 없음

  ② **전략적 기습 방지를 위한 예방적 노력 지원**

    ㉠ 국가안보에 대한 심각한 위협인 전략적 기습을 방지하기 위하여 군사공격 및 침략에 대한 사전 예방이 필요하며, 분쟁이 발생하더라도 국가의 생존은 성공적으로 수호해야 함

    ㉡ 국가의 생존을 위한 군사전략 개발에는 적대국가의 역량과 의도 추적, 해당 국가가 제기하는 위협을 평가하는 분석자료가 요구됨

    ㉢ 군사무기체계 개발, 전쟁계획, 경제제재 또는 경제원조방안 결정 시 필요한 정보를 제공해야 함

  ③ **다양한 분쟁상황에서 활용:** 군사적 충돌상황에서 군사전술상 우위를 점하기 위한 필요한 군사정보 등이 해당됨

  ④ **다른 국가의 국제조약 및 합의 준수여부를 감시**

    ㉠ 군축, 화학무기·생물학무기 등 신무기 개발 제한 관련 군사조약 준수 여부 감시

    ㉡ 지적 재산권 보호 및 공정무역 준수 등 세계경제 관련 국제적 합의 준수 여부 감시

(2) 국가정보의 기능을 효과적으로 담당할 수 있는 조직과 인력을 갖춘 부처는 정보기관이다.

2 국가정보와 정책결정

1. 국가정보생산자와 수요자의 관계

(1) 정치지도자와 고위관료, 부서가 정보수요자에 해당되며, 정보수요자는 정책결정과정에서 정보생산자가 제공한 지식과 판단에 의존하게 된다.

(2) 정보생산자는 안보와 국익 수호에 필요한 정책의 판단 근거가 되는 정보를 제공할 의무가 있으며, 정보생산자의 범위 설정은 각 국가의 정치 문화와 제도에 따라 다르다.

(3) 정보생산자는 제도와 조직의 측면에서 정보수요자(정책담당자)를 일방적으로 주도하지 않으며, 또한 위계적인 우위에 있지 않다.
  ① 조직 체계상 정책은 정보를 지휘·통제하게 되어 있음
  ② 정보순환과정에서 정보수요자는 정책에 필요한 정보를 정보생산자에게 요구하여 합리적인 정책결정과 효율적인 정책목표 달성을 시도함
  ③ 현실적으로 정보수요자와 정보생산자는 각각의 조직 문화, 역할의 차이, 상이한 경험 등으로 상대 조직에 대한 상호 불신과 불편감을 가지고 있음

> **더 알아보기**
>
> **정보수요자와 정보생산자의 상호 불신 이유**
> • 정보수요자의 정보생산자에 대한 지나치게 높은 기대
> • 정보생산자와 정보수요자의 상황인식에 대한 근본적인 차이
> • 경험과 활동범위에 따른 정책집단과 정보집단의 차이

(4) 정보기관과 정책집단이 상호신뢰 및 협력을 통해 양측이 모두 만족할 수 있는 접점을 찾기가 쉽지 않기 때문에 정보의 기능과 정책의 목표가 조화를 이루는 분석적 모델을 제시할 필요가 있다. 정보와 정책 사이 상호의존성 유지 방식에 대하여 두 가지 시각이 존재한다.
  ① 정책의 효율성을 높이기 위해 정보가 정책에 적극적으로 접근해야 한다는 시각
  ② 정보의 객관성과 중립성 유지를 위해 정책과 일정한 거리를 유지해야 한다는 시각

(5) 정보기관은 행정부 수반의 통제를 받는다는 점에서 정보의 독립성을 완벽하게 보장받기 어렵지만, 정보기관은 행정부의 정책을 둘러싸고 정보수요자간의 경쟁, 행정부와 입법부 또는 시민단체 사이에 발생하는 대립과 경쟁에서 중립적인 중재자 역할을 담당하여야 한다. 정보의 중립성 확보는 조직 구조와 제도적 장치만으로 보장받을 수 없다.

(6) 국가정보와 국가정책의 관계는 국가정보가 정책에 관여하거나 개입하게 되는 수준과 밀착도에 의해 구분 가능하다.
  ① 정보가 정책에 미치는 영향은 정책담당자의 태도에 따라 달라지며, 밀착도란 정보생산자가 정책담당자와의 관계에서 정보의 효율성과 객관성의 비중을 설정하는 수준을 의미함
  ② 정책담당자의 정보활용 태도란 정보수요자가 정보생산자에 대해 어떤 인식을 갖고 있는가를 나타내는 것으로 적극적 요구, 수동적 활용 두 가지로 구분됨
    ㉠ 적극적 요구: 정책 담당자가 국가안보와 관련된 정책을 결정하기 위해 필요한 정보를 적극적으로 요구하고 활용하는 태도
    ㉡ 수동적 활용: 정책 담당자가 정보를 별도로 요구하지 않고 정보생산자의 정보생산물을 수동적으로 이용하는 태도

③ 정보-정책의 상호작용에 따라 4가지 양상이 발생함

정보와 정책의 관계 유형

정보와 정책의 밀착 정도		정책 담당자의 정보활용 태도	
		정책의 적극적 요구	정보의 수동적 활용
정보와 정책의 밀착정도	높은 밀착도	⊙ 정책의 주도적 역할과 정보의 효율성 강조	ⓒ 정보의 주도적 역할과 정책개입 증대
	낮은 밀착도	ⓒ 정보의 객관성 강조와 정책개입 신중	② 정보와 정책의 의존성 약화와 상호불신

⊙: 정보가 정책결정에 밀착되어 있기 때문에 정보의 중립성이 상대적으로 덜 심각하게 요구되는 정치적 환경

ⓒ: 정책 담당자가 정보를 적극 활용하려는 반면, 정보생산자는 정치적 중립성과 객관성을 유지하기 위해 정치 지도자와의 관계를 지나치게 밀접하게 하지 않으려 하는 상태

ⓒ: 정책 담당자가 정책결정에 필요한 정보를 적극적으로 요구하기 보다는 정보생산자의 적극적 노력에 대한 수동적 반응으로 평가

②: 정보기관과 정치 지도자 모두 긴밀하게 협력을 하지 못하는 관계로, 정보실패가 당연하게 여겨지는 상태

(7) 정보와 정책의 관계는 한 국가의 정치문화와 역사적 경험을 받아들이는 과정에 따라 상당히 큰 차이를 보이며, 한국의 경우 대통령의 성향과 안보의제에 따라 ⊙ 유형과 ⓒ 유형에 가까운 것으로 보인다.

2. 정책결정과정과 정보의 역할

(1) 정책수립과 정보

① 정책결정과정의 가장 우선적인 단계는 안보와 국익을 위협하는 요인을 파악하고 변화하는 안보환경의 구체적인 특성을 파악하는 것임

② 정보순환의 분석틀은 정책 담당자가 정보생산자에게 특정 이슈에 대한 정보를 요구하는 것을 전제로 하고 있으며, 정책이 정보를 주도하는 관계를 설정하고 있음

정보순환의 분석틀

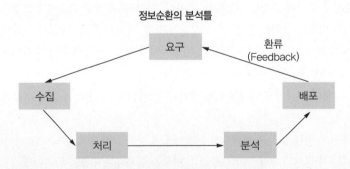

⊙ 정책 담당자는 국가안보위협에 대한 광범위한 식견과 비전을 갖추고 있어야 하며, 대통령의 적극적인 정보 요구는 정치지도자의 태도와 연관성이 있음

ⓒ 정보생산자는 정책수요자의 구체적 요구와 관계없이 안보의제 및 국익 관련 주요 현안에 대한 정보를 수집하고 분석된 자료를 준비하고 있어야 함

ⓒ 정보수요자의 정보기관에 대한 기대: 정보기관이 새로운 문제를 예상하고 필요한 정보를 제공할

준비가 되어있을 것이라 기대함

> **더 알아보기**
>
> **정책담당자를 위한 CIA 정보국의 전통적 역할**
> - 전 세계 또는 특정한 관심지역에서 일어나는 일에 대한 정보를 제공한다.
> - 특정한 사건이 지닌 의미를 파악하는데 유용한 정보를 제공한다.
> - 특정한 사건에 대해 CIA만이 제공할 수 있는 정보를 제공한다.
> - CIA 정보분석관들은 해당 사건의 전개과정이 내포하는 의미를 심도깊게 파악한다.

(2) 정책결정과 정보

① 정책결정과정에서 정보의 역할 문제는 '블랙박스'라 불릴 정도로 시스템 이론이 설명하지 못하는 취약한 부분임

> **더 알아보기**
>
> **시스템 이론**
> 경영학 이론에서 파생된 이론. 시스템은 '가공 · 처리 기능을 통하여 입력물(Input)을 출력물(Output)로 전환함으로써 공통의 목표나 기능을 달성하기 위하여 상호작용하는 요소 또는 실체들로 구성된 집합체'로 정의할 수 있다. 시스템 이론에 기업을 적용한다면, 기업은 이윤창출이라는 목표 달성을 위해 사람, 자금, 원자재, 기계, 절차 등의 다양한 요소로 구성된다. 또한 기업의 경영기능이라 할 수 있는 구매, 생산, 마케팅, 회계 및 인력관리 등은 이윤창출이라는 목표를 달성하기 위한 구성요소 사이의 상호작용이라고 할 수 있다.
> 시스템 관점에서 본 기업은 기업 전체가 추구하는 목표, 그리고 그에 따른 각 하위시스템들의 목표 및 목표 달성을 위한 기능과 역할, 다른 하위시스템들과의 상호작용에 대한 통제를 통해 효율적인 목표 달성을 추구한다.

    ㉠ 국가안보정책을 결정하는 핵심 구성원의 하나로서 정보운영자는 정보생산자를 대표하여 정치 지도자를 지원함

    ㉡ 정보관리자는 정보수집과 분석을 담당하는 정보요원 관리와 업무의 조정 통제, 정책결정자에게 정보 전달과 설명을 통한 정책결정의 구성원으로서 중심적인 역할을 담당함

    ㉢ 정책담당자는 정책결정과정에서 정보수집원이나 분석과정에 대한 세부 내용은 알지 못함

② **정보생산자의 정책담당자에 대한 실망 이유**

    ㉠ 정책담당자의 복잡한 정보분석 회피 경향

    ㉡ 정책담당자의 불확실성 극복이 어려운 성향

    ㉢ 정책담당자는 정보보고서를 제대로 읽지 않음

    ㉣ 정책담당자는 정보생산자가 제공한 정보를 잘 기억하지 못함

    ㉤ 정책담당자는 정책 실패시 정보생산자에게 책임을 전가함

(3) 정책집행과 정보

① 정책결정과 정책선택이 이루어지면 정책집행 단계, 정책집행은 정책 산출과 결과로 구성됨

② 정책집행과정은 사전에 예측한 상황전개와 비교하면서 지속적으로 정책과 전략 수정 가능함

    ㉠ 정보는 정책결정 뿐만 아니라 정책집행과정에서 예상치 못한 상황 극복을 위해서 필요

    ㉡ 정책 담당자의 관심사항은 정책이 의도한 대로 집행되고 있는지 여부이며, 정보기관은 정책결정 목표달성을 위해 효율적인 전술과 행동에 필요한 정보를 제공해야 함

    ㉢ 다른 단계와 달리 정책집행단계는 정보의 영향이 적은 편이며, 정책의 수정 및 중단에서 많은 절차와 정치적 비용이 요구되므로 정보기관의 영향력이 줄어들 가능성이 존재함

(4) 정책평가와 정보: 다양한 전략적 수단을 동원하여 정책을 집행한 결과와 정책의 산출은 정치 지도자와 고위 관료가 부담해야 하는 정치적·윤리적 책임 기준이 된다.

① 정치 지도자는 정책의 성공을 통해 권력유지의 정당성을 확보하길 희망하며, 정책 산출을 기준으로 정책의 효과를 강조할 가능성이 높음

② 국민적 여론과 사회적 분위기에 편승 또는 정치적 목적에 따라 이루어지는 안보정책은 실리적 득실에서는 외견상 성공과 다르게 계산될 수 있음

　예 9/11 테러 이후 부시 행정부의 이라크 전쟁

③ 고위관료 및 담당 부처의 경우, 정책집행의 산출과 결과를 유리하게 과장 또는 왜곡하여 예산 증액 및 조직 확대 명분으로 삼을 가능성이 매우 높다는 점에 주목

3 국가정보와 국가안보

1. 새로운 안보요소와 국가정보

(1) 초국가적 위협의 부상

① 과거 국가안보의 최대 위협은 다른 국가, 즉 국가 행위자였으나 탈냉전 시기부터 초국가적 행위자가 점차 부상하기 시작함

　㉠ 비록 국가 행위자에 의한 안보 도전은 여전히 심각하지만, 과거에 비해 국가간 무력충돌 가능성은 대폭 감소함

　㉡ 테러, 국제범죄, 인신매매 등 초국가적 행위자에 의한 국가안보위협은 점차 증대되고 있으며, 안보위협의 주요 행위자로 부상함

　㉢ 초국가적 행위자는 정부·국가에 비해 효과적으로 조직될 수 있고 다른 국가를 직접적으로 위협할 수 있다는 점, 집단이 행위자로 협력하기에 유인 동기가 훨씬 많은 반면 억제 요소는 상대적으로 적다는 점에서 점차 안보위협으로 부상하게 됨

더 알아보기

소련 해체 이후 동구권의 국제조직범죄 등장

소련이 붕괴하는 과정에서 발생한 무질서를 틈타 마약밀매·인신매매 등에서 파생되는 막대한 불법수익은 조직범죄가 국내외적으로 지배적인 정치·경제조직과 연대하여 정치적 부패를 심화시키게 하는 요인으로 작용하였다. 주로 뇌물의 형태로 이루어지는 부패는 형사사법기관 등 법집행기관이나 상부 정치조직이 범죄조직의 불법활동을 묵인하고 공생적 관계로 발전하게 된다. 이 과정에서 범죄조직은 국경을 뛰어넘는 초국가적 성격을 띠면서 합법적 비즈니스로 위장하게 되며, 국제조직범죄가 활발하게 활동하고 다양한 조직간 상호연대를 통해 국제조직범죄 활동이 더욱 초국가적이고 복잡화된다. 국제조직범죄의 전지구적 활동은 국가안보·국제안보뿐만 아니라 인간안보에 매우 위협적이며, 전통적인 안보위협에 대한 새로운 개념정의의 필요성을 제기하고 있다.

---

② 테러의 경우 수단이 갖는 파괴력 증가와 획득의 용이함이 증가하면서 다양해지는 모습이 목격되었음

③ 조직범죄는 그 자체가 국가안보 뿐만 아니라 개인안보, 사회안보, 국제안보에 위협이 되며, 국가의 지배력 약화와 국제적 시스템을 취약하게 하는 중임

④ 테러와 범죄의 결합: 테러조직과 조직범죄집단은 추구하는 목적, 조직의 구조 및 활동방식 등에서 차이가 있으나 점차 경계가 모호해지고 있음

(2) 정보화의 확장과 사이버 안보

① 사이버 공간은 군사, 경제, 사회, 정보활동 등에 해당하는 대부분 정부조직과 활동이 활발하여 국가 안보의 핵심적 영역으로 부상

    ⊙ 미국 국방부는 국가안보의 개념이 사이버 공간으로 재정의되고 있다고 지적한 바 있으며, 국가사 이버안보국을 2019년 신설하였음

    ⓛ 군사력뿐만 아니라 경제·사회활동이 사이버 공간에 의존하는 가운데 사이버 공격은 국가 전체가 마비되는 피해를 발생시킬 수 있음

> **더 알아보기**
>
> **7/7 디도스 공격 사태**
>
> 2009년 7월 발생한 7/7 디도스 공격 사태는 정부 기관, 기업, 은행 등을 망라해 이루어진 사이버 테러로 약 1주일 동안 지속되면서 사회적 혼란을 야기했다. '북한 소행'이라는 사이버 테러의 단골 소재만 부각하는 데 급급한 언론의 부실 보도, 상황을 파악하고 대처해야 할 컨트롤 타워의 부재, 위기 해결을 위한 정부 기관 간 소통의 문제, 민간(기업, 국민)의 위기 인식 부족 등의 문제점이 총체적으로 불거진 사례이다.

    ⓒ 정보절취, 정보시스템 파괴 등 직접적인 공격에 이어 사이버 공간의 선전·선동 역시 중요한 사이버 안보의제 중 하나로 대두되고 있음

    ⓔ 자신들의 지지세력 뿐만 아니라 상대국가에 대한 사회와 정부 문제를 인식하는 방법에 영향을 미쳐 국가안보전략에서 우위를 점하고자 하는 방법임

② 사이버 공간의 갈등은 정부와 개인, 특정 집단과 정부 사이의 상호작용으로 발전하는 추세이며, 사이버 무기를 사용하여 상대방의 기간시설을 파괴하려는 적극적인 시도 또한 등장하고 있음

(3) 국가이익 확대에 따른 비군사적 안보위협

① 냉전의 종식은 안보환경의 구조적 변화를 가져왔으며, 국가안보전략상 우선순위를 재검토하게 된 사건이며, 미국의 경우, 9/11 테러 이후 대간첩 활동예산과 인력을 대테러분야로 전환하였을 정도로 대내·외 안보환경에 민감하게 반응하였음

② 군사안보는 여전히 중요하지만 경제력 역시 국가의 부를 축적하고 국가의 위상을 결정하는 요소로 여겨지면서 국가이익의 핵심 영역으로 간주되고 있음

    예 미국 트럼프 행정부의 중국 유학생 대거 추방, 러시아의 산업비밀유출을 위한 요원 파견

(4) 대량살상무기 확산에 따른 안보위협

① 과거 부시 행정부는 대량살상무기(WMD)를 이용한 테러의 심각성을 제기하면서 안보전략의 구체화를 언급함

    ⊙ 테러조직의 대량살상무기 획득은 국제 무기암시장이나 핵보유국으로부터 구매를 통해 이루어짐

    ⓛ 핵보유국으로부터 절취 또는 기술 습득을 통한 핵무기 직접 제조도 가능함

    ⓒ 따라서 핵보유국과 테러단체의 연계는 국제사회의 지속적인 감시 대상임

② 과거 약소국 대상 WMD억제전략은 탈냉전기에서는 효과를 거두기 어려움

(5) 자연재해와 환경파괴에 따른 안보위협

① 기후변화가 제기하는 위협의 심각성은 식량 및 자원문제와 연결, 외교수단으로 활용되고 있으며, 미국 바이든 행정부는 출범과 함께 기후변화 대응을 국가안보 최우선과제로 설정하는 기후안보적 관점을 언급

② 바이든 대통령은 취임 첫날 파리협정 복귀 등에 대한 행정명령 서명을 통해 일방주의 · 다자주의의 틀 안에서 기후변화 대응을 외교적 압박으로 제시할 것이 전망되면서 국내 산업계 파장 등을 고려한 정책 마련 모색이 필요해지고 있음

③ 기후안보: 기후변화가 유발하는 직 · 간접적인 국가안보에의 영향

　㉠ 직접적인 영향: 수자원 고갈 및 국제공유하천의 수자원 관리를 둘러싼 국제분쟁 심화, 식량수급의 어려움에 따른 취약국의 식량안보 악화, 해수면 상승으로 인한 태평양 도서국가 및 해안 저지대 연안국가의 주거지 상실 문제

　㉡ 간접적인 영향: 기후안보는 위협의 증폭제 역할을 담당하며, 대규모로 발생하는 기후난민 문제로 인한 인접국가의 분쟁 및 테러 취약성이 증가하고, 취약계층의 재난재해 발생피해 증가로 인하여 국민안전을 위협, 나아가 국가위기관리로 증폭될 가능성이 존재함

2. 국가안보정책을 위한 국가정보 조직과 활동

(1) 정보조직 개혁의 특징

① 정보화에 따라 정보조직은 정보화의 모델로 개편 필요

② 신속성과 유연성을 통해 민관협력 및 국가간 정보협력의 증대

③ 역량강화를 위해 효율성과 집중성이 필요하며, 국가부문에서만 담당할 수 있는 임무에 자원 집중

④ 정보생산자와 정보수요자 간 의사소통 채널의 다양화

⑤ 직접적인 상호작용과 투명성 견지 필요

(2) 초국가적 위협에 대한 예방적 조치

① 뉴테러리즘의 특징

　㉠ 네트워크 조직을 통한 연계와 분산 활동

　㉡ 인적 교류 확대를 통한 잠재적 활동공간의 전 지구적 차원으로 확대

　㉢ ICT를 활용한 선전 선동을 세계 도처로 확산 및 잠재적 동조자들의 테러 참여 유도

　㉣ 군사적 대응전략의 효과가 제한적임

② 따라서 뉴테러리즘의 예방은 정보의 억지전략이 필수적이며, 군사력의 억지전략과는 전혀 다른 성격임

(3) 정보감독의 강화

① 정보기관의 정보수집 및 분석과정을 입법부의 감시와 통제대상으로 함으로써 정보조직의 관료적 장벽, 불법 활동, 정보의 정치화 가능성을 감소시킬 수 있음

② 정보기관의 기능 미비나 권한 남용에서 비롯된 행위를 조사하는 의회와 진상 조사단은 정보기관의 은밀성과 민감성을 뛰어넘는 활동을 전개하게 됨

CHAPTER 02 국가정보의 통제

1 국가정보와 정보통제

1. 국가정보활동과 민주주의

(1) 국가정보기구가 수행하는 정보활동의 필요성은 대부분 동감하는 바이나, 정보활동을 규율하는 기본원리와 민주주의 원칙이 서로 충돌하기 때문에 양자 사이에는 긴장 관계가 존재하게 된다.
  ① 투명성과 비밀성이 충돌
  ② 분산과 집중의 원리가 충돌
  ③ 법의 지배 원리 문제로 충돌
  ④ 사생활 보호문제로 충돌
  ⑤ 신뢰의 문제로 충돌

(2) 민주주의와 정보활동 사이의 상충관계가 존재하기 때문에 국가정보기구의 활동은 민주주의 근본규범, 과정, 제도를 제약할 위험성을 내포하고 있으며, 민주주의 체제 하에서 정보활동의 근본과제는 정보활동의 효과적인 수행과 동시에 민주주의를 유지·발전시킬 수 있는가 하는 것이다.

(3) **국가정보기구의 통제 필요성**
  ① 민주주의 보존과 강화를 위해 필요함
  ② 정보기구 활동의 정당성 부여를 위해 필요함
  ③ 정보기구의 활동에 대한 책임과 한계를 분명히 함

2. 국가정보 통제의 개념

(1) **정보통제의 개념**: 정보기구가 목적에 부합되는 활동을 하도록 지배와 책임성이 보장되도록 하는 것을 말한다.

(2) **정보통제의 핵심사항**
  ① 활동의 방향과 목표가 적절히 계획되고 적절히 수행되고 있는가?
  ② 정책결정자들의 요구에 대응하여 정보수요를 충족시키고 있는가?
  ③ 정보수집이나 비밀공작 등을 수행할 충분한 활동능력을 보유하고 있는가?
  ④ 정보분석의 능력과 질은 충분한가?

(3) **정보기구 활동의 법적 책임성 관련 핵심사항**
  ① 정보활동이 법적으로 부여된 권한과 범위 내에서 이루어지고 있는가?
  ② 정보활동을 수행함에 있어 책임과 한계는 명확히 이루어지고 있는가?
  ③ 정보활동을 위하여 허가되고 승인된 예산의 집행이 적절히 이루어졌는가?

2 국가정보의 통제수단

1. 최고 통치권자에 의한 통제

(1) 국가정보기구의 핵심기능 중 하나는 국가의 최고 통치권자가 정책을 결정할 때 필요한 정보를 수집하고 분석하여 제공하는 것이나, 양자 간 어느 정도 긴장관계가 형성되는 것이 일반적이다.

(2) 최고 통치권자의 정책방향과 국가정보기구의 조직적 관점 사이에 발생할 수 있는 긴장관계는 때로는 정보기구가 중요 정보를 선별적으로 제공하여 최고 통치권자를 좌지우지할 수 있는 위험성이 발생하는 등 심각한 문제를 자아내기도 한다.

(3) 최고 통치권자에 의한 정보기구 통제는 법적인 권한 행사를 통한 직접적인 통제와 행정부 내 다른 기관을 통한 간접적인 통제로 구분된다.
　① **직접적 통제**: 정보기구 책임자에 대한 인사권, 행정명령, 정보기구의 조직개편 권한이 해당됨
　② **간접적 통제**: 정부 내 정보 감시 기관과 정보기구 활동에 대한 특별 감사 실시를 위해 외부 특별조사위원회 설치가 해당됨

2. 의회에 의한 통제

(1) 의회는 입법권, 예결산권, 일반적 정부 감시권한을 통해 정보기구를 통제할 수 있다.
　① 의회의 정보기구 통제입법은 일반적으로 정보기구의 심각한 직무일탈이나 권력남용이 일반대중에게 공개적으로 알려졌을 때 집중적으로 이루어짐
　　㉠ 또한 의회의 법률 제정 내용에 따라 정보기구의 통제수단, 방법, 내용이 다양하게 됨
　　㉡ 한국의 경우 국가정보원법 개정을 통하여 정치개입과 권력남용 방지를 위한 법적 근거를 마련함
　② 의회의 예결산권은 의회가 행정부를 통제하는데 가장 효과적인 수단이며, 결산안의 승인을 얻기 위해서는 정보기구 활동에 대한 의회의 감시절차를 거쳐야만 하기 때문에 가장 강력한 수단임
　③ 의회는 공직 지명자에 대한 임명동의권, 대정부 질문권, 국정조사권 및 국정감사권 등 통상적인 정부 감시권한을 통해 정보기구를 통제함

(2) 의회 내 국가정보 통제 기능을 제도화한 것이 의회의 정보위원회이다.
　① 대부분의 민주국가에서는 정보위원회를 통해서 정보통제를 수행하며, 정보위원회는 의회의 대표적인 정보통제 체제라 할 수 있음
　　㉠ 미국은 상원과 하원에 별도의 정보위원회를 설치하여 정보활동을 통제함. 상원은 특별위원회적 성격의 상원정보특별위원회를, 하원은 상임위원회적 성격의 하원상임정보특별위원회를 설치함
　　㉡ 한국은 국회 정보위원회가 정보를 통제하고 있음
　② 청문회의 형식을 통해 이루어지며, 정보책임자에게 정보활동에 대한 증언 요청이 가능함
　　㉠ 청문회: 의회가 중요한 안건 심사 시 필요한 증인 · 참고인으로부터 증언 및 진술청취와 증거채택을 위해 소집하는 위원회의 회의
　　㉡ 의회는 청문회를 통해 정보책임자로부터 정보활동 관련 증언을 요청할 수 있고, 외부전문가들로부터 정보활동에 대한 대안적 시각을 청취할 수 있다는 점에서 청문회는 의회의 정보활동 감시수단임
　　㉢ 미국 의회의 청문회: 감독청문회, 조사청문회, 예산청문회, 인사청문회
　　㉣ 한국 국회의 청문회: 조사청문회, 입법청문회, 인사청문회

3. 언론과 시민단체에 의한 통제

(1) 언론

① 기본권으로 보장되는 시민의 '알 권리'를 충족시키기 위해 시민단체는 정부활동의 적법성과 효율성에 대하여 끊임없이 문제를 제기하여 정부활동을 통제함

② 언론의 기본적인 입장은 언론의 정보공개는 국가이익에 기여한다는 점을 전제로 이루어짐

③ 언론의 정보통제는 직접적인 보도를 통한 정보활동 관련 정보를 제공하는 것과 언론이 수집한 정보를 의회 등 공식적인 정보통제 기구에 제공하여 간접적으로 통제하는 방식이 있음

④ 정보기구에는 이에 대하여 "방어적 정보공개" 정책을 활용하여 대응하게 됨

(2) 시민단체

① 시민단체의 정보활동 조사와 문제제기는 정보기구로 하여금 정보활동에 대한 성찰이라는 측면에서 긍정적인 측면이 존재함

② 정보기구가 갖는 고도의 전문성과 비밀성을 고려하면 시민단체의 정보통제 실효성에 대한 의문이 제기됨

> **더 알아보기**
>
> **알 권리와 정보활동 감시**
> - 알 권리의 신장이 무제한적으로 정보활동의 공개로 이어질 수는 없음
> - 우리 헌법 역시 국민의 기본권은 국가안전보장, 질서유지 또는 공공복리를 위하여 제한될 수 있다고 규정(제37조 제2항)하는 만큼 언론이나 시민단체의 정보기구 감시는 국가안보, 질서유지 또는 공공복리를 위하여 제한될 수 있음

3 주요 국가의 정보통제 사례

1. 한국

(1) 1962년 국가안전보장회의(NSC; National Security Council)

① 우리나라 국가 안보 · 통일 · 외교와 관련된 최고 의결기구로, 대통령 직속 자문기관임

    ㉠ NSC 의장은 대통령이며, NSC 위원은 국무총리와 외교부 · 통일부 · 국방 · 행정안전부 장관, 국가정보원장, 대통령비서실장, 국가안보실장, 국가안전보장회의 사무처장(국가안보실 1차장), 국가안보실 2차장임

    ㉡ 국가안전보장에 관련된 대외정책과 군사정책, 국내정책의 수립에 관해 국무회의 심의에 앞서 대통령의 자문에 응하기 위해 설립된 기구임

    ㉢ 헌법에 명시된 헌법기관이었지만 유명무실했던 것을 김대중 정부 때 상설화하였으며, 노무현 정부에 들어서면서 그 위상이 강화되었음

② NSC는 국가안보와 관련된 정보를 다루기 때문에 외부에 드러난 것이 많지 않으며, 회의도 주로 '지하 벙커'라고 불리는 국가위기관리센터에서 열리기 때문에 특수한 경우를 제외하면 취재진에게도 공개되지 않음

CHAPTER 02 국가정보의 통제 **283**

(2) 『안전기획부법』 개정(1994) 및 『국가정보원법』

① 정보기관 직원들의 정치활동에 대한 강력한 규제 조치와 국회의 통제 시스템을 갖추고 있음

② 정치관여의 금지(제9조)

③ 정치에 관여한 직원을 처벌(국정원법 제18조)

　　㉠ 5년 이하의 징역과 5년 이하의 자격 정지

　　㉡ 미수범을 처벌

(3) 국회에 1994년 '정보위원회'를 상임위원회 형태로 설치하여 국가정보업무 통제: 국회에 의한 통제는 2008년 8월 25일 국회법 38조 일부가 개정되었다.

① 국가정보업무에 대한 국회의 효율적인 통제와 국가기밀보호의 상호조화의 필요성으로 정보위원회가 설치됨

② 위원의 임기는 2년, 다른 상임위원회의 임기가 2년인 것과 동일

③ 예산안과 결산을 감사, 예산심의는 비공개, 국정운장은 국회예결산심사 및 안건 심사에 있어 국가기밀사항에 한하여 그 사유를 소명하고 거부할 수 있음

(4) 국가보안법(제1조 제2항): 해석·적용상 필요한 최소한도에 그쳐야 하며, 확대해석이나 헌법상 보장된 국민의 기본권에 대한 부당한 침해는 없어야 한다.

2. 미국

(1) 행정부의 통제

① 국가안보회의(NSC)의 정보프로그램실(OIP) – 1947년 국가안보법

　　㉠ NSC는 대통령 자문기구로서 국가안보와 외교정책에 관련된 임무를 수행

　　㉡ NSC 산하 정보프그램실(OIP)은 행정부 내 정보활동을 감독하는 최고위급 기관으로 임무 수행

　　㉢ OIP의 임무는 2004년 합동정보공동체위원회(JICC)로 이관

② 합동정보공동체위원회(JICC) – 2004년 정보법

　　㉠ 정보공동체를 감독하는 기능 수행(의장: DNI)

　　㉡ 요구, 예산, 실적, 평가 등에 관한 DNI의 자문그룹 역할 수행

③ 해외정보자문위원회(PFIAB) – 1956년 행정명령 10656호

　　㉠ 위원들은 대통령이 임명하며, 전직 정보관들과 관련된 업무 경험을 가진 민간인들로 구성

　　㉡ 정보활동에 대한 감독적인 측면보단 효율성을 개선하고 증대하는데 중점

　　㉢ 간첩활동과 비밀공작 관련 이슈에 대한 감시, 분석적 이슈 조사

　　㉣ PFIAB는 PIAB(정보자문위원회)로 개칭

④ 정보감독위원회(IOB) – 1976년 행정명령 11905호

　　㉠ 1975년 포드 행정부에 의해 설립, 정부 외 인물 3인 구성

　　㉡ 정보공동체의 내부지침을 검토하고, 감독하며, 상설기구로서 초당적으로 운영

　　㉢ 법을 기준으로 적합성 또는 적법성 문제를 보고

　　㉣ 암살공작활동을 금지함

　　㉤ 클린턴 대통령의 행정명령 12863호(1993년)에 의거, IOB가 PFIAB 소속의 분과위원회로 흡수됨

⑤ 감사관실
ㄱ 감사관실은 1978년 제정된 감사관법에 따라 독립적인 위상을 유지함
ㄴ 미국 정보공동체에 정보기관들을 감독하는 12명의 감사관을 두고 있으며, 모두 독립성을 가진 기구임
ㄷ 감사관은 내부에 대한 감찰임무를 수행하며, 이를 위해 비밀 자료에 무제한 접근할 수 있도록 법으로 규정함
ㄹ 감사관은 IOB에 활동 내용을 보고할 의무가 있으며, 행정부의 고위 담당자에게도 정기적으로 보고함

(2) **의회의 통제:** 상원정보위원회(SSCI, 1976)와 하원정보위원회(HPSCI, 1977)가 상설화되었다.
① 정보위원회 소속 위원들의 임기는 2년이며, 연임은 가능하되 8년 이상 위원으로 계속 재직할 수 없도록 규정
② 정보기관의 권력남용, 불법적·비윤리적 정보활동 감시 및 정보활동의 효율성 제고 유도 역할을 수행함

01 민주적 통제에 대한 설명으로 옳은 것은?

① 정보기관은 체제 · 정권안보를 위하여 존재하기 때문에 민주적 통제의 필요가 있다.

② 정보기관에 관한 법률안 제정이나 인사, 특정 사안 등에 대해 일반 국민이나 전문가를 대상으로 공청회를 개최하는 것은 언론과 국민에 의한 통제이다.

③ CIA는 카니보어(Canivore)라는 프로그램으로 인터넷상의 대부분의 이메일을 검색 또는 감시할 수 있다.

④ 국회 정보위원회는 국정원의 예산심의를 비공개로 한다.

03 공공기관의 정보공개에 관한 법률상 비공개 대상 정보가 아닌 것은?

① 공개될 경우 국민의 생명 · 신체 및 재산의 보호에 현저한 지장을 초래할 우려가 있다고 인정되는 정보

② 다른 법률 또는 법률이 위임한 명령에 의하여 비밀 또는 비공개 사항으로 규정된 정보

③ 당해 정보에 포함되어 있는 이름 · 주민등록번호 등 개인에 관한 사항으로서 공개될 경우 개인의 사생활의 비밀 또는 자유를 침해할 우려가 있다고 인정되는 정보

④ 직무를 수행한 공무원의 성명과 직위

02 민주적 통제의 요소 중 공개의 필요성으로 짝지어진 것은?

> ⊙ 정보의 공개는 행정통제의 근본적 요소
> ⓒ 국민의 권익 보호
> ⓒ 국민의 참여와 정보기관 운영의 투명성 제고
> ② 국민의 알 권리를 보장

① ⊙, ⓒ
② ⊙, ⓒ, ⓒ
③ ⓒ, ⓒ, ②
④ ⊙, ⓒ, ⓒ, ②

04 다음 중 민주적 통제 유형에서 사전적 통제에 해당하는 것은?

> ⊙ 국회 예산결산권
> ⓒ 국회의 입법권
> ⓒ 행정심판
> ② 정보공개청구권

① ⊙, ⓒ
② ⓒ, ⓒ
③ ⓒ, ②
④ ⓒ, ②

05 여론 · 언론기관에 의한 통제는 어떤 통제에 해당하는가?

① 민중 통제
② 인권 통제
③ 사법 통제
④ 내부 통제

01 정답 ④

국회 정보위원회는 국정원의 예산심의를 비공개로 하며, 국회 정보위원회의 위원은 국정원의 예산내역을 공개하거나 누설하여서는 아니 된다(국가정보원법 제12조 제5항).
① 정보기관은 체제 · 정권안보를 위하여 존재하는 것이 아니라 국가안보와 국가의 이익을 위해 존재하기 때문에 민주적 통제가 필요하다.
② 공청회 개최는 입법부에 의한 통제이다.
③ FBI가 카니보어(Canivore)를 통해 감시한다.

02 정답 ④

다만, '국민의 알 권리'는 무제한적으로 정보활동의 공개 대상이 될 수 없다. 국민의 알 권리는 헌법상 보장되는 기본권에 해당하지만, 헌법 제37조 제2항에 따라 국가안전보장 · 질서유지 또는 공공복리를 위하여 법률로써 제한될 수 있다.

03 정답 ④

④ 공개가 가능한 정보이다.

04 정답 ③

• 사전적 통제: 국회의 입법권, 행정절차법, 정보공개청구권, 예산심의권 등
• 사후적 통제: 사법부의 사법심사, 행정심판, 행정기관의 감독 · 감사권, 국회 예산결산권, 국정조사권 등

05 정답 ①

민중에 의한 외부 통제에 해당한다. 민중에 의한 외부 통제 수단은 여론, 언론기관 및 정당을 통한 직 · 간접적인 통제가 있다.

PART 04

PART

05

국가정보의 발전방향

정보활동의 변화와 정보협력

1 정보환경변화의 주요 요인

1. 탈냉전기 정보환경

(1) 냉전 시기 서구 자유민주주의 국가의 정보목표 우선순위는 적대적 공산권 국가의 군사위협에 있었으나, 탈냉전 이후 과거와 같은 명확한 정보목표는 사라지고 정보목표 우선순위도 경제 · 테러 · 환경과 같은 다양한 이슈가 경합되면서 정보활동의 대상과 영역이 확장되고 있다.

① 냉전의 종식은 정보환경에 있어 정보목표의 불확실성과 정보의제의 다양화를 초래하여 효율적인 정보활동을 어렵게 하고 있음

② 기존보다 훨씬 다양하고 복잡한 정보의제가 나타나면서 여러 분야의 정보를 종합해서 판단해야 하는 정보수집의 종합성이 필요해졌고, 복잡하고 전문적인 지식이 요구되면서 분석의 전문성에 대한 수요가 더욱 높아지게 되었음

③ 탈냉전기 안보위협상황은 특정 적대국가의 군사안보위협에 대한 관심보다 국제테러리즘 등 국내로 파급되는 안보위협요소에 더 집중하게 되면서 정보공동체 내 정보활동의 영역과 책임에 대한 혼선도 야기됨

④ 9/11 테러처럼 미국의 대표적 정보기구인 FBI와 CIA 등 대테러 관련 정보활동의 범위와 경계문제가 제기되면서 정보기구간 정보공유와 정보협력문제는 중요한 정보과제로 대두됨

(2) 세계화, 정보화, 민주화 등 요인도 세계 정보환경의 변화를 초래하는 요인이며, 이들 요인은 그 자체로도 정보환경의 지형을 변화시키지만, 다른 요인과 상호작용을 통하여 국가정보환경에 복합적인 영향을 미치고 있다.

① **세계화**: 사람, 재화와 용역, 자본, 기술 등 모든 요소가 광범위하게 하나로 상호연결되어 확장해 나가는 일련의 자본주의 심화과정

② 세계화 과정의 주체인 국가와 비국가행위자의 지속적인 역할 수행이 예상되는 만큼 세계화의 진행은 불가측성을 띄고 있음

③ 세계화의 문제는 세계화의 영향범위가 전세계적인 반면, 세계화로 인한 혜택은 특정지역과 특정계층에 편중되기 때문에 경제성장을 비롯한 양극화 문제를 야기한다는 것임

트럼프 대통령의 당선과 자국중심주의의 대두

2016년 미국 트럼프 대통령의 당선과 함께 미국의 '러스트 벨트'에 관심이 집중되었다. 러스트 벨트는 미국의 중북부에 위치한 오하이오, 위스콘신, 일리노이, 인디애나, 아이오와 등이 해당되는데 과거 제조업으로 번영을 누린 공업지대이다. 그러나 세계화·정보화의 흐름 속에 제조업은 인건비가 싼 멕시코·중국으로, 미 국내 산업의 중심은 실리콘 밸리로 이전되었다. 경제는 금융업계 엘리트가 좌지우지하게 되었고, 러스트 벨트의 중심이었던 자동차 산업마저 혼다 등 외국 자동차가 대체하게 되었다. 그나마 남아있던 일자리 역시 비교적 인건비가 싼 이주 노동자들이 대체하게 되면서 러스트 벨트의 불만은 고조되기 시작하였다. 미국이 세계의 중심이었고, 그런 미국의 중심이었던 과거의 영광과 자긍심은 사라졌다. 이러한 상황에서 '미국을 다시 위대하게'라는 슬로건을 내세운 트럼프 후보의 등장은 러스트 벨트의 희망이었고, 트럼프 대통령 집권 4년 동안 내세운 일련의 미국 우선주의(America First) 정책은 이러한 배경에서 등장하였다.

④ 세계화를 통한 인도·중국 등 신흥 강대국이 부상하면서 미국이 주도한 세계질서의 변화, 기존 기득권 세력에 해당하는 서방 선진국의 위상약화 우려·불안감 심화 등 국제질서의 개편과 세계안보지형의 변화는 진행중임

⑤ 새로운 세계안보지형은 한반도의 심각한 안보도전상황을 유발할 가능성이 있으며, 최대 우방국이자 동맹국인 미국과의 관계를 유지하는 한편, G2이자 경제적 강대국으로 부상한 중국과의 관계 설정은 우리나라의 중요한 외교문제로 여겨지고 있음

(3) 미국의 쇠퇴와 국제질서의 재편과정은 더 이상 '팍스 아메리카나'적 세계질서가 어렵다는 것을 의미하며, 유일한 초강대국으로서 미국이 독자적 이해관계나 일방적 수단에 의해 국제문제를 해결하는 것은 점차 어려워지고 있다.

① 2021년 1월 출범한 미국의 신 행정부는 트럼프 행정부 동안 약화된 다자주의·동맹관계에 복귀를 선언하고, 세계보건기구·파리기후협약 재가입 등 다자협력을 강화하는 모습을 통해 국제문제 해결에 중추적인 역할을 다시금 모색 중임

② 미국의 중추적인 역할에도 불구하고, 미국이 독자적으로 세계문제를 관리하고 해결하는 것이 어려운 시대가 된 만큼, 국제질서에서 일어나는 거시적 변화가 앞으로 어떻게 국제안보지형을 미치며, 우리에게 제기하는 안보과제는 무엇이 될지에 대한 분석과 전망이 중요한 정보과제가 될 것임

안보환경의 변화와 향후 정보과제
• 한반도 주변 국제질서 재편에 따른 강대국간 역학관계 변화양상 분석
• 변화된 국제질서 안 한국의 동맹관계 및 신흥강대국간 관계설정 문제 분석
• 북한급변사태·북한핵문제·통일문제 등 한반도에 미치는 파급효과의 종합적 분석·판단 및 대비책 마련

③ 2020년 발생한 코로나19 팬데믹은 국제질서변화를 더욱 가속화시켰으며, 전세계적인 감염병의 확산을 방지하기 위한 국경폐쇄·이동제한 등의 조치는 글로벌 가치사슬의 변화, 언택트 사회의 도래, 혐오범죄의 증가와 극우 포퓰리즘의 재현 등 사회 전반에 영향을 미치고 있음

(4) 세계화의 심화는 세계 노동시장의 변화에 영향을 미치면서 새로운 국내안보 · 국내정보 문제를 야기할 수 있는데, 신흥국가의 세계 자본주의 시장 편입은 수백만에 달하는 신규 노동력이 세계고용시장에 유입되는 결과를 가져온다.

① 기술혁신 · 기술발전은 세계적인 노동의 이동과 아웃소싱의 증대를 가져와 서구 선진국 내부의 노동시장과 중산층에 타격을 주게 되었음

② 고령화사회로의 진전에 따라 선진국 사회에 상이한 문화적 배경을 가진 노동력 유입이 용이해지며, 선진국 내부 노동시장은 더욱 취약해짐

③ 저렴한 해외이주 노동력에 대한 국내 노동의 반발, 반세계화 운동 등 국내의 압력이 거세지면서 반이민정책 채택 및 극단주의 대두되고 있음

④ 국제이주현상은 출신국가와 수용국가 모두에 사회적 · 정치적 불안정을 야기하는 결과를 가져옴. 수용국가는 해외 노동력의 사회적응 · 주류사회로의 통합문제가 발생, 출신국가는 경제침체, 정부실패 발생, 중심부에 대한 저항의식 등이 심각한 내부분열 등을 초래함

⑤ 내부분쟁이 인근지역 · 국가로 확산되는 경우 지역분쟁이 초래되며, 극단적인 형태로는 인구와 영토는 존재하나 효과적인 통치능력이 부재한 "실패국가"가 등장하게 되었음

(5) 뉴테러리즘적 성격을 가진 국제테러리즘의 발생요인은 향후 10여 년간 약화될 가능성은 거의 없으며 정보화, 민주화 등 촉진요인을 통해 급진적 이슬람주의 및 다양한 이념의 폭력적 극단주의의 확장이 전망되고 있다.

(6) 세계정보환경은 경제 · 사회 · 환경 · 에너지자원 · 사이버 안보를 모두 아우르는 포괄안보의 차원에서 다양하게 확장되고 있으며, 이에 따른 효율적인 정보활동과 제도개혁의 시급성도 점점 더 증대되고 있다.

(7) 정보환경의 변화로 인하여 정보활동의 영역과 대상도 확대되고 있으며, 이에 따른 정보의제의 변화, 정보기능의 기능 및 역할도 변화하고 있다. 이러한 대내외 정보환경의 변화에 대응하기 위해 국가정보 패러다임도 변화하고 있으며 각국 정보기관도 새로운 정보과제에 직면하고 있다.

2 정보환경의 변화와 새로운 정보활동과제

1. 21세기 정보환경의 특징과 정보패러다임의 변화

(1) 세계 정보환경 변화의 특징: 안보위협요소 및 주제의 다양화, 위협요소의 초국가화, 위협수단 및 방법의 첨단화 · 지능화, 국내정보의 위기심화로 요약될 수 있다.

① 안보의 범위와 개념 자체가 포괄적으로 확대되고 있으며 군사안보위협 외 다양한 비군사적 위협의 중요성이 높아지고 있음

② 다양한 위협주체가 공격수단을 다양화하고 지능적인 방식으로 수행하기 때문에 국가정보의 효율성 제고가 시급한 과제로 대두됨

③ 초국가적인 안보위협 발생과 사건 · 사고가 국경을 가로질러 발생하는 상황에서 국내안보와 국제안보의 명확한 구별 및 해외정보와 국내정보의 분리 수행이 점차 어려워지고 있음

(2) 기존의 수동적이고 방어적인 정보 패러다임에서 벗어나 적극적이며 능동적인 정보 패러다임으로 진화될 필요가 있다.

2. 정보환경의 변화와 국가정보역량 강화

(1) 세계적 안보위협요소의 확대와 국내 안보의 취약성 증대로 국내 정보활동의 활성화·강화 필요성이 증대되고 있다.

① 국내외 각종 사건사고가 국경을 벗어나 연결되고 상호영향을 미치는 초국가적 상황에서 이를 대비한 국내 정보역량 강화는 여전히 필요함

② 기존 국내 정보활동은 대북 등 안보문제로 활동해왔으나 국내에 유입된 해외 정보활동 주체의 다양화, 정보목표의 확대 등으로 우리 국익을 위협하는 해외의 정보활동은 다변화 추세를 보이고 있음

③ 대북문제 중심의 국내정보활동을 외국인의 대(對)한국 정보활동 대응으로 확대 및 개편이 필요함

④ 2012년 「국가방첩업무규정」은 정보환경변화에 대응하여 국가정보가 정보활동 업무기반을 명확히 하고자 한 최소한의 입법조치임

  ㉠ 제정배경: 기존의 법령 및 제도적 대응체계 미흡과 외국으로의 잦은 국가기밀 유출사고, 국가위상의 향상에 따른 외국인의 대한민국 정보활동 강화가 명시

  ㉡ 방첩의 명확한 개념정의, 범주, 실질적인 업무 지침이 포함되어 있음

(2) 새로운 정보활동의 확대나 기능강화 노력이 정치적 사찰 등에 대한 우려, 국민의 기본권 침해 등 인권 탄압 소지 논란이 야기될 수 있으며, 국내 정보활동의 규제 및 통제강화는 정보기관의 정치적 중립성과 자율성 문제를 가져올 수 있다.

(3) 국가정보원법 개정에 따라 대공수사 등이 경찰의 국가수사본부로 이관, 국내정보 담당관 폐지 등이 이루어졌으나, 이것이 국내 정보활동의 무조건 약화로 여겨서는 안 된다. 오히려 국민과 함께하는 선진 국가정보체계 구축을 위한 노력의 일환으로 보아야 할 것이다.

3 국가간 정보협력의 이해

1. 정보협력의 개관

(1) **정보협력의 형태**

① **정보의 교환**: 국가정보의 차이를 극복하기 어려울 경우 외국 정보기관에 정보요청을 하여 부족한 부분을 보완함

② **수집활동의 분담**: 정보수집 활동에 소요되는 예산·인력의 한계로 인해 정보협력 국가간 수집활동 영역·지역을 분담함

③ **지역 수집기지의 활용**: 기술발전에도 불구하고 지상수집기지 활용이 필요한 정보가 있으므로 적대국가에 인접한 우방국가에 지상수집기지를 확보함

(2) **정보협력의 특징**

① **신뢰성 확보**: 정보협력은 협력국 간 신뢰가 없으면 불가능하고, 정보출처 보호 등 목적을 위해 소수의 인가된 정보 수요자에게만 배포되어야 함

  예 에셜론 프로젝트(파이브 아이즈) 등은 영어 사용국가라는 협력정신이 바탕으로 신뢰를 확보하고 있음

② **자국이익의 극대화**: 정보, 첩보수집 및 분석, 분석기법, 장비 및 자금지원에는 이에 상응하는 대가가 제공되기 때문에 가능함

③ **개별적 협력**: 포괄적인 분야의 정보협력이 아닌, 개별 사안에 관한 정보협력이 강화되는 추세임
　　예 한−일 간 북한미사일 관련 정보협력 시작이 대표적인 사례
④ **새로운 분야의 협력 강화**
　　㉠ 국제범죄, 테러, 사이버 범죄 등 개별국가에서 처리하기 어려운 사안에 협력이 시작됨
　　㉡ 우리나라는 특히 사이버 분야의 정보협력을 주도하고 있음
⑤ **협력의 다각화**: 개별국간 양자 정보협력 뿐만 아니라 다자정보협력, 지역정보협력 등 다양한 협력 네트워크를 구축하여 정보협력을 강화하고 있음

(3) 정보협력의 영향

① **정보조직의 발전**
　　㉠ 강대국이나 선진국과의 정보협력, 정보이전을 통해 정보약소국의 정보조직이 체계화되거나 정보인력의 인력이 향상되는 계기가 될 수 있음
　　㉡ 구체적으로는 정보수집기술이 발전되거나 정보분석능력이 향상되는 경우
② **정보운영능력의 향상**
③ **보안수준의 강화**: 협력국간 보안이 강화되어 정보의 기밀성이 확보되며, 협력국은 보안준수협약원칙에 따라 최대한의 보안조치를 강구하여야 함
　　예 보안(암호)장비의 제공, 보안교육 매뉴얼 제공, 인원선발 지침 제공 등이 해당됨
④ **정보수집목표의 제약**
　　㉠ 협력국간 정보위협에 둔감해져 상호국가에 대한 정보수집활동이 현저히 감소하게 될 우려가 존재함
　　㉡ 한국 역시 우방국에 대한 정보수집이 취약함
⑤ **정보수집 우선순위에 영향**: 협력국과의 협력유지를 위해 정보수집 우선순위 조정이 불가피한 경우가 있으며, 협력국의 특별정보요구로 자국의 정보 우선순위 변경도 발생

4 국가간 정보협력의 이슈와 국가정보활동의 제약

1. 국가간 정보협력 이슈

(1) **신뢰성의 문제**: 정보협력국으로부터 받은 정보가 항상 양질의 정보는 아니며, 모든 정보기관은 자신의 정보가 믿을 수 있다는 확신을 가진 경우가 많다.

(2) **정보종속의 문제**: 대부분 약소국가는 첩보수집과 정보분석 능력에 한계가 있어 일방적인 정보수혜자가 되는 경우가 많고, 강대국에 정보의존으로 인해 정보왜곡, 정치적 영향력 행사 등 우려가 제기된다.

(3) **정보의 보안유지 문제**: 정보약소국은 방첩이나 보안활동이 상대적으로 취약할 가능성이 있으며, 이러한 경우 협력국이 아닌 다른 외국 정보기관의 정보탈취, 사용자 부주의 및 정보의 공개유출, 외국 정보기관으로의 정보 유출 등 보안문제가 발생할 수 있다.

(4) **국가간 협상카드 활용위험성의 문제**: 정보 강대국과 약소국 간 국가적 협상이 진행될 경우 정보제공이 협상카드로 활용되는 경우가 많으며 정보제공 또는 정보협력 단절이 제시된다.

(5) 정보협력은 중요하나 자국의 안보와 국익은 스스로 지켜야 한다는 원칙을 잊어서는 안 된다.

2. 국가정보활동기관의 제약

(1) 윤리적 문제

① 비밀유지와 알 권리의 충돌

② 정보수집활동의 윤리적 문제

③ 비밀공작의 윤리적 허용 범위

(2) 법적 문제: 정보수집활동 · 비밀공작 수행시 발생하는 위법행위, 권한남용 및 자의적 행사에 대한 법적 책임 문제가 해당

(3) 기타

① 정보의 진실성 문제에 대한 가이드라인 필요

② 언론의 자유와 국익과의 관계 문제

정보기관의 혁신과제

1 국가정보의 효율성 및 대응능력 제고

1. 정보목표 우선순위 조정과 조직개편

(1) 대내외 정보환경 변화에 따라 한국의 정보목표와 정보활동영역의 우선순위를 선별하여 선택과 집중을 통한 효율적인 정보체계 구축이 중요하며, 정보환경변화에 따른 새로운 안보위협이자 우선적 정보영역을 대상으로 정보목표의 우선순위가 재조정되고 집중화될 필요가 있다.

① 21세기 정보환경의 특징 중 하나는 국가안보위협의 다양화와 위협요소의 초국가화이며, 이러한 정보환경변화에 맞춰 국가정보목표 우선순위(PINO) 재검토와 조정이 필요함

② 중견국의 지위, 세계 유일의 분단국가이자 한반도 주변에 위치한 강대국 등 지정학적 위치는 치밀하면서도 유연한 대외전략과 강력한 안보역량을 요구하고 있으며, 가장 중요하고 시급한 문제에 국가정보의 기능과 역할이 집중될 필요가 있음

    ㉠ 강대국간 역학 관계 변호에 따른 국제질서 재편과 주변국 정세파악

    ㉡ 북한급변사태 및 한반도 상황변화 대비

    ㉢ 초국가적 테러확산과 국내정보위기 대비

    ㉣ 해외 금융시장 및 외환시장 동향과 산업보안 대비

    ㉤ 국가기반시설 및 다중이용시설 테러 대비

    ㉥ 사이버 테러 및 사이버 안보 대응

(2) 안보위협의 다양화 및 초국가가화, 국내정보위기 심화와 같은 정보환경 특징을 고려한다면 국내정보기구 개편 이후 국내정보활동의 효율적인 수행방안 마련이 필요하다.

① 2020년 개정된 「국가정보원법」은 국내정보의 근거로 확장해석되었던 '국내보안정보' 관련 규정을 제4조 직무범위에서 삭제함

② 국내정보 수집업무는 경찰이 전담하되, 안보역량 약화를 우려하여 개정안에 직무수행과 관련해 경찰청과 국정원이 공조체계를 구축하고 상호협력하는 것을 강제 규정으로 설치함

2. 전문성 · 분석력 제고 및 정보협력 강화

(1) 급변하는 세계안환경 및 정보환경은 다양한 전문영역과 심층적 지식이 요구되고 있으며 종합적인 정보판단과 분석을 요구하는만큼, 정보기구가 수행하는 기능과 역할 역시 더욱 다양화 · 전문화되고 있다.

① 세계화 · 정보화 시대에 대응하고 국가위기를 사전탐지 · 방지하기 위한 국가정보의 분석 · 예측능력이 어느 때보다 높아진 만큼 전략정보생산에 필요한 치밀한 정보분석능력 개발이 필요함

② 4차 산업혁명 관련 기술 등 새로운 전문기술분야에 대한 국가정보차원의 전문지식과 인력의 심화가 필요하나, 전문지식과 인력이 결여되어 있음

③ 정보분석 능력 제고를 위해서는 국가정보기관이 자체적으로 취약분야에 대한 전문인력의 보완·확충이 필요하며, 정보인프라 개선을 통한 과학적 분석능력 확충 역시 중요함

(2) 마약·테러·해적 등 초국가적 문제 대응을 위해서 해외 정보네트워크 강화 및 국제 정보협력체계 개발이 중요하다.

① 최근 정보협력은 단순 정보교환에서 끝나지 않고 사안별로 정책집행부분까지 협력하는 형태로 발전하고 있음

② 다양한 안보위협의 등장은 개별 정보기관의 독자적인 정보능력만으로는 한계가 있기 때문에 공동위협에는 국가간 정보협력이 활성화되고 있음

③ 정보협력 실무부서의 자율성을 유지하는 동시에 장기적으로 전문성을 강화해 나가는 방향으로 정보협력을 도모할 필요가 있음

2 국가정보의 자율성 제고

1. 국가정보의 자주성을 위한 선진 정보인프라의 구축

(1) 국가정보기구가 수행해야 하는 국가안보수호의 역할이 어느 때보다 중요하고 확대되는 상황에서 시대적 변화 대응에 필요한 고도의 정보기술 및 인프라가 우리에게 부족한 것은 사실이다.

① 한미동맹 관계 속에서 동맹국인 미국의 기술정보 의존하고, 국내 정보기구의 인간정보 중심 정보활동이 수행되면서 인해 기술정보 분야는 미흡한 편이며 양자간 균형있는 연계가 필요함

② 장기적 시각에서 정보의 자주화를 위해 기술정보 분야의 정보인프라를 발전시키는데 과감한 투자와 노력이 필요함

③ 초국가적인 안보위협 발생과 사건·사고가 국경을 가로질러 발생하는 상황에서 국내안보와 국제안보의 명확한 구별 및 해외정보와 국내정보의 분리 수행이 점차 어려워지고 있음

(2) 국가정보 연구의 활성화를 통한 정보 인프라의 학문적 기반을 구축해 나가는 것도 중요하며, 국가정보 및 전문분야에 민간연구의 활성화를 통하여 독자적으로 고급정보를 생산할 수 있는 체계와 역량을 갖춰 나가야 한다.

예 국가정보학의 학문적 역량강화 사업, 정보공동체 포럼의 신설 및 활성화 등

2. 국가정보의 정치적 중립화와 자율화

(1) 국가정보목표의 재조정, 정보기구간 정보공유·정보협력 강화 등은 보편적인 정보과제인 반면, 국가정보의 자율화와 민주화 문제는 한국이 당면한 정보과제이다.

① 새로운 안보위협과 도전과제는 한국의 정보기관이 새로운 정보활동 방향에 따라 기능과 역할을 강화하고 선진국가정보체계로 발전하기 위한 지속적인 정보혁신과 변화를 요구함

② 국내 정보기관에 대한 오랜 불신과 부정적 인식으로 인해 정보개혁의 시도가 쉽지 않은 편이며, 국가정보기관의 제도적 개편은 국민의 전폭적인 지지와 신뢰가 필수적임

③ 범국민적 신뢰와 협력을 얻기 위해서는 국가정보기구 스스로 중립성과 자율성을 유지하려는 노력이 필요하며, 근본적으로 제도개혁이 수반되어야 하는 문제임

(2) 정보기관의 기능 강화 및 효율성 문제는 제도개혁과 연관되어 있기 때문에 국민적 신뢰회복 및 협력과 관계된 문제이며, 국가정보의 자율성이 확보되어야 가능하다.

① 새로운 정보활동 영역의 확대나 정보활동 개혁노력은 자칫 국가정보활동의 범위와 권한 확대로 오해되어 국민의 기본권 침해와 인권탄압 소지 논란을 가져올 수 있음

② 제도혁신의 노력은 국가정보의 민주적 통제 및 여론의 감시기능 활성화 노력과 병행되어 추진될 필요가 있음

③ 정보활동을 약화시키거나 정보역량의 심각한 훼손이 발행하지 않는 선에서 감시기능을 수행하여 정치적 의혹과 불신을 해소하려는 노력이 필요함

(3) 정권교체마다 있어 온 정보기구의 조직개편이 국가정보의 기능보완이나 역량강화를 위한 개혁적 시도로 이해되기 어려운 측면이 상당 부분 존재하므로 근본적으로 국가정보원의 정치적 중립성이나 자율성을 제도적·법적으로 보장하지 않는 한 어떠한 조직개편이나 개혁시도도 취지에 맞게 성공하기는 어렵다.

3 국민의 정보기관으로서 신뢰 증진

1. 대국민 소통 증진 및 인식 제고

(1) 현대 자유민주주의 국가에서는 새로운 제도개혁이나 법령 제정은 국민의 지지와 신뢰가 절대적으로 필요하다는 점에서 국가정보 역시 정보개혁이나 혁신에 앞서 국민과 소통하고 국민의 지지·협력을 구하는 것은 중요하다.

① 정보환경의 변화와 선진정보체계의 필요성을 대국민 홍보를 통해 지속하는 한편 여론 주도층인 전문가 집단부터 정보개혁의 필요성을 적극 인지시킬 필요가 있음

② 일반적 홍보 외에도 국가정보기구에 대한 이미지 홍보 역시 중요하며, 적극적으로 추진될 필요성이 있음

(2) 최근 정보환경변화에 대한 국민적 인식과 새로운 정보패러다임 전환 필요성에 대한 인지가 낮은 상황에서 우리 정보현실과 실상에 대한 주기적 발표가 국민적 이해와 공감대 형성에 도움이 될 것으로 보인다.

① 국가정보의 중요성과 정보혁신의 시급성 인식과 함께 국민 여론의 환기를 통해 국가정보목표의 명확한 방향을 제시하는 것임

② 미국은 「국가안보전략」, 「국가방첩전략」 등을 주기적으로 발표, 모든 공직자와 국민이 공유해야 할 국가안보목표와 방향을 제시하고 있음

(3) 시대적 변화에 걸맞은 정보용어와 개념의 발굴이 필요하며, 시대변화와 국민적 정서에 일치하는 개념을 정립하는 것이 필요하다.

① 일부 정보관련 용어는 구시대적인 성격을 가지고 있으며, 정보환경의 변화와 새로운 안보위협요소 대응에 제한적이라는 단점을 가지고 있음

② 예를 들어 '방첩'의 개념과 적용범위는 다양한 안보위협요소의 등장, 방첩대상 및 수단의 다양화, 안보위협과 정보의 초국가적 연계성 등을 다루기에 지나치게 제한적이기 때문에 선진 방첩개념의 모색이 필요함

01 정보기관을 혁신해야 하는 이유에 해당하지 않는 것은?

① 세계화 · 정보화 시대에 맞는 기관으로 탈바꿈하기 위한 새로운 경영의 패러다임 전환

② 정권의 안정 · 안보를 효율적으로 수행하기 위하여 필요

③ 불합리한 의식과 제도 등을 타파하여 신뢰받는 조직으로 변혁을 모색

④ 정보기관의 효율성을 높이기 위하여 필요

정답 및 해설

01   정답 ②

혁신의 당위성

• 정보기관의 본래 목적인 국가이익과 국민의 보호를 충실히 수행하기 위하여 필요

• 정보기관의 효율성을 높이기 위하여 필요

• 불합리한 의식과 제도 등을 타파하여 신뢰받는 조직으로 변혁을 모색

• 세계화 · 정보화 시대에 맞는 기관으로 탈바꿈하기 위한 새로운 경영의 패러다임 전환

02   정답 ④

폐쇄적인 인사방식은 우수한 인재를 확보하는 데에 있어서 어려움이 있다. 우수한 인재의 확보에 있어서 공개채용 방식이 더욱 효과가 있으며 적절한 방안이다.

PART
05

02 다음 중 정보기관이 우수한 인재를 확보하기 위한 적절한 방안으로 옳지 않은 것은?

① 실제 업무부서에서 면접을 실시하여 적합성을 증대시킨다.

② 전문성을 고려하여 인재를 채용한다.

③ 신원조사의 목적과 절차 등을 명확히 기재한다.

④ 공개채용 방식에서 비공개채용 방식으로 전환한다.

부록

국가정보학 관련 최신 법령

제1장 총칙

제1조(목적등) ① 이 법은 국가의 안전을 위태롭게 하는 반국가활동을 규제함으로써 국가의 안전과 국민의 생존 및 자유를 확보함을 목적으로 한다.

② 이 법을 해석적용함에 있어서는 제1항의 목적달성을 위하여 필요한 최소한도에 그쳐야 하며, 이를 확대해석하거나 헌법상 보장된 국민의 기본적 인권을 부당하게 제한하는 일이 있어서는 아니된다. 〈신설 1991. 5. 31.〉

[제목개정 1991. 5. 31.]

제2조(정의) ① 이 법에서 "반국가단체"라 함은 정부를 참칭하거나 국가를 변란할 것을 목적으로 하는 국내외의 결사 또는 집단으로서 지휘통솔체제를 갖춘 단체를 말한다. 〈개정 1991. 5. 31.〉

② 삭제 〈1991. 5. 31.〉

[제목개정 1991. 5. 31.]

제2장 죄와 형

제3조(반국가단체의 구성등) ① 반국가단체를 구성하거나 이에 가입한 자는 다음의 구별에 따라 처벌한다.

1. 수괴의 임무에 종사한 자는 사형 또는 무기징역에 처한다.

2. 간부 기타 지도적 임무에 종사한 자는 사형·무기 또는 5년 이상의 징역에 처한다.

3. 그 이외의 자는 2년 이상의 유기징역에 처한다.

② 타인에게 반국가단체에 가입할 것을 권유한 자는 2년 이상의 유기징역에 처한다.

③ 제1항 및 제2항의 미수범은 처벌한다.

④ 제1항제1호 및 제2호의 죄를 범할 목적으로 예비 또는 음모한 자는 2년 이상의 유기징역에 처한다.

⑤ 제1항제3호의 죄를 범할 목적으로 예비 또는 음모한 자는 10년 이하의 징역에 처한다. 〈개정 1991. 5. 31.〉

제4조(목적수행) ① 반국가단체의 구성원 또는 그 지령을 받은 자가 그 목적수행을 위한 행위를 한 때에는 다음의 구별에 따라 처벌한다. 〈개정 1991. 5. 31.〉

1. 형법 제92조 내지 제97조·제99조·제250조제2항·제338조 또는 제340조제3항에 규정된 행위를 한 때에는 그 각조에 정한 형에 처한다.

2. 형법 제98조에 규정된 행위를 하거나 국가기밀을 탐지·수집·누설·전달하거나 중개한 때에는 다음의 구별에 따라 처벌한다.

   가. 군사상 기밀 또는 국가기밀이 국가안전에 대한 중대한 불이익을 회피하기 위하여 한정된 사람에게만 지득이 허용되고 적국 또는 반국가단체에 비밀로 하여야 할 사실, 물건 또는 지식인 경우에는 사형 또는 무기징역에 처한다.

   나. 가목외의 군사상 기밀 또는 국가기밀의 경우에는 사형·무기 또는 7년 이상의 징역에 처한다.

3. 형법 제115조·제119조제1항·제147조·제148조·제164조 내지 제169조·제177조 내지 제180조·제192조 내지 제195조·제207조·제208조·제210조·제250조제1항·제252조·제253조·제333조 내지 제337조·제339조 또는 제340조제1항 및 제2항에 규정된 행위를 한 때에는 사형·무기 또는 10년 이상의 징역에 처한다.

4. 교통 · 통신, 국가 또는 공공단체가 사용하는 건조물 기타 중요시설을 파괴하거나 사람을 약취 · 유인하거나 함선 · 항공기 · 자동차 · 무기 기타 물건을 이동 · 취거한 때에는 사형 · 무기 또는 5년 이상의 징역에 처한다.

5. 형법 제214조 내지 제217조 · 제257조 내지 제259조 또는 제262조에 규정된 행위를 하거나 국가기밀에 속하는 서류 또는 물품을 손괴 · 은닉 · 위조 · 변조한 때에는 3년 이상의 유기징역에 처한다.

6. 제1호 내지 제5호의 행위를 선동 · 선전하거나 사회질서의 혼란을 조성할 우려가 있는 사항에 관하여 허위사실을 날조하거나 유포한 때에는 2년 이상의 유기징역에 처한다.

② 제1항의 미수범은 처벌한다.

③ 제1항제1호 내지 제4호의 죄를 범할 목적으로 예비 또는 음모한 자는 2년 이상의 유기징역에 처한다.

④ 제1항제5호 및 제6호의 죄를 범할 목적으로 예비 또는 음모한 자는 10년 이하의 징역에 처한다.

제5조(자진지원 · 금품수수) ① 반국가단체나 그 구성원 또는 그 지령을 받은 자를 지원할 목적으로 자진하여 제4조제1항 각호에 규정된 행위를 한 자는 제4조제1항의 예에 의하여 처벌한다.

② 국가의 존립 · 안전이나 자유민주적 기본질서를 위태롭게 한다는 정을 알면서 반국가단체의 구성원 또는 그 지령을 받은 자로부터 금품을 수수한 자는 7년 이하의 징역에 처한다. 〈개정 1991. 5. 31.〉

③ 제1항 및 제2항의 미수범은 처벌한다.

④ 제1항의 죄를 범할 목적으로 예비 또는 음모한 자는 10년 이하의 징역에 처한다.

⑤ 삭제 〈1991. 5. 31.〉

제6조(잠입 · 탈출) ① 국가의 존립 · 안전이나 자유민주적 기본질서를 위태롭게 한다는 정을 알면서 반국가단체의 지배하에 있는 지역으로부터 잠입하거나 그 지역으로 탈출한 자는 10년 이하의 징역에 처한다. 〈개정 1991. 5. 31.〉

② 반국가단체나 그 구성원의 지령을 받거나 받기 위하여 또는 그 목적수행을 협의하거나 협의하기 위하여 잠입하거나 탈출한 자는 사형 · 무기 또는 5년 이상의 징역에 처한다.

③ 삭제 〈1991. 5. 31.〉

④ 제1항 및 제2항의 미수범은 처벌한다. 〈개정 1991. 5. 31.〉

⑤ 제1항의 죄를 범할 목적으로 예비 또는 음모한 자는 7년 이하의 징역에 처한다.

⑥ 제2항의 죄를 범할 목적으로 예비 또는 음모한 자는 2년 이상의 유기징역에 처한다. 〈개정 1991. 5. 31.〉

제7조(찬양 · 고무등) ① 국가의 존립 · 안전이나 자유민주적 기본질서를 위태롭게 한다는 정을 알면서 반국가단체나 그 구성원 또는 그 지령을 받은 자의 활동을 찬양 · 고무 · 선전 또는 이에 동조하거나 국가변란을 선전 · 선동한 자는 7년 이하의 징역에 처한다. 〈개정 1991. 5. 31.〉

② 삭제 〈1991. 5. 31.〉

③ 제1항의 행위를 목적으로 하는 단체를 구성하거나 이에 가입한 자는 1년 이상의 유기징역에 처한다. 〈개정 1991. 5. 31.〉

④ 제3항에 규정된 단체의 구성원으로서 사회질서의 혼란을 조성할 우려가 있는 사항에 관하여 허위사실을 날조하거나 유포한 자는 2년 이상의 유기징역에 처한다. 〈개정 1991. 5. 31.〉

⑤ 제1항 · 제3항 또는 제4항의 행위를 할 목적으로 문서 · 도화 기타의 표현물을 제작 · 수입 · 복사 · 소지 · 운반 · 반포 · 판매 또는 취득한 자는 그 각항에 정한 형에 처한다. 〈개정 1991. 5. 31.〉

⑥ 제1항 또는 제3항 내지 제5항의 미수범은 처벌한다. 〈개정 1991. 5. 31.〉

⑦ 제3항의 죄를 범할 목적으로 예비 또는 음모한 자는 5년 이하의 징역에 처한다. 〈개정 1991. 5. 31.〉

제8조(회합·통신등) ① 국가의 존립·안전이나 자유민주적 기본질서를 위태롭게 한다는 정을 알면서 반국가 단체의 구성원 또는 그 지령을 받은 자와 회합·통신 기타의 방법으로 연락을 한 자는 10년 이하의 징역에 처한다. 〈개정 1991. 5. 31.〉

② 삭제 〈1991. 5. 31.〉

③ 제1항의 미수범은 처벌한다. 〈개정 1991. 5. 31.〉

④ 삭제 〈1991. 5. 31.〉

제9조(편의제공) ① 이 법 제3조 내지 제8조의 죄를 범하거나 범하려는 자라는 정을 알면서 총포·탄약·화약 기타 무기를 제공한 자는 5년 이상의 유기징역에 처한다. 〈개정 1991. 5. 31.〉

② 이 법 제3조 내지 제8조의 죄를 범하거나 범하려는 자라는 정을 알면서 금품 기타 재산상의 이익을 제공하거나 잠복·회합·통신·연락을 위한 장소를 제공하거나 기타의 방법으로 편의를 제공한 자는 10년 이하의 징역에 처한다. 다만, 본범과 친족관계가 있는 때에는 그 형을 감경 또는 면제할 수 있다. 〈개정 1991. 5. 31.〉

③ 제1항 및 제2항의 미수범은 처벌한다.

④ 제1항의 죄를 범할 목적으로 예비 또는 음모한 자는 1년 이상의 유기징역에 처한다.

⑤ 삭제 〈1991. 5. 31.〉

제10조(불고지) 제3조, 제4조, 제5조제1항·제3항(第1項의 未遂犯에 한한다)·제4항의 죄를 범한 자라는 정을 알면서 수사기관 또는 정보기관에 고지하지 아니한 자는 5년 이하의 징역 또는 200만원 이하의 벌금에 처한다. 다만, 본범과 친족관계가 있는 때에는 그 형을 감경 또는 면제한다.

[전문개정 1991. 5. 31.]

제11조(특수직무유기) 범죄수사 또는 정보의 직무에 종사하는 공무원이 이 법의 죄를 범한 자라는 정을 알면서 그 직무를 유기한 때에는 10년 이하의 징역에 처한다. 다만, 본범과 친족관계가 있는 때에는 그 형을 감경 또는 면제할 수 있다.

제12조(무고, 날조) ① 타인으로 하여금 형사처분을 받게 할 목적으로 이 법의 죄에 대하여 무고 또는 위증을 하거나 증거를 날조·인멸·은닉한 자는 그 각조에 정한 형에 처한다.

② 범죄수사 또는 정보의 직무에 종사하는 공무원이나 이를 보조하는 자 또는 이를 지휘하는 자가 직권을 남용하여 제1항의 행위를 한 때에도 제1항의 형과 같다. 다만, 그 법정형의 최저가 2년미만일 때에는 이를 2년으로 한다.

제13조(특수가중) 이 법, 군형법 제13조·제15조 또는 형법 제2편제1장 내란의 죄·제2장 외환의 죄를 범하여 금고 이상의 형의 선고를 받고 그 형의 집행을 종료하지 아니한 자 또는 그 집행을 종료하거나 집행을 받지 아니하기로 확정된 후 5년이 경과하지 아니한 자가 제3조제1항제3호 및 제2항 내지 제5항, 제4조제1항제1호중 형법 제94조제2항·제97조 및 제99조, 동항제5호 및 제6호, 제2항 내지 제4항, 제5조, 제6조제1항 및 제4항 내지 제6항, 제7조 내지 제9조의 죄를 범한 때에는 그 죄에 대한 법정형의 최고를 사형으로 한다.

[단순위헌, 2002헌가5, 2002. 11. 28. 국가보안법(1980. 12. 31. 법률 제3318호로 전문개정된 것) 제13조 중 "이 법, 군형법 제13조·제15조 또는 형법 제2편 제1장 내란의 죄·제2장 외환의 죄를 범하여 금고 이상의 형의 선고를 받고 그 형의 집행을 종료하지 아니한 자 또는 그 집행을 종료하거나 집행을 받지 아니하기로 확정된 후 5년이 경과하지 아니한 자 …… 제7조 제5항, 제1항의 죄를 범한 때에는 그 죄에 대한 법정형의 최고를 사형으로 한다."부분은 헌법에 위반된다.]

제14조(자격정지의 병과) 이 법의 죄에 관하여 유기징역형을 선고할 때에는 그 형의 장기 이하의 자격정지를 병과할 수 있다. 〈개정 1991. 5. 31.〉

제15조(몰수 · 추징) ① 이 법의 죄를 범하고 그 보수를 받은 때에는 이를 몰수한다. 다만, 이를 몰수할 수 없을 때에는 그 가액을 추징한다.

② 검사는 이 법의 죄를 범한 자에 대하여 소추를 하지 아니할 때에는 압수물의 폐기 또는 국고귀속을 명할 수 있다.

제16조(형의 감면) 다음 각호의 1에 해당한 때에는 그 형을 감경 또는 면제한다.

1. 이 법의 죄를 범한 후 자수한 때
2. 이 법의 죄를 범한 자가 이 법의 죄를 범한 타인을 고발하거나 타인이 이 법의 죄를 범하는 것을 방해한 때
3. 삭제 〈1991. 5. 31.〉

제17조(타법적용의 배제) 이 법의 죄를 범한 자에 대하여는 노동조합및노동관계조정법 제39조의 규정을 적용하지 아니한다. 〈개정 1997. 12. 13.〉

제3장 특별형사소송규정

제18조(참고인의 구인 · 유치) ① 검사 또는 사법경찰관으로부터 이 법에 정한 죄의 참고인으로 출석을 요구받은 자가 정당한 이유없이 2회 이상 출석요구에 불응한 때에는 관할법원판사의 구속영장을 발부받아 구인할 수 있다.

② 구속영장에 의하여 참고인을 구인하는 경우에 필요한 때에는 근접한 경찰서 기타 적당한 장소에 임시로 유치할 수 있다.

제19조(구속기간의 연장) ① 지방법원판사는 제3조 내지 제10조의 죄로서 사법경찰관이 검사에게 신청하여 검사의 청구가 있는 경우에 수사를 계속함에 상당한 이유가 있다고 인정한 때에는 형사소송법 제202조의 구속기간의 연장을 1차에 한하여 허가할 수 있다.

② 지방법원판사는 제1항의 죄로서 검사의 청구에 의하여 수사를 계속함에 상당한 이유가 있다고 인정한 때에는 형사소송법 제203조의 구속기간의 연장을 2차에 한하여 허가할 수 있다.

③ 제1항 및 제2항의 기간의 연장은 각 10일 이내로 한다.

[단순위헌, 90헌마82, 1992. 4. 14. 국가보안법(1980. 12. 31. 법률제3318호, 개정 1991. 5. 31. 법률제4373호) 제19조중 제7조 및 제10조의 죄에 관한 구속기간 연장부분은 헌법에 위반된다.]

제20조(공소보류) ① 검사는 이 법의 죄를 범한 자에 대하여 형법 제51조의 사항을 참작하여 공소제기를 보류할 수 있다.

② 제1항에 의하여 공소보류를 받은 자가 공소의 제기없이 2년을 경과한 때에는 소추할 수 없다.

③ 공소보류를 받은 자가 법무부장관이 정한 감시 · 보도에 관한 규칙에 위반한 때에는 공소보류를 취소할 수 있다.

④ 제3항에 의하여 공소보류가 취소된 경우에는 형사소송법 제208조의 규정에 불구하고 동일한 범죄사실로 재구속할 수 있다.

제4장 보상과 원호

제21조(상금) ① 이 법의 죄를 범한 자를 수사기관 또는 정보기관에 통보하거나 체포한 자에게는 대통령령이 정하는 바에 따라 상금을 지급한다.

② 이 법의 죄를 범한 자를 인지하여 체포한 수사기관 또는 정보기관에 종사하는 자에 대하여도 제1항과 같다.

③ 이 법의 죄를 범한 자를 체포할 때 반항 또는 교전상태하에서 부득이한 사유로 살해하거나 자살하게 한 경우에는 제1항에 준하여 상금을 지급할 수 있다.

제22조(보로금) ① 제21조의 경우에 압수물이 있는 때에는 상금을 지급하는 경우에 한하여 그 압수물 가액의 2분의 1에 상당하는 범위안에서 보로금을 지급할 수 있다.

② 반국가단체나 그 구성원 또는 그 지령을 받은 자로부터 금품을 취득하여 수사기관 또는 정보기관에 제공한 자에게는 그 가액의 2분의 1에 상당하는 범위안에서 보로금을 지급할 수 있다. 반국가단체의 구성원 또는 그 지령을 받은 자가 제공한 때에도 또한 같다.

③ 보로금의 청구 및 지급에 관하여 필요한 사항은 대통령령으로 정한다.

제23조(보상) 이 법의 죄를 범한 자를 신고 또는 체포하거나 이에 관련하여 상이를 입은 자와 사망한 자의 유족은 대통령령이 정하는 바에 따라 「국가유공자 등 예우 및 지원에 관한 법률」에 따른 공상군경 또는 순직군경의 유족이나 「보훈보상대상자 지원에 관한 법률」에 따른 재해부상군경 또는 재해사망군경의 유족으로 보아 보상할 수 있다. 〈개정 1997. 1. 13., 2011. 9. 15.〉

[전문개정 1991. 5. 31.]

제24조(국가보안유공자 심사위원회) ① 이 법에 의한 상금과 보로금의 지급 및 제23조에 의한 보상대상자를 심의·결정하기 위하여 법무부장관소속하에 국가보안유공자 심사위원회(이하 "委員會"라 한다)를 둔다. 〈개정 1991. 5. 31.〉

② 위원회는 심의상 필요한 때에는 관계자의 출석을 요구하거나 조사할 수 있으며, 국가기관 기타 공·사단체에 조회하여 필요한 사항의 보고를 요구할 수 있다.

③ 위원회의 조직과 운영에 관하여 필요한 사항은 대통령령으로 정한다.

제25조(군법 피적용자에 대한 준용규정) 이 법의 죄를 범한 자가 군사법원법 제2조제1항 각호의 1에 해당하는 자인 때에는 이 법의 규정중 판사는 군사법원군판사로, 검사는 군검찰부 군검사로, 사법경찰관은 군사법경찰관으로 본다. 〈개정 1987. 12. 4., 1994. 1. 5., 2016. 1. 6.〉

부칙 〈제13722호, 2016. 1. 6.〉 (군사법원법)

제1조(시행일) 이 법은 공포 후 1년 6개월이 경과한 날부터 시행한다. 〈단서 생략〉

제2조부터 제8조까지 생략

제9조(다른 법률의 개정) ① 부터 ③ 까지 생략

④ 국가보안법 일부를 다음과 같이 개정한다.

제25조 중 "군검찰부검찰관으로"를 "군검찰부 군검사로"로 한다.

⑤ 부터 ⑯ 까지 생략

제10조 생략

제1조(목적) 이 법은 국가정보원의 조직 및 직무범위와 국가안전보장 업무의 효율적인 수행을 위하여 필요한 사항을 규정함을 목적으로 한다.

제2조(지위) 국가정보원(이하 "국정원"이라 한다)은 대통령 소속으로 두며, 대통령의 지시와 감독을 받는다.

제3조(국정원의 운영 원칙) ① 국정원은 운영에 있어 정치적 중립성을 유지하며, 국민의 자유와 권리를 보호하여야 한다.

② 국가정보원장(이하 "원장"이라 한다) · 차장 및 기획조정실장과 그 밖의 직원은 이 법에서 정하는 정보의 수집 목적에 적합하게 정보를 수집하여야 하며, 수집된 정보를 직무 외의 용도로 사용하여서는 아니 된다.

제4조(직무) ① 국정원은 다음 각 호의 직무를 수행한다.

1. 다음 각 목에 해당하는 정보의 수집 · 작성 · 배포

　가. 국외 및 북한에 관한 정보

　나. 방첩(산업경제정보 유출, 해외연계 경제질서 교란 및 방위산업침해에 대한 방첩을 포함한다), 대테러, 국제범죄조직에 관한 정보

　다. 「형법」 중 내란의 죄, 외환의 죄, 「군형법」 중 반란의 죄, 암호 부정사용의 죄, 「군사기밀 보호법」에 규정된 죄에 관한 정보

　라. 「국가보안법」에 규정된 죄와 관련되고 반국가단체와 연계되거나 연계가 의심되는 안보침해행위에 관한 정보

　마. 국제 및 국가배후 해킹조직 등 사이버안보 및 위성자산 등 안보 관련 우주 정보

2. 국가 기밀(국가의 안전에 대한 중대한 불이익을 피하기 위하여 한정된 인원만이 알 수 있도록 허용되고 다른 국가 또는 집단에 대하여 비밀로 할 사실 · 물건 또는 지식으로서 국가 기밀로 분류된 사항만을 말한다. 이하 같다)에 속하는 문서 · 자재 · 시설 · 지역 및 국가안전보장에 한정된 국가 기밀을 취급하는 인원에 대한 보안 업무. 다만, 각급 기관에 대한 보안감사는 제외한다.

3. 제1호 및 제2호의 직무수행에 관련된 조치로서 국가안보와 국익에 반하는 북한, 외국 및 외국인 · 외국단체 · 초국가행위자 또는 이와 연계된 내국인의 활동을 확인 · 견제 · 차단하고, 국민의 안전을 보호하기 위하여 취하는 대응조치

4. 다음 각 목의 기관 대상 사이버공격 및 위협에 대한 예방 및 대응

　가. 중앙행정기관(대통령 소속기관과 국무총리 소속기관을 포함한다) 및 그 소속기관과 국가인권위원회, 고위공직자범죄수사처 및 「행정기관 소속 위원회의 설치 · 운영에 관한 법률」에 따른 위원회

　나. 지방자치단체와 그 소속기관

　다. 그 밖에 대통령령으로 정하는 공공기관

5. 정보 및 보안 업무의 기획 · 조정

6. 그 밖에 다른 법률에 따라 국정원의 직무로 규정된 사항

② 원장은 제1항의 직무와 관련하여 직무수행의 원칙 · 범위 · 절차 등이 규정된 정보활동기본지침을 정하여 국회 정보위원회에 이를 보고하여야 한다. 이 경우 국회 정보위원회는 정보활동기본지침에 위법하거나 부당한 사항이 있다고 인정되면 재적위원 3분의 2 이상의 찬성으로 시정이나 보완을 요구할 수 있으며, 원장은 특별한 사유가 없으면 그 요구에 따라야 한다.

③ 제1항제1호부터 제4호까지의 직무 수행을 위하여 필요한 사항과 같은 항 제5호에 따른 기획 · 조정의 범

위와 대상 기관 및 절차 등에 관한 사항은 대통령령으로 정한다.

[시행일 : 2024. 1. 1.] 제4조제1항제1호다목, 제4조제1항제1호라목

제5조(국가기관 등에 대한 협조 요청 등) ① 원장은 직무 수행과 관련하여 필요한 경우 국가기관이나 그 밖의 관계 기관 또는 단체(이하 "국가기관 등"이라 한다)에 대하여 사실의 조회ㆍ확인, 자료의 제출 등 필요한 협조 또는 지원을 요청할 수 있다. 이 경우 요청을 받은 국가기관 등의 장은 정당한 사유가 없으면 그 요청에 따라야 한다.

② 직원은 제4조제1항제1호나목부터 마목까지 및 같은 조 같은 항 제2호의 직무수행을 위하여 필요한 경우 현장조사ㆍ문서열람ㆍ시료채취ㆍ자료제출 요구 및 진술요청 등의 방식으로 조사할 수 있다.

③ 국정원은 제4조제1항제1호나목부터 라목까지에 관한 직무수행과 관련하여 각급 수사기관과 정보 공조 체계를 구축하고, 국정원과 각급 수사기관은 상호 협력하여야 한다.

④ 직원은 정보수집을 위하여 필요한 최소한의 범위 안에서 조사를 행하여야 하며, 다른 목적을 위하여 조사 권한을 남용하여서는 아니된다.

[시행일:2024. 1. 1.] 제5조제2항(제4조제1항제1호다목 및 라목과 관련된 조사에 한정한다)

제6조(조직) ① 국정원의 조직은 원장이 대통령의 승인을 받아 정한다.

② 제1항에도 불구하고 원장은 제4조에 따른 직무범위를 일탈하여 정치관여의 우려가 있는 정보 등을 수집ㆍ분석하기 위한 조직을 설치하여서는 아니 된다.

③ 국정원은 직무 수행상 특히 필요한 경우에는 대통령의 승인을 받아 특별시ㆍ광역시ㆍ특별자치시ㆍ도 또는 특별자치도에 지부(支部)를 둘 수 있다.

제7조(직원) ① 국정원에 원장ㆍ차장 및 기획조정실장과 그 밖에 필요한 직원을 둔다. 다만, 그 직무 수행상 필요한 경우에는 차장을 2명 이상 둘 수 있다.

② 직원의 정원은 예산의 범위에서 대통령의 승인을 받아 원장이 정한다.

제8조(조직 등의 비공개) 국정원의 조직ㆍ소재지 및 정원은 국가안전보장을 위하여 필요한 경우에는 그 내용을 공개하지 아니할 수 있다.

제9조(원장ㆍ차장ㆍ기획조정실장) ① 원장은 국회의 인사청문을 거쳐 대통령이 임명하며, 차장 및 기획조정실장은 원장의 제청으로 대통령이 임명한다.

② 원장은 정무직으로 하며, 국정원의 업무를 총괄하고 소속 직원을 지휘ㆍ감독한다.

③ 차장과 기획조정실장은 정무직으로 하고 원장을 보좌하며, 원장이 부득이한 사유로 직무를 수행할 수 없을 때에는 그 직무를 대행한다.

④ 원장ㆍ차장 및 기획조정실장 외의 직원 인사에 관한 사항은 따로 법률로 정한다.

제10조(겸직 금지) 원장ㆍ차장 및 기획조정실장은 다른 직(職)을 겸할 수 없다.

제11조(정치 관여 금지) ① 원장ㆍ차장 및 기획조정실장과 그 밖의 직원은 정당이나 정치단체에 가입하거나 정치활동에 관여하는 행위를 하여서는 아니 된다.

② 제1항에서 정치활동에 관여하는 행위란 다음 각 호의 어느 하나에 해당하는 행위를 말한다.

1. 정당이나 정치단체의 결성 또는 가입을 지원하거나 방해하는 행위

2. 그 직위를 이용하여 특정 정당이나 특정 정치인에 대하여 지지 또는 반대 의견을 유포하거나, 그러한 여론을 조성할 목적으로 특정 정당이나 특정 정치인에 대하여 찬양하거나 비방하는 내용의 의견 또는 사실을 유포하는 행위

3. 특정 정당이나 특정 정치인, 특정 정치단체를 위하여 기부금 모집을 지원하거나 방해하는 행위 또는 기

업의 자금, 국가·지방자치단체 및 「공공기관의 운영에 관한 법률」에 따른 공공기관의 자금을 이용하거나 지원하게 하는 행위

4. 특정 정당이나 특정인의 선거운동을 하거나 선거 관련 대책회의에 관여하는 행위

5. 특정 정당·정치단체나 특정 정치인을 위하여 집회를 주최·참석·지원하도록 다른 사람을 사주·유도·권유·회유 또는 협박하는 행위

6. 「정보통신망 이용촉진 및 정보보호 등에 관한 법률」에 따른 정보통신망을 이용한 제1호부터 제5호까지에 해당하는 행위

7. 소속 직원이나 다른 공무원에 대하여 제1호부터 제6호까지의 행위를 하도록 요구하거나 그 행위와 관련한 보상 또는 보복으로서 이익 또는 불이익을 주거나 이를 약속 또는 고지(告知)하는 행위

③ 직원은 원장, 차장·기획조정실장과 그 밖의 다른 직원으로부터 제2항에 해당하는 행위의 집행을 지시 받은 경우 내부 절차에 따라 이의를 제기할 수 있으며, 시정되지 않을 경우 그 직무의 집행을 거부할 수 있다.

④ 직원이 제3항의 규정에 따라 이의제기 절차를 거친 후에도 시정되지 않을 경우, 오로지 공익을 목적으로 제2항에 해당하는 행위의 집행을 지시 받은 사실을 수사기관에 신고하는 경우 「국가정보원직원법」 제17조의 규정은 적용하지 아니한다.

⑤ 직원이 제4항에 따라 수사기관에 신고하는 경우 원장은 해당 내용을 지체 없이 국회 정보위원회에 보고하여야 한다.

⑥ 누구든지 제4항의 신고자에게는 그 신고를 이유로 불이익조치(「공익신고자 보호법」 제2조제6호에 따른 불이익조치를 말한다)를 하여서는 아니 된다.

제12조(겸직 직원) ① 원장은 현역 군인 또는 필요한 공무원의 파견근무를 관계 기관의 장에게 요청할 수 있다.

② 겸직 직원의 원(原) 소속 기관의 장은 겸직 직원의 모든 신분상의 권익과 보수를 보장하여야 하며, 겸직 직원을 전보(轉補) 발령하려면 미리 원장의 동의를 받아야 한다.

③ 겸직 직원은 겸직 기간 중 원 소속 기관의 장의 지시 또는 감독을 받지 아니한다.

④ 겸직 직원의 정원은 관계 기관의 장과 협의하여 대통령의 승인을 받아 원장이 정한다.

제13조(직권 남용의 금지) 원장·차장·기획조정실장 및 그 밖의 직원은 그 직권을 남용하여 법률에 따른 절차를 거치지 아니하고 사람을 체포 또는 감금하거나 다른 기관·단체 또는 사람으로 하여금 의무 없는 일을 하게 하거나 사람의 권리 행사를 방해하여서는 아니 된다.

제14조(불법 감청 및 불법위치추적 등의 금지) 원장·차장·기획조정실장 및 그 밖의 직원은 「통신비밀보호법」, 「위치정보의 보호 및 이용 등에 관한 법률」, 「형사소송법」 또는 「군사법원법」 등에서 정한 적법절차에 따르지 아니하고는 우편물의 검열, 전기통신의 감청 또는 공개되지 아니한 타인간의 대화를 녹음·청취하거나 위치정보 또는 통신사실확인자료를 수집하여서는 아니 된다.

제15조(국회에의 보고 등) ① 원장은 국가 안전보장에 중대한 영향을 미치는 상황이 발생할 경우 지체 없이 대통령 및 국회 정보위원회에 보고하여야 한다.

② 원장은 국회 정보위원회가 재적위원 3분의 2 이상의 찬성으로 특정사안에 대하여 보고를 요구한 경우 해당 내용을 지체 없이 보고하여야 한다.

제16조(예산회계) ① 국정원은 「국가재정법」 제40조에 따른 독립기관으로 한다.

② 국정원은 세입, 세출예산을 요구할 때에 「국가재정법」 제21조의 구분에 따라 총액으로 기획재정부장관

에게 제출하며, 그 산출내역과 같은 법 제34조에 따른 예산안의 첨부서류는 제출하지 아니할 수 있다.

③ 국정원의 예산 중 미리 기획하거나 예견할 수 없는 비밀활동비는 총액으로 다른 기관의 예산에 계상할 수 있으며, 그 편성과 집행결산에 대하여는 국회 정보위원회에서 심사한다.

④ 국정원은 제2항 및 제3항에도 불구하고 국회 정보위원회에 국정원의 모든 예산(제3항에 따라 다른 기관에 계상된 예산을 포함한다)에 관하여 실질심사에 필요한 세부 자료를 제출하여야 한다.

⑤ 국정원은 모든 예산을 집행함에 있어 지출의 사실을 증명할 수 있는 증빙서류를 첨부하여야 한다. 다만, 국가안전보장을 위해 기밀이 요구되는 경우에는 예외로 한다.

⑥ 원장은 국정원의 예산집행 현황을 분기별로 국회 정보위원회에 보고하여야 한다.

⑦ 국회 정보위원회는 국정원의 예산심사를 비공개로 하며, 국회 정보위원회의 위원은 국정원의 예산 내역을 공개하거나 누설하여서는 아니 된다.

제17조(국회에서의 증언 등) ① 원장은 국회 예산결산 심사 및 안건 심사와 감사원의 감사가 있을 때에 성실하게 자료를 제출하고 답변하여야 한다. 다만, 국가의 안전보장에 중대한 영향을 미치는 국가 기밀 사항에 대하여는 그 사유를 밝히고 자료의 제출 또는 답변을 거부할 수 있다.

② 원장은 제1항에도 불구하고 국회 정보위원회에서 자료의 제출, 증언 또는 답변을 요구받은 경우와 「국회에서의 증언·감정 등에 관한 법률」에 따라 자료의 제출 또는 증언을 요구받은 경우에는 군사·외교·대북관계의 국가 기밀에 관한 사항으로서 그 발표로 인하여 국가 안위(安危)에 중대한 영향을 미치는 사항에 대하여는 그 사유를 밝히고 자료의 제출, 증언 또는 답변을 거부할 수 있다. 이 경우 국회 정보위원회 등은 그 의결로써 국무총리의 소명을 요구할 수 있으며, 소명을 요구받은 날부터 7일 이내에 국무총리의 소명이 없는 경우에는 자료의 제출, 증언 또는 답변을 거부할 수 없다.

③ 원장은 국가 기밀에 속하는 사항에 관한 자료와 증언 또는 답변에 대하여 이를 공개하지 아니할 것을 요청할 수 있다.

제18조(회계검사 및 직무감찰의 보고) 원장은 그 책임 하에 소관 예산에 대한 회계검사와 직원의 직무 수행에 대한 감찰을 하고, 그 결과를 대통령과 국회 정보위원회에 보고하여야 한다.

제19조(직원에 대한 수사중지 요청) ① 원장은 직원이 제4조에 규정된 직무 관련 범죄혐의로 인하여 다른 기관의 수사를 받음으로써 특수 활동 등 직무상 기밀 누설의 우려가 있는 경우에는 해당 수사기관의 장에게 그 사유를 소명하고 수사중지를 요청할 수 있다.

② 제1항에 따라 수사 중지 요청을 받은 기관의 장은 정당한 사유가 있으면 수사를 중지할 수 있다.

제20조(무기의 사용) ① 원장은 직무를 수행하기 위하여 필요하다고 인정할 때에는 소속 직원에게 무기를 휴대하게 할 수 있다.

② 제1항의 무기 사용에 관하여는 「경찰관 직무집행법」 제10조의4를 준용한다.

제21조(정치 관여죄) ① 제11조를 위반하여 정당이나 그 밖의 정치단체에 가입하거나 정치활동에 관여하는 행위를 한 사람은 7년 이하의 징역과 7년 이하의 자격정지에 처한다.

② 제1항에 규정된 죄의 미수범은 처벌한다.

제22조(직권남용죄) ① 제13조를 위반하여 사람을 체포 또는 감금하거나 다른 기관·단체 또는 사람으로 하여금 의무 없는 일을 하게 하거나 사람의 권리 행사를 방해한 사람은 7년 이하의 징역과 7년 이하의 자격정지에 처한다.

② 제1항에 규정된 죄의 미수범은 처벌한다.

제23조(불법감청·위치추적 등의 죄) ① 제14조를 위반하여 우편물의 검열·전기통신의 감청 또는 공개되지

아니한 다른 사람의 대화를 녹음 · 청취한 사람은 1년 이상 10년 이하의 징역과 7년 이하의 자격정지에 처한다.

② 제14조를 위반하여 위치정보 또는 통신사실확인자료를 수집한 사람은 5년 이하의 징역 또는 5천만원 이하의 벌금에 처한다.

③ 제1항 및 제2항에 규정된 죄의 미수범은 처벌한다.

제24조(공소시효에 관한 특례) 제21조와 제23조제2항의 죄에 대한 공소시효의 기간은 「형사소송법」 제249조제1항에도 불구하고 10년으로 한다.

부칙 〈제17646호, 2020. 12. 15.〉

제1조(시행일) 이 법은 2021년 1월 1일부터 시행한다. 다만, 제4조제1항제1호다목 · 라목, 제5조제2항(제4조제1항제1호다목 및 라목과 관련된 조사에 한정한다) 및 부칙 제5조제5항 · 제6항 · 제7항의 개정규정은 2024년 1월 1일부터 시행한다.

제2조(일반적 경과조치) 이 법 시행 당시 종전의 「국가정보원법」에 따른 행위로서 이 법에 그에 해당하는 규정이 있는 경우에는 이 법에 따라 한 것으로 본다.

제3조(수사권에 관한 경과조치) 2023년 12월 31일까지는 종전의 「국가정보원법」 제3조제1항제3호 및 제4호, 제11조제2항, 제16조, 제19조제2항을 계속 적용한다.

제4조(벌칙에 관한 경과조치) 이 법 시행 전에 종전의 「국가정보원법」 제9조 또는 제11조를 위반한 행위에 대하여 벌칙을 적용할 때는 종전의 규정에 따른다.

제5조(다른 법률의 개정) ① 고위공직자범죄수사처 설치 및 운영에 관한 법률 일부를 다음과 같이 개정한다.
제2조제3호바목을 다음과 같이 한다.
　바. 「국가정보원법」 제21조 및 제22조의 죄

② 공직자윤리법 일부를 다음과 같이 개정한다.
제10조제1항제4호 중 "외무공무원과 국가정보원의 기획조정실장"을 "외무공무원"으로 한다.

③ 국회법 일부를 다음과 같이 개정한다.
제37조제1항제16호나목 및 제84조제4항 중 "「국가정보원법」 제3조제1항제5호"를 각각 "「국가정보원법」 제4조제1항제5호"로 한다.

④ 군 사망사고 진상규명에 관한 특별법 일부를 다음과 같이 개정한다.
제11조제5항 중 "「국가정보원법」 제3조제2항"을 "「국가정보원법」 제4조제3항"으로 한다.

⑤ 군사법원법 일부를 다음과 같이 개정한다.
제43조제3호 및 제44조제3호를 각각 삭제한다.

⑥ 사법경찰관리의 직무를 수행할 자와 직무범위에 관한 법률 일부를 다음과 같이 개정한다.
제8조를 삭제한다.

⑦ 정부조직법 일부를 다음과 같이 개정한다.
제17조제1항 중 "정보 · 보안 및 범죄수사에"를 "정보 및 보안에"로 한다.

⑧ 항공보안법 일부를 다음과 같이 개정한다.
제7조제1항제4호 단서 중 "「국가정보원법」 제3조"를 "「국가정보원법」 제4조"로 한다.

⑨ 항공안전기술원법 일부를 다음과 같이 개정한다.
제16조제3항 중 "「국가정보원법」 제13조제4항"을 "「국가정보원법」 제4조제1항제2호"로 한다.

⑩ 형의 실효 등에 관한 법률 일부를 다음과 같이 개정한다.

제6조제1항제5호 중 "「국가정보원법」 제3조제2항"을 "「국가정보원법」 제4조제3항"으로 한다.

제6조(다른 법령과의 관계) 이 법 시행 당시 다른 법령에서 종전의 「국가정보원법」의 규정을 인용하고 있는 경우 이 법 가운데 그에 해당하는 규정이 있으면 종전의 규정을 갈음하여 이 법의 해당 규정을 인용한 것으로 본다.

제1조(목적) 이 법은 군사기밀을 보호하여 국가안전보장에 이바지함을 목적으로 한다.

[전문개정 2011. 6. 9.]

제2조(정의) 이 법에서 사용하는 용어의 뜻은 다음과 같다.

1. "군사기밀"이란 일반인에게 알려지지 아니한 것으로서 그 내용이 누설되면 국가안전보장에 명백한 위험을 초래할 우려가 있는 군(軍) 관련 문서, 도화(圖畵), 전자기록 등 특수매체기록 또는 물건으로서 군사기밀이라는 뜻이 표시 또는 고지되거나 보호에 필요한 조치가 이루어진 것과 그 내용을 말한다.

2. "군사기밀의 공개"란 군사기밀 내용을 적법한 절차에 따라 공개할 것을 결정하여 비밀 취급이 인가되지 아니한 일반인에게 성명(聲明)·언론·집회 등을 통하여 공표하는 것을 말한다.

3. "군사기밀의 제공 또는 설명"이란 제8조에 따라 군사기밀의 제공 또는 설명의 요구를 받았을 때에 그 요청자 등에게 적법한 절차에 따라 군사기밀을 인도(전자적 수단에 의한 송부를 포함한다) 또는 열람하게 하거나 군사기밀의 내용을 말로 전달하는 것을 말한다.

[전문개정 2015. 9. 1.]

제3조(군사기밀의 구분) ① 군사기밀은 그 내용이 누설되는 경우 국가안전보장에 미치는 영향의 정도에 따라 Ⅰ급비밀, Ⅱ급비밀, Ⅲ급비밀로 등급을 구분한다.

② 제1항에 따른 군사기밀의 등급 구분에 관한 세부 기준은 대통령령으로 정한다.

[전문개정 2011. 6. 9.]

제4조(군사기밀의 지정 원칙 및 지정권자) ① 군사기밀은 그 내용과 가치의 정도에 따라 적절히 보호할 수 있는 최저등급으로 지정하여야 한다.

② 군사기밀의 등급별 지정권자는 대통령령으로 정한다.

[전문개정 2011. 6. 9.]

제5조(군사기밀의 보호조치 등) ① 군사기밀을 취급하는 자는 제4조에 따라 지정된 군사기밀에 대하여 군사기밀이라는 뜻을 표시하거나 고지하여야 한다. 다만, 군사기밀의 표시 또는 고지가 불가능하거나 부적당한 것은 그 군사기밀에 대한 접근을 방지하거나 그 군사기밀이 있는 곳을 은폐하는 등 군사기밀의 보호에 필요한 조치를 하여야 한다.

② 군사기밀을 관리하거나 취급하는 부대 또는 기관의 장은 군사기밀의 보호를 위하여 군사보호구역을 설정할 수 있다.

③ 군사기밀의 관리·취급·표시·고지, 그 밖에 군사기밀의 보호조치와 군사보호구역의 설정 등에 필요한 사항은 대통령령으로 정한다.

[전문개정 2011. 6. 9.]

제6조(군사기밀의 해제) 군사기밀을 지정한 자는 군사기밀로 지정된 사항이 군사기밀로서 계속 보호할 필요가 없어졌을 때에는 지체 없이 그 지정을 해제하여야 한다.

[전문개정 2011. 6. 9.]

제7조(군사기밀의 공개) 국방부장관 또는 방위사업청장은 다음 각 호의 어느 하나에 해당하는 사유가 있을 때에는 대통령령으로 정하는 바에 따라 군사기밀을 공개할 수 있다.

1. 국민에게 알릴 필요가 있을 때
2. 공개함으로써 국가안전보장에 현저한 이익이 있다고 판단될 때

[전문개정 2011. 6. 9.]

제8조(군사기밀의 제공 및 설명) 국방부장관 또는 방위사업청장은 다음 각 호의 어느 하나에 해당하는 사유가 있을 때에는 대통령령으로 정하는 바에 따라 군사기밀을 제공하거나 설명할 수 있다.

1. 법률에 따라 군사기밀의 제출 또는 설명을 요구받았을 때

2. 군사외교상 필요할 때

3. 군사에 관한 조약이나 그 밖의 국제협정에 따라 외국 또는 국제기구의 요청을 받았을 때

4. 기술개발, 학문연구 등을 목적으로 연구기관 등이 요청할 때

[전문개정 2011. 6. 9.]

제9조(공개 요청) ① 모든 국민은 군사기밀의 공개를 국방부장관 또는 방위사업청장에게 문서로써 요청할 수 있다.

② 제1항의 공개 요청에 따른 군사기밀의 공개에 관하여는 제7조를 준용한다.

③ 제1항에 따른 군사기밀의 공개 요청 및 처리의 절차 등에 관하여 필요한 사항은 대통령령으로 정한다.

[전문개정 2011. 6. 9.]

제10조(군사기밀 보호조치의 불이행 등) ① 군사기밀을 취급하는 사람이 정당한 사유 없이 제5조제1항에 따른 표시, 고지나 그 밖에 군사기밀 보호에 필요한 조치를 하지 아니한 경우에는 2년 이하의 징역에 처한다.

② 군사기밀을 취급하는 사람이 정당한 사유 없이 군사기밀을 손괴·은닉하거나 그 밖의 방법으로 그 효용을 해친 경우에는 1년 이상의 유기징역에 처한다.

[전문개정 2011. 6. 9.]

제11조(탐지·수집) 군사기밀을 적법한 절차에 의하지 아니한 방법으로 탐지하거나 수집한 사람은 10년 이하의 징역에 처한다.

[전문개정 2011. 6. 9.]

제11조의2(비인가자의 군사기밀 점유) 업무상 군사기밀을 취급하였던 사람이 그 취급 인가가 해제된 이후에도 군사기밀을 점유하고 있는 경우에는 2년 이하의 징역 또는 2천만원 이하의 벌금에 처한다.

[본조신설 2015. 9. 1.]

제12조(누설) ① 군사기밀을 탐지하거나 수집한 사람이 이를 타인에게 누설한 경우에는 1년 이상의 유기징역에 처한다.

② 우연히 군사기밀을 알게 되거나 점유한 사람이 군사기밀임을 알면서도 이를 타인에게 누설한 경우에는 5년 이하의 징역 또는 5천만원 이하의 벌금에 처한다. 〈개정 2014. 5. 9.〉

[전문개정 2011. 6. 9.]

제13조(업무상 군사기밀 누설) ① 업무상 군사기밀을 취급하는 사람 또는 취급하였던 사람이 그 업무상 알게 되거나 점유한 군사기밀을 타인에게 누설한 경우에는 3년 이상의 유기징역에 처한다.

② 제1항에 따른 사람 외의 사람이 업무상 알게 되거나 점유한 군사기밀을 타인에게 누설한 경우에는 7년 이하의 징역에 처한다.

[전문개정 2011. 6. 9.]

제13조의2(군사기밀 불법 거래에 관한 가중처벌) ① 제11조부터 제13조까지에 따른 죄를 범한 자가 금품이나 이익을 수수, 요구, 약속 또는 공여한 경우 그 죄에 해당하는 형의 2분의 1까지 가중처벌한다.

② 삭제 〈2015. 3. 27.〉

[본조신설 2014. 3. 11.]

[제목개정 2015. 3. 27.]

제14조(과실로 인한 군사기밀 누설) 과실로 제13조제1항의 죄를 범한 사람은 2년 이하의 징역 또는 2천만원 이하의 벌금에 처한다. 〈개정 2014. 5. 9.〉

[전문개정 2011. 6. 9.]

제15조(외국 또는 외국인을 위한 죄에 관한 가중처벌) 외국 또는 외국인(외국단체를 포함한다)을 위하여 제11조부터 제13조까지 규정된 죄를 범한 경우에는 그 죄에 해당하는 형의 2분의 1까지 가중처벌한다. 〈개정 2014. 3. 11.〉

[전문개정 2011. 6. 9.]

[제목개정 2014. 3. 11.]

제16조(신고 · 제출 · 삭제의 불이행) ① 군사기밀을 보관하는 사람이 이를 분실하거나 도난당한 경우에 지체 없이 그 사실을 소속 기관 또는 감독 기관의 장에게 신고하지 아니한 경우에는 3년 이하의 징역 또는 3천만원 이하의 벌금에 처한다. 〈개정 2014. 5. 9.〉

② 군사기밀을 습득하거나 타인으로부터 제공받아 점유한 사람이 수사기관이나 군부대로부터 제출요구를 받고 즉시 이를 제출하지 아니한 경우 2년 이하의 징역 또는 2천만원 이하의 벌금에 처한다. 〈개정 2014. 5. 9.〉

③ 압수의 목적물인 군사기밀이 「형사소송법」 제106조제3항 또는 같은 법 제219조에 따라 출력이나 복제의 방법으로 제출된 경우 그 점유자가 검사(군검찰관을 포함한다) 또는 그 지휘를 받은 사법경찰관(군사법경찰관을 포함한다)으로부터 컴퓨터용디스크, 그 밖에 이와 비슷한 정보저장매체에 남아 있는 군사기밀의 삭제 요구를 받고 즉시 이를 삭제하지 아니한 때에는 2년 이하의 징역 또는 2천만원 이하의 벌금에 처한다. 〈신설 2015. 9. 1.〉

[전문개정 2011. 6. 9.]

[제목개정 2015. 9. 1.]

제17조(군사보호구역 침입 등) ① 군사보호구역을 침입한 사람은 2년 이하의 징역 또는 2천만원 이하의 벌금에 처한다. 〈개정 2014. 5. 9.〉

② 군사보호구역을 침입하여 군사기밀을 훔친 사람 또는 군사기밀을 손괴 · 은닉하거나 그 밖의 방법으로 그 효용을 해친 사람은 1년 이상의 유기징역에 처한다.

[전문개정 2011. 6. 9.]

제18조(미수범) 제11조부터 제13조까지, 제15조 및 제17조의 미수범은 처벌한다.

[전문개정 2011. 6. 9.]

제19조(자수 감면) 이 법에 규정된 죄를 범한 사람이 자수하였을 때에는 그 형을 감경하거나 면제한다.

[전문개정 2011. 6. 9.]

제20조(자격정지) 이 법에 규정된 죄에 관하여 징역형을 선고할 때에는 그 형의 장기 이하의 자격정지를 병과(倂科)할 수 있다.

[전문개정 2011. 6. 9.]

제20조의2(몰수 및 추징 등) ① 이 법에 따른 죄를 범한 자 또는 그 정을 아는 제3자가 받은 해당 재산이나 이익은 몰수한다. 다만, 몰수가 불가능한 때에는 그 가액을 추징한다.

② 검사 또는 군검찰관은 이 법에 따른 죄를 범한 자에 대하여 소추를 하지 아니할 때에는 압수물 중 군사기밀에 해당하는 부분의 삭제나 폐기 또는 국고귀속을 명할 수 있다.

[본조신설 2015. 3. 27.]

제21조(국제연합군 및 외국에서 제공받은 기밀 등에 대한 적용) 이 법은 우리나라에 주둔하고 있는 국제연합군의 기밀, 국군과 연합작전을 수행하고 있는 외국군의 기밀 및 군사에 관한 조약이나 그 밖의 국제협정 등에 따라 외국으로부터 제공받은 기밀로서 군사기밀에 해당하는 것에 대하여도 적용한다.

[전문개정 2011. 6. 9.]

제22조(검사의 수사 지휘 등) ①「군사법원법」 제43조제2호 및 제46조제2호에 따른 군사법경찰관리는 이 법에 규정된 범죄에 관하여 「사법경찰관리의 직무를 수행할 자와 그 직무범위에 관한 법률」에서 정하는 바에 따라 사법경찰관리의 직무를 수행한다.

② 제1항에 따라 사법경찰관리의 직무를 수행하는 사람은 「군형법」의 적용을 받지 아니하는 피의자(이하 "피의자"라 한다)의 범죄를 수사할 때에는 미리 검사의 지휘를 받아야 하며, 검사가 직무상 내린 명령에 복종하여야 한다. 다만, 현행범인 경우와 긴급하여 미리 검사의 지휘를 받을 수 없는 경우에는 사후에 지체 없이 그 지휘를 받아야 한다.

③ 지방검찰청 검사장 또는 지청장은 피의자에 대한 불법구속 여부를 조사하기 위하여 필요하다고 인정할 때에는 소속 검사에게 관할구역 내에 위치한 군 수사기관의 피의자 구속장소를 감찰하게 하며, 감찰하는 검사는 피의자를 자세히 신문(訊問)하고 구속에 관한 서류를 조사할 수 있다.

④ 검사는 피의자가 불법으로 구속된 것이라고 의심할 만한 상당한 이유가 있으면 즉시 피의자에 관한 사건을 검찰에 송치할 것을 명하여야 한다.

[전문개정 2011. 6. 9.]

부칙 〈제13503호, 2015. 9. 1.〉

이 법은 공포한 날부터 시행한다.

제1장 총칙

제1조(목적) 이 법은 산업기술의 부정한 유출을 방지하고 산업기술을 보호함으로써 국내산업의 경쟁력을 강화하고 국가의 안전보장과 국민경제의 발전에 이바지함을 목적으로 한다.

제2조(정의) 이 법에서 사용하는 용어의 정의는 다음과 같다. 〈개정 2011. 7. 25., 2015. 1. 28.〉

1. "산업기술"이라 함은 제품 또는 용역의 개발·생산·보급 및 사용에 필요한 제반 방법 내지 기술상의 정보 중에서 행정기관의 장(해당 업무가 위임 또는 위탁된 경우에는 그 위임 또는 위탁받은 기관이나 법인·단체의 장을 말한다)이 산업경쟁력 제고나 유출방지 등을 위하여 이 법 또는 다른 법률이나 이 법 또는 다른 법률에서 위임한 명령(대통령령·총리령·부령에 한정한다. 이하 이 조에서 같다)에 따라 지정·고시·공고·인증하는 다음 각 목의 어느 하나에 해당하는 기술을 말한다.

    가. 제9조에 따라 고시된 국가핵심기술

    나. 「산업발전법」 제5조에 따라 고시된 첨단기술의 범위에 속하는 기술

    다. 「산업기술혁신 촉진법」 제15조의2에 따라 인증된 신기술

    라. 「전력기술관리법」 제6조의2에 따라 지정·고시된 새로운 전력기술

    마. 「환경기술 및 환경산업 지원법」 제7조에 따라 인증된 신기술

    바. 「건설기술 진흥법」 제14조에 따라 지정·고시된 새로운 건설기술

    사. 「보건의료기술 진흥법」 제8조에 따라 인증된 보건신기술

    아. 「뿌리산업 진흥과 첨단화에 관한 법률」 제14조에 따라 지정된 핵심 뿌리기술

    자. 그 밖의 법률 또는 해당 법률에서 위임한 명령에 따라 지정·고시·공고·인증하는 기술 중 산업통상자원부장관이 관보에 고시하는 기술

2. "국가핵심기술"이라 함은 국내외 시장에서 차지하는 기술적·경제적 가치가 높거나 관련 산업의 성장잠재력이 높아 해외로 유출될 경우에 국가의 안전보장 및 국민경제의 발전에 중대한 악영향을 줄 우려가 있는 기술로서 제9조의 규정에 따라 지정된 것을 말한다.

3. "국가연구개발사업"이라 함은 「과학기술기본법」 제11조의 규정에 따라 관계중앙행정기관의 장이 추진하는 연구개발사업을 말한다.

4. "대상기관"이란 산업기술을 보유한 기업·연구기관·전문기관·대학 등을 말한다.

제3조(국가 등의 책무) ① 국가는 산업기술의 유출방지와 보호에 필요한 종합적인 시책을 수립·추진하여야 한다.

② 국가·기업·연구기관 및 대학 등 산업기술의 개발·보급 및 활용에 관련된 모든 기관은 이 법의 적용에 있어 산업기술의 연구개발자 등 관련 종사자들이 부당한 처우와 선의의 피해를 받지 아니하도록 하고, 산업기술 및 지식의 확산과 활용이 제약되지 아니하도록 노력하여야 한다.

③ 모든 국민은 산업기술의 유출방지에 대한 관심과 인식을 높이고, 각자의 직업윤리의식을 배양하기 위하여 노력하여야 한다.

제4조(다른 법률과의 관계) 산업기술의 유출방지 및 보호에 관하여는 다른 법률에 특별한 규정이 있는 경우를 제외하고는 이 법이 정하는 바에 따른다.

제2장 산업기술의 유출방지 및 보호 정책의 수립 · 추진

제5조(종합계획의 수립 · 시행) ① 산업통상자원부장관은 산업기술의 유출방지 및 보호에 관한 종합계획(이하 "종합계획"이라 한다)을 수립 · 시행하여야 한다. 〈개정 2008. 2. 29., 2011. 7. 25., 2013. 3. 23.〉

② 산업통상자원부장관은 종합계획을 수립함에 있어서 미리 관계중앙행정기관의 장과 협의한 후 제7조의 규정에 따른 산업기술보호위원회의 심의를 거쳐야 한다. 〈개정 2008. 2. 29., 2011. 7. 25., 2013. 3. 23.〉

③ 종합계획에는 다음 각 호의 사항이 포함되어야 한다. 〈개정 2011. 7. 25.〉

1. 산업기술의 유출방지 및 보호에 관한 기본목표와 추진방향

2. 산업기술의 유출방지 및 보호에 관한 단계별 목표와 추진방안

3. 산업기술의 유출방지 및 보호에 대한 홍보와 교육에 관한 사항

4. 산업기술의 유출방지 및 보호의 기반구축에 관한 사항

5. 산업기술의 유출방지 및 보호를 위한 기술의 연구개발에 관한 사항

6. 산업기술의 유출방지 및 보호에 관한 정보의 수집 · 분석 · 가공과 보급에 관한 사항

7. 산업기술의 유출방지 및 보호를 위한 국제협력에 관한 사항

8. 그 밖에 산업기술의 유출방지 및 보호를 위하여 필요한 사항

④ 산업통상자원부장관은 종합계획의 수립을 위하여 관계중앙행정기관의 장에게 필요한 자료의 제출을 요청할 수 있다. 이 경우 자료제출을 요청받은 기관의 장은 특별한 사유가 없는 한 이에 협조하여야 한다. 〈개정 2008. 2. 29., 2011. 7. 25., 2013. 3. 23., 2015. 1. 28.〉

[제목개정 2011. 7. 25.]

제6조(시행계획의 수립 · 시행) ① 관계중앙행정기관의 장은 종합계획에 따라 매년 산업기술의 유출방지 및 보호에 관한 시행계획(이하 "시행계획"이라 한다)을 수립 · 시행하여야 한다 〈개정 2011. 7. 25.〉

② 시행계획의 수립 · 시행에 관하여 필요한 사항은 대통령령으로 정한다.

제7조(산업기술보호위원회의 설치 등) ① 산업기술의 유출방지 및 보호에 관한 다음 각 호의 사항을 심의하기 위하여 산업통상자원부장관 소속으로 산업기술보호위원회(이하 "위원회"라 한다)를 둔다. 〈개정 2011. 7. 25., 2015. 1. 28.〉

1. 종합계획의 수립 및 시행에 관한 사항

2. 제9조의 규정에 따른 국가핵심기술의 지정 · 변경 및 해제에 관한 사항

3. 제11조의 규정에 따른 국가핵심기술의 수출 등에 관한 사항

4. 제11조의2에 따른 국가핵심기술을 보유하는 대상기관의 해외인수 · 합병등에 관한 사항

5. 그 밖에 산업기술의 유출방지 및 보호를 위하여 필요한 것으로서 대통령령으로 정하는 사항

② 위원회는 위원장 1인을 포함한 25인 이내의 위원으로 구성한다. 이 경우 위원 중에는 제3항제3호의 규정에 해당하는 자가 5인 이상 포함되어야 한다.

③ 위원장은 산업통상자원부장관이 되고, 위원은 다음 각 호의 자가 된다. 〈개정 2008. 2. 29., 2015. 1. 28.〉

1. 관계중앙행정기관의 차관 · 차장 또는 이에 상당하는 공무원 중 대통령령으로 정하는 자

2. 산업기술의 유출방지업무를 수행하는 정보수사기관의 장이 지명하는 자

3. 산업기술의 유출방지 및 보호에 관한 학식과 경험이 풍부한 자로서 위원장이 성별을 고려하여 위촉하는 자

④ 위원회에 간사 1명을 두되, 간사는 산업통상자원부 소속 공무원 중에서 위원장이 지명하는 자가 된다. 〈

개정 2008. 2. 29., 2013. 3. 23., 2015. 1. 28.〉

⑤ 산업기술의 유출방지 및 보호에 관한 다음 각 호의 사항을 사전에 전문적으로 검토하기 위하여 위원회에 분야별 전문위원회를 둔다. 〈개정 2011. 7. 25., 2015. 1. 28.〉

1. 위원회의 심의사항에 대한 사전검토

2. 대통령령으로 정하는 바에 따라 위원회로부터 위임받은 사항

3. 그 밖에 산업기술의 유출방지 및 보호를 위하여 필요한 실무적 사항으로서 대통령령으로 정하는 사항

⑥ 제1항부터 제5항까지에서 규정한 사항 외에 위원회 및 분야별 전문위원회의 구성·운영 등에 관하여 필요한 사항은 대통령령으로 정한다. 〈개정 2015. 1. 28.〉

제3장 산업기술의 유출방지 및 관리

제8조(보호지침의 제정 등) ① 산업통상자원부장관은 산업기술의 유출을 방지하고 산업기술을 보호하기 위하여 필요한 방법·절차 등에 관한 지침(이하 "보호지침"이라 한다)을 관계 중앙행정기관의 장과 협의하여 제정하고 이를 대상기관이 활용할 수 있도록 하여야 한다. 〈개정 2008. 2. 29., 2011. 7. 25., 2013. 3. 23.〉

② 산업통상자원부장관은 산업기술의 발전추세 및 국내외 시장환경 등을 감안하여 관계 중앙행정기관의 장과 협의하여 보호지침을 수정 또는 보완할 수 있다. 〈개정 2008. 2. 29., 2011. 7. 25., 2013. 3. 23.〉

제9조(국가핵심기술의 지정·변경 및 해제 등) ① 산업통상자원부장관은 국가핵심기술로 지정되어야 할 대상기술(이하 이 조에서 "지정대상기술"이라 한다)을 선정하거나 관계 중앙행정기관의 장으로부터 그 소관의 지정대상기술을 선정·통보받은 경우에는 위원회의 심의를 거쳐 국가핵심기술로 지정할 수 있다. 이 경우 산업통상자원부장관이 선정한 지정대상기술이 다른 중앙행정기관의 장의 소관인 경우에는 위원회 심의 전에 해당 중앙행정기관의 장과 협의를 거쳐야 한다. 〈개정 2008. 2. 29., 2013. 3. 23., 2015. 1. 28.〉

② 산업통상자원부장관 및 관계 중앙행정기관의 장은 지정대상기술을 선정함에 있어서 해당기술이 국가안보 및 국민경제에 미치는 파급효과, 관련 제품의 국내외 시장점유율, 해당 분야의 연구동향 및 기술 확산과의 조화 등을 종합적으로 고려하여 필요최소한의 범위 안에서 선정하여야 한다. 〈개정 2015. 1. 28.〉

③ 산업통상자원부장관은 국가핵심기술의 범위 또는 내용의 변경이나 지정의 해제가 필요하다고 인정되는 기술을 선정하거나 관계 중앙행정기관의 장으로부터 그 소관의 국가핵심기술의 범위 또는 내용의 변경이나 지정의 해제를 요청받은 경우에는 위원회의 심의를 거쳐 변경 또는 해제할 수 있다. 이 경우 산업통상자원부장관이 선정한 기술이 다른 중앙행정기관의 장의 소관인 경우에는 위원회 심의 전에 해당 중앙행정기관의 장과 협의를 거쳐야 한다. 〈개정 2008. 2. 29., 2013. 3. 23., 2015. 1. 28.〉

④ 산업통상자원부장관은 제1항의 규정에 따라 국가핵심기술을 지정하거나 제3항의 규정에 따라 국가핵심기술의 범위 또는 내용을 변경 또는 지정을 해제한 경우에는 이를 고시하여야 한다. 〈개정 2008. 2. 29., 2013. 3. 23.〉

⑤ 위원회는 제1항 및 제3항의 규정에 따라 국가핵심기술의 지정·변경 또는 해제에 대한 심의를 함에 있어서 지정대상기술을 보유·관리하는 기업 등 이해관계인의 요청이 있는 경우에는 대통령령이 정하는 바에 따라 의견을 진술할 기회를 주어야 한다.

⑥ 대상기관은 해당 기관이 보유하고 있는 기술이 국가핵심기술에 해당하는지에 대한 판정을 대통령령으로 정하는 바에 따라 산업통상자원부장관에게 신청할 수 있다. 〈신설 2011. 7. 25., 2013. 3. 23.〉

⑦ 제1항 및 제3항의 규정에 따른 국가핵심기술의 지정·변경 및 해제의 기준·절차 그 밖에 필요한 사항은 대통령령으로 정한다. 〈개정 2011. 7. 25.〉

제9조의2(국가핵심기술의 정보 비공개) ① 국가기관, 지방자치단체, 「공공기관의 운영에 관한 법률」 제2조에 따른 공공기관 및 그 밖에 대통령령으로 정하는 기관은 국가핵심기술에 관한 정보를 공개해서는 아니 된다. 다만, 국가의 안전보장 및 국민경제의 발전에 악영향을 줄 우려가 없는 경우에는 공개할 수 있다.

② 제1항 단서에 따라 국가핵심기술에 관한 정보를 공개하려는 경우에는 정보공개의 신청을 받은 날부터 20일 이내에 서면 또는 전자문서로 이해관계인의 의견을 듣고 산업통상자원부장관 및 관계 부처의 장의 동의를 받은 후 위원회의 심의를 거쳐야 한다.

[본조신설 2019. 8. 20.]

제10조(국가핵심기술의 보호조치) ① 국가핵심기술을 보유·관리하고 있는 대상기관의 장은 국가핵심기술의 유출을 방지하기 위하여 다음 각 호에 따른 조치를 하여야 한다. 〈개정 2019. 8. 20.〉

1. 보호구역의 설정·출입허가 또는 출입 시 휴대품 검사

2. 국가핵심기술을 취급하는 전문인력의 이직 관리 및 비밀유지 등에 관한 계약 체결

3. 그 밖에 국가핵심기술 유출 방지를 위하여 대통령령으로 정하는 사항

② 제1항의 규정에 따른 조치에 관하여 필요한 사항은 대통령령으로 정한다.

③ 누구든지 정당한 사유 없이 제1항의 보호조치를 거부·방해 또는 기피하여서는 아니 된다. 〈신설 2009. 1. 30.〉

제11조(국가핵심기술의 수출 등) ① 국가로부터 연구개발비를 지원받아 개발한 국가핵심기술을 보유한 대상기관이 해당국가핵심기술을 외국기업 등에 매각 또는 이전 등의 방법으로 수출(이하 "국가핵심기술의 수출"이라 한다)하고자 하는 경우에는 산업통상자원부장관의 승인을 얻어야 한다. 〈개정 2008. 2. 29., 2013. 3. 23.〉

② 산업통상자원부장관은 제1항의 규정에 따른 승인신청에 대하여 국가핵심기술의 수출에 따른 국가안보 및 국민경제적 파급효과 등을 검토하여 관계중앙행정기관의 장과 협의한 후 위원회의 심의를 거쳐 승인할 수 있다. 〈개정 2008. 2. 29., 2013. 3. 23.〉

③ 제1항의 규정에 따라 승인을 얻은 국가핵심기술이 「대외무역법」 제19조제1항의 기술인 경우에는 같은 조 제2항에 따라 허가를 받은 것으로 보며, 「방위사업법」 제30조 및 제34조의 국방과학기술 및 방산물자인 경우에는 같은 법 제57조제2항에 따라 허가를 받은 것으로 본다. 이 경우 산업통상자원부장관은 사전에 관계중앙행정기관의 장과 협의를 하여야 한다. 〈개정 2008. 2. 29., 2011. 7. 25., 2013. 3. 23.〉

④ 제1항의 규정에 따른 승인대상 외의 국가핵심기술을 보유·관리하고 있는 대상기관이 국가핵심기술의 수출을 하고자 하는 경우에는 산업통상자원부장관에게 사전에 신고를 하여야 한다. 〈개정 2008. 2. 29., 2013. 3. 23.〉

⑤ 산업통상자원부장관은 제4항의 신고대상인 국가핵심기술의 수출이 국가안보에 심각한 영향을 줄 수 있다고 판단하는 경우에는 관계중앙행정기관의 장과 협의한 후 위원회의 심의를 거쳐 국가핵심기술의 수출중지·수출금지·원상회복 등의 조치를 명할 수 있다. 〈개정 2008. 2. 29., 2013. 3. 23.〉

⑥ 제4항의 신고대상 국가핵심기술의 수출을 하고자 하는 자는 해당국가핵심기술이 국가안보와 관련되는지 여부에 대하여 산업통상자원부장관에게 사전검토를 신청할 수 있다. 〈개정 2008. 2. 29., 2013. 3. 23.〉

⑦ 산업통상자원부장관은 국가핵심기술을 보유한 대상기관이 제1항의 규정에 따른 승인을 얻지 아니하거나 부정한 방법으로 승인을 얻어 국가핵심기술의 수출을 한 경우 또는 제4항의 규정에 따른 신고대상 국가핵심기술을 신고하지 아니하거나 허위로 신고하고 국가핵심기술의 수출을 한 경우에는 정보수사기관의 장에게 조사를 의뢰하고, 조사결과를 위원회에 보고한 후 위원회의 심의를 거쳐 해당국가핵심기술의 수출중

지·수출금지·원상회복 등의 조치를 명령할 수 있다. 〈개정 2008. 2. 29., 2013. 3. 23.〉

⑧ 위원회는 다음 각 호의 어느 하나에 해당하는 경우에는 대상기관의 의견을 청취할 수 있다.

1. 제2항의 규정에 따른 승인신청에 대한 심의

2. 제5항의 규정에 따른 국가안보에 심각한 영향을 주는 국가핵심기술의 수출중지·수출금지·원상회복 심의

3. 제7항의 규정에 따른 미승인 또는 부정승인 및 미신고 또는 허위신고 등에 대한 국가핵심기술의 수출중지·수출금지·원상회복 심의

⑨ 산업통상자원부장관은 제1항의 규정에 따른 승인 또는 제4항의 규정에 따른 신고와 관련하여 분야별 전문위원회로 하여금 검토하게 할 수 있으며 관계중앙행정기관의 장 또는 대상기관의 장에게 자료제출 등의 필요한 협조를 요청할 수 있다. 이 경우 관계 중앙행정기관의 장 및 대상기관의 장은 특별한 사유가 없는 한 이에 협조하여야 한다. 〈개정 2008. 2. 29., 2013. 3. 23.〉

⑩ 제1항의 승인, 제4항의 신고, 제5항 및 제7항의 수출중지·수출금지·원상회복 등의 조치 및 절차 등에 관하여 세부적인 사항은 대통령령으로 정한다.

⑪ 제6항의 규정에 따른 국가핵심기술이 국가안보와 관련되는지 여부에 대한 사전검토의 신청에 관하여 필요한 사항은 대통령령으로 정한다.

제11조(국가핵심기술의 수출 등) ① 국가로부터 연구개발비를 지원받아 개발한 국가핵심기술을 보유한 대상기관이 해당국가핵심기술을 외국기업 등에 매각 또는 이전 등의 방법으로 수출(이하 "국가핵심기술의 수출"이라 한다)하고자 하는 경우에는 산업통상자원부장관의 승인을 얻어야 한다. 〈개정 2008. 2. 29., 2013. 3. 23.〉

② 산업통상자원부장관은 제1항의 규정에 따른 승인신청에 대하여 국가핵심기술의 수출에 따른 국가안보 및 국민경제적 파급효과 등을 검토하여 관계중앙행정기관의 장과 협의한 후 위원회의 심의를 거쳐 승인할 수 있다. 〈개정 2008. 2. 29., 2013. 3. 23.〉

③ 제1항의 규정에 따라 승인을 얻은 국가핵심기술이 「대외무역법」 제19조제1항의 기술인 경우에는 같은 조 제2항에 따라 허가를 받은 것으로 보며, 「국방과학기술혁신 촉진법」 제2조제2호에 따른 국방과학기술 및 「방위사업법」 제34조에 따른 방산물자인 경우에는 「방위사업법」 제57조제2항에 따라 허가를 받은 것으로 본다. 이 경우 산업통상자원부장관은 사전에 관계중앙행정기관의 장과 협의를 하여야 한다. 〈개정 2008. 2. 29., 2011. 7. 25., 2013. 3. 23., 2020. 3. 31.〉

④ 제1항의 규정에 따른 승인대상 외의 국가핵심기술을 보유·관리하고 있는 대상기관이 국가핵심기술의 수출을 하고자 하는 경우에는 산업통상자원부장관에게 사전에 신고를 하여야 한다. 〈개정 2008. 2. 29., 2013. 3. 23.〉

⑤ 산업통상자원부장관은 제4항의 신고대상인 국가핵심기술의 수출이 국가안보에 심각한 영향을 줄 수 있다고 판단하는 경우에는 관계중앙행정기관의 장과 협의한 후 위원회의 심의를 거쳐 국가핵심기술의 수출중지·수출금지·원상회복 등의 조치를 명할 수 있다. 〈개정 2008. 2. 29., 2013. 3. 23.〉

⑥ 제4항의 신고대상 국가핵심기술의 수출을 하고자 하는 자는 해당국가핵심기술이 국가안보와 관련되는지 여부에 대하여 산업통상자원부장관에게 사전검토를 신청할 수 있다. 〈개정 2008. 2. 29., 2013. 3. 23.〉

⑦ 산업통상자원부장관은 국가핵심기술을 보유한 대상기관이 제1항의 규정에 따른 승인을 얻지 아니하거나 부정한 방법으로 승인을 얻어 국가핵심기술의 수출을 한 경우 또는 제4항의 규정에 따른 신고대상 국가핵심기술을 신고하지 아니하거나 허위로 신고하고 국가핵심기술의 수출을 한 경우에는 정보수사기관의 장

에게 조사를 의뢰하고, 조사결과를 위원회에 보고한 후 위원회의 심의를 거쳐 해당국가핵심기술의 수출중지 · 수출금지 · 원상회복 등의 조치를 명령할 수 있다. 〈개정 2008. 2. 29., 2013. 3. 23.〉

⑧ 위원회는 다음 각 호의 어느 하나에 해당하는 경우에는 대상기관의 의견을 청취할 수 있다.

1. 제2항의 규정에 따른 승인신청에 대한 심의

2. 제5항의 규정에 따른 국가안보에 심각한 영향을 주는 국가핵심기술의 수출중지 · 수출금지 · 원상회복 심의

3. 제7항의 규정에 따른 미승인 또는 부정승인 및 미신고 또는 허위신고 등에 대한 국가핵심기술의 수출중지 · 수출금지 · 원상회복 심의

⑨ 산업통상자원부장관은 제1항의 규정에 따른 승인 또는 제4항의 규정에 따른 신고와 관련하여 분야별 전문위원회로 하여금 검토하게 할 수 있으며 관계중앙행정기관의 장 또는 대상기관의 장에게 자료제출 등의 필요한 협조를 요청할 수 있다. 이 경우 관계 중앙행정기관의 장 및 대상기관의 장은 특별한 사유가 없는 한 이에 협조하여야 한다. 〈개정 2008. 2. 29., 2013. 3. 23.〉

⑩ 제1항의 승인, 제4항의 신고, 제5항 및 제7항의 수출중지 · 수출금지 · 원상회복 등의 조치 및 절차 등에 관하여 세부적인 사항은 대통령령으로 정한다.

⑪ 제6항의 규정에 따른 국가핵심기술이 국가안보와 관련되는지 여부에 대한 사전검토의 신청에 관하여 필요한 사항은 대통령령으로 정한다. [시행일 : 2021. 4. 1.] 제11조

제11조의2(국가핵심기술을 보유하는 대상기관의 해외인수 · 합병등) ① 국가로부터 연구개발비를 지원받아 개발한 국가핵심기술을 보유한 대상기관이 대통령령으로 정하는 해외 인수 · 합병, 합작투자 등 외국인투자(이하 "해외인수 · 합병등"이라 한다)를 진행하려는 경우에는 미리 산업통상자원부장관의 승인을 받아야 한다. 〈개정 2013. 3. 23., 2019. 8. 20.〉

② 제1항의 대상기관은 대통령령으로 정하는 외국인(이하 이 조에서 "외국인"이라 한다)에 의하여 해외인수 · 합병등이 진행되는 것을 알게 된 경우 지체 없이 산업통상자원부장관에게 신고하여야 한다. 〈개정 2013. 3. 23., 2019. 8. 20.〉

③ 산업통상자원부장관은 제2항에 따라 대상기관으로부터 신고를 받은 경우 해외인수 · 합병등을 진행하려는 외국인에게 제1항에 따른 승인 절차에 협조하여 줄 것을 요청할 수 있다. 이 경우 요청을 받은 외국인은 특별한 사유가 없으면 이에 따라야 한다. 〈신설 2019. 8. 20.〉

④ 산업통상자원부장관은 제1항에 따른 승인신청을 받은 경우 해외인수 · 합병등이 국가안보에 미치는 영향을 검토하여 관계중앙행정기관의 장과 협의한 후 위원회의 심의를 거쳐 승인할 수 있다. 이 경우 산업통상자원부장관은 승인을 할 때 필요하다고 인정되는 조건을 달 수 있다. 〈신설 2019. 8. 20.〉

⑤ 제1항에 따른 승인대상 외의 국가핵심기술을 보유 · 관리하고 있는 대상기관은 해외인수 · 합병등을 진행하려는 경우에는 산업통상자원부장관에게 미리 신고를 하여야 한다. 〈신설 2019. 8. 20.〉

⑥ 제5항의 대상기관은 외국인에 의하여 해외인수 · 합병등이 진행되는 것을 알게 된 경우에는 지체 없이 산업통상자원부장관에게 신고하여야 한다. 〈신설 2019. 8. 20.〉

⑦ 산업통상자원부장관은 제1항, 제5항 및 제6항에 따른 국가핵심기술의 유출이 국가안보에 심각한 영향을 줄 수 있다고 판단하는 경우에는 관계 중앙행정기관의 장과 협의한 후 위원회의 심의를 거쳐 해외인수 · 합병등에 대하여 중지 · 금지 · 원상회복 등의 조치를 명령할 수 있다. 〈개정 2013. 3. 23., 2019. 8. 20.〉

⑧ 제1항, 제5항 및 제6항에 따라 해외인수 · 합병등을 진행하려는 자는 해당 해외인수 · 합병등과 관련하여 다음 각 호의 사항에 관하여 의문이 있는 때에는 대통령령으로 정하는 바에 따라 산업통상자원부장관에게 미리 검토하여 줄 것을 신청할 수 있다. 〈개정 2013. 3. 23., 2019. 8. 20.〉

1. 해당 국가핵심기술이 국가안보와 관련되는지 여부

2. 해당 해외인수·합병등이 제1항의 승인대상인지 여부 및 제5항·제6항의 신고대상인지 여부

3. 그 밖에 해당 해외인수·합병등과 관련하여 의문이 있는 사항

⑨ 산업통상자원부장관은 국가핵심기술을 보유한 대상기관이 제1항에 따른 승인을 받지 아니하거나 거짓이나 그 밖의 부정한 방법으로 승인을 받아 해외인수·합병등을 진행한 경우 또는 제5항 및 제6항에 따른 신고를 하지 아니하거나 거짓이나 그 밖의 부정한 방법으로 신고를 하고서 해외인수·합병등을 한 경우에는 정보수사기관의 장에게 조사를 의뢰하고, 조사결과를 위원회에 보고한 후 위원회의 심의를 거쳐 해당 해외인수·합병등에 대하여 중지·금지·원상회복 등 필요한 조치를 명할 수 있다. 〈개정 2013. 3. 23., 2019. 8. 20.〉

⑩ 위원회는 다음 각 호의 어느 하나에 해당하는 경우에는 대상기관의 의견을 청취할 수 있다. 〈개정 2019. 8. 20.〉

1. 제1항에 따른 승인신청에 대한 심의

1의2. 제5항 및 제6항에 따른 신고에 대한 심의

2. 제7항에 따른 국가안보에 심각한 영향을 주는 해외인수·합병등에 대한 중지·금지·원상회복 등 심의

3. 제7항의 조치에 따른 대상기관의 손해에 대한 심의

4. 제9항에 따른 미승인, 부정승인, 미신고 또는 거짓신고 등에 대한 해외인수·합병등의 중지·금지·원상회복 등 심의

⑪ 산업통상자원부장관은 제1항에 따른 승인신청 또는 제5항 및 제6항에 따른 신고와 관련하여 분야별 전문위원회로 하여금 검토하게 할 수 있으며 관계 중앙행정기관의 장 또는 대상기관의 장에게 자료제출 등의 필요한 협조를 요청할 수 있다. 이 경우 관계 중앙행정기관의 장 및 대상기관의 장은 특별한 사유가 없는 한 이에 협조하여야 한다. 〈개정 2013. 3. 23., 2019. 8. 20.〉

⑫ 제1항의 승인, 제2항·제5항 및 제6항의 신고, 제7항 및 제9항의 중지·금지·원상회복 등의 조치 및 절차 등에 관하여 세부적인 사항은 대통령령으로 정한다. 〈개정 2019. 8. 20.〉

[본조신설 2011. 7. 25.]

제12조(국가연구개발사업의 보호관리) 대상기관의 장은 산업기술과 관련된 국가연구개발사업을 수행하는 과정에서 개발성과물이 외부로 유출되지 아니하도록 필요한 대책을 수립·시행하여야 한다.

제13조(개선권고) ① 산업통상자원부장관은 제10조의 규정에 따른 국가핵심기술의 보호조치 및 제12조의 규정에 따른 국가연구개발사업의 보호관리와 관련하여 필요하다고 인정되는 경우 대상기관의 장에 대하여 개선을 권고할 수 있다. 〈개정 2011. 7. 25., 2013. 3. 23.〉

② 제1항의 규정에 따라 개선권고를 받은 대상기관의 장은 개선대책을 수립·시행하고 그 결과를 산업통상자원부장관에게 통보하여야 한다. 〈개정 2011. 7. 25., 2013. 3. 23.〉

③ 산업통상자원부장관은 제1항에 따라 대상기관의 장에게 개선권고를 한 경우 해당 개선권고의 주요 내용 및 이유, 대상기관의 조치결과 등을 위원회에 보고하여야 한다. 〈신설 2011. 7. 25., 2013. 3. 23.〉

④ 제1항 및 제2항에 따른 개선권고 및 개선대책의 수립·시행 및 제3항에 따라 위원회에 보고하기 위하여 필요한 사항은 대통령령으로 정한다. 〈개정 2011. 7. 25.〉

제14조(산업기술의 유출 및 침해행위 금지) 누구든지 다음 각 호의 어느 하나에 해당하는 행위를 하여서는 아니 된다. 〈개정 2008. 2. 29., 2011. 7. 25., 2013. 3. 23., 2015. 1. 28., 2019. 8. 20.〉

1. 절취·기망·협박 그 밖의 부정한 방법으로 대상기관의 산업기술을 취득하는 행위 또는 그 취득한 산업기술을 사용하거나 공개(비밀을 유지하면서 특정인에게 알리는 것을 포함한다. 이하 같다)하는 행위

2. 제34조의 규정 또는 대상기관과의 계약 등에 따라 산업기술에 대한 비밀유지의무가 있는 자가 부정한 이익을 얻거나 그 대상기관에게 손해를 가할 목적으로 유출하거나 그 유출한 산업기술을 사용 또는 공개하거나 제3자가 사용하게 하는 행위

3. 제1호 또는 제2호의 규정에 해당하는 행위가 개입된 사실을 알고 그 산업기술을 취득·사용 및 공개하거나 산업기술을 취득한 후에 그 산업기술에 대하여 제1호 또는 제2호의 규정에 해당하는 행위가 개입된 사실을 알고 그 산업기술을 사용하거나 공개하는 행위

4. 제1호 또는 제2호의 규정에 해당하는 행위가 개입된 사실을 중대한 과실로 알지 못하고 그 산업기술을 취득·사용 및 공개하거나 산업기술을 취득한 후에 그 산업기술에 대하여 제1호 또는 제2호의 규정에 해당하는 행위가 개입된 사실을 중대한 과실로 알지 못하고 그 산업기술을 사용하거나 공개하는 행위

5. 제11조제1항의 규정에 따른 승인을 얻지 아니하거나 부정한 방법으로 승인을 얻어 국가핵심기술을 수출하는 행위

6. 국가핵심기술을 외국에서 사용하거나 사용되게 할 목적으로 제11조의2제1항에 따른 승인을 받지 아니하거나 거짓이나 그 밖의 부정한 방법으로 승인을 받아 해외인수·합병등을 하는 행위

6의2. 국가핵심기술을 외국에서 사용하거나 사용되게 할 목적으로 제11조의2제5항 및 제6항에 따른 신고를 하지 아니하거나 거짓이나 그 밖의 부정한 방법으로 신고를 하고서 해외인수·합병등을 하는 행위

6의3. 제34조 또는 대상기관과의 계약 등에 따라 산업기술에 대한 비밀유지의무가 있는 자가 산업기술에 대한 보유 또는 사용 권한이 소멸됨에 따라 대상기관으로부터 산업기술에 관한 문서, 도화(圖畵), 전자기록 등 특수매체기록의 반환이나 산업기술의 삭제를 요구받고도 부정한 이익을 얻거나 그 대상기관에 손해를 가할 목적으로 이를 거부 또는 기피하거나 그 사본을 보유하는 행위

7. 제11조제5항·제7항 및 제11조의2제7항·제9항에 따른 산업통상자원부장관의 명령을 이행하지 아니하는 행위

8. 산업기술 관련 소송 등 대통령령으로 정하는 적법한 경로를 통하여 산업기술이 포함된 정보를 제공받은 자가 정보를 제공받은 목적 외의 다른 용도로 그 정보를 사용하거나 공개하는 행위

제14조의2(산업기술 침해행위에 대한 금지청구권 등) ① 대상기관은 산업기술 침해행위를 하거나 하려는 자에 대하여 그 행위에 의하여 영업상의 이익이 침해되거나 침해될 우려가 있는 경우에는 법원에 그 행위의 금지 또는 예방을 청구할 수 있다.

② 대상기관이 제1항에 따른 청구를 할 때에는 침해행위를 조성한 물건의 폐기, 침해행위에 제공된 설비의 제거, 그 밖에 침해행위의 금지 또는 예방을 위하여 필요한 조치를 함께 청구할 수 있다.

③ 제1항에 따라 산업기술 침해행위의 금지 또는 예방을 청구할 수 있는 권리는 산업기술 침해행위가 계속되는 경우에 대상기관이 그 침해행위에 의하여 영업상의 이익이 침해되거나 침해될 우려가 있다는 사실 및 침해행위자를 안 날부터 3년간 행사하지 아니하면 시효의 완성으로 소멸한다. 그 침해행위가 시작된 날부터 10년이 지난 때에도 또한 같다.
[본조신설 2011. 7. 25.]

제14조의3(산업기술 해당 여부 확인) ① 대상기관은 보유하고 있는 기술이 산업기술에 해당하는지에 대하여 산업통상자원부장관에게 확인을 신청할 수 있다.

② 제1항에 따른 확인의 절차·방법 등에 관한 사항은 대통령령으로 정한다.
[본조신설 2015. 1. 28.]

제15조(산업기술 침해신고 등) ① 국가핵심기술 및 국가연구개발사업으로 개발한 산업기술을 보유한 대상기관의 장은 제14조 각 호의 어느 하나에 해당하는 행위가 발생할 우려가 있거나 발생한 때에는 즉시 산업통

상자원부장관 및 정보수사기관의 장에게 그 사실을 신고하여야 하고, 필요한 조사 및 조치를 요청할 수 있다. 〈개정 2008. 2. 29., 2013. 3. 23., 2019. 8. 20.〉

② 산업통상자원부장관 및 정보수사기관의 장은 제1항의 규정에 따른 요청을 받은 경우 또는 제14조에 따른 금지행위를 인지한 경우에는 필요한 조사 및 조치를 하여야 한다. 〈개정 2008. 2. 29., 2011. 7. 25., 2013. 3. 23., 2019. 8. 20.〉

제4장 산업기술보호의 기반구축 및 산업보안기술의 개발·지원 등

제16조(산업기술보호협회의 설립 등) ① 대상기관은 산업기술의 유출방지 및 보호에 관한 시책을 효율적으로 추진하기 위하여 산업통상자원부장관의 인가를 받아 산업기술보호협회(이하 "협회"라 한다)를 설립할 수 있다. 〈개정 2008. 2. 29., 2013. 3. 23.〉

② 협회는 법인으로 하고, 그 주된 사무소의 소재지에서 설립등기를 함으로써 성립한다.

③ 설립등기 외의 등기를 필요로 하는 사항은 그 등기 후가 아니면 제3자에게 대항하지 못한다.

④ 협회는 다음 각 호의 업무를 행한다. 〈개정 2008. 2. 29., 2011. 7. 25., 2013. 3. 23., 2015. 1. 28.〉

1. 산업기술보호를 위한 정책의 개발 및 협력

2. 산업기술의 해외유출 관련 정보 전파

3. 산업기술의 유출방지를 위한 상담·홍보·교육·실태조사

4. 국내외 산업기술보호 관련 자료 수집·분석 및 발간

4의2. 국가핵심기술의 보호·관리 등에 관한 지원 업무

5. 제22조제1항에 따른 산업기술의 보호를 위한 지원업무

6. 제23조의 규정에 따른 산업기술분쟁조정위원회의 업무지원

7. 그 밖에 산업통상자원부장관이 필요하다고 인정하여 위탁하거나 협회의 정관이 정한 사업

⑤ 정부는 대상기관의 산업기술의 보호를 위하여 필요한 경우에는 예산의 범위 안에서 협회의 사업수행에 필요한 자금을 지원할 수 있다.

⑥ 협회의 사업 및 감독 등에 관하여 필요한 사항은 대통령령으로 정한다.

⑦ 협회에 관하여 이 법에 규정된 사항을 제외하고는 「민법」 중 사단법인에 관한 규정을 준용한다.

제17조(산업기술보호를 위한 실태조사) ① 산업통상자원부장관은 필요한 경우 대상기관의 산업기술의 보호 및 관리 현황에 대한 실태조사를 실시할 수 있다. 〈개정 2008. 2. 29., 2013. 3. 23.〉

② 산업통상자원부장관은 제1항의 규정에 따른 실태조사를 위하여 산업기술을 보유하고 있는 대상기관 및 관련 단체에 대하여 관련 자료의 제출이나 조사업무의 수행에 필요한 협조를 요청할 수 있다. 이 경우 그 요청을 받은 자는 특별한 사유가 없는 한 이에 응하여야 한다. 〈개정 2008. 2. 29., 2013. 3. 23.〉

③ 제2항의 규정에 따른 실태조사의 대상·범위·방법 등에 관하여 필요한 사항은 대통령령으로 정한다.

제18조(국제협력) ① 정부는 산업기술의 보호에 관한 국제협력을 촉진하기 위하여 관련 산업보안기술 및 전문인력의 국제교류, 산업보안기술의 국제표준화 및 국제공동연구개발 등에 관하여 필요한 국제협력사업을 추진할 수 있다.

② 정부는 다음 각 호의 사업을 지원할 수 있다.

1. 산업보안기술 및 보안산업의 국제적 차원의 조사·연구

2. 산업보안기술 및 보안산업에 관한 국제적 차원의 인력·정보의 교류

3. 산업보안기술 및 보안산업에 관한 국제적 전시회·학술회의 등의 개최

4. 그 밖에 국제적 차원의 대책을 수립하고 추진하기 위하여 필요하다고 인정하여 대통령령이 정하는 사업

제19조(산업기술보호교육) ① 산업통상자원부장관은 산업기술의 유출방지 및 보호를 위하여 대상기관의 임·직원을 대상으로 교육을 실시할 수 있다. 〈개정 2008. 2. 29., 2013. 3. 23.〉

② 제1항의 규정에 따른 교육의 내용·기간·주기 등에 관하여 필요한 사항은 대통령령으로 정한다.

제20조(산업보안기술의 개발지원 등) ① 정부는 산업기술을 보호하기 위하여 산업보안기술의 개발 및 전문인력의 양성에 관한 시책을 수립하여 추진할 수 있다.

② 정부는 산업기술보호에 필요한 기술개발을 효율적으로 추진하기 위하여 대상기관으로 하여금 제1항의 규정에 따른 산업보안기술의 개발 등을 실시하게 할 수 있다.

③ 정부는 제2항의 규정에 따라 산업보안기술 개발사업 등을 실시하는 자에게 그 사업에 소요되는 비용을 출연 또는 보조할 수 있다.

④ 제3항의 규정에 따른 출연금의 지급·사용 및 관리 등에 관하여 필요한 사항은 대통령령으로 정한다.

제21조(산업기술보호 포상 및 보호 등) ① 정부는 산업보안기술의 개발 등 산업기술의 유출방지 및 보호에 기여한 공이 큰 자 또는 이 법의 규정을 위반하여 산업기술을 해외로 유출한 사실을 신고한 자 등에 대하여 예산의 범위 내에서 포상 및 포상금을 지급할 수 있다. 〈개정 2009. 1. 30.〉

② 정부는 이 법의 규정을 위반하여 산업기술을 해외로 유출한 사실을 신고한 자로부터 요청이 있는 경우 그에 대하여 신변보호 등 필요한 조치를 취하여야 한다.

③ 정부는 산업보안기술의 개발 등 산업기술의 유출방지 및 보호에 기여한 공이 큰 외국인에 대하여 국내정착 및 국적취득을 지원할 수 있다.

④ 제1항 내지 제3항의 규정에 따른 포상·포상금 지급, 신변보호 등의 기준·방법 및 절차에 관하여 필요한 사항은 대통령령으로 정한다.

제22조(산업기술의 보호를 위한 지원) ① 정부는 산업기술의 보호를 촉진하기 위하여 필요하다고 인정하면 다음 각 호의 사항을 대상기관 등에게 지원할 수 있다. 〈개정 2011. 7. 25.〉

1. 산업기술 보안에 대한 자문
2. 산업기술의 보안시설을 설치·운영하는 기술지원
3. 산업기술보호를 위한 교육 및 인력양성을 위한 지원
4. 그 밖에 산업기술보호를 위하여 필요한 사항

② 제1항의 규정에 따른 지원에 관하여 필요한 사항은 대통령령으로 정한다.

[제목개정 2011. 7. 25.]

제5장 보칙

제22조의2(산업기술의 유출 및 침해행위에 대한 손해배상책임) ① 제14조에 따른 산업기술의 유출 및 침해행위(이하 이 조에서 "산업기술침해행위"라 한다)를 함으로써 대상기관에 손해를 입힌 자는 그 손해를 배상할 책임을 진다.

② 법원은 산업기술침해행위가 고의적인 것으로 인정되는 경우에는 다음 각 호의 사항을 고려하여 손해로 인정되는 금액의 3배를 넘지 아니하는 범위에서 배상액을 정할 수 있다.

1. 산업기술침해행위를 한 자의 우월적 지위 여부
2. 고의 또는 손해 발생의 우려를 인식한 정도
3. 산업기술침해행위로 인하여 대상기관이 입은 피해 규모

4. 산업기술침해행위를 한 자가 해당 침해행위로 인하여 취득한 경제적 이익

5. 산업기술침해행위의 기간·횟수 등

6. 산업기술침해행위에 따른 벌금

7. 산업기술침해행위를 한 자의 재산상태

8. 산업기술침해행위를 한 자의 피해구제 노력의 정도

[본조신설 2019. 8. 20.]

제22조의3(자료의 제출) 법원은 산업기술의 유출 및 침해에 관한 소송에서 당사자의 신청에 의하여 상대방 당사자에게 해당 침해의 증명 또는 침해로 인한 손해액의 산정에 필요한 자료의 제출을 명할 수 있다. 다만, 그 자료의 소지자가 그 자료의 제출을 거절할 정당한 이유가 있으면 그러하지 아니하다.

[본조신설 2019. 8. 20.]

제22조의4(비밀유지명령) ① 법원은 산업기술의 유출 및 침해에 관한 소송에서 그 당사자가 보유한 산업기술에 대하여 다음 각 호의 사유를 모두 소명한 경우에는 그 당사자의 신청에 따라 결정으로 다른 당사자(법인인 경우에는 그 대표자를 말한다), 당사자를 위하여 소송을 대리하는 자, 그 밖에 해당 소송으로 인하여 산업기술을 알게 된 자에게 그 산업기술을 해당 소송의 계속적인 수행 외의 목적으로 사용하거나 그 산업기술에 관계된 이 항에 따른 명령을 받은 자 외의 자에게 공개하지 아니할 것을 명할 수 있다. 다만, 그 신청 시점까지 다른 당사자(법인인 경우에는 그 대표자를 말한다), 당사자를 위하여 소송을 대리하는 자, 그 밖에 해당 소송으로 인하여 산업기술을 알게 된 자가 제1호에 규정된 준비서면의 열람이나 증거 조사 외의 방법으로 그 산업기술을 이미 취득하고 있는 경우에는 그러하지 아니하다.

1. 이미 제출하였거나 제출하여야 할 준비서면 또는 이미 조사하였거나 조사하여야 할 증거에 산업기술이 포함되어 있다는 것

2. 제1호의 산업기술이 해당 소송 수행 외의 목적으로 사용되거나 공개되면 당사자의 경영에 지장을 줄 우려가 있어 이를 방지하기 위하여 산업기술의 사용 또는 공개를 제한할 필요가 있다는 것

② 제1항에 따른 명령(이하 "비밀유지명령"이라 한다)의 신청은 다음 각 호의 사항을 적은 서면으로 하여야 한다.

1. 비밀유지명령을 받을 자

2. 비밀유지명령의 대상이 될 산업기술을 특정하기에 충분한 사실

3. 제1항 각 호의 사유에 해당하는 사실

③ 법원은 비밀유지명령이 결정된 경우에는 그 결정서를 비밀유지명령을 받은 자에게 송달하여야 한다.

④ 비밀유지명령은 제3항의 결정서가 비밀유지명령을 받은 자에게 송달된 때부터 효력이 발생한다.

⑤ 비밀유지명령의 신청을 기각 또는 각하한 재판에 대하여는 즉시항고를 할 수 있다.

[본조신설 2019. 8. 20.]

제22조의5(비밀유지명령의 취소) ① 비밀유지명령을 신청한 자 또는 비밀유지명령을 받은 자는 제22조의4제1항에 따른 요건을 갖추지 못하였거나 갖추지 못하게 된 경우 소송기록을 보관하고 있는 법원(소송기록을 보관하고 있는 법원이 없는 경우에는 비밀유지명령을 내린 법원을 말한다)에 비밀유지명령의 취소를 신청할 수 있다.

② 법원은 비밀유지명령의 취소 신청에 대한 재판이 있는 경우에는 그 결정서를 그 신청을 한 자 및 상대방에게 송달하여야 한다.

③ 비밀유지명령의 취소 신청에 대한 재판에 대하여는 즉시항고를 할 수 있다.

④ 비밀유지명령을 취소하는 재판은 확정되어야 그 효력이 발생한다.

⑤ 비밀유지명령을 취소하는 재판을 한 법원은 비밀유지명령의 취소 신청을 한 자 또는 상대방 외에 해당 산업기술에 관한 비밀유지명령을 받은 자가 있는 경우에는 그 자에게 즉시 비밀유지명령의 취소 재판을 한 사실을 알려야 한다.

[본조신설 2019. 8. 20.]

제22조의6(소송기록 열람 등의 청구 통지 등) ① 비밀유지명령이 내려진 소송(모든 비밀유지명령이 취소된 소송은 제외한다)에 관한 소송기록에 대하여「민사소송법」제163조제1항의 결정이 있었던 경우, 당사자가 같은 항에서 규정하는 비밀 기재부분의 열람 등의 청구를 하였으나 그 청구절차를 해당 소송에서 비밀유지명령을 받지 아니한 자가 밟은 경우에는 법원서기관, 법원사무관, 법원주사 또는 법원주사보(이하 이 조에서 "법원사무관등"이라 한다)는「민사소송법」제163조제1항의 신청을 한 당사자(그 열람 등의 청구를 한 자는 제외한다. 이하 제3항에서 같다)에게 그 청구 직후에 그 열람 등의 청구가 있었다는 사실을 알려야 한다.

② 제1항의 경우에 법원사무관등은 제1항의 청구가 있었던 날부터 2주일이 지날 때까지(그 청구절차를 행한 자에 대한 비밀유지명령신청이 그 기간 내에 행하여진 경우에는 그 신청에 대한 재판이 확정되는 시점까지를 말한다) 그 청구절차를 행한 자에게 제1항의 비밀 기재부분의 열람 등을 하게 하여서는 아니 된다.

③ 제2항은 제1항의 열람 등의 청구를 한 자에게 제1항의 비밀 기재부분의 열람 등을 하게 하는 것에 대하여「민사소송법」제163조제1항의 신청을 한 당사자 모두의 동의가 있는 경우에는 적용되지 아니한다.

[본조신설 2019. 8. 20.]

제23조(산업기술분쟁조정위원회) ① 산업기술의 유출에 대한 분쟁을 신속하게 조정하기 위하여 산업통상자원부장관 소속하에 산업기술분쟁조정위원회(이하 "조정위원회"라 한다)를 둔다. 〈개정 2008. 2. 29., 2013. 3. 23.〉

② 조정위원회는 위원장 1인을 포함한 15인 이내의 위원으로 구성한다.

③ 조정위원회의 위원은 다음 각 호의 어느 하나에 해당하는 자 중에서 대통령령이 정하는 바에 따라 산업통상자원부장관이 전문분야와 성별을 고려하여 임명하거나 위촉한다. 〈개정 2008. 2. 29., 2013. 3. 23., 2015. 1. 28.〉

1. 대학이나 공인된 연구기관에서 부교수 이상 또는 이에 상당하는 직에 있거나 있었던 자로서 기술 또는 정보의 보호 관련 분야를 전공한 자

2. 4급 또는 4급 상당 이상의 공무원 또는 이에 상당하는 공공기관의 직에 있거나 있었던 자로서 산업기술 유출의 방지업무에 관한 경험이 있는 자

3. 산업기술의 보호사업을 영위하고 있는 기업 또는 산업기술의 보호업무를 수행하는 단체의 임원직에 있는 자

4. 판사 · 검사 또는 변호사의 자격이 있는 자

④ 위원의 임기는 3년으로 하되, 연임할 수 있다.

⑤ 위원장은 위원 중에서 산업통상자원부장관이 임명한다. 〈개정 2008. 2. 29., 2013. 3. 23.〉

⑥ 조정위원회의 회의는 재적위원 과반수의 출석으로 개의하고, 출석위원 과반수의 찬성으로 의결한다. 〈신설 2015. 1. 28.〉

⑦ 조정위원회의 업무를 지원하기 위하여 협회에 사무국을 둔다. 〈신설 2016. 3. 29.〉

⑧ 그 밖에 조정위원회의 구성 · 운영 등에 필요한 사항은 대통령령으로 정한다. 〈신설 2015. 1. 28., 2016. 3. 29.〉

제24조(조정부) ① 분쟁의 조정을 효율적으로 수행하기 위하여 조정위원회에 5인 이내의 위원으로 구성되는 조정부를 두되, 그 중 1인은 변호사의 자격이 있는 자로 한다.

② 조정위원회는 필요한 경우 일부 분쟁에 대하여 제1항의 규정에 따른 조정부에 일임하여 조정하게 할 수 있다.

③ 제1항의 규정에 따른 조정부의 구성 및 운영에 관하여 필요한 사항은 대통령령으로 정한다.

제25조(위원의 제척 · 기피 · 회피) ① 위원은 다음 각 호의 어느 하나에 해당하는 경우에는 해당 분쟁조정청구사건(이하 "사건"이라 한다)의 심의 · 의결에서 제척된다. 〈개정 2019. 8. 20.〉

1. 위원 또는 그 배우자나 배우자이었던 자가 해당 사건의 당사자가 되거나 해당 사건에 관하여 공동권리자 또는 의무자의 관계에 있는 경우

2. 위원이 해당 사건의 당사자와 친족관계에 있거나 있었던 경우

3. 위원이 해당 사건에 관하여 증언이나 감정을 한 경우

4. 위원이 해당 사건에 관하여 당사자의 대리인 또는 임 · 직원으로서 관여하거나 관여하였던 경우

② 당사자는 위원에게 심의 · 의결의 공정성을 기대하기 어려운 사정이 있는 경우에는 조정위원회에 기피신청을 할 수 있다. 이 경우 조정위원회는 기피신청이 타당하다고 인정하는 때에는 기피의 결정을 하여야 한다.

③ 위원이 제1항 또는 제2항의 사유에 해당하는 경우에는 스스로 그 사건의 심의 · 의결을 회피할 수 있다.

제26조(분쟁의 조정) ① 산업기술유출과 관련한 분쟁의 조정을 원하는 자는 신청취지와 원인을 기재한 조정신청서를 조정위원회에 제출하여 분쟁의 조정을 신청할 수 있다.

② 제1항의 규정에 따른 분쟁의 조정신청을 받은 조정위원회는 신청을 받은 날부터 3월 이내에 이를 심사하여 조정안을 작성하여야 한다. 다만, 정당한 사유가 있는 경우에는 조정위원회의 의결로 1개월 단위로 3회에 한정하여 조정기간을 연장할 수 있고, 이 경우 사건의 당사자에게 연장 기간 및 사유를 통지하여야 한다. 〈개정 2017. 3. 14.〉

③ 제2항의 규정에 따른 기간이 경과하는 경우에는 조정이 성립되지 아니한 것으로 본다.

④ 조정이 신청된 경우 피신청인은 이에 성실하게 응하여야 한다. 〈신설 2017. 3. 14.〉

제27조(자료요청 등) ① 조정위원회는 분쟁조정을 위하여 필요한 자료를 분쟁당사자에게 요청할 수 있다. 이 경우 해당분쟁당사자는 정당한 사유가 없는 한 이에 응하여야 한다.

② 조정위원회는 필요하다고 인정하는 경우에는 분쟁당사자 또는 참고인으로 하여금 조정위원회에 출석하게 하여 그 의견을 들을 수 있다.

③ 조정위원회는 제1항의 규정에 따른 자료요구와 제2항의 규정에 따라 의견진술을 청취할 경우 비공개로 하여야 하며, 제출된 자료 및 청취된 의견에 대해서는 비밀을 유지하여야 한다.

제28조(조정의 효력) ① 조정위원회는 제26조제2항의 규정에 따라 조정안을 작성한 때에는 지체 없이 이를 각 당사자에게 제시하여야 한다.

② 제1항의 규정에 따라 조정안을 제시받은 당사자는 그 제시를 받은 날부터 15일 이내에 그 수락 여부를 조정위원회에 통보하여야 한다.

③ 당사자가 조정안을 수락한 때에는 조정위원회는 즉시 조정조서를 작성하여야 하며, 위원장 및 각 당사자는 이에 기명날인하거나 서명하여야 한다. 〈개정 2016. 3. 29.〉

④ 당사자가 제3항의 규정에 따라 조정안을 수락하고 조정조서에 기명날인하거나 서명한 경우에는 해당조정조서는 재판상 화해와 동일한 효력을 갖는다. 〈개정 2016. 3. 29.〉

제29조(조정의 거부 및 중지) ① 조정위원회는 분쟁의 성질상 조정위원회에서 조정하는 것이 적합하지 아니하다고 인정하거나 당사자가 부정한 목적으로 조정을 신청한 것으로 인정되는 경우에는 해당조정을 거부할

수 있다. 이 경우 그 사유 등을 신청인에게 통보하여야 한다.

② 조정위원회는 신청된 조정사건에 대한 처리절차를 진행 중에 일방 당사자가 법원에 소를 제기한 경우에는 그 조정의 처리를 중지하고 이를 당사자에게 통지하여야 한다.

제30조(조정의 절차 등) 분쟁의 조정방법·조정절차 및 조정업무의 처리 등에 관하여 필요한 사항은 대통령령으로 정한다.

제31조(준용법률) 산업기술유출에 관한 분쟁조정에 관하여 이 법에 규정이 있는 경우를 제외하고는 그 성질에 반하지 않는 한 「민사조정법」의 규정을 준용한다.

제32조(수수료) ① 제26조제1항의 규정에 따라 조정위원회에 산업기술유출과 관련한 분쟁의 조정을 신청하는 자는 대통령령이 정하는 바에 따라 수수료를 납부하여야 한다.

② 제1항의 규정에 따른 수수료의 금액·징수방법·징수절차 등에 관하여 필요한 사항은 산업통상자원부령으로 정한다. 〈개정 2008. 2. 29., 2013. 3. 23.〉

제33조(권한의 위임·위탁) 산업통상자원부장관은 이 법에 의한 권한의 일부를 대통령령이 정하는 바에 따라 보조기관·소속기관의 장이나 관계중앙행정기관의 장 또는 관계전문기관의 장에게 위임 또는 위탁할 수 있다. 〈개정 2008. 2. 29., 2013. 3. 23.〉

제34조(비밀유지의무) 다음 각 호의 어느 하나에 해당하거나 해당하였던 자는 그 직무상 알게 된 비밀을 누설하거나 도용하여서는 아니 된다. 〈개정 2008. 2. 29., 2011. 7. 25., 2013. 3. 23., 2015. 1. 28., 2019. 8. 20.〉

1. 대상기관의 임·직원(교수·연구원·학생을 포함한다)
2. 제9조의 규정에 따라 국가핵심기술의 지정·변경 및 해제 업무를 수행하는 자 또는 제16조에 따라 국가핵심기술의 보호·관리 등에 관한 지원 업무를 수행하는 자
3. 제11조 및 제11조의2에 따라 국가핵심기술의 수출 및 해외인수·합병등에 관한 사항을 검토하거나 사전검토, 조사업무를 수행하는 자
3의2. 제11조의2제3항 및 제6항에 따른 해외인수·합병등을 진행하려는 외국인 및 외국인의 임·직원
4. 제15조의 규정에 따라 침해행위의 접수 및 방지 등의 업무를 수행하는 자
5. 제16조제4항제3호의 규정에 따라 상담업무 또는 실태조사에 종사하는 자
6. 제17조제1항의 규정에 따라 산업기술의 보호 및 관리 현황에 대한 실태조사업무를 수행하는 자
7. 제20조제2항의 규정에 따라 산업보안기술 개발사업자에게 고용되어 산업보안기술 연구개발업무를 수행하는 자
8. 제23조의 규정에 따라 산업기술 분쟁조정업무를 수행하는 자
9. 제33조의 규정에 따라 산업통상자원부장관의 권한의 일부를 위임·위탁받아 업무를 수행하는 자
10. 「공공기관의 정보공개에 관한 법률」에 따른 정보공개 청구, 산업기술 관련 소송 업무 등 대통령령으로 정하는 업무를 수행하면서 산업기술에 관한 정보를 알게 된 자

제35조(벌칙 적용에서의 공무원 의제) 다음 각 호의 업무를 행하는 자는 「형법」 제129조 내지 제132조를 적용함에 있어서는 이를 공무원으로 본다. 〈개정 2008. 2. 29., 2011. 7. 25., 2013. 3. 23., 2015. 1. 28.〉

1. 제9조의 규정에 따라 국가핵심기술의 지정·변경 및 해제 업무를 수행하는 자 또는 제16조에 따라 국가핵심기술의 보호·관리 등에 관한 지원 업무를 수행하는 자
2. 제11조 및 제11조의2에 따라 국가핵심기술의 수출 및 해외인수·합병등에 관한 사항을 검토하거나 조사업무를 수행하는 자

3. 제15조의 규정에 따라 침해행위의 접수 및 방지 등의 업무를 수행하는 자

4. 제17조의 규정에 따라 산업기술의 보호 및 관리 현황에 대한 실태조사업무를 수행하는 자

5. 제23조의 규정에 따라 산업기술 분쟁조정업무를 수행하는 자

6. 제33조의 규정에 따라 산업통상자원부장관의 권한의 일부를 위임·위탁받아 업무를 수행하는 자

제6장 벌칙

제36조(벌칙) ① 국가핵심기술을 외국에서 사용하거나 사용되게 할 목적으로 제14조제1호부터 제3호까지의 어느 하나에 해당하는 행위를 한 자는 3년 이상의 유기징역에 처한다. 이 경우 15억원 이하의 벌금을 병과한다. 〈신설 2019. 8. 20.〉

② 산업기술을 외국에서 사용하거나 사용되게 할 목적으로 제14조 각 호(제4호를 제외한다)의 어느 하나에 해당하는 행위를 한 자(제1항에 해당하는 행위를 한 자는 제외한다)는 15년 이하의 징역 또는 15억원 이하의 벌금에 처한다. 〈개정 2008. 3. 14., 2016. 3. 29., 2019. 8. 20.〉

③ 제14조 각 호(제4호·제6호·제6호의2 및 제8호는 제외한다)의 어느 하나에 해당하는 행위를 한 자는 10년 이하의 징역 또는 10억원 이하의 벌금에 처한다. 〈개정 2011. 7. 25., 2016. 3. 29., 2019. 8. 20.〉

④ 제14조제4호 및 제8호의 어느 하나에 해당하는 행위를 한 자는 3년 이하의 징역 또는 3억원 이하의 벌금에 처한다. 〈개정 2019. 8. 20.〉

⑤ 제1항부터 제4항까지의 죄를 범한 자가 그 범죄행위로 인하여 얻은 재산은 이를 몰수한다. 다만, 그 전부 또는 일부를 몰수할 수 없는 때에는 그 가액을 추징한다. 〈개정 2019. 8. 20.〉

⑥ 제34조의 규정을 위반하여 비밀을 누설하거나 도용한 자는 5년 이하의 징역이나 10년 이하의 자격정지 또는 5천만원 이하의 벌금에 처한다. 〈개정 2016. 3. 29., 2019. 8. 20.〉

⑦ 제1항부터 제3항까지의 미수범은 처벌한다. 〈개정 2019. 8. 20.〉

⑧ 제2항부터 제4항까지의 규정에 따른 징역형과 벌금형은 이를 병과할 수 있다. 〈개정 2019. 8. 20.〉

제36조의2(비밀유지명령 위반죄) ① 국내외에서 정당한 사유 없이 비밀유지명령을 위반한 자는 5년 이하의 징역 또는 5천만원 이하의 벌금에 처한다.

② 제1항의 죄는 비밀유지명령을 신청한 자의 고소가 없으면 공소를 제기할 수 없다.

[본조신설 2019. 8. 20.]

제37조(예비·음모) ① 제36조제1항 또는 제2항의 죄를 범할 목적으로 예비 또는 음모한 자는 3년 이하의 징역 또는 3천만원 이하의 벌금에 처한다. 〈개정 2019. 8. 20.〉

② 제36조제3항의 죄를 범할 목적으로 예비 또는 음모한 자는 2년 이하의 징역 또는 2천만원 이하의 벌금에 처한다. 〈개정 2019. 8. 20.〉

제38조(양벌규정) 법인의 대표자나 법인 또는 개인의 대리인, 사용인, 그 밖의 종업원이 그 법인 또는 개인의 업무에 관하여 제36조제1항부터 제4항까지의 어느 하나에 해당하는 위반행위를 하면 그 행위자를 벌하는 외에 그 법인 또는 개인에게도 해당 조문의 벌금형을 과(科)한다. 다만, 법인 또는 개인이 그 위반행위를 방지하기 위하여 해당 업무에 관하여 상당한 주의와 감독을 게을리하지 아니한 경우에는 그러하지 아니하다. 〈개정 2019. 8. 20.〉

[전문개정 2008. 12. 26.]

제39조(과태료) ① 다음 각 호의 어느 하나에 해당하는 자는 1천만원 이하의 과태료에 처한다. 〈개정 2009. 1. 30.〉

1. 제10조제3항을 위반하여 국가핵심기술의 보호조치를 거부·방해 또는 기피한 자
2. 제15조제1항의 규정에 따른 산업기술 침해신고를 하지 아니한 자
3. 제17조제2항의 규정을 위반하여 관련 자료를 제출하지 아니하거나 허위로 제출한 자

② 제1항의 규정에 따른 과태료는 대통령령이 정하는 바에 따라 산업통상자원부장관이 부과·징수한다. 〈개정 2008. 2. 29., 2013. 3. 23.〉

③ 삭제 〈2009. 1. 30.〉

④ 삭제 〈2009. 1. 30.〉

⑤ 삭제 〈2009. 1. 30.〉

부칙 〈제16476호, 2019. 8. 20.〉

제1조(시행일) 이 법은 공포 후 6개월이 경과한 날부터 시행한다.

제2조(손해배상에 관한 적용례) 제22조의2의 개정규정은 이 법 시행 후 최초로 제기되는 산업기술의 유출 및 침해행위에 관한 손해배상청구의 소부터 적용한다.

제1조(목적) 이 법은 방위산업기술을 체계적으로 보호하고 관련 기관을 지원함으로써 국가의 안전을 보장하고 방위산업기술의 보호와 관련된 국제조약 등의 의무를 이행하여 국가신뢰도를 제고하는 것을 목적으로 한다.

제2조(정의) 이 법에서 사용하는 용어의 정의는 다음과 같다.

1. "방위산업기술"이란 방위산업과 관련한 국방과학기술 중 국가안보 등을 위하여 보호되어야 하는 기술로서 방위사업청장이 제7조에 따라 지정하고 고시한 것을 말한다.

2. "대상기관"이란 방위산업기술을 보유하거나 방위산업기술과 관련된 연구개발사업을 수행하고 있는 기관으로서 다음 각 호의 어느 하나에 해당하는 기관을 말한다.

   가. 「국방과학연구소법」에 따른 국방과학연구소

   나. 「방위사업법」에 따른 방위사업청 · 각군 · 국방기술품질원 · 방위산업체 및 전문연구기관

   다. 그 밖에 기업 · 연구기관 · 전문기관 및 대학 등

3. "방위산업기술 보호체계"란 대상기관이 방위산업기술을 보호하기 위하여 대통령령으로 정하는 다음 각 목의 체계를 말한다.

   가. 보호대상 기술의 식별 및 관리 체계: 대상기관이 체계적으로 보호대상 기술을 식별하고 관리하는 체계

   나. 인원통제 및 시설보호 체계: 허가받지 않은 사람의 출입 · 접근 · 열람 등을 통제하고, 방위산업기술과 관련된 시설을 탐지 및 침해 등으로부터 보호하기 위한 체계

   다. 정보보호체계: 방위산업기술과 관련된 정보를 안전하게 보호하고, 이에 대한 불법적인 접근을 탐지 및 차단하기 위한 체계

제3조(다른 법률과의 관계) 방위산업기술의 보호에 관하여 다른 법률에 특별한 규정이 있는 경우를 제외하고는 이 법에서 정하는 바에 따른다.

제4조(종합계획의 수립 · 시행) ① 방위사업청장은 방위산업기술의 보호에 관한 종합계획(이하 "종합계획"이라 한다)을 5년마다 수립 · 시행하여야 한다.

② 방위사업청장은 종합계획을 수립할 때에는 제6조에 따른 방위산업기술보호위원회의 심의를 거쳐야 한다.

③ 종합계획에는 다음 각 호의 사항이 포함되어야 한다.

1. 방위산업기술의 보호에 관한 기본목표와 추진방향
2. 방위산업기술의 보호에 관한 단계별 목표와 추진방안
3. 방위산업기술의 보호기반 구축에 관한 사항
4. 방위산업기술의 보호를 위한 기술의 연구개발 및 지원에 관한 사항
5. 방위산업기술의 보호에 관한 정보의 수집 · 분석 · 가공 및 보급에 관한 사항
6. 방위산업기술의 보호를 위한 국제협력에 관한 사항
7. 대상기관의 방위산업기술 보호체계 구축 · 운영 시 지원에 관한 사항
8. 그 밖에 방위산업기술 보호를 위하여 필요한 사항

④ 종합계획의 수립 · 시행에 필요한 사항은 대통령령으로 정한다.

제5조(시행계획의 수립 · 시행) ① 방위사업청장은 종합계획에 따라 매년 방위산업기술의 보호에 관한 시행계

획(이하 "시행계획"이라 한다)을 수립·시행하여야 한다.

② 시행계획의 수립·시행에 필요한 사항은 대통령령으로 정한다.

제6조(방위산업기술보호위원회) ① 방위산업기술의 보호에 관한 다음 각 호의 사항을 심의하기 위하여 국방부장관 소속으로 방위산업기술보호위원회(이하 "위원회"라 한다)를 둔다.

1. 종합계획 및 시행계획의 수립·시행에 관한 사항

2. 방위산업기술의 보호에 관한 주요 정책 및 계획에 관한 사항

3. 제7조에 따른 방위산업기술의 지정·변경 및 해제에 관한 사항

4. 그 밖에 방위산업기술의 보호를 위하여 필요한 것으로서 대통령령으로 정하는 사항

② 위원회는 위원장 1명을 포함한 25명 이내의 위원으로 구성한다. 이 경우 위원 중에는 제3항제5호에 해당하는 사람이 5명 이상 포함되어야 한다.

③ 위원장은 국방부장관이 되고, 부위원장은 방위사업청장이 되며, 위원은 다음 각 호의 사람이 된다. 〈개정 2017. 3. 21., 2017. 7. 26.〉

1. 국방부·방위사업청·합동참모본부 및 각군의 실·국장급 공무원 또는 장성급(將星級) 장교 중에서 대통령령으로 정하는 사람

2. 법무부·과학기술정보통신부·외교부 및 산업통상자원부의 실·국장급 공무원으로서 소속기관의 장이 추천하는 사람 중에서 국방부장관이 위촉하는 사람

3. 「국방과학연구소법」에 따른 국방과학연구소의 장 및 「방위사업법」에 따른 국방기술품질원의 장

4. 방위산업기술의 보호 관련 업무를 수행하는 대통령령으로 정하는 정보수사기관(이하 "정보수사기관"이라 한다)의 실·국장급 공무원 또는 장성급 장교로서 소속기관의 장이 추천하는 사람 중에서 국방부장관이 위촉하는 사람

5. 방위산업기술의 보호에 관한 전문지식 및 경험이 풍부한 사람으로서 국방부장관이 위촉하는 사람

④ 방위산업기술의 보호에 관한 다음 각 호의 사항을 지원하기 위하여 위원회에 실무위원회를 둔다.

1. 위원회의 심의사항에 대한 사전검토

2. 그 밖에 방위산업기술 보호를 위하여 필요한 실무적 사항으로서 대통령령으로 정하는 사항

⑤ 그 밖에 위원회 및 실무위원회의 구성·운영 및 위원의 임기 등에 관하여 필요한 사항은 대통령령으로 정한다.

제7조(방위산업기술의 지정·변경 및 해제 등) ① 방위사업청장은 위원회의 심의를 거쳐 방위산업기술을 지정한다.

② 방위사업청장은 제1항에 따라 지정될 방위산업기술을 선정함에 있어서 해당 기술이 국가안보에 미치는 효과 및 해당 분야의 연구동향 등을 종합적으로 고려하여 필요한 최소한의 범위에서 선정하여야 한다.

③ 방위사업청장은 위원회의 심의를 거쳐 지정된 방위산업기술의 변경이나 지정 해제를 할 수 있다.

④ 방위사업청장은 제1항에 따라 방위산업기술을 지정하거나 제3항에 따라 지정된 방위산업기술을 변경 또는 지정 해제한 때에는 이를 고시하여야 한다.

⑤ 위원회는 제1항 및 제3항에 따라 방위산업기술의 지정 및 변경에 대한 심의를 함에 있어서 대상기관 등 이해관계인의 요청이 있는 경우에는 대통령령으로 정하는 바에 따라 의견을 진술할 기회를 주어야 한다.

⑥ 대상기관은 해당 기관이 보유하고 있는 기술이 방위산업기술에 해당하는지에 대한 판정을 대통령령으로 정하는 바에 따라 방위사업청장에게 신청할 수 있다.

⑦ 제1항 및 제3항에 따른 방위산업기술의 지정·변경 및 해제의 기준·절차, 그 밖에 필요한 사항은 대통령령으로 정한다.

제8조(연구개발사업 수행 시 방위산업기술의 보호) ① 대상기관의 장은 방위산업기술과 관련된 연구개발사업을 수행하는 과정에서 개발성과물이 외부로 유출되지 아니하도록 연구개발 단계별로 방위산업기술의 보호에 필요한 대책을 수립·시행하여야 한다.

② 제1항에 따른 대책의 수립·시행에 필요한 사항은 대통령령으로 정한다.

제9조(방위산업기술의 수출 및 국내이전 시 보호) ① 대상기관의 장은 방위산업기술의 수출(제3국간의 중개를 포함한다. 이하 같다) 및 국내이전 시 제10조에 따른 유출 및 침해가 발생하지 않도록 방위산업기술의 보호에 필요한 대책을 수립하여야 한다.

② 방위산업기술의 수출 시 절차 및 규제에 관하여는 「방위사업법」 제57조 및 「대외무역법」 제19조를 따르고, 국내이전에 관하여는 「방위사업법」 제31조제3항을 따른다.

③ 방위사업청장은 제1항 및 제2항에 따른 수출 및 국내이전 과정에서 방위산업기술 보호를 위하여 대통령령으로 정하는 바에 따라 필요한 조치를 취할 수 있다.

제9조(방위산업기술의 수출 및 국내이전 시 보호) ① 대상기관의 장은 방위산업기술의 수출(제3국간의 중개를 포함한다. 이하 같다) 및 국내이전 시 제10조에 따른 유출 및 침해가 발생하지 않도록 방위산업기술의 보호에 필요한 대책을 수립하여야 한다.

② 방위산업기술의 수출 시 절차 및 규제에 관하여는 「방위사업법」 제57조 및 「대외무역법」 제19조를 따르고, 국내이전에 관하여는 「국방과학기술혁신 촉진법」 제13조제3항을 따른다. 〈개정 2020. 3. 31.〉

③ 방위사업청장은 제1항 및 제2항에 따른 수출 및 국내이전 과정에서 방위산업기술 보호를 위하여 대통령령으로 정하는 바에 따라 필요한 조치를 취할 수 있다.

[시행일 : 2021. 4. 1.] 제9조

제10조(방위산업기술의 유출 및 침해 금지) 누구든지 다음 각 호의 어느 하나에 해당하는 행위를 하여서는 아니된다.

1. 부정한 방법으로 대상기관의 방위산업기술을 취득, 사용 또는 공개(비밀을 유지하면서 특정인에게 알리는 것을 포함한다. 이하 같다)하는 행위

2. 제1호에 해당하는 행위가 개입된 사실을 알고 방위산업기술을 취득·사용 또는 공개하는 행위

3. 제1호에 해당하는 행위가 개입된 사실을 중대한 과실로 알지 못하고 방위산업기술을 취득·사용 또는 공개하는 행위

제11조(방위산업기술의 유출 및 침해 신고 등) ① 대상기관의 장은 제10조 각 호의 어느 하나에 해당하는 행위가 발생할 우려가 있거나 발생한 때에는 즉시 방위사업청장 또는 정보수사기관의 장에게 그 사실을 신고하여야 하고, 방위산업기술의 유출 및 침해를 방지하기 위하여 필요한 조치를 요청할 수 있다.

② 방위사업청장 또는 정보수사기관의 장은 제1항에 따른 요청을 받은 경우 또는 제10조에 따른 금지행위를 인지한 경우에는 방위산업기술의 유출 및 침해를 방지하기 위하여 필요한 조치를 하여야 한다.

제11조(방위산업기술의 유출 및 침해 신고 등) ① 대상기관의 장은 제10조 각 호의 어느 하나에 해당하는 행위가 발생할 우려가 있거나 발생한 때에는 즉시 방위사업청장 또는 정보수사기관의 장에게 그 사실을 신고하여야 하고, 방위산업기술의 유출 및 침해를 방지하기 위하여 필요한 조사 및 조치를 요청할 수 있다. 〈개정 2020. 12. 22.〉

② 방위사업청장 또는 정보수사기관의 장은 제1항에 따른 요청을 받은 경우 또는 제10조에 따른 금지행위를 인지한 경우에는 방위산업기술의 유출 및 침해를 방지하기 위하여 필요한 조사 및 조치를 하여야 한다. 다만, 「국군조직법」 제2조제3항에 따라 설치된 정보수사기관의 장은 유출 및 침해된 방위산업기술이 「군사

기밀 보호법」에 따른 군사기밀에 해당하는 경우에 한정하여 조사 및 조치를 할 수 있다. 〈개정 2020. 12. 22.〉

[시행일 : 2021. 6. 23.] 제11조

제11조의2(조사) ① 방위사업청장 또는 정보수사기관의 장은 방위산업기술 유출 및 침해의 확인에 필요한 정보나 자료를 수집하기 위하여 조사대상자(조사의 대상이 되는 법인·단체 또는 그 기관이나 개인을 말한다. 이하 이 조에서 같다)에게 출석요구, 진술요구, 보고요구 및 자료제출요구를 할 수 있고, 현장조사·문서열람을 할 수 있다.

② 제1항에 따라 출석·진술을 요구하는 때에는 다음 각 호의 사항이 기재된 출석요구서를 발송하여야 한다. 이 경우 출석한 조사대상자가 제1항에 따른 출석요구서에 기재된 내용을 이행하지 아니하여 조사의 목적을 달성할 수 없는 경우를 제외하고는 조사원(조사업무를 수행하는 방위사업청 또는 정보수사기관의 공무원·직원을 말한다. 이하 이 조에서 같다)은 조사대상자의 1회 출석으로 해당 조사를 종결하여야 한다.

1. 일시와 장소
2. 출석요구의 취지
3. 출석하여 진술하여야 하는 내용
4. 제출자료
5. 출석거부에 대한 제재(근거 법령 및 조항을 포함한다)
6. 그 밖에 해당 조사와 관련하여 필요한 사항

③ 제1항에 따라 조사사항에 대하여 보고를 요구하는 때에는 다음 각 호의 사항이 포함된 보고요구서를 발송하여야 한다.

1. 일시와 장소
2. 조사의 목적과 범위
3. 보고하여야 하는 내용
4. 보고거부에 대한 제재(근거 법령 및 조항을 포함한다)
5. 그 밖에 해당 조사와 관련하여 필요한 사항

④ 조사대상자에게 제1항에 따라 장부·서류나 그 밖의 자료를 제출하도록 요구하는 때에는 다음 각 호의 사항이 기재된 자료제출요구서를 발송하여야 한다.

1. 제출기간
2. 제출요청사유
3. 제출서류
4. 제출서류의 반환 여부
5. 제출거부에 대한 제재(근거 법령 및 조항을 포함한다)
6. 그 밖에 해당 조사와 관련하여 필요한 사항

⑤ 제1항에 따른 현장조사를 실시하는 경우에는 다음 각 호의 사항이 기재된 현장출입조사서 또는 법령 등에서 현장조사 시 제시하도록 규정하고 있는 문서를 조사대상자에게 발송하여야 한다.

1. 조사목적
2. 조사기간과 장소
3. 조사원의 성명과 직위
4. 조사범위와 내용
5. 제출자료

6. 조사거부에 대한 제재(근거 법령 및 조항을 포함한다)

7. 그 밖에 해당 조사와 관련하여 필요한 사항

⑥ 제5항에 따라 현장조사를 하는 조사원은 그 권한을 표시하는 증표를 관계인에게 제시하여야 한다.

⑦ 제1항에 따라 조사를 실시한 방위사업청장 또는 정보수사기관의 장은 동일한 사안에 대하여 동일한 조사대상자를 재조사하여서는 아니 된다. 다만, 위법행위가 의심되는 새로운 증거를 확보한 경우에는 그러하지 아니하다.

⑧ 방위사업청장 또는 정보수사기관의 장은 제9항에 따른 사전통지를 하기 전에 개별조사계획(조사의 목적·종류·대상·방법 및 기간, 조사거부 시 제재의 내용 및 근거를 포함한다)을 수립하여야 한다. 다만, 조사의 시급성으로 개별조사계획을 수립할 수 없는 경우에는 조사에 대한 결과보고서로 개별조사계획을 갈음할 수 있다.

⑨ 조사를 실시하고자 하는 방위사업청장 또는 정보수사기관의 장은 제2항에 따른 출석요구서, 제3항에 따른 보고요구서, 제4항에 따른 자료제출요구서 및 제5항에 따른 현장출입조사서 또는 법령 등에서 현장조사 시 제시하도록 규정하고 있는 문서(이하 "출석요구서등"이라 한다)를 조사 개시 7일 전까지 조사대상자에게 서면으로 통지하여야 한다. 다만, 다음 각 호의 어느 하나에 해당하는 경우에는 조사의 개시와 동시에 출석요구서등을 조사대상자에게 제시하거나 조사의 목적 등을 조사대상자에게 구두로 통지할 수 있다.

1. 조사를 실시하기 전에 관련 사항을 미리 통지하는 때에는 증거인멸 등으로 조사의 목적을 달성할 수 없다고 판단되는 경우

2. 조사대상자의 자발적인 협조를 얻어 실시하는 조사의 경우

⑩ 출석요구서등을 통지받은 사람이 천재지변 등으로 조사를 받을 수 없는 때에는 해당 조사를 연기하여 줄 것을 요청할 수 있다.

⑪ 조사대상자는 제9항에 따른 사전통지의 내용에 대하여 방위사업청장 또는 정보수사기관의 장에게 의견을 제출할 수 있으며 조사대상자가 제출한 의견이 상당한 이유가 있다고 인정하는 경우에는 방위사업청장 또는 정보수사기관의 장은 이를 조사에 반영하여야 한다.

⑫ 방위사업청장 또는 정보수사기관의 장은 법령 등에 특별한 규정이 있는 경우를 제외하고는 조사의 결과를 확정한 날부터 7일 이내에 그 결과를 조사대상자에게 통지하여야 한다.

⑬ 그 밖에 조사에 필요한 절차·운영에 관한 사항은 대통령령으로 정한다.

[본조신설 2020. 12. 22.]

[시행일 : 2021. 6. 23.] 제11조의2

제12조(방위산업기술 보호를 위한 실태조사) ① 방위사업청장은 방위산업기술 보호를 위하여 필요한 경우 대상기관의 방위산업기술 보호체계의 구축·운영에 대한 실태조사를 실시할 수 있다.

② 실태조사의 대상·범위 및 방법 등에 관하여 필요한 사항은 대통령령으로 정한다.

제13조(방위산업기술 보호체계의 구축·운영 등) ① 대상기관의 장은 방위산업기술의 보호를 위하여 방위산업기술 보호체계를 구축·운영하여야 한다.

② 방위사업청장은 제12조에 따른 실태조사의 결과 또는 정보수사기관의 의견 등을 고려하여 방위산업기술 보호체계의 구축·운영이 부실하다고 판단되는 경우 대상기관의 장에게 개선을 권고할 수 있다.

③ 방위사업청장은 제2항에 따른 개선권고를 이행하지 않거나 불성실하게 이행한다고 판단되는 경우 대상기관의 장에게 시정을 명할 수 있다.

④ 누구든지 정당한 사유 없이 제1항 및 제3항에 따른 방위산업기술 보호체계의 운영과 관련한 각종 조치를 기피·거부하거나 방해하여서는 아니 된다.

⑤ 제1항부터 제3항까지에 따른 방위산업기술 보호체계의 구축·운영, 개선권고, 시정명령의 절차 및 방법 등에 관하여 필요한 사항은 대통령령으로 정한다.

제14조(방위산업기술 보호를 위한 지원) ① 정부는 대상기관이 방위산업기술 보호체계를 구축·운영하거나 개선권고 또는 시정명령을 이행함에 있어서 방위산업기술 보호를 위하여 필요하다고 인정되는 경우 다음 각 호의 사항을 지원할 수 있다.

1. 방위산업기술 보호체계 구축·운영에 필요한 자문 및 비용지원
2. 방위산업기술보호 전문인력 양성지원
3. 방위산업기술 보호를 위한 기술 및 기술개발의 지원
4. 그 밖에 방위산업기술의 보호를 위하여 필요한 사항

② 제1항에 따른 지원의 방법·범위 및 절차 등에 관하여 필요한 사항은 대통령령으로 정한다.

제15조(국제협력) 정부는 방위산업기술의 보호에 관한 국제협력을 촉진하기 위하여 수출입 대상국가와 협력체계 구축, 전문인력 교류 등 필요한 사업을 추진할 수 있다.

제16조(방위산업기술 보호에 관한 교육) ① 방위사업청장은 방위산업기술을 보호하기 위하여 대상기관의 임직원을 대상으로 교육을 실시할 수 있다.

② 대상기관의 장은 방위산업기술의 보호를 위하여 소속 임직원에 대하여 정기적으로 교육을 실시하여야 한다.

③ 제1항 및 제2항에 따른 교육의 내용·방법·기간 및 주기 등에 관하여 필요한 사항은 대통령령으로 정한다.

제17조(포상 및 신고자 보호 등) ① 정부는 방위산업기술 보호에 기여한 공이 큰 자에 대하여 예산의 범위에서 포상 및 포상금을 지급할 수 있다.

② 제1항에 따른 포상·포상금 지급 등의 기준·방법 및 절차에 관하여 필요한 사항은 대통령령으로 정한다.

③ 방위산업기술 유출 및 침해행위에 대한 신고, 보상 및 신고자 보호에 관해서는 「공익신고자 보호법」을 따른다.

제18조(자료요구) 방위사업청장은 다음 각 호의 사항에 대하여 관계 행정기관 및 대상기관의 장에게 자료의 제출을 요구할 수 있고, 이 경우 제출을 요구받은 자는 특별한 사유가 없으면 이에 따라야 한다.

1. 제4조제3항제3호 및 제4호에 따른 보호기반 구축과 보호기술의 연구개발에 관한 사항
2. 제7조에 따른 방위산업기술의 지정·변경·해제
3. 제9조제1항에 따른 수출 및 국내이전 시 보호대책 수립 및 시행 여부 확인
4. 제12조제1항에 따른 실태조사

제19조(비밀 유지의 의무 등) 다음 각 호의 어느 하나에 해당하거나 해당하였던 사람은 그 직무상 알게 된 비밀을 누설하거나 도용해서는 아니 된다.

1. 대상기관의 임직원(교수·연구원 및 학생 등 관계자를 포함한다)
2. 제6조에 따라 방위산업기술 보호에 관한 심의 업무를 수행하는 사람
3. 제9조제1항에 따라 방위산업기술의 수출 및 국내이전 등 관련 업무를 수행하는 사람
4. 제11조에 따라 유출 및 침해행위의 신고접수 및 방지 등의 업무를 수행하는 사람
5. 제12조에 따라 방위산업기술 보호체계의 구축·운영에 대한 실태조사 업무를 수행하는 사람

제20조(벌칙 적용에서 공무원 의제) 다음 각 호의 업무를 행하는 사람은 「형법」 제129조부터 제132조까지를

적용할 때에는 공무원으로 본다.

1. 제7조에 따라 방위산업기술의 지정·변경 및 해제 업무를 수행하는 위원회의 위원 중 공무원이 아닌 사람
2. 제12조에 따른 실태조사 등 관련 업무를 수행하는 사람

제21조(벌칙) ① 방위산업기술을 외국에서 사용하거나 사용되게 할 목적으로 제10조제1호 및 제2호에 해당하는 행위를 한 사람은 20년 이하의 징역 또는 20억원 이하의 벌금에 처한다. 〈개정 2017. 11. 28.〉

② 제10조제1호 및 제2호에 해당하는 행위를 한 사람은 10년 이하의 징역 또는 10억원 이하의 벌금에 처한다. 〈개정 2017. 11. 28.〉

③ 제10조제3호에 해당하는 행위를 한 사람은 5년 이하의 징역 또는 5억원 이하의 벌금에 처한다. 〈개정 2017. 11. 28.〉

④ 제19조를 위반하여 비밀을 누설·도용한 사람은 7년 이하의 징역이나 10년 이하의 자격정지 또는 7천만원 이하의 벌금에 처한다.

⑤ 제1항부터 제3항까지의 죄를 범한 사람이 그 범죄행위로 인하여 얻은 재산은 몰수한다. 다만, 그 재산의 전부 또는 일부를 몰수할 수 없는 때에는 그 가액을 추징한다.

⑥ 제1항 및 제2항의 미수범은 처벌한다.

⑦ 제1항부터 제3항까지의 징역형과 벌금형은 병과할 수 있다.

제22조(예비·음모) ① 제21조제1항의 죄를 범할 목적으로 예비 또는 음모한 사람은 5년 이하의 징역 또는 5천만원 이하의 벌금에 처한다.

② 제21조제2항의 죄를 범할 목적으로 예비 또는 음모한 사람은 3년 이하의 징역 또는 3천만원 이하의 벌금에 처한다.

제23조(양벌규정) 법인의 대표자나 법인 또는 개인의 대리인, 사용인, 그 밖의 종업원이 그 법인 또는 개인의 업무에 관하여 제21조제1항부터 제3항까지의 어느 하나에 해당하는 위반행위를 하면 그 행위자를 벌하는 외에 그 법인 또는 개인에게도 해당 조문의 벌금형을 과한다. 다만, 법인 또는 개인이 그 위반행위를 방지하기 위하여 해당 업무에 관하여 상당한 주의와 감독을 게을리하지 아니한 경우에는 그러하지 아니하다.

제24조(과태료) ① 다음 각 호의 어느 하나에 해당하는 사람에게는 3천만원 이하의 과태료를 부과한다.

1. 제11조제1항에 따른 방위산업기술 유출 및 침해 신고를 하지 아니한 사람
2. 제13조제3항에 따른 시정명령을 이행하지 아니한 사람
3. 제13조제4항에 따른 방위산업기술 보호체계의 운영과 관련한 각종 조치를 기피·거부 또는 방해한 사람
4. 제18조에 따른 관련 자료를 제출하지 아니하거나 허위로 제출한 대상기관(행정기관은 제외한다)의 장

② 제1항에 따른 과태료의 부과·징수, 재판 및 집행 등의 절차에 관한 사항은「질서위반행위규제법」을 따른다.

　　부칙 〈제15052호, 2017. 11. 28.〉

이 법은 공포한 날부터 시행한다.

제1조(목적) 이 법은 테러의 예방 및 대응 활동 등에 관하여 필요한 사항과 테러로 인한 피해보전 등을 규정함으로써 테러로부터 국민의 생명과 재산을 보호하고 국가 및 공공의 안전을 확보하는 것을 목적으로 한다.

제2조(정의) 이 법에서 사용하는 용어의 뜻은 다음과 같다. 〈개정 2020. 6. 9.〉

1. "테러"란 국가 · 지방자치단체 또는 외국 정부(외국 지방자치단체와 조약 또는 그 밖의 국제적인 협약에 따라 설립된 국제기구를 포함한다)의 권한행사를 방해하거나 의무 없는 일을 하게 할 목적 또는 공중을 협박할 목적으로 하는 다음 각 목의 행위를 말한다.

   가. 사람을 살해하거나 사람의 신체를 상해하여 생명에 대한 위험을 발생하게 하는 행위 또는 사람을 체포 · 감금 · 약취 · 유인하거나 인질로 삼는 행위

   나. 항공기(「항공법」 제2조제1호의 항공기를 말한다. 이하 이 목에서 같다)와 관련된 다음 각각의 어느 하나에 해당하는 행위

      1) 운항중(「항공보안법」 제2조제1호의 운항중을 말한다. 이하 이 목에서 같다)인 항공기를 추락시키거나 전복 · 파괴하는 행위, 그 밖에 운항중인 항공기의 안전을 해칠 만한 손괴를 가하는 행위

      2) 폭행이나 협박, 그 밖의 방법으로 운항중인 항공기를 강탈하거나 항공기의 운항을 강제하는 행위

      3) 항공기의 운항과 관련된 항공시설을 손괴하거나 조작을 방해하여 항공기의 안전운항에 위해를 가하는 행위

   다. 선박(「선박 및 해상구조물에 대한 위해행위의 처벌 등에 관한 법률」 제2조제1호 본문의 선박을 말한다. 이하 이 목에서 같다) 또는 해상구조물(같은 법 제2조제5호의 해상구조물을 말한다. 이하 이 목에서 같다)과 관련된 다음 각각의 어느 하나에 해당하는 행위

      1) 운항(같은 법 제2조제2호의 운항을 말한다. 이하 이 목에서 같다) 중인 선박 또는 해상구조물을 파괴하거나, 그 안전을 위태롭게 할 만한 정도의 손상을 가하는 행위(운항 중인 선박이나 해상구조물에 실려 있는 화물에 손상을 가하는 행위를 포함한다)

      2) 폭행이나 협박, 그 밖의 방법으로 운항 중인 선박 또는 해상구조물을 강탈하거나 선박의 운항을 강제하는 행위

      3) 운항 중인 선박의 안전을 위태롭게 하기 위하여 그 선박 운항과 관련된 기기 · 시설을 파괴하거나 중대한 손상을 가하거나 기능장애 상태를 일으키는 행위

   라. 사망 · 중상해 또는 중대한 물적 손상을 유발하도록 제작되거나 그러한 위력을 가진 생화학 · 폭발성 · 소이성(燒夷性) 무기나 장치를 다음 각각의 어느 하나에 해당하는 차량 또는 시설에 배치하거나 폭발시키거나 그 밖의 방법으로 이를 사용하는 행위

      1) 기차 · 전차 · 자동차 등 사람 또는 물건의 운송에 이용되는 차량으로서 공중이 이용하는 차량

      2) 1)에 해당하는 차량의 운행을 위하여 이용되는 시설 또는 도로, 공원, 역, 그 밖에 공중이 이용하는 시설

      3) 전기나 가스를 공급하기 위한 시설, 공중이 먹는 물을 공급하는 수도, 전기통신을 이용하기 위한 시설 및 그 밖의 시설로서 공용으로 제공되거나 공중이 이용하는 시설

      4) 석유, 가연성 가스, 석탄, 그 밖의 연료 등의 원료가 되는 물질을 제조 또는 정제하거나 연료로 만들기 위하여 처리 · 수송 또는 저장하는 시설

      5) 공중이 출입할 수 있는 건조물 · 항공기 · 선박으로서 1)부터 4)까지에 해당하는 것을 제외한 시설

   마. 핵물질(「원자력시설 등의 방호 및 방사능 방재 대책법」 제2조제1호의 핵물질을 말한다. 이하 이 목에

서 같다), 방사성물질(「원자력안전법」 제2조제5호의 방사성물질을 말한다. 이하 이 목에서 같다) 또는 원자력시설(「원자력시설 등의 방호 및 방사능 방재 대책법」 제2조제2호의 원자력시설을 말한다. 이하 이 목에서 같다)과 관련된 다음 각각의 어느 하나에 해당하는 행위

    1) 원자로를 파괴하여 사람의 생명·신체 또는 재산을 해하거나 그 밖에 공공의 안전을 위태롭게 하는 행위

    2) 방사성물질 등과 원자로 및 관계 시설, 핵연료주기시설 또는 방사선발생장치를 부당하게 조작하여 사람의 생명이나 신체에 위험을 가하는 행위

    3) 핵물질을 수수(授受)·소지·소유·보관·사용·운반·개조·처분 또는 분산하는 행위

    4) 핵물질이나 원자력시설을 파괴·손상 또는 그 원인을 제공하거나 원자력시설의 정상적인 운전을 방해하여 방사성물질을 배출하거나 방사선을 노출하는 행위

2. "테러단체"란 국제연합(UN)이 지정한 테러단체를 말한다.

3. "테러위험인물"이란 테러단체의 조직원이거나 테러단체 선전, 테러자금 모금·기부, 그 밖에 테러 예비·음모·선전·선동을 하였거나 하였다고 의심할 상당한 이유가 있는 사람을 말한다.

4. "외국인테러전투원"이란 테러를 실행·계획·준비하거나 테러에 참가할 목적으로 국적국이 아닌 국가의 테러단체에 가입하거나 가입하기 위하여 이동 또는 이동을 시도하는 내국인·외국인을 말한다.

5. "테러자금"이란 「공중 등 협박목적 및 대량살상무기확산을 위한 자금조달행위의 금지에 관한 법률」 제2조제1호에 따른 공중 등 협박목적을 위한 자금을 말한다.

6. "대테러활동"이란 제1호의 테러 관련 정보의 수집, 테러위험인물의 관리, 테러에 이용될 수 있는 위험물질 등 테러수단의 안전관리, 인원·시설·장비의 보호, 국제행사의 안전확보, 테러위협에의 대응 및 무력진압 등 테러 예방과 대응에 관한 제반 활동을 말한다.

7. "관계기관"이란 대테러활동을 수행하는 국가기관, 지방자치단체, 그 밖에 대통령령으로 정하는 기관을 말한다.

8. "대테러조사"란 대테러활동에 필요한 정보나 자료를 수집하기 위하여 현장조사·문서열람·시료채취 등을 하거나 조사대상자에게 자료제출 및 진술을 요구하는 활동을 말한다.

제3조(국가 및 지방자치단체의 책무) ① 국가 및 지방자치단체는 테러로부터 국민의 생명·신체 및 재산을 보호하기 위하여 테러의 예방과 대응에 필요한 제도와 여건을 조성하고 대책을 수립하여 이를 시행하여야 한다.

② 국가 및 지방자치단체는 제1항의 대책을 강구할 때 국민의 기본적 인권이 침해당하지 아니하도록 최선의 노력을 하여야 한다. 〈개정 2020. 6. 9.〉

③ 이 법을 집행하는 공무원은 헌법상 기본권을 존중하여 이 법을 집행하여야 하며 헌법과 법률에서 정한 적법절차를 준수할 의무가 있다.

제4조(다른 법률과의 관계) 이 법은 대테러활동에 관하여 다른 법률에 우선하여 적용한다.

제5조(국가테러대책위원회) ① 대테러활동에 관한 정책의 중요사항을 심의·의결하기 위하여 국가테러대책위원회(이하 "대책위원회"라 한다)를 둔다.

② 대책위원회는 국무총리 및 관계기관의 장 중 대통령령으로 정하는 사람으로 구성하고 위원장은 국무총리로 한다.

③ 대책위원회는 다음 각 호의 사항을 심의·의결한다.

1. 대테러활동에 관한 국가의 정책 수립 및 평가

2. 국가 대테러 기본계획 등 중요 중장기 대책 추진사항

3. 관계기관의 대테러활동 역할 분담·조정이 필요한 사항

4. 그 밖에 위원장 또는 위원이 대책위원회에서 심의·의결할 필요가 있다고 제의하는 사항

④ 그 밖에 대책위원회의 구성·운영 등에 필요한 사항은 대통령령으로 정한다.

제6조(대테러센터) ① 대테러활동과 관련하여 다음 각 호의 사항을 수행하기 위하여 국무총리 소속으로 관계 기관 공무원으로 구성되는 대테러센터를 둔다.

1. 국가 대테러활동 관련 임무분담 및 협조사항 실무 조정

2. 장단기 국가대테러활동 지침 작성·배포

3. 테러경보 발령

4. 국가 중요행사 대테러안전대책 수립

5. 대책위원회의 회의 및 운영에 필요한 사무의 처리

6. 그 밖에 대책위원회에서 심의·의결한 사항

② 대테러센터의 조직·정원 및 운영에 관한 사항은 대통령령으로 정한다.

③ 대테러센터 소속 직원의 인적사항은 공개하지 아니할 수 있다.

제7조(대테러 인권보호관) ① 관계기관의 대테러활동으로 인한 국민의 기본권 침해 방지를 위하여 대책위원 회 소속으로 대테러 인권보호관(이하 "인권보호관"이라 한다) 1명을 둔다.

② 인권보호관의 자격, 임기 등 운영에 관한 사항은 대통령령으로 정한다.

제8조(전담조직의 설치) ① 관계기관의 장은 테러 예방 및 대응을 위하여 필요한 전담조직을 둘 수 있다.

② 관계기관의 전담조직의 구성 및 운영과 효율적 테러대응을 위하여 필요한 사항은 대통령령으로 정한다.

제9조(테러위험인물에 대한 정보 수집 등) ① 국가정보원장은 테러위험인물에 대하여 출입국·금융거래 및 통 신이용 등 관련 정보를 수집할 수 있다. 이 경우 출입국·금융거래 및 통신이용 등 관련 정보의 수집은 「출 입국관리법」, 「관세법」, 「특정 금융거래정보의 보고 및 이용 등에 관한 법률」, 「통신비밀보호법」의 절차에 따 른다. 〈개정 2020. 6. 9.〉

② 국가정보원장은 제1항에 따른 정보 수집 및 분석의 결과 테러에 이용되었거나 이용될 가능성이 있는 금 융거래에 대하여 지급정지 등의 조치를 취하도록 금융위원회 위원장에게 요청할 수 있다.

③ 국가정보원장은 테러위험인물에 대한 개인정보(「개인정보 보호법」상 민감정보를 포함한다)와 위치정보 를 「개인정보 보호법」 제2조의 개인정보처리자와 「위치정보의 보호 및 이용 등에 관한 법률」 제5조제7항에 따른 개인위치정보사업자 및 같은 법 제5조의2제3항에 따른 사물위치정보사업자에게 요구할 수 있다. 〈개 정 2018. 4. 17.〉

④ 국가정보원장은 대테러활동에 필요한 정보나 자료를 수집하기 위하여 대테러조사 및 테러위험인물에 대 한 추적을 할 수 있다. 이 경우 사전 또는 사후에 대책위원회 위원장에게 보고하여야 한다.

제10조(테러예방을 위한 안전관리대책의 수립) ① 관계기관의 장은 대통령령으로 정하는 국가중요시설과 많 은 사람이 이용하는 시설 및 장비(이하 "테러대상시설"이라 한다)에 대한 테러예방대책과 테러의 수단으로 이용될 수 있는 폭발물·총기류·화생방물질(이하 "테러이용수단"이라 한다), 국가 중요행사에 대한 안전 관리대책을 수립하여야 한다.

② 제1항에 따른 안전관리대책의 수립·시행에 필요한 사항은 대통령령으로 정한다.

제11조(테러취약요인 사전제거) ① 테러대상시설 및 테러이용수단의 소유자 또는 관리자는 보안장비를 설치 하는 등 테러취약요인 제거를 위하여 노력하여야 한다.

② 국가는 제1항의 테러대상시설 및 테러이용수단의 소유자 또는 관리자에게 필요한 경우 그 비용의 전부

또는 일부를 지원할 수 있다.

③ 제2항에 따른 비용의 지원 대상·기준·방법 및 절차 등에 필요한 사항은 대통령령으로 정한다.

제12조(테러선동·선전물 긴급 삭제 등 요청) ① 관계기관의 장은 테러를 선동·선전하는 글 또는 그림, 상징적 표현물, 테러에 이용될 수 있는 폭발물 등 위험물 제조법 등이 인터넷이나 방송·신문, 게시판 등을 통해 유포될 경우 해당 기관의 장에게 긴급 삭제 또는 중단, 감독 등의 협조를 요청할 수 있다.

② 제1항의 협조를 요청받은 해당 기관의 장은 필요한 조치를 취하고 그 결과를 관계기관의 장에게 통보하여야 한다.

제13조(외국인테러전투원에 대한 규제) ① 관계기관의 장은 외국인테러전투원으로 출국하려 한다고 의심할 만한 상당한 이유가 있는 내국인·외국인에 대하여 일시 출국금지를 법무부장관에게 요청할 수 있다.

② 제1항에 따른 일시 출국금지 기간은 90일로 한다. 다만, 출국금지를 계속할 필요가 있다고 판단할 상당한 이유가 있는 경우에 관계기관의 장은 그 사유를 명시하여 연장을 요청할 수 있다.

③ 관계기관의 장은 외국인테러전투원으로 가담한 사람에 대하여 「여권법」 제13조에 따른 여권의 효력정지 및 같은 법 제12조제3항에 따른 재발급 거부를 외교부장관에게 요청할 수 있다.

제14조(신고자 보호 및 포상금) ① 국가는 「특정범죄신고자 등 보호법」에 따라 테러에 관한 신고자, 범인검거를 위하여 제보하거나 검거활동을 한 사람 또는 그 친족 등을 보호하여야 한다.

② 관계기관의 장은 테러의 계획 또는 실행에 관한 사실을 관계기관에 신고하여 테러를 사전에 예방할 수 있게 하였거나, 테러에 가담 또는 지원한 사람을 신고하거나 체포한 사람에 대하여 대통령령으로 정하는 바에 따라 포상금을 지급할 수 있다.

제15조(테러피해의 지원) ① 테러로 인하여 신체 또는 재산의 피해를 입은 국민은 관계기관에 즉시 신고하여야 한다. 다만, 인질 등 부득이한 사유로 신고할 수 없을 때에는 법률관계 또는 계약관계에 의하여 보호의무가 있는 사람이 이를 알게 된 때에 즉시 신고하여야 한다.

② 국가 또는 지방자치단체는 제1항의 피해를 입은 사람에 대하여 대통령령으로 정하는 바에 따라 치료 및 복구에 필요한 비용의 전부 또는 일부를 지원할 수 있다. 다만, 「여권법」 제17조제1항 단서에 따른 외교부장관의 허가를 받지 아니하고 방문 및 체류가 금지된 국가 또는 지역을 방문·체류한 사람에 대해서는 그러하지 아니하다.

③ 제2항에 따른 비용의 지원 기준·절차·금액 및 방법 등에 관하여 필요한 사항은 대통령령으로 정한다.

제16조(특별위로금) ① 테러로 인하여 생명의 피해를 입은 사람의 유족 또는 신체상의 장애 및 장기치료가 필요한 피해를 입은 사람에 대해서는 그 피해의 정도에 따라 등급을 정하여 특별위로금을 지급할 수 있다. 다만, 「여권법」 제17조제1항 단서에 따른 외교부장관의 허가를 받지 아니하고 방문 및 체류가 금지된 국가 또는 지역을 방문·체류한 사람에 대해서는 그러하지 아니하다. 〈개정 2020. 6. 9.〉

② 제1항에 따른 특별위로금의 지급 기준·절차·금액 및 방법 등에 관하여 필요한 사항은 대통령령으로 정한다.

제17조(테러단체 구성죄 등) ① 테러단체를 구성하거나 구성원으로 가입한 사람은 다음 각 호의 구분에 따라 처벌한다.

1. 수괴(首魁)는 사형·무기 또는 10년 이상의 징역

2. 테러를 기획 또는 지휘하는 등 중요한 역할을 맡은 사람은 무기 또는 7년 이상의 징역

3. 타국의 외국인테러전투원으로 가입한 사람은 5년 이상의 징역

4. 그 밖의 사람은 3년 이상의 징역

② 테러자금임을 알면서도 자금을 조달·알선·보관하거나 그 취득 및 발생원인에 관한 사실을 가장하는 등 테러단체를 지원한 사람은 10년 이하의 징역 또는 1억원 이하의 벌금에 처한다.

③ 테러단체 가입을 지원하거나 타인에게 가입을 권유 또는 선동한 사람은 5년 이하의 징역에 처한다.

④ 제1항 및 제2항의 미수범은 처벌한다.

⑤ 제1항 및 제2항에서 정한 죄를 저지를 목적으로 예비 또는 음모한 사람은 3년 이하의 징역에 처한다. 〈개정 2020. 6. 9.〉

⑥ 「형법」 등 국내법에 죄로 규정된 행위가 제2조의 테러에 해당하는 경우 해당 법률에서 정한 형에 따라 처벌한다.

제18조(무고, 날조) ① 타인으로 하여금 형사처분을 받게 할 목적으로 제17조의 죄에 대하여 무고 또는 위증을 하거나 증거를 날조·인멸·은닉한 사람은 「형법」 제152조부터 제157조까지에서 정한 형에 2분의 1을 가중하여 처벌한다.

② 범죄수사 또는 정보의 직무에 종사하는 공무원이나 이를 보조하는 사람 또는 이를 지휘하는 사람이 직권을 남용하여 제1항의 행위를 한 때에도 제1항의 형과 같다. 다만, 그 법정형의 최저가 2년 미만일 때에는 이를 2년으로 한다.

제19조(세계주의) 제17조의 죄는 대한민국 영역 밖에서 저지른 외국인에게도 국내법을 적용한다. 〈개정 2020. 6. 9.〉

부칙 〈제17466호, 2020. 6. 9.〉 **(법률용어 정비를 위한 정보위원회 소관 2개 법률 일부개정을 위한 법률)**
이 법은 공포한 날부터 시행한다.

제1조(목적) 이 법은 통신 및 대화의 비밀과 자유에 대한 제한은 그 대상을 한정하고 엄격한 법적 절차를 거치도록 함으로써 통신비밀을 보호하고 통신의 자유를 신장함을 목적으로 한다.

제2조(정의) 이 법에서 사용하는 용어의 정의는 다음과 같다. 〈개정 2001. 12. 29., 2004. 1. 29., 2005. 1. 27.〉

1. "통신"이라 함은 우편물 및 전기통신을 말한다.

2. "우편물"이라 함은 우편법에 의한 통상우편물과 소포우편물을 말한다.

3. "전기통신"이라 함은 전화 · 전자우편 · 회원제정보서비스 · 모사전송 · 무선호출 등과 같이 유선 · 무선 · 광선 및 기타의 전자적 방식에 의하여 모든 종류의 음향 · 문언 · 부호 또는 영상을 송신하거나 수신하는 것을 말한다.

4. "당사자"라 함은 우편물의 발송인과 수취인, 전기통신의 송신인과 수신인을 말한다.

5. "내국인"이라 함은 대한민국의 통치권이 사실상 행사되고 있는 지역에 주소 또는 거소를 두고 있는 대한민국 국민을 말한다.

6. "검열"이라 함은 우편물에 대하여 당사자의 동의없이 이를 개봉하거나 기타의 방법으로 그 내용을 지득 또는 채록하거나 유치하는 것을 말한다.

7. "감청"이라 함은 전기통신에 대하여 당사자의 동의없이 전자장치 · 기계장치등을 사용하여 통신의 음향 · 문언 · 부호 · 영상을 청취 · 공독하여 그 내용을 지득 또는 채록하거나 전기통신의 송 · 수신을 방해하는 것을 말한다.

8. "감청설비"라 함은 대화 또는 전기통신의 감청에 사용될 수 있는 전자장치 · 기계장치 기타 설비를 말한다. 다만, 전기통신 기기 · 기구 또는 그 부품으로서 일반적으로 사용되는 것 및 청각교정을 위한 보청기 또는 이와 유사한 용도로 일반적으로 사용되는 것중에서, 대통령령이 정하는 것은 제외한다.

8의2. "불법감청설비탐지"라 함은 이 법의 규정에 의하지 아니하고 행하는 감청 또는 대화의 청취에 사용되는 설비를 탐지하는 것을 말한다.

9. "전자우편"이라 함은 컴퓨터 통신망을 통해서 메시지를 전송하는 것 또는 전송된 메시지를 말한다.

10. "회원제정보서비스"라 함은 특정의 회원이나 계약자에게 제공하는 정보서비스 또는 그와 같은 네트워크의 방식을 말한다.

11. "통신사실확인자료"라 함은 다음 각목의 어느 하나에 해당하는 전기통신사실에 관한 자료를 말한다.

　　가. 가입자의 전기통신일시

　　나. 전기통신개시 · 종료시간

　　다. 발 · 착신 통신번호 등 상대방의 가입자번호

　　라. 사용도수

　　마. 컴퓨터통신 또는 인터넷의 사용자가 전기통신역무를 이용한 사실에 관한 컴퓨터통신 또는 인터넷의 로그기록자료

　　바. 정보통신망에 접속된 정보통신기기의 위치를 확인할 수 있는 발신기지국의 위치추적자료

　　사. 컴퓨터통신 또는 인터넷의 사용자가 정보통신망에 접속하기 위하여 사용하는 정보통신기기의 위치를 확인할 수 있는 접속지의 추적자료

12. "단말기기 고유번호"라 함은 이동통신사업자와 이용계약이 체결된 개인의 이동전화 단말기기에 부여된 전자적 고유번호를 말한다.

제3조(통신 및 대화비밀의 보호) ① 누구든지 이 법과 형사소송법 또는 군사법원법의 규정에 의하지 아니하고 는 우편물의 검열·전기통신의 감청 또는 통신사실확인자료의 제공을 하거나 공개되지 아니한 타인간의 대화를 녹음 또는 청취하지 못한다. 다만, 다음 각호의 경우에는 당해 법률이 정하는 바에 의한다. 〈개정 2000. 12. 29., 2001. 12. 29., 2004. 1. 29., 2005. 3. 31., 2007. 12. 21., 2009. 11. 2.〉

1. 환부우편물등의 처리 : 우편법 제28조·제32조·제35조·제36조등의 규정에 의하여 폭발물등 우편금 제품이 들어 있다고 의심되는 소포우편물(이와 유사한 郵便物을 포함한다)을 개피하는 경우, 수취인에 게 배달할 수 없거나 수취인이 수령을 거부한 우편물을 발송인에게 환부하는 경우, 발송인의 주소·성명이 누락된 우편물로서 수취인이 수취를 거부하여 환부하는 때에 그 주소·성명을 알기 위하여 개피하는 경우 또는 유가물이 든 환부불능우편물을 처리하는 경우

2. 수출입우편물에 대한 검사 : 관세법 제256조·제257조 등의 규정에 의한 신서외의 우편물에 대한 통관 검사절차

3. 구속 또는 복역중인 사람에 대한 통신 : 형사소송법 제91조, 군사법원법 제131조, 「형의 집행 및 수용자의 처우에 관한 법률」 제41조·제43조·제44조 및 「군에서의 형의 집행 및 군수용자의 처우에 관한 법률」 제42조·제44조 및 제45조에 따른 구속 또는 복역중인 사람에 대한 통신의 관리

4. 파산선고를 받은 자에 대한 통신 : 「채무자 회생 및 파산에 관한 법률」 제484조의 규정에 의하여 파산선고를 받은 자에게 보내온 통신을 파산관재인이 수령하는 경우

5. 혼신제거등을 위한 전파감시 : 전파법 제49조 내지 제51조의 규정에 의한 혼신제거등 전파질서유지를 위한 전파감시의 경우

② 우편물의 검열 또는 전기통신의 감청(이하 "통신제한조치"라 한다)은 범죄수사 또는 국가안전보장을 위하여 보충적인 수단으로 이용되어야 하며, 국민의 통신비밀에 대한 침해가 최소한에 그치도록 노력하여야 한다. 〈신설 2001. 12. 29.〉

③ 누구든지 단말기기 고유번호를 제공하거나 제공받아서는 아니된다. 다만, 이동전화단말기 제조업체 또는 이동통신사업자가 단말기의 개통처리 및 수리 등 정당한 업무의 이행을 위하여 제공하거나 제공받는 경우에는 그러하지 아니하다. 〈신설 2004. 1. 29.〉

제4조(불법검열에 의한 우편물의 내용과 불법감청에 의한 전기통신내용의 증거사용 금지) 제3조의 규정에 위반하여, 불법검열에 의하여 취득한 우편물이나 그 내용 및 불법감청에 의하여 지득 또는 채록된 전기통신의 내용은 재판 또는 징계절차에서 증거로 사용할 수 없다.

제5조(범죄수사를 위한 통신제한조치의 허가요건) ① 통신제한조치는 다음 각호의 범죄를 계획 또는 실행하고 있거나 실행하였다고 의심할만한 충분한 이유가 있고 다른 방법으로는 그 범죄의 실행을 저지하거나 범인의 체포 또는 증거의 수집이 어려운 경우에 한하여 허가할 수 있다. 〈개정 1997. 12. 13., 2000. 1. 12., 2001. 12. 29., 2007. 12. 21., 2013. 4. 5., 2015. 1. 6., 2016. 1. 6., 2019. 12. 31.〉

1. 형법 제2편중 제1장 내란의 죄, 제2장 외환의 죄중 제92조 내지 제101조의 죄, 제4장 국교에 관한 죄중 제107조, 제108조, 제111조 내지 제113조의 죄, 제5장 공안을 해하는 죄중 제114조, 제115조의 죄, 제6장 폭발물에 관한 죄, 제7장 공무원의 직무에 관한 죄중 제127조, 제129조 내지 제133조의 죄, 제9장 도주와 범인은닉의 죄, 제13장 방화와 실화의 죄중 제164조 내지 제167조·제172조 내지 제173조·제174조 및 제175조의 죄, 제17장 아편에 관한 죄, 제18장 통화에 관한 죄, 제19장 유가증권, 우표와 인지에 관한 죄중 제214조 내지 제217조, 제223조(제214조 내지 제217조의 미수범에 한한다) 및 제224조(제214조 및 제215조의 예비·음모에 한한다), 제24장 살인의 죄, 제29장 체포와 감금의 죄, 제30장 협박의 죄중 제283조제1항, 제284조, 제285조(제283조제1항, 제284조의 상습범에 한한다), 제286조

[제283조제1항, 제284조, 제285조(제283조제1항, 제284조의 상습범에 한한다)의 미수범에 한한다]의 죄, 제31장 약취(略取), 유인(誘引) 및 인신매매의 죄, 제32장 강간과 추행의 죄중 제297조 내지 제301조의2, 제305조의 죄, 제34장 신용, 업무와 경매에 관한 죄중 제315조의 죄, 제37장 권리행사를 방해하는 죄중 제324조의2 내지 제324조의4·제324조의5(제324조의2 내지 제324조의4의 미수범에 한한다)의 죄, 제38장 절도와 강도의 죄중 제329조 내지 제331조, 제332조(제329조 내지 제331조의 상습범에 한한다), 제333조 내지 제341조, 제342조[제329조 내지 제331조, 제332조(제329조 내지 제331조의 상습범에 한한다), 제333조 내지 제341조의 미수범에 한한다]의 죄, 제39장 사기와 공갈의 죄 중 제350조, 제350조의2, 제351조(제350조, 제350조의2의 상습범에 한정한다), 제352조(제350조, 제350조의2의 미수범에 한정한다)의 죄, 제41장 장물에 관한 죄 중 제363조의 죄

2. 군형법 제2편중 제1장 반란의 죄, 제2장 이적의 죄, 제3장 지휘권 남용의 죄, 제4장 지휘관의 항복과 도피의 죄, 제5장 수소이탈의 죄, 제7장 군무태만의 죄중 제42조의 죄, 제8장 항명의 죄, 제9장 폭행·협박·상해와 살인의 죄, 제11장 군용물에 관한 죄, 제12장 위령의 죄중 제78조·제80조·제81조의 죄

3. 국가보안법에 규정된 범죄

4. 군사기밀보호법에 규정된 범죄

5. 「군사기지 및 군사시설 보호법」에 규정된 범죄

6. 마약류관리에관한법률에 규정된 범죄중 제58조 내지 제62조의 죄

7. 폭력행위등처벌에관한법률에 규정된 범죄중 제4조 및 제5조의 죄

8. 「총포·도검·화약류 등의 안전관리에 관한 법률」에 규정된 범죄중 제70조 및 제71조제1호 내지 제3호의 죄

9. 「특정범죄 가중처벌 등에 관한 법률」에 규정된 범죄중 제2조 내지 제8조, 제11조, 제12조의 죄

10. 특정경제범죄가중처벌등에관한법률에 규정된 범죄중 제3조 내지 제9조의 죄

11. 제1호와 제2호의 죄에 대한 가중처벌을 규정하는 법률에 위반하는 범죄

12. 「국제상거래에 있어서 외국공무원에 대한 뇌물방지법」에 규정된 범죄 중 제3조 및 제4조의 죄

② 통신제한조치는 제1항의 요건에 해당하는 자가 발송·수취하거나 송·수신하는 특정한 우편물이나 전기통신 또는 그 해당자가 일정한 기간에 걸쳐 발송·수취하거나 송·수신하는 우편물이나 전기통신을 대상으로 허가될 수 있다.

[2020. 3. 24., 법률 제17090호에 의하여 2018. 8. 30. 헌법재판소의 헌법불합치 결정과 관련하여 제12조의2를 신설함.]

제6조(범죄수사를 위한 통신제한조치의 허가절차) ① 검사(군검사를 포함한다. 이하 같다) 는 제5조제1항의 요건이 구비된 경우에는 법원(軍事法院을 포함한다. 이하 같다)에 대하여 각 피의자별 또는 각 피내사자별로 통신제한조치를 허가하여 줄 것을 청구할 수 있다. 〈개정 2001. 12. 29., 2016. 1. 6.〉

② 사법경찰관(軍司法警察官을 포함한다. 이하 같다)은 제5조제1항의 요건이 구비된 경우에는 검사에 대하여 각 피의자별 또는 각 피내사자별로 통신제한조치에 대한 허가를 신청하고, 검사는 법원에 대하여 그 허가를 청구할 수 있다. 〈개정 2001. 12. 29.〉

③ 제1항 및 제2항의 통신제한조치 청구사건의 관할법원은 그 통신제한조치를 받을 통신당사자의 쌍방 또는 일방의 주소지·소재지, 범죄지 또는 통신당사자와 공범관계에 있는 자의 주소지·소재지를 관할하는 지방법원 또는 지원(보통군사법원을 포함한다)으로 한다. 〈개정 2001. 12. 29.〉

④ 제1항 및 제2항의 통신제한조치청구는 필요한 통신제한조치의 종류·그 목적·대상·범위·기간·집행장소·방법 및 당해 통신제한조치가 제5조제1항의 허가요건을 충족하는 사유등의 청구이유를 기재한 서

면(이하 "請求書"라 한다)으로 하여야 하며, 청구이유에 대한 소명자료를 첨부하여야 한다. 이 경우 동일한 범죄사실에 대하여 그 피의자 또는 피내사자에 대하여 통신제한조치의 허가를 청구하였거나 허가받은 사실이 있는 때에는 다시 통신제한조치를 청구하는 취지 및 이유를 기재하여야 한다. 〈개정 2001. 12. 29.〉

⑤ 법원은 청구가 이유 있다고 인정하는 경우에는 각 피의자별 또는 각 피내사자별로 통신제한조치를 허가하고, 이를 증명하는 서류(이하 "허가서"라 한다)를 청구인에게 발부한다. 〈개정 2001. 12. 29.〉

⑥ 제5항의 허가서에는 통신제한조치의 종류·그 목적·대상·범위·기간 및 집행장소와 방법을 특정하여 기재하여야 한다. 〈개정 2001. 12. 29.〉

⑦ 통신제한조치의 기간은 2개월을 초과하지 못하고, 그 기간 중 통신제한조치의 목적이 달성되었을 경우에는 즉시 종료하여야 한다. 다만, 제5조제1항의 허가요건이 존속하는 경우에는 소명자료를 첨부하여 제1항 또는 제2항에 따라 2개월의 범위에서 통신제한조치기간의 연장을 청구할 수 있다. 〈개정 2001. 12. 29., 2019. 12. 31.〉

⑧ 검사 또는 사법경찰관이 제7항 단서에 따라 통신제한조치의 연장을 청구하는 경우에 통신제한조치의 총 연장기간은 1년을 초과할 수 없다. 다만, 다음 각 호의 어느 하나에 해당하는 범죄의 경우에는 통신제한조치의 총 연장기간이 3년을 초과할 수 없다. 〈신설 2019. 12. 31.〉

1. 「형법」 제2편 중 제1장 내란의 죄, 제2장 외환의 죄 중 제92조부터 제101조까지의 죄, 제4장 국교에 관한 죄 중 제107조, 제108조, 제111조부터 제113조까지의 죄, 제5장 공안을 해하는 죄 중 제114조, 제115조의 죄 및 제6장 폭발물에 관한 죄

2. 「군형법」 제2편 중 제1장 반란의 죄, 제2장 이적의 죄, 제11장 군용물에 관한 죄 및 제12장 위령의 죄 중 제78조·제80조·제81조의 죄

3. 「국가보안법」에 규정된 죄

4. 「군사기밀보호법」에 규정된 죄

5. 「군사기지 및 군사시설보호법」에 규정된 죄

⑨ 법원은 제1항·제2항 및 제7항 단서에 따른 청구가 이유없다고 인정하는 경우에는 청구를 기각하고 이를 청구인에게 통지한다. 〈개정 2019. 12. 31.〉

[제목개정 2019. 12. 31.]

[2019. 12. 31. 법률 제16849호에 의하여 2010. 12. 28. 헌법재판소에서 헌법불합치 결정된 이 조 제7항을 개정함.]

제7조(국가안보를 위한 통신제한조치) ① 대통령령이 정하는 정보수사기관의 장(이하 "情報搜査機關의 長"이라 한다)은 국가안전보장에 상당한 위험이 예상되는 경우 또는 「국민보호와 공공안전을 위한 테러방지법」 제2조제6호의 대테러활동에 필요한 경우에 한하여 그 위해를 방지하기 위하여 이에 관한 정보수집이 특히 필요한 때에는 다음 각호의 구분에 따라 통신제한조치를 할 수 있다. 〈개정 2001. 12. 29., 2016. 3. 3., 2020. 3. 24.〉

1. 통신의 일방 또는 쌍방당사자가 내국인인 때에는 고등법원 수석판사의 허가를 받아야 한다. 다만, 군용전기통신법 제2조의 규정에 의한 군용전기통신(작전수행을 위한 전기통신에 한한다)에 대하여는 그러하지 아니하다.

2. 대한민국에 적대하는 국가, 반국가활동의 혐의가 있는 외국의 기관·단체와 외국인, 대한민국의 통치권이 사실상 미치지 아니하는 한반도내의 집단이나 외국에 소재하는 그 산하단체의 구성원의 통신인 때 및 제1항제1호 단서의 경우에는 서면으로 대통령의 승인을 얻어야 한다.

② 제1항의 규정에 의한 통신제한조치의 기간은 4월을 초과하지 못하고, 그 기간중 통신제한조치의 목적이

달성되었을 경우에는 즉시 종료하여야 하되, 제1항의 요건이 존속하는 경우에는 소명자료를 첨부하여 고등법원 수석판사의 허가 또는 대통령의 승인을 얻어 4월의 범위 이내에서 통신제한조치의 기간을 연장할 수 있다. 다만, 제1항제1호 단서의 규정에 의한 통신제한조치는 전시·사변 또는 이에 준하는 국가비상사태에 있어서 적과 교전상태에 있는 때에는 작전이 종료될 때까지 대통령의 승인을 얻지 아니하고 기간을 연장할 수 있다. 〈개정 2001. 12. 29., 2020. 3. 24.〉

③ 제1항제1호에 따른 허가에 관하여는 제6조제2항, 제4항부터 제6항까지 및 제9항을 준용한다. 이 경우 "사법경찰관(군사법경찰관을 포함한다. 이하 같다)"은 "정보수사기관의 장"으로, "법원"은 "고등법원 수석판사"로, "제5조제1항"은 "제7조제1항제1호 본문"으로, 제6조제2항 및 제5항 중 "각 피의자별 또는 각 피내사자별로 통신제한조치"는 각각 "통신제한조치"로 본다. 〈개정 2019. 12. 31., 2020. 3. 24.〉

④ 제1항제2호의 규정에 의한 대통령의 승인에 관한 절차등 필요한 사항은 대통령령으로 정한다.
[제목개정 2019. 12. 31.]

제8조(긴급통신제한조치) ① 검사, 사법경찰관 또는 정보수사기관의 장은 국가안보를 위협하는 음모행위, 직접적인 사망이나 심각한 상해의 위험을 야기할 수 있는 범죄 또는 조직범죄등 중대한 범죄의 계획이나 실행 등 긴박한 상황에 있고 제5조제1항 또는 제7조제1항제1호의 규정에 의한 요건을 구비한 자에 대하여 제6조 또는 제7조제1항 및 제3항의 규정에 의한 절차를 거칠 수 없는 긴급한 사유가 있는 때에는 법원의 허가 없이 통신제한조치를 할 수 있다.

② 검사, 사법경찰관 또는 정보수사기관의 장은 제1항의 규정에 의한 통신제한조치(이하 "긴급통신제한조치"라 한다)의 집행착수후 지체없이 제6조 및 제7조제3항의 규정에 의하여 법원에 허가청구를 하여야 하며, 그 긴급통신제한조치를 한 때부터 36시간 이내에 법원의 허가를 받지 못한 때에는 즉시 이를 중지하여야 한다.

③ 사법경찰관이 긴급통신제한조치를 할 경우에는 미리 검사의 지휘를 받아야 한다. 다만, 특히 급속을 요하여 미리 지휘를 받을 수 없는 사유가 있는 경우에는 긴급통신제한조치의 집행착수후 지체없이 검사의 승인을 얻어야 한다.

④ 검사, 사법경찰관 또는 정보수사기관의 장이 긴급통신제한조치를 하고자 하는 경우에는 반드시 긴급검열서 또는 긴급감청서(이하 "긴급감청서등"이라 한다)에 의하여야 하며 소속기관에 긴급통신제한조치대장을 비치하여야 한다.

⑤ 긴급통신제한조치가 단시간내에 종료되어 법원의 허가를 받을 필요가 없는 경우에는 그 종료후 7일 이내에 관할 지방검찰청검사장(제1항의 규정에 의하여 정보수사기관의 장이 제7조제1항제1호의 규정에 의한 요건을 구비한 자에 대하여 긴급통신제한조치를 한 경우에는 관할 고등검찰청검사장)은 이에 대응하는 법원장에게 긴급통신제한조치를 한 검사, 사법경찰관 또는 정보수사기관의 장이 작성한 긴급통신제한조치통보서를 송부하여야 한다. 다만, 군검사 또는 군사법경찰관이 제5조제1항의 규정에 의한 요건을 구비한 자에 대하여 긴급통신제한조치를 한 경우에는 관할 보통검찰부장이 이에 대응하는 보통군사법원 군판사에게 긴급통신제한조치통보서를 송부하여야 한다. 〈개정 2016. 1. 6.〉

⑥ 제5항의 규정에 의한 통보서에는 긴급통신제한조치의 목적·대상·범위·기간·집행장소·방법 및 통신제한조치허가청구를 하지 못한 사유 등을 기재하여야 한다.

⑦ 제5항의 규정에 의하여 긴급통신제한조치통보서를 송부받은 법원 또는 보통군사법원 군판사는 긴급통신제한조치통보대장을 비치하여야 한다.

⑧ 정보수사기관의 장은 국가안보를 위협하는 음모행위, 직접적인 사망이나 심각한 상해의 위험을 야기할 수 있는 범죄 또는 조직범죄등 중대한 범죄의 계획이나 실행 등 긴박한 상황에 있고 제7조제1항제2호에 해

당하는 자에 대하여 대통령의 승인을 얻을 시간적 여유가 없거나 통신제한조치를 긴급히 실시하지 아니하면 국가안전보장에 대한 위해를 초래할 수 있다고 판단되는 때에는 소속 장관(국가정보원장을 포함한다)의 승인을 얻어 통신제한조치를 할 수 있다.

⑨ 제8항의 규정에 의하여 긴급통신제한조치를 한 때에는 지체없이 제7조의 규정에 의하여 대통령의 승인을 얻어야 하며, 36시간 이내에 대통령의 승인을 얻지 못한 때에는 즉시 그 긴급통신제한조치를 중지하여야 한다.

[전문개정 2001. 12. 29.]

제9조(통신제한조치의 집행) ① 제6조 내지 제8조의 통신제한조치는 이를 청구 또는 신청한 검사·사법경찰관 또는 정보수사기관의 장이 집행한다. 이 경우 체신관서 기타 관련기관등(이하 "통신기관등"이라 한다)에 그 집행을 위탁하거나 집행에 관한 협조를 요청할 수 있다. 〈개정 2001. 12. 29.〉

② 통신제한조치의 집행을 위탁하거나 집행에 관한 협조를 요청하는 자는 통신기관등에 통신제한조치허가서(제7조제1항제2호의 경우에는 대통령의 승인서를 말한다. 이하 이 조, 제16조제2항제1호 및 제17조제1항제1호·제3호에서 같다) 또는 긴급감청서등의 표지의 사본을 교부하여야 하며, 이를 위탁받거나 이에 관한 협조요청을 받은 자는 통신제한조치허가서 또는 긴급감청서등의 표지 사본을 대통령령이 정하는 기간동안 보존하여야 한다. 〈개정 2001. 12. 29.〉

③ 통신제한조치를 집행하는 자와 이를 위탁받거나 이에 관한 협조요청을 받은 자는 당해 통신제한조치를 청구한 목적과 그 집행 또는 협조일시 및 대상을 기재한 대장을 대통령령이 정하는 기간동안 비치하여야 한다. 〈신설 2001. 12. 29.〉

④ 통신기관등은 통신제한조치허가서 또는 긴급감청서등에 기재된 통신제한조치 대상자의 전화번호 등이 사실과 일치하지 않을 경우에는 그 집행을 거부할 수 있으며, 어떠한 경우에도 전기통신에 사용되는 비밀번호를 누설할 수 없다. 〈신설 2001. 12. 29.〉

제9조의2(통신제한조치의 집행에 관한 통지) ① 검사는 제6조제1항 및 제8조제1항에 따라 통신제한조치를 집행한 사건에 관하여 공소를 제기하거나, 공소의 제기 또는 입건을 하지 아니하는 처분(기소중지결정, 참고인중지결정을 제외한다)을 한 때에는 그 처분을 한 날부터 30일 이내에 우편물 검열의 경우에는 그 대상자에게, 감청의 경우에는 그 대상이 된 전기통신의 가입자에게 통신제한조치를 집행한 사실과 집행기관 및 그 기간 등을 서면으로 통지하여야 한다. 다만, 고위공직자범죄수사처(이하 "수사처"라 한다)검사는 「고위공직자범죄수사처 설치 및 운영에 관한 법률」 제26조제1항에 따라 서울중앙지방검찰청 소속 검사에게 관계 서류와 증거물을 송부한 사건에 관하여 이를 처리하는 검사로부터 공소를 제기하거나 제기하지 아니하는 처분(기소중지결정, 참고인중지결정은 제외한다)의 통보를 받은 경우에도 그 통보를 받은 날부터 30일 이내에 서면으로 통지하여야 한다. 〈개정 2021. 1. 5.〉

② 사법경찰관은 제6조제1항 및 제8조제1항에 따라 통신제한조치를 집행한 사건에 관하여 검사로부터 공소를 제기하거나 제기하지 아니하는 처분(기소중지 또는 참고인중지 결정은 제외한다)의 통보를 받거나 검찰송치를 하지 아니하는 처분(수사중지 결정은 제외한다) 또는 내사사건에 관하여 입건하지 아니하는 처분을 한 때에는 그 날부터 30일 이내에 우편물 검열의 경우에는 그 대상자에게, 감청의 경우에는 그 대상이 된 전기통신의 가입자에게 통신제한조치를 집행한 사실과 집행기관 및 그 기간 등을 서면으로 통지하여야 한다. 〈개정 2021. 3. 16.〉

③ 정보수사기관의 장은 제7조제1항제1호 본문 및 제8조제1항의 규정에 의한 통신제한조치를 종료한 날부터 30일 이내에 우편물 검열의 경우에는 그 대상자에게, 감청의 경우에는 그 대상이 된 전기통신의 가입자에게 통신제한조치를 집행한 사실과 집행기관 및 그 기간 등을 서면으로 통지하여야 한다.

④ 제1항 내지 제3항의 규정에 불구하고 다음 각호의 1에 해당하는 사유가 있는 때에는 그 사유가 해소될 때까지 통지를 유예할 수 있다.

1. 통신제한조치를 통지할 경우 국가의 안전보장·공공의 안녕질서를 위태롭게 할 현저한 우려가 있는 때
2. 통신제한조치를 통지할 경우 사람의 생명·신체에 중대한 위험을 초래할 염려가 현저한 때

⑤ 검사 또는 사법경찰관은 제4항에 따라 통지를 유예하려는 경우에는 소명자료를 첨부하여 미리 관할지방검찰청검사장의 승인을 받아야 한다. 다만, 수사처검사가 제4항에 따라 통지를 유예하려는 경우에는 소명자료를 첨부하여 미리 수사처장의 승인을 받아야 하고, 군검사 및 군사법경찰관이 제4항에 따라 통지를 유예하려는 경우에는 소명자료를 첨부하여 미리 관할 보통검찰부장의 승인을 받아야 한다. 〈개정 2016. 1. 6., 2021. 1. 5.〉

⑥ 검사, 사법경찰관 또는 정보수사기관의 장은 제4항 각호의 사유가 해소된 때에는 그 사유가 해소된 날부터 30일 이내에 제1항 내지 제3항의 규정에 의한 통지를 하여야 한다.
[본조신설 2001. 12. 29.]

제9조의3(압수·수색·검증의 집행에 관한 통지) ① 검사는 송·수신이 완료된 전기통신에 대하여 압수·수색·검증을 집행한 경우 그 사건에 관하여 공소를 제기하거나 공소의 제기 또는 입건을 하지 아니하는 처분(기소중지결정, 참고인중지결정을 제외한다)을 한 때에는 그 처분을 한 날부터 30일 이내에 수사대상이 된 가입자에게 압수·수색·검증을 집행한 사실을 서면으로 통지하여야 한다. 다만, 수사처검사는 「고위공직자범죄수사처 설치 및 운영에 관한 법률」 제26조제1항에 따라 서울중앙지방검찰청 소속 검사에게 관계 서류와 증거물을 송부한 사건에 관하여 이를 처리하는 검사로부터 공소를 제기하거나 제기하지 아니하는 처분(기소중지결정, 참고인중지결정은 제외한다)의 통보를 받은 경우에도 그 통보를 받은 날부터 30일 이내에 서면으로 통지하여야 한다. 〈개정 2021. 1. 5.〉

② 사법경찰관은 송·수신이 완료된 전기통신에 대하여 압수·수색·검증을 집행한 경우 그 사건에 관하여 검사로부터 공소를 제기하거나 제기하지 아니하는 처분(기소중지 또는 참고인중지 결정은 제외한다)의 통보를 받거나 검찰송치를 하지 아니하는 처분(수사중지 결정은 제외한다) 또는 내사사건에 관하여 입건하지 아니하는 처분을 한 때에는 그 날부터 30일 이내에 수사대상이 된 가입자에게 압수·수색·검증을 집행한 사실을 서면으로 통지하여야 한다. 〈개정 2021. 3. 16.〉
[본조신설 2009. 5. 28.]

제10조(감청설비에 대한 인가기관과 인가절차) ① 감청설비를 제조·수입·판매·배포·소지·사용하거나 이를 위한 광고를 하고자 하는 자는 과학기술정보통신부장관의 인가를 받아야 한다. 다만, 국가기관의 경우에는 그러하지 아니하다. 〈개정 1997. 12. 13., 2008. 2. 29., 2013. 3. 23., 2017. 7. 26.〉

② 삭제 〈2004. 1. 29.〉

③ 과학기술정보통신부장관은 제1항의 인가를 하는 경우에는 인가신청자, 인가연월일, 인가된 감청설비의 종류와 수량등 필요한 사항을 대장에 기재하여 비치하여야 한다. 〈개정 1997. 12. 13., 2008. 2. 29., 2013. 3. 23., 2017. 7. 26.〉

④ 제1항의 인가를 받아 감청설비를 제조·수입·판매·배포·소지 또는 사용하는 자는 인가연월일, 인가된 감청설비의 종류와 수량, 비치장소등 필요한 사항을 대장에 기재하여 비치하여야 한다. 다만, 지방자치단체의 비품으로서 그 직무수행에 제공되는 감청설비는 해당 기관의 비품대장에 기재한다.

⑤ 제1항의 인가에 관하여 기타 필요한 사항은 대통령령으로 정한다.

제10조의2(국가기관 감청설비의 신고) ① 국가기관(정보수사기관은 제외한다)이 감청설비를 도입하는 때에는 매 반기별로 그 제원 및 성능 등 대통령령으로 정하는 사항을 과학기술정보통신부장관에게 신고하여야 한

다. 〈개정 2008. 2. 29., 2013. 3. 23., 2017. 7. 26., 2020. 6. 9.〉

② 정보수사기관이 감청설비를 도입하는 때에는 매 반기별로 그 제원 및 성능 등 대통령령으로 정하는 사항을 국회 정보위원회에 통보하여야 한다. 〈개정 2020. 6. 9.〉

[본조신설 2001. 12. 29.]

제10조의3(불법감청설비탐지업의 등록 등) ① 영리를 목적으로 불법감청설비탐지업을 하고자 하는 자는 대통령령으로 정하는 바에 의하여 과학기술정보통신부장관에게 등록을 하여야 한다. 〈개정 2008. 2. 29., 2013. 3. 23., 2017. 7. 26., 2020. 6. 9.〉

② 제1항에 따른 등록은 법인만이 할 수 있다. 〈개정 2020. 6. 9.〉

③ 제1항에 따른 등록을 하고자 하는 자는 대통령령으로 정하는 이용자보호계획 · 사업계획 · 기술 · 재정능력 · 탐지장비 그 밖에 필요한 사항을 갖추어야 한다. 〈개정 2008. 2. 29., 2020. 6. 9.〉

④ 제1항에 따른 등록의 변경요건 및 절차, 등록한 사업의 양도 · 양수 · 승계 · 휴업 · 폐업 및 그 신고, 등록업무의 위임 등에 관하여 필요한 사항은 대통령령으로 정한다. 〈개정 2020. 6. 9.〉

[본조신설 2004. 1. 29.]

제10조의4(불법감청설비탐지업자의 결격사유) 법인의 대표자가 다음 각 호의 어느 하나에 해당하는 경우에는 제10조의3에 따른 등록을 할 수 없다. 〈개정 2005. 3. 31., 2014. 10. 15., 2015. 12. 22., 2020. 6. 9.〉

1. 피성년후견인 또는 피한정후견인

2. 파산선고를 받은 자로서 복권되지 아니한 자

3. 금고 이상의 실형을 선고받고 그 집행이 종료(집행이 종료된 것으로 보는 경우를 포함한다)되거나 집행이 면제된 날부터 2년이 지나지 아니한 자

4. 금고 이상의 형의 집행유예를 선고받고 그 유예기간중에 있는 자

5. 법원의 판결 또는 다른 법률에 의하여 자격이 상실 또는 정지된 자

6. 제10조의5에 따라 등록이 취소(제10조의4제1호 또는 제2호에 해당하여 등록이 취소된 경우는 제외한다)된 법인의 취소 당시 대표자로서 그 등록이 취소된 날부터 2년이 지나지 아니한 자

[본조신설 2004. 1. 29.]

제10조의5(등록의 취소) 과학기술정보통신부장관은 불법감청설비탐지업을 등록한 자가 다음 각 호의 어느 하나에 해당하는 경우에는 그 등록을 취소하거나 6개월 이내의 기간을 정하여 그 영업의 정지를 명할 수 있다. 다만, 제1호 또는 제2호에 해당하는 경우에는 그 등록을 취소하여야 한다. 〈개정 2008. 2. 29., 2013. 3. 23., 2017. 7. 26., 2020. 6. 9.〉

1. 거짓이나 그 밖의 부정한 방법으로 등록 또는 변경등록을 한 경우

2. 제10조의4에 따른 결격사유에 해당하게 된 경우

3. 영업행위와 관련하여 알게된 비밀을 다른 사람에게 누설한 경우

4. 불법감청설비탐지업 등록증을 다른 사람에게 대여한 경우

5. 영업행위와 관련하여 고의 또는 중대한 과실로 다른 사람에게 중대한 손해를 입힌 경우

6. 다른 법률의 규정에 의하여 국가 또는 지방자치단체로부터 등록취소의 요구가 있는 경우 [본조신설 2004. 1. 29.]

제11조(비밀준수의 의무) ① 통신제한조치의 허가 · 집행 · 통보 및 각종 서류작성 등에 관여한 공무원 또는 그 직에 있었던 자는 직무상 알게 된 통신제한조치에 관한 사항을 외부에 공개하거나 누설하여서는 아니된다.

② 통신제한조치에 관여한 통신기관의 직원 또는 그 직에 있었던 자는 통신제한조치에 관한 사항을 외부에 공개하거나 누설하여서는 아니된다.

③ 제1항 및 제2항에 규정된 자 외에 누구든지 이 법에 따른 통신제한조치로 알게 된 내용을 이 법에 따라 사용하는 경우 외에는 이를 외부에 공개하거나 누설하여서는 아니 된다. 〈개정 2018. 3. 20.〉

④ 법원에서의 통신제한조치의 허가절차 · 허가여부 · 허가내용 등의 비밀유지에 관하여 필요한 사항은 대법원규칙으로 정한다.

[전문개정 2001. 12. 29.]

제12조(통신제한조치로 취득한 자료의 사용제한) 제9조의 규정에 의한 통신제한조치의 집행으로 인하여 취득된 우편물 또는 그 내용과 전기통신의 내용은 다음 각호의 경우외에는 사용할 수 없다.

1. 통신제한조치의 목적이 된 제5조제1항에 규정된 범죄나 이와 관련되는 범죄를 수사 · 소추하거나 그 범죄를 예방하기 위하여 사용하는 경우

2. 제1호의 범죄로 인한 징계절차에 사용하는 경우

3. 통신의 당사자가 제기하는 손해배상소송에서 사용하는 경우

4. 기타 다른 법률의 규정에 의하여 사용하는 경우

제12조의2(범죄수사를 위하여 인터넷 회선에 대한 통신제한조치로 취득한 자료의 관리) ① 검사는 인터넷 회선을 통하여 송신 · 수신하는 전기통신을 대상으로 제6조 또는 제8조(제5조제1항의 요건에 해당하는 사람에 대한 긴급통신제한조치에 한정한다)에 따른 통신제한조치를 집행한 경우 그 전기통신을 제12조제1호에 따라 사용하거나 사용을 위하여 보관(이하 이 조에서 "보관등"이라 한다)하고자 하는 때에는 집행종료일부터 14일 이내에 보관등이 필요한 전기통신을 선별하여 통신제한조치를 허가한 법원에 보관등의 승인을 청구하여야 한다.

② 사법경찰관은 인터넷 회선을 통하여 송신 · 수신하는 전기통신을 대상으로 제6조 또는 제8조(제5조제1항의 요건에 해당하는 사람에 대한 긴급통신제한조치에 한정한다)에 따른 통신제한조치를 집행한 경우 그 전기통신의 보관등을 하고자 하는 때에는 집행종료일부터 14일 이내에 보관등이 필요한 전기통신을 선별하여 검사에게 보관등의 승인을 신청하고, 검사는 신청일부터 7일 이내에 통신제한조치를 허가한 법원에 그 승인을 청구할 수 있다.

③ 제1항 및 제2항에 따른 승인청구는 통신제한조치의 집행 경위, 취득한 결과의 요지, 보관등이 필요한 이유를 기재한 서면으로 하여야 하며, 다음 각 호의 서류를 첨부하여야 한다.

1. 청구이유에 대한 소명자료

2. 보관등이 필요한 전기통신의 목록

3. 보관등이 필요한 전기통신. 다만, 일정 용량의 파일 단위로 분할하는 등 적절한 방법으로 정보저장매체에 저장 · 봉인하여 제출하여야 한다.

④ 법원은 청구가 이유 있다고 인정하는 경우에는 보관등을 승인하고 이를 증명하는 서류(이하 이 조에서 "승인서"라 한다)를 발부하며, 청구가 이유 없다고 인정하는 경우에는 청구를 기각하고 이를 청구인에게 통지한다.

⑤ 검사 또는 사법경찰관은 제1항에 따른 청구나 제2항에 따른 신청을 하지 아니하는 경우에는 집행종료일부터 14일(검사가 사법경찰관의 신청을 기각한 경우에는 그 날부터 7일) 이내에 통신제한조치로 취득한 전기통신을 폐기하여야 하고, 법원에 승인청구를 한 경우(취득한 전기통신의 일부에 대해서만 청구한 경우를 포함한다)에는 제4항에 따라 법원으로부터 승인서를 발부받거나 청구기각의 통지를 받은 날부터 7일 이내에 승인을 받지 못한 전기통신을 폐기하여야 한다.

⑥ 검사 또는 사법경찰관은 제5항에 따라 통신제한조치로 취득한 전기통신을 폐기한 때에는 폐기의 이유와 범위 및 일시 등을 기재한 폐기결과보고서를 작성하여 피의자의 수사기록 또는 피내사자의 내사사건기록에 첨부하고, 폐기일부터 7일 이내에 통신제한조치를 허가한 법원에 송부하여야 한다.

[본조신설 2020. 3. 24.]

제13조(범죄수사를 위한 통신사실 확인자료제공의 절차) ① 검사 또는 사법경찰관은 수사 또는 형의 집행을 위하여 필요한 경우 전기통신사업법에 의한 전기통신사업자(이하 "전기통신사업자"라 한다)에게 통신사실 확인자료의 열람이나 제출(이하 "통신사실 확인자료제공"이라 한다)을 요청할 수 있다.

② 검사 또는 사법경찰관은 제1항에도 불구하고 수사를 위하여 통신사실확인자료 중 다음 각 호의 어느 하나에 해당하는 자료가 필요한 경우에는 다른 방법으로는 범죄의 실행을 저지하기 어렵거나 범인의 발견·확보 또는 증거의 수집·보전이 어려운 경우에만 전기통신사업자에게 해당 자료의 열람이나 제출을 요청할 수 있다. 다만, 제5조제1항 각 호의 어느 하나에 해당하는 범죄 또는 전기통신을 수단으로 하는 범죄에 대한 통신사실확인자료가 필요한 경우에는 제1항에 따라 열람이나 제출을 요청할 수 있다. 〈신설 2019. 12. 31.〉

1. 제2조제11호바목·사목 중 실시간 추적자료

2. 특정한 기지국에 대한 통신사실확인자료

③ 제1항 및 제2항에 따라 통신사실 확인자료제공을 요청하는 경우에는 요청사유, 해당 가입자와의 연관성 및 필요한 자료의 범위를 기록한 서면으로 관할 지방법원(보통군사법원을 포함한다. 이하 같다) 또는 지원의 허가를 받아야 한다. 다만, 관할 지방법원 또는 지원의 허가를 받을 수 없는 긴급한 사유가 있는 때에는 통신사실 확인자료제공을 요청한 후 지체 없이 그 허가를 받아 전기통신사업자에게 송부하여야 한다. 〈개정 2005. 5. 26., 2019. 12. 31.〉

④ 제3항 단서에 따라 긴급한 사유로 통신사실확인자료를 제공받았으나 지방법원 또는 지원의 허가를 받지 못한 경우에는 지체 없이 제공받은 통신사실확인자료를 폐기하여야 한다. 〈개정 2005. 5. 26., 2019. 12. 31.〉

⑤ 검사 또는 사법경찰관은 제3항에 따라 통신사실 확인자료제공을 받은 때에는 해당 통신사실 확인자료제공요청사실 등 필요한 사항을 기재한 대장과 통신사실 확인자료제공요청서 등 관련자료를 소속기관에 비치하여야 한다. 〈개정 2005. 5. 26., 2019. 12. 31.〉

⑥ 지방법원 또는 지원은 제3항에 따라 통신사실 확인자료제공 요청허가청구를 받은 현황, 이를 허가한 현황 및 관련된 자료를 보존하여야 한다. 〈개정 2005. 5. 26., 2019. 12. 31.〉

⑦ 전기통신사업자는 검사, 사법경찰관 또는 정보수사기관의 장에게 통신사실 확인자료를 제공한 때에는 자료제공현황 등을 연 2회 과학기술정보통신부장관에게 보고하고, 해당 통신사실 확인자료 제공사실등 필요한 사항을 기재한 대장과 통신사실 확인자료제공요청서등 관련자료를 통신사실확인자료를 제공한 날부터 7년간 비치하여야 한다. 〈개정 2008. 2. 29., 2013. 3. 23., 2017. 7. 26., 2019. 12. 31.〉

⑧ 과학기술정보통신부장관은 전기통신사업자가 제7항에 따라 보고한 내용의 사실여부 및 비치하여야 하는 대장등 관련자료의 관리실태를 점검할 수 있다. 〈개정 2008. 2. 29., 2013. 3. 23., 2017. 7. 26., 2019. 12. 31.〉

⑨ 이 조에서 규정된 사항 외에 범죄수사를 위한 통신사실 확인자료제공과 관련된 사항에 관하여는 제6조(제7항 및 제8항은 제외한다)를 준용한다. 〈신설 2005. 5. 26., 2019. 12. 31.〉

[본조신설 2001. 12. 29.]

[제목개정 2005. 5. 26.]

[2019. 12. 31. 법률 제16849호에 의하여 2018. 6. 28. 헌법재판소에서 헌법불합치 결정된 이 조를 개정함.]

제13조의2(법원에의 통신사실확인자료제공) 법원은 재판상 필요한 경우에는 민사소송법 제294조 또는 형사소송법 제272조의 규정에 의하여 전기통신사업자에게 통신사실확인자료제공을 요청할 수 있다. 〈개정 2002. 1. 26.〉

[본조신설 2001. 12. 29.]

제13조의3(범죄수사를 위한 통신사실 확인자료제공의 통지) ① 검사 또는 사법경찰관은 제13조에 따라 통신사실 확인자료제공을 받은 사건에 관하여 다음 각 호의 구분에 따라 정한 기간 내에 통신사실 확인자료제공을 받은 사실과 제공요청기관 및 그 기간 등을 통신사실 확인자료제공의 대상이 된 당사자에게 서면으로 통지하여야 한다. 〈개정 2019. 12. 31., 2021. 1. 5., 2021. 3. 16.〉

1. 공소를 제기하거나, 공소제기·검찰송치를 하지 아니하는 처분(기소중지·참고인중지 또는 수사중지 결정은 제외한다) 또는 입건을 하지 아니하는 처분을 한 경우: 그 처분을 한 날부터 30일 이내. 다만, 다음 각 목의 어느 하나에 해당하는 경우 그 통보를 받은 날부터 30일 이내

    가. 수사처검사가 「고위공직자범죄수사처 설치 및 운영에 관한 법률」 제26조제1항에 따라 서울중앙지방검찰청 소속 검사에게 관계 서류와 증거물을 송부한 사건에 관하여 이를 처리하는 검사로부터 공소를 제기하거나 제기하지 아니하는 처분(기소중지 또는 참고인중지 결정은 제외한다)의 통보를 받은 경우

    나. 사법경찰관이 「형사소송법」 제245조의5제1호에 따라 검사에게 송치한 사건으로서 검사로부터 공소를 제기하거나 제기하지 아니하는 처분(기소중지 또는 참고인중지 결정은 제외한다)의 통보를 받은 경우

2. 기소중지·참고인중지 또는 수사중지 결정을 한 경우: 그 결정을 한 날부터 1년(제6조제8항 각 호의 어느 하나에 해당하는 범죄인 경우에는 3년)이 경과한 때부터 30일 이내. 다만, 다음 각 목의 어느 하나에 해당하는 경우 그 통보를 받은 날로부터 1년(제6조제8항 각 호의 어느 하나에 해당하는 범죄인 경우에는 3년)이 경과한 때부터 30일 이내

    가. 수사처검사가 「고위공직자범죄수사처 설치 및 운영에 관한 법률」 제26조제1항에 따라 서울중앙지방검찰청 소속 검사에게 관계 서류와 증거물을 송부한 사건에 관하여 이를 처리하는 검사로부터 기소중지 또는 참고인중지 결정의 통보를 받은 경우

    나. 사법경찰관이 「형사소송법」 제245조의5제1호에 따라 검사에게 송치한 사건으로서 검사로부터 기소중지 또는 참고인중지 결정의 통보를 받은 경우

3. 수사가 진행 중인 경우: 통신사실 확인자료제공을 받은 날부터 1년(제6조제8항 각 호의 어느 하나에 해당하는 범죄인 경우에는 3년)이 경과한 때부터 30일 이내

② 제1항제2호 및 제3호에도 불구하고 다음 각 호의 어느 하나에 해당하는 사유가 있는 경우에는 그 사유가 해소될 때까지 같은 항에 따른 통지를 유예할 수 있다. 〈신설 2019. 12. 31.〉

1. 국가의 안전보장, 공공의 안녕질서를 위태롭게 할 우려가 있는 경우

2. 피해자 또는 그 밖의 사건관계인의 생명이나 신체의 안전을 위협할 우려가 있는 경우

3. 증거인멸, 도주, 증인 위협 등 공정한 사법절차의 진행을 방해할 우려가 있는 경우

4. 피의자, 피해자 또는 그 밖의 사건관계인의 명예나 사생활을 침해할 우려가 있는 경우

③ 검사 또는 사법경찰관은 제2항에 따라 통지를 유예하려는 경우에는 소명자료를 첨부하여 미리 관할 지방검찰청 검사장의 승인을 받아야 한다. 다만, 수사처검사가 제2항에 따라 통지를 유예하려는 경우에는 소

명자료를 첨부하여 미리 수사처장의 승인을 받아야 한다. 〈신설 2019. 12. 31., 2021. 1. 5.〉

④ 검사 또는 사법경찰관은 제2항 각 호의 사유가 해소된 때에는 그 날부터 30일 이내에 제1항에 따른 통지를 하여야 한다. 〈신설 2019. 12. 31.〉

⑤ 제1항 또는 제4항에 따라 검사 또는 사법경찰관으로부터 통신사실 확인자료제공을 받은 사실 등을 통지받은 당사자는 해당 통신사실 확인자료제공을 요청한 사유를 알려주도록 서면으로 신청할 수 있다. 〈신설 2019. 12. 31.〉

⑥ 제5항에 따른 신청을 받은 검사 또는 사법경찰관은 제2항 각 호의 어느 하나에 해당하는 경우를 제외하고는 그 신청을 받은 날부터 30일 이내에 해당 통신사실 확인자료제공 요청의 사유를 서면으로 통지하여야 한다. 〈신설 2019. 12. 31.〉

⑦ 제1항부터 제5항까지에서 규정한 사항 외에 통신사실 확인자료제공을 받은 사실 등에 관하여는 제9조의2(제3항은 제외한다)를 준용한다. 〈개정 2019. 12. 31.〉

[본조신설 2005. 5. 26.]

[2019. 12. 31. 법률 제16849호에 의하여 2018. 6. 28. 헌법재판소에서 헌법불합치 결정된 이 조를 개정함.]

제13조의4(국가안보를 위한 통신사실 확인자료제공의 절차 등) ① 정보수사기관의 장은 국가안전보장에 대한 위해를 방지하기 위하여 정보수집이 필요한 경우 전기통신사업자에게 통신사실 확인자료제공을 요청할 수 있다.

② 제7조 내지 제9조 및 제9조의2제3항·제4항·제6항의 규정은 제1항의 규정에 의한 통신사실 확인자료제공의 절차 등에 관하여 이를 준용한다. 이 경우 "통신제한조치"는 "통신사실 확인자료제공 요청"으로 본다.

③ 통신사실확인자료의 폐기 및 관련 자료의 비치에 관하여는 제13조제4항 및 제5항을 준용한다. 〈개정 2019. 12. 31.〉

[본조신설 2005. 5. 26.]

제13조의5(비밀준수의무 및 자료의 사용 제한) 제11조 및 제12조의 규정은 제13조의 규정에 의한 통신사실 확인자료제공 및 제13조의4의 규정에 의한 통신사실 확인자료제공에 따른 비밀준수의무 및 통신사실확인자료의 사용제한에 관하여 이를 각각 준용한다.

[본조신설 2005. 5. 26.]

제14조(타인의 대화비밀 침해금지) ① 누구든지 공개되지 아니한 타인간의 대화를 녹음하거나 전자장치 또는 기계적 수단을 이용하여 청취할 수 없다.

② 제4조 내지 제8조, 제9조제1항 전단 및 제3항, 제9조의2, 제11조제1항·제3항·제4항 및 제12조의 규정은 제1항의 규정에 의한 녹음 또는 청취에 관하여 이를 적용한다. 〈개정 2001. 12. 29.〉

제15조(국회의 통제) ① 국회의 상임위원회와 국정감사 및 조사를 위한 위원회는 필요한 경우 특정한 통신제한조치 등에 대하여는 법원행정처장, 통신제한조치를 청구하거나 신청한 기관의 장 또는 이를 집행한 기관의 장에 대하여, 감청설비에 대한 인가 또는 신고내역에 관하여는 과학기술정보통신부장관에게 보고를 요구할 수 있다. 〈개정 2008. 2. 29., 2013. 3. 23., 2017. 7. 26.〉

② 국회의 상임위원회와 국정감사 및 조사를 위한 위원회는 그 의결로 수사관서의 감청장비보유현황, 감청집행기관 또는 감청협조기관의 교환실 등 필요한 장소에 대하여 현장검증이나 조사를 실시할 수 있다. 이 경우 현장검증이나 조사에 참여한 자는 그로 인하여 알게 된 비밀을 정당한 사유없이 누설하여서는 아니된

다.

③ 제2항의 규정에 의한 현장검증이나 조사는 개인의 사생활을 침해하거나 계속중인 재판 또는 수사중인 사건의 소추에 관여할 목적으로 행사되어서는 아니된다.

④ 통신제한조치를 집행하거나 위탁받은 기관 또는 이에 협조한 기관의 중앙행정기관의 장은 국회의 상임위원회와 국정감사 및 조사를 위한 위원회의 요구가 있는 경우 대통령령이 정하는 바에 따라 제5조 내지 제10조와 관련한 통신제한조치보고서를 국회에 제출하여야 한다. 다만, 정보수사기관의 장은 국회정보위원회에 제출하여야 한다.

[전문개정 2001. 12. 29.]

제15조의2(전기통신사업자의 협조의무) ① 전기통신사업자는 검사·사법경찰관 또는 정보수사기관의 장이 이 법에 따라 집행하는 통신제한조치 및 통신사실 확인자료제공의 요청에 협조하여야 한다.

② 제1항의 규정에 따라 통신제한조치의 집행을 위하여 전기통신사업자가 협조할 사항, 통신사실확인자료의 보관기간 그 밖에 전기통신사업자의 협조에 관하여 필요한 사항은 대통령령으로 정한다.

[본조신설 2005. 5. 26.]

제16조(벌칙) ① 다음 각 호의 어느 하나에 해당하는 자는 1년 이상 10년 이하의 징역과 5년 이하의 자격정지에 처한다. 〈개정 2014. 1. 14., 2018. 3. 20.〉

1. 제3조의 규정에 위반하여 우편물의 검열 또는 전기통신의 감청을 하거나 공개되지 아니한 타인간의 대화를 녹음 또는 청취한 자

2. 제1호에 따라 알게 된 통신 또는 대화의 내용을 공개하거나 누설한 자

② 다음 각호의 1에 해당하는 자는 10년 이하의 징역에 처한다. 〈개정 2005. 5. 26.〉

1. 제9조제2항의 규정에 위반하여 통신제한조치허가서 또는 긴급감청서등의 표지의 사본을 교부하지 아니하고 통신제한조치의 집행을 위탁하거나 집행에 관한 협조를 요청한 자 또는 통신제한조치허가서 또는 긴급감청서등의 표지의 사본을 교부받지 아니하고 위탁받은 통신제한조치를 집행하거나 통신제한조치의 집행에 관하여 협조한 자

2. 제11조제1항(제14조제2항의 규정에 의하여 적용하는 경우 및 제13조의5의 규정에 의하여 준용되는 경우를 포함한다)의 규정에 위반한 자

③ 제11조제2항(제13조의5의 규정에 의하여 준용되는 경우를 포함한다)의 규정에 위반한 자는 7년 이하의 징역에 처한다. 〈개정 2005. 5. 26.〉

④ 제11조제3항(제14조제2항의 규정에 의하여 적용하는 경우 및 제13조의5의 규정에 의하여 준용되는 경우를 포함한다)의 규정에 위반한 자는 5년 이하의 징역에 처한다. 〈개정 2005. 5. 26.〉

[전문개정 2001. 12. 29.]

제17조(벌칙) ① 다음 각 호의 어느 하나에 해당하는 자는 5년 이하의 징역 또는 3천만원 이하의 벌금에 처한다. 〈개정 2004. 1. 29., 2018. 3. 20.〉

1. 제9조제2항의 규정에 위반하여 통신제한조치허가서 또는 긴급감청서등의 표지의 사본을 보존하지 아니한 자

2. 제9조제3항(제14조제2항의 규정에 의하여 적용하는 경우를 포함한다)의 규정에 위반하여 대장을 비치하지 아니한 자

3. 제9조제4항의 규정에 위반하여 통신제한조치허가서 또는 긴급감청서등에 기재된 통신제한조치 대상자의 전화번호 등을 확인하지 아니하거나 전기통신에 사용되는 비밀번호를 누설한 자

4. 제10조제1항의 규정에 위반하여 인가를 받지 아니하고 감청설비를 제조·수입·판매·배포·소지·사

용하거나 이를 위한 광고를 한 자

5. 제10조제3항 또는 제4항의 규정에 위반하여 감청설비의 인가대장을 작성 또는 비치하지 아니한 자

5의2. 제10조의3제1항의 규정에 의한 등록을 하지 아니하거나 거짓으로 등록하여 불법감청설비탐지업을 한 자

6. 삭제 〈2018. 3. 20.〉

② 다음 각 호의 어느 하나에 해당하는 자는 3년 이하의 징역 또는 1천만원 이하의 벌금에 처한다. 〈개정 2004. 1. 29., 2008. 2. 29., 2013. 3. 23., 2017. 7. 26., 2019. 12. 31.〉

1. 제3조제3항의 규정을 위반하여 단말기기 고유번호를 제공하거나 제공받은 자

2. 제8조제2항 후단 또는 제9항 후단의 규정에 위반하여 긴급통신제한조치를 즉시 중지하지 아니한 자

3. 제9조의2(제14조제2항의 규정에 의하여 적용하는 경우를 포함한다)의 규정에 위반하여 통신제한조치의 집행에 관한 통지를 하지 아니한 자

4. 제13조제7항을 위반하여 통신사실확인자료제공 현황등을 과학기술정보통신부장관에게 보고하지 아니하였거나 관련자료를 비치하지 아니한 자

[전문개정 2001. 12. 29.]

제18조(미수범) 제16조 및 제17조에 규정된 죄의 미수범은 처벌한다.

부칙 〈제17935호, 2021. 3. 16.〉

제1조(시행일) 이 법은 공포한 날부터 시행한다.

제2조(적용례) 제9조의2제2항, 제9조의3제2항 및 제13조의3제1항의 개정규정은 이 법 시행 전 사법경찰관이 검찰송치를 하지 아니하는 처분을 하였거나 수사중지 결정을 한 경우에도 적용한다.

제1장 총칙

제1조(목적) 이 영은 「국가정보원법」 제4조에 따라 국가정보원의 직무 중 보안 업무 수행에 필요한 사항을 규정함을 목적으로 한다. 〈개정 2020. 12. 31.〉

제2조(정의) 이 영에서 사용하는 용어의 뜻은 다음과 같다. 〈개정 2020. 1. 14., 2020. 7. 14., 2020. 12. 31.〉

1. "비밀"이란 「국가정보원법」(이하 "법"이라 한다) 제4조제1항제2호에 따른 국가 기밀(이하 "국가 기밀"이라 한다)로서 이 영에 따라 비밀로 분류된 것을 말한다.

2. "각급기관"이란 「대한민국헌법」, 「정부조직법」 또는 그 밖의 법령에 따라 설치된 국가기관(군기관 및 교육기관을 포함한다)과 지방자치단체 및 「공공기록물 관리에 관한 법률 시행령」 제3조에 따른 공공기관을 말한다.

3. "중앙행정기관등"이란 「정부조직법」 제2조제2항에 따른 부·처·청(이에 준하는 위원회를 포함한다)과 대통령 소속·보좌·경호기관, 국무총리 보좌기관 및 고위공직자범죄수사처를 말한다.

4. "암호자재"란 비밀의 보호 및 정보통신 보안을 위하여 암호기술이 적용된 장치나 수단으로서 Ⅰ급, Ⅱ급 및 Ⅲ급비밀 소통용 암호자재로 구분되는 장치나 수단을 말한다.

제3조(보안책임) 다음 각 호의 어느 하나에 해당하는 사항을 관리하는 사람 및 관계 기관(각급기관과 제33조제3항에 따른 관리기관을 말한다. 이하 같다)의 장은 해당 관리 대상에 대하여 보안책임을 진다.

1. 국가 기밀에 속하는 문서·자재·시설·지역
2. 국가안전보장에 한정된 국가 기밀을 취급하는 인원

[전문개정 2020. 12. 31.]

제3조의2(보안 기본정책 수립 등) 국가정보원장은 보안 업무와 관련하여 다음 각 호의 업무를 수행한다. 〈개정 2020. 1. 14., 2020. 12. 31.〉

1. 보안 업무와 관련된 기본정책의 수립 및 제도의 개선
2. 보안 업무 수행 기법의 연구·보급 및 표준화
3. 전자적 방법에 의한 보안 업무 관련 기술개발 및 보급
4. 각급기관의 보안 업무가 제1호부터 제3호까지의 사항에 따라 적절하게 수행되는지 여부의 확인 및 그 결과의 분석·평가
5. 제38조 각 호의 어느 하나에 해당하는 사고(이하 "보안사고"라 한다)의 예방 등을 위한 다음 각 목의 업무
   가. 제35조제1항에 따른 보안측정
   나. 제36조제1항에 따른 신원조사
   다. 제38조에 따른 보안사고 조사
   라. 그 밖에 대도청(對盜聽) 점검, 보안교육, 컨설팅 등 각급기관의 보안 업무 지원
6. 삭제 〈2020. 12. 31.〉

[제목개정 2020. 1. 14.]

[제6조에서 이동 〈2020. 1. 14.〉]

제3조의3(보안심사위원회) ① 중앙행정기관등에 비밀의 공개 등 해당 기관의 보안 업무 수행에 관한 중요 사

항을 심의하기 위하여 보안심사위원회를 둔다. 〈개정 2020. 1. 14., 2020. 12. 31.〉

② 제1항에 따른 보안심사위원회의 구성·운영 등에 필요한 세부사항은 국가정보원장이 정한다.

[제26조에서 이동 〈2020. 1. 14.〉]

제2장 비밀보호 〈신설 2020. 1. 14.〉

제4조(비밀의 구분) 비밀은 그 중요성과 가치의 정도에 따라 다음 각 호와 같이 구분한다.

1. Ⅰ급비밀: 누설될 경우 대한민국과 외교관계가 단절되고 전쟁을 일으키며, 국가의 방위계획·정보활동 및 국가방위에 반드시 필요한 과학과 기술의 개발을 위태롭게 하는 등의 우려가 있는 비밀

2. Ⅱ급비밀: 누설될 경우 국가안전보장에 막대한 지장을 끼칠 우려가 있는 비밀

3. Ⅲ급비밀: 누설될 경우 국가안전보장에 해를 끼칠 우려가 있는 비밀

제5조(비밀의 보호와 관리 원칙) 각급기관의 장은 비밀의 작성·분류·취급·유통 및 이관 등의 모든 과정에서 비밀이 누설되거나 유출되지 아니하도록 보안대책을 수립하여 시행하여야 한다. 이 경우 비밀의 제목 등 해당 비밀의 내용을 유추할 수 있는 정보가 포함된 자료는 공개하지 않는다. 〈개정 2020. 1. 14.〉

제6조

[종전 제6조는 제3조의2로 이동 〈2020. 1. 14.〉]

제7조(암호자재 제작·공급 및 반납) ① 국가정보원장은 암호자재를 제작하여 필요한 기관에 공급한다. 다만, 국가정보원장이 필요하다고 인정하는 암호자재의 경우 그 암호자재를 사용하는 기관은 국가정보원장이 인가하는 암호체계의 범위에서 암호자재를 제작할 수 있다. 〈개정 2020. 1. 14.〉

② 암호자재를 사용하는 기관의 장은 사용기간이 끝난 암호자재를 지체 없이 그 제작기관의 장에게 반납하여야 한다.

③ 국가정보원장은 암호자재 제작 등 암호자재와 관련된 기술을 확보하기 위하여 「과학기술분야 정부출연연구기관 등의 설립·운영 및 육성에 관한 법률」 제8조제1항에 따라 설립된 정부출연연구기관으로 하여금 관련 연구개발 및 기술지원을 수행하게 할 수 있다. 〈신설 2020. 1. 14.〉

제8조(비밀·암호자재의 취급) 비밀은 해당 등급의 비밀취급 인가를 받은 사람만 취급할 수 있으며, 암호자재는 해당 등급의 비밀 소통용 암호자재취급 인가를 받은 사람만 취급할 수 있다. 〈개정 2020. 1. 14.〉

[제목개정 2020. 1. 14.]

제9조(비밀·암호자재취급 인가권자) ① Ⅰ급비밀 취급 인가권자와 Ⅰ급 및 Ⅱ급비밀 소통용 암호자재 취급 인가권자는 다음 각 호와 같다. 〈개정 2017. 7. 26., 2018. 12. 4., 2020. 1. 14., 2020. 7. 14., 2020. 8. 4.〉

1. 대통령
2. 국무총리
3. 감사원장
4. 국가인권위원회 위원장
4의2. 고위공직자범죄수사처장
5. 각 부·처의 장
6. 국무조정실장, 방송통신위원회 위원장, 공정거래위원회 위원장, 금융위원회 위원장, 국민권익위원회 위원장, 개인정보 보호위원회 위원장 및 원자력안전위원회 위원장
7. 대통령 비서실장

8. 국가안보실장

9. 대통령경호처장

10. 국가정보원장

11. 검찰총장

12. 합동참모의장, 각군 참모총장, 지상작전사령관 및 육군제2작전사령관

13. 국방부장관이 지정하는 각군 부대장

② Ⅱ급 및 Ⅲ급비밀 취급 인가권자와 Ⅲ급비밀 소통용 암호자재 취급 인가권자는 다음 각 호와 같다. 〈개정 2020. 12. 31.〉

1. 제1항 각 호의 사람

2. 중앙행정기관등인 청의 장

3. 지방자치단체의 장

4. 특별시·광역시·도 및 특별자치시·특별자치도의 교육감

5. 제1호부터 제4호까지의 사람이 지정한 기관의 장

[제목개정 2020. 1. 14.]

제10조(비밀·암호자재취급의 인가 및 인가해제) ① 비밀취급 인가권자는 비밀을 취급하거나 비밀에 접근할 사람에게 해당 등급의 비밀취급을 인가하고, 필요한 경우에는 인가 등급을 변경한다.

② 비밀취급 인가는 인가 대상자의 직책에 따라 필요한 최소한의 인원으로 제한하여야 한다.

③ 비밀취급 인가를 받은 사람이 다음 각 호의 어느 하나에 해당하는 경우에는 그 인가를 해제해야 한다. 〈개정 2020. 1. 14., 2020. 12. 31.〉

1. 고의 또는 중대한 과실로 보안사고를 저질렀거나 이 영을 위반하여 보안업무에 지장을 주는 경우

2. 비밀취급이 불필요하게 되었을 경우

④ 암호자재취급 인가권자는 비밀취급 인가를 받은 사람 중에서 암호자재취급이 필요한 사람에게 해당 등급의 비밀 소통용 암호자재취급을 인가하고, 필요한 경우에는 인가 등급을 변경한다. 이 경우 암호자재취급 인가 등급은 비밀취급 인가 등급보다 높을 수 없다. 〈신설 2020. 1. 14.〉

⑤ 암호자재취급 인가를 받은 사람이 다음 각 호의 어느 하나에 해당하는 경우에는 그 인가를 해제해야 한다. 〈신설 2020. 1. 14.〉

1. 비밀취급 인가가 해제되었을 경우

2. 암호자재와 관련하여 보안사고를 저질렀거나 이 영을 위반하여 보안 업무에 지장을 주는 경우

3. 암호자재의 취급이 불필요하게 되었을 경우

⑥ 비밀취급 및 암호자재취급의 인가와 인가 등급의 변경 및 인가 해제는 문서로 하여야 하며, 직원의 인사 기록사항에 그 사실을 포함하여야 한다. 〈개정 2020. 1. 14.〉

[제목개정 2020. 1. 14.]

제11조(비밀의 분류) ① 비밀취급 인가를 받은 사람은 인가받은 비밀 및 그 이하 등급 비밀의 분류권을 가진다.

② 같은 등급 이상의 비밀취급 인가를 받은 사람 중 직속 상급직위에 있는 사람은 그 하급직위에 있는 사람이 분류한 비밀등급을 조정할 수 있다.

③ 비밀을 생산하거나 관리하는 사람은 비밀의 작성을 완료하거나 비밀을 접수하는 즉시 그 비밀을 분류하거나 재분류할 책임이 있다. 〈개정 2020. 1. 14.〉

제12조(분류원칙) ① 비밀은 적절히 보호할 수 있는 최저등급으로 분류하되, 과도하거나 과소하게 분류해서

는 아니 된다.

② 비밀은 그 자체의 내용과 가치의 정도에 따라 분류하여야 하며, 다른 비밀과 관련하여 분류해서는 아니 된다.

③ 외국 정부나 국제기구로부터 접수한 비밀은 그 생산기관이 필요로 하는 정도로 보호할 수 있도록 분류하여야 한다.

제13조(분류지침) 각급기관의 장은 비밀 분류를 통일성 있고 적절하게 하기 위하여 세부 분류지침을 작성하여 시행하여야 한다. 이 경우 세부 분류지침은 공개하지 않는다. 〈개정 2020. 1. 14.〉

제14조(예고문) 제12조에 따라 분류된 비밀에는 「공공기록물 관리에 관한 법률」 제33조제1항에 따른 비밀 보호기간 및 보존기간을 명시하기 위하여 예고문을 기재하여야 한다.

제15조(재분류 등) ① 비밀을 효율적으로 보호하기 위하여 비밀등급 또는 예고문 변경 등의 재분류를 한다.

② 비밀의 재분류는 그 비밀의 예고문에 따르거나 생산자의 직권으로 한다. 다만, 다음 각 호의 어느 하나에 해당하는 경우에는 예고문의 비밀 보호기간 및 보존기간과 관계없이 비밀을 파기할 수 있다.

1. 전시·천재지변 등 긴급하고 부득이한 사정으로 비밀을 계속 보관할 수 없거나 안전하게 반출할 수 없는 경우

2. 국가정보원장의 요청이 있는 경우

3. 비밀 재분류를 통하여 예고문에 따른 파기 시기까지 계속 보관할 필요가 없게 된 경우로서 해당 비밀취급 인가권자의 사전 승인을 받은 경우

③ 외국 정부나 국제기구로부터 접수된 비밀 중 예고문이 없거나 기재된 예고문이 비밀 관리에 적당하지 아니하다고 인정되는 경우에는 접수한 기관의 장이 그 비밀을 최대한 보호할 수 있는 범위에서 재분류할 수 있다.

제16조(표시) 비밀은 그 취급자 또는 관리자에게 경고하고 비밀취급 인가를 받지 아니한 사람의 접근을 방지하기 위하여 분류(재분류를 포함한다. 이하 같다)와 동시에 등급에 따라 구분된 표시를 하여야 한다.

제17조(비밀의 접수·발송) ① 비밀을 접수하거나 발송할 때에는 그 비밀을 최대한 보호할 수 있는 방법을 이용하여야 한다.

② 비밀은 암호화되지 아니한 상태로 정보통신 수단을 이용하여 접수하거나 발송해서는 아니 된다. 〈개정 2020. 1. 14.〉

③ 모든 비밀을 접수하거나 발송할 때에는 그 사실을 확인하기 위하여 접수증을 사용한다.

제18조(보관) 비밀은 도난·유출·화재 또는 파괴로부터 보호하고 비밀취급인가를 받지 아니한 사람의 접근을 방지할 수 있는 적절한 시설에 보관하여야 한다.

제19조(출장 중의 비밀 보관) 비밀을 휴대하고 출장 중인 사람은 비밀을 안전하게 보호하기 위하여 국내 경찰기관 또는 재외공관에 보관을 위탁할 수 있으며, 위탁받은 기관은 그 비밀을 보관하여야 한다.

제20조(보관책임자) 각급기관의 장은 소속 직원 중에서 이 영에 따른 비밀 보관 업무를 수행할 보관책임자를 임명하여야 한다.

제21조(비밀의 전자적 관리) ① 각급기관의 장은 전자적 방법을 사용하여 비밀을 관리할 수 있으며, 이를 위하여 전자적 비밀관리시스템을 구축·운영할 수 있다. 〈개정 2020. 1. 14.〉

② 각급기관의 장은 제1항에 따라 비밀을 관리할 경우 국가정보원장이 안전성을 확인한 암호자재를 사용하여 비밀의 위조·변조·훼손 및 유출 등을 방지하기 위한 보안대책을 마련하여 시행하여야 한다.

③ 국가정보원장은 관리하는 비밀이 적은 각급기관이 공동으로 활용할 수 있도록 통합 비밀관리시스템을 구축·운영할 수 있다. 〈신설 2020. 1. 14.〉

제22조(비밀관리기록부) ① 각급기관의 장은 비밀의 작성·분류·접수·발송 및 취급 등에 필요한 모든 관리 사항을 기록하기 위하여 비밀관리기록부를 작성하여 갖추어 두어야 한다. 다만, Ⅰ급비밀관리기록부는 따로 작성하여 갖추어 두어야 하며, 암호자재는 암호자재 관리기록부로 관리한다.

② 비밀관리기록부와 암호자재 관리기록부에는 모든 비밀과 암호자재에 대한 보안책임 및 보안관리 사항이 정확히 기록·보존되어야 한다.

제23조(비밀의 복제·복사 제한) ① 비밀의 일부 또는 전부나 암호자재에 대해서는 모사(模寫)·타자(打字)·인쇄·조각·녹음·촬영·인화(印畵)·확대 등 그 원형을 재현(再現)하는 행위를 할 수 없다. 다만, 다음 각 호의 구분에 따른 비밀의 경우에는 그러하지 아니하다.

1. Ⅰ급비밀: 그 생산자의 허가를 받은 경우

2. Ⅱ급비밀 및 Ⅲ급비밀: 그 생산자가 특정한 제한을 하지 아니한 것으로서 해당 등급의 비밀취급 인가를 받은 사람이 공용(共用)으로 사용하는 경우

3. 전자적 방법으로 관리되는 비밀: 해당 비밀을 보관하기 위한 용도인 경우

② 각급기관의 장은 보안 업무의 효율적인 수행을 위하여 필요하다고 인정되는 경우에는 해당 비밀의 보존기간 내에서 제1항 단서에 따라 그 사본을 제작하여 보관할 수 있다.

③ 제2항에 따라 비밀의 사본을 보관할 때에는 그 예고문이나 비밀등급을 변경해서는 아니 된다. 다만, 「공공기록물 관리에 관한 법률 시행령」 제68조제6항에 따라 비밀을 재분류하는 경우에는 그러하지 아니하다.

④ 비밀을 복제하거나 복사한 경우에는 그 원본과 동일한 비밀등급과 예고문을 기재하고, 사본 번호를 매겨야 한다.

⑤ 제4항에 따른 예고문에 재분류 구분이 "파기"로 되어 있을 때에는 파기 시기를 원본의 보호기간보다 앞당길 수 있다. 〈개정 2020. 1. 14.〉

제24조(비밀의 열람) ① 비밀은 해당 등급의 비밀취급 인가를 받은 사람 중 그 비밀과 업무상 직접 관계가 있는 사람만 열람할 수 있다.

② 비밀취급 인가를 받지 아니한 사람에게 비밀을 열람하거나 취급하게 할 때에는 국가정보원장이 정하는 바에 따라 소속 기관의 장(비밀이 군사와 관련된 사항인 경우에는 국방부장관)이 미리 열람자의 인적사항과 열람하려는 비밀의 내용 등을 확인하고 열람 시 비밀 보호에 필요한 자체 보안대책을 마련하는 등의 보안조치를 하여야 한다. 다만, Ⅰ급비밀의 보안조치에 관하여는 국가정보원장과 미리 협의하여야 한다.

제25조(비밀의 공개) ① 중앙행정기관등의 장은 다음 각 호의 어느 하나에 해당하는 사유가 있을 때에는 그가 생산한 비밀을 제3조의3에 따른 보안심사위원회의 심의를 거쳐 공개할 수 있다. 다만, Ⅰ급비밀의 공개에 관하여는 국가정보원장과 미리 협의해야 한다. 〈개정 2020. 1. 14., 2020. 12. 31.〉

1. 국가안전보장을 위하여 국민에게 긴급히 알려야 할 필요가 있다고 판단될 때

2. 공개함으로써 국가안전보장 또는 국가이익에 현저한 도움이 된다고 판단될 때

② 공무원 또는 공무원이었던 사람은 법률에서 정하는 경우를 제외하고는 소속 기관의 장이나 소속되었던 기관의 장의 승인 없이 비밀을 공개해서는 아니 된다.

제26조

[종전 제26조는 제3조의3으로 이동 〈2020. 1. 14.〉]

제27조(비밀의 반출) 비밀은 보관하고 있는 시설 밖으로 반출해서는 아니 된다. 다만, 공무상 반출이 필요할

때에는 소속 기관의 장의 승인을 받아야 한다.

제28조(안전 반출 및 파기 계획) 관계 기관의 장은 비상시에 대비하여 비밀을 안전하게 반출하거나 파기할 수 있는 계획을 수립하고, 소속 직원에게 주지(周知)시켜야 한다. 〈개정 2020. 12. 31.〉

제29조(비밀문서의 통제) 각급기관의 장은 비밀문서의 접수·발송·복제·열람 및 반출 등의 통제에 필요한 규정을 따로 작성·운영할 수 있다.

제30조(비밀의 이관) 비밀은 일반문서보관소로 이관해서는 아니 된다. 다만, 「공공기록물 관리에 관한 법률」 제33조제2항 및 같은 법 시행령 제68조에 따라 기록물관리기관으로 이관하는 경우에는 그러하지 아니하다.

제31조(비밀 소유 현황 통보) ① 각급기관의 장은 연 2회 비밀 소유 현황을 조사하여 국가정보원장에게 통보하여야 한다. 〈개정 2020. 1. 14.〉

② 제1항에 따라 조사 및 통보된 비밀 소유 현황은 공개하지 않는다. 〈신설 2020. 1. 14.〉

제3장 국가보안시설 및 국가보호장비 보호 〈신설 2020. 1. 14.〉

제32조(국가보안시설 및 국가보호장비 지정) ① 국가정보원장은 파괴 또는 기능이 침해되거나 비밀이 누설될 경우 전략적·군사적으로 막대한 손해가 발생하거나 국가안전보장에 연쇄적 혼란을 일으킬 우려가 있는 시설 및 항공기·선박 등 중요 장비를 각각 국가보안시설 및 국가보호장비로 지정할 수 있다.

② 국가정보원장은 관계 중앙행정기관등 및 지방자치단체의 장과 협의하여 제1항에 따라 국가보안시설 및 국가보호장비를 지정하는 데 필요한 기준(이하 "지정기준"이라 한다)을 마련해야 한다. 〈개정 2020. 12. 31.〉

③ 전력시설 및 항공기 등 국가정보원장이 정하는 국가안전보장에 중요한 시설 또는 장비의 보안관리상태를 감독하는 기관의 장은 해당 시설 또는 장비가 지정기준에 부합한다고 판단할 경우 국가정보원장에게 해당 시설 또는 장비를 제1항에 따라 국가보안시설 또는 국가보호장비로 지정해줄 것을 요청해야 한다.

④ 국가정보원장은 제3항에 따른 지정 요청을 받은 경우 지정기준에 부합하는지를 심사하여 해당 시설 또는 장비의 국가보안시설 또는 국가보호장비 지정 여부를 결정하고, 그 결과를 요청 기관의 장에게 통보해야 한다.

⑤ 국가정보원장은 제1항부터 제4항까지의 규정에 따라 지정된 국가보안시설 또는 국가보호장비의 보안관리상태를 감독하는 기관(이하 "감독기관"이라 한다)의 장과 협의하여 지정기준을 수정·보완할 수 있다.

[본조신설 2020. 1. 14.]

[종전 제32조는 제34조로 이동 〈2020. 1. 14.〉]

제33조(국가보안시설 및 국가보호장비 보호대책의 수립) ① 국가정보원장은 국가보안시설 및 국가보호장비를 보호하기 위하여 국가보안시설 및 국가보호장비 보호대책(이하 "기본 보호대책"이라 한다)을 수립해야 한다.

② 감독기관의 장은 기본 보호대책에 따라 소관 분야의 국가보안시설 및 국가보호장비에 대한 보호대책(이하 "분야별 보호대책"이라 한다)을 수립·시행해야 한다.

③ 국가보안시설 또는 국가보호장비를 관리하는 기관(이하 "관리기관"이라 한다)의 장은 감독기관의 장이 수립한 분야별 보호대책에 따라 해당 시설 및 장비에 대한 세부 보호대책(이하 "세부 보호대책"이라 한다)을 수립·시행해야 한다.

④ 국가정보원장과 감독기관의 장은 관리기관의 장이 기본 보호대책 및 분야별 보호대책을 이행하고 있는지 확인하고, 필요한 조치를 요청할 수 있다.

⑤ 국가정보원장은 기본 보호대책의 수립을 위하여 관리기관의 장에게 필요한 자료의 제공을 요청할 수 있다.

⑥ 분야별 보호대책 및 세부 보호대책의 수립 및 시행에 필요한 세부사항은 국가정보원장이 정한다.

[본조신설 2020. 1. 14.]

[종전 제33조는 제36조로 이동 〈2020. 1. 14.〉]

제34조(보호지역) ① 각급기관의 장과 관리기관 등의 장은 국가안전보장에 관련되는 인원·문서·자재·시설의 보호를 위하여 필요한 장소에 일정한 범위의 보호지역을 설정할 수 있다. 〈개정 2020. 1. 14.〉

② 제1항에 따라 설정된 보호지역은 그 중요도에 따라 제한지역, 제한구역 및 통제구역으로 나눈다. 〈개정 2020. 1. 14.〉

③ 보호지역에 접근하거나 출입하려는 사람은 각급기관의 장 또는 관리기관 등의 장의 승인을 받아야 한다. 〈개정 2020. 1. 14.〉

④ 보호지역을 관리하는 사람은 제3항에 따른 승인을 받지 않은 사람의 보호지역 접근이나 출입을 제한하거나 금지할 수 있다. 〈개정 2020. 1. 14.〉

[제목개정 2020. 1. 14.]

[제32조에서 이동, 종전 제34조는 제37조로 이동 〈2020. 1. 14.〉]

제35조(보안측정) ① 국가정보원장은 보안사고를 예방하기 위하여 국가보안시설, 국가보호장비 및 보호지역에 대하여 보안측정을 한다.

② 제1항에 따른 보안측정은 국가정보원장이 직권으로 하거나 관계 기관의 장의 요청에 따라 한다. 〈개정 2020. 12. 31.〉

③ 국가정보원장은 보안측정을 위하여 관계 기관에 필요한 협조를 요구할 수 있다.

④ 보안측정의 절차 및 내용 등에 관하여 필요한 세부 사항은 국가정보원장이 정한다.

[전문개정 2020. 1. 14.]

제35조의2(보안측정 결과의 처리) ① 국가정보원장은 보안측정 결과 및 개선대책을 해당 관계 기관의 장에게 통보한다. 〈개정 2020. 12. 31.〉

② 제1항에 따라 보안측정 결과 및 개선대책을 통보받은 관계 기관의 장은 이를 성실히 이행해야 한다. 〈개정 2020. 12. 31.〉

③ 국가정보원장과 각급기관의 장은 관리기관의 장이 제1항에 따른 개선대책을 이행하고 있는지 확인하고, 필요한 조치를 요청할 수 있다.

[전문개정 2020. 1. 14.]

[제37조에서 이동 〈2020. 1. 14.〉]

제4장 신원조사 〈신설 2020. 1. 14.〉

제36조(신원조사) ① 국가정보원장은 제3조제2호에 해당하는 사람의 충성심·신뢰성 등을 확인하기 위하여 신원조사를 한다. 〈개정 2020. 12. 31.〉

② 삭제 〈2020. 12. 31.〉

③ 관계 기관의 장은 다음 각 호에 해당하는 사람에 대하여 국가정보원장에게 신원조사를 요청해야 한다. 〈개정 2020. 1. 14., 2020. 12. 31.〉

1. 공무원 임용 예정자(국가안전보장에 한정된 국가 기밀을 취급하는 직위에 임용될 예정인 사람으로 한정

한다)

2. 비밀취급 인가 예정자

3. 삭제 〈2020. 1. 14.〉

4. 국가보안시설·보호장비를 관리하는 기관 등의 장(해당 국가보안시설 등의 관리 업무를 수행하는 소속 직원을 포함한다)

5. 삭제 〈2020. 12. 31.〉

6. 그 밖에 다른 법령에서 정하는 사람이나 각급기관의 장이 국가안전보장을 위하여 필요하다고 인정하는 사람

[제33조에서 이동, 종전 제36조는 삭제

제37조(신원조사 결과의 처리) ① 국가정보원장은 신원조사 결과 국가안전보장에 해를 끼칠 정보가 있음이 확인된 사람에 대해서는 관계 기관의 장에게 그 사실을 통보하여야 한다.

② 제1항에 따라 통보를 받은 관계 기관의 장은 신원조사 결과에 따라 필요한 보안대책을 마련하여야 한다.

[제목개정 2020. 1. 14.]

[제34조에서 이동, 종전 제37조는 제35조의2로 이동 〈2020. 1. 14.〉]

제5장 보안조사 〈신설 2020. 1. 14.〉

제38조(보안사고 조사) 국가정보원장은 다음 각 호의 어느 하나에 해당하는 사고가 발생한 경우 사고원인 규명 및 재발 방지 대책마련을 위하여 보안사고 조사를 한다.

1. 비밀의 누설 또는 분실

2. 국가보안시설·국가보호장비의 파괴 또는 기능 침해

3. 제34조제3항에 따른 승인을 받지 않은 보호지역 접근 또는 출입

4. 그 밖에 제1호부터 제3호까지에 준하는 사고로서 국가정보원장이 정하는 사고

[전문개정 2020. 1. 14.]

제38조의2(보안사고 조사 결과의 처리) ① 국가정보원장은 제38조에 따른 보안사고 조사의 결과를 해당 기관의 장에게 통보한다.

② 제1항에 따라 보안사고 조사결과를 통보받은 기관의 장은 조사결과와 관련하여 필요한 조치를 하고, 조치결과를 국가정보원장에게 통보해야 한다.

[본조신설 2020. 1. 14.]

제6장 중앙행정기관등의 보안감사 〈개정 2020. 12. 31.〉

제39조(보안감사) 중앙행정기관등의 장은 이 영에서 정한 인원·문서·자재·시설·지역 및 장비 등의 보안 관리상태와 그 적정 여부를 조사하기 위하여 보안감사를 한다. 〈개정 2020. 12. 31.〉

제40조(정보통신보안감사) 중앙행정기관등의 장은 정보통신수단에 의한 비밀의 누설방지와 정보통신시설의 보안상태를 조사하기 위하여 정보통신보안감사를 한다. 〈개정 2020. 12. 31.〉

제41조(감사의 실시) ① 제39조에 따른 보안감사와 제40조에 따른 정보통신보안감사는 정기감사와 수시감사로 구분하여 한다.

② 정기감사는 연 1회, 수시감사는 필요에 따라 수시로 한다.

③ 보안감사와 정보통신보안감사를 할 때에는 보안상의 취약점이나 개선 필요 사항의 발굴에 중점을 둔다.

제42조(보안감사 결과의 처리) ① 중앙행정기관등의 장은 제39조에 따른 보안감사 및 제40조에 따른 정보통신보안감사의 결과를 국가정보원장에게 통보해야 한다. 〈개정 2020. 12. 31.〉

② 중앙행정기관등의 장은 제39조에 따른 보안감사 및 제40조에 따른 정보통신보안감사의 결과와 관련하여 보안상의 취약점이나 개선 필요 사항을 확인한 경우에는 재발 방지 및 개선을 위하여 필요한 조치를 하고, 그 조치결과를 국가정보원장에게 통보해야 한다. 〈개정 2020. 12. 31.〉

[전문개정 2020. 1. 14.]

제7장 보칙 〈신설 2020. 1. 14.〉

제43조(보안담당관) 각급기관의 장은 소속 직원 중에서 이 영에 따른 보안업무를 수행할 보안담당관을 임명하여야 한다.

제44조(계엄지역의 보안) ① 계엄이 선포된 지역의 보안을 위하여 계엄사령관은 이 영에도 불구하고 특별한 보안조치를 할 수 있다.

② 계엄사령관이 제1항에 따라 특별한 보안조치를 하려는 경우 평상시 보안업무와의 연계성을 고려하여 필요하다고 인정할 때에는 미리 국가정보원장과 협의하여야 한다.

제45조(권한의 위탁) ① 국가정보원장은 제36조에 따른 신원조사와 관련한 권한의 일부를 국방부장관과 경찰청장에게 위탁할 수 있다. 〈개정 2020. 1. 14., 2020. 12. 31.〉

② 국가정보원장은 필요하다고 인정할 때에는 각급기관의 장에게 제35조에 따른 보안측정 및 제38조에 따른 보안사고 조사와 관련한 권한의 일부를 위탁할 수 있다. 다만, 국방부장관에 대한 위탁은 국방부 본부를 제외한 합동참모본부, 국방부 직할부대 및 직할기관, 각군, 「방위사업법」에 따른 방위산업체, 연구기관 및 그 밖의 군사보안대상의 보안측정 및 보안사고 조사로 한정한다. 〈개정 2020. 12. 31.〉

③ 국가정보원장은 필요하다고 인정할 때에는 제2항에 따라 권한을 위탁받은 각급기관의 장에게 보안측정 및 보안사고 조사 결과의 통보를 요구할 수 있다. 〈개정 2020. 12. 31.〉

④ 국가정보원장은 제21조제3항에 따른 통합 비밀관리시스템의 구축·운영을 관계 중앙행정기관등의 장에게 위탁할 수 있다. 〈신설 2020. 1. 14., 2020. 12. 31.〉

제46조(고유식별정보의 처리) ① 국가정보원장은 법 제5조제2항에 따라 보안 업무에 필요한 조사 업무를 수행하기 위하여 불가피한 경우 「개인정보 보호법 시행령」 제19조제1호 또는 제4호에 따른 주민등록번호 또는 외국인등록번호가 포함된 자료를 처리할 수 있다. 〈신설 2020. 12. 31.〉

② 관계 기관의 장은 다음 각 호의 사무를 수행하기 위하여 불가피한 경우 「개인정보 보호법 시행령」 제19조제1호 또는 제4호에 따른 주민등록번호 또는 외국인등록번호가 포함된 자료를 처리할 수 있다. 〈개정 2020. 1. 14., 2020. 12. 31.〉

1. 제34조제3항에 따른 보호지역 접근·출입 승인에 관한 사무

2. 제36조에 따른 신원조사에 관한 사무

부칙 〈제31354호, 2020. 12. 31.〉

제1조(시행일) 이 영은 2021년 1월 1일부터 시행한다.

제2조(신원조사에 관한 경과조치) 이 영 시행 당시 신원조사가 진행 중인 경우에는 제36조 및 제45조제1항 단서의 개정규정에도 불구하고 종전의 규정에 따라 신원조사를 한다.

제1조(목적) 이 훈령은 국가사이버안전에 관한 조직체계 및 운영에 대한 사항을 규정하고 사이버안전업무를 수행하는 기관간의 협력을 강화함으로써 국가안보를 위협하는 사이버공격으로부터 국가정보통신망을 보호함을 목적으로 한다.

제2조(정의) 이 훈령에서 사용하는 용어의 정의는 다음과 같다. 〈개정 2008. 8. 18., 2012. 1. 2.〉

1. "정보통신망"이라 함은 「전기통신기본법」 제2조제2호의 규정에 의한 전기통신설비를 활용하거나 전기통신설비와 컴퓨터 및 컴퓨터의 이용기술을 활용하여 정보를 수집ㆍ가공ㆍ저장ㆍ검색ㆍ송신 또는 수신하는 정보통신체제를 말한다.

2. "사이버공격"이라 함은 해킹ㆍ컴퓨터바이러스ㆍ논리폭탄ㆍ메일폭탄ㆍ서비스방해 등 전자적 수단에 의하여 국가정보통신망을 불법침입ㆍ교란ㆍ마비ㆍ파괴하거나 정보를 절취ㆍ훼손하는 일체의 공격행위를 말한다.

3. "사이버안전"이라 함은 사이버공격으로부터 국가정보통신망을 보호함으로써 국가정보통신망과 정보의 기밀성ㆍ무결성ㆍ가용성 등 안전성을 유지하는 상태를 말한다.

4. "사이버위기"란 사이버공격으로 정보통신망을 통해 유통ㆍ저장되는 정보를 유출ㆍ변경ㆍ파괴함으로써 국가안보에 영향을 미치거나 사회ㆍ경제적 혼란을 발생시키거나 국가 정보통신시스템의 핵심기능이 훼손ㆍ정지되는 등 무력화되는 상황을 말한다.

5. "공공기관"이라 함은 다음 각목의 기관을 말한다.

　가. 「공공기관의 운영에 관한 법률」 제5조에 따라 지정된 공기업 또는 준정부기관인 공공기관

　나. 「공공기관의 운영에 관한 법률」 제5조에 따라 지정된 기타공공기관 중 「정부출연연구기 등의 설립ㆍ운영 및 육성에 관한 법률」 제8조제1항 및 「과학기술분야 정부출연연구기관 등의 설립ㆍ운영 및 육성에 관한 법률」 제8조제1항에 따른 연구기관

　다. 「초ㆍ중등교육법」및「고등교육법」에 따른 국ㆍ공립학교

　라. 그 밖에 다른 법령의 규정에 의하여 설립된 공공기관 중 제6조의 규정에 의한 국가사이버안전전략회의에서 정보통신망의 안전성 확보가 필요하다고 지정한 기관

제3조(적용범위) 이 훈령은 중앙행정기관(대통령 소속 기관, 국무총리 소속 기관 및 국가인권위원회를 포함한다. 이하 같다), 지방자치단체 및 공공기관의 정보통신망에 적용한다. 다만, 「정보통신기반보호법」에 따른 주요정보통신기반시설에 대해서는 「정보통신기반보호법」을 우선 적용한다. 〈개정 2012. 1. 2., 2013. 9. 2.〉

제4조(사이버안전 확보의 책무) ① 중앙행정기관의 장은 소관 정보통신망에 대하여 안전성을 확보할 책임이 있으며 이를 위하여 사이버안전업무를 전담하는 전문인력을 확보하는 등 필요한 조치를 강구하여야 한다.

② 관계 중앙행정기관의 장은 소관 공공기관 및 지방자치단체의 장으로 하여금 제1항의 규정에 의한 전문인력의 확보 등 필요한 조치를 강구하도록 하여야 한다.

제5조(국가사이버안전정책 및 관리) ① 국가사이버안전과 관련된 정책 및 관리에 대하여는 국가정보원장이 관계 중앙행정기관의 장과 협의하여 이를 총괄ㆍ조정한다. 〈개정 2012. 1. 2.〉

② 국가정보원장은 제1항에 따른 총괄ㆍ조정 업무를 효율적이고 체계적으로 수행하기 위하여 관계 중앙행정기관의 장과 협의하여 국가사이버안전기본계획을 수립ㆍ시행한다. 〈신설 2012. 1. 2.〉

③ 국가정보원장은 제2항에 따른 국가사이버안전기본계획을 원활하게 추진하기 위하여 관계 기관에 예산

반영 등에 관한 협조를 요청할 수 있다. 〈신설 2012. 1. 2.〉

제6조(국가사이버안전전략회의) ① 국가사이버안전에 관한 중요사항을 심의하기 위하여 국가정보원장 소속하에 국가사이버안전전략회의(이하 "전략회의"라 한다)를 둔다.

② 전략회의의 의장은 국가정보원장이 된다.

③ 전략회의의 위원은 다음 각 호의 사람과 전략회의 의장이 지명하는 관계 중앙행정기관의 차관급 공무원이 된다. 이 경우 차관 또는 차관급 공무원이 2명 이상인 기관은 사이버 안전 업무를 담당하는 차관 또는 차관급 공무원이 위원이 된다. 〈개정 2012. 1. 2., 2013. 5. 24., 2013. 9. 2.〉

1. 기획재정부차관
2. 미래창조과학부차관
3. 교육부차관
4. 외교부차관
5. 통일부차관
6. 법무부차관
7. 국방부차관
8. 안전행정부차관
9. 산업통상자원부차관
10. 보건복지부차관
11. 국토교통부차관
12. 금융위원회 부위원장
13. 대통령비서실 사이버안전 담당 수석비서관
14. 국가안보실 사이버안전 담당 비서관
15. 국무조정실 국무차장

④ 전략회의는 다음 각호의 사항을 심의한다.

1. 국가사이버안전체계의 수립 및 개선에 관한 사항
2. 국가사이버안전 관련 정책 및 기관간 역할조정에 관한 사항
3. 국가사이버안전 관련 대통령 지시사항에 대한 조치방안
4. 그 밖에 전략회의 의장이 부의하는 사항

⑤ 제4항에 따라 전략회의의 심의를 거친 사항 중 중요 사항은 대통령 및 국무총리에게 보고한다. 〈신설 2012. 1. 2.〉

⑥ 전략회의의 구성·운영 등에 관하여 필요한 사항은 전략회의의 의장이 따로 정한다. 〈개정 2012. 1. 2.〉

제7조(국가사이버안전대책회의) ① 전략회의의 효율적인 운영을 위하여 전략회의에 국가사이버안전대책회의(이하 "대책회의"라 한다)를 둔다.

② 대책회의의 의장은 국가정보원의 사이버안전업무를 담당하는 차장이 되며, 위원은 전략회의의 위원이 속하는 기관의 실·국장급 공무원으로 한다.

③ 대책회의는 다음 각호의 사항을 심의한다.

1. 국가사이버안전 관리 및 대책방안
2. 전략회의의 결정사항에 대한 시행방안
3. 전략회의로부터 위임받거나 전략회의의 의장으로부터 지시받은 사항

4. 그 밖에 대책회의의 의장이 부의하는 사항

④ 대책회의의 구성·운영 등에 관하여 필요한 사항은 대책회의의 의장이 따로 정한다.

제8조(국가사이버안전센터) ① 사이버공격에 대한 국가차원의 종합적이고 체계적인 대응을 위하여 국가정보원장 소속하에 국가사이버안전센터(이하 "사이버안전센터"라 한다)를 둔다.

② 사이버안전센터는 다음 각호의 업무를 수행한다.

1. 국가사이버안전정책의 수립

2. 전략회의 및 대책회의의 운영에 대한 지원

3. 사이버위협 관련 정보의 수집·분석·전파

4. 국가정보통신망의 안전성 확인

5. 국가사이버안전매뉴얼의 작성·배표

6. 사이버공격으로 인하여 발생한 사고의 조사 및 복구 지원

7. 외국과의 사이버위협 관련 정보의 협력

③ 국가정보원장은 국가 차원의 사이버위협에 대한 종합판단, 상황관제, 위협요인 분석 및 합동조사 등을 위해 사이버안전센터에 민·관·군 합동대응반(이하 "합동대응반"이라 한다)을 설치·운영할 수 있다. 〈개정 2012. 1. 2.〉

④ 국가정보원장은 합동대응반을 설치·운영하기 위하여 필요한 경우에는 관계 중앙행정기관, 지방자치단체 및 공공기관의 장에게 소속 공무원 및 직원의 파견을 요청할 수 있다. 〈신설 2012. 1. 2.〉

제9조(사이버안전대책의 수립·시행 등) ① 중앙행정기관의 장은 소관 정보통신망을 보호하기 위하여 사이버안전대책을 수립·시행하고, 이를 지도·감독하여야 한다.

② 관계 중앙행정기관의 장은 공공기관의 장 및 지방자치단체의 장으로 하여금 제1항의 규정에 의한 사이버안전대책을 수립·시행하도록 할 수 있다.

③ 국가정보원장은 제1항 및 제2항에 따른 사이버안전대책의 수립에 필요한 국가사이버안전매뉴얼 및 관련 지침을 작성 배포할 수 있다. 이 경우 국가정보원장은 미리 관계 중앙행정기관의 장과 협의하여야 한다. 〈개정 2012. 1. 2.〉

④ 국가정보원장은 제1항 및 제2항에 따른 사이버안전대책의 이행여부 진단·평가 등 정보통신망에 대한 안전성을 확인할 수 있으며 필요하다고 인정하는 경우에는 해당 중앙행정기관의 장에게 시정 등 필요한 조치를 권고할 수 있다. 다만, 지방자치단체 및 공공기관의 정보통신망에 대한 안전성 확인은 관계 중앙행정기관의 장과 협의하여 수행한다. 〈개정 2012. 1. 2.〉

제9조의2(사이버위기 대응 훈련) ① 중앙행정기관, 지방자치단체 및 공공기관의 장은 소관 정보통신망을 대상으로 매년 정기적으로 사이버위기 대응 훈련을 실시하여야 한다.

② 국가정보원장은 국가 차원의 사이버위기 발생에 대비하여 중앙행정기관, 지방자치단체 및 공공기관의 정보통신망을 대상으로 사이버위기 대응 통합훈련을 실시할 수 있다. 이 경우 국가정보원장은 특별한 사유가 없으면 사전에 훈련 일정 등을 해당 기관의 장에게 통보하여야 한다.

③ 국가정보원장은 제2항의 훈련 결과 필요하다고 판단하는 경우에는 중앙행정기관, 지방자치단체 및 공공기관의 장에게 필요한 시정조치를 요청할 수 있다. 이 경우 해당 기관의 장은 특별한 사유가 없는 한 그 요청에 따라야 한다.

[본조신설 2012. 1. 2.]

제10조(사이버공격과 관련한 정보의 협력) ① 중앙행정기관의 장, 지방자치단체의 장 및 공공기관의 장은 국

가정보통신망에 대한 사이버 공격의 계획 또는 공격사실, 사이버안전에 위협을 초래할 수 있는 정보를 입수한 경우에는 지체없이 그 사실을 국가안보실장 및 국가정보원장에게 통보하여야 한다. 다만, 수사사항에 대하여는 수사기관의 장이 국가기밀의 유출·훼손 등 국가안보의 위협을 초래한다고 판단되는 경우에 입수한 정보를 국가안보실장 및 국가정보원장에게 통보하여야 한다. 〈개정 2013. 9. 2.〉

② 국가정보원장은 제1항의 규정에 의하여 관련 정보를 제공받은 경우에는 대응에 필요한 조치를 강구하고 그 결과를 정보를 제공한 해당기관의 장에게 통지한다.

제10조의2(보안관제센터의 설치·운영) ① 중앙행정기관의 장, 지방자치단체의 장 및 공공기관의 장은 사이버공격 정보를 탐지·분석하여 즉시 대응 조치를 할 수 있는 기구(이하 "보안관제센터"라 한다)를 설치·운영하여야 한다. 다만, 보안관제센터를 설치·운영하지 못하는 경우에는 다른 중앙행정기관(국가정보원을 포함한다)의 장, 지방자치단체의 장 및 관계 공공기관의 장이 설치·운영하는 보안관제센터에 그 업무를 위탁할 수 있다.

② 보안관제센터를 설치·운영하는 기관의 장은 수집·탐지한 사이버공격 정보를 국가정보원장 및 관계 기관의 장에게 제공하여야 한다.

③ 보안관제센터를 설치·운영하는 기관의 장은 보안관제센터의 운영에 필요한 전담직원을 상시 배치하여야 한다.

④ 보안관제센터를 운영하는 기관의 장은 필요한 경우에는 미래창조과학부장관이 지정하는 보안관제전문업체의 인원을 파견받아 보안관제업무를 수행하도록 할 수 있다. 이 경우 보안관제전문업체의 지정·관리 등에 필요한 사항은 미래창조과학부장관이 국가정보원장과 협의하여 정한다. 〈개정 2013. 5. 24.〉

⑤ 제1항의 보안관제센터의 설치·운영 및 제2항의 사이버공격 정보의 제공 범위, 절차 및 방법 등 세부사항은 국가정보원장이 관계 중앙행정기관의 장과 협의하여 정한다.

[본조신설 2010. 4. 16.]

제11조(경보 발령) ① 국가정보원장은 사이버공격에 대한 체계적인 대응 및 대비를 위하여 사이버공격의 파급영향, 피해규모 등을 고려하여 관심·주의·경계·심각 등 수준별 경보를 발령할 수 있다. 다만, 민간분야에 대하여는 미래창조과학부장관이 경보를 발령하고, 국방분야에 대하여는 국방부장관이 경보를 발령하며, 국가정보원장, 미래창조과학부장관 및 국방부장관은 국가차원에서의 효율적인 경보 업무를 수행하기 위하여 경보 관련 정보를 발령 전에 상호 교환하여야 한다. 〈개정 2008. 8. 18., 2013. 5. 24., 2013. 9. 2.〉

② 제1항의 규정에 의하여 경보를 발령하였을 때에는 관계 중앙행정기관의 장은 공공기관의 장 및 지방자치단체의 장에게 이를 신속히 전파하고 적절한 조치를 취하여야 한다.

③ 국가정보원장은 사이버공격이 국가안보에 중대한 위해를 초래할 것으로 판단되는 경우에는 국가안보실장과 협의하여 심각 수준의 경보를 발령할 수 있다. 〈개정 2008. 8. 18., 2013. 5. 24.〉

④ 국가정보원장은 제1항의 규정에 의한 경보 발령에 필요한 정보를 관계 중앙행정기관의 장에게 요청할 수 있다. 이 경우 관계 중앙행정기관의 장은 특별한 사유가 없는 한 이에 협조하여야 한다.

제12조(사고통보 및 복구) ① 중앙행정기관의 장은 사이버공격으로 인한 사고의 발생 또는 징후를 발견한 경우에는 피해를 최소화하는 조치를 취하고 지체없이 그 사실을 국가안보실장 및 국가정보원장에게 통보하여야 한다. 〈개정 2013. 9. 2.〉

② 지방자치단체의 장 및 공공기관의 장은 사이버공격으로 인한 사고의 발생 또는 징후를 발견한 경우에는 피해를 최소화하는 조치를 취한 후 그 사실을 지체 없이 국가안보실장, 국가정보원장 및 관계 중앙행정기관의 장에게 통보하여야 한다. 〈개정 2013. 9. 2.〉

③ 국가정보원장은 사이버공격으로 인한 사고의 발생 또는 징후를 발견하거나 제1항 및 제2항의 규정에 의한 통보를 받은 때에는 관계 중앙행정기관의 장에게 사고복구 및 피해의 확산방지에 필요한 조치를 요청할 수 있으며, 요청받은 관계 중앙행정기관의 장은 특별한 사유가 없는 한 이에 협조하여야 한다.

제13조(사고조사 및 처리) ① 국가정보원장은 사이버공격으로 인하여 발생한 사고에 대하여 그 원인 분석을 위한 조사를 실시할 수 있다. 다만, 경미한 사고라고 판단되는 경우에는 해당 기관의 장이 자체적으로 조사하게 할 수 있으며, 이 경우 해당 기관의 장은 사고개요 및 조치내용 등 관련 사항을 국가정보원장에게 통보하여야 한다.

② 국가정보원장은 제1항의 규정에 의하여 조사한 결과 범죄혐의가 있다고 판단되는 경우에는 해당 기관의 장과 협의하여 수사기관의 장에게 그 내용을 통보할 수 있다.

③ 국가정보원장은 사이버공격으로 인하여 그 피해가 심각하다고 판단되는 경우나 주의 수준 이상의 경보가 발령된 경우에는 관계 중앙행정기관의 장과 협의하여 범정부적 사이버위기 대책본부(이하 "대책본부"라 한다)를 구성·운영할 수 있다. 〈개정 2010. 4. 16.〉

④ 사이버공격에 대한 원인분석, 사고조사, 긴급대응 및 피해복구 등의 조치를 취하기 위하여 대책본부 내에 합동조사팀 등 필요한 하부기구를 둘 수 있다. 이 경우 하부기구의 구성·운영 등에 필요한 사항은 국가정보원장이 관계 중앙행정기관의 장과 협의하여 정한다. 〈신설 2010. 4. 16.〉

⑤ 국가정보원장은 제4항에 따른 사고조사 및 피해복구 등의 조치를 위하여 관계 중앙행정기관의 장에게 필요한 인력·장비 및 관련 자료의 지원을 요청할 수 있다. 〈개정 2010. 4. 16.〉

⑥ 국가정보원장은 사이버공격에 의한 피해 및 대책본부의 대응 상황을 국가안보실장에게 통보하고, 국가안보실장은 이를 종합하여 대통령에게 보고한다. 〈신설 2013. 9. 2.〉

제14조(전문기관간 협력) ① 사이버안전업무를 전담하는 전문기구를 운영하는 기관은 국가사이버안전업무를 효율적으로 수행하기 위하여 다음 각호의 사항을 상호 긴밀히 협력하여야 한다.

1. 사이버위협 관련 정보의 탐지 및 정보공유체계의 구축·운영
2. 사이버안전 관련 정보의 분석·전파
3. 사이버안전 위해 요소에 대한 조치방안
4. 공격기법 분석 및 공격차단 등 대응방안
5. 그 밖에 경보의 수준별 세부 대응조치 등 필요한 사항

② 사이버안전센터장은 제1항의 규정에 의한 전문기구를 운영하는 기관간 협력을 원할하게 하기 위하여 관계전문가 회의를 소집할 수 있다.

제15조(연구개발) ① 국가정보원장은 국가사이버안전에 필요한 기술개발과 기술수준의 향상을 위하여 필요한 시책을 추진할 수 있다.

② 중앙행정기관의 장은 공공분야의 사이버안전 관련 기술의 확보를 위하여 「과학기술분야 정부출연연구기관 등의 설립·운영 및 육성에 관한 법률」 제8조제1항의 규정에 의하여 설립된 한국전자통신연구원의 국가보안기술 연구·개발을 전담하는 부설연구소로 하여금 관련 연구개발을 수행(연구개발을 위하여 보안관제 업무를 수행하는 것을 포함한다)하게 할 수 있다. 〈개정 2010. 4. 16.〉

③ 제2항의 규정에 의한 사이버안전에 필요한 기술의 연구개발에 관한 세부사항은 국가정보원장이 따로 정한다.

제16조(인력양성 및 교육홍보) ① 관계 중앙행정기관의 장은 사이버안전의 기반 조성에 필요한 기술인력을 양성하고 국민의 인식제고를 위하여 다음 각호의 시책을 강구하여야 한다.

1. 사이버안전 관련 전문기술인력의 확보 및 양성

2. 사이버안전 교육프로그램의 개발 및 투자

3. 그 밖에 전문인력 양성, 교육 및 홍보 등에 관하여 필요한 사항

② 국가정보원장은 관계 중앙행정기관의 장이 사이버안전과 관련한 전문인력의 양성, 교육 및 홍보를 위하여 필요한 지원을 요청하는 경우 이에 대하여 지원할 수 있다.

제17조(예산) 중앙행정기관의 장은 소관분야와 관련된 사이버안전대책의 수립 · 시행에 필요한 재정상의 조치를 강구하여야 한다.

제18조(안전성 확인 등에 대한 특례) ① 제9조, 제12조 및 제13조에도 불구하고 국방분야의 사이버안전과 관련한 다음 각호에 대하여는 국방부장관이 그 업무를 수행한다. 〈개정 2013. 9. 2.〉

1. 제9조제4항의 규정에 의한 안전성 확인

2. 삭제 〈2013. 9. 2.〉

3. 제12조제1항의 규정에 의한 사고통보

4. 제13조제1항의 규정에 의한 사고조사

② 국방부장관은 제1항의 규정에 의한 업무를 수행함에 있어 국가안보에 필요하다고 판단되는 경우에는 관련 내용을 국가정보원장에게 통보하여야 한다.

부칙 〈제316호, 2013. 9. 2.〉

이 훈령은 발령한 날부터 시행한다.

제1조(목적) 이 영은「국가정보원법」제4조에 따라 국가정보원의 직무 중 방첩(防諜)에 관한 업무의 수행과 이를 위한 기관 간 협조 등에 관한 사항을 규정하여 국가안보에 이바지함을 목적으로 한다. 〈개정 2020. 12. 31.〉

제2조(정의) 이 영에서 사용하는 용어의 뜻은 다음과 같다. 〈개정 2014. 11. 19., 2017. 7. 26., 2018. 8. 21., 2018. 11. 20., 2020. 12. 31.〉

1. "방첩"이란 국가안보와 국익에 반하는 북한, 외국 및 외국인·외국단체·초국가행위자 또는 이와 연계된 내국인(이하 "외국등"이라 한다)의 정보활동을 찾아내고 그 정보활동을 확인·견제·차단하기 위하여 하는 정보의 수집·작성 및 배포 등을 포함한 모든 대응활동을 말한다.

2. "외국등의 정보활동"이란 외국등의 정보 수집활동과 그 밖의 활동으로서 대한민국의 국가안보와 국익에 영향을 미칠 수 있는 모든 활동을 말한다.

3. "방첩기관"이란 방첩에 관한 업무를 수행하는 다음 각 목의 기관을 말한다.
   가. 국가정보원
   나. 법무부
   다. 관세청
   라. 경찰청
   마. 해양경찰청
   바. 군사안보지원사령부

4. "관계기관"이란 방첩기관 외의 기관으로서 다음 각 목의 기관을 말한다.
   가. 「정부조직법」또는 그 밖의 법령에 따라 설치된 국가기관
   나. 지방자치단체 중 국가정보원장이 제10조에 따른 국가방첩전략회의의 심의를 거쳐 지정하는 지방자치단체
   다. 「공공기관의 운영에 관한 법률」제4조에 따른 공공기관 중 국가정보원장이 제10조에 따른 국가방첩전략회의의 심의를 거쳐 지정하는 기관

제3조(방첩업무의 범위) 이 영에 따라 방첩기관이 수행하는 업무(이하 "방첩업무"라 한다)의 범위는 다음 각 호와 같다. 이 경우 제2호의2의 업무는 국가정보원만 수행한다. 〈개정 2020. 12. 31.〉

1. 외국등의 정보활동에 대한 정보 수집·작성 및 배포
2. 외국등의 정보활동에 대한 확인·견제 및 차단
2의2. 외국등의 정보활동 관련 국민의 안전을 보호하기 위하여 취하는 대응조치
3. 방첩 관련 기법 개발 및 제도 개선
4. 다른 방첩기관 및 관계기관에 대한 방첩 관련 정보 제공
5. 제1호, 제2호, 제3호 및 제4호의 업무와 관련한 국가안보 및 국익을 지키기 위한 활동

제4조(기관 간 협조) ① 방첩기관의 장은 방첩업무 수행을 위하여 필요한 경우 다른 방첩기관의 장이나 관계기관의 장에게 협조를 요청할 수 있다.

② 제1항에 따라 협조 요청을 받은 기관의 장은 협조 요청에 따르지 못할 특별한 사유가 있는 경우를 제외하고는 협조하여야 한다.

제4조의2(방첩정보공유센터) ① 방첩기관 간, 방첩기관과 관계기관 간 방첩 관련 정보의 원활한 공유와 제3조

에 따른 방첩업무의 효율적인 수행을 위하여 국가정보원장 소속으로 방첩정보공유센터를 둔다. 〈개정 2020. 12. 31.〉

② 제1항에 따른 방첩정보공유센터의 조직 및 운영에 관한 사항은 제6조에 따른 기본지침으로 정할 수 있다. 〈개정 2020. 12. 31.〉

③ 국가정보원장은 제1항에 따른 방첩정보공유센터의 운영을 위하여 필요한 경우 방첩기관 및 관계기관(이하 "방첩기관등"이라 한다)의 장에게 다음 각 호의 사항에 대한 협조를 요청할 수 있다. 〈개정 2020. 12. 31.〉

1. 소속 공무원의 파견 등 인력 지원

2. 다음 각 목의 정보 공유

　　가. 외국등의 정보활동에 관여된 인물·단체에 대한 정보

　　나. 외국등의 정보활동을 사전에 탐지·차단하기 위한 정보

　　다. 그 밖에 방첩기관등 간 합동 대응에 필요한 정보

[본조신설 2018. 11. 20.]

[제목개정 2020. 12. 31.]

제5조(방첩업무의 기획·조정) ① 국가정보원장은 방첩업무에 관한 정책을 기획하고, 방첩업무를 통합적으로 수행하기 위하여 필요한 경우 이 영 및 관계 법령으로 정한 범위에서 방첩기관등의 방첩업무를 합리적으로 조정한다. 〈개정 2020. 12. 31.〉

② 국가정보원장은 제1항에 따라 방첩업무를 조정하는 경우에 국가안보에 중대한 영향을 미치는 주요 사안에 대해서는 직접 조정하고, 그 밖의 사안에 대해서는 제6조에 따른 지침으로 정하는 바에 따라 조정한다.

제6조(국가방첩업무 지침의 수립 등) ① 국가정보원장은 국가의 방첩업무를 효율적으로 수행하기 위하여 국가방첩업무 기본지침(이하 "기본지침"이라 한다)을 수립하여 방첩기관등의 장에게 송부하여야 한다.

② 기본지침에는 다음 각 호의 사항이 포함되어야 한다.

1. 방첩업무의 기본 목표 및 전략에 관한 사항

2. 방첩기관등의 방첩업무 협조에 관한 사항

3. 그 밖에 국가 방첩업무의 원활한 수행을 위하여 필요한 사항

③ 국가정보원장은 기본지침에 따라 다음 연도의 방첩업무 수행에 관한 시행계획(이하 "연도별계획"이라 한다)을 매년 수립하여 방첩기관등의 장에게 송부해야 한다. 〈개정 2020. 12. 31.〉

④ 제3항에 따라 국가정보원장으로부터 연도별계획을 받은 방첩기관등의 장은 연도별계획에 따라 그 기관의 해당 연도 방첩업무계획을 수립·시행해야 한다. 〈개정 2020. 12. 31.〉

⑤ 방첩기관등의 장은 제4항에 따른 방첩업무계획에 따라 해당 기관의 방첩업무를 시행한 결과를 매년 11월 30일까지 국가정보원장에게 송부해야 한다. 〈신설 2020. 12. 31.〉

제7조(외국인 접촉 시 국가기밀등의 보호) ① 방첩기관등의 구성원은 외국을 방문하거나 외국인을 접촉할 때에는 국가기밀, 산업기술 또는 국가안보·국익 관련 중요 정책사항(이하 "국가기밀등"이라 한다)이 유출되지 않도록 유의하여야 한다.

② 방첩기관등의 장은 그 기관의 업무 성격을 고려하여 소속 구성원이 외국인을 접촉하는 경우에 발생할 수 있는 국가기밀등의 유출 위험을 방지하기 위하여 필요한 사항에 관한 규정을 마련·시행하여야 한다.

③ 방첩기관등의 장은 소속 구성원 중에서 제1항 및 제2항에 따른 업무를 전담하는 직원을 지정할 수 있다. 〈신설 2018. 11. 20.〉

제8조(외국인 접촉 시 특이사항의 신고 등) ① 방첩기관등의 구성원(방첩기관등에 소속된 위원회의 민간위원을 포함한다. 이하 이 조에서 같다)이 외국인(제9조에 따른 외국 정보기관이 정보활동에 이용하는 내국인을 포함한다. 이하 이 조에서 같다)을 접촉한 경우에 그 외국인이 다음 각 호의 어느 하나에 해당한다고 의심할 만한 상당한 이유가 있을 경우에는 지체 없이 그 사실을 소속 방첩기관등의 장에게 신고하여야 하며, 해당 방첩기관등의 장은 그 신고 내용을 국가정보원장에게 통보하여야 한다. 〈개정 2018. 11. 20.〉

1. 접촉한 외국인이 국가기밀등이나 그 밖의 국가안보 및 국익 관련 정보를 탐지·수집하려고 하는 경우
2. 접촉한 외국인이 방첩기관등의 구성원을 정보활동에 이용하려고 하는 경우
3. 접촉한 외국인이 그 밖의 국가안보 또는 국익을 침해하는 활동을 하는 사람인 경우

② 제1항에도 불구하고 방첩기관의 장은 법령에 따른 직무 수행과 관련하여 필요하다고 판단하는 경우에는 통보하지 아니할 수 있다.

③ 제1항에 따른 통보를 받은 국가정보원장은 효율적인 방첩업무 수행을 위하여 필요하다고 인정하는 경우에는 통보받은 사실이나 관련 분석 자료를 작성하여 방첩기관등의 장에게 배포하여야 한다.

④ 국가정보원장은 제1항에 따른 신고 내용이 국가안보와 방첩업무에 이바지하였다고 인정되는 경우에는 신고자에 대하여 「정부 표창 규정」 등에 따라 포상하거나 국가정보원장이 정하는 바에 따라 포상금을 지급할 수 있다. 〈개정 2018. 11. 20.〉

제9조(외국 정보기관 구성원 접촉절차) 방첩기관등의 구성원이 법령에 따른 직무 수행 외의 목적으로 외국 정보기관(특정국가에서 다른 국가에 대한 정보 수집을 주된 목적으로 설치된 그 국가의 기관을 말한다)의 구성원을 접촉하려는 경우 소속 방첩기관등의 장에게 미리 보고하여야 하며, 해당 방첩기관등의 장은 그 내용을 국가정보원장에게 통보하여야 한다.

제10조(국가방첩전략회의의 설치 및 운영 등) ① 국가방첩전략의 수립 등 국가 방첩업무에 관한 중요 사항을 심의하기 위하여 국가정보원장 소속으로 국가방첩전략회의(이하 "전략회의"라 한다)를 둔다.

② 전략회의는 의장 1명을 포함한 25명 이내의 위원으로 구성한다. 〈개정 2018. 11. 20.〉

③ 전략회의의 의장은 국가정보원장이 되고, 위원은 다음 각 호의 공무원이 된다. 〈개정 2018. 11. 20.〉

1. 기획재정부, 과학기술정보통신부, 외교부, 통일부, 법무부, 행정안전부, 산업통상자원부, 중소벤처기업부 및 국무조정실의 차관급 공무원(차관급 공무원이 2명 이상인 경우 해당 기관의 장이 지정하는 차관급 공무원을 말한다)
2. 인사혁신처, 관세청, 방위사업청, 경찰청 및 해양경찰청의 차장
3. 국방정보본부의 본부장 및 군사안보지원사령부의 사령관
4. 전략회의의 의장이 지명하는 국가정보원 소속 공무원
5. 전략회의의 의장이 관계기관의 장과 협의하여 지명하는 관계기관 소속 공무원

④ 전략회의의 의장은 회의를 소집하고 그 회의를 주재한다.

⑤ 전략회의의 회의는 재적위원 과반수의 출석과 출석위원 과반수의 찬성으로 의결한다.

⑥ 제1항부터 제5항까지에서 규정한 사항 외에 전략회의의 운영에 필요한 사항은 국가정보원장이 정한다.

제11조(국가방첩전략실무회의의 설치 및 운영 등) ① 전략회의를 효율적으로 운영하기 위하여 전략회의에 국가방첩전략실무회의(이하 "실무회의"라 한다)를 둔다.

② 실무회의는 의장 1명을 포함한 25명 이내의 위원으로 구성한다. 〈개정 2018. 11. 20.〉

③ 실무회의의 의장은 국가정보원의 방첩업무를 담당하는 실장급 또는 국장급 부서의 장이 되고, 위원은 전략회의의 위원이 소속된 기관의 고위공무원단에 속하는 공무원 또는 이에 상당하는 공무원이 된다.

④ 실무회의는 전략회의에서 심의할 의안(議案)을 미리 검토·조정하고, 다음 각 호의 사항을 심의하여 그

결과를 전략회의에 보고할 수 있다.

1. 국가 방첩업무 현안에 대한 대책의 수립 및 시행에 관한 사항

2. 전략회의의 심의 · 의결을 거쳐 정해진 정책 등에 대한 시행 방안

3. 전략회의로부터 위임받은 심의사항

4. 그 밖에 실무회의의 의장이 회의에 부치는 방첩업무에 관한 사항

⑤ 제1항부터 제4항까지에서 규정한 사항 외에 실무회의의 운영에 필요한 사항은 국가정보원장이 정한다.

제12조(지역방첩협의회의 설치 및 운영 등) ① 국가정보원장은 필요한 경우 방첩기관의 장과 협의하여 특별시 · 광역시 · 특별자치시 · 도 또는 특별자치도별로 방첩업무를 협의하기 위한 지역방첩협의회를 구성 · 운영할 수 있다.

② 제1항에 따른 지역방첩협의회의 운영 등에 필요한 사항은 국가정보원장이 지역방첩협의회의 심의 · 의결을 거쳐 정한다.

제13조(방첩교육) ① 방첩기관등의 장은 해당 기관의 업무 수행과 관련하여 그 기관 소속 구성원이 외국등의 정보활동에 효율적으로 대응하기 위하여 필요한 자체 방첩교육에 관한 계획을 수립하여 시행해야 한다. 〈개정 2020. 12. 31.〉

② 방첩기관등의 장은 필요한 경우 제1항에 따른 소속 구성원에 대한 방첩교육을 국가정보원장에게 위탁하여 실시할 수 있다.

제14조(외국인 접촉의 부당한 제한 금지) 방첩기관등의 장은 이 영의 목적이 외국등의 정보활동으로부터 대한민국의 국가안보와 국익을 보호하기 위한 것임을 고려하여 소속 구성원의 외국인과의 접촉을 부당하게 제한해서는 안 된다. 〈개정 2020. 12. 31.〉

제15조(홍보) 방첩기관의 장은 홍보를 통하여 소관 방첩업무에 대한 국민의 이해를 증진시키기 위하여 노력하여야 한다.

제16조(고유식별정보의 처리) ① 국가정보원장은 다음 각 호의 업무를 수행하기 위하여 불가피한 경우 「개인정보 보호법 시행령」 제19조제1호부터 제4호까지의 규정에 따른 주민등록번호, 여권번호, 운전면허의 면허번호 및 외국인등록번호가 포함된 자료를 처리할 수 있다.

1. 「국가정보원법」 제5조제2항에 따른 방첩 정보의 수집 · 작성 · 배포 업무 수행을 위한 조사 업무

2. 제3조제2호의2에 따른 방첩업무

3. 제4조의2제1항에 따른 방첩정보공유센터의 운영 업무

② 방첩기관의 장은 제3조제1호, 제2호 및 제4호의 방첩업무를 수행하기 위하여 불가피한 경우 「개인정보 보호법 시행령」 제19조제1호부터 제4호까지의 규정에 따른 주민등록번호, 여권번호, 운전면허의 면허번호 및 외국인등록번호가 포함된 자료를 처리할 수 있다.

[본조신설 2020. 12. 31.]

부칙 〈제31353호, 2020. 12. 31.〉

제1조(시행일) 이 영은 2021년 1월 1일부터 시행한다.

제2조(방첩업무 수행 지침 명칭 변경에 따른 경과조치) 이 영 시행 전에 국가정보원장이 수립하여 방첩기관 및 관계기관에 송부한 다음 연도의 방첩업무 수행에 관한 지침은 제6조제3항의 개정규정에 따른 다음 연도의 방첩업무 수행에 관한 시행계획으로 본다.

참고문헌

⟨국내 문헌(가나다)⟩

곽명일, 『북한 3대 통제기구 작동 메커니즘 변화연구: 김정은 시대를 중심으로』, (서울: 통일부)

국가정보포럼, 『국가정보학』, (서울: 박영사, 2007)

국방부 전사편찬위원회, 『한국전쟁사』 제1권, (서울: 동아출판사, 1967)

국사편찬위원회, 『한국사』 제5권, (서울: 탐구당, 2003)

권민웅, "북한의 정보 · 보안 체계, 문정인 편, 『국가정보론』, (서울: 박영사, 2002)

극동문제연구소, 『북한전서 하권』, (서울: 극동문제연구소, 1974)

길병옥, "국가위기관리의 이론과 범위: 개념과 적용", 『공공행정연구』 제9권 제2호, (2008)

길병옥, "국가위기관리의 현황과 정책적 과제", 『서울행정학회 춘계학술대회 발표논문집』, (2009)

김계동 역, 『국가정보: 비밀에서 정책까지』(서울: 명인문화사, 2008)

김당, "한국의 국가정보기관", 『국가정보론』, (서울: 박영사, 2002)

김동식, 『북한 대남전략의 실체』, (서울: 기파랑, 2013)

김병진, 『보안사』, (서울: 소나무, 1988)

김보영, "해방후 남북한교역에 관한 연구−1945년 8월~49년 4월 기간을 중심으로−", 『고려대학교 박사학위논문』, (1995)

김부식 저, 이강래 옮김, 『삼국사기』 제1권, (서울: 한길사, 1998)

김선미, "일본의 정보기관: 연혁, 조직, 활동", 『국가정보연구』 제4권 1호, (2011)

김영수, 『역사를 훔친 첩자』, (서울: 김영사, 2006)

김영욱, 『위기관리의 이해』, (서울: 책과 길, 2002)

김윤덕, 『국가정보학』 (서울: 박영사, 2001)

김일기 · 김호홍, "김정은 시대 북한의 정보기구", 『INSS 연구보고서 2020−6』, (서울: 국가안보전략연구원, 2020)

김일성, 『김일성 저작선집』, 제5권

김충식, 『남산의 부장들』, (서울: 동아일보사, 1992)

노가원, "한미 정보기관 비밀교섭사", 『월간 다리』, (1989년 12월호)

니꼴라이 V. 랴자노프스키 저, 이길주 옮김, 『러시아의 역사 I : 고대−1800』, (서울: 까치, 1991)

단재 신채호전집 편찬위편, 『신채호 전집 하권』, (서울: 을유문화사, 1972)

문영일, 『한국국가안보전략사상사』, (서울: 21세기 군사연구소, 2007)

문일석, 『비록 중앙정보부 1.2.3』, (서울: 아침, 1995)

문정인, 배종윤, "정보기관과 민주적 통제", 『국가정보론』, (서울: 박영사, 2003)

박성수, 『논문집: 의열단 연구』, (한국정신문화연구원, 1987)

박영준, "〈일본방위대강 2010〉과 한국 안보정책에의 시사점", 『EAI논평』 제16호, (2010)

백범김구선생 기념사업회 백범전기 편찬위, 『백범김구: 생애와 사상』, (서울: 교문사, 1982)

서울대 사범대 교육연구소, 『한국교육사고 자료총서: 고종황제의 주권수호 외교』, (서울: 서울대학교, 1994)

성준혁, "북한 인민보안부에 관한 연구 − 북한 경찰의 통제유형을 중심으로", 『경남대학교 박사학위논문』, (2015)

성황용, 『근대동양외교사』, (서울: 명지사, 1993)

손관승, 『우리는 그들을 스파이라고 부른다』, (서울: 여백, 1999)

신유섭, "9 · 11테러 이후 미국 정보계의 변화와 전망", 『國際政治論義』 제43집 4호, (2003)

신유섭, "ODNI 창설을 통해 본 미국 정보계개혁의 성격과 전망", 『國際政治論義』 제45집 3호, (2005).

신현기 · 박억종 · 안성률 · 남재성 · 이상열 · 임준태 · 조성택 · 최미옥 · 한형서, 『경찰학사전』, (2012)

국가안전보장회의 상임위원회, 『평화번영과 국가안보』, (서울: 국가안전보장회의 사무처, 2004)

연현식, "일본의 국가정보기구에 대한 소연구-역사, 조직, 기능과 활동을 중심으로", 『일본학보』 제63집, (2005)

염돈재, "한국에서의 국가정보연구: 어제, 오늘, 그리고 내일", 『국가정보연구』 제1권 1호, (2008)

유재흥, 『격동의 세월』, (서울: 을유문화사, 1994)

이길규 외, 국가안보정보, 『국가안보정보』, (서울: 박영사, 2018)

이재화, "국가안전기획부 정보비 명세서", 『말』, (서울, 1990)

이종석 · 이상현, 『국가위기관리지침 작성 개요』, (서울: 세종연구소, 2002)

이창무, 『산업보안론』, (서울: 박영사, 2012)

이태진, 『고종시대의 재조명』, (서울: 태학사, 2000)

이호철, "중국의 정보조직과 정보활동: 국가안전부 중심으로", 『국가정보연구』 제1권 2호, (2008)

임동원, 『피스메이커: 남북관계와 북핵문제 20년』, (서울: 중앙북스, 2008)

장철현, "북한의 통일전선사업부 해부", 『북한조사연구』 제11권 1호, (2007)

장화수, "해방후 「남북한의 지역간무역」에 관한 연구 (1945~49)", 『아세아연구』 제53집, (1975)

전웅, "탈냉전기의 국가정보학: 학문적 기원, 위상, 그리고 한계", 『국제정치논총』 제46집 4호, (2006)

전웅, 『현대 국가정보학』, (서울: 박영사, 2016)

정병준, "이승만의 정치고문들", 『역사비평통권 43호』, (1998, 여름)

정성윤, "위기정책결정이론의 재검토", 『국가안보와 전략』, (서울: 국가안보전략연구원, 2011)

정태명 외, 『사이버 공격과 보안기술』, (서울: 홍릉과학출판사, 2009)

제국익문사, 『제국익문사비보장정』, (제국익문사, 1902)

조갑제, 『국가안전기획부』, (서울: 조선일보사, 1988)

조갑제, 『조갑제의 대사건 추적3, 국가안전기획부』, (서울: 조선일보사, 1989)

중앙일보 현대사연구팀, 『발굴자료로 쓴 한국현대사』, (서울: 중앙일보사, 1996)

중앙정보부, 『대남공작사』 제2권, (서울:중앙정보부, 1973)

최평길, 『국가정보학』, (서울: 박영사, 2012)

통일부, 『북한개요 2000』, (서울: 통일부 정보분석국, 1999)

한국 군사혁명사 편찬위원회 편, 『한국군사혁명사』 제1집, (서울: 동아서적, 1963)

송해룡 · 김원제 · 조항민 · 김찬원 · 박성철, 『한국 실패 사례에서 배우는 리스크 커뮤니케이션 전략』, (2015)

한국국가정보학회, 『국가정보학』, (서울: 박영사, 2013)

한국산업기술진흥협회, 『해외 산업보안 동향 및 사례분석(미국편)』, (서울: 중소기업기술정보진흥원, 2009)

한시준, "대한민국 임시정부의 정보활동", 『국가정보대학원 연구논문집』, (2000)

한희원, 『국가정보』, (서울: 법률출판사, 2011)

허태회, "대내외 정보환경의 변화와 국가방첩의 새로운 방향 모색", 『국제문제연구 제10권 4호』, (2010)

Philip M. Childs, 정형근 역, 『경제전쟁과 미국 CIA』, (서울: 고려원, 1994)

Steven Pink, 김원호 역, 『기업스파이 전쟁』, (서울: 조선일보사, 2004)

〈국외 문헌(알파벳 순)〉

Abram N. Shulsky & Gary J. Schmitt, *Silent Warfare: Understanding the World of Intelligence*, (Washington D.C.: Potomac Books, Inc., 2002)

Alex Goldfarb and Marina Litvinenko, *Death of a Dissident: The Poisoning of Alexander Litvinenko and the Return of the KGB*, (The Free Press, 2007)

Alexander Kouzminov, *Biological Espionage: Special Operations of the Soviet and Russian Foreign Intelligence Services in the West*, (Greenhill Books, 2006)

Allan Swenson and Michael Benson, *The Complete Idiot's Guide to the CIA*, (Indianapolis, IN: Alpha Books, 2003)

Books LLC ed., *Russian Intelligence Agencies: Federal Security Service*, (Books LLC, 2010)

Bruce D. Berkowitz and Allan E. Goodman, *Strategic Intelligence for American National Security*, (Princeton: Princeton University Press, 1989)

Carl J. Jensen III, David H. McElreath and Melissa Graves, *Introduction to Intelligence Studies(2nd Edition)*, (New York: Routledge, 2018)

Carmen A. Median, "What to Do When Traditional Models Fail", in Roger Z. George and Robert D. Kline(eds), *Intelligence and the National Security Strategies*, (Lanham, Maryland: Rowman & Littlefield Pub. Inc., 2006)

Clandestine Wireless Stations, *Appraisal of the "Intelligence Garden" Code Deciphering* by Clandestine Wireless Stations, November 18, 1953, Wachi Tagaji, box 134, Second Release

Damnie Van Puyvelde & Sean Curtis, "Standing on the Shoulders of Giants: Diversity and Scholarship in Intelligence Studies", *Intelligence and National Security*, Vol. 31 No. 7 (2016)

David Owen, *Hidden Secrets: A Complete History of Espionage and the Technology Used to Support It*, (New York: Fairefly Book, 2002)

Dawn R. Gilpin & Priscilla J. Murphy, *Crisis Management in a Complex World*, (London: Oxford University, 2008)

Department of State, "Harry S. Truman to the Secretaries of State, War, and Navy, 22 January 1946" in *US Department of State, Foreign Relations of the United States, 1945-1950*, (Washington, DC: US Government Printing Office, 1996)

Donald E. Euechterlein, *American Overcomiitted: United States National Interests in the 1980s*, (Lexington, KY: University of Kentucky Press, 1985)

Earl F. Ziemke, *Russian Review 60*, 2001

Ephraim Kahana, "Reorganizing Israel's Intelligence Community," *International Journal of Intelligence and Counterintelligence, Vol.15*, Issue3(Jully 2002)

Evgenia Albats, "Siloviks in Power: Fears or Reality?", *Echo of Moscow*, (4 February 2006).

F. C. Winterbotham, *The Ultra Secrets*, (London: Weidenfeld and Nicolson, 1974).

Gordon Bennett, *The Federal Security Service of the Russian Federation*, (RMA : Sandhurst and the Conflict Studies Research Centre, 2001).

Gordon Bennett, *The SVR: Russia's Intelligence Service*, (RMA Sandhurst and the Conflict Studies Research Center, 2001)

Hedieh Nasheri, *Economic Espionage and Industrial Spying*, (New York : Cambridge University Press, 2005)

Holt(1995); Don Wolfensberger, "Spies, Secrecy, and Democracy: The Congressional Connection – An Introductory Essay," *paper presented at the Congress Project Seminar on Governing Post-9 · 11: Congress and the President at War hosted by Woodrow Wilson International Center for Scholars in Washington, DC(9 May 2003) 13*

J. C. Masterman, *Double-Cross System in the War of 1939-1945*, (London: Yale University Press, 1972).

Jonathan Littell, *The Security Organs of the Russian Federation: A Brief History 1991-2004*, (Psan Publishing House, 2006)

Len Scott, *"Sources and Methods in the Study of Intelligence: A British View"*, Intelligence and Naitonal Security, Vol. 19 No. 2 (2004)

Leo D. Carl, *CIA Insider's Dictionary*, (Washington D.C., NIBC Press, 1996)

Loch K. Johnson(ed.), *Strategic Intelligence*, (London: Preager Security, International, 2007)

Loch K. Johnson, *"Covert Action and Accountability: Decision-Making for America's Secret Foreign*

Policy", in Loch K. Johnson and James J. Wirtz, Strategic Intelligence: Windows Into A Secret World, (Los Angeles:

Loch, K. Johnson, *"Ethics of Cover Action"*, in Jan Goldman(ed.s), Ethics of Spying: A Reader for the Intelligence Professional, (Lanhan, Maryland: The Scarecrow Press, 2006)

Michael Herman, *Intelligence Power in Peace and War*, (Cambridge: Cambridge University Press, 1996)

Michael J. Waller, "Russia's Security Services : A Checklist for Reform," *ISCIP-Perspective*, 8(1), September October(1997).

National Intelligence Authority Directive, No.5, 8 July 1946" in US Department of State, *Foreign Relations of the United States 1945-1950*, (Washington, DC: US Government Printing Office, 1996)

P.R. Kumaraswamy, "Israel-China Relations and the Phalcon Controversy, *Middle East Policy, Vol.12, No.2*(Summer 2005)

Paul Todd & Jonathan Bloch, *Global Intelligence : The World's Secret Services Today*, (New York & London: Zed Books, 2003)

Philip H. J. Davies and Kristian C. Gustafsor, *"An Agenda for the Comparative Study of Intelligence: Yet Another Missing Dimension"*, Philip H. J. Davies and Kristian Gustafsor (eds), Intelligence Elsewhere: Spies and Espionage Outside the Anglosphere, (Washington, Georgetown University Press, 2013)

REL/RL, "Russia Used 'Deception' to Kill Maskhadov", (8 March 2006)

Richard Deacon, *Kempeitai: The Japanese Secret Service Then and Now*, (Tokyo: Charles E. Tuttle Company, 1990)

Robert Baer, *See No Evil*, (New York: Crown, 2002)

Robert D. Stelle, *On Intelligence: Spies and Secrecy in an Open World*, (Fairfax, VA: AFCEA International Press, 2000)

Roy Godson(ed.), *Elements of Intelligence*, (Washington D.C.: National Security Information Center Inc., 1979)

S. T. Thomas, *"Assessing Current Intelligence Studies"*, International Journal of Intelligence and Counterintelligence, Vol. 2 No. 2, (1988)

Shady Abdelwhab Mansour, *"Intelligence Studies: The New Academic Discipline in Security Studies"*, Academic Papers: Future for Advanced Research and Studies, Issue 1, (June 2018)

Shawn L. Twing, "Defense & Intelligence: U.S. Defense Intelligence Agency Report Accuses Israel of Laser Technology Transfer to China," *The Washington Report on Middle East Affairs, Vol.3*, (May 31, 1999)

Sherman Kent, *Strategic Intelligence for American World Policy*, (Princeton University Press, 1949)

Stanislav Lunev, "Changes May Be on the way for the Russian Security Services", *The Jamestown Foundation*, 12 September 1997

Stephen F. Knott, *Secret and Sanctioned: Covert Operations and the American Presidency*, (New York: Oxford University Press, 1966)

Stephen H. Campbell, *"A Survey of the U.S. Market for Intelligence Education"*, International Journal of Intelligence and Counterintelligence, Vol. 24, (2011)

Steven Fink, *Crisis Management: Planning for the Inevitable*, (New York: Backinprint, 2000).

The Cabinet Office, *2010 National Intelligence Machinery*, (UK: The Cabinet Office), 2010

The commission on the Roles and Capabilities of the United States Intelligence Community, Preparing for the 21st Century, *An Appraisal of U.S. Intelligence*, (Washington, DC: The Government Printing OFFICE, 1996)

The Kean Commission, *The 9/11 Commission Report: Final Report of the National Commission on*

Terrorist Attacks Upon the United States, (New York: Norton, 2004)

US DIA Joint Military Intelligence Training Center, *Intelligence Analyst Course Text Book 2000*, (Washington D.C.: Joint Military Intelligence Training Center, 2000)

Victor Ostrovsky, "The Ostrovsky Files: Internal Turf Battles Within Israel's Intelligence Community Cast Shadow Over Mideast Peace Process," *The Washington Report on Middle East Affairs*, Vol.4, (May 31, 2000)

W. Timothy Coombs, *Ongoing Crisis Commuication: Planning, Managing and Responding*, (New York: Sage, 2007)

William F. Jasper, "KGB/FSB: The 'Game' Remains the Same," *New American, 18*, (September 2009).

Youseop Shin, "Legislative Oversight of Intelligence Agencies in Democratic Countries: The Case of South Korea and the USA," *Pacific Focus Vol. 27, No. 1*, (2012)

スラヴァ カタミーゼ, 「ソレンのスパイたち: KGBと情報機關」, (東京:原書房, 2009)

有馬哲夫, "再軍備-諸方新「情報機関」,七戰後日本機閉1再建", 『早稻田社会科学絕合研究』, 10권 3호, (2010)

有馬哲夫, 「CIA七前後日本」, (東京: 平凡社, 2010)

⟨기타(인터넷 사이트, 신문기사 등)⟩

국가정보원 홈페이지, http://www.nis.go.kr

한국국가정보학회, http://www.kanis.or.kr/

FAS(Federation of American Scientists), http://www.fas.org/irp/world/france/index.html

GCHQ, http://www.gchq.gov.uk/AboutUs/Pages/index.aspx

SS(MI5), https://www.mi5.gov.uk/

https://fas.org/irp/congress/1994_rpt/ssci_ames.htm

https://en.wikipedia.org

https://www.belfercenter.org/

https://www.britannica.com/

https://www.cia.gov/

https://www.agentura.ru/

http://www.bnd.bund.de/

http://www.cas.go.jp/

http://www.defense.gouv.fr/

http://www.globalsecurity.org/

https://www.haaretz.com/

http://www.interieur.gouv.fr/

http://www.kantei.go.jp/

http://www.legislation.gov.uk/

http://www.mad.bundeswehr.de/

http://www.mod.go.jp/dih/

https://www.mossad.gov.il/

https://www.nationmaster.com/

http://www.verfassungsschutz.de/

https://www.mi5.gov.uk/

https://www.sis.gov.uk/

연합뉴스, https://www.yna.co.kr/
부산일보, http://www.busan.com/
머니투데이, https://www.mt.co.kr/
법률신문, https://www.lawtimes.co.kr/
경향신문, http://www.khan.co.kr/
내일신문, http://www.naeil.com/
주간동아, https://weekly.donga.com/
신동아, https://shindonga.donga.com/
서울신문, https://www.seoul.co.kr/
동아일보, https://www.donga.com/
매일경제, https://www.mk.co.kr/
세계일보, https://www.segye.com/
조선일보, https://www.chosun.com/
중앙일보, https://joongang.joins.com/
프레시안, https://www.pressian.com/
한겨레, http://www.hani.co.kr/
한국일보, https://www.hankookilbo.com/
헤럴드경제, http://biz.heraldcorp.com/
SBS, https://news.sbs.co.kr/
New York Times, https://www.nytimes.com/
Security Intelligence News, https://securityintelligence.com/
Washington Post, https://www.washintonpost.com/
Asia Times, https://https://asiatimes.com/
中国互联网路信息中心, http://www.cnnic.cn/

좋은 책을 만드는 길
독자님과 함께하겠습니다.

도서나 동영상에 궁금한 점, 아쉬운 점, 만족스러운 점이
있으시다면 어떤 의견이라도 말씀해 주세요.
시대고시기획은 독자님의 의견을 모아 더 좋은 책으로 보답하겠습니다.

www.sidaegosi.com

2022 군도(軍道) 군무원 국가정보학

개정1판1쇄 발행	2022년 01월 10일 (인쇄 2021년 12월 21일)
초 판 발 행	2021년 04월 05일 (인쇄 2021년 03월 30일)
발 행 인	박영일
책 임 편 집	이해욱
저 자	박보라
편 집 진 행	강상희 · 이민정
표지디자인	이미애
편집디자인	박지은 · 장성복
발 행 처	(주)시대고시기획
출 판 등 록	제 10-1521호
주 소	서울시 마포구 큰우물로 75 [도화동 538 성지 B/D] 9F
전 화	1600-3600
팩 스	02-701-8823
홈 페 이 지	www.sidaegosi.com
I S B N	979-11-383-1116-8 (13350)
정 가	26,000원